河北省物流业发展报告

（2017—2018）

河北省现代物流业发展领导小组办公室　编

中国财富出版社

图书在版编目（CIP）数据

河北省物流业发展报告．2017—2018／河北省现代物流业发展领导小组办公室编．—北京：中国财富出版社，2018.9

ISBN 978－7－5047－6798－1

Ⅰ.①河…　Ⅱ.①河…　Ⅲ.①物流—经济发展—研究报告—河北—2017—2018　Ⅳ.①F259.272.2

中国版本图书馆CIP数据核字（2018）第264474号

策划编辑　惠　婳　葛晓雯　　**责任编辑**　邢有涛　马　铭

责任印制　尚立业　　**责任校对**　杨小静　　**责任发行**　敬　东

出版发行　中国财富出版社

社　址　北京市丰台区南四环西路188号5区20楼　　**邮政编码**　100070

电　话　010－52227588转2048/2028（发行部）　　010－52227588转321（总编室）

010－68589540（读者服务部）　　010－52227588转305（质检部）

网　址　http://www.cfpress.com.cn

经　销　新华书店

印　刷　北京九州迅驰传媒文化有限公司

书　号　ISBN 978－7－5047－6798－1/F·2974

开　本　787mm×1092mm　1/16　　**版　次**　2018年9月第1版

印　张　36.25　　**印　次**　2018年9月第1次印刷

字　数　794千字　　**定　价**　180.00元

《河北省物流业发展报告》（2017—2018）

编 委 会

《河北省物流业发展报告》（2017—2018）

编写人员

顾　　问： 贺登才

主　　编： 宗树明

副 主 编： 张　旭　徐计增

主要成员： 孟祥燕　戎彤宇　于　玥　庞　英　艾志敏
李建英　田知博　崔　坚　刘　焱　薛启平
石玉昆　张　毅　于　涛　苏卉卉　高　林
宋新廷　李　玲　商翠敏　刘　霞　欧　文
孙吉祥　翟冬梅　周志强　胡志为　闫海军
王志双　毛莉莉　李　洋　李　占　李志雄
王金河　杜炳勋　张　忞　吴胜香　吴　剑
武庆珍　李增江　张小兵　白芸芸　曾广阔
王国涛　杨志强　王　伟

策　　划： 现代物流报社
北京中物汇成工程技术研究院

特别鸣谢： 河北省统计局
河北经贸大学管理科学与工程学院

创新驱动　转型升级
实现河北省物流业高质量发展

（代序言）

党的十九大明确提出，我国经济已由高速增长阶段转向高质量发展阶段，这是对新时代我国经济发展阶段的重大论断。物流业作为支撑国民经济发展的基础性、战略性、先导性产业，正在进一步落实创新驱动和转型升级，加快自身结构调整和动能转换，正处于向高质量发展的新阶段。

2017 年，我省物流需求增长基本平稳，物流运行质量进一步提高。全省社会物流总额为 96698.9 亿元，同比增长 7.2%，增速比 2016 年同期提高 0.7 个百分点。物流业增加值为 2851 亿元，同比增长 8.14%，增速比 2016 年同期提高 1.74 个百分点。社会物流总费用为 6197.2 亿元，同比增长 7.92%，增速比 2016 年同期提高 4.42 个百分点。社会物流总费用占 GDP（国内生产总值）的比率为 17.23，比 2016 年同期降低 0.81 个百分点。

2017 年，我省稳步推进全国现代商贸物流重要基地建设，京津冀协同发展取得新进展。京津冀三省市印发《关于加强京津冀产业转移承接重点平台建设的意见》，协力共建一批专业化产业合作平台，廊坊市永清临港经济保税商贸园区、香河万通商贸物流城等被列为京津冀产业转移承接服务业平台。京津冀三地口岸主管部门签署《京津冀口岸深化合作框架协议》，口岸通关业务一体化步伐加快。京津冀粮食行业签订了《京津冀地区粮食流通监督检查联合执法协作协议书》，北京市 1 亿多斤市级储备落户河北。除此之外，我省与京津建立的京津冀产业转移入库项目达 625 个，总投资约 8499 亿元。沧州渤海新区管理委员会、天津港集团、河北港口集团三方正式签署框架协议，共同加快推进黄骅港集装箱发展。积极推进河北新发地高碑店农副产品物流园区、亿博基业冀中南公铁联运智能港等项目建设。

2017 年，我省积极推进“一带一路”倡议，国际物流通道建设成效显著。新设立保税仓库和出口监管仓库共 8 家，截至 2017 年年底，正式运营保税仓库 22 家，出口监管仓库 4 家，省级跨境电子商务公共海外仓 10 家。继“好望角号”中亚国际货运班列开行后，又相继开通了保定—喀什—中亚/南亚多式联运国际班列，菲律宾达沃港至秦皇岛港的直达航线也正式通航。港口吞吐量首次突破 10 亿吨大关，比 2016 年增加 1 亿吨，同比增长10.5%，港口吞吐能力也达到10.6亿吨，同比增长3.9%，港口吞吐量、吞吐能力双双跨越10亿吨，分别居全国第5位、第2位。我省3个港口4个码头被认定并列入进境粮食指定口岸及查验点名单。唐山港区整车进口口岸通过验收，成为我省第一个汽车整车进口口岸，填补了我省这一领域的空白。

2017年，我省加强物流基础设施建设，物流企业影响力进一步壮大。全省高速公路总里程达到6531公里，交通运输固定资产投资完成781.7亿元。津石高速开工建设，延崇高速全面开工，京秦高速京冀、冀津接线段主体建成。全省交通运输货运枢纽（物流园区）项目总投资21.9亿元，完成投资26.8亿元，完成年计划的122.1%，同比增长6.8%。有13家企业达到国家A级物流企业标准，截至2017年年底，我省A级物流企业达到72家。我省冀中能源集团、河北省物流产业集团分别位列中国物流企业50强中的第3和第6。

2017年，我省大力推进物流标准化工作，物流试点工作取得新进展。省质量技术监督局围绕冷链物流、商务诚信、外卖送餐、电商物流等方面新立项多个物流业地方标准项目，京津冀联合制定的《畜禽肉冷链物流操作规程》等8项京津冀协同地方标准，已完成前期的编写。我省石家庄、唐山、邯郸、承德等市先后被列为国家物流标准化试点城市，共谋划建设项目105个，总投资12.76亿元，获得中央财政支持资金2.6亿元。河北万合物流股份有限公司等10家企业成为交通运输部无车承运人试点单位。同时，无车承运人试点运行监测平台已建设，兴隆县汇丰物流配送有限公司公路甩挂运输试点项目工程通过验收，京津冀城际公路快速货运网络化甩挂运输试点工作已开展，唐山港集团多式联运项目的基础设施建设任务基本过半，河北省长久物流商品车公铁水联运示范工程成功入选国家第二批多式联运示范工程项目。

2017年，我省物流政策体系进一步完善，物流业运行环境持续改善。先后出台了物流业降本增效、现代供应链创新应用、冷链物流等一系列重要文件。各部门、各地市从自身职能定位出发，出台支持物流业发展的多个物流相关政策，使得物流业发展的政策环境得到进一步优化。《河北省轨道交通发展“十三五”规划》《河北省综合交通运输体系发展“十三五”规划》《关于实施快递入区下乡出境工程　促进快递业与电子商务协同发展的意见》《关于推动快递服务制造业发展的三年行动计划（2017—2019）》等文件相继出台。在行业内积极组织开展了物流企业信用评价工作，2017年我省物流诚信企业总数已达11家。截至2017年年底，共有142家企业享受我省物流企业大宗商品仓储设施用地减免城镇土地使用税政策，减免税款达6878.57万元。我省还应积极做好物流园区用地同土地利用总体规划相衔接，优化园区用地布局，重点保障物流、仓储等产业发展用地。

2018年，我省物流业要深入贯彻党的十九大精神，坚持以习近平新时代中国特色社会主义思想为统领，认真践行新发展理念和高质量发展要求。坚持深化供给侧结构性改革，降低全产业链物流成本，积极引入新技术、新模式、新理念，做好转型升级，逐步释放行业发展新动能。紧紧抓住京津冀协同发展、雄安新区建设、“一带一路”等国家发展战略重大机遇，加快推进全国现代商贸物流重要基地建设，着力推动物流企业发展质量变革、效率变革、动力变革，不断增强企业创新力和竞争力，实现更高质量、更有效率、更可持续的发展。争取做到全省物流业增加值同比增长7%，社会物流总额同比增长在7%左右，物流业占GDP的比重达到8%，物流业增加值占服务业增加值的比重达到18%。

为实现以上目标，我省物流业要围绕《河北省2018年物流工作要点》，在落实物流降本增效政策措施，促进物流业转型升级，建立健全重要产品质量追溯体系，强化物流基础设施网络建设，平衡物流业发展基本要素，促进物流配送快速便捷，督导推进重点项目建设，探索建立物流业诚信机制，提升物流标准化水平，强力推进物流试点示范，强化物流信息化水平，进一步完善物流行业统计体系等方面，对照任务目标，列出时间节点，细化季度阶段目标，强化工作措施，一着不落、保质保量地完成，为实现河北省物流业高质量发展，建设经济强省、美丽河北做出贡献。

《河北省物流业发展报告》已经连续出版两年。为加强我省物流行业基础性工作，及时准确反映全省物流发展情况，把握我省物流业发展趋势，给省委、省政府领导决策提供科学依据，2018年我们继续编撰了《河北省物流业发展报告（2017—2018）》（以下简称《报告》）。《报告》分为四篇。其中综合篇包括河北省物流业2017年发展环境、发展运行特点，2018年物流工作要点，物流园区发展情况及建议，2017年现代物流业十件大事；专题篇包括河北省商贸、公路、铁路、港口、航空、快递、钢铁、煤炭、粮食、农产品、医药、电商和陆港物流的2017年发展情况及2018年展望；区域篇涉及河北省11个地市2017年物流业发展情况和2018年发展展望；政策篇收集了2017年国家和河北省出台的与物流相关的政策法规文件。

《河北省物流业发展报告（2017—2018）》在出版过程中，得到了河北省现代物流业发展领导小组成员单位、各设区市发展和改革委员会以及有关行业协会、企业的大力支持，在此表示感谢。对于本报告的不足之处，也请读者提出宝贵意见和建议。

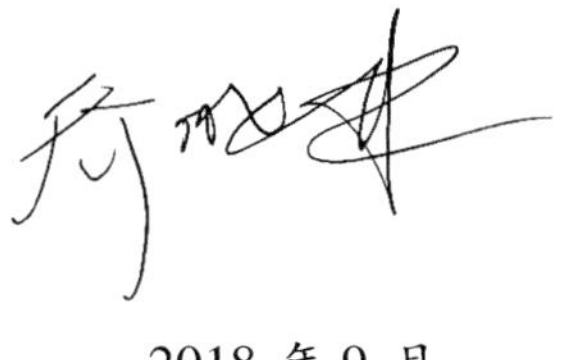

2018年9月

（乔晓林，河北省发展和改革委员会副巡视员、河北省现代物流业发展领导小组办公室主任）

目　录

综　合　篇

专　题　篇

区　域　篇

政　策　篇

综 合 篇

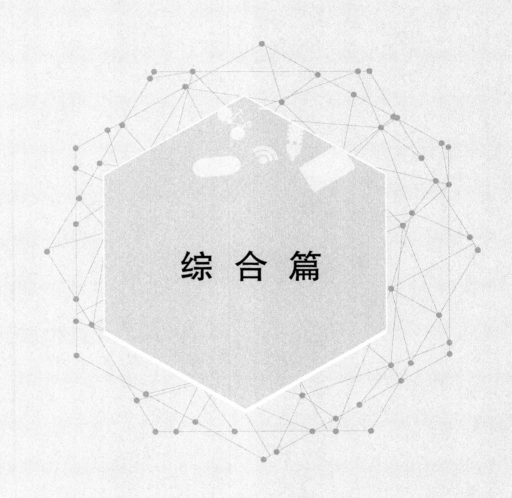

第一章　2017 年河北省物流业发展环境

2017 年，在河北省委、省政府正确领导下，全省各地各部门深入学习贯彻党的十九大和省委九届五次、六次全会精神，以习近平新时代中国特色社会主义思想为统领，坚持稳中求进工作总基调，牢固树立新发展理念，以供给侧结构性改革为主线，转型升级成效明显，新动能加快成长，质量效益不断提升，民生得到显著改善，经济运行稳中有进、稳中向好。

展望 2018 年，经济发展环境趋于改善，积极因素不断集聚，全省经济有望继续呈现稳中向好态势。要按照高质量发展的要求，坚持创新竞进、协同融合、改革开放、转型升级、提质增效、改善民生、优化环境，着力推动创新、改革、开放、融合、转型，确保实现首季良好开局。

一、2017 年经济运行的主要特点

（一）经济运行稳中向好

初步核算，2017 年全省生产总值 35964.0 亿元，比 2016 年增长 6.7%，增速连续 11 个季度保持在 6.5% ~6.8%，经济增长的稳定性进一步巩固，韧性明显增强。其中，第一产业产值 3507.9 亿元，增长 3.9%；第二产业产值 17416.5 亿元，增长 3.4%；第三产业产值 15039.6 亿元，增长 11.3%。就业和物价形势稳定。全年城镇登记失业率为 3.68%，居民消费价格同比上涨 1.7%，均控制在预期目标以内。市场预期向好。金融贷款较快增长。2017 年 12 月末，金融机构人民币各项贷款余额 42891.2 亿元，增长 14.8%；各项存款余额 60033.0 亿元，增长 8.4%。消费者信心增强。2017 年第四季度末，全省消费者信心指数为 95.3，比 2017 年第三季度末上升 2.0 点；反映消费者对未来 6 个月经济形势看法的预期指数为 98.0，上升 3.3 点。2014—2017 年各季度全省生产总值增长率如图 1 所示。

产业支撑“两稳一快”。农业生产稳定增长。2017 年粮食总产量 3508.0 万吨，增长 1.4%，产量创历史新高；蔬菜产量 8259.8 万吨，增长 0.8%；猪肉产量 275.0 万吨，增长 3.6%。工业生产平稳运行，截至 2017 年年末，规模以上工业增加值 13002.7 亿元，累计增长 3.4%，如图 2 所示。七个主要行业“四增三降”。装备制造、食品、纺织服装、医药工业增加值分别增长 12.1%、6.5%、1.2% 和 7.9%，钢铁、石化、建

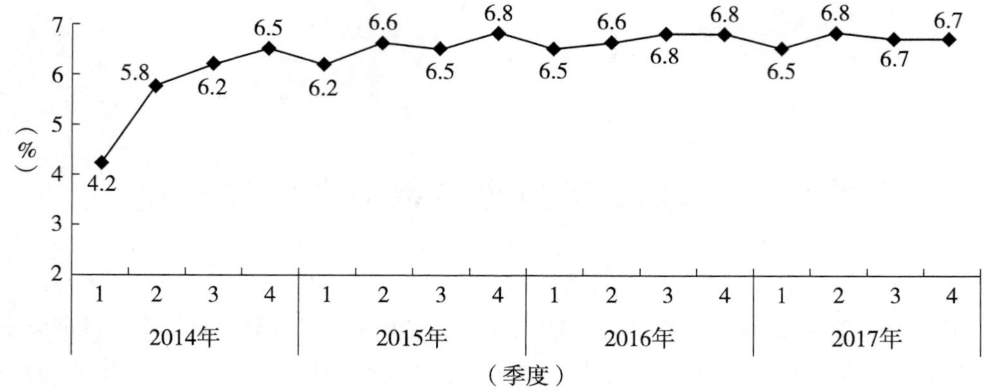

图1　2014—2017 年各季度全省生产总值增长率

材工业分别下降 0.1%、3.6% 和 1.3%。服务业发展加快。服务业增加值增长 11.3%，同比加快 1.4 个百分点，较 2017 年上半年、前三个季度分别加快 0.9 个和 0.3 个百分点。2017 年 1—11 月，规模以上服务业营业收入 3106.1 亿元，增长 12.4%，增速同比加快 6.5 个百分点。

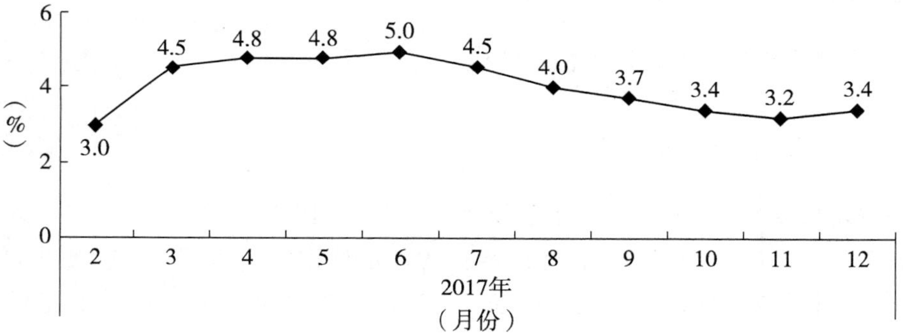

图2　2017 年 2—12 月规模以上工业增加值累计增长率

需求拉动总体平稳。投资平稳增长。全年固定资产投资 33012.2 亿元，增长 5.3%，增速连续 5 个月稳定在 5% 左右。大项目增加较多，亿元以上在建项目 8589 个，同比增加 1722 个；完成投资 22048.9 亿元，增长 13.4%，占全省投资的 66.8%，拉动全省投资增长 8.2 个百分点。民间投资增长平稳，完成投资 25577.0 亿元，增长 6.4%，占全省投资的 77.5%。消费品市场稳中向好。社会消费品零售总额 15907.6 亿元，增长 10.7%，增速同比加快 0.1 个百分点。对外经贸平稳增长。进出口总值 3375.8 亿元，增长 9.7%。其中，出口总值 2126.2 亿元，增长 5.5%；进口总值 1249.6 亿元，增长 17.5%。对部分“一带一路”沿线国家出口增长较快。对俄罗斯、波兰、伊拉克、哈萨克斯坦出口分别增长 32.2%、19.7%、71.6% 和 67.2%。实际利用外资 89.4 亿美元，增长 9.7%。其中外商直接投资 84.9 亿美元，增长 15.4%。

（二）供给侧结构性改革成效明显

“三去一降一补”持续加力。去产能全力推进，煤炭、钢铁行业化解过剩产能任务超额完成，全年原煤、焦炭产量同比分别下降6.4%和7.2%，生铁、粗钢、钢材产量分别下降3.4%、1.0%和2.7%。去库存成效明显，商品房待售面积1056.5万平方米，同比下降33.2%。去杠杆和降成本力度加大，规模以上工业企业资产负债率为55.2%，比2016年下降0.1个百分点，比2017年上半年下降0.5个百分点；每百元主营业务收入中的成本为87.33元，同比减少0.17元，比2017年前三个季度减少0.56元。短板领域投入较快增长，基础设施投资8232.7亿元，增长15.3%，增速高于全省投资10.0个百分点。其中，生态保护和环境治理、城市市政公用事业投资分别增长18.4%和34.1%。

农业供给侧结构性改革扎实推进。按照稳粮、优经、扩饲的思路，大力发展设施蔬菜、食用菌和中草药等农业新经济，适度发展规模经营，壮大新产业新业态，农业产业链、价值链有效延伸。设施蔬菜占蔬菜产量比重达到34.5%，食用菌总产量增长4.6%，中草药产量增长12.1%；规模化生猪、家禽养殖比重分别接近80%和90%，奶牛存栏100头以上规模养殖率达到100%，处于全国领先水平；休闲渔业经济效益明显，为第一、二、三产业融合发展发挥了示范引领作用。

（三）经济结构调整优化

产业结构持续优化。服务业比重和贡献提高。全年服务业增加值占生产总值比重为41.8%，同比提高0.3个百分点；对经济增长的贡献率为69.3%，同比提高10.4个百分点，高于第二产业45.1个百分点，是支撑经济增长的主要动力。装备制造业主导作用增强。装备制造业增加值增长12.1%，高于规模以上工业8.7个百分点，对工业生产增长的贡献率为88.9%，居七个主要行业之首，是支撑工业增长的首要力量。高耗能行业生产降幅扩大。六大高耗能行业增加值同比下降2.1%，降幅比2017年上半年扩大1.9个百分点。农业结构不断优化。涵盖现代农业、生态农业、新产业的农林牧渔服务业、林业、渔业产值比重为6.11%、2.62%和3.50%，比2016年分别提高0.49个、0.45个和0.03个百分点。

需求结构调整改善。最终消费支出对经济增长的贡献率为61.9%，高于资本形成总额14.6个百分点，是经济增长的主动力。消费升级态势明显。汽车类零售额1419.1亿元，增长6.4%，占限额以上单位零售额比重为34.6%，贡献率为24.6%，主支撑作用显著；中西药品类、通信器材类、体育娱乐用品类、建筑及装潢材料类商品零售额分别增长18.5%、44.8%、10.3%和15.0%，同比加快3.2个、40.3个、9.2个和2.7个百分点。投资结构继续优化。服务业投资拉动作用增强，完成投资15206.5亿元，增长8.3%，增速比全省投资快3.0个百分点，占全省投资的46.1%，同比提高

1.3 个百分点。其中现代服务业投资增长 10.8%，占全省服务业投资的 86.1%。工业技改投资增速回升，完成投资 9964.8 亿元，增长 6.3%，较 2017 年前三个季度回升 5.7 个百分点，占工业投资比重为 61.6%。装备制造业比重提高，完成投资 5519.7 亿元，增长 4.9%，占工业投资比重为 34.1%，同比提高 0.8 个百分点。高耗能行业投资下降，六大高耗能行业投资 4948.2 亿元，同比下降 0.3%。出口结构调整优化。机电产品出口 648.6 亿元，增长 19.0%，占全省出口总值比重为 30.5%，同比提高 3.4 个百分点；高新技术产品出口 147.6 亿元，增长 18.0%，比重为 6.9%，同比提高 0.7 个百分点。

（四）新动能加快成长

战略性新兴产业和高新技术产业增长较快。2017 年全年工业战略性新兴产业增加值增长 12.4%，比规模以上工业增速快 9.0 个百分点。其中，电子元件制造增长 71.8%，医疗仪器设备及器械制造增长 47.3%，风力发电增长 20.5%，太阳能发电增长 57.5%，生物质能发电等其他电力生产增长 38.0%。工业高新技术产业增加值 2392.5 亿元，增长 11.3%，增速高于全省工业 7.9 个百分点；占规模以上工业比重为 18.4%。其中，新能源、生物、电子信息领域分别增长 17.2%、15.3%、15.0%。新能源产品产量增长较快。新能源汽车、电子元件、工业机器人、太阳能电池、锂离子电池产量分别增长 140%、22.0%、2670%、34.6%和 75.7%。

现代服务业快速增长。2017 年 1—11 月，规模以上现代服务业企业营业收入 2952.6 亿元，增长 12.9%，对规模以上服务业增长的贡献率为 98.6%，拉动规模以上服务业增长 12.2 个百分点。其中，生态保护和环境治理业、商务服务业、物业管理营业收入分别增长 38.8%、37.0%和 36.6%。

新业态、新主体不断壮大。2017 年全年快递业务量达到 11.9 亿件，增长 32.1%；快递收入 126.5 亿元，增长 34.2%。新市场主体增加较多。2017 年全年法人单位 105.3 万个，同比增加 26.8 万个，增长 34.1%。其中服务业新增法人单位 17.5 万个，对全省法人单位增长的贡献率为 65.2%。

（五）协同发展成果丰硕

京津冀交通、生态环境、产业三大领域重点突破深入推进，互联互通的交通一体化格局逐步形成，共享共治的生态环境明显改善，北京市非首都功能疏解和京津产业转移承接齐头并进。2017 年年末，共承接京津“四上企业”法人单位 27 个，其中从北京市转入 17 个，从天津市转入 10 个。2015 年、2016 年、2017 年京津法人转入河北省的产业活动单位分别为 919 个、1369 个和 2353 个。雄安新区建设稳步推进。新区总体规划、起步区控制性规划、启动区控制性详细规划、白洋淀生态环境治理和保护规划编制工作进展顺利。秋冬季万亩合作造林项目和市民服务中心项目顺利启动，以光启军民融合为代表的一批重大项目落地雄安，新区管理机构和投融资平台组建运行。张家口赛区项目加快建设，北京市冬奥会筹办工作扎实推进。

（六）绿色发展步伐加快

认真学习贯彻习近平总书记关于塞罕坝机械林场的重要批示精神，大力弘扬塞罕坝精神，深入推进生态文明建设和绿色发展，全年造林绿化面积 536 万亩。环境治理力度加大，空气质量持续改善。坚持科学治霾、协同治霾、铁腕治霾，2017 年，全省 PM2.5（可入肺颗粒物）平均浓度为 65 微克/立方米，比 2016 年下降 7.1%，比 2013 年下降 39.8%，超额完成国家“大气十条”确定的目标任务。实施秋冬季攻坚行动，入冬以来空气质量改善幅度领跑全国。从 2017 年 10 月 1 日—12 月 31 日，全省 PM2.5 平均浓度 67 微克/立方米，同比下降 37.4%，秋冬季空气质量为五年来最好。全省平均达标天数 202 天，占全年总天数的 55.3%，比 2013 年增加 73 天。

节能降耗成效明显。初步统计，2017 年全年规模以上工业能耗比 2016 年下降 2.5%，单位工业增加值能耗下降 5.7%，能源消耗强度和总量“双控”进展顺利。新能源开发利用加快，风力发电量 252.1 亿千瓦时，增长 16.8%；太阳能发电量 37.4 亿千瓦时，增长 40.2%；生物质发电量 19.0 亿千瓦时，增长 6.3%，占规模以上工业发电量比重分别为 9.1%、1.3% 和 0.7%。

（七）质量效益稳步提高

企业效益增长加快。2017 年，规模以上工业企业实现利润总额 3118.7 亿元，增长 21.0%，增速比 2016 年加快 2.1 个百分点；主营业务收入利润率为 6.0%，提高 0.4 个百分点。亏损企业 1561 个，亏损企业亏损总额 208.6 亿元，减亏 23.0%。

财政收入较快增长。全部财政收入 5086.9 亿元，增长 16.4%，增速比 2016 年加快 8.4 个百分点。其中，一般公共预算收入 3233.3 亿元，增长 13.5%，加快 5.9 个百分点。在一般公共预算收入中，税收收入 2199.0 亿元，增长 10.2%，占一般公共预算收入比重为 68.0%，比 2017 年上半年提高 1.0 个百分点。

（八）民生得到显著改善

全省上下认真贯彻落实习近平总书记在全国深度贫困地区脱贫攻坚座谈会上的重要讲话精神，精准扶贫精准脱贫工作持续加力，脱贫攻坚工作扎实有效。民生投入力度加大。2017 年全年一般公共服务、教育、社会保障和就业等民生支出分别增长 14.2%、12.4% 和 18.9%，均快于一般公共预算支出增速。

居民收入稳步增长。全省居民人均可支配收入 21484 元，按常住地分，城镇居民人均可支配收入 30548 元，增长 8.1%，增速比 2016 年加快 0.1 个百分点；农村居民人均可支配收入 12881 元，增长 8.1%，增速比 2016 年加快 0.2 个百分点。

就业形势持续向好。大众创业、万众创新持续推进，积极就业政策效应不断显现。全年城镇新增就业82.06万人，26.85万失业人员实现再就业，10.91万困难人员实现再就业，均超额完成全年目标任务。

总的来看，面对复杂多变的外部环境和去产能治污染的艰巨任务，全省经济运行实现稳中有进、稳中向好，成绩来之不易。这是省委、省政府正确领导的结果，是全省人民奋斗拼搏的结果，为加快建设新时代经济强省、美丽河北奠定了坚实基础。

二、存在的主要问题

（一）工业生产低位运行

2017年，规模以上工业生产持续低速增长，下半年以来波动回落，全年工业增加值增长3.4%，同比回落1.4个百分点，比前三季度、上半年分别回落0.3个和1.6个百分点，低于全国3.2个百分点。2014—2017年，规模以上工业增加值分别增长5.1%、4.4%、4.8%和3.4%，呈现低位回落态势。主要影响因素：一是停减产企业较多。加大环境容量管控力度，钢铁、建材、焦化、铸造行业实施错峰生产，2017年10—12月停减产企业分别为5932家、6046家和6072家，12月停减产企业比重达40.3%。二是生产放缓行业较多。2017年12月，在统计的40个工业行业大类中，14个行业生产放缓，占35.0%，共影响全省工业生产增速回落1.3个百分点。其中，通用设备制造、化学原料及化学制品制造、汽车制造等行业影响较大，分别影响0.5个、0.1个和0.2个百分点。三是市场需求不足。据问卷调查结果显示，2017年第四季度，16.1%的企业接到的产品订货量低于正常水平，五成以上企业无出口订单。

（二）新开工项目持续减少

2017年，全省新开工项目17887个，同比减少1347个，下降7.0%；完成投资16846.9亿元，下降2.7%，下拉全省投资增长1.5个百分点。新开工项目减少主要受以下因素影响：一是制造业项目减少较多。制造业新开工项目9575个，同比减少780个，占全省新开工项目减少个数的57.9%。其中，纺织、皮革毛皮羽毛（绒）及其制品、化学原料及化学制品制造、黑色金属冶炼和压延加工、有色金属冶炼和压延加工5个行业项目减少485个，占制造业项目减少个数的62.2%。二是优质项目减少较多。战略性新兴产业、文化产业和商务服务业新开工项目减少104个，战略性新兴产业投资仅增长0.4%，其中生物、高端装备制造、新能源、新材料产业投资均呈下降态势，不敢投、很难投问题突出。三是要素制约明显。实际到位资金增长3.4%，低于固定资产投资增速1.9个百分点；资金到位率为95.6%，同比下降1.8个百分点。其中自筹资金增长 1.2%，低于到位资金增速 2.2 个百分点。土地供应难以满足项目建设需求，特别是京冀交界地区规划管控，建设用地紧张问题突出。投资对优化供给结构发挥着关键性作用，新开工项目减少特别是优质项目不足对未来投资结构乃至产业结构产生较大影响。

（三）企业效益增长质量不高

规模以上工业企业利润增长主要依靠资源型行业，装备制造业增长乏力。2017 年，钢铁、石化、建材工业利润总额分别增长 92.8%、48.8% 和 42.0%，如扣除这 3 个行业，规模以上工业利润同比下降 4.2%。装备制造业利润总额同比下降 6.7%，2017 年年初以来呈现持续下降态势。分析其原因，主要是能源资源类产品价格大幅上涨，推动相关行业盈利水平提升。钢铁工业中的黑色金属冶炼和压延加工业出厂价格同比上涨 36.2%，而其上游行业黑色金属矿采选业出厂价格上涨 14.7%；建材行业中的非金属矿物制品业、非金属矿采选业出厂价格分别上涨 8.5% 和 15.5%，下游产品价格涨幅高于原材料价格涨幅，这些行业顺利实现利润高速增长或亏损大幅减少。受国际油价上涨、天然气需求增加等因素影响，石油和天然气开采业、石油加工炼焦和核燃料加工业出厂价格均较快上涨，涨幅分别为 36.2% 和 28.3%。装备制造业作为“吃钢”行业，钢铁价格上涨导致生产成本明显增加，由于市场竞争较为充分，上涨的成本难以完全向产品价格传导，利润空间受到压缩。在装备制造业行业中，金属制品业出厂价格同比上涨 4.5%，通用设备制造业上涨 0.9%，专用设备制造业上涨 0.2%，汽车制造业下降 1.2%，铁路、船舶、航空航天和其他运输设备制造业上涨 0.2%，电气机械和器材制造业上涨 1.2%，均低于钢铁产品价格涨幅。依靠资源型行业价格上涨带来的利润增长不可持续，提高企业盈利能力的关键在于加强技术创新，增加有效供给，加快提升装备制造业发展水平。

上述问题的深层次原因，主要在于结构性矛盾突出，创新能力不够强，新旧动能转换不快。研究与开发经费支出占 GDP（国内生产总值）比重不足全国的 60%，万人发明专利拥有量不及全国平均水平的 1/3；服务业增加值比重比全国低 9.8 个百分点，高新技术产业增加值比重不足 20%，在《战略性新兴产业分类目录》中空白产品占比近七成。在环境约束加剧形势下，传统产业低速增长，新兴产业起到主支撑作用还需要一个过程，转型升级任务艰巨繁重。要按照高质量发展的要求，坚持创新竞进、协同融合、改革开放、转型升级、提质增效、改善民生、优化环境，着力推动创新、改革、开放、融合、转型，力促经济持续健康发展。

三、2018 年经济走势展望及对策建议

2018 年是贯彻党的十九大精神的开局之年，是改革开放 40 周年，是决胜全面建成小康社会、实施“十三五”规划承上启下的关键一年，有利因素和不利因素并存，机

遇大于挑战。

从发展环境看，积极因素增多。全球经济复苏态势更加明显。美国、欧盟、日本和亚洲新兴经济体增长加快，发展中经济体增长提速，IMF（国际货币基金组织）将2018年全球经济增速预期上调至3.7%。但世界经济发展不确定、不稳定因素较多，美国加息、中东局势动荡等对经济复苏带来不利影响。全国经济发展稳中向好。党的十九大胜利召开激发了全国人民干事创业的动力，中央经济工作会议指明了新的历史起点上高质量发展方向，新动能支撑作用将不断增强。2017年12月，中国制造业采购经理指数（PMI）和非制造业商务活动指数分别为51.6%和55.0%，持续处于扩张区间。河北省正处于历史性窗口期和战略性机遇期。省委九届六次全会确定了经济社会发展“抓好三件大事、打好六场硬仗、实施八项战略、深化九项改革”基本思路，深入推进供给侧结构性改革，加快建设现代化经济体系，在高质量发展中着力推动创新、改革、开放、融合、转型，经济发展动力和活力将不断增强。同时，调结构、转方式、治污染任务繁重艰巨，发展不平衡不充分矛盾突出，经济平稳健康发展的基础仍需巩固。

从产业支撑看，新旧动能加快转换。农业方面，随着农业农村优先发展政策的实施，以种植业、养殖业和农产品加工业为主的农业新型经营主体快速增加，对农业生产发展将起到积极作用，农林牧渔业生产仍将保持平稳发展的态势。工业方面，化解过剩产能倒逼钢铁企业转型，将推动钢铁工业由大向强转变，装备制造业支撑作用增强、战略性新兴产业崛起、高耗能行业收缩的格局正在形成。但钢铁企业实现产品升级和产业转型需要一定时间，设备、技术、人员都要更新和改进，新旧动能转换需要有个过程，环保限产力度不减，将对相关行业持续产生影响，工业生产将延续平稳运行态势。服务业方面，现代服务业继续保持较快发展态势，随着鼓励社会资金进入养老、医疗等领域政策实施，旅游、文化、养老、健康、体育等“幸福产业”将加快发展，服务业有望继续保持较快增长态势。

从需求拉动看，内外需同步发力。投资方面，创新驱动战略加快实施，新兴行业投资将继续较快增长，补短板力度加大，扶贫、农村、环保等领域投入继续增加，雄安新区规划建设加快推进，冬奥会场馆和配套设施加快建设，为投资增长提供有力支撑。但新开工项目持续减少，新的投资增长点带动不足，资金、土地等要素制约问题依然存在。固定资产投资将继续保持平稳增长态势。消费方面，促进消费增长、优化营商环境政策措施效果持续显现，新型消费业态、新商业模式迅速发展，消费环境明显改善；居民收入较快增长，消费能力、消费意愿提高，社会保障体系不断完善，将促进消费加快增长。但高品质产品和服务有效供给不足，部分居民家庭负债过高，对消费产生挤出效应等制约消费增长。初步判断，消费品市场将延续平稳运行、稳中向好态势。出口方面，波罗的海干散货指数（BDI）保持在近年来较高水平，随着“一带一路”建设持续推进，促进外贸回稳向好政策措施深入落实，出口有望延续向好势头。

综合判断，2018年国内外环境趋于改善，支撑全省经济增长的积极因素较多，随着现代化经济体系加快建设，转型升级持续推进，新动能加快壮大，全省经济有望继续呈现稳中向好态势。

为实现全省经济良好运行，建议重点抓好以下工作。

（一）实施质量提升工程，强化高质量发展支撑

认真落实省委、省政府《关于开展质量提升行动加快质量强省建设的实施意见》，大力实施质量强省战略。切实转变投资发展理念，坚持质量第一，效益优先，更加注重项目质量，做到总量、效益并重，以高质量的投资支撑高质量的发展。在制造业、农产品和食品药品等领域组织开展精准有效投资以催生优质供给，以高端高质项目引领转型升级。发挥好企业主体作用，培养一批质量标杆企业。加强品牌培育创建。推进名优品牌培育，打造河北省品质，加强品牌保护。加大政策扶持力度，完善质量强省的相关政策措施，强化质量管理人才培养，建立质量提升奖励激励机制。在高质量发展中着力创新、改革、开放、融合、转型，务求取得新的成效。

（二）深化供给侧结构性改革，打造新的增长点

把提高供给体系质量作为主攻方向，全面落实“三去一降一补”五大任务。优化存量资源配置，扩大优质增量供给，培育壮大战略性新兴产业和现代服务业，改造提升传统产业，加快产业转型升级步伐。加快“放管服”改革和国企改革，营造良好营商环境支持实体经济创新发展。扶持新能源和新材料、生物产业、新一代信息技术产业、高端装备制造业等为主的战略性新兴产业发展壮大。推进现代服务、现代农业、工业机器人、高档数控机床等专业领域加快发展，造就一批竞争力强的企业和品牌，为经济持续健康发展提供新的动力。

（三）推进京津冀协同发展，实现互惠互利共赢

积极承接北京市非首都功能疏解，完善“三区一基地”建设规划和行动方案，加快交通、产业、生态环境三个重点领域率先突破。有力有序有效推进雄安新区规划建设，抓好新区及周边管控，加快辐射带动产业转型升级。完善协同创新机制体制，推进创新资源互联互通和开放共享，激活创新主体，改善创新环境，着力打造协同创新共同体。高质量推进冬奥会筹备、首都新机场建设等重点工作，以及场馆和基础设施建设。

（四）坚持创新竞进，加快增长动能转换

强化创新发展理念，大力实施创新驱动发展战略，培育壮大新动能，推进产业结构优化升级。进一步优化创新创业环境，努力吸引更多优质创新创业项目、创新型领军人才落户河北省。加快产业技术创新步伐，鼓励企业加大研发投入，加快产学研创

新链融合，提升研发和配套能力。强化科技创新成果应用和示范推广，加快建设科技成果孵化转化中心、重点产业技术研发基地、科技支撑产业结构调整和转型升级试验区，发挥好创新载体的引领作用。

（五）全力扶贫攻坚，保障和改善民生

加大扶贫攻坚力度，重点加快贫困地区基础设施建设和生活条件的改善进度，补齐资源环境、生态建设、公共服务等短板，确保各项民生保障措施落实到位。千方百计增加就业岗位，进一步拓宽职工分流安置渠道，支持企业挖掘内部安置的潜力和促进分流职工转岗，做好重点群体职工安置工作，提高就业质量和水平。大力实施乡村振兴战略，改善农村生产生活环境，加快产业融合发展，支持和鼓励农民创业，确保农民稳定增收。

（资料来源：河北省发展和改革委员会、河北省统计局）

第二章　2017 年河北省物流业发展运行特点

2017 年河北省物流业运行延续了良好发展态势，物流需求增长基本平稳，物流运行质量进一步提高，需求结构持续优化，转型升级结构调整加快，呈现出稳中向好的发展态势。物流业在国民经济中的基础性、战略性地位进一步提升。

一、物流业整体运行态势良好

（一）物流运行平稳，运行效率与质量不断提升

2017 年，河北省物流业正处于以转型升级为主线的发展新阶段，物流企业逐步向效率提升、创新驱动转变。2017 年河北省物流业增加值为 2851 亿元，同比增长 8.14%，增速比 2016 年同期提高 1.74 个百分点。物流实物量增长较快，社会物流总费用增速明显。社会物流总费用为 6197.2 亿元，同比增长 7.92%，增速比 2016 年同期提高 4.42 个百分点。在多式联运、甩挂运输等相关举措推动下，运输物流效率进一步提升，物流成本有所回落，社会物流总费用占 GDP 的比率为 17.23，比 2016 年同期降低 0.81 个百分点。

（二）物流需求持续增长

2017 年，河北省社会物流总额为 96698.9 亿元，同比增长 7.2%，增速比 2016 年同期提高 0.7 个百分点。其中，工业制造业物流仍然是物流需求的主要来源，工业品物流总额为 56316.7 亿元，同比增长 3.6%，工业品物流总额占社会物流总额的比重为 58.2%；消费带动相关物流需求保持较快增长，消费依然是物流需求增长的重要推动力，与消费相关的单位与居民物品物流总额为 137.2 亿元，同比增长 30.9%；省外流入物品物流总额为 33657.5 亿元，同比增长 13.1%；进口物流需求量增长显著，进口货物物流总额为 1219.4 亿元，同比增长 15%，增速比 2016 年同期提高 23 个百分点。

二、全国现代商贸物流重要基地建设稳步推进

（一）京津冀合作逐步推进

2017 年，京津冀三省市印发《关于加强京津冀产业转移承接重点平台建设的意

见》，着力增强北京新的“两翼”高端产业吸引力，集中力量打造四大战略合作功能区，合理打造一批高水平协同创新平台，协力共建一批专业化产业合作平台。京津冀三地口岸主管部门签署《京津冀口岸深化合作框架协议》，口岸通关业务一体化步伐加快。

2017 年，召开了京津冀粮食行业协同发展第三次局长联席会议，签订了《京津冀地区粮食流通监督检查联合执法协作协议书》，北京市 1 亿多斤市级储备落户河北省。

（二）建立项目对接机制

2017 年，河北省与京津建立了京津冀经济和信息化委员会及工业和信息化项目对接机制，建立了京津冀产业转移项目库，入库项目达 625 个，总投资约 8499 亿元。在项目对接机制下，河北省与京津联合进行了产业协同发展项目库、数据库、资料库建设，做实做细基础性工作，及时通报发布产业转移和项目进展情况，实现项目“一对一”精准对接服务。在京津冀产业转移项目库中，已建成投产项目 126 个，总投资约 1397 亿元；在建项目 299 个，总投资约 4223 亿元；前期项目 200 个，总投资约 2879 亿元。

（三）推进一批承接北京非首都功能转移项目建设

2017 年，河北省配合国家发展和改革委员会（以下简称“国家发展改革委”）推进京津冀农产品流通创新体系建设，筛选了河北省优秀农产品流通企业争列国家农产品流通创新示范企业。沧州渤海新区管理委员会、天津港集团、河北港口集团三方正式签署框架协议，共同加快推进黄骅港集装箱发展。河北省会同有关部门协调推进河北新发地高碑店农副产品物流园区、亿博基业冀中南公铁联运智能港等项目建设。北京新发地盐山县农副产品批发市场及冷链物流园项目落户沧州盐山县，是继北京市新发地落户河北省高碑店市之后，河北省承接非首都功能转移的又一个大型农产品批发市场。

三、国际物流通道建设成效显著

（一）港口发展实现新突破

2017 年，河北省港口吞吐量首次突破 10 亿吨大关，比 2016 年增加 1 亿吨，同比增长 10.5%，港口吞吐能力也达到 10.6 亿吨，同比增长 3.9%，港口吞吐量、吞吐能力双双跨越 10 亿吨，分别居全国第 5 位、第 2 位。河北省初步形成以唐山港为龙头，秦皇岛港、黄骅港为两翼，以煤炭、铁矿石等大型专业化码头为主，集装箱、杂货、液体化工为补充的综合性港口群。三大港口全部跻身 2 亿吨大港俱乐部，其中秦皇岛港完成 2.4 亿吨，黄骅港完成 2.6 亿吨，唐山港完成 5.5 亿吨，居全国沿海港口第 3 位。

（二）通关效率不断提升

2017 年，海关总署《关于简化海关税费电子支付作业流程的公告》（第 44 号公告）和《关于优化汇总征税制度的公告》（第 45 号公告）正式实施后，进一步提升了河北省进出口企业的通关效率。第 44 号公告简化海关税费电子支付作业流程，取消现场海关通过打印税款缴款书触发税款实扣的操作，将打印税单与货物放行解绑，使进口货物通关时间压缩一半以上，平均每单通关时间可控制在 3 小时之内。2017 年，河北省享有办理汇总征税资格的企业由原来的 572 家扩大到 29815 家。

（三）港口功能日益完善

2017 年，原国家质检总局公布的进境粮食指定口岸及查验点名单，河北省的 3 个港口和 4 个码头上榜，分别是唐山港口岸的京唐港杂货码头（A，即水运散装）、秦皇岛港口岸的秦皇岛港杂货码头（A）和秦皇岛港新港湾集装箱码头（B，即水运集装箱）、黄骅港口岸的河北冀海港务有限公司码头（A）。这 4 个进境粮食指定码头的成功获批，将会进一步优化河北省口岸功能、丰富货物种类、整合并有效发挥口岸检验检疫资源优势。唐山曹妃甸品质宝国际物流有限公司进口的葡萄酒以跨境电子商务网购保税模式在曹妃甸综合保税区顺利通关出区。这样既减少了货物流转中间环节，降低了企业运输成本，又能缩短商品到达消费者手中的时间。唐山港区整车进口口岸通过验收，成为河北省第一个汽车整车进口口岸，填补了河北省这一领域的空白，进一步完善了港口功能，带动了区域汽车进口贸易发展，提升了港口集装箱业务规模和港口综合业务水平。

2017 年，河北省新设立保税仓库和出口监管仓库共 8 家，截至 2017 年 12 月 31 日，正式运营保税仓库 22 家，出口监管仓库 4 家。保税仓库和出口监管仓库的税收政策有助于进出口企业减少资金占用压力，降低企业物流成本。石家庄综合保税区通过正式验收，标志着河北省继曹妃甸综合保税区后，第二家综合保税区即将封关运行。

（四）国际物流班列及航线陆续开通

2017 年，河北省开通了“好望角号”中亚国际货运班列，是京津冀地区首列直通中亚地区的货运列车，起点为中国河北省邢台市，终点为乌兹别克斯坦首都塔什干州，并设立哈萨克斯坦（阿拉木图市）海外仓。泰通国际运输有限公司运营的“保定—喀什—中亚/南亚多式联运国际班列”和“深圳—喀什—中亚/南亚多式联运国际（援疆）班列”开通运行。河北省还成功开通了首条东南亚—秦皇岛港直航航线，依托此航线，从菲律宾、越南、柬埔寨进口高品质的热带新鲜水果，同时把秦唐周边的钢材、建材等出口到东南亚地区。

四、交通、物流基础设施融合发展

2017 年交通重点建设实现新突破，全省高速公路总里程达到 6531 公里，交通运输固定资产投资完成 781.7 亿元，超额完成年度计划任务。津石高速开工建设，延崇高速全面开工，京秦高速京冀、冀津接线段主体建成。全省交通运输货运枢纽（物流园区）项目总投资 21.9 亿元，完成投资 26.8 亿元，完成年计划的 122.4%，同比增长 6.8%。

2017 年，河北省物流园区逐步互联互通，物流基础设施网络建设得到加强，枢纽经济放大物流社会经济效应，其中河北瑞川物流园一期工程和深国际石家庄现代综合物流港项目一期工程投入运营，冀中南公铁联运智能港和唐山公路港项目一期工程稳步推进。

五、物流市场主体壮大

（一）国企进一步做大做强

截至 2017 年年底，河北省国有资产监督管理委员会监管企业涉及物流业总资产达 1819.4 亿元，同比增加 22%；净资产 572.6 亿元，同比增长 23%；营业收入为 3288.1 亿元，同比增长 0.15%；利润 23.1 亿元，同比降低 15.8%。

（二）综合实力强的标杆型企业引领行业发展

冀中能源集团荣获 2017 年中国物流企业 50 强第 3 名。河北港口集团开展块煤集装箱化运输，申报了多式联运示范工程。河钢集团曹妃甸港和黄骅港港口项目进展顺利，全年吞吐量为 1950 万吨，同比增长 14.4%。开滦集团煤炭专业物流板块全年煤炭购销量 1080 万吨，收入 66 亿元。国和公司稳步扩大煤炭贸易规模，形成了以黄骅港为主体的煤炭交易平台，并同中国华电煤业集团、神华集团和广西北部湾国际港务集团等建立了合作关系，打通了南北煤炭大通道。邯郸国际陆港全力推进业务扩张和物流园区建设，年内累计从黄骅港输运矿石 120 余万吨，从邯郸发运钢材 10 余万吨，成功中标美的国内两条运输干线。

（三）物流创新取得新成绩

2017 年，石家庄润华国际物流股份有限公司与传化智联杭州众成供应链管理有限公司合资成立河北传化供应链管理有限公司，共同运营正定国际物流园项目。河钢集团物流服务平台完成了承德汽运平台功能开发，实现运输计划管理、车辆管理、在途跟踪、运费结算等功能全部上线；河钢承钢上线试运行；物流服务平台铁路部分也在积极建设之中。开滦集团唐山湾炼焦煤储配基地建设完成了 1#—4#堆场简易硬化工程、道路及汽车衡基础等堆场功能的完善工程。开滦集团曹妃甸数字化煤炭储配基地建设主煤流通道（来煤系统、储煤系统、配煤系统）及对接工程土建部分完成了90%。

河钢集团、中国五矿、曹妃甸港集团、首钢集团、中国远洋海运集团共同签署合作协议，五方将以增资扩股方式，共同参与由中国五矿在曹妃甸港牵头建设的涵盖保税、仓储、配矿、保值、融资、现货、期货交割库等功能的新型绿色环保、智能高效、功能齐全的亿吨级国际矿石交易中心项目。

圆通速递华北区域管理总部和华北航空枢纽建设、中通快递华北电商快递产业园、顺丰电商供应链产业园等重大项目已取得实质性进展。“邯郸快递产业园暨河北省快递产业试验园区”作为全省首个挂牌成立的快递产业试验园区正式揭牌成立，实现了全省零的突破。苏宁石家庄物流基地“开仓”，该项目采用信息化、机械化的立体仓储系统的集成方案，承担苏宁在石家庄地区销售商品的采购结算、调拨配送、售后服务等职能。

六、物流标准化工作取得新进展

（一）完善物流标准体系

为解决冷链物流、商务诚信、外卖送餐、电商物流等方面无标可依的现状，2017年河北省质量技术监督局新立项多个物流业地方标准项目，已完成前期编写工作，正在按计划有序推进。京津冀联合制定的《畜禽肉冷链物流操作规程》等8项京津冀协同地方标准，已完成前期的编写。

（二）推进物流标准化试点建设

河北省先后有石家庄、唐山、邯郸、承德等市被列为国家物流标准化试点城市，共谋划建设项目105个，总投资12.76亿元，获得中央财政支持资金2.6亿元。

七、物流试点工作取得新进展

2017年，河北万合物流股份有限公司等10家企业成为交通运输部无车承运人试点单位。截至2017年年底，10家试点企业已完成无车承运人信息平台建设并上线投入使用。同时建设了河北省无车承运人运行监测平台，现10家试点企业均已接入省监测平台，并与部平台完成联调联试开始正常上传数据，并开始对试点企业上传的主要信息进行监测。兴隆县汇丰物流配送有限公司公路甩挂运输试点项目工程通过验收，开展了京津冀城际公路快速货运网络化甩挂运输试点工作。唐山港集团多式联运项目的基础设施建设任务基本过半。长久物流商品车公铁水联运示范工程成功入选国家第二批多式联运示范工程项目。

八、物流信息化加快发展

（一）专业领域信息化水平不断提高

2017 年，河北省交通运输物流公共信息平台在完成与国家交通运输物流公共信息平台对接的基础上，在邢台好望角国际物流园区正式上线发布。该平台是河北省唯一的交通运输物流公共信息基础平台，也是国家交通运输物流公共信息平台“1 + 32 + nX”建设框架的重要组成部分。

2017 年，河北省启用“大件运输许可平台”，标志着河北省大件运输许可实现了网上一站式并联审批，一地办证、全国通行。河北省会同京津着手搭建京津冀商贸物流信息服务平台，京津冀重点物流设施地图服务平台和物流京津冀信息服务平台已搭建完成，正在抓紧进行联通对接。河北省农业厅开发建设了农产品质量安全监管信息平台，拥有质量追溯、检验检测、行政执法、行政监管、“三品一标”、应急管理、信息发布与查询 8 个子系统。通过该信息平台，建成了贯穿省、市、县、乡和农产品生产企业与合作社的质量追溯通道，引导农产品生产企业与合作社开展质量追溯，目前，全省已有 400 余个单位开展了质量追溯。

（二）物流企业信息化建设加快

2017 年，河钢云商电商平台应用逐渐深入，全年创效 2510 万元。港口集团积极整合既有的现货交易、信息咨询和金融服务等电子商务系统，通过增加交易、物流、结算、支付、融资等基础服务功能，集成构建面向整个沿海市场的煤炭电子商务服务体系。唐山成联电子商务有限公司开发建设的全国标准化智慧物流服务平台——中国物流官网，是推进信息化与经济融合发展国家级示范项目，已成功与河北、辽宁、山东、广东等多个省份的二十余个城市，实现了物流资源信息互联互通，实现线上车、货、托盘等各类物流资源的在线交易与支付交易。石家庄市的必康润祥医药河北有限公司的网络平台已入驻“京东商城”实现了上、下游企业、客户端联通，信息共享。

九、物流业运行环境持续改善

（一）物流相关政策相继出台

2017 年，党中央、国务院和省委、省政府重视物流业发展，先后出台了物流业降本增效、现代供应链创新应用、冷链物流等一系列重要文件。各部门从自身职能定位出发，出台支持物流业发展的多个物流相关政策，支持物流业发展的政策环境得到进一步优化。

（二）物流车辆道路通行更安全便利

2017 年，河北省对运送生活必需品、药品、鲜活农产品和冷藏保鲜产品的民生保障车辆一方面开辟绿色通道，保证城市物资供给和百姓日常生活，另一方面重污染天气限行期间不限制，确保民众日常生活不受限行措施影响。加强快递车辆管理，下发了《关于进一步加强快递机动车辆管理的通知》，明确快递机动车辆属民生保障车辆范围，并在道路通行证办理、临时停车管理、轻微交通事故应急处理等方面予以保障。根据国家有关部委要求开展了货车非法改装专项整治行动，启动新一轮超限超载治理。

（三）行业诚信工作进展顺利

2017 年，河北省工商行政管理局积极依托国家企业信用信息公示系统（河北）和河北省法人库，向有关部门推送企业登记备案、经营异常名录和严重违法失信企业名单等信息。河北省现代物流协会按照中国物流与采购联合会（以下简称“中物联”）《物流企业信用信息管理办法》和《物流企业信用评级管理办法》，在行业内积极组织开展了物流企业信用评价工作，2017 年河北省物流诚信企业总数已达 11 家。通过开展 A 级信用企业评价工作，对提高河北省物流企业品牌竞争力，约束和规范企业经营行为，营造公平竞争、诚信经营的市场环境起到了积极的作用。2017 年，河北省商务厅制定了《河北商务诚信公共服务平台建设方案》，为河北省诚信建设奠定了良好的基础。

（四）切实减轻物流企业税收

2017 年，河北省工商局全力做好企业“多证合一”改革和个体工商户“两证整合”实施工作，落实《河北省进一步放宽市场主体住所（经营场所）登记条件的规定》要求，进一步放宽住所登记条件，实行住所信息申报制，积极推进企业登记电子化工作。截至 2017 年年底，共有 142 家企业享受河北省物流企业大宗商品仓储设施用地减免城镇土地使用税政策，减免税款达 6878.57 万元。

（五）物流业用地得到保障

河北省国土资源厅要求各地在编制国有建设用地供应计划过程中，结合京津冀协同发展，优化土地供应结构，重点保障物流、仓储等产业发展用地，属于国家和省重点项目的要优先安排。以河北省各市、县土地利用总体规划调整、完善为契机，积极做好物流园区用地同土地利用总体规划相衔接，优化物流园区用地布局，保障了物流产业园区的发展空间。

（资料来源：河北省发展和改革委员会）

第三章　2018 年河北省物流工作要点

2018 年是贯彻党的十九大精神的开局之年，是改革开放 40 周年，是决胜全面建成小康社会、实施“十三五”规划承上启下的关键一年。为确保全省经济延续稳中向好的基本发展态势，促进全省物流业早日步入以质量和效益提升为核心的发展新阶段，特制定河北省 2018 年度物流工作要点，内容如下。

一、工作思路

深入贯彻党的十九大精神，坚持以习近平新时代中国特色社会主义思想为统领，认真践行新发展理念和高质量发展要求。坚持深化供给侧结构性改革，降低全产业链物流成本，提高物流供给质量，做好降本增效，不断增强实体经济竞争力；坚持效率改进，质量提升和创新驱动，积极引入新技术、新模式、新理念，提高全要素生产率，做好转型升级，逐步释放行业发展新动能；紧紧抓住京津冀协同发展、雄安新区建设、“一带一路”等国家发展战略重大机遇，加快推进全国现代商贸物流重要基地建设，着力推动物流企业发展质量变革、效率变革、动力变革，不断增强企业创新力和竞争力，实现更高质量、更有效率、更可持续的发展。

二、工作目标

全年物流业增加值同比增长 7%，社会物流总额同比增长在 7% 左右，物流业占 GDP 的比重达到 8%，物流业增加值占服务业增加值的比重达到 18%。

三、工作任务

（一）落实物流降本增效政策措施

贯彻落实《河北省人民政府办公厅关于进一步推进物流降本增效促进实体经济发展的实施意见》（冀政办字〔2018〕36 号），对照任务目标，列出时间节点，细化季度阶段目标，强化工作措施，一着不落、不折不扣地保质保量完成。

（二）促进物流业转型升级

充分利用现代信息技术和智能装备，推动物流数字化、在线化、协同化、个性化和智能化发展，加快形成全覆盖、广连接的物流互联网，提升物流数字化水平，以雄安物流智慧体系构建为切入点，以互联网为支撑，推进构建全省智慧物流体系。加强对物流领域各类违法犯罪的打击力度，遏制利用物流渠道进行违法犯罪，严查严打侵害物流行业的黑恶势力，保障全省物流市场健康发展。

（三）建立健全重要产品质量追溯体系

积极延伸服务链条，推动物流业与上下游企业战略合作，构建协同共享的物流生态圈。围绕婴幼儿配方食品、肉制品、乳制品、食用植物油、白酒等，督促和指导生产企业依法建立质量安全追溯体系，结合食品生产许可、日常督查、抽查考核等方式，加强对企业追溯体系建设的检查，进一步完善食品安全追溯平台建设。督导肉菜、中药材流通追溯体系建设，提高体系建设和运行水平。实施追溯人才培训体系建设工程，编写《全省重要产品追溯体系建设实施方案资料汇编》，全面调研《河北省加快推进重要产品追溯体系建设实施方案》落实情况。

（四）强化物流基础设施网络建设

着力抓好京津冀交通一体化等重点工作，做好廊坊北三县与北京城市副中心交通运输基础设施规划建设，京秦高速京冀、冀津接线段上半年通车，确保京秦高速遵化至秦皇岛段、京新京藏联络线、京北公路开工建设，京新高速胶泥湾至冀晋界段、京秦高速大安镇至平安城段、唐廊高速唐山段建成通车。全年将新增高速公路500公里以上，完成新改建普通干线公路600公里、农村公路5500公里，新增港口设计通过能力4400万吨。

（五）平衡物流业发展基本要素

引导金融机构积极探索创新体制机制，研发新的金融产品和服务方式，鼓励和支持省内物流企业到境内外多层次资本市场上市挂牌，不断加大金融支持力度。积极引导物流产业项目和物流园区做好与土地利用总体规划的衔接；继续加大建设项目用地保障和服务工作力度，推进重大物流产业项目建设。抓好税收政策落实，加强优惠政策落实督导，扶持河北省物流企业不断做强做大。

（六）促进物流配送快速便捷

优化城市物流配送车辆的通行管理，落实便民利民措施，合理设置行驶区域、路线、时间，给予通行便利。结合治超工作部署安排，按照行动方案要求，对各地工作开展情况进行巡回督导，对车辆违规生产和非法改装问题突出的地方，对相关政府和部门进行通报、约谈和问责，确保专项行动取得实效。

（七）督导推进重点项目建设

加快推进亿博基业冀中南公铁联运智能港、京东电子商务产业集群、新发地农副产品物流园区二期工程、河北钧达冷链物流项目和汇通图腾北京二商产业园等承接北京非首都功能转移项目的建设，确保取得实质性进展。推进河钢集团物流服务平台建设，促进开滦集团唐山湾炼焦煤储配基地项目、开滦集团曹妃甸数字化煤炭储配基地项目、河北港口集团秦皇岛禾港有限责任公司项目、河钢集团黄骅港二期工程收尾工作、港口集团山西平鲁内陆港建设和华电合作项目等一批国有企业物流重点项目建设取得积极进展。进一步搞好粮食仓储物流设施项目谋划、储备，积极争取中央财政资金支持。

（八）探索建立物流业诚信机制

加强商务诚信公共服务平台建设，突出平台运行、功能应用、信息共享重点，着力在平台的功能完善、上通下联、实际应用上下功夫，初步实现商务诚信公共服务平台的服务功能。中国物流与采购联合会《物流企业信用信息管理办法》和《物流企业信用评级管理办法》及河北省社会信用诚信体系建设的要求，进一步抓好 A 级诚信企业评估评定工作，扩大诚信品牌企业在全省的覆盖面，进一步加强行业自律管理，提升行业诚信意识。

（九）提升物流标准化水平

深入抓好石家庄、唐山、承德和邯郸等市物流试点城市建设，推动托盘标准化及其循环共用体系建设，完善物流相关标准和服务规范，重点围绕托盘、周转筐、物流车辆和服务的标准化，加大对邯郸市、承德市试点工作督导力度，侧重推广快消品全链条标准化模式、跨区域托盘循环共用模式、农产品全程不倒筐冷链配送模式。2018 年拟建成物流标准化示范试点企业 10 家以上。继续抓好 A 级物流企业评估、星级仓储企业评定等项工作。

（十）强力推进物流试点示范

做好示范物流园区、物流创新城市等试点示范单位的推荐和推广工作。加强无车承运人试点管理工作。研究制定《河北省无车承运人试点管理办法》。做好甩挂运输试点省级验收工作。督促河北省尚未验收的京津冀城际公路快速货运网络化甩挂运输试点及秦皇岛动力设备物流有限公司甩挂运输试点按时间要求完成相关建设工作，按照交通运输部安排组织试点验收工作。推进多式联运试点项目工作。继续督促指导唐山港集团、长久物流有限公司多式联运示范项目的建设工作。重点推进京唐港区 23—25 号泊位建设，长久物流进口高端车、大宗散货仓储设施，集装箱物流作业区等基础设施建设；逐步增开京唐港区至西北地区集装箱班列。

（十一）强化物流信息化水平

鼓励实体零售企业自建或搭建网络购物平台，利用互联网展示、销售商品，提升线下体验、配送和售后服务水平，促进全渠道、全品类、全时段经营，2018 年力争 60% 以上大型零售企业实现线上线下融合发展，建设覆盖客户、车辆、货物、金融、资讯和实时信息监控的网络服务平台，会同京津商务部门着手搭建京津冀商贸物流信息服务平台，会同京津两地商务部门制定发布京津冀冷链物流储运销区域标准。

（十二）进一步完善物流行业统计体系

进一步摸清底数，核准 2018 年重点物流企业数量。改进物流统计核算推算办法，进一步提高物流统计调查与核算数据的客观真实性，完善基础信息，深化相关数据分析研究，提供精准数据支撑。研究探索建立物流产业聚集区统计制度。在抓好社会物流综合统计工作的基础上，着力抓好物流业景气指数分析，整合物流行业大数据资源，为政府决策和企业经营提供重要参考。

（资料来源：河北省发展和改革委员会）

第四章　河北省物流园区发展情况及建议

按照国家发展改革委《关于组织开展物流园区调查工作的通知》要求，河北省发展和改革委员会委托河北省现代物流协会，对符合调查条件的物流园区，开展了全省物流园区发展情况调查工作，现将有关情况汇总如下。

一、河北省物流园区建设发展的基本情况

（一）物流园区规模

通过调查全省 68 家占地面积在 150 亩以上的物流园区建设及发展情况，占地面积在 10 万～30 万平方米的物流园区占 36%，占地面积在 31 万～100 万平方米的物流园区占 25%，占地面积在 100 万平方米以上的物流园区占 39%。

（二）物流园区建设情况

68 家物流园区中，建成运营的有 33 家，占 48.5%；在建的有 23 家，占 33.8%；还处在规划阶段的有 12 家，占 17.7%。

（三）物流园区类型

综合服务型物流园区有 46 家，占比 67.6%，是占比最多的物流园区类型；其次是商贸服务型，有 13 家，占比 19.1%；货运枢纽型有 4 家，占比 5.9%；生产服务型有 3 家，占比 4.4%；口岸服务型有 2 家，占比 3%。

（四）规划投资规模

68 家物流园区平均规划投资额为 47.4 亿元。其中，投资 1 亿～10 亿元的物流园区占 59.6%，11 亿～30 亿元的物流园区占 14.0%，30 亿元以上的占 15.8%。

（五）物流园区主导运输方式和主要服务功能

60 家物流园区主导运输方式是公路运输，8 家物流园区主导运输方式是铁路运输。其中，同时以公路运输和铁路运输为主的物流园区有 6 家，以海运为主的物流园区有 4 家。以铁路运输和海运方式为主的物流园区占比明显偏低，说明多式联运开展严重不

足，发展潜力巨大。68 家物流园区主要服务功能以仓储、运输、配送为主，其中有 62 家物流园区能提供仓储服务，57 家物流园区能提供运输服务，47 家物流园区能提供配送服务。物流园区功能汇总情况如表 1 所示。

表 1　　物流园区功能汇总情况

功能	数量（家）	功能	数量（家）	功能	数量（家）
仓储	62	运输	57	配送	47
转运	36	货代	19	贸易	36
信息	28	流通加工	19	金融物流	17
工商	12	税务	13	金融	16
保险	17	海关	11	国检	8
停车	32	住宿	31	餐饮	32
物业	26	修理	22	加油	18
购物	12	办公服务	38	商品展示	21

（六）物流园区信息化、自动化水平

68 家物流园区中有 46 家建有物流公共信息平台，平台主要功能是信息发布、数据交换和货物跟踪。物流园区信息化、自动化水平汇总情况如表 2 所示。

表 2　　物流园区信息化、自动化水平汇总情况

平台功能	数量（家）	平台功能	数量（家）
信息发布	39	报关报检	7
数据交换	24	ISP（互联网服务提供商）服务	6
运力交易	15	物业管理	17
货物跟踪	26	企业建站服务	6
融资服务	11	应用系统托管服务	3
信用管理	18	增值信息服务	8
支付结算	18	政府行业管理	9
物流保险	13	货运人社区	5
担保业务	9	其他	—

有 10 家物流园区拥有自动化仓库。分别是保定保税物流中心（2. 3 万平方米）、承德国际商贸物流园区（20 万平方米）、河北丰润经济开发区物流园区（2 万平方米）、

冀南快递产业园（0.7 万平方米）、冀州医药物流园（0.6 万平方米）、南宫市大高村镇现代农业物流园（0.22 万平方米）、青岛保税港区邯郸（鸡泽）功能区（0.2 万平方米）、河北新发地饶阳农副产品物流园（1 万平方米）、圆通华北仓配中心（6 万平方米）、涿州普洛斯物流园（0.15 万平方米）。

（七）全省物流园区区域分布情况（见表3）

表3　　全省物流园区区域分布情况

地区	150 亩以上	建成运营（家）	规划中（家）	在建（家）
张家口	2	1		1
承　德	2	2		
秦皇岛	2	2		
唐　山	13	5	3	5
廊　坊	3	3		
保　定	8	5	1	2
沧　州	9	1	3	5
石家庄	7	5	1	1
衡　水	9	4	2	4
邢　台	6	4	2	
邯　郸	6	1		4
辛　集	1			1
总计	68	33	12	23

建设物流园区是全省发展现代物流产业的推动性举措，也是发展全省现代物流业的重要抓手。从数据分析看，物流园区对当地的经济发展起到了明显的促进带动作用。各地根据实际情况积极筹划产业聚集，招商引资的速度明显加快，物流园区的建设和发展成为拉动经济发展的新引擎。

京津冀协同发展战略为京津冀三地物流网络联动布局创造了有利条件。未来一段时期，有序疏解非首都功能是北京市的一项重要任务，其中涉及一般低端物流业态及配套物流设施的疏解转移，将使北京市相关物流需求相应收缩和下降，近两年北京市社会物流总额已出现了负增长。北京对于不符合首都城市定位的区域性批发市场、区域性物流配送中心和区域性农副产品、基础原材料等大宗商品的仓储物流功能外迁，逐步向津冀地区疏解，将为河北省物流园区发展带来良好机遇。

二、存在的主要问题

通过对调查表的分析，68 家物流园区发展面临的主要问题中存在土地资源制约的物流园区占 44.1%，缺乏运营管理人才的物流园区占 23.5%，有 22.1% 的物流园区资金周转困难，有 20.6% 的物流园区认为政策不配套，周边交通受限的物流园区占 19.1%。物流园区发展中存在的问题汇总如表 4 所示。

表 4　　物流园区发展中存在的问题汇总

存在的问题	数量（家）	存在的问题	数量（家）
规划选址不当	1	土地资源制约	30
周边交通受限	13	有效需求不足	10
同质化竞争	10	城市扩容频繁搬迁	—
战略定位不明确	3	创新驱动不足	11
运营成本高企	7	资金周转困难	15
政策不配套	14	缺乏运营管理人才	16

近年来，河北省物流园区虽然有了较快发展，但也存在一些不足。通过调查分析，主要存在以下问题。

（一）产业优势不突出

部分物流园区在资源整合方面，效率不高，运营的部分未能实现预定的物流集散效应。物流业聚集水平层次偏低，一部分物流园区传统物流营业模式比较普遍，主要集中在运输和简单的仓储等低端领域，缺乏专业仓储、分拣配送、电子商务、冷链物流等高端物流企业。特色服务和增值服务水平不高，难以对周边地区的物流企业形成吸纳和辐射作用。入驻聚集区的物流企业数量少、规模小，真正的第三方物流企业较少。物流园区内的信息化建设相对滞后，产业优势不突出。

（二）同质化竞争问题比较突出

有的聚集区建设是以供给为导向的，即以土地、交通设施、区位优势等作为物流园区建设的主要依据，功能定位相似，易导致同质化竞争。互联互通的物流网络体系建设缓慢，物流园区之间协同合作和错位发展不足。

（三）物流园区布局不平衡

京唐港、曹妃甸以及唐山周边以钢材市场为主的物流园区布局密集，导致物流园区之间竞争加剧，而同为国家二级物流节点城市的石家庄市，仅设有 3 家省级物流园区（聚集区），远低于唐山市。作为晋冀鲁豫四省交界地区经济中心城市的邯郸市设有2家省级物流园区（聚集区）。

（四）政策支持相对滞后

有关部门在土地、财税、投融资以及行政审批等方面提出的支持性政策措施，在实际工作中落实不到位。其中征地难、融资难仍然是制约物流园区发展的主要因素。物流用地短缺，用地指标供给不足，用地贵，造成租用土地和仓储租金偏高，在很大程度上提高了物流运行成本。

（五）物流园区管理服务水平亟待提高

随着物流服务的细分需求不断提高，河北省物流园区的专业化、标准化、信息化、多元化服务能力亟待提高。物流园区内专业管理人才匮乏，加强人才引进和在职人员培训显得尤为必要。物流园区建设和运营、管理服务水平亟待提高。

三、推进物流园区建设发展的对策和建议

近年来，在国家“一带一路”建设和京津冀协同发展战略下，从国家到地方，先后出台了一系列的新政策、新举措，鼓励物流企业加强平台建设，开展多式联运、无车承运等创新业务模式，帮助企业降本增效，旨在增强物流企业竞争力，为物流企业营造良好的营商环境。这些政策的出台，明显改善了全省物流企业的营商环境。但在政策落地实施的过程中，还存在一些欠缺，与企业的诉求还有一定差距，需要持续改进。

通过本次调查分析发现，68家物流园区提出的发展政策诉求，主要集中在扩大土地增量供给、加大政策资金支持力度、降低物流企业税收负担和加大示范物流园区支持力度等方面。物流园区主要政策诉求汇总如表5所示。

表5　　物流园区主要政策诉求汇总

主要政策诉求	数量（家）
明确物流园区基础设施地位，纳入城市总体规划	27
保证物流园区存量用地稳定	25
扩大土地增量供给	31
优化物流园区融资环境	26
加大政策资金支持力度	37
鼓励发展多式联运	16
降低物流企业税收负担	30
提供便利通关条件	19

续 表

主要政策诉求	数量（家）
规范各类行政性收费管理	9
改善物流园区周边交通条件	14
支持智慧物流创新发展	25
加大示范物流园区支持力度	32

针对以上企业的政策诉求，为促进全省物流园区健康发展，特提出以下建议。

（一）加强对物流园区建设的宏观指导

1. 明确产业定位

对于目前有些物流园区产业定位模糊或偏离的现象，应及时指导纠正。可以通过约束和激励的政策措施，尽快制订物流园区评估考核办法等，引导和指导物流园区的健康发展。对于产业定位不清晰的物流园区，应该做出适当调整。

2. 提升物流园区发展水平

鼓励高起点建设物流园区。提高物流园区的准入门槛，扶持和引进具有一定规模和良好发展前景的物流企业，使其成为物流园区的骨干力量，建议把是否拥有A级物流企业作为物流园区的考核评估条件。要引进和发展品牌物流，鼓励国内外著名物流企业以投资、输出管理、联合经营等方式进入物流园区，利用其先进的发展理念和管理模式，引领物流园区的发展。针对河北省商贸类物流园区居多的特点，要着力引导电子商务、冷链物流、仓储分拣、物流配送等高端商贸物流企业的发展，信息化建设应该成为物流园区的“标配”。

3. 合理规划布局

根据产业聚集情况和交通等条件合理布局，从而使物流园区成为当地经济发展的“加速器”。从区域发展的角度考虑物流园区发展，充分了解物流园区的基础性、战略性与公益性特点，正确处理物流园区和区域经济发展的关系，科学规划物流园区的区域总体布局与战略定位。建议相关部门形成联动工作机制，围绕其区域总体规划目标，进一步细化物流园区规划、审批、建设、运营等各环节的具体管理办法，促进本地区物流园区的协调发展。要避免同质化发展，在产业定位上要错位经营。

加强对物流园区建设的宏观指导。建议相关部门不仅管规划，更要管发展，通过召开会议、开展调研、观摩交流、专业培训、政策措施等形式，加强对物流园区建设的宏观指导，促其健康发展。

（二）加大物流园区支持力度

（1）进一步落实支持政策。土地问题是物流园区建设中的一个主要矛盾，表现在物流业用地性质不清，没有专用的行业标准，往往执行的是商业用地标准，价格远远高于工业用地标准。建议各地在物流业用地标准制订之前，能够按工业仓储用地标准执行。

市、县两级应从本地实际出发，给物流园区建设创造有利环境和条件，特别是积极落实省级支持性政策的配套措施。

（2）将产业聚集水平高、运营状况良好、示范带动作用明显的省级物流园区作为重点，在土地指标、财政资金、税收优惠、项目安排等方面给予倾斜，优先落实支持性政策，以发挥这些物流园区的示范带动作用。对引进世界500强、国内物流百强、国内上市公司等品牌企业的物流园区及落户物流园区的企业给予重点扶持和政策倾斜，通过高水平的产业聚集和龙头企业现代化、规模化、集约化、品牌化发展的带动引领，形成物流园区强有力的产业支撑。

（三）加快物流标准化建设，夯实物流园区发展基础

全面推进物流园区标准化工作，加强对物流园区基础设施、管理流程、服务质量等方面的标准建设和实施，提高物流园区的组织化和社会化程度，为物流园区的互联互通和协调发展创造条件。建议充分发挥行业协会作用，开展物流园区监测和评价工作，对各地区的龙头物流园区、物流基地的数据进行采集监测，评估分析各重点物流园区在地区物流资源整合、促进产业发展、提升对外经济发展等方面的效果，全面展示重点园区的示范带动作用。

（四）鼓励物流园区互联互通，加快诚信体系建设

鼓励物流园区打破原有的孤岛形式，走集约化发展道路，在管理、业务、资源等方面与其他园区开展多元化合作。通过平台整合、连锁复制、联合合作等多种形式，不断创新服务模式，提升服务质量和水平。对网络化、连锁化经营的物流园区给予一定的政策支持，通过示范效应进一步提高物流资源的利用效率，促进物流业健康快速发展。要加强物流园区诚信体系建设工作。通过对入驻企业评价、信用监测、服务质量监督等环节，不断提升物流园区的品牌效应，促进和形成良好的市场环境。

（五）强化服务，推动人才培养

提升物流园区管理水平，是河北省物流园区建设运营中迫切需要解决的问题。要鼓励物流园区加强产学研结合，加强信息化建设，充分利用大数据、云计算等新兴技术，加快全省智慧物流、绿色物流高质量建设。要注重人才培养，培养一批眼界开阔、理念创新、懂行实干的管理人才，全面提升管理人员的现代物流产业理念和发展意识，锻造一支具有综合服务管理能力的高水平团队。加大人才引进和在职员工的培训力度，为物流园区长远发展提供人才保障。

（六）加强京津冀物流园区协作

推动环京津1小时鲜活农产品物流圈建设，建设蔬菜、肉蛋等农副产品生产基地和物流仓储设施，提高产地冷链设施水平和农产品物流配送效率。优化调整物流设施布局，加强京津冀物流基础设施建设合作。结合区域经济发展和功能定位需要，在北京周边枢纽城市合作建设多功能物流节点和大型现代化仓储物流基地。开展京津冀货物多式联运试点，强化多式联运基础设施之间的衔接性，探索创新多式联运组织模式、推动开展公路甩挂运输试点，不断完善综合物流体系。推进公路、铁路、水路等运输方式信息平台与社会化物流信息平台的对接，以信息共享提升物流组织效率。

（资料来源：河北省现代物流协会）

第五章　2017 年河北省现代物流业十件大事

河北省物流办、河北省发展和改革委员会、现代物流报社、河北省现代物流协会联合评选出“2017 年河北省现代物流业 10 件大事”。

一、物流规划体系进一步完善

河北省相继印发《河北省轨道交通发展“十三五”规划》《河北省综合交通运输体系发展“十三五”规划》《关于实施快递入区下乡出境工程促进快递业与电子商务协同发展的意见》《关于推动快递服务制造业发展的三年行动计划（2017—2019）》等，物流业规划体系进一步完善。

二、物流协同发展取得新进展

2017 年 3 月，京津冀三地口岸主管部门签署《京津冀口岸深化合作框架协议》，口岸通关业务一体化步伐加快；3 月，国家邮政局印发《京津冀地区快递服务发展“十三五”规划》；4 月，交通运输部与省政府签署《交通运输部河北省人民政府关于加快河北省交通运输发展合作协议》；11 月 8 日，雄安新区管理委员会与阿里巴巴蚂蚁金服签署战略合作协议，双方将为雄安新区打造数字、安全、信用的智慧物流中枢体系等；12 月，京津冀三省市印发《关于加强京津冀产业转移承接重点平台建设的意见》，廊坊市永清临港经济保税商贸园区、香河万通商贸物流城等被列为京津冀产业转移承接服务业平台。

三、“一带一路”国际物流发展迅猛

2017 年 5 月，省商务厅发布第一批省级跨境电子商务公共海外仓名单，双剑工具等 10 家海外仓入围；6 月，泰通国际运输有限公司运营的“保定—喀什—中亚/南亚多式联运国际班列”首发。

四、物流基础设施加速升级

2017 年 3 月，中电建冀交高速公路投资发展有限公司与河北省高速公路管理局签署河北省太行山等高速公路项目包（二）政府与社会资本合作（PPP）项目合同，标志着全国最大公路 PPP 项目包之一正式落地；4 月，渤海新区黄骅港 20 万吨级航道实现满载通航常态化，正式跨入20万吨级大港行列；6月，延崇高速公路河北段全面开工建设。

五、物流对外开放合作取得新突破

2017年3月，京唐港至日本关东集装箱航线正式开通；5月19日，唐山市首家B型保税物流中心唐山港京唐港区保税物流中心（B型）项目通过验收；10月20日，省政府批准唐山港口岸曹妃甸港区三港池1#、2#通用泊位正式对外开放；10月27日，河北省目前唯一可以直达东南亚的集装箱航线——菲律宾达沃港至秦皇岛港的直达航线正式通航。

六、物流发展空间布局进一步优化

2017年3月9日，邯郸市成立河北省首家快递产业试验园区；5月9日，“全国现代商贸物流中心城市·石家庄”推介会在京举行，共推介48个项目，总投资目标约2200亿元，现场签约项目17个，涉及金额881亿元；8月24日，石家庄润华国际物流股份有限公司与传化智联杭州众成供应链管理有限公司合资成立河北传化供应链管理有限公司，共同运营正定国际物流园项目；11月，苏宁石家庄物流基地“开仓”；同月“北京新发地盐山县农副产品批发市场及冷链物流园项目”落户沧州盐山县。

七、物流信息化再上新台阶

2017年3月底，京石高速全线17个收费站全部实现电子化支付缴费；7月29日，河北省交通运输物流公共信息平台正式上线运行，该平台是河北省唯一的交通运输物流公共信息基础平台，也是国家交通运输物流公共信息平台“$1+32+nX$”建设框架的重要组成部分；10月26日，河北省正式启用“大件运输许可平台”，标志着河北省大件运输许可实现了网上一站式并联审批，一地办证、全国通行。

八、物流金融创新步伐加快

2017年6月，河北省建立商贸流通发展引导基金，主要投向河北省农村市场体系、农产品流通体系、商贸物流（含冷链物流）、电子商务（农村电子商务、社区电子商务）、再生资源回收、绿色商场创建等项目；8月16日，秦皇岛港股份有限公司在上海证券交易所主板挂牌上市；10月20日，河北省延崇高速公路首期专项债券20亿元在深圳证券交易所成功发行，同时，石家庄市西柏坡高速公路专项债券1亿元也获发行，开创了河北省首次以发行专项债券的形式为高速公路建设融资先河。

九、物流企业影响力进一步提升

河北省又有13家企业达到国家A级物流企业标准，至2017年年底，河北省A级物流企业达到72家；10月14日，中国物流与采购联合会公布2017中国物流企业50强名单，河北省冀中能源国际物流集团有限公司、河北省物流产业集团有限公司分别位列第3和第6名。

十、物流基础工作不断加强

《河北省物流业发展报告（2016—2017）》出版发行，全面反映了河北省物流业年度发展概况；由现代物流报社联合河北省现代物流协会、河北省物流与采购联合会共同制作的“河北省物流业景气指数”10月开始试运行。

专 题 篇

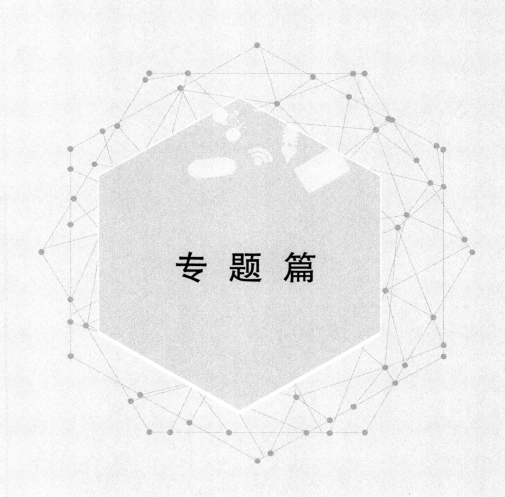

第一章 2017年河北省商贸物流发展情况与2018年展望

2017年，河北省商务厅以商贸物流标准化、信息化为出发点，重点加强冷链物流体系建设、推进京津冀商贸物流协同发展、重要产品追溯体系建设的工作。

一、2017年商贸物流发展情况

（一）搞好物流标准化试点工作

2017年，河北省先后有石家庄、唐山、邯郸、承德等市被列为国家物流标准化试点城市，共谋划建设项目105个，其中石家庄市确定项目30个，唐山市确定项目30个，邯郸市确定项目25个，承德市确定项目20个。石家庄市和唐山市的建设项目已全部竣工验收，其他城市项目在建中。

（二）加强冷链物流体系建设

2017年，河北省冷链物流建设进程如下。一是继续2016年度中央财政专项资金建设项目，已完成2016年度10家被投资企业的审计、评估、股权变更手续、各项法律文书的签订，以及资金拨付等工作。已完工的7家企业中5家已运营，另有3家正在建设中。二是2017年中央财政下达1亿元专项资金支持河北省冷链物流建设，主要支持冷链物流发展中的薄弱环节和重点领域，包括冷链物流监控体系和必要的冷链物流标准化建设、人才培训等。河北省商务厅与河北省国有资产控股运营有限公司签署了《河北省2017年中央冷链物流发展财政专项资金委托管理协议》，并组织各地申报了中央财政支持冷链物流项目。其中，10家企业按照相关要求，顺利完成审计评估工作，并分别出具各企业的审计报告、评估报告及投资方案建议。

（三）推进京津冀商贸物流协同发展

1. 制定《环首都1小时鲜活农产品流通圈规划（2016—2020）》

2017年，河北省商务厅会同北京、天津两市商务委员会构建与区域协同发展相融合、与满足城乡居民鲜活农产品需求相配套的环首都1小时鲜活农产品流通圈，制定并印发了《环首都1小时鲜活农产品流通圈规划（2016—2020）》。

2. 研究并制定京津冀冷链物流储运销区域标准

2017 年，河北省商务厅会同京津两地商务部门研究并制定了京津冀冷链物流储运销区域标准，预计 2018 年年初发布。

3. 搭建京津冀商贸物流信息服务平台

2017 年，河北省商务厅会同京津商务部门着手搭建京津冀商贸物流信息服务平台。京津冀重点物流设施地图服务平台和京津冀物流信息服务平台已搭建完成，正在进行联通对接中。

（四）加强重要产品追溯体系建设

1. 多部门联运，开发重要产品追溯平台

2017 年，河北省商务厅牵头，协调省内多部门开发重要产品追溯平台。河北省质量技术监督局投资 50 余万元，开发了河北省气瓶安全监察检验管理系统，对气瓶充装、检验、监察等环节实施信息化监管。

河北省食品药品监督管理局按照围绕婴幼儿配方食品、肉制品、乳制品、食用植物油、白酒等食品，督促和指导生产企业依法建立质量安全追溯体系，结合食品生产许可、日常督察、抽查考核等方式，加强对企业追溯体系建设的检查，进一步完善食品安全追溯平台建设，实现了婴幼儿配方乳粉、保健食品、酒类产品和预包装熟肉制品四类食品追溯功能。

河北省工业和信息化厅、公安厅和安全生产监督管理局围绕民用爆炸物品、烟花爆竹的生产经营销售等开发追溯系统软件，对全过程信息进行记录，留存相关信息。

河北省农业厅开发建设了农产品质量安全监管信息平台。该平台投资 600 万元，拥有质量追溯、检验检测、行政执法、行政监管、“三品一标”、应急管理、信息发布与查询 8 个子系统，建成了贯穿省、市、县、乡和农产品生产企业与合作社的质量追溯通道。同时，通过政策引导，把开展质量追溯作为申报省级蔬菜园区建设的必备条件，实行一票否决，引导农产品生产企业与合作社开展质量追溯。目前，全省已有 400 余个单位开展了质量追溯。此外，他们还加强了对农业投入品的追溯管理。在全省范围内的农资生产经营企业广泛推行“两账一卡”（即进货台账、销货台账、质量承诺卡）管理制度，农资生产和销售基本实现了质量追溯。

2. 推进流通追溯，确保体系运行

“十二五”以来，石家庄市、秦皇岛市和保定安国市分别担负了国家肉类蔬菜和中药材流通追溯体系建设试点任务。三个试点城市按照国家试点要求，于 2016 年 12 月前通过了国家和省商务厅的考核验收。2017 年，指导项目试点城市加强体系运行工作，确保试点项目“建得好，也要运行好”目标的实现。

二、2018 年商贸物流发展展望

（一）健全商贸物流配送体系

1. 抓好物流标准化试点

2018 年，在物流标准化推广方面，加强后续跟踪，认真总结石家庄市、唐山市试点经验，有序复制推广，重点围绕托盘、周转筐、物流车辆和服务的标准化，加大对邯郸市、承德市试点工作督导力度，侧重推广快消品全链条标准化模式、跨区域托盘循环共用模式、农产品全程不倒筐冷链配送模式，切实加快进度、保证质量，力争 2018 年 6 月底前完成试点任务。

2. 构建共同配送体系

推动连锁经营发展，鼓励中小商贸企业建立联合采购、共同配送和连锁分销网络。总结推广石家庄市、唐山市城市共同配送经验，支持承德等市重点企业整合上下游资源，建设集中仓储和共同配送中心。研究优化城市配送车辆通行管理措施，鼓励企业开展分时段配送、共同配送和夜间配送，发展多式联运。

3. 促进智能物流发展

鼓励商贸物流企业采用货物跟踪定位、无线射频识别、电子数据交换、供应链管理等关键技术，加快物流设施设备改造升级，提高物流作业可视化、智能化水平。打造“物流河北”和各市区块化商贸物流信息平台，建设覆盖客户、车辆、货物、金融、资讯和实时信息监控的网络服务平台。

（二）推进冷链物流发展

2018 年，河北省将按照支持冷链物流产业发展的整体工作思路，本着“扶持冷链物流建设项目，保证财政资金安全，提高资金使用效率”的基本原则，引导物流企业加大对冷链物流体系的管理监控、信息化、标准化和基础设施建设的投入力度，充分发挥政府股权投资的作用，撬动社会资本对冷链物流体系建设的投入。同时，引导各类金融和投资机构对符合条件的农产品冷链物流企业加大融资支持，做好配套金融服务。

（三）加强重要产品追溯体系建设

督导肉菜、中药材流通追溯体系建设城市，提高体系建设和运行水平。实施追溯人才培训工程，编写《全省重要产品追溯体系建设实施方案资料汇编》，全面调研《河北省加快推进重要产品追溯体系建设实施方案》落实情况，建设河北省重要产品追溯管理平台。

（资料来源：河北省商务厅）

第二章　2017 年河北省公路物流发展情况与 2018 年展望

一、2017 年公路物流发展情况

（一）全年货物运输及公路建设情况

2017 年全年货物运输总量 22.9 亿吨，比 2016 年增长 8.6%；货物周转量 13383.6 亿吨公里，增长 8.5%。

全省公路通车里程 18.9 万公里（包括村路），比 2016 年增长 0.6%。其中，新建成高速公路 29 公里，高速公路通车里程达到 6531 公里；农村公路总里程达 16.4 万公里（包括专用公路）。快推进太行山、燕山和黑龙港流域集中连片特困地区高速公路扶贫大通道建设，建设规模达到 920 公里，普通干线公路建设规模达到 1550 公里，新改建农村公路 3200 公里。

（二）加快完善交通物流网络

在完善集疏运系统方面：石家庄南绕城高速正在加快推进，计划 2018 年建成通车。迁曹高速（沿海高速至曹妃甸段）已于 2017 年年底建成通车；迁曹高速（京哈高速至沿海高速段）已开工建设，正在加快推进，力争 2018 年建成通车。京秦高速京冀、冀津接线段主体工程、房建工程已全部建成，确保 2018 年建成通车；京秦高速遵化至秦皇岛段正在加快推进前期工作，预计 2018 年内开工建设，力争 2020 年建成通车。

在优化交通枢纽与物流节点空间布局方面：推进具有较强公共服务属性和区域辐射能力的货运枢纽（交通物流园区）发展，重点依托铁路重点站、主要港口、机场、高速公路出入口，加快建设具有多式联运功能的货运枢纽以及线上线下结合、干支线衔接的货运枢纽。继续鼓励“公路港”建设。根据“京津冀协同发展一体化”功能定位以及“一带一路”倡议布局，在“十三五”期间布局规划了 21 个对接国家的交通货运枢纽（物流园区）项目。

2017 年全省交通运输货运枢纽（物流园区）项目计划总投资 21.9 亿元，实际投资 26.8 亿元，完成年计划的 122.3%，同比增长 6.8%。其中河北瑞川物流园一期工程和深国际石家庄现代综合物流港项目一期工程投入运营；冀中南公铁联运智能港项目和唐山公路港一期工程稳步推进。

（三）加大公路超限超载治理力度，营造良好市场环境

按照交通运输部和公安部文件要求，针对当前超限超载运输案件呈现出的多元化、复杂化的特点，在全省各市、县积极推进路政、公安交通等多部门的联合、联动治超，保持路面治超执法高压态势。加大重点区域、重点路段整治力度。通过对 G112、G307 和省道正港线、河龙线等国省干线公路，以及宣大、青兰、邢临等高速公路开展集中行动，有效遏制了货运双超车辆的增长势头。

（四）积极推动无车承运人试点工作

为推进物流供给侧结构性改革，促进物流业"降本增效"，按照《交通运输部办公厅关于推进改革试点加快无车承运物流创新发展的意见》（交办运〔2016〕115 号）的有关要求，积极开展无车承运人试点工作，经专家评审，河北万合物流股份有限公司等 10 家企业为交通运输部无车承运人试点单位。截至 2017 年年底，入选的 10 家企业已完成无车承运人信息平台建设并上线投入使用。同时建设了河北省无车承运人运行监测平台，现 10 家试点企业均已接入省监测平台，并与部平台完成联调联试开始正常上传数据，并开始对试点企业上传的主要信息进行监测。

（五）切实做好公路甩挂运输试点项目工作

按照《交通运输部办公厅关于做好 2017 年度公路甩挂运输试点专项资金申报工作的通知》（交办运函〔2017〕30 号）和《交通运输部办公厅关于印发国家公路甩挂运输试点项目验收与专项资金申请工作指南的通知》（厅运字〔2013〕144 号）的要求，对兴隆县汇丰物流配送有限公司公路甩挂运输试点项目工程进行了核查，经专家评议同意该试点项目通过验收。利华能源储运股份有限公司和秦皇岛动力设备物流有限责任公司甩挂运输试点项目因土地及上报时限问题，将于 2018 年继续上报试点项目。

京津冀城际公路快速货运网络化甩挂运输试点项目系河北省牵头，由河北快运集团有限公司具体实施，需要在车辆更新或购置、运输站场建设（包括装卸机械设备）、信息系统改造升级等方面投入相应的启动资金 5850 万元。其中，车辆设备更新 5500 万元、信息系统升级 350 万元。截至目前，已完成项目总体进度 75%，其中，购置甩挂运输车辆 38 部，挂车 75 台，完成订单管理系统、卫星定位调度管理系统的开发调试并已投入使用。

（六）开展多式联运示范工程

一是认真贯彻落实十八部委文件精神。《关于进一步鼓励开展多式联运工作的通知》，针对营造良好市场环境、完善基础设施网络、强化试点引领示范作用等方面提出

了具体要求，为推动河北省多式联运工作迈上新台阶奠定了基础，与省发展和改革委员会、科学技术厅、工业和信息化厅等部门加强协调沟通，建立会商机制，形成推动多式联运发展的强大合力。二是推进首批示范工程项目建设。唐山港集团多式联运项目的基础设施建设任务基本过半，截至 2017 年 10 月底，已完成投资 13.5 亿元，完成总进度 53.7%。三是成功入围国家第二批多式联运示范项目。联合省发展改革委员会组织开展了第二批多式联运示范项目申报工作，长久物流商品车公铁水联运示范工程成功入选国家第二批多式联运示范工程项目。

（七）推进全省交通运输物流公共信息平台建设

河北省交通运输物流公共信息平台在完成与国家交通运输物流公共信息平台对接的基础上，于 2017 年 7 月 29 日，河北省交通运输物流公共信息平台在邢台好望角物流园正式上线发布。

（八）继续促进物流标准化建设

在推广集装化、标准化运输模式方面，健全有效衔接的物流标准体系，完善汽车标准及厢式挂车型谱，引导货运车型向标准化、规范化、系列化方向发展，鼓励发展甩挂车、集装箱车辆、厢式货车和其他专用车辆；强化标准衔接，实现装备标准有效衔接；加快更新老旧车辆，促进高效、节能运输车辆的发展。加强多式联运设施设备技术标准的有效对接。

二、2018 年物流工作计划

（一）继续做好无车承运人试点工作

一是继续加强无车承运人试点管理工作。研究制定《河北省无车承运人试点管理办法》，强化无车承运人对实际承运人的安全监管，督促试点企业加强事前事中事后监管，健全安全生产管理制度。二是进一步加强试点企业偿付能力制度建设。探索创新适合无车承运运营特点的保险产品，逐步总结经验。三是加快研究制定无车承运人管理制度及运营服务规范。完善运营服务标准体系，厘清无车承运人经营各环节的责任边界，为无车承运物流发展营造良好的制度环境。四是加强对考核合格试点企业的政策支持。协调解决试点企业发展中存在的制度障碍，加快无车承运物流规范健康发展。

（二）做好甩挂运输试点省级验收工作

督促尚未验收的京津冀城际公路快速货运网络化甩挂运输试点及秦皇岛动力设备物流有限责任公司甩挂运输试点按时间要求完成相关建设工作，按照交通运输部安排会同财政部组织试点验收工作，按时间节点要求将有关材料上报交通运输部。

（三）推进多式联运试点项目工作

继续督促指导唐山港集团、长久物流多式联运示范项目的建设工作。重点推进京唐港区 23 ~ 25 号泊位改造，长久物流进口高端车、大宗散货仓储设施，集装箱物流作业区等基础设施建设；逐步增开京唐港至西北地区集装箱班列。着手开展省级多式联运示范工程创建工作，以点带面、梯次推进，全面带动全省多式联运整体水平的提升。

（四）进一步推动货运场站建设

加快推进深国际石家庄现代综合物流港、亿博基业冀中南公铁联运智能港和邯郸国际陆港等物流园区项目建设工作。

（资料来源：河北省交通运输厅）

第三章　2017 年河北省铁路物流发展情况与 2018 年展望

一、2017 年河北省铁路物流发展情况

2017 年，河北省铁路物流各个单位、党政工团各级组织和广大干部职工，以迎接党的十九大胜利召开和学习宣传贯彻党的十九大精神为动力，认真贯彻中国铁路总公司党组决策部署，强基达标、提质增效，各项工作保持良好发展态势。突出表现在：一是确保了安全总体稳定，连续实现第六个安全年，没有发生重大铁路交通安全事故。二是重点企业圆满完成了各项经营目标，实现了企业效益和职工收入较大幅度增长。

（一）标本兼治，安全生产总体稳定

坚持安全基础和现实安全“两手抓”，研究制定了《关于加强安全生产工作的指导意见》，健全完善“十大安全基础管理体系”，相继出台了一系列加强安全管理的制度办法，大力强化专业管理，扎实推进京沪高铁和京哈线标准示范线建设，全面开展标准化建设，安全基础进一步夯实。始终将高铁和旅客安全作为政治红线和职业底线，加强设备质量检查整修，开展安全隐患专项整治，加强施工全过程管理，深入开展路外环境综合治理，“十大安全生产关键”得到有效控制。严格设备故障和事故定性定责，推动安全生产责任制有效落实。京沪高铁按时速 350 公里达速运营顺利实施。全年铁路交通责任事故同比减少 45 件、下降 32%，杜绝了一般 B 类及以上行车事故。

（注：数据统计以国铁物流为主，地方铁路未列入，下同。）

（二）精细管理，经营质量持续提升

深入实施运输供给侧结构性改革，以推进高铁“强基达标、提质增效”工程为引领，积极适应货运市场变化，加强“公转铁”货源组织，深化路地、路企、路港合作，超额完成互保协议运量，建成投产物流基地 9 个，推动多种交通方式融合发展。集装箱发运 41.1 万标准箱（TEU），实现全年目标；商品车发运 33.2 万台，同比增长 66%；全年完成货物发送量 2.68 亿吨，同比增长 5.5%；货运收入 213.2 亿元，同比增长 10.7%；实现运输总收入 657.1 亿元，同比增长 9.7%；运输营业收入 565 亿元，同比增长 10.6%。规范非运输企业管理，加大资产资源开发力度，全年非运输业务实现收入 268 亿元，利润 11.6 亿元，同比增长 8.4%。

（三）安全优质，建设任务圆满完成

科学有序推进23项基建大中型项目，全年完成建设投资350.46亿元，更改投资16.13亿元，实现年度任务目标，没有发生建设质量和安全事故。石济客专、天津大北环线、天津西南环线扩能改造、长安街西延引起丰沙铁路改建、北京市郊副中心线和黄土店—怀柔北改造等工程按期开通运营，路网结构更加完善。全力推进“精品工程、智能京张”、京霸铁路建设，全线工期进展顺利；大张高铁河北段、天津南港铁路、和邢铁路、丰台站改造等重点工程按计划推进。

（四）深化改革，重点企业公司治理有序运作

2017年11月19日，河北国铁物流最大企业“中国铁路北京局集团有限公司”挂牌成立，按照新的企业法人治理结构运行，基本建立起公司制决策机制。出台一系列经营管理制度办法，进一步传递责任和压力，形成鲜明的工作导向，更加有利于调动和激发全员工作积极性，为企业提质增效提供了政策保障。

（五）创新驱动，人才队伍保障有力

大力实施创新驱动发展战略和人才强企战略。2017年河北省国铁物流投入资金2411万元，安排科研项目149项、推广技术创新成果58项，组织7项成果申报中国铁道学会科学技术奖，评选集团公司级科技进步奖130项，应用型创新取得丰硕成果。加强实训基地建设，大力开展干部职工培训，推行真培真学真考，促进全员素质不断提高。实施“百千万人才”工程，大力评选表彰京铁工匠等典型模范，开展岗位聘任制改革试点，实施职工岗位星级管理，加强劳务工择优选拔录用，为企业改革发展提供有力的人才支撑。

（六）从严治党，党的建设纵深推进

始终把加强党的建设，维护党中央核心地位放在首位。重点企业坚决贯彻落实“两个一以贯之”要求，将党的领导和党的建设纳入公司章程，强化党委把方向、管大局、保落实的作用；深入创建“三型”领导班子，提升领导和管理水平；压实各级党建责任，对党委重点工作组织督察，对党建工作和运输生产单位领导班子、领导人员全面考核；坚持好干部标准选拔任用干部；深入推进“两学一做”学习教育常态化制度化，促进党组织和党员作用充分发挥；落实《铁路企业党支部建设纲要》，党建基础工作不断规范；严格落实党风廉政建设“两个责任”，严肃整改“机动式”巡视反馈问题，运用“四种形态”强化纪律审查；大力开展“强基达标、提质增效”主题教育和“喜迎十九大·铁路新成就”主题宣传，扎实推进企业文化建设“十三五”规划和三年基础工程，各项教育深入人心，文化引领力持续提升。

回顾2017年的工作，河北铁路物流行业深刻认识到：一是必须坚持党的领导、加强党的建设，充分发挥党委的领导作用，才能把握改革发展的正确方向，战胜前进道路上的各种困难，使党中央、国务院、河北省、中国铁路总公司党组的决策部署落到实处。二是必须坚持以人民为中心的发展思想，践行“人民铁路为人民”宗旨，不断优化运输供给，服务保障国家战略和地方经济社会发展，才能实现铁路企业的持续健康发展。三是必须始终将安全作为一切工作的前提，牢牢守住高铁和旅客安全政治红线和职业底线，坚持安全基础和现实安全“两手抓”，才能更好地保障人民生命财产安全和干部职工的根本利益，为企业改革发展营造良好的环境。四是必须深入推进适应市场要求的改革创新，加快建立现代企业制度，健全完善符合实际、灵活高效的企业运行机制，才能持续提高企业效益、增强企业竞争实力、实现国有资产保值增值。五是必须把人才资源作为第一资源，深入实施人才强局战略，创新人才成长成才机制，才能为企业长远发展提供不竭动力。六是必须紧紧团结和依靠职工群众，努力实现好、维护好、发展好职工群众的切身利益，建立企业与职工利益共同体和命运共同体，才能凝聚起改革发展的强大合力。这些从实践中得来的宝贵经验，需要我们在今后的工作中继续坚持和发扬。

成绩来之不易，经验弥足珍贵。取得的成绩得益于党中央、国务院对铁路工作的亲切关怀和高度重视，得益于河北省各级党委政府的正确领导，得益于全省铁路物流行业全体干部职工、公安干警的拼搏奉献，得益于离退休老同志、职工家属的大力支持。

二、存在的主要问题

在肯定成绩的同时，必须清醒地看到存在的问题和挑战。主要是：安全基础还不够牢固，现实安全隐患和问题大量存在，确保铁路安全尤其是高铁安全、旅客安全的风险持续加剧；面对人民群众对铁路尤其是高铁的殷切期望，铁路运输有效供给、运输效率和服务质量亟待提高；铁路建设任务繁重，打造精品工程和确保质量、安全、进度需要付出更多的努力；企业改革刚刚破题，提高企业发展质量效益，需要进一步加快建立现代企业制度的进程；职工诉求更加多元化，职工关心的实际问题需要深入了解和及时解决；对照全面从严治党要求，个别基层党组织弱化、虚化、边缘化的问题还不同程度地存在着；加强党的纪律建设，落实党风廉政制度和中央八项规定精神需要持续深入、不断推进。所有这些问题，需要在今后的工作中认真研究，切实加以解决。

三、2018年铁路物流工作展望

（一）工作思路

展望2020年、2025年和2035年，铁路系统明确提出“三个世界领先、三个进一步提升”和分阶段率先建成现代化铁路网的目标任务。铁路物流企业全体干部职工特别是各级领导干部要认真学习领会党的十九大、中央经济工作会议和总公司工作会议精神，提高政治站位，服务全党全国全路工作大局，围绕“新时代、新矛盾、新使命、新体制、新作为”，深刻认识把握物流企业面临的形势和任务。

（1）进入新时代，坚持用习近平新时代中国特色社会主义思想武装头脑，坚决维护党中央集中统一领导，是学习贯彻党的十九大精神的重要内容。学习贯彻党的十九大精神，必须深入学习领会习近平新时代中国特色社会主义思想，用党的创新理论武装头脑、指导实践、推动工作，全面统领企业改革发展。必须坚决维护习近平总书记作为党中央和全党的核心地位，维护党中央权威和集中统一领导，牢固树立“四个意识”、坚定“四个自信”，坚定自觉地在思想上政治上行动上同以习近平同志为核心的党中央保持高度一致。必须深刻理解“八个明确”和“十四个坚持”，以此作为推进企业发展的思想武器，在提升政治站位上有新高度，在深化理论武装上有新成果，在推动改革发展上有新思路，在提高效益效率上有新举措，坚决把习近平新时代中国特色社会主义思想贯彻落实到企业改革发展和党的建设全过程。

（2）把握新矛盾，把人民群众对美好生活的向往作为努力的方向，着力解决铁路运输供给不平衡不充分问题，是铁路企业改革发展的重要任务。我国铁路运输的主要矛盾由原来的运能严重不足、无法满足正常运输需求，逐步转化为人民日益增长的美好生活需要与运输供给不平衡不充分之间的矛盾。从铁路运输能力和产品来看，铁路运能紧张、瓶颈制约状况正在缓解和消除，但路网布局还不够完善和均衡，在综合交通运输体系融合及配套衔接、适应货主运输需求等方面有待进一步加强。从铁路运输服务来看，随着人民群众需求的日益广泛，在推进高铁网和互联网“双网融合”，个性化、信息化服务等方面还有大量工作要做。必须准确把握主要矛盾的变化，把人民群众对美好生活的向往作为努力方向，不断优化运输供给，降低社会物流成本，努力建好管好用好世界一流铁路网，为人民群众提供世界一流的运输服务。

（3）担当新使命，按照决胜全面建成小康社会和全面建成社会主义现代化强国的宏伟蓝图，服务国家战略，交通强国、铁路先行，是党和国家赋予中国铁路的重要使命。党的十九大明确了从现在到2020年是全面建成小康社会决胜期，确定了从2020年到21世纪中叶分两步全面建成社会主义现代化强国的宏伟蓝图和战略安排。党的十九大提出的建设交通强国、建设美丽中国、京津冀协同发展、建设雄安新区、脱贫攻坚、“一带一路”建设等战略部署赋予了铁路新的任务和使命。国家铁路作为关系国计民生的重要行业，担负着重要的政治责任和社会责任。必须准确把握企业定位，提高政治站位，自觉服务和保障党和国家工作大局，义不容辞承担起“交通强国、铁路先行”的重大历史使命。

（4）建立新体制，认真贯彻落实“两个一以贯之”要求，不断增强重点铁路物流企业发展的内动力、市场活力和抗风险能力。要加强重点企业党的领导和完善公司治理统一起来，构建现代企业法人治理结构，加快建立现代企业制度，健全完善适应市场、灵活高效的企业管理运行机制，消除制约企业发展的制度性弊端，注入新的动力和活力，努力向世界一流铁路物流企业迈进。

（二）工作目标

2018 年是贯彻党的十九大精神的开局之年，是改革开放 40 周年，是决胜全面建成小康社会、实施“十三五”规划承上启下的关键一年。2018 年铁路物流工作的总体要求是：深入学习贯彻党的十九大精神，以习近平新时代中国特色社会主义思想为指导，认真落实党中央、国务院、河北省、铁路总公司党组的决策部署，按照高质量发展的要求，深化“强基达标、提质增效”，在交通强国、铁路先行实践中争当排头兵，物流工作再创新成绩。

2018 年铁路物流工作的主要目标是“三确保、三提高”。

（1）确保实现安全年。杜绝铁路交通一般 A 类及以上责任行车事故，杜绝高铁、动客车一般 C 类及以上责任行车事故，杜绝造成旅客死亡的客车责任行车事故，杜绝从业人员责任死亡事故，杜绝有人看守道口相撞责任事故，杜绝火灾爆炸责任事故；减少路外伤亡事故，减少行车设备故障；确保实现安全年；在安全评估和各项专业管理检查评比中排名居于前列。

（2）确保实现经营目标。完成旅客发送量 3. 255 亿人，货物发送量 2. 742 亿吨，运输总收入 693. 73 亿元；完成营业收入 725. 87 亿元；完成非运输业务利润 16. 8 亿元。

（3）确保完成建设任务。全面完成基建工程及更改投资计划，确保实现重点项目开通、开工任务；消灭建设生产安全较大及以上事故；杜绝工程质量事故，实现工程合格率 100%。

（4）提高企业管理水平。深入推进重点企业公司制改革，创新机制和技术手段，优化劳动作业组织，健全完善考核激励机制，经营风险全面受控，大数据应用更加广泛，企业管理法治化、市场化、精细化水平有效提升。

（5）提高队伍整体素质。分层分类加强培养培训，提供多渠道成才途径，提升管理人员履职水平、技术人员专业能力、一线职工操作技能，队伍整体素质适应企业发展需要。

（6）提高民生保障能力。持续改善职工生产生活条件，职工收入稳步增长，继续办好十件实事，切实维护职工权益，让职工群众共享改革发展成果。

（三）工作重点

1. 深入学习贯彻党的十九大精神，用习近平新时代中国特色社会主义思想武装头脑、指导实践

深刻领会把握党的十九大精神实质，在学懂弄通做实上下功夫，将习近平新时代中国特色社会主义思想作为根本遵循、行动指南，全面统领各项工作。

2. 坚持“两手抓”不动摇，确保运输安全持续稳定

牢固树立安全发展理念，坚持安全基础和现实安全“两手抓”，标本兼治，螺旋上升，不断提高安全工作水平，确保实现安全年。

（1）持续强化专业管理。要从单纯技术管理向全面系统管理转变，管专业必须管安全、管技术、管标准、管生产、管经营、管队伍，全过程发挥专业管理作用。

（2）健全工作落实机制。提高安全信息追踪分析，严肃事故和设备故障定性定责，保持良好的管理秩序。

（3）着力夯实安全基础。打牢基层、基础、基本功是安全生产的治本之策，需要持之以恒、久久为功。

3. 全面提质增效，持续提升经营质量和效益

坚持“市场化经营、精细化管理”，深入推进运输供给侧结构性改革，提高资产资源经营开发质量，千方百计节支降耗，努力提高服务质量和经营效益。

全力推动铁路物流上量，继续实施“稳黑增白”“到重营销”策略，调整货运产品结构，努力增运增收。一是稳定大宗运量。加强与地方政府对接，开展货源“大营销”，落实“公转铁”政策，优化运输组织措施，确保能够承接“公转铁”货源。二是扩大白货市场。大力发展集装箱、商品车、冷链运输和绿色物流配送，必保完成铁路总公司下达的集装箱、商品车运输任务。优化零散货物办理站布局，开发新型物流产品，提高白货服务能力。完善天津港集装箱中心站服务平台功能，依托国际铁路运输通道，开发国际铁水联运班列，发展中欧、中亚班列。三是强化运力保障。要在确保安全的基础上，清理影响运输效率的“土政策”“土规定”，为客货运输提供强有力的运力保障；研究制定加强运输组织的具体措施，利用好运输挖潜提效和奖惩机制，确保能力利用和运输效益最大化。四是加强基础保障。重点推进15个物流基地建设，2018年建成7个物流基地，新增25个集装箱办理站，大力发展城市绿色物流，推广货物集装化运输，延伸服务链条；深化货运票据电子化工作，不断优化完善作业组织流程，开展货车“达标达速、满轴满吨”活动，强化运输站段双挂双考，确保效率提升、增收上量。

（资料来源：河北省铁道经济技术合作协会）

第四章　2017 年河北省港口物流发展情况与 2018 年展望

2017 年，中国宏观经济运行稳中有进、稳中向好、好于预期，供给侧结构性改革取得重要进展，新旧动能转换加快进行，经济发展的质量和效益不断提升。2017 年港口生产运行总体保持稳步增长态势。随着“一带一路”倡议的推进，中国与沿线国家经贸往来不断增加，港口作为物流的重要枢纽，成为“一带一路”倡议的直接受益者，迎来新的发展机遇。同时，新一轮由政府主导的港口整合正在加速推进中，将迎来更多的区域性或省内大范围的整合。

河北作为沿海大省，海岸线长 487 千米，具有建港、发展海上运输的得天独厚的区位优势和良好的资源条件，是环渤海经济圈的重要组成部分。多年来，河北省委、省政府高度重视港口发展，把港口建设纳入国民经济和社会发展总体规划，加强领导，科学决策，先后出台《河北省人民政府关于促进沿海港口集装箱运输发展的意见》《河北省人民政府关于加快沿海港口转型升级为京津冀协同发展提供强力支撑的意见》《河北省人民政府关于促进海运业健康发展的实施意见》《河北省综合交通运输体系发展“十三五”规划》等一系列政策，推动港口事业持续快速科学发展。经过多年的不懈努力，河北省港口迅速发展壮大，目前“三港四区”全部跻身 2 亿吨大港俱乐部。

一、2017 年河北省港口物流发展情况

（一）港口物流量稳步增长

2017 年，河北省港口完成货物吞吐量 10.9 亿吨，比 2016 年增长 1.4 亿吨，创河北省港口全年货物吞吐量新高。其中，秦皇岛港共完成 2.38 亿吨，同比增长 32.32%；唐山港完成 5.7 亿吨，同比增长 10.1%；黄骅港完成 2.7 亿吨，同比增长 10.4%。

集装箱吞吐量继续保持快速增长态势，2017 年河北省港口共完成 374.3 万标准箱，同比增长 22.4%，也创出年吞吐量新高。增长最快的是唐山港，共完成 253 万标准箱，同比增长 30.7%，其中，京唐港区首次单港区突破 200 万标准箱，占全省港口集装箱吞吐量的一半以上。秦皇岛港共完成 55.9 万标准箱，同比增长 8.5%。黄骅港完成 65.4 万标准箱，同比增长 8.7%。

（二）港口基础设施建设加快

2017 年，河北省港口吞吐量和吞吐能力均突破十亿吨，港口建设呈现出六大亮点。

一是码头设施规模大，专业化程度高。港口总能力突破10亿吨，生产性泊位达到208个，一大批煤炭、矿石等泊位专业化程度达到全国乃至世界一流。二是航道等级高，码头泊位吨位大。三大港区航道均达到20万吨级以上，曹妃甸港区可实现40万吨级散货船进出港。三是岸线容量大，利用效率高。河北省沿海港口每延米码头岸线通过能力达2.1万吨，在全国长度倒数的海岸线上建成居全国前列的码头。四是工程质量优，平安港口建设加快。曹妃甸港区煤炭码头工程获得“鲁班奖”“国家优质工程金奖”“詹天佑奖”等荣誉称号，实现国家级工程项目建设顶级奖项“大满贯”。黄骅港煤炭港区三期工程等3个项目获得交通运输部和原国家安全生产监督管理总局“平安工程”冠名。五是强化大气污染治理，绿色智慧港口建设加快。六是推进区域协同发展，津冀港口群建设加快。

唐山港京唐港区是津冀港口群中距渤海湾出海口最近之点，宜建港自然海岸线长达19千米，规划岸线长达45千米，后方陆域广阔，有100多平方千米开阔平坦的盐碱荒地可供开发利用，具有发展外向型临港工业的地域优势。截至2017年年底，已建成1.5万~25万吨级泊位39个，包括通用泊位和专业化泊位，结构布局合理，泊位等级、设施处于国内领先水平，货物堆场面积超过1000多万平方米，集装箱铁路专用线及智能化码头管理系统投入使用，自动化装卸设备完成安装调试，码头功能实现质的飞跃。

沧州渤海新区着眼做好港口经济这篇大文章，加快推进包括东疏港路综合枢纽互通、河口港区疏港路等总投资359.8亿元的39个港口基础设施项目建设，首个30万吨级原油码头一期工程获得核准，煤炭港区四期工程竣工投用，综合保税区具备封关运营条件。发起并成立环渤海港口联盟、平乡内陆港项目顺利推进、邯黄与沧港铁路实现互连互通成为港口建设新亮点。临港产业加速聚集，重点项目扎实推进。

（三）港口物流多渠道创新发展

综合化物流中心是现代港口的基本特征，也是现代港口功能拓展的方向。为适应经济、贸易、航运和物流发展的要求，借助于港航信息技术的发展，中国港口企业已经开始由单一的码头运营商向综合物流运营商发展，为客户提供多方位的物流增值服务，包括货物运输、货运代理、货物包装、装配、分拨、贴标识等，同时港口的范围进一步扩大，不仅包括港区，而且包括物流中心区，以实现网络化的物流运输组织方式，并带动临海产业的快速发展。

河北港口集团海运煤炭交易市场首列从朔州至秦皇岛港的集装箱煤炭海铁班列重箱列车顺利运行，标志着海运煤炭运销一体化全程煤炭供应链服务模式启动，为推动港口转型升级、促进物流业降本增效开辟了新路。邯郸国际陆港与上海货运中国网和邯钢安达智慧物流合作，借助互联网信息平台和无车承运人资质，在全省乃至全国范围内开展无车承运业务，打通了与黄骅港的物流通道。河北港口集团国际物流有限公司依托港口及物流板块内部优势，积极介入煤炭物流链条中的关键节点，通过贸易、金融等操作手段，逐步完善物流服务平台，为煤炭供应链客户提供个性化、增值化服务。邯郸国际陆港与国际物流公司积极开展物流金融、保理业务，和河北赵王集团、中联钢信合资成立了商业保理公司，利用资金优势，拓宽业务触角，增加公司盈利点。

唐山港紧紧围绕综合性国际化大港奋斗目标，以“智慧港口建设年”为核心，以西北战略为支撑，以集装箱为突破口，以项目建设为载体，通过多渠道创新发展取得新进展。一是做大做强主营业务。及时掌握腹地企业和周边港口动态，发挥内外贸班轮优势，稳固矿石、煤炭、钢材等基础货源，并进一步丰富货种结构。二是大力发展集装箱业务。完成全港集装箱资源的优化整合，西北战略取得突破性进展，新增 5 个内陆港，集装箱班列运行质量不断提升。加密内外贸航线布局，全面开通日本关东、关西航线，加密既有内外贸航线，航线总数达到 33 条。三是不断延伸物流业务。保税物流中心封关运营，整车进口口岸顺利通过省级验收，保税库仓储业务入库量突破 100 万吨。成功开发宣钢、包钢、金马、新东海等矿石运输业务，海运电商平台正式运营，集疏运平台功能日益完善。

沧州黄骅港不断创新工作方法，努力提升服务水平。神华黄骅港务公司将技术创新作为第一生产力，成立五个科研课题组，先后推行生产集中管控、智能配煤、生产仿真等技术，使生产效率提升近 10%。2017 年，煤炭港区营业利润居全国煤港首位，全员劳动生产率、人均利润均遥遥领先于国内其他港口。担负集装箱运营任务的津冀国际集装箱码头有限公司，充分借鉴天津港集团、河北港口集团集装箱运营管理经验，规范生产调度组织，优化资源配置，缩短辅助作业时间和非生产作业停时，提升作业效率，不断刷新单月吞吐量纪录。为提高通关效率，沧州渤海新区建立起了多个部门组成的“大通关体系”：海事、海关、检验检疫、公安和边检共同负责的联检制度，在保障船舶和港口安全的同时，实施一次性共同查验；工商、安监、银行、税务等单位对船代、货代等中介服务企业的管理，便利外汇结算；沧州海关办事窗口主动“前移”，黄骅边检站推出预约办证、网上报检等便民服务，使船舶在港停泊时间大大缩短，企业运营成本显著降低。

（四）地区和国际合作深入推进

交通运输部办公厅、天津市人民政府办公厅、河北省人民政府办公厅印发《加快推进津冀港口协同发展工作方案（2017—2020 年）》，旨在优化津冀沿海港口功能定位，完善主要货种运输系统，充分发挥已合作的两个集装箱公司的作用，进一步加密双向航线，实现干支结合，相互喂给。同时加快推进京津冀船舶检验互认，提升合作水平。加快形成与天津港分工协作、错位发展、深度融合、互利共赢的良好局面。

沧州渤海新区管理委员会、天津港集团、河北港口集团三方正式签署《落实京津冀协同发展战略 加快黄骅港集装箱发展的框架协议》。三方本着“发挥优势、相互促进、长期合作、互利共赢”的原则，努力扩大津冀港口合作的深度和广度，为合作项目创造最惠条件、提供最优支持，加大对黄骅港综合港区集装箱发展的支持力度，着力打造津冀港口间优势互补、分工协作、合力发展的新格局。

京津冀三地船检机构与中国船级社天津分社签署合作备忘录。津冀港口合作下的河北港口集装箱发展迅速，班轮航线拓展到66条，通达东南亚、非洲、欧美等世界几十个国家和地区。津冀国际集装箱码头公司成立并运营，签约共建20万吨级散货码头，黄骅港与天津港全方位合作进入实质性阶段。

邯郸国际陆港与国内大型航运企业对接，设立集装箱中转站，整合邯郸周边集装箱货源；国际物流公司重点发展全程物流供应链业务，积极开展港口下水煤直送电厂业务；之海船代采取多种方式服务船东，密切与船东及海事、船检、边防协作单位的联系，确保船舶在港顺利装卸，为船东提供优质、高效的代理服务；秦仁海运重点推进秦—连—蒙转关业务的发展，推进进口集装箱业务的发展。

（五）多式联运显成效

港口与铁路物流“联姻”，有效拓展了港口的腹地辐射服务范围。内陆港的建设，对唐山、秦皇岛、沧州乃至环渤海地区发展港口物流、对外贸易、保税仓储、高端服务业，构建以港口为龙头的大物流综合体系，具有较强的支撑作用。

“十三五”期间，随着综合交通网络和能力结构的大幅改善，运输供需格局加速深度调整，多式联运发展迎来新的战略机遇。

2016年，唐山港集团“东部沿海—京津冀—西北”多式联运项目成功入选国家首批示范工程。2017年，曹妃甸港入选第二批国家多式联运示范工程。以此为契机，唐山市抢抓“一带一路”机遇，加快实施西北战略，稳步推进内陆港建设，积极开拓海铁联运市场。2017年，唐山陆续在内蒙古鄂尔多斯、乌兰察布，新疆乌鲁木齐，山西忻州、朔州等地陆续开通内陆港，初步形成覆盖内蒙古、新疆、宁夏及山西的内陆港海铁联运集疏运网络，贯通欧亚的内陆港物流网络体系正在加速形成。

唐山港在华北、西北布局的15个内陆港，已将港口腹地由华北扩大到内蒙古、宁夏、新疆、甘肃等西北内陆地区，间接腹地已达到蒙古国、俄罗斯、中亚等一些国家和地区，腹地实际覆盖面积由140万平方千米扩大到230万平方千米。唐山已与乌兰察布、石嘴山2个城市建立战略合作关系，同乌海、鄂尔多斯、朔州、五寨、乌鲁木齐5个城市达成合作协议，在山西省、内蒙古自治区建设了8个集装箱场站，相继开通了京唐—乌海等5条国内海铁联运集装箱班列。

黄骅港在2016年开通黄骅港—德国杜伊斯堡中欧班列基础上，加强与新疆国际陆港线路对接，筹备开通黄骅港—卢森堡、黄骅港—莫斯科等班列；积极与宁夏中宁对接，筹备开通黄骅港—中亚的班列。另外，加快开通黄骅港至韩国、柬埔寨、越南等国际集装箱航线，将班列与航线联通起来，实现“一带”与“一路”的贯通。

河北港口集团积极探索供给侧服务创新，构建“运销一体化全程煤炭供应链服务模式”。2017 年 6 月，国内首条由港口主导的海铁班列——朔州神头元子河站块煤集装箱海铁班列开通，100（标准箱）煤炭海铁班列重箱列车从山西朔州神头元子河出发，经秦皇岛港新港湾集装箱公司下水，经广州南沙港上水，最终到达目的地广东云浮。

2017 年 10 月开通的“菲律宾达沃—秦皇岛”直达航线，是河北省目前唯一可以直达东南亚的集装箱航线。该条航线的开通，是河北港口集团延伸物流服务体系，积极参与农产品进口贸易物流建设及跨境海运直航项目的一大举措。

（六）“互联网＋港口物流”有序发展

“互联网＋港口”已成为国内各港提升竞争力的重要举措。通过“互联网＋”港口监管、码头生产、港口物流、港口服务等，实现港口作业高效化、物流便捷化、管理智能化、贸易便利化、服务人性化的智慧港口目标，助力航运中心。

河北港口集团积极推进技术创新、工作创新、模式创新，建设智慧型港口。加快互联网、大数据、云计算、人工智能等同港口经营深度融合，建设“一键通”大宗散货国家智慧港口示范工程，打造三大智能平台、一个云计算中心，即建设港口大数据信息服务平台、智能化码头作业平台、互联网客户服务平台和云计算数据中心，创新港口运营模式，全面提升港口竞争能力。

同时，河北港口集团还创建了以港区视频监控、生产数据实时查询、业务在线审批等内容为主线的关港联动智能信息系统、智能化海上交通组织平台，为实现河北港口集团与海关、海事等政府监管部门信息共享、协同管理提供保障，提高了客户业务办理效率，增强了港口与海关、海事等政府监管部门黏合度，进一步促进口岸环境的协调发展。

唐山港集团深入开展实施“智慧港口建设年”，完成智慧港口发展规划等基础工作，持续完善信息化基础设施，商务物流、生产指挥、职能管控等领域智能化项目全面实施，全年投资近 4000 万元，实施信息化项目 38 项。“港口企业危险货物智能化安全管理”项目成为集智慧港口、绿色港口、多式联运三个交通运输部试点工程于一身的港口企业。

唐山港集团“港通天下”智慧商务云平台，实现了业务与生产紧密衔接，海事、国检、引航、拖轮、铁路等相关环节高效协同。该平台融合了集团商务、陆运、海运、大宗商品交易、金融服务、信息增值等功能，实现物流全程可视化、手续办理无纸化、交易支付电子化、信息数据共享化、行政监管网络化，立足构建国内一流、功能最完整的一站式自助商务云平台。

河北省智慧港口建设成效明显。交通运输部发布《交通运输部办公厅关于公布智慧港口示范工程名单及有关事项的通知》，河北省申报的河北港口集团“京津冀协同下的‘一键通’大宗干散货智慧物流示范工程”和唐山港集团“港口企业危险货物智能化安全管理示范工程”两个项目全部成功入选国家智慧港口示范工程；唐山港集团

"港通天下"智慧商务云平台、集装箱自动化系统入选河北省"互联网＋"智能制造跟踪项目库；"唐山港车辆智能作业一体化管理系统"等项目十多次获得中国港口协会、省市技术奖。

二、2018年港口物流发展展望

（一）各级政府重视港口物流发展

2017年，省政府办公厅印发的《河北省综合交通运输体系发展"十三五"规划》，明确了"十三五"期间重点推进十方面任务，其中包括完善现代综合港口群，加快沿海港口向贸易大港转变，打造我国北方东出西联桥头堡和中蒙俄通道出海口。

唐山、秦皇岛、沧州三市的年度政府工作报告，都对本地港口物流发展进行了科学规划、周密部署。

唐山提出要加快基础设施建设，推动京唐城际、唐曹铁路延伸至海港开发区；开掘释放大美海洋天然良港优势，打造沿海临港产业带。一是提升港口综合能级。统筹规划"一港三区"功能定位，探索建立资源整合、资产融合、资本聚合的协同开放体制，加快打造世界一流的国际化综合大港。二是打造曹妃甸增长极。突出曹妃甸沿海开发的龙头带动作用，全力推进金隅·曹妃甸协同发展示范产业园等项目建设。三是大力发展海洋经济。坚持生态开发、永续发展理念，集中开展海洋经济普查，高标准编制发展规划，全力培育发展海洋生物医药、海洋航运物流等产业，向海洋要空间要效益。四是加快临港产业聚集。优化提升临港工业、滨海旅游等产业布局，充分发挥曹妃甸、乐亭、海港、滦南滨海有港优势，加快发展精品钢铁、现代化工等临港产业。

秦皇岛立足建设一流国际旅游城市定位，坚持以城定港、港产城融合发展思路，完成新一轮城市总体规划编制、土地利用总体规划和秦皇岛港口总体规划调编，加快实现"多规合一"。加强与河北港口集团对接合作，邀请国际一流规划团队，高水平开展国际旅游港战略研究，加快制定定位准确、路径清晰、时序合理的路线图和时间表，形成初步研究成果。启动西港新城区、港口旅游、邮轮港口的建设工作，争取2018年开通渤海湾重要城市海上航线。整合提升临港物流园区，推进大宗商品交易中心建设；成立自由贸易港研究推进机构，编制自由贸易港中长期规划，推动港城深度融合、港口转型发展。提升对外贸易水平，紧抓"一带一路"、中蒙俄经济走廊建设等机遇，建设国家综合保税区等平台，服务好秦仁航线、达沃航线，争取开通更多国际贸易航线；进一步提升口岸建设及查验设施整体水平，争取更多的货物能在秦皇岛港通关上岸。

沧州致力于打造国际一流大港。围绕建设现代化综合服务港和国际贸易大港，加强与天津港集团、河北港口集团、国家能投集团的战略合作，全力抓好总投资341亿元的系列码头群建设，争取30万吨级原油、17.5万立方米LNG（液化天然气）等19个码头顺利开工。进一步拓展"直线"、丰富"支线"，完善口岸查验设施，增强通关运营能力，力争全年吞吐量达到3亿吨、集装箱100万标准箱，确保黄骅港综合保税区申报成功。加快内陆港建设，大力发展多式联运，放大邯黄、太中银、朔黄铁路三大物流贸易通道集聚效应，全面提升黄骅港面向华北、西北地区的吸引辐射功能。加快推进交通基础设施对接，积极融入全省大交通三年计划。加快津沧、雄沧港、保沧城际铁路和曲港、邯港高速公路等重大项目前期工作，力争石衡沧港城际铁路年内开工，推动沧州与京津和省会的互联互通，建设“轨道上的京津冀”重要交通枢纽。推进337国道、津汕高速黄骅北等“九路三互通”工程，不断完善港口集疏运体系，建设雄安新区和冀中南等广大内陆腹地最便捷的出海口。

（二）港口物流企业多措并举创新发展

河北港口集团积极推进国际旅游港建设，助力秦皇岛市建设国际旅游城市。坚持世界眼光、国际标准、中国特色、高端定位，打造“旅游＋科技＋健康”产业融合平台，建设生命健康、生态旅游、文化创意、国际金融、商务会展、高端居住等多元融合型产业园区。同时推动秦皇岛港西港区由老工业港口转型升级为国际新兴旅游港口，打造国际旅游目的地和集散地，建设一流国际旅游示范港。积极探索建设自由贸易港。学习借鉴国外自由贸易港发展经验，结合我省港口和区域经济特点，研究制定建设自由贸易港推进方案，充分挖掘港口比较优势，升级完善港口设施，拓展服务功能，全面增强物流服务能力、产业资源配置能力，进一步提升港口对外开放水平。

河北港口集团继续稳步推进各项（物流板块）主营业务，着力抓好几方面工作：国际物流公司重点培育物流供应链业务模式；海运市场重点培育电子交易平台业务模式；邯郸国际陆港重点培育园区开发建设业务模式；两家船代公司重点培育综合代理业务模式；秦仁海运实现客货并重航运业务模式；保理公司与禾港公司重点培育物流金融与农产品、冷链物流业务模式。

唐山港集团结合公司发展实际和发展规划，确定未来三年的发展思路是：以习近平新时代中国特色社会主义思想为指导，以唐山“三个努力建成”为己任，坚持传承发扬、创新提高，持续推进集装箱发展、持续实施西北战略、持续提升承载能力、持续建设智慧港口、持续开展管理创新、持续扩大对外开放，驰而不息、久久为功，到“十三五”末，将京唐港区打造成为京津冀和西北地区对接“一带一路”的重要窗口，高质量建成综合型国际化大港。

沧州加快港口转型升级，推动企业提质增效，重点抓好九方面工作：一是调整码头功能，加快码头群建设。到2020年建设19个码头项目，35个泊位，总投资381亿元。二是加强基础设施建设，完善港口集疏运体系。三是积极开展市场营销，拓展港口物流业务。四是推进内陆港建设，促进港腹联动。五是着眼协同发展大势，深化津冀港口合作。六是拓宽融资渠道，创新融资方式。七是围绕全域旅游规划，抓好旅游板块发展。八是打造新兴地产板块，支持棚改惠民建设。九是全面加强党的建设，凝聚高质量发展的强大合力。

（三）继续推进港口物流基础设施建设

在京津冀协同发展战略背景下，加之低迷的大宗散货贸易形势，河北省加快调整结构，精确港口功能定位，着力统筹港口基础设施建设，把握煤炭、矿石码头建设节奏，加快集装箱、散杂货、油品等大码头建设，推进“散改集、杂改集”，提升专业化水平。河北省将完善集疏运体系，大力拓展水水中转业务，加大港区铁路连接线、场站建设力度，打通铁路进港“最后一公里”，提升疏港公路运输能力，做好与港区道路衔接。

在完善港口功能布局领域，河北省提出加快培育以第四代港口为标志的现代化综合大港。重点推进港口码头建设，通过秦皇岛港推进西港搬迁改造工程、通过山海关港区起步及二级工程，谋划国际邮轮港建设；将秦皇岛港发展成为现代化综合性港口和国际邮轮港。通过唐山港推进京唐港区集装箱、通用散货等码头建设，推进曹妃甸港区液化、集装箱、件杂、多用途及大炼化原油码头等建设，有序推进丰南港区建设；建设唐山港为国际综合贸易大港。促进黄骅港向综合大港转变，加快原油、矿石、集装箱、液化、滚装、LNG、通用散杂等码头建设。

与此同时，河北省将拓宽航道建设，在秦皇岛港建设20万吨级航道、山海关港区航道；在唐山港建设京唐港区25万吨级航道、在曹妃甸港区三港池航道进行改造提升、丰南港区航道、防坡堤；通过黄骅港推进综合港区、散货港区20万吨级航道进行改造提升。

（资料来源：河北港口集团有限公司、《现代物流报》）

第五章　2017 年河北省航空物流发展情况与 2018 年展望

一、2017 年航空物流发展情况

（一）航空货邮吞吐量情况

2017 年河北全省机场完成货邮吞吐量 4.36 万吨，同比减少 4.4%。2016—2017 年河北省机场货邮吞吐量情况如下表所示。

2016—2017 年河北省机场货邮吞吐量情况

项目		2016 年	2017 年	同比（%）
合计	货邮吞吐量（吨）	45635.30	43609.70	-4.4
	其中：国内货邮吞吐量	44157.30	43410.80	-1.7
石家庄	货邮吞吐量（吨）	43760.40	41013.20	-6.3
	其中：国内货邮吞吐量	42282.40	40814.30	-3.5
秦皇岛	货邮吞吐量（吨）	426.10	506.20	18.8
邯郸	货邮吞吐量（吨）	515.70	703.40	36.4
唐山	货邮吞吐量（吨）	836.68	1261.01	50.7
张家口	货邮吞吐量（吨）	96.50	122.70	27.2
承德	货邮吞吐量（吨）	—	3.20	—

（二）航线通达能力进一步增强

2017 年石家庄机场运营航空公司 32 家，通航城市 86 个，全部运营航线 137 条，其中国内客运航线 122 条，国际地区客运航线 11 条，石家庄—首尔国际货运正班航线 1 条，石家庄—南京、石家庄—郑州—南京和杭州—石家庄等国内货运正班航线 3 条。河北省机场管理集团不断加强与航空公司、快递企业、货运代理公司的联系和沟通，深入了解国际货运动态，大力推进快递集散中心建设，积极引进国际货运包机，航空货运业务稳步发展。

（三）中转货物业务快速发展

积极同海南航空、河北航空及春秋航空沟通货物中转业务，共同开发中转货源市场；同秦皇岛、张家口等省内机场及西安、广州等省外机场制定积极的销售政策吸引货源，建立通单中转渠道增加石家庄机场进出港中转业务；加强与快递公司及货运代理的合作，深挖中转货源，增加冷线航班的舱位利用率，串联省内支线机场航空物流资源，丰富石家庄机场冷线航班货源。

（四）多渠道拓展航空货物业务

同河北航空、南方航空召开货运座谈会，就市场开发措施、营销方向及运价政策交换意见，进一步深化货运合作；协助承德机场货运部门，针对鲜活类货物易出现的冰水外漏问题，积极协助货主改进包装，确保达到运输标准，正常发运，增加货物出港量。

（五）加强国际货物业务开发

同河北航空、厦门航空、邮政及国际货代召开货运业务发展交流会，就拓展国际货运市场与开发进行了深入沟通和交流，开发经厦门中转的国际货物业务；同春秋航空、机场海关推进直航国际和地区航线国际货物运输业务。协调国内外航空公司投放运力，争取国际旅游航空公司开通石家庄至德国汉诺威货运航线、圆通航空开通石家庄至韩国首尔货运航线，以及开通欧洲货运临时包机航线。

（六）航空货运保障能力大幅提升

一是进一步完善货物中转保障流程。积极与省内各机场沟通货物快速中转保障事宜，全面掌控中转信息，逐步建立和完善货物中转保障流程。二是计划对收发运口进行改造。开通“快速”收发货渠道，对收运口前加装磅秤，由货运代理将称重、开单、制贴标签等工作提前完成，逐步实现出港货物的主单入库，使流程更顺畅，设备利用率更高，从而提高收运效率。增加收发运口伸缩传送带并对机械平台进行改造，提高快递公司大批量货物装卸速度。

二、发展中存在的主要问题

一是当前航空货运发展面临的宏观形势依然严峻。受国际供应过剩、需求增长乏力等因素影响，外贸进出口增速虽走出低迷，但仍处于较低水平。我国经济由高速增长阶段逐步转向了中速增长阶段，对航空货运发展产生一定影响。国际宏观形势对石家庄机场国际货运业务发展造成一定影响。特别是中韩关系紧张时期，石家庄至韩国首尔货运正班航线停飞，国际航线发展不稳定。

二是航线航班网络尚不完善。由于石家庄机场起步较晚，石家庄至国内繁忙机场的航线航班密度远低于国内多数省会机场及一些周边机场，处于竞争劣势，且由于目前国内繁忙机场航班十分密集，干线航班加密更为困难。

三是市场竞争日益加剧。周边机场纷纷出台鼓励航空货运发展的补贴政策，造成本地及周边货源分流严重。2019 年北京新机场投入使用后，石家庄机场在航班运力、腹地市场等各方面将面临巨大挑战。

四是石家庄机场地面货运通道不畅。目前石家庄机场与市区及周边城市除高速公路外，仅有 107 国道连通，没有其他直通道路。通往机场货站的指示路标不清晰，易引发交通事故。且 107 国道正定以北和新乐以南至机场连接线仅是双向两车道二级公路标准，通行能力较差。特别是新元高速不允许货车通行，特殊天气下高速公路关闭，107 国道压力剧增，交通拥堵，给车辆通行和货物集散带来不便。

五是石家庄机场部分口岸功能缺失，与北京、天津、郑州等周边机场存在较大差距。国际航权、保税油、特殊进境货物等口岸功能缺失，对国际航线的引进开发造成了较大困难。

三、面临的新形势及发展建议

（一）面临的新形势

京津冀协同发展国家战略实施以来，国家明确了石家庄机场在京津冀世界级机场群中作为区域航空枢纽的功能定位。2014 年 12 月《民航局关于推进京津冀民航协同发展的意见》及 2015 年 5 月河北省政府与民航局签署的《关于加快推进京津冀民航协同发展的会谈纪要》都提出培育石家庄机场为区域枢纽机场，积极发展航空快件集散及低成本航空。2017 年 12 月，国家发展改革委、中国民用航空局出台的《推进京津冀民航协同发展实施意见》提出改扩建石家庄正定机场，充分发挥比较优势，增加对周边的集聚辐射能力，逐步培育成为区域航空枢纽。

按照河北省高质量开放发展的要求，加快建设新时代经济强省、美丽河北，形成新时代河北对外开放新格局，打造现代化、国际化区域中心城市，在全面融入京津冀协同发展中承接非首都功能疏解和产业转移，衔接雄安新区产业布局发展，大力发展战略性新兴产业，推动产业层次迈向中高端，对石家庄机场充分发挥国际窗口功能，打造功能完善、运转高效的区域航空枢纽提出了更高要求。区域经济发展迅速，二、三产业成为主流，以电子信息、生物医药等技术密集型的高新技术产业为主，将带来更多的航空货源，将吸引货运航空公司、航空快递企业集聚，推动石家庄机场区域快件集散中心建设和发展。

同时，石家庄机场正处在关键培育期，面临着周边机场的竞争以及 2019 年北京新机场运行带来的冲击和影响，亟待进一步优化航空口岸发展环境，缩小与周边机场政策差距，加大政策扶持，形成独特优势，推动国际航空货运发展。

（二）发展建议

随着京津冀协同发展深入推进，北京非首都城市功能疏解、产业转移，京津冀三地互联互通交通一体化网络逐步建设，以及京津冀民航协同发展相关政策的实施，石家庄机场将承接首都机场航线航班分流。在电子商务、新型贸易、临空产业等新兴业态的刺激下，再加上石家庄机场综合保税区、海关快件监管中心的设立，使得服务于区域经济结构调整和产业升级的石家庄机场航空货运及快件业务功能发展潜力尤为凸显。

一是建议全省抢抓京津冀协同发展机遇，加大政策引导力度，设立京津冀民航发展专项资金，积极引导首都机场航线航班以及航空货运、快件航班分流至石家庄机场，缓解首都机场运营压力的同时，完善石家庄机场的货运航班网络，大力开发航空快件特色市场。

二是建议省、市政府在产业布局、政策措施等方面给予更大支持力度，积极引进大型航空物流企业和大型快递运输企业，推动航空快件集散中心建设；加大石家庄机场空港工业园招商引资力度，构建优质临空产业转移和聚集平台，吸引国内外一流企业入驻，实现空港与园区联动发展。

三是建议进一步完善石家庄机场综合交通集疏运体系，按照一级公路标准尽快改、扩建 107 国道机场连接线南北路段，尽快将太行大街北延至机场，通过进一步规划设计，使石家庄市区及周边市县主要道路快速直通机场，增强石家庄机场地面交通通达性。

四是争取政府有关部门牵头协调国家部委争取保税油、设立国际邮件互换局等政策支持，申报进口水果、食用水产品、肉类、危险品等特殊货物指定的航空运输口岸资质，缩小石家庄机场与京津机场政策差距。

四、2018 年航空物流发展思路

（一）总体发展思路

2018 年是学习贯彻党的十九大精神的落实年，推进京津冀民航协同发展的关键年，石家庄机场“冲千万”的决胜年。河北机场管理集团将紧紧围绕学习贯彻党的十九大精神这条主线，认真落实《推进京津冀民航协同发展实施意见》以及省委、省政府和省国有资产监督管理委员会加快全省民航业发展的战略部署，采取有力措施积极引进国内外大型航空货运和航空快递企业，引导首都机场溢出货运航班和快件航班疏解至石家庄机场，不断拓展国际、国内航空货运航线航班网络，特别是全货机航班和国际货运包机业务，加快推进石家庄枢纽机场建设，积极发展航空快件集散，确保航空货运业务量实现增长；深挖本地航空货源市场，拓展周边货源市场渠道，完善市场营销网络；进一步提高机场保障能力，建立收货入库顺畅、运行环节安全、提货速度快捷的保障流程。提高客户服务质量，建立规范的服务标准，着力开展服务文化建设。

（二）主要措施

1. 进一步完善航空货运枢纽航线网络

以京津冀民航协同发展为契机，积极参与协同发展工作，加强与中国民用航空局、中国民用航空华北地区管理局等单位沟通和联系，积极争取政策支持，引导首都机场航班疏解至石家庄机场。科学、合理利用航线补贴，充分发挥补贴资金的杠杆作用和市场引导作用，优化航线结构，完善航线网络布局，调动航空公司加大运力投放的积极性，进一步加密通往省会及重点城市的骨干航线，提升石家庄机场航线网络的通达性和便捷性。积极联合省内支线机场，完善省内支线网络，充分利用省内已开通的张家口、唐山、秦皇岛航线航班，搭建畅通的空中货物走廊，吸引河北北部城市航空货物在石家庄机场开展中转业务。

2. 加快推进石家庄机场航空快件集散中心建设

联合邮政速递物流公司加快推进石家庄航空邮件处理中心项目建设，开通国内快件全货机航线，引进国内较大的快件运营商在石家庄机场建立分拨中心，进一步完善邮件、快件的航线网络结构，拓展辐射能力。大力发展国际快件及跨境电商业务，以国际快件监管中心的建设和运行为契机，汇集国际速递物流公司，拓展国际快件运输航线，抓住跨境电商业快速发展机遇，发展以对独联体、东北亚等国家为主的跨境电商国际货运航班。进一步与海关等监管部门加强沟通，促进国际邮件、快件通关流程的进一步优化，提升处理能力和通关效率。

3. 推进临空经济发展

借助石家庄综合保税区平台，积极推动临空经济发展。河北机场管理集团于2018年下半年启动新建石家庄机场东侧近距第二跑道前期工作，开展机场总体规划的修编。目前，石家庄机场东距综保区约1000米，新建跑道位于机场与综合保税区之间，在新建跑道以东紧邻综保区规划布局机坪、国际货站、物流园区以及其他货运相关设施，将推进空港与保税区互动融合发展。

4. 加大货运市场开发力度

积极协调国内外航空公司投放运力，与航空公司、配载部门协调沟通，提高出港航班舱位利用率。切实解决因航班航线的局限性造成的干线航班货物出港压力及冷线航班货量不足的矛盾。同河北航空、春秋航空沟通，落实国际货物销售代理协议，力争韩国等国际和我国台湾、香港地区航线的货物运输能有所突破。借助跨境电商平台，以区域特色进境货物为依托开通面向特定国际地区的货运航线，形成区域比较优势。

5. 不断提升航空货运安全保障水平

结合风险和隐患排查治理工作，认真开展安全生产月、平安民航建设、平安货运建设、行业安全大检查及危险品自查等安全主题活动，对现场运行、货运保障各环节认真进行安全生产隐患排查和整改，并在此基础上建立长效机制。持续加强安全管理工作，强化货物运输收运、库房操作、机坪装卸等关键环节的安全检查和管理，提高隐患排查治理和风险控制防范力度，加强员工安全教育和培训，增强员工安全责任意识和安全防范意识。适当优化机构设置、合理调配人员岗位，理顺各岗位工作职责和操作流程，确保新货站运转顺利，机场货运保障工作顺畅。加强与机场其他相关部门的沟通协调，提高机坪装卸保障能力及水平。

（资料来源：河北机场管理集团有限公司）

第六章　2017 年河北省快递物流发展情况与 2018 年展望

2017 年，是党的十八大以来全省邮政业实现长足发展的重要一年，河北省邮政管理系统紧紧围绕“打通上下游、拓展产业链、画大同心圆、构建生态圈”的工作思路，践行新发展理念，坚持“四进五并”的工作总基调，注重夯实基础、补齐短板、全面发力、多点突破，注重行业发展的系统性、整体性、协同性，突出重点，统筹兼顾，压茬推进，圆满完成了全年各项工作任务。

一、2017 年快递发展情况

（一）行业总体稳步发展

2017 年，河北省快递业务量为 11.9 亿件，居全国第 8 位；业务收入 126 亿元，居全国第 9 位，比 2016 年晋升 1 位。快递收入占行业收入比重由 2016 年年末的 65% 提升到 69%，行业结构得到明显优化。

（二）政策体系不断完善

（1）2017 年，河北省邮政管理局与省发展和改革委员会、商务厅、工业和信息化厅、教育厅等部门联合印发了《关于推动快递服务制造业发展的三年行动计划（2017—2019）》等九个文件，着力解决行业发展难题。

（2）2017 年，河北省邮政管理局参与编制的《京津冀地区快递服务发展“十三五”规划》正式发布。

（3）2017 年，全面启动了《关于推动快递服务制造业发展的三年行动计划（2017—2019）》的编制工作。

（4）2017 年，河北省邮政管理局联合省发展和改革委员会、国土资源、交通运输和商务部门印发了《关于推进我省快递园区建设工作的指导意见》，为全省建设快递物流园区提供政策支持。

（三）行业发展环境持续优化

（1）2017 年，首次以省政府名义召开了邮政业市场发展和维护市场秩序领导小组会议。河北省邮政管理局联合相关部门出台了《关于综合解决城市快递末端投递服务的实施意见》等10余项改善快递业发展环境的文件。

（2）河北省11市积极落实省政府《河北省人民政府关于促进快递业发展的实施意见》，全部出台了符合本地业情的推进措施，有效改善了快递业的发展环境。

（3）2017年，河北省邮政管理局组织各方专业人士编制《河北省农村地区快递服务规范》，全力保障广大农村地区快递服务质量。

（四）行业监管能力显著提高

（1）2017年，河北省邮政管理局联合省社会治安综合治理委员会办公室召开寄递渠道安全管理领导小组会议，对落实安全“三项制度”、开展专项安全整治、提升市局突发事件应急预案响应层级等重点工作进行了部署，通过了《河北省邮政业开展“平安寄递”和“放心消费”专项整治大检查工作方案》等4个方案，健全了寄递渠道安全联合监管工作机制。

（2）2017年，河北省邮政管理局积极推动邮政业突发事件应急预案由部门层面升级到政府层面，保定、沧州等9个市政府印发了《邮政业突发事件应急预案》。

（3）2017年，着力加大实名收寄信息系统推广应用力度，召开了全省系统应用交流推进会，使全省实名收寄率达到85.76%，全国排名第5位。

（4）2017年，组织开展了春节、全国“两会”“一带一路”峰会等专项整治活动，确保了重要时期寄递渠道的安全稳定。积极推进环京5市15县邮政业安全中心设立、寄递渠道安全监管信息化建设。

（5）2017年，建立了快递服务质量通报与联席会议制度，省市两级邮政管理部门首次按季度召开了全省服务质量分析通报会议。

（五）行业服务质量稳步提升

（1）宣传和贯彻新《邮政普遍服务》标准，组织开展了“学标、贯标、对标、达标”专项活动，邮政普遍服务和特殊服务水平明显提高，服务明显规范，邮件时效大幅提升，营业场所设置、业务开办、投递频次和投递深度均符合标准。全省县级城市党报党刊当日见报率达到83.7%，石家庄、邢台等9市实现100%当日见报。

（2）积极推动邮政、快递企业与特色产业融合发展，全省新增6400余个邮乐购站点，建制村覆盖率达59.8%。全省邮政企业支撑农特产品进城累计配送量7407.9吨，交易额3283.7万元，带动1.6万农民增收779.6万元。

（3）实施“快递+”工程，全省共培育沧州金丝小枣、衡水深州蜜桃、秦皇岛山海关大樱桃等快递服务现代农业项目25个，实现快递业务量2800万件，形成业务收入3.15亿元，带动农业总产值超10亿元。

（4）根据《关于开展邮件快件“不着地、不抛件、不摆地摊”专项治理工作实施方案》的要求，坚持省市联动，有效解决了群众反映强烈的野蛮装卸、抛扔、露天分拣等问题，增强了人民群众消费信心。

（5）采取布放智能快递箱、建立快递超市、依托第三方等方式，持续推动“快递入区”和“三进工程”“快递下乡”工程，提升末端服务能力，共布设智能快件箱（信包箱）3099组，格口达18.73万个，建设快递公共服务站点3753个。

（6）制定了《河北省快递行业“营业场所标准化、分拨中心规范化、作业流程制度化”建设工作方案》，成立了“三化”建设工作领导小组，联合快递行业协会开展了验收工作。全省建设示范网点108个，标准化网点1354个，规范化分拨中心82处，作业流程制度化达到100%。

（六）快递人员的工作环境有所改善

2017年，制定并下发了《加强和改进快递从业人员职业保障工作方案》，对重点工作逐一进行了分解落实，明确了责任部门。通过省市采取系列措施加以推进，快递人员的工作环境得到改善。

（七）依法行政全面推进

（1）2017年，制定了依法治邮实施意见，制定了依法行政“五个办法”、行政执法“十项制度”，编制了“五个清单”。举办了全省邮政管理系统依法行政培训班，开展了案卷评查和法律知识竞赛。

（2）2017年，河北省邮政管理局组织开展了普遍服务达标、建制村通邮、《人民日报》投递、重大题材邮票销售、机要通信保密安全、“扫黄打非”等专项检查，实现对市局机要监管履责情况检查全覆盖。建立了全省邮政服务监管季度通报制度和市局普遍服务监管效能考核机制。全面推广监督员“靶式管理”，建立了社会监督反馈机制。全省推行邮政普遍服务营业网点分级监督管理。

（3）2017年，河北省邮政管理局开展了寄递安全专项整治、“平安寄递和放心消费”异地交叉大检查等活动。全年共检查4584家企业，出动执法人员1万余人次，进行约谈告诫185次，办理行政处罚案件512件，罚款225万元。

（4）2017年，深入推进“放管服”改革，持续精简行政审批事项，完善事中事后监管体系，规范优化许可申诉服务。印发了《关于加强快递业务经营许可核查和事中事后监管工作的通知》，建立了优化许可流程、严格实地核查、加强事中事后监管“三位一体”的管理模式。

（八）对接服务雄安新区

2017年，河北省邮政管理局成立了服务雄安新区邮政业建设与发展领导小组，制定了《河北省邮政管理局关于服务雄安新区邮政业建设与发展的实施方案》，明确了2017年重点工作任务，《雄安新区邮政业发展规划》纳入新区专项规划，《雄安新区邮政业发展规划（2017—2030 年）》初稿已形成，并与交通运输厅、商务、工业和信息化厅、住房和城乡建设厅顺利对接，与相关部门就“四衔接一准入”达成共识。配合国家邮政局完成了《河北雄安新区设立纪念》邮票发行工作。

二、2018 年快递发展展望

2018 年是全面贯彻落实党的十九大精神的开局之年，是实施“十三五”规划、建设新时代邮政强省承上启下的关键一年。2018 年，坚持以习近平新时代中国特色社会主义思想为统领，全面落实国家邮政局党组决策部署和马军胜局长对河北“5 + 4”重要指示精神，深入开展“责任落实年”系列活动，以进一步深化供给侧结构性改革为主线，着力提高发展质量和效益，促进快递业持续、有序地发展。

（一）稳中求进，做优做强

2018 年，河北省邮政管理局将发挥规划引领作用，制定《河北省邮政业发展三年行动计划（2018—2020 年）》，并开展邮政业规划中期评估工作。编制《河北省农村地区快递服务规范》，积极与省标委会对接，做好标准的发布工作。

以落实省政府《河北省人民政府关于促进快递业发展的实施意见》为主线发挥省邮政业领导小组作用，做好系列政策的落地。以落实《关于推动快递服务制造业发展的三年行动计划（2017—2019）》等文件为重点，持续推进“快递 + 工程”，促进产业协同发展；以落实《关于支持邮政业服务创新综合解决城市末端投递服务的实施意见》等文件为抓手，加强快递末端服务设施建设，持续推进快递进社区、进校区、进农村工作，通过采取自建、联建和入驻等形式加快园区建设，提升行业集聚发展能力，推动河北快递业在全国现代商贸物流重要基地建设中率先突破。

（二）至诚至信，提升服务水平

2018 年，制定出台河北省《快递企业服务管理规定》，明确企业服务主体责任，建立健全企业服务管理机构，持续开展服务标准宣传与落实工作，加强对企业落实服务主体责任的监督管理。

继续推进快递行业“三化”建设，确保全省快递企业网点标准化率达 75%，分拨中心规范化率达 85%。推动智能快件箱（信包箱）建设实现既定目标。在 2017 年“三不”专项治理活动的基础上，提高快件处理场地离地设施设备的铺设比例，力争 2018 年年底达到 100%。深入开展“一市一品”示范项目，逐步增加“邮政快递 +”示范项目品类，构建农特产品的垂直服务渠道和区域服务网络，更好地发挥“工业品下乡、农产品进城”双向渠道作用。

根据国家局统一部署，落实《快递业信用管理暂行办法》，推进河北省快递行业信用信息系统建设，加强与地方信用管理部门沟通，逐步建立信用信息共享机制。

（三）安全发展，增强综合治理能力

积极推动构建“政府主导，行业主管，企业主责，部门共治，属地落实”安全管理工作格局。制定《河北省寄递渠道安全管理工作领导小组成员单位2018年度综治考评实施方案》，督促企业健全安全管理机构，建立工作制度，做到安全责任等“五到位”。

编制《河北省邮政市场监管“3334”行政执法检查操作指引》，对“收寄验视、实名收寄、过机安检”三项制度实施环节检查，加快实名收寄信息系统推广应用，重点抓好散件实名率提升，确保2018年年底前完成国家邮政局实名收寄信息化工作任务。加强散件和协议件分类管理，完善安检台账，确保2018年年底前安检机有效使用率达到100%。

开展寄递渠道安全专项检查，确保反恐禁毒、扫黄打非、化学品寄递、用户信息、运输车辆、旺季生产等重点领域、重点时期的寄递安全。

制定年度安全工作培训计划。充分发挥张家口职教中心安检基地作用，继续开展快递企业安检机操作人员技能培训，组织开展企业安全管理机构人员培训，编制企业安全培训大纲，做到年度培训有计划、有落实、有考核、有记录。

（资料来源：河北省邮政管理局）

第七章 2017 年河北省钢铁物流发展情况与 2018 年展望

2017 年，在全国经济稳中向好，供给侧结构性改革深入推进的形势下，在河北省委、省政府的领导和有关部门的支持下，河北省各钢铁企业紧紧围绕“去产能、调结构、增效益、促转型”开展工作，企业创新创效能力持续增强，大气环境质量显著改善，经济效益实现了历史性突破，为建设经济强省、美丽河北做出了贡献。

一、2017 年河北省钢铁行业发展情况

（一）控制产能释放，铁钢材产量降低

2017 年，在钢材市场形势向好的背景下，河北省各钢铁企业严格落实省大气污染防治要求，主动限产控产，钢铁产量在全国增长的情况下实现了有效控制。2017 年，河北省钢铁行业生产生铁 17997.27 万吨、粗钢 19121.47 万吨、钢材（含重复材）24551.08 万吨，分别比 2016 年降低 3.35%、0.95%、2.67%，河北省生铁、粗钢和钢材的产量同比增幅分别比全国的产量同比增幅低 5.15 个、6.65 个和 3.47 个百分点。2017 年全国生产生铁 71076 万吨、粗钢 83173 万吨、钢材（含重复材）104818 万吨，河北省生铁、粗钢和钢材的产量占全国生铁、粗钢和钢材产量的比重分别为 25.32%、22.99%、23.43%。钢铁企业产销率为 99.51%，比 2016 年提高 0.18 个百分点。

2017 年，河北省铁矿石原矿产量 58163.52 万吨，同比增长 12.28%，增速比 2016 年回升 9.87 个百分点，占全国铁矿石总产量 122937.30 万吨的 47.31%（见表 1）。

表 1　2017 年河北省与全国钢铁行业主要产品产量对比

产品	河北省		全国		较全国增速（%）	占全国比重（%）
	产量（万吨）	同比（%）	产量（万吨）	同比（%）		
生铁	17997.27	-3.35	71075.90	1.8	-5.15	25.32
粗钢	19121.47	-0.95	83172.80	5.7	-6.65	22.99
钢材（含重复材）	24551.08	-2.67	104818.00	0.8	-3.47	23.42
铁矿石原矿	58163.52	12.28	122937.00	7.1	5.18	47.31

（二）市场环境明显改善，钢材价格合理回升

随着近年来持续化解钢铁过剩产能，特别是2017年彻底清除了“地条钢”，钢铁产能过剩矛盾明显缓解，市场供需基本保持平衡，再加上行业自律加强，恶性竞争的市场环境基本改变，使公平的市场定价体系得以恢复，钢材价格呈现了合理回升的发展态势。2017年12月末中国钢材价格指数为121.8点，同比上涨了22.4%。虽然大宗原燃材料采购成本保持了上涨势头，全年进口矿粉价格同比上涨32.69%、国内铁精粉价格同比上涨29.72%、炼焦煤价格同比上涨79.89%、冶金焦同比上涨76.91%，但钢材价格的合理回升和各钢铁企业挖潜降本提质增效，为增效增收起到重要的支撑作用。

（三）钢材出口量减价增，出口结构明显优化

2017年，河北省出口钢材1660.97万吨，出口金额93.63亿美元（吨材出口价格563.70美元），分别比2016年下降51.41%、25.89%。全省钢材出口数量和金额分别占全国的22.07%和17.21%。从2017年河北省钢材出口情况看，虽然出口量降幅较大，但价格大幅度提高（同比提高194.13美元/吨，增幅52.17%），出口钢材结构和品种质量发生了变化，优质钢材出口创效能力明显提升。

（四）钢铁行业盈利突破历史水平，社会贡献显著提升

2017年，河北钢铁工业（黑色冶炼及压延加工业，不含黑色矿山业），工业增加值为2424.47亿元，比2016年下降3%；主营业务收入完成13025.19亿元，比2016年增长26.10%；实现利润714.37亿元，比2016年增长151.22%。河北钢铁工业的工业增加值、主营业务收入、利润占全省工业的比重分别为18.65%、25.10%、22.91%（见表2）。河北省冶金行业协会入统的76家钢铁企业，2017年实现利润680.60亿元，同比增长203.61%；实现税金249.94亿元，同比增加140.87亿元，增长129%。吨钢利润355.87元/吨，同比提高259.25%。2017年河北省钢铁工业的经济效益和社会贡献率突破历史最好水平。2016—2017年河北省钢铁工业主要经济指标对比如表2所示。

表2　　2016—2017年河北省钢铁工业主要经济指标对比

项目	单位	2016年	2017年	2017年较2016年		2017年占全省比重（%）
				增减量	增减（%）	
主营业务收入（亿元）	全省工业	46053.22	51900.53	5847.31	12.70	—
	黑色矿山	1623.71	1946.69	322.98	19.89	3.75
	钢铁工业	10328.87	13025.19	2696.32	26.10	25.10

续 表

项目	单位	2016 年	2017 年	2017 年较 2016 年		2017 年占全省比重（%）
				增减量	增减（%）	
利润（亿元）	全省工业	2576.78	3118.72	541.94	21.03	—
	黑色矿山	208.02	234.94	26.92	12.94	7.53
	钢铁工业	284.36	714.37	430.01	151.22	22.91
工业增加值（亿元）	全省工业	12575.16	13002.71	427.55	3.40	—
	黑色矿山	1046.74	1113.62	66.88	6.39	8.56
	钢铁工业	2499.45	2424.47	-74.98	-3.00	18.65

（五）坚定不移地执行中央和省的决策部署，打好去产能攻坚战

2013—2017 年，河北省压减退出炼钢产能 7192 万吨、炼铁产能 6508 万吨，省委、省政府提出的“6643”任务圆满收官。其中 2016 年、2017 年压减退出炼钢产能 4378 万吨、炼铁产能 3893 万吨，超额完成了国家下达的压减任务。同时，按照国家要求，31 家使用感应炉生产“地条钢”的企业于 2017 年 6 月底全部出清，并通过国家核查验收。截至 2017 年年末，河北省炼钢、炼铁产能由 2011 年的峰值 3.2 亿吨、3.17 亿吨分别减至 2.3872 亿吨、2.4401 亿吨，钢铁冶炼厂点由 148 个减至 87 个，企业由 123 家减至 67 家。河北省钢铁行业为我国化解钢铁过剩产能做出了重大贡献。

在压减产能的过程中，各钢铁企业全力克服资产债务处置难、涉及大量职工转岗安置难等诸多问题。河北省扎扎实实落实压减任务，2017 年关停炼钢转炉 28 座、炼铁高炉 32 座。为推进环京津的保定、廊坊、张家口三市实现“无钢市”的目标，廊坊霸州市的前进钢铁、新利钢铁和保定的奥宇钢铁三家钢铁企业提前一年完成了钢铁整体退出任务，保定和廊坊的霸州市实现“无钢市”目标。顺先钢铁、福丰钢铁、纵横钢铁、东山钢铁、广耀铸业、崇利制钢、恒丰钢铁、新方铸造等企业实施关停退出了钢铁行业。

（六）科技创新步伐加快，产品结构提档升级

2017 年，河北钢铁行业在供给侧结构性改革成效明显，钢材价格合理回升的形势下，一方面适应市场，抢抓机遇创收增效；另一方面持续推进科技进步、技术创新，围绕国家战略和市场需求，不断加大产品开发研发力度。2017 年，河北省的钢材品种明显优化，铁道用钢材产量为 89.87 万吨，同比增长 13.31%；厚钢板产量为 326.73 万吨，同比增长 14.97%；中厚宽钢带产量为 4440.83 万吨，同比增长 9.28%；电工钢板（带）产量为 142.91 万吨，同比增长 10.7%；中小型型钢产量为 2407.48 万吨，同比增长 9.64%（见下图）。

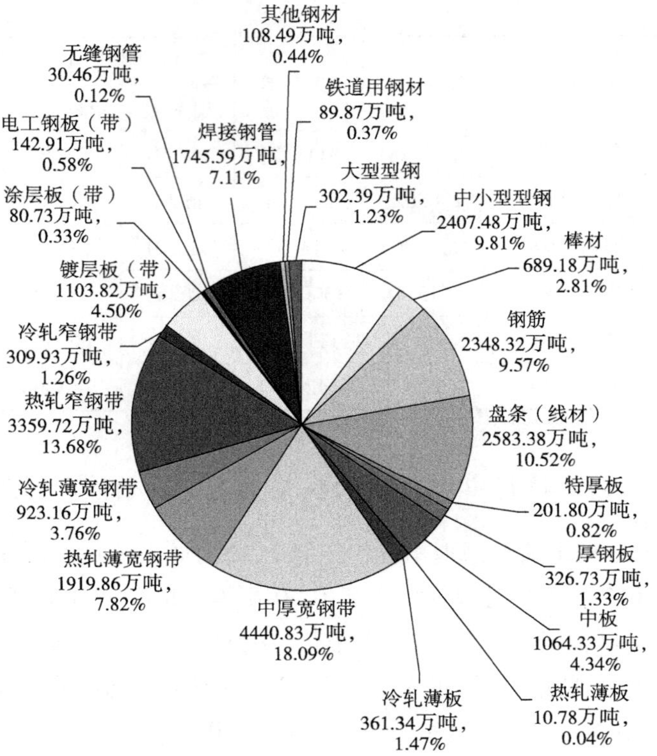

2017 年河北省钢材品种结构

2017 年，河北省重点钢铁企业的科技进步、技术创新步伐明显加快。河钢集团围绕“技术进步”和“管理创新”两大核心任务，聚焦“市场”和“产品”，发展成果得到高度认同，荣获中国钢铁企业“竞争力极强”A+最高评级，被世界钢铁协会列为全球钢铁制造50强第3位。特别是客户结构的高端化推动了河钢科技创新、技术进步，推动了产品结构快速调整。全年生产品种钢2550万吨，同比提升13%，品种钢比例达到64%；销售汽车用钢530万吨，成为汽车用钢国内第二大供应商；家电板销售280万吨，家电彩涂板市场占有率高达30%，保持了国内第一供应商地位。津西钢铁以“打造世界最大型钢生产基地、国际一流钢铁集团”为目标，列入“河北省战略性新兴产业”钢铁类项目，标志着津西产品结构调整迈出重大步伐，在做精做强H型钢、钢板桩两大拳头产品的基础上，以绿色钢构建筑为切入点，建立了津西钢结构研发中心，解决钢结构建筑防火、防漏、防腐、隔音、抗震等技术难题，向消费者提供绿色钢构建筑产品，为河北省推广钢结构应用发挥了重要作用。敬业钢铁与东北大学合作，共投资30亿元建设国内首套高品质薄带铸轧生产线；投资23亿元建设颠覆性创新引进增材制造（3D打印）项目，项目建成后将具有年产2万吨粉末先进成形产品、600吨增材制造用金属材料以及30吨3D打印航空材料生产能力。邢钢XG835NH高强耐候钢用于我国第一座免涂装铁路钢桥——雅鲁藏布江特大桥的钢结构连接。

（七）积极参与“一带一路”建设，抢抓京津冀协同发展机遇

2017 年，河钢集团牢记习近平总书记嘱托，以打造中国—中东欧国际产能合作和“一带一路”建设标志性工程为目标，全面提升河钢塞尔维亚公司经营管理水平，全年产钢 140 万吨，实现利润 2 亿元，成为中塞务实合作，以及中国和中东欧国家产能合作的范例。南非 PMC 公司铜二期工程进展顺利，铜产量达到 3.45 万吨、铁精粉销量为 700 万吨，利润近 10 亿元。河钢德高公司业绩持续增长，2017 财年利润约 8 亿元，创近五年最佳业绩。河钢集团还启动了丝路钢铁能源公司项目。2017 年河钢集团海外板块全年营业收入突破 300 亿元，利润约 20 亿元，成为河钢集团重要的效益增长极。2017 年河钢荣获“一带一路”十大先锋企业（国内唯一上榜的钢铁企业）。德龙与印度尼西亚摩罗瓦里工业园发展公司签署合作谅解备忘录，投资 16.3 亿美元合作开发工业园，投资 9.8 亿美元建设年产 350 万吨的碳钢厂。敬业中厚板率先供入雄安新区“第一标”雄安市民服务中心项目，拉开敬业全力服务雄安新区建设的序幕。各钢铁企业积极在京津冀协同发展中寻求商机，紧盯雄安新区发展进程，积极为雄安新区建设贡献力量。

（八）践行绿色发展，履行社会责任

2017 年，河北钢铁企业牢固“生态优先、绿色发展”理念，始终把大气污染防治摆在企业发展的头等重要位置，认真贯彻落实省委、省政府《关于强力推进大气污染综合治理的意见》“1 + 18”政策体系，加大环保治理投入，建立健全污染天气应急响应机制，实现达标排放，未发生影响环境的事件，节能减排指标进一步改善，为全省大气环境质量取得明显改善做出了贡献。河钢唐钢、河钢邯钢、敬业钢铁、普阳钢铁、邢台德龙、东海特钢、金鼎重工、新金钢铁、邢钢 9 家钢铁企业获得工业和信息化部公布的 2017 年绿色工厂。全省钢铁企业的主要能耗指标进一步降低，吨钢综合能耗 567 千克/吨、吨钢可比能耗 530 千克/吨、吨钢耗电 405 千瓦时/吨，同比分别降低 1.68%、1.57% 和 0.88%，均低于全国钢铁行业耗能平均值。

2017 年，河北省 PM2.5 年平均浓度为 65 微克/立方米，较 2016 年同比下降 7.1%，较 2013 年的 108 微克/立方米下降 43 微克/立方米，降幅达到 39.8%，超额完成大气“国十条”确定的比 2013 年下降 25% 的目标任务。河北大气环境质量逐年改善，秋冬季雾霾天气减少，这与钢铁企业多年来坚决落实国家和省市各项要求，持续推进节能减排，无怨无悔履行社会责任，所付出的艰苦努力是分不开的。

二、2018 年钢铁行业发展展望

我国经济已由高速增长阶段转向高质量发展阶段，钢铁行业发展的主要矛盾已经转变为持续满足更高要求、与生态环境和谐友好共处、实现可持续运营的高质量发展

的矛盾。河北钢铁行业更要紧紧抓住供给侧结构性改革、京津冀协同发展、雄安新区和“一带一路”建设战略机遇期，坚决贯彻供给侧结构性改革的各项要求，做好存量和增量两个维度上的改革，切实推动“三大转变”（中国制造向中国创造转变、中国速度向中国质量转变、制造大国向制造强国转变）。

总体发展思路：一是以装备大型化、产品高端化、服务信息化为主攻方向，着力推进河北省钢铁产品结构、工艺结构的调整与优化，推进钢铁行业由传统制造向智能制造升级，不断满足国民经济及下游用户对钢铁产品的需求；二是要着力实现河北省钢铁行业低碳绿色发展，达到与环境和谐友好；三是要着力实现河北省钢铁行业高质量可持续运营，实现全行业的均衡发展。力争通过数年的艰苦努力，真正实现传统钢铁行业的转型升级、高质量发展。

（一）坚决有序化解过剩产能

贯彻落实《河北省钢铁行业去产能工作方案（2018—2020 年）》，综合运用市场、法律和必要的行政措施，强化标准倒逼作用，依法依规促使过剩钢铁产能有序退出，严防“地条钢”死灰复燃。2018 年压减退出钢铁产能 1200 万吨，2019 年压减退出钢铁产能 1400 万吨，2020 年压减退出钢铁产能 1400 万吨，到 2020 年年底全省钢铁产能要控制到 2 亿吨以内。此目标是破解河北结构性矛盾和实现高质量发展的关键举措，必须攻坚克难，花费大量精力实现。

（二）大力推进改造升级，实现装备大型化

鼓励钢铁企业加大研发投入，开展先进工艺装备应用性研究，加快高端、优质、高附加值产品开发，实现装备升级、质量提升、产品上档。到 2020 年，除特钢和符合《铸造用生铁企业认定规范条件》的铸造高炉外，通过产能减量置换，对 1000 立方米以下高炉、100 吨以下转炉全部进行主体装备大型化改造，完不成的就地关停退出，通过改造升级使全省钢铁行业主体装备达到国内领先水平。同时，鼓励有条件企业发展短流程炼钢，但前提是不新增钢铁产能。

（三）加快产品提质上档，延伸钢铁行业链条

一是围绕市场需求，国家需要，依照《河北省产业结构调整优化和产业导向目录》加大钢材产品开发研发力度，重点在高铁用钢、汽车用钢、造船用钢、建筑用钢、模具钢、高速工具钢、电工钢、高级管线钢等高端冶金材料上下硬功夫，以优质的产品质量挤进高端产品市场，占领重点工程项目。二是支持发展装配式钢结构住宅、钢结构桥梁和钢结构立体停车场，建立钢结构配件配送中心，生产加工标准化钢结构配件，进一步拓宽钢结构产品种类。三是鼓励大型钢铁企业发展现代物流、电商平台等非钢产业，推动钢铁企业由传统的材料供应商向综合服务商转变。四是通过发展钢材深加

工延伸产业链，由钢铁产品向钢铁制品转化，实现增值增效。五是组建两个创新中心。河北省钢铁行业智能制造创新中心要以长流程的钢铁冶金流程为基本研究对象，借助先进检测技术、机器人等，提升企业智能制造水平；河北省钒钛新材料制造业创新中心要进一步加大提升钒钛技术创新和产业化应用能力等方面的研究，拓展钒钛材料应用领域，建设多项钒钛资源清洁利用和钒钛高端材料生产制备示范工程，促进钒钛产业链延伸，从而使新兴产业崛起并对传统产业升级改造。

（四）加快推进钢铁行业绿色发展

牢固树立绿色发展理念，正确把握生态环境保护和产业发展的关系，进一步加快绿色化改造，推广应用先进绿色制造技术，推进实施超低排放改造，提升行业资源、能源利用和清洁生产水平。充分发挥行业绿色工厂的标杆示范作用，加强技术交流，鼓励钢铁企业推进与建材、电力、化工等产业及城市间的耦合发展，建设绿色工业园区，带动行业整体绿色提升。加快能耗、水耗、清洁生产等标准的修订，鼓励制定严于国家标准、行业标准的企业标准，提升钢铁行业绿色发展标准化水平。争取到2020年钢铁企业基本完成超低排放改造，行业节能减排水平全国领先，冶炼固体废弃物利用和处置率达到100%；吨钢综合能耗保持在570千克标准煤以下，单位工业增加值能耗持续优先于全国平均水平。

（五）依靠科技进步创新驱动，提升钢铁行业创新能力

唯有创新才能实现高质量发展，也是实现河北钢铁行业转型升级、建设钢铁强省的必由之路。一要加快创新体系建设，充分发挥创新平台的引领作用，提升持续创新能力。二要鼓励企业加大研发投入，推动全省钢铁企业普遍建立研发机构，到2020年，争取做到行业研发投入占主营业务收入比重超过全国平均水平。三要鼓励行业领军企业、高校、科研院所合作共建精品钢制造业创新中心。四要大力弘扬工匠精神，做实全面质量管理，提升企业整体精益管理水平。五要随着钢铁行业高质量发展步伐的加快，无论是国有还是民营钢铁都要高度重视高端人才聚集和培养，实现“创业的一代”向“创新的一代”过渡。

（六）抓住重要机遇期，推动产能域外转移

优势钢铁企业要积极参与“一带一路”沿线国家重大工程建设，以东南亚、中亚、非洲、拉美、中东欧等国家为重点，有针对性地开展项目洽谈和对接。通过产能交易或省外建厂实现钢铁产能域外转移。发挥河钢塞钢示范效应，扩大与中东欧国家合作，进一步拓展欧洲市场。面向印度尼西亚、马来西亚、越南、巴基斯坦、印度等亚洲周边国家及非洲重点国家，鼓励钢铁企业利用现有生产设备开展投资，支持德龙钢铁印度尼西亚项目、新武安钢铁马来西亚项目、武安新峰埃及项目等，支持河北文丰实业、

迁安九江线材等企业在境外开展铁矿资源开发，为河北省钢铁生产提供原料资源保障。

（七）深入两化深度整合，推进智能制造

全面推进互联网、大数据集成、人工智能和钢铁行业的深度融合，实现人、设备、产品等制造要素和资源的实时联通，推进生产方式的定制化、柔性化、绿色化、网络化和智能化，推动钢铁行业的智能制造。

（八）优化钢铁企业运输模式

加快钢企物料进厂与产品出厂运输模式的调整优化步伐是打赢蓝天保卫战的形势要求，也是企业降费增效主要途径。一是加快推进重点钢铁企业铁路专用线建设，实现“公转铁”，力争到“十三五”末，河北省钢铁企业的铁路运输比例达到80%以上；二是临港钢铁企业要“公转水”，能水路运输的不火车运输，能铁路运输的不公路运输；三是加快钢铁企业厂内运输升级改造，推广管道运输，实现厂内“运料不见料”，从而减少污染，降低消耗，提高效率。

（九）推进整合重组，优化产业布局

按照河北省“十三五”发展规划和《河北省钢铁行业结构调整实施方案》，预计到2020年形成以河钢集团、首钢集团2家特大型钢铁集团为引领，3家地方大型钢铁联合企业为重点、10家特色钢铁企业为补充的“2310”钢铁行业格局目标，加快推进唐山、邯郸地区的钢铁企业联合重组步伐，通过整合重组实现压减钢铁过剩产能、装备大型化和优化产业布局，打造钢铁精品基地，提升河北省钢铁行业的综合竞争实力。

（十）加快推进企业发展方式转变

钢铁企业实现转型升级就是要从数量扩张为主向品种质量效益转变，由钢铁生产商向钢铁材料制造和服务商转变，依据企业的比较优势，构建企业的差异化发展战略和相应的企业组织架构，激励和约束机制的企业文化。在经营理念上，完成由生产销售导向型向用户为中心导向转变，构建起先期研发介入、后期持续跟踪改进的服务体系，加快企业由市场为导向转向以用户为导向的理念转变。在发展战略上，实现专业化基础上的规模化、差异化方向发展。加快从规模生产型向服务制造型的企业架构转变，加快适应市场变化、快速反应的决策机制转变，加快产品结构由同质化竞争向差异化发展的战略转变。在发展方式上，由依靠要素投入、追求数量扩张向注重自主创新、提高发展质量效益转变，加快由依靠要素投入转向依靠提高效率的经营模式转变。在营销模式上，实现向现代配送加工、电子商务营销方向转变，实现公开、透明的市场发现价格机制。在经营领域上，全面实现钢铁生产制造、能源转换、社会废弃物消纳“三大功能”，适度发展多元产业，实现与钢铁主业互为补充、互为支撑的格局。

新思想引领新时代，新使命开启新征程。河北钢铁行业在省委、省政府的正确领导下，高举习近平新时代中国特色社会主义思想伟大旗帜，深入贯彻落实党的十九大精神，锐意进取、埋头苦干，全力推进河北钢铁工业转型升级高质量发展，为开创新时代全面建设经济强省、美丽河北新局面做出更大的贡献。

（资料来源：河北省冶金行业协会）

第八章　2017 年河北省煤炭物流发展情况与 2018 年展望

2017 年，河北省煤炭行业企业认真贯彻落实省委、省政府决策部署，紧紧围绕改革创新、转型发展和稳中求进的总基调，着力把握“深化改革、创新管理、提质稳价、经济效益、扭亏脱困、努力提高运行质量”等工作重点，积极推进供给侧结构性改革，关闭矿井、去产能效果明显，产业结构不断优化，行业集中度进一步提升，煤炭供需基本稳定，煤炭价格合理回归，主要经济指标好于预期，经济效益逐步好转，全省煤炭经济运行实现了企稳回升、稳中向好的发展态势。

一、2017 年煤炭物流发展情况

（一）煤炭产、运、销量稳中趋降

1. 煤炭产量

2017 年全省煤炭企业原煤产量为 14131.33 万吨，减产 996.42 万吨，下降 6.59%。其中：省内原煤产量为 5905.17 万吨，减产 673.26 万吨，下降 10.23%；省外原煤产量为 8226.16 万吨，减产 323.16 万吨，下降 3.78%。全部洗精煤产量为 3523.27 万吨，减产 776.00 万吨，下降 18.05%。其中：省内洗精煤产量为 3040.20 万吨，减产 480.43 万吨，下降 13.65%；省外洗精煤产量为 483.07 万吨，减产 295.57 万吨，下降 37.96%，具体统计数据见下表。

2017 年河北省煤炭原煤、洗精煤产量统计

	原煤			洗精煤		
	2017 年	2016 年	同比（%）	2017 年	2016 年	同比（%）
合计	14131.33	15127.75	-6.59	3523.27	4299.27	-18.05
其中：省内	5905.17	6578.43	-10.23	3040.20	3520.63	-13.65
省外	8226.16	8549.32	-3.78	483.07	778.64	-37.96
开滦集团	6132.40	7021.85	-12.67	1310.29	1648.46	-20.51
其中：省内	2842.91	3250.38	-12.54	1310.29	1648.46	-20.51
省外	3289.49	3771.47	-12.78	—	—	—

续 表

	原煤			洗精煤		
	2017 年	2016 年	同比（%）	2017 年	2016 年	同比（%）
冀中能源集团	7930.25	8009.48	-0.99	2212.98	2650.81	-16.52
其中：省内	2993.57	3231.63	-7.37	1729.91	1872.17	-7.60
省外	4936.67	4777.84	3.32	483.07	778.64	-37.96
地方煤矿	68.69	96.42	-28.76	—	—	—
其中：省内	68.69	96.42	-28.76	—	—	—
省外	—	—	—	—	—	—

2. **煤炭销量**

2017 年省内商品煤销量为 5333.80 万吨，同比少销 1181.87 万吨，下降 18.14%。其中开滦集团完成 2120.78 万吨，同比少销 376.12 万吨，下降 15.06%；冀中能源集团销量为 3199.12 万吨，同比少销 539.64 万吨，下降 14.43%。2016—2017 年河北省内分品种煤炭销售量统计如图 1 所示。

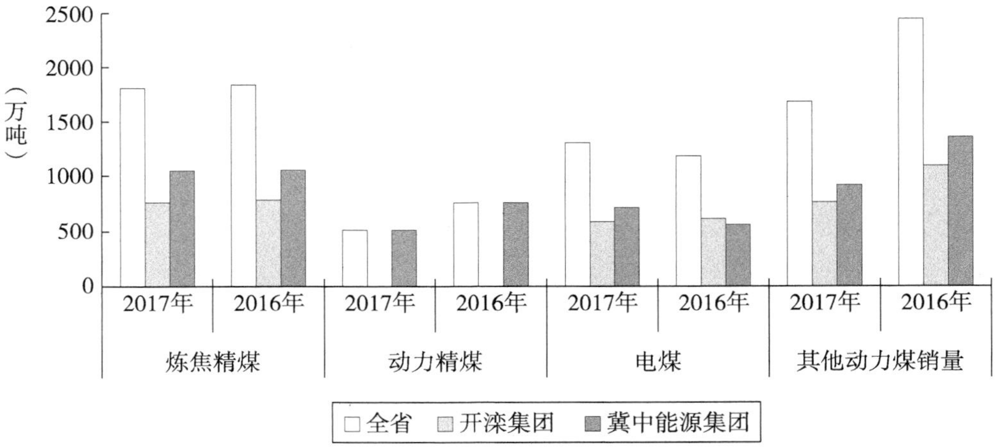

图 1　2016—2017 年河北省内分品种煤炭销售量统计

3. **煤炭运量**

2017 年省内两大集团通过铁路运输煤炭 2431.79 万吨，同比多运 0.48 万吨，增幅 0.02%；通过公路运输 2902.01 万吨，同比少运 1182.35 万吨，降幅 28.95%。其中：开滦集团通过铁路运输 946.49 万吨，同比少运 36.63 万吨，降幅 3.73%；通过公路运输 1174.29 万吨，同比少运 339.49 万吨，降幅 22.43%。冀中能源集团通过铁路运输 1485.30 万吨，同比多运 37.11 万吨，增幅为 2.56%；通过公路运输 1727.72 万吨，同比少运 842.86 万吨，降幅 32.79%，具体统计数据如图 2、图 3 所示。

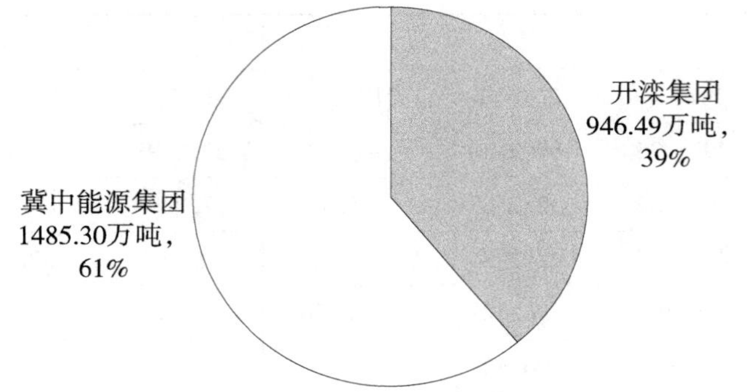

（a）通过铁路运输

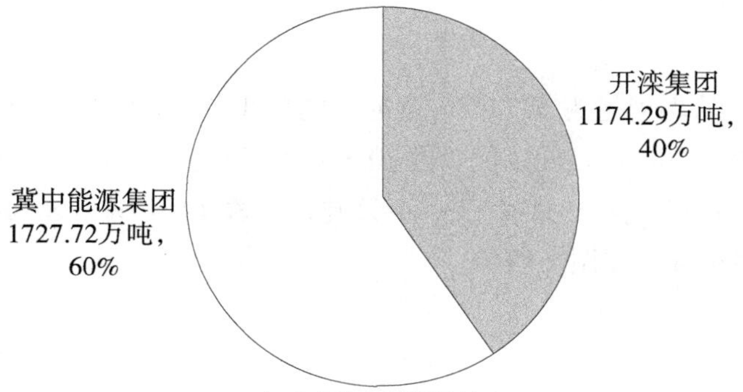

（b）通过公路运输

图 2　2017 年河北省两大集团不同运输方式运输总量统计

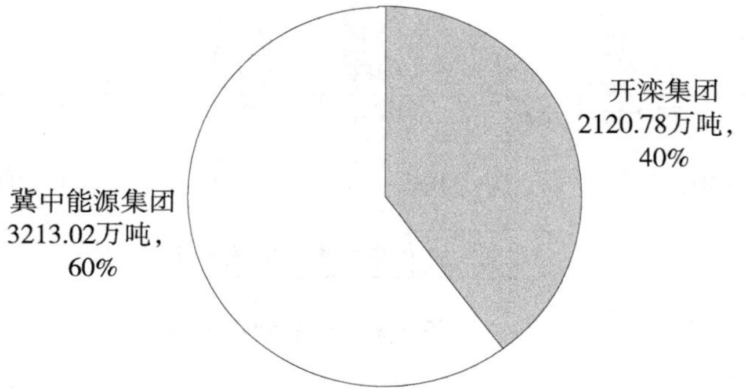

图 3　2017 年河北省两大集团运输总量统计

（二）煤炭价格理性回归

2017 年，河北省内国有重点煤矿商品煤累计平均售价为 598. 35 元/吨，同比上升 226. 10 元/吨，增幅为 60. 74%。其中：冀中能源集团 614. 16 元/吨，同比上升 217. 32 元/吨，增幅为 54. 76%；开滦集团 574. 40 元/吨，同比上升 241. 73 元/吨，增幅为

72.66%。2017 年，河北省内不同煤种的价格都有所提高，炼焦精煤 1076.63 元/吨，同比增长 418.75 元/吨，增幅为 63.65%；动力精煤 757.87 元/吨，同比增长 269.43 元/吨，增幅为 55.16%；电煤 313.67 元/吨，同比增长 96.46 元/吨，增幅为 44.41%；其他市场动力煤 258.95 元/吨，同比增长 63.27 元/吨，增幅为 32.33%，如图 4 所示。（均为不含税价格）

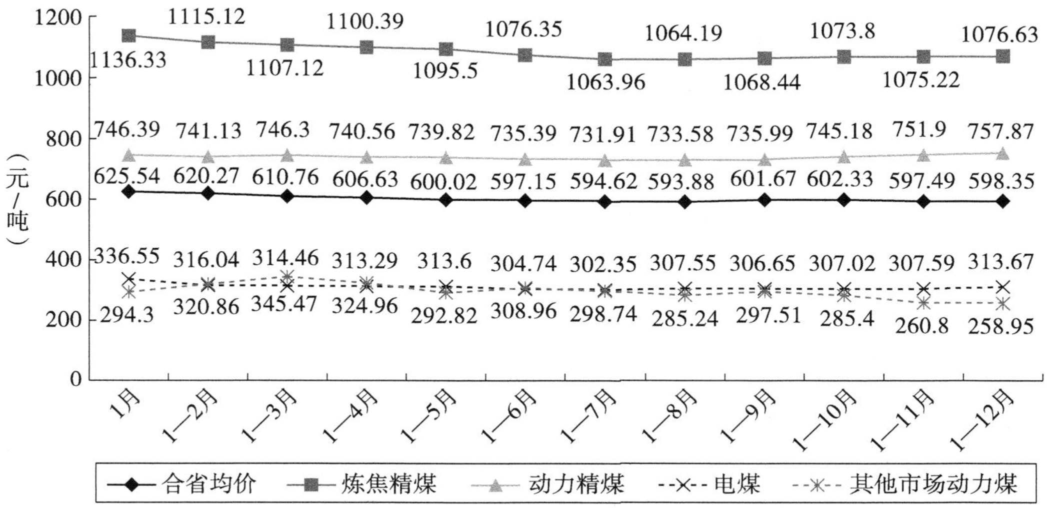

图 4　2017 年商品煤价格变动情况

（三）煤炭库存总体降低

据运销部门统计，截至 2017 年年底，省内煤矿存煤为 72.69 万吨，比 2017 年年初下降 50.68%；河北南部十大电厂存煤可用 14.75 天，比 11 月底减少 1.13 天；省内主要钢焦厂存煤可用 14.23 天，比 11 月底减少 0.42 天。

（四）外欠煤款高位盘整

据运销部门统计，截至 2017 年年底，全省国有重点煤矿累计外欠煤款为 46.36 亿元，比 2016 年年底增加 5.36 亿元；比 11 月底增加 1.80 亿元。

（五）固定资产投资提升

2017 年，河北省两大煤炭企业集团固定资产投资额为 81.26 亿元，同比增长 4.37%，其中：开滦集团为 47.53 亿元，同比增长 61.01%；冀中能源集团为 33.73 亿元，同比下降 30.22%。

（六）行业效益整体向好

2017 年，全省两大集团实现工业总产值 1077.08 亿元，同比增长 13.90%；完成营业收入 3621.00 亿元，同比下降 5.80%；实现工业增加值 358.44 亿元，同比增长 24.60%；利润总额 16.50 亿元（2016 年为 13.09 亿元），同比增长 26.05%。其中：开滦集团实现工业总产值 578.78 亿元，同比增长 4.54%；完成营业收入 1399.44 亿元，同比下降 14.03%；实现工业增加值 127.41 亿元，同比增长 1.85%；利润总额 4.50 亿元（2016 年为 2.00 亿元），同比增长 125.00%。冀中能源集团实现工业总产值 498.30 亿元，同比增长 27.12%；完成营业收入 2221.56 亿元，同比增长 0.22%；实现工业增加值 231.02 亿元，同比增长 42.09%；利润总额 12.00 亿元（2016 年为 11.09 亿元），同比增长 8.21%。2016—2017 年河北省及两大煤炭集团工业产值、营业收入情况如图 5 所示。

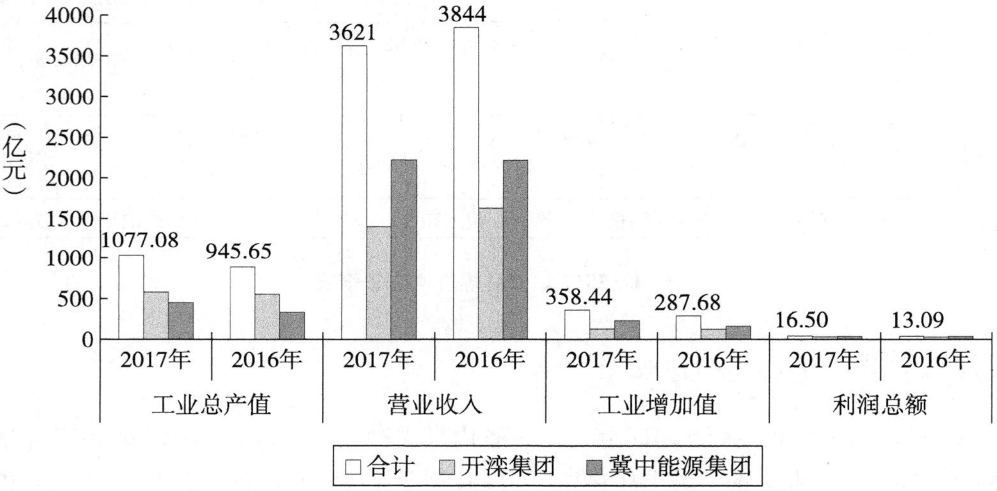

图 5　2016—2017 年河北省及两大煤炭集团工业产值、营业收入情况

（七）产业结构调整、转型升级积极推进

2017 年，河北省坚持把优化结构作为促进转型升级的第一支撑，主要进行了以下一些工作。

一是煤炭去产能、关闭矿井任务超额完成。截至 2017 年 12 月底，河北省关闭退出煤矿（含产能置换）32 处、去产能 1125 万吨，分别完成国家全年任务指标的 290.9%、149.4%和省政府全年任务指标的 246.2%和 119.6%。

二是安全高效矿井建设水平明显提高。2017 年，河北省安全高效矿井 25 个（预评），产量占省内总产量的 77%，建成安全质量一级标准化矿井 18 个，建成绿色矿山 11 个，矿井技改升级、煤电一体合作、省内外资源开发等重点项目建设取得较大成效。

三是煤炭洗选加工、提质增效成效显著。开滦集团和冀中能源集团全年（省内外）生产精煤3500余万吨，其中：省内原煤入洗率达到80%以上，炼焦煤入洗率达到100%，年产炼焦精煤2400万吨以上；动力精煤，根据市场用户需要，年产超过600万吨。煤炭洗选、配煤加工、精煤质量明显提高，稳量提质增效成效显著。

四是煤炭上下游产业合作取得新进展。河北省两大煤炭企业集团积极推进煤电互保，煤钢联营、煤焦合作，与河钢集团签署“安全产业链战略合作框架协议”，与大唐、华能、省建投等大型国企电力签订中长期合同，煤钢电战略性合作伙伴关系进一步增强。

五是煤炭企业办矿模式进一步拓展。河北省两大集团依托煤炭开采，洗选加工、水害防治等方面的人才、技术、管理优势，大力发展生产性现代服务业，依托三大优势积极走出去，取得明显突破。

六是以煤为基，多元发展取得较大成效。2017年河北省煤化工产业积极应对环保限产政策，不断优化煤焦与化工产品结构，推动产业链向高端延伸；物流产业不断优化结构，创新商业模式，大力发展实体物流、物流金融和国际贸易，煤与非煤业务、行业内外与境内外贸易并举，优化调整供应链贸易结构，形成了电子商务和综合物流信息平台，煤炭行业的现代物流体系已具雏形；围绕为煤炭产业服务的煤机制造业、煤热电业、煤建材业等都有较好发展；金融服务产业、文化旅游业、劳务输出业等新兴产业的建立与运营，并得到长足发展，助推了企业多元发展。

（八）行业集中度进一步提高

2017年河北省煤炭行业进一步加大兼并重组、资源整合工作力度，基本形成以开滦集团、冀中能源集团为主，以唐山、邯郸、邢台、张家口区域煤炭企业为重点的煤炭产业格局，从根本上改变河北省煤炭行业小、散、乱的局面。2017年河北省煤炭行业两大集团原煤产量、产值和营业收入比重均占到全行业的98%以上，产业集中度明显提高。

（九）科技创新、自主创新取得新进展

2017年河北省开滦集团和冀中能源集团积极实施创新驱动战略，围绕煤炭产业升级和资源挖潜、煤化工产业链延伸、“两化”融合、“互联网+”等开展技术、科技创新创效，有力地促进了企业的科技进步和转型升级，取得了一批具有自主知识产权的创新成果。全省共获得省部级以上科技成果27项；获得国家授权专利60项，其中发明专利41项。其主要技术、科技创新成果有：超薄极复杂工作面智能化开采技术、综合机械化充填采煤技术、保水开采技术、矿井低温热能利用技术、井下重大危险源检测识别与预测、预警技术、极薄煤层综采自动化技术、厚煤层一次采全高综采自动化技术、高效分选设备与工艺技术、煤机系列产品研发和制造技术、信息化和工业化“两

化”深度融合技术等，为推进高产高效矿井和安全质量标准化矿井建设，提高煤矿机械化、自动化水平，提供了先进可靠的技术装备。

（十）节能环保、综合利用成效显著

2017 年河北省煤炭行业企业认真落实国家环保政策和河北省“1 + 18”大气污染治理工作部署，全面推进燃煤锅炉治理、焦化厂脱硫脱硝、煤场焦场治理等重点工作，强化污染源监测监控。2017 年，开滦集团、冀中能源集团分别产生吨原煤生产综合能耗 5. 6 千克标准煤和 6. 5 千克标准煤，炼焦工序单位能耗为 130. 09 千克标准煤和 130. 3 千克标准煤。两大集团不仅把节能环保、大气污染治理作为企业应尽的社会责任，还创新了节能减排、综合利用发展路径，充分挖掘节能减排的经济价值，培育形成了五条节能环保产业链。第一条是矿井水综合利用产业链，采煤—抽放矿井水—净化（提取余热）—民用水（减少矿井水外排量深度利用水资源）；第二条是煤矸石综合利用产业链，采煤—土地塌陷—矸石综合利用（发电、建材材料、充填材料，减少矸石排放对环境影响）；第三条是采煤塌陷地治理产业链，采煤—土地塌陷—充填—恢复土地功能（减少采煤对生态环境的破坏）；第四条是综合利用产业链，采煤—抽放瓦斯—燃烧利用或发电；第五条是煤化工副产品综合利用产业链，洗精煤—焦炭余热生产蒸汽、发电。河北省煤炭行业圆满完成省政府下达的节能减排考核目标任务，节能环保、减排降污、综合利用工作成效显著。

二、2017 年河北省煤炭市场供需现状

2017 年河北省煤炭经济总体处于平稳运行的发展态势，煤炭去产能供给侧改革不断深化，化解过剩产能工作力度加大，伴随着迎峰度夏、迎峰度冬、电厂补库增量的有力支撑，煤炭减量与保障供应并举，并进入常态化，煤炭经济运行形势总体保持平稳运行态势。

然而，煤炭市场呈现出阶段性、区域性、煤种间小幅震荡调整的态势。分煤种看：动力煤需求稳中趋好，市场成交活跃，价格稳中趋升，总体呈现旺季平稳、淡季不淡的利好形势，并贯穿全年；炼焦煤市场由于受钢铁、焦化企业市场运行变数较大，炼焦煤市场需求不断震荡调整，价格升降幅度较大。

总体来看，2017 年全国乃至河北省工业经济发展环境趋于复杂和不确定，同时煤炭市场受环保治理、能源结构调整及先进产能释放、煤炭消费量日趋减少等因素影响，下游市场基本延续弱势格局，增长空间有限，煤炭市场供需将向资源宽松演变，目前虽然煤炭价格整体有所提升，合理回归，但尚缺乏稳定的需求支撑和坚实基础，煤价总体下行的压力仍然较大，影响煤炭市场和经济运行的不确定因素依然存在，应引起高度重视。

三、2018 年河北省煤炭行业发展展望

（一）总体发展思路

2018 年是全面贯彻党的十九大精神开局之年，也是决胜全面建成小康社会、实施“十三五”规划承上启下的关键一年，更是推进供给侧结构性改革的深化之年，河北省煤炭行业要坚持以习近平新时代中国特色社会主义思想为指导，紧紧围绕改革发展和质量效益，着力推进结构调整、转型升级和改革创新，挖潜巩固煤炭主业，优化提升非煤产业，坚持去产能与保供应并举，确保安全环保与节能减排同在，全面提升运行质量、经济效益和发展水平，构建煤炭新型产业发展格局，为全面建成小康社会、加快建设经济强省、美丽河北，为促进河北省煤炭行业持续稳定健康发展做出更大的努力。

（二）发展目标

2018 年，主要指标预期如下。

1. 煤炭总量

2018 年，河北省原煤产量力争达到 13500 万吨，洗精煤总量达到 3000 万吨；其中省内产量 5500 万吨，洗精煤产量 2500 万吨。

2. 经济指标

2018 年河北省煤炭行业力争达到营业收入 3200 亿元，工业增加值 400 亿元，利润总额 20 亿元，固定资产投资 50 亿元。

此外，力争做到节能减排、科技创新取得新成效，结构调整、转型升级取得新进展，分离企业办社会、“三供一业”移交力争全面完成，煤矿安全生产进一步好转，经济运行质量明显提高。

3. 去产能目标

2018 年，确保完成国家下达河北省煤炭关闭矿井 18 处，退出产能 967 万吨任务目标；河北省省政府煤炭关闭矿井目标 22 处，退出产能 1217 万吨。

（三）运行形势预测

2018 年，影响煤炭市场及经济运行的不确定因素仍然存在，有利因素和不利因素共存。

从煤炭需求来看，2018 年是全面贯彻落实党的十九大精神的重要之年，按照党的十九大提出的目标任务，宏观经济稳中向好的发展总基调已成定局，虽然国家治理大气环境和控制煤炭消费总量的措施不断强化，非化石能源对煤炭的替代作用不断增强，但是煤炭下游企业对煤炭的需求在中短期内仍将保持稳定增长。

从煤炭供给来看，2018 年供给侧结构性改革进一步推进，政府仍将继续执行淘汰落后产能、释放先进产能的宏观调控政策，河北省将继续关停落后的中小煤矿，但由于河北省煤炭企业加大科技创新和技术改造，采用先进的生产技术，煤炭供给总量可能会受到影响，但影响力度有限。此外，根据 2017 年的情况，进口煤的价格较国内低，2018 年煤炭进口量将有所增加。因此，煤炭市场供应总体上向宽松转变，但也不排除部分区域因运输约束、煤种资源、气候因素或将出现短暂时段性偏紧与总体宽松并在的供给格局。

总之，2018 年煤炭市场需求将基本保持稳定，但随着供给侧结构性改革不断深化，煤炭有效供给质量优化提升，煤炭市场供需总体将呈现弱平衡态势，煤炭市场需求增长和治理大气环境的矛盾、煤炭需求增长与煤炭供给控制的矛盾依然突出。。

（四）重点工作与主要举措

1. 巩固提高行业运行水平，实现质量效益全面提升

河北省煤炭行业企业要牢固树立质量和效益意识，构建提质降本增效长效机制，全力推进效益提升工程。主要采取如下举措。

第一，科学组织生产。围绕市场需求，以提高生产效率和经济效益为目标，合理优化生产布局，科学有序组织生产衔接，改进生产工艺，提高装备水平和配套能力，增加商品煤产量，为稳运行提供基础保证。

第二，优化产品结构。坚定推进大精煤战略，全力推进洗煤技术升级改造，优化洗选生产工艺，提高洗选效率，降低洗煤成本，加大配洗配销工作力度，生产适销对路产品，加强对煤炭质量的检测检验，最大限度实现提质增收。

第三，强化市场营销。研究市场走势，调整营销策略，提高销售应变能力和营销决策水平，拓展销售渠道，创新营销方式，坚持产销联动、以销促产，实施差异化、区域化销售策略，加强煤炭发运工作，积极应对环保政策影响，统筹协调汽运、路运和集港运输，保障正常生产和正常销售。

第四，强化成本管控。积极创新成本管控方式，全面实施极限成本和成本倒推管理，进一步健全完善成本分析、监控、预警、处置、考核长效机制，通过深化体制机制改革、推进“两化”融合、应用新技术新工艺、实施躲峰填谷、全员节支降耗等措施，加大闲置资产盘活力度，提高资源利用率和盘活收益。

第五，强化资金管理。坚持以收定支、量入为出、保证重点、效益优先的原则，进一步加大资金管控力度，强化资金预算刚性执行，完善资金定期分析、预警和考核机制，加大内外部投资管理力度，以保证资金需求为重点，拓展融资渠道，优化融资结构，加快推进市场化债转股工作，加大资金风险防范力度，健全完善内控机制，提高周转效率，确保资金安全稳健运行。

2. 提升产业发展水平，全面推进结构调整、转型升级

加强与京津冀产业联动对接，引智借力，调整优化产业格局，巩固提升煤炭产业，做精做强煤化工产业，做实做优现代服务业，提高各产业发展层次和水平。主要采取的举措如下。

第一，巩固提升煤炭产业。以安全高效建设为主攻方向，稳步有序淘汰落后产能，大力发展安全产能、优质产能和先进产能，实现集约高效生产，积极稳妥推进大城煤炭资源开发；加快境外资源项目论证及前期工作，大力推进绿色开采和加工煤炭，有效应用煤炭清洁加工利用技术，提高综合利用效率和效益水平。

第二，做精做强煤化工产业。坚持新能源、新材料和精细化工发展方向，推进煤化工向产业链高端拓展延伸，提高循环经济发展水平，全力打造河北省现代煤化工示范基地、高标准煤化工新材料基地，为做精做强煤化工产业奠定坚实基础。

第三，做实做优现代服务业。发展壮大生产服务业，依托两大集团技术、人才平台优势，积极发展矿业生产技术服务业，进一步整合企业内部资源，构建矿井托管、安装工程、矿井勘察设计和工程监理、矿山建筑等板块，积极拓展国内外服务市场，参与“一带一路”建设，掌握新资源，拓展新领域，提升服务规模和效益。创新物流商业模式，走期货和现货相结合的路子，探索以资本为纽带的整合供应链战略，提高物流产业盈利水平；强化风险防控，做实物流产业，逐步取消托管物流收入，杜绝开展无商品实物、无货权流转或原地转库的融资性贸易，确保物流产业健康发展。大力提升文化产业规模和品牌影响力，充分发挥百年开滦等河北省矿业文化旅游比较优势，深入挖掘、保护、利用文化资源，主动融入京津冀旅游市场，提高商业运营水平和经济效益。

3. 增强企业发展动力，全面深化改革创新

加大体制机制改革力度，提高创新力，增强企业发展新动力。调整优化去产能方案、进度，确保完成省政府下达的任务目标，圆满完成“三供一业”分离移交工作。具体举措主要如下。

第一，深化企业治理体制机制改革。积极推进和完善企业法人治理结构，不断提高企业治理能力和水平；改革企业管控体制，突出企业集团战略决策与资本运营两大核心职能，充分发挥产业规划、组织管控、投资融资、资源配置、风险控制和文化引领等中枢作用，按照“大集团一体化管控”方式，优化管理架构和管理层级，构建与现代企业制度相适应的管理格局。

第二，全面深化“三项制度”改革。按照“控总量、调结构、补短板、提素质”总体要求，进一步强化人力资源管理，实现管理队伍的精干高效，加强用工制度改革，创新用工政策机制，完善薪酬调控政策，用好用活分配激励机制，提高干部和员工的工作积极性。

第三，进一步扩大开放合作。抢抓“一带一路”、京津冀协同发展、雄安新区建设等重大机遇，加大招商引资力度。坚持“走出去、请进来、联起手”，积极寻求与优势企业合资合作，努力拓展企业发展空间，加强与大型央企、优秀民企以及外企合作，发挥境外公司窗口作用，推进产品、技术、服务的深度交流，扩大对外贸易规模，提升发展质量和效益。

第四，强化资本运营管理。充分利用上市公司市值管理、产业基金等资本市场工具，盘活企业现有存量股票市值资源，通过新股申购、资产置换、品牌溢价管理等方式，提升上市公司和股东权益价值，做强做优做大国有资本，优化资本结构和布局，提高企业投资质量和效益。

第五，推进去产能和社会职能移交进程。认真落实中央供给侧结构性改革战略部署和省委省政府去产能具体安排，确保到2020年符合条件的矿井全部关闭退出；加强与国家、省政府部门沟通协调，积极争取奖补资金、稳岗补贴、税费减免等资金政策支持，妥善解决债权债务等历史遗留问题；抓住国家深化国企改革、加快剥离企业办社会职能的重大政策机遇，企地互动，加大推进力度，确保到2018年年底全面完成企业办社会职能移交，保证企业轻装上阵。

4. 加大科技、管理创新工作力度，增强改革发展动力

创新是加快企业改革发展的重要抓手，全力构建适应企业结构调整、转型升级的创新体系，深挖创新创效潜力，提升企业创新能力和水平。具体采取的举措如下。

第一，大力推进科技创新。完善科学技术创新体系和激励机制，围绕制约安全生产、产业升级、提质降本增效、环保治理等技术瓶颈，依托国家级技术中心、博士后工作站、煤化工研发中心等技术平台，整合优化技术资源，持续开展“三下”采煤、薄煤层和深部开采、绿色开采、煤炭高效分选、煤化工产业链延伸、“两化”融合和“互联网+”等科技立项攻关，加大产学研合作和科技投入力度，挖掘技术潜力，促进转型升级。煤炭产业要以提高生产效率和效益、实现安全高效绿色开采为重点，因矿制宜，推广“大采高、大采长”工作面开采、薄煤层智能化开采、快速安拆和掘进技术，推进机械化换人、自动化减人，提高产业发展质量和水平。煤化工产业要以发展绿色循环经济、清洁生产、提高产品附加值为重点，瞄准产业、产品高端，积极推进新产品和后续产品开发，努力提高产业核心竞争力。其他产业要结合实际，强化新技术、新产品研发和成果转化，促进产业提升优化。进一步夯实技术基础，做实重大事故防范、科研项目评价管理、技术服务平台建设等工作。大力推进人才兴企战略，加强技术人才引进、梯度培养和使用管理，完善激励机制，提高技术队伍素质，为建设创新型企业提供人才支撑。

第二，大力推进管理创新。调整优化经营考核政策，完善绩效评价指标体系，加大利润、收入、成本、商品煤量、开拓进尺等重点指标考核权重，推进精细化管理，应用大数据等现代化手段，不断提高企业智能化、信息化、现代化管理水平，促进效益提升。

5. 强化安全环保责任，营造改革发展良好环境

环境治理和安全生产是煤炭行业 2018 年面临的重大任务，河北省将采取如下具体举措。

第一，持续强化安全管理。坚持安全发展理念，弘扬生命至上、安全第一的思想，摆正安全与发展的关系，坚持党政同责、一岗双责，健全安全生产责任体系和考核机制，推动安全风险管控和隐患排查治理双重预防机制建设，加强去产能矿井、托管地方煤矿和外委工程“五统一”管理，加大督导力度，加大安全投入，推进科技兴安，全力做好安全培训、生产标准化、技术装备升级等工作，全面提升安全管理水平。

第二，坚决落实环保责任。高度重视大气污染防治工作，深入贯彻落实国家环保政策和河北省“1＋18”大气污染治理工作要求，健全领导责任体系、监督考核等体制机制，加大重点时段、重点区域、重点行业节能环保督导检查力度，保证设备设施稳定运行，完善应急处置预案；坚决完成生产能耗、煤炭削减量、污染物达标排放等硬指标；加强与地方政府和各级环保部门的沟通协调，保证资金投入；加快推进燃煤锅炉治理、煤化工综合整治、煤场棚化、污水达标处理、生产环节粉尘污染控制等工作，确保达到考核要求，实现环境安全；坚持节能工作与环保工作统筹推进，定期检测分析重点能耗情况，加大煤矸石、矿井水开发利用和采煤沉陷地治理工作力度，努力建设资源节约、环境友好型企业。

（资料来源：河北省煤炭工业行业协会、河北省煤炭运销协会）

第九章　2017 年河北省粮食物流发展情况与 2018 年展望

2017 年，河北省认真落实粮食安全省长责任制，实施藏粮于地、藏粮于技战略，开展粮食绿色高产高效创建活动，走出一条依靠科技、提升单产的内涵式发展路子。全年粮食种植面积 9969.8 万亩（1 亩≈666.7 平方米），在实施 200 万亩季节性休耕、播种面积减少的情况下，粮食总产达到 3827.8 万吨（765.56 亿斤）。

在粮食种植增产增收背景下，河北省粮食系统按照省现代物流业发展领导小组相关工作部署，加强项目谋划、加大投资力度、加快项目进度，配合省发展和改革委员会推进项目实施，粮食仓储物流基础设施条件明显改善，服务宏观调控能力明显增强。

一、2017 年粮食物流发展情况

（一）积极推进粮食仓储物流项目建设

一是稳步推进粮食现代物流项目。2015 年国家发展改革委、国家粮食局下达河北省仓储物流项目 32 个，总投资额 7.87 亿元，其中中央预算内投资 1.62 亿元，建设总仓容 23.54 亿斤（1 斤 =0.5 千克）。经过两年的建设施工，截至 2017 年年底，已建成 28 个项目，完成投资 6.53 亿元，建设仓容 20.94 亿斤。2016 年中央预算内投资支持河北省粮食现代物流项目 4 个，总投资 1.49 亿元，建设仓容 18.3 万吨。到 2017 年年底，已有 3 个项目完成建设任务，另外 1 个正在建设中。二是大力实施军民融合战略。2016 年全省安排“粮安工程”军粮项目 49 个，投资额 1.5 亿元。到 2017 年年底，已有 45 个开工建设，新建和维修改造仓容 9.6 亿斤，完成投资 1.3 亿元。

（二）健全完善粮食应急体系

一是修订完善了《河北省粮食应急预案》，为进一步加强粮食应急供应体系建设奠定了基础。二是以“河北军粮”体系为核心，建立全省粮食应急网络，投资 3.6 亿元改造低温仓 6 万平方米，降温设施设备 127 台套；配备运输车辆 200 辆、输送设备 140 多台，以及发电机、卫星电话等应急保障设备。目前，全省粮食应急供应网点达 3007 个，保证了急需时的粮食供应。

（三）加强物流信息化建设

一是继续建设完善省级粮食信息化管理平台，实现了粮情监测及时准确、数据资源充分共享，工作效率显著提升。同时，安装了省级储备库远程监控系统，有效地提高了省储粮库监管水平。二是粮库智能化升级改造取得新进展。2016 年中央财政补助河北省粮库智能化升级改造资金 7000 多万元，河北省按照“省级平台 + 储备粮承储企业”总体构架和“一企一案”设计思路，全力抓好综合调研、方案设计和技术咨询等各项工作，省粮食局与省财政厅联合下发《关于河北省粮库智能化升级改造项目集中采购有关事项的通知》，办理了集中招标采购手续。

（四）推进粮食产销合作

组织召开京津冀粮食行业协同发展第三次局长联席会议，签订了《京津冀地区粮食流通监督检查联合执法协作协议书》。北京市 1 亿多斤市级储备落户河北，标志着协同发展进入新阶段。2017 年 12 月，三省市粮食局组成联合抽查组，对北京市储存在河北省、天津市辖区内的储备粮油进行执法检查，推动了粮食行政执法协作常态化。另外，河北省与山西、宁夏、吉林、黑龙江等多个省份签订《粮食产销协作协议》，搭建合作平台，调剂品种余缺，促进供需平衡。

（五）加强粮食质量监管

制定了《河北省粮食质量安全监管实施细则》，为加强粮食质量监管工作提供政策依据。认真抓好收获和库存环节粮食质量安全监测，全年共采集农户新收获粮食样品 1134 组，省级抽检库存粮食样品 298 组，按时完成了监测任务，及时向国家粮食局和省食安办报送了监测结果。

二、2018 年粮食物流发展展望

2018 年是改革开放 40 周年，是决胜全面建成小康社会、实施“十三五”规划承上启下的关键一年。河北省将在省委、省政府和国家粮食和物资储备局的领导下，深刻认识经济发展新常态、深入研判粮食市场运行新特征，以贯彻落实粮食安全省长责任制为指导，全力抓好河北省现代粮食物流项目建设，助推粮食产业发展迈上新台阶。

（一）继续做好粮食仓储物流项目建设

按照《粮食现代物流项目管理暂行办法》等有关规定，加强检查督导、严格建设标准，规范资金监管，督促各地落实主体责任，加快施工进度，全面完成仓储物流项目的建设任务，指导各地开展项目验收工作，尽早投入使用，发挥中央资金投资效益。

（二）扎实推进信息化建设

一是继续完善省级粮食信息化管理平台建设，推进“互联网 + 政务服务”工作，加快全省粮食行业应用和数据的大集中，实现与国家粮食政务信息系统、省级政务信息资源平台的数据交换和共享，为政府决策和宏观调控提供支撑。二是完成粮库智能化升级改造项目的招标采购、设备安装调试、工程验收和人员培训工作，提升粮库管理水平，实现储粮安全监管“可视化”、账实管理“实时化”、科学保粮“智能化”的建设目标。

（三）培育粮食物流龙头企业

垂直整合粮食产业链，构建“产地→运输→加工→转化→配送→市场与销售”的全产业链格局，培育农业种植示范基地、全省粮食供应链核心提供商，融入京津冀一体化框架，打造一批立足华北、服务全国的大型粮农产业集团。

（四）谋划、储备粮食安全保障调控和应急设施项目

为规范粮食安全保障调控和应急设施专项管理，提高中央预算内投资使用效率，国家制定了《粮食安全保障调控和应急设施中央预算内投资专项管理办法》，全省要做好该办法的宣传贯彻工作，同时抓好全省粮食安全保障调控和应急设施项目的谋划、储备工作，为申报项目做好准备。

（五）积极争取国家政策资金支持

2017 年 5 月和 8 月，《财政部　国家粮食局关于在流通领域实施“优质粮食工程”的通知》和《国家粮食局　财政部关于印发“优质粮食工程”实施方案的通知》的印发，标志着“优质粮食工程”正式启动实施。该工程包含粮食产后服务中心建设、粮食质检体系建设和“中国好粮油”行动三方面内容。河北省要提早准备，开展调查摸底，谋划储备项目，积极组织申报，争取国家资金支持，推动全省优质粮食工程项目建设，助力河北粮食现代物流发展。

（资料来源：河北省粮食和物资储备局、河北省农业农村厅）

第十章 2017 年河北省农产品物流发展情况与 2018 年展望

一、2017 年农产品物流发展情况

2017 年，河北省认真贯彻落实党中央、国务院关于“三农”工作的决策部署，坚持以习近平新时代中国特色社会主义思想为指导，以实施乡村振兴战略为总抓手，牢牢把握农业稳定发展、农民持续增收、农村和谐稳定目标不动摇，大力发展现代农业，不断深化农村改革，持续推进美丽乡村建设，全省农业农村呈现稳中有进、持续向好的发展态势，为新时代全面建设经济强省、美丽河北提供了有力支撑。

（一）主要农产品供给保障有力，结构调整深入推进

认真落实粮食安全省长责任制，实施藏粮于地、藏粮于技战略，划定 7768.4 万亩（1 亩≈666.6 平方米）永久基本农田和 3150 万亩小麦生产功能区，开展粮食绿色高产高效创建，走出一条依靠科技、提升单产的内涵式发展路子。在实施 200 万亩季节性休耕、播种面积减少的情况下，产量达到 765.56 亿斤，比 2016 年增加 73.51 亿斤，亩产达到 383.9 公斤（1 公斤 =1 千克），增加 19.32 公斤，均创历史新高。“菜篮子”产品生产供应充裕、提档升级，其中蔬菜总产 8877.5 万吨，禽蛋 383.7 万吨，牛奶 381 万吨，均居全国前 5 位。河北省蔬菜、牛肉、羊肉、鸡肉在北京市场占有率分别达到 53%、78.6%、70.9%和 48.4%。

按照“一环四区一带”总体布局，大力发展现代都市型农业和特色高效农业，累计调减非优势产区籽粒玉米 417 万亩，建成高端设施蔬菜 502.6 万亩，发展中药材、马铃薯、食用菌等特色产业 538.2 万亩，青饲料作物 172.5 万亩，全省粮经饲比调整到 60∶37∶3。实施奶业振兴行动，标准化改造和完善奶牛养殖场（小区）89 个，奶牛养殖场（小区）信息化管理比例达到 43%，乳制品和液体乳产量连续四年位居全国第一，君乐宝婴幼儿乳粉通过“同线同标同质”认证，实现内地、香港、澳门同步上市销售。

（二）投入力度加大

2017 年全省农牧渔业（不包含农户）完成固定资产投资 1796.19 亿元。争取中央农业财政项目资金 136.73 亿元，与 2016 年同期相比增加 5.95 亿元。集中实施了新增千亿斤粮食工程、大中型沼气、农产品质检体系、基层动物防疫体系、奶牛规模化养

殖、良种工程等一批重大项目。

（三）实施“互联网+”现代农业行动，农产品质量安全水平稳步提升

2017年，河北省建成农业物联网、农产品质量安全等管理平台，逐步实现远程指导、质量控制、动态监测。实施信息进村入户工程，建设益农信息社4000多个，开展公益、便民、电商、培训四类农业信息服务。全省耕种收综合机械化水平达到77.2%，玉米机收率达到80.23%，率先在全国开发建成智慧农机决策管理信息平台，实现了农机深松智能监测全覆盖和农机作业精准调度。

推进农业标准化生产，新增国家级、省级质量安全县43个，累计达到101个。认证“三品一标”农产品2441个，标准化生产覆盖率达到50%。强化产品监测和质量追溯，构建产地准出和市场准入无缝衔接监管机制，全省蔬菜、畜产品、水产品抽检合格率分别为96.9%、99.9%、96.5%。连续九年未发生重大农产品质量安全事件。以国际农产品标准为导向，大力实施外向型农产品生产示范区（基地）质量提升三年行动计划，建成国际标准农产品生产示范区（基地）、出口食品农产品质量安全示范区100个，取得境外农产品商标注册或国际认证的农业企业（产品）200个。

（四）品牌农业加快发展

实施农业品牌创建行动，认定省级区域公用品牌30个，评选出鸡泽辣椒等10佳区域公用品牌，20个名优区域公用品牌。全省涉农驰名商标达到68个，省著名商标400余个。承办中国马铃薯大会，连续两年举办京津冀蔬菜产销对接大会、全省中药材产业发展大会、食用菌产业发展大会，签约金额达104亿元。深入开展进社区、进企业、进学校等“六进行动”，108个合作社与北京30多家超市建立了稳定合作关系，建设社区连锁直营店115个。

（五）大力实施农产品加工业产值倍增计划

省级农业产业化龙头企业发展到720家，打造了粮油、乳品、肉类等12大产业链，建成102个省级示范农业产业化联合体，农产品加工业产值达1.1万亿元，产业化经营率达到67.7%。

（六）积极发展农业电子商务

河北省积极贯彻中央1号文件和省委、省政府1号文件“促进新型农业经营主体、加工流通企业与电商企业全面对接融合，推动线上线下互动发展”的要求，加快全省农业电商发展。主要工作如下：一是与省发改委、省商务厅等13个省直部门联合印发了《关于促进农业电子商务加快发展的实施意见》，多部门协同推进农业电商发展。二是联合电商企业、高校、猎头公司等相关部门，召开河北省农业电子商务联盟成立筹

备座谈会。三是依托石家庄、承德等市生态资源和农耕文化优势，开展 O2O 线上线下农业电商试点工作。目前，承德 O2O 农副产品展示中心已基本建成，逐渐成为承德特色农副产品对外展示与销售的平台。四是落实“加快建立健全适应农产品电商发展的标准体系”要求，草拟了《河北生鲜农产品溯源体系标准》并报标准主管部门。五是与中国邮政集团河北省分公司进行了深度对接，就成立农产品电子商务联盟、利用益农信息服务社推动信息进村入户及发展农业电商等相关事宜达成一致意见。

（七）完善农产品冷链物流体系

1. 加快冷链物流基础设施建设

2017 年，按照《国务院办公厅关于加快发展冷链物流保障食品安全促进消费升级的意见》相关要求，积极鼓励农产品产地和部分田头市场建设规模适度的预冷、贮藏保鲜等初加工冷链设施，加强先进冷链设备应用，加快补齐农产品产地“最先一公里”短板。大力推动农产品产地初加工，加强产地初加工设施和装备建设，积极推进粮食加工减损增效，加强薯类、蔬菜、果品、食用菌、中药材等农产品产后处理。鼓励新型经营主体新建或改造升级一批储藏、保鲜、烘干、分类分级、包装等初加工设施装备。积极争取农业部田头市场示范项目支持，引导种植大户、经纪人、农产品加工龙头企业在农产品进入流通领域之前开展预冷、分级、包装、烘干、冷藏等活动，鼓励发展产地初加工冷链设施，紧抓农产品转化为商品、从生产领域转移到消费领域的重要环节，就近服务农户，增强产地初加工的公益服务性质。鼓励区位优势明显，地处环渤海、环京津经济圈核心地带的全国性、区域性农产品批发市场建设冷藏冷冻设施，充分发挥公路、铁路、海运等交通体系发达的优势，发展农业电子商务、农产品电商标准化，促进冷链物流基地发展。

2. 提升冷链物流信息化水平

鼓励相关企业建立、运营农产品冷链物流信息平台，运用物联网等高新技术手段来实现数据交换和信息共享，优化配置冷链物流资源，为建立冷链物流产品监控和追溯系统奠定基础。加快冷链物流物联网建设，督促相关企业加强对农产品冷链存储、运输情况进行动态监控，进一步促进冷链运输管理的透明化、科技化、一体化。支持相关企业加快冷链物流装备与技术升级，促进冷链物流信息化的水平不断提高。

（八）鼓励冷链物流企业经营创新

积极推进农业农村电子商务物流渠道建设，整合物流资源，合理规划和布局农业农村物流基础设施，鼓励有条件的农产品生产、加工企业主动与冷链物流企业对接协作，建立信息共享机制，共同谋求发展产地预冷、冷冻运输、冷库仓储、定制配送等全冷链物流体系。支持农业企业、农民合作社、家庭农场、电子商务企业等，以鲜活农产品为重点，加强产地预冷、集货、分拣、分级、质检、包装、仓储等基础设施建设，引导农业生产经营主体按照网货化标准就地初加工、存储预冷、规格化包装，实施冷链物流配送。支持快递企业经营网点向乡（镇）和农村延伸，发展农村代理网点，为农业农村电子商务发展提供快捷、方便的快递服务。

（九）完善政策支持体系

通过多种媒体平台，利用12316益农信息服务体系，开展农民职业培训、组织农业双创活动，加大食用农产品质量安全宣传力度，提高公众和农业企业对冷链物流在生鲜农产品质量安全中重要作用的认知度。

二、2018年农产品物流发展展望

2018年，河北省将在农产品物流领域以电子商务为重点，主要做好以下几项工作：

一是加强农村冷链物流设施建设。推进农业农村电子商务物流渠道建设，整合物流资源，合理规划和布局农业农村物流基础设施，发展产地预冷、冷冻运输、冷库仓储、定制配送等全冷链物流，构建适应农业农村电子商务发展的物流配送体系。支持快递企业经营网点向乡（镇）和农村延伸，发展农村代理网点，为农业农村电子商务发展提供快捷、方便的快递服务。

二是建立农业电子商务标准体系。加强农产品标准化安全生产、农产品保鲜、加工与流通质量控制、生鲜农产品冷链物流、农产品质量安全追溯等技术的研究与应用。支持农业农村电子商务企业、行业协会制定适合电子商务市场规则的农产品属性描述、产品包装、物流配送、业务规范等标准，组织快递企业制定适合农业电子商务产品寄递需求的规格化包装、专业化服务等标准，研究制定农业农村电子商务技术标准和行业规范。

三是发展农业电子商务产业园区。突出农业产业特色优势，以电子商务产业园为基础，探索农产品加工物流集聚区建设，集项目孵化、招商活动、产品展销、新品发布、品牌推介、货源供应、大数据沉淀等多项功能于一体，逐步形成农产品电子商务及物流的线上运营基地、产品展示基地和人才培训基地。

四是加大行业监管力度。将从源头至终端的冷链物流全链条纳入监管范围，加强食用农产品首次进入批发、零售市场或生产加工企业前的冷链贮运环节质量安全监督管理。

（资料来源：河北省农业农村厅、农工办）

第十一章　2017年河北省医药物流发展情况与2018年展望

2017年是全面落实“十三五”规划的重要一年，是供给侧结构性改革的关键之年。随着医药卫生体制改革的不断深入，国家有关部门出台《“十三五”深化医药卫生体制改革规划》《国务院办公厅关于进一步改革完善药品生产流通使用政策的若干意见》等政策文件。河北省贯彻落实国家相关政策法规，着力推进医药行业提质增效、转型升级，相继出台《河北省人民政府办公厅关于进一步改革完善药品生产流通使用政策的实施意见》《河北省药品现代物流企业标准及开展药品委托储存配送有关要求》（征求意见稿）等实施意见。药品流通行业积极顺应政策导向，配合落实“两票制”等医改政策要求，努力打造智慧供应链体系，完善药品现代流通网络，创新发展药品直送服务模式（Direct to Patient，DTP）药店等特色专业药房，探索三方信息共享服务模式，推动“三医联动”改革，行业呈现销售增长平稳、结构优化、质量升级的发展态势。

一、2017年医药物流发展情况

2017年全国六大区域销售额占全国销售总额的比重分别为：华东37.3%，中南24.8%，华北16.3%，西南12.7%，东北4.6%，西北4.3%。其中，华东、中南、华北三大区域销售额占到全国销售总额的78.4%，同比上升1.1个百分点。京津冀经济区药品销售额占全国销售总额的13.9%，而河北省药品流通市场销售规模虽然稳步增长至543.97亿元，但是增速略有回落。主要原因是7月河北省政府办公厅下发《河北省2017年深化医药卫生体制改革重点工作任务》，要求8月底前，所有公立医院除中药饮片外全面取消药品加成，而河北省公立医院药品销售额占全省总销售额的60%~70%，使全省公立医院医疗费用平均增长幅度控制在10%以下，故造成河北药品销售规模增速略缓。

在河北省药品流通中，作为中央企业的国药乐仁堂医药有限公司（以下简称“国药乐仁堂”）主营业务收入突破200亿元大关，约占全省主营业务总收入的40%。

二、河北医药物流发展新特点

（一）销售增长放缓

随着国家及省内相关政策出台，从销售增速看，流通企业销售增速明显放缓。

2017 年，省内龙头企业国药乐仁堂主营业务收入同比增长 10.17%，增速下降 0.05 个百分点。数据显示省市级大医院的销售额占比下降至 50.4%，终端医疗机构销售额占比增长至 35.9%。

随着新医改政策的全面推行，药品流通行业竞争压力进一步加大。数据显示，“两票制”政策实施迫使流通企业直接向药品生产企业采购，造成商业调拨型的销售下降。医保控费、药占比限制等政策实施推动药品招标价格和用量持续下降，造成流通企业对大型省市级医疗终端销售下降，加上大型企业销售渠道整合及业态结构调整尚未完成，最终导致其销售增速放缓。在此背景下，大型药品流通企业也在通过兼并重组的外延式增长和积极开发终端市场的内生式增长方式，不断增强自身分销业务能力。

（二）零售连锁率提高

“十三五”期间，医保控费、公立医院药品零差率、药占比限制、医保支付方式改革等新医改政策陆续实施，间接推动了医疗机构处方外配进程；部分区域积极探索医院处方信息、医保结算信息和药店零售信息共享，开展了门诊特病、慢病定点药店医保结算试点，直接推动患者向零售药店流动。在此背景下，国药乐仁堂零售诊疗业务积极借助资本力量加速行业兼并重组，扩大自身市场网络。2016 年只在石家庄试运行 5 家门店，截至 2017 年年底，国药乐仁堂零售诊疗门店覆盖 10 个地市 30 家门店，预计在 2018 年完成全省所有地市布局。

随着政府监管强化和市场竞争加剧，部分单体药店被迫转型，选择被大型企业收购或退出市场，也促进了零售连锁率的提升。

（三）医药电商平台化

随着“互联网 + 药品流通”行动计划的深入推进，医药电商行业逐步进入转型升级的创新发展阶段。特别是互联网销售限制的放开，给“互联网 + 药品流通”带来重大利好，也给行业带来新的发展机遇。省内各大药品流通企业纷纷建设自己的 B2B（企业—企业）、B2C（企业—顾客）和 O2O（线上—线下）平台，部分企业的医药电商业务呈现爆发式增长态势，如国药乐仁堂的 O2O 平台业务快速增长，销售额达 20 亿元。同时，一些有实力的医药电商企业利用大数据、云计算、人工智能等新技术，积极探索社会资源整合，纵深拓展平台化发展模式，为上下游企业提供新型供应链服务，为患者提供专业的药事服务和贴心的购药体验。

国药乐仁堂通过数据平台对接医院 HIS（医院信息系统）系统，药品数据平台将处方转化为订单，支持院内发药、药店自取、送药上门等多种购药方式，同时通过大数据分析为患者提供后续服务，2017 年电子处方流转终端实现对接各级医疗机构超过 100 家、处理超过 50 万张电子处方。

（四）物流市场竞争加剧

2017 年省内医药物流基础设施规模、仓储面积、运输工具持续增长，这主要是受"两票制""54 号文"等相关政策影响，传统药品流通企业和医药物流企业不断加快物流资源投入和网络布局。顺丰、京东物流等第三方物流企业也通过收购药品经营企业、与传统医药企业合作建设医药云仓等形式，先后在石家庄等地建设自己的物流中心，参与医药物流仓储业务、干线运输及落地配送业务的争夺，医药物流市场竞争日趋激烈。

同时，药品流通企业积极利用医药物流信息技术创新，扩充物流服务范围，推动商业模式创新，提升服务质量和水平。如国药乐仁堂与各大医院合作实施的药库代管、药库托管等增值服务，提高与医疗机构合作的黏性。国药乐仁堂启动"医院耗材智能管理模式创新""远程医疗"等项目，自主开发信息系统，并使用射频识别技术、自动化设备、定数化管理流程，为医疗机构物流管理提供专业服务。国药乐仁堂开启的零售诊疗业务，打造全品种、全网络、全流程的医药供应链，从传统医药物流服务商向综合性健康服务商转型。

三、2018 年医药物流发展展望

（一）药品流通行业发展进入结构性调整

随着国家各项医改政策的相继发布实施，药品流通行业将进入结构性调整期。未来几年内，在政策驱动下药品流通市场竞争将更加激烈，两极分化日益明显。全国性药品流通企业跨区域并购将进一步加快，药品流通企业兼并重组，构建统一开放、竞争有序的市场格局；区域性药品流通企业也将加速自身发展；规模小、渠道单一的药品流通企业将难以为继，行业集中度将进一步提高。药品现代物流企业跨区域配送，推动药品第三方物流发展，进一步扩展全省药品第三方物流业务范围，推动企业节约运营成本，提高社会整体效率。

（二）资本注入将变革药品流通行业格局

药品流通企业在为医院供应药品后，医院会与流通企业约定一个期限（3~6个月）进行货款支付。每个医院的结算期限是不同的，影响因素包括医院的经营情况、当地医保机制情况等。在这种机制下，如果医保结算延迟，会使医院的资金压力变大，影响医院正常的货款支付，医院可能就会延长支付给医疗销售企业的账期，以维持医院的运营。

药品流通企业一方面不能及时回收医院的货款，另一方面要向供应商支付货款，资金的补充对于医疗销售企业来说显得尤其重要。但是目前，大多数药品流通企业缺乏可抵押的资产去获得融资。因此，医疗销售企业可选择将与医院的应收账款转让给保理公司，这也是医疗销售企业取得融资的一种较为广泛的方式。应收账款保理业务是指企业把由于赊销而形成的应收账款有条件地转让给保理公司，保理公司为企业提供资金，并负责管理、催收应收账款和坏账担保等业务，企业可借此收回账款，加快资金周转。

近年来，在资本的推动下，药品流通企业正在由传统的增加产品、拓展客户以及开拓新店等内生式成长方式向并购重组的外延式成长方式转变，行业竞争格局也随之发生变化。一些大型医药产业集团分拆流通业务板块单独发展，或通过并购进入药品流通行业，并逐渐作为主营业务进行开发；一些区域性批发企业为了渗透市场终端，不断向下游零售企业拓展；还有一些药品流通企业借助资本力量收购上游的中药饮片、制剂等生产企业，不断强化自身供应链优势。

（三）“互联网＋药品流通”将迎来大发展

在新技术、新动能的驱动下，“互联网＋药品流通”将重塑药品流通行业的生态格局。一是O2O模式。企业运用互联网新技术迅速抢占个人用户的移动终端市场，企业以边探索、边发展的方式吸引用户，培育用户线上支付、线下使用的购药习惯。二是B2B模式。企业利用“医药分开”“两票制”等医改政策落地契机纷纷发力，借助供应链金融服务打造全新商业模式，如融贯电商已实现从医药厂商到流通企业的无缝对接。三是B2C模式（企业对顾客）。国药乐仁堂的“B2C＋医疗服务”的零售诊疗模式，在向患者售药的同时可提供健康咨询、用药提醒、资源共享等服务。四是FBBC（工厂—企业—顾客）模式。如国药乐仁堂物流中心正在打造的医药供应链的管理平台，将医药行业上下游的全部交易纳入平台体系，帮助上游厂商监测药品库存、销售情况，助力下游药店做好客户管理、增加客户黏性。未来几年内，跨界融合将为医药电商注入新的活力，医药电商领域的竞争将日益加剧。

（四）智慧供应链提升服务

近年来，省内如国药乐仁堂、石药中诚、金轮医药等药品流通龙头企业以云计算、大数据和物联网技术为支撑，积极整合供应链上下游各环节资源，促进“物流、信息流、资金流”三流融合，建立多元协同的医药供应链体系。大中型药品流通企业在医药物流拆零技术、冷链箱周转体系、物流全程可视化信息系统、客户查询和服务系统等方面持续优化升级，打造信息化智慧供应链。同时，“两票制”政策实施加速医药供应链扁平化进程，渠道重心下移已成为必然趋势。随着医药供应链智慧化和物流标准化的持续推进，预计医药供应链市场将呈现有序竞争、稳步发展态势。未来几年药品流通供应链平台将成为各大流通企业建设方向。

（五）零售诊疗将比拼专业化服务

长期以来，公立医院在处方药市场牢牢占据主导地位，医院处方更是难以流出，处方药在药房销售中占比极低。但随着医药分家、降低药占比、流通两票制等医改政策落地，处方外流已是大势所趋。近期国务院通过的《“十三五”卫生与健康规划》再次明确，要加快推动门诊患者凭处方到零售药店购药。

处方药从公立医院外流或将带来千亿级市场，无论是工业企业、商业企业还是零售药店都蠢蠢欲动，紧盯这块市场。在处方药这块，目前的格局是医院占70%，社区占10%左右，零售占20%。按照国家目标，要把医院近1/3处方药外流到院外，无疑是一个巨大的市场机遇。

未来几年内，零售药店将不断向DTP专业药房、分销专业药房、慢病管理药房、智慧药房等创新模式转型。在互联网技术推动下，无人售药柜、人脸识别、AI（人工智能）机器人等新科技应用也将逐步进入零售药店。预计零售药店将通过互联网、物联网、大数据、云计算等创新技术，为消费者提供更专业、更便捷的服务。

（六）社会物流将大规模进军药品流通行业

2016年2月，国务院发文取消从事第三方药品流通业务批准，这昭示着第三方物流进军医药行业已无政策上的阻碍。自第三方医药物流企业市场开放以来，传统医药流通巨头独立成立了物流公司，而第三方物流企业也在探索中寻求适应市场的经营模式。相关数据显示，由于新版GSP（药品经营质量管理规范）对涉及药品安全的物流提出更严苛的规定，我国医药行业的物流中，社会物流的占比不到20%，而日本和欧美国家的这一比例在50%左右。

社会物流企业的优势在于具备完善的运输网络，部分较早布局该领域的企业如顺丰等，则通过对医药冷链物流标准化体系的搭建，建立起全程可追溯不断链的配送体系。社会物流的介入，本质上是到达患者的方便性改善，但仍需要补全在药品合法性和使用的安全性等领域的专业知识和人才的短板。

因此，对第三方物流而言，通过与具备医药、零售药店等终端网络和分销体系的医药流通企业建立战略联盟，发挥其物流服务优势，是在行业加速洗牌的背景下打开市场的有效方式。

（资料来源：国药乐仁堂医药有限公司）

第十二章　2017 年河北省电商物流发展情况与 2018 年展望

一、2017 年河北省电商物流发展情况

2017 年河北省电子商务继续稳步发展，电子商务作为基于互联网的新型商业运营模式，对于创造新的消费需求、开辟新的就业增收渠道、加速制造业跨界融合、推动服务业转型升级、催生新兴业态、培育经济发展新动能具有十分重要的作用，在去产能、去库存、去杠杆、降成本、补短板五个方面助力供给侧结构性改革。

（一）全省网民规模达 4183.47 万人

截至 2017 年年底，全省网民数量达到 4183.47 万人，普及率攀升至 56%，全国排名第 12 位；其中移动网民达到 4058 万人，占全省网民比例由 2016 年的 94% 达到 2017 年的 97%，如图 1 所示。全省互联网网站数量由 2016 年年底的 14.1 万个增长到 21.9 万个。互联网宽带接入用户数量达到 1612 万户，居全国第 7 位。

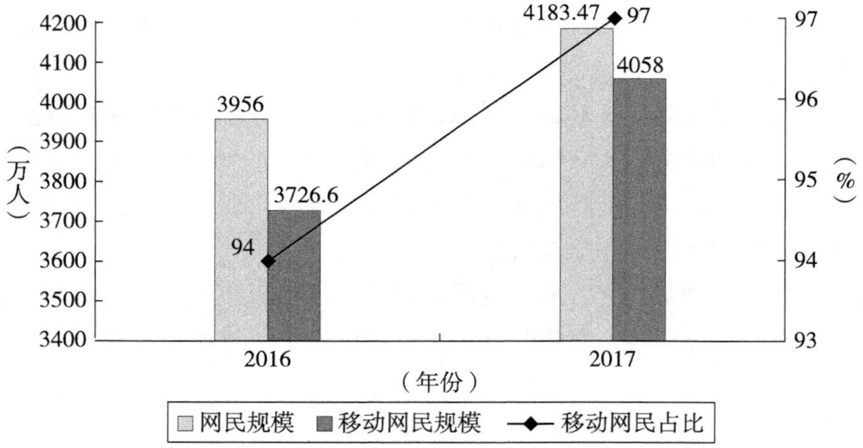

图 1　2016—2017 年河北省网民/移动网民规模及移动网民占比

河北省互联网发展报告显示，全省已备案网站主体数量达 17.29 万个，占全国网站主体总量的 4.3%，位居全国第 8 位，较 2016 年年底增长 3.23 万个。2017 年河北省顶级域名总数量达 18.92 万个，较 2016 年增加 2.8 万个。全省 IPv4（互联网协议第四

版）数量达 1037 万个，占全国 IPv4 地址总量的 1.76%，位居全国第 8 位。

2017 年河北省移动应用类别排行中，移动用户覆盖率最高的是即时通信类应用，占比 92.8%，其次是视频服务类移动应用和实用工具类移动应用，占比分别为 92.6% 和 91.5%。2017 年河北移动用户最热衷的 20 个移动应用，其中微信以 83.0% 的移动用户覆盖率居第 1 位，QQ 位居第 2 位。月度单机使用时长中微信最高，约为 20.6 小时，爱奇艺、今日头条分列第 2 位、第 3 位。

（二）电子商务交易额达 22250 亿元

2017 年，河北省电子商务交易额完成 22250 亿元，同比增长 22.8%，相比 2012—2016 年，河北省电子商务交易额年均增长率 34.75%，2017 年的电子商务交易额增长率有所降低，如图 2 所示，河北省电子商务进入一个相对稳定增长的发展阶段。

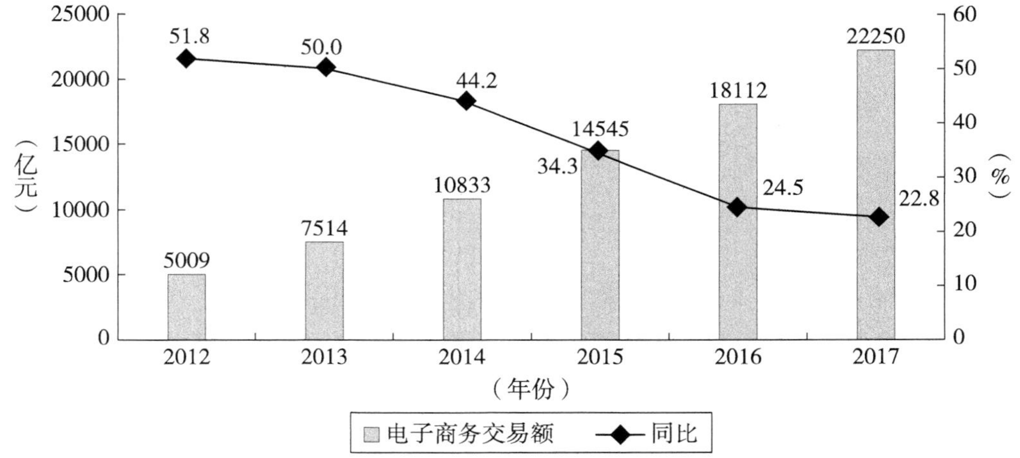

图 2 2012—2017 年河北省电子商务交易额及其增长率

2017 年全国电子商务交易额为 29.2 万亿元，如下表所示。2017 年河北省对全国电子商务交易额增长贡献率为 13.55%。如图 3 所示，2014—2017 年河北省电子商务交易额对全国电子商务交易额增长贡献率逐年上升，表明在全国电商发展趋缓的情况下，河北省电子商务依然保持快速增长。

2014—2017 年河北省电子商务交易额对全国交易额增长贡献率

年份	河北省交易额（万亿元）	全国交易额（万亿元）	贡献率（%）
2014	1.08	16.4	5.50
2015	1.46	21.8	7.04
2016	1.81	26.1	8.14
2017	2.23	29.2	13.55

注：贡献率 = 河北省交易额年增加值 ÷ 全国交易额年增加值 ×100。

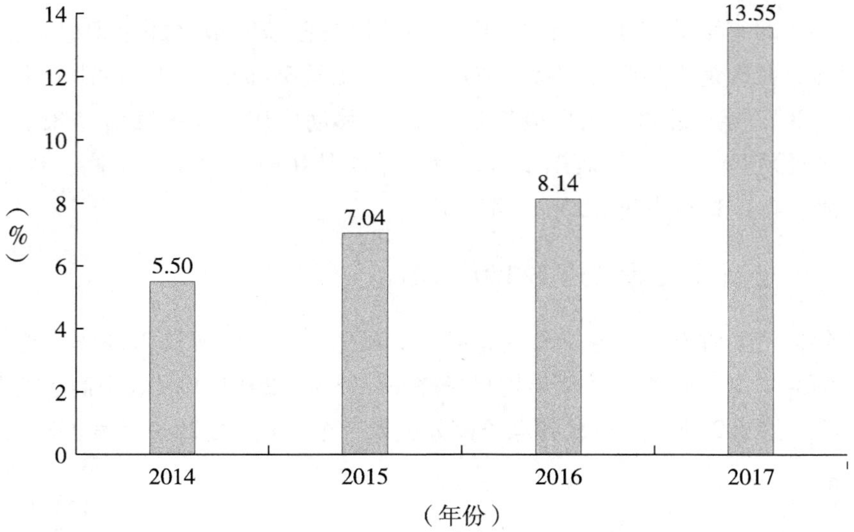

图 3　2014—2017 年河北省电商交易额对全国电商交易额增长贡献率

如图 4 所示，河北省占全国电子商务交易额的比重为 7.64%，比 2016 年约提升 0.7 个百分点。2017 年河北省电子商务稳中向好，深入供给侧结构性改革，以创新驱动传统产业加快转型升级。

如图 5 所示，2017 年河北省电商交易额占河北省 GDP 的 61.9%，2012—2017 年以来，河北省电子商务交易额占河北省 GDP 的比重逐年增加，电子商务已经成为河北省经济增长新引擎。

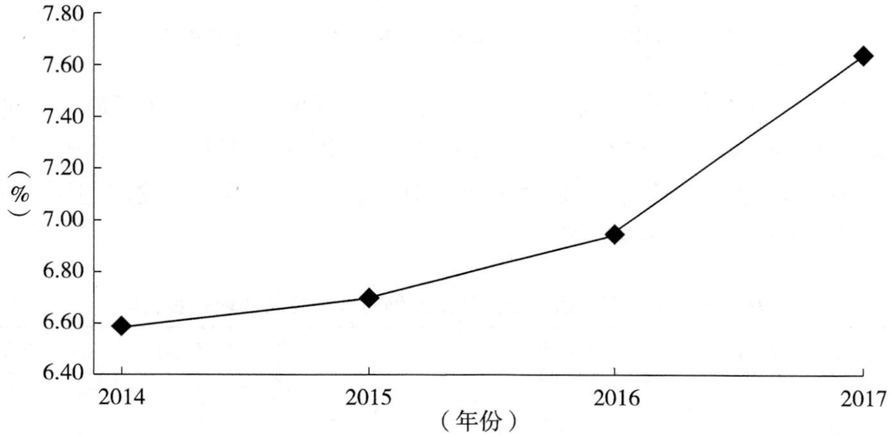

图 4　2014—2017 年河北省电商交易额占全国比重

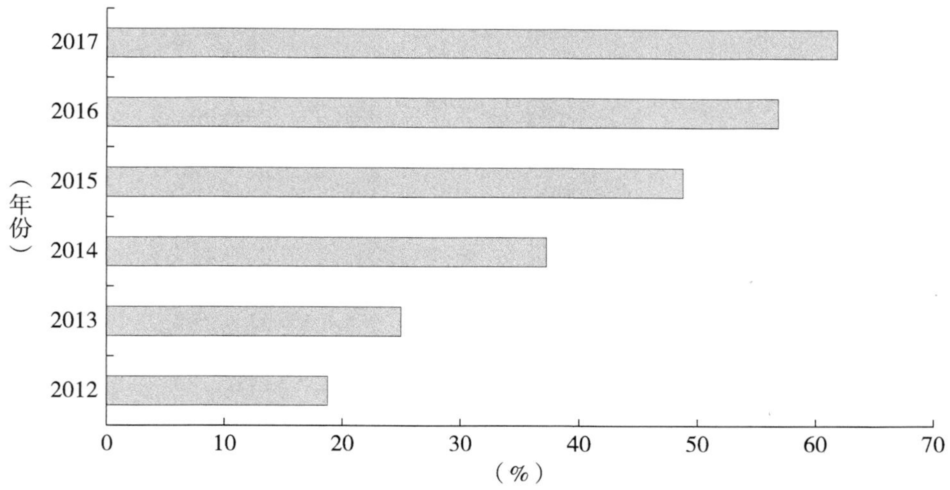

图 5　2012—2017 年河北省电子商务交易额占河北省 GDP 比重

（三）网络零售额达 2360 亿元

2017 年河北省网上零售额继续保持快速增长态势，完成 2360 亿元，同比增长 29.5%，2012—2017 年河北省网络零售额年均增长 35.75%，如图 6 所示。2017 年河北省网络零售额占全省社会消费品零售总额的比重为 14.84%，比 2016 年提升 2.16 个百分点，如图 7 所示。2017 年河北省网上零售额增速高于全省社会消费品零售总额增速 18.8 个百分点，拉动社会消费品零售总额增速 4 个百分点左右。从 2014—2017 年河北省网络零售额占社会销售品零售额比重逐年上升的趋势，网络零售对消费增长的推动力逐步增强。

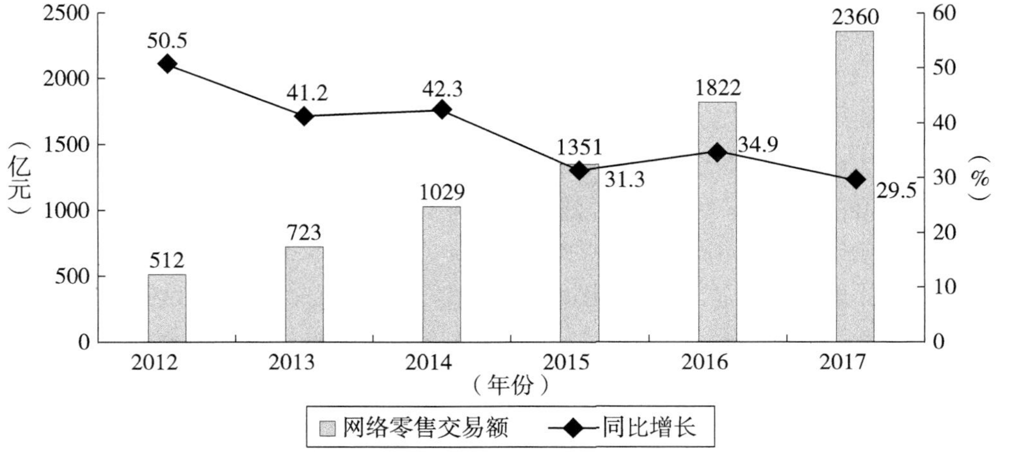

图 6　2012—2017 年河北省网络零售额及增长率

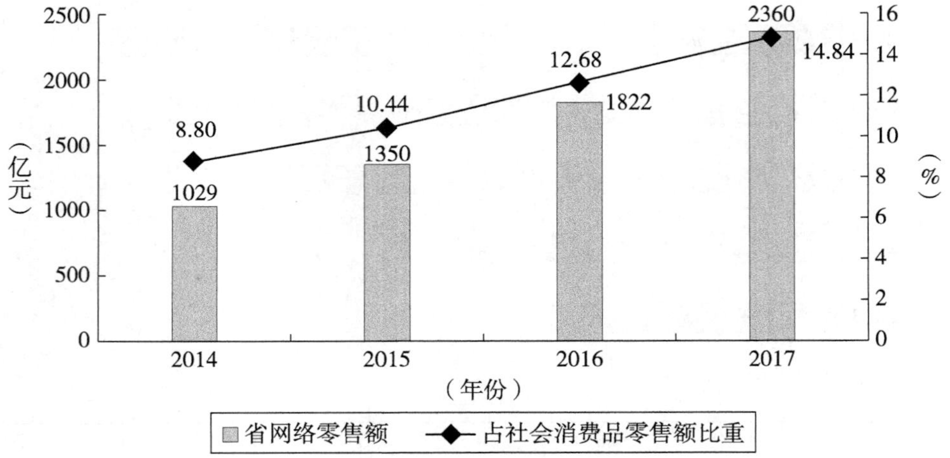

图 7　2014—2017 年河北省网络零售额占比社会销售品零售额情况

二、河北省农村电商开展情况

（一）农村网络零售额达 610.67 亿元

2017 年全省农村电子商务网络零售额达到 610.67 亿元，居全国第 5 位，占全省网络零售额的 25.9%，占比高出全国 9.74 个百分点。农产品网络零售额达 26.92 亿元，占全省农村网络零售额 4.4%。2017 年全省 62 个贫困县实现网络零售额达 116.52 亿元，其中武邑县达到 33.07 亿元居全省首位。2017 年共培训 54.5 万人次，新增网店 1.5 万个，带动就业 10.4 万人。

2017 年共申报 17 个国家电子商务进农村综合示范县，数量排名全国第六。截至 2018 年 5 月，全省示范县数量达到 40 个，数量排名全国第五，共获得国家补贴资金 6.805 亿元。

（二）河北省淘宝村数量达 146 个

阿里研究中心发布，2017 年河北省淘宝村总数量为 146 个，比 2016 年的 91 个多 55 个，增长了约 60%。河北省淘宝村数量位居全国第六。如图 8 所示，淘宝村从 2014 年的 2 个增长到 2017 年的 146 个，淘宝村随着互联网的技术、大数据、云计算的发展，已经扩散到各个地区。如图 9 所示，2017 年河北省淘宝镇总数 16 个，是 2014 年的 8 倍。

2017 年，邢台、保定、石家庄的淘宝村数量位居全省前三位，如图 10 所示，分别比 2016 年增加 10 个、15 个、12 个。清河是河北省淘宝村最大的淘宝村集群。其中，邢台、保定、石家庄淘宝村占比分别为 31%、23%、19%，如图 11 所示，三个市的淘宝村数量占了河北省的 73%；邢台淘宝镇个数在全省占比 43.8%，如图 12 所示，领先地位明显。邢台依托清河羊绒电商产业园、保定发挥环京津冀地理优势、石家庄依靠省会的辐射带动作用领先全省。

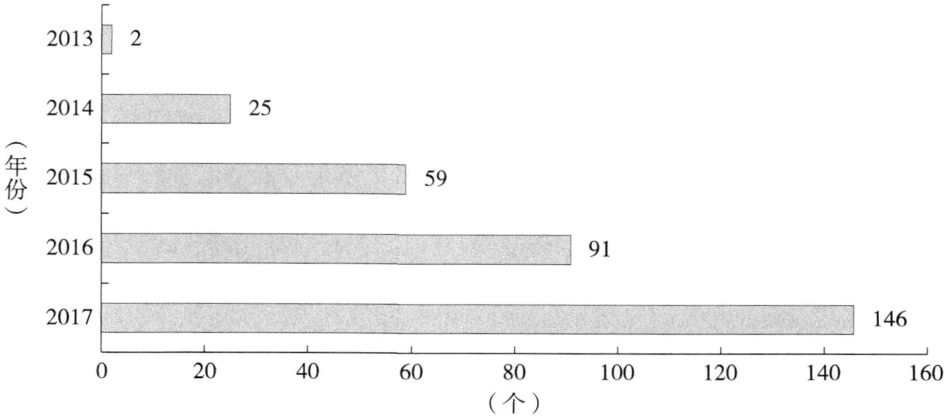

图 8　2013—2017 年河北省淘宝村数量

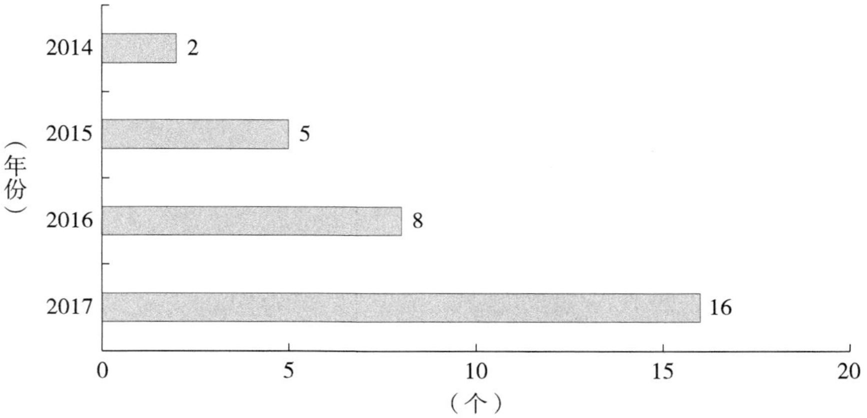

图 9　2014—2017 年河北省淘宝镇数量

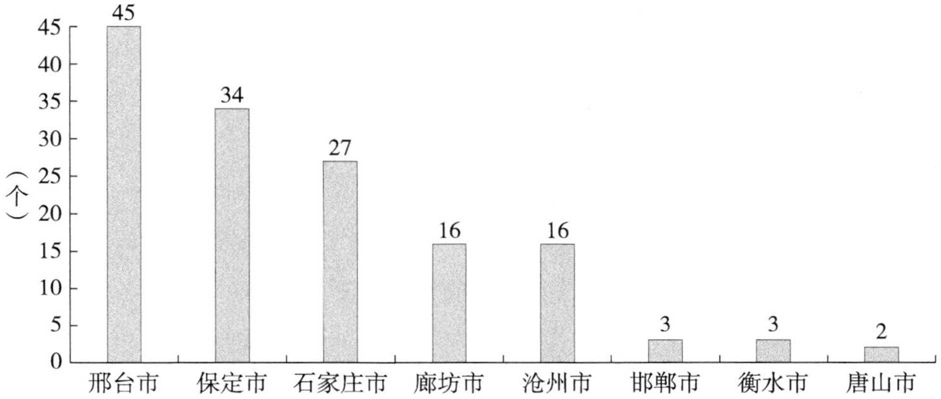

图 10　2017 年河北省各市淘宝村数量

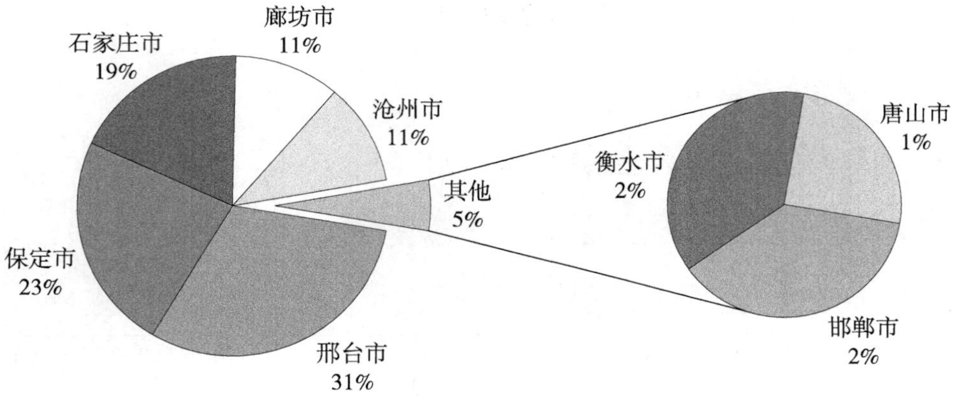

图 11　2017 年河北省各市淘宝村数量占比

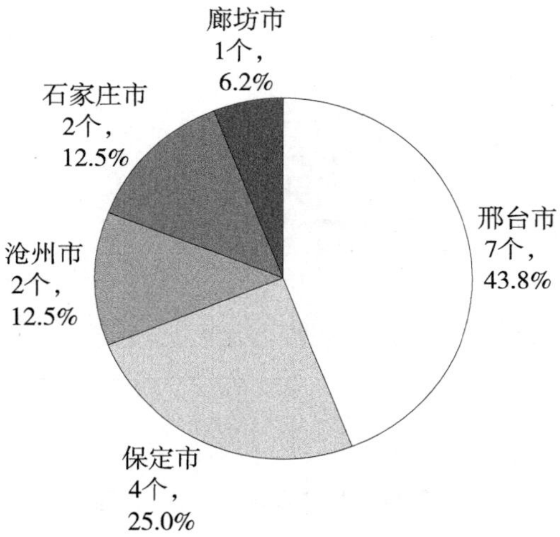

图 12　2017 年河北省淘宝镇数量和占比

三、2018 年电商物流发展展望

（一）打造一批有影响力的电商平台

创新特色产业发展，重点打造唐山耐材、香河家具、沙河玻璃、白沟箱包、清河羊绒、安平丝网等名优工业品网络营销服务平台；打造零 O2O 电子商务平台；加快推进与知名公司开展战略合作。

（二）做大一批集聚度较高的电商园区

结合区域产业特色，统筹规划建设多层次电子商务产业基地，形成包括电子商务产业园、跨境电子商务产业园、农村青年创业园、孵化中心、创客工场和电子商务楼宇等产业集聚发展平台。

（三）提升电商发展的质量和效益

大力发展网络品牌，提升品牌附加值和软实力，推动企业与第三方知名电商平台开展合作，通过线上产品专区、特色产业带、集中展示中心等形式，加强河北制造品牌的线上宣传推广。

（四）推动电子商务创新发展

推动企业开展以新技术为依托、以消费者需求为导向的电子商务模式创新，推进C2B（顾客—企业）、C2F（顾客—工厂）等个人对企业定制化经营模式。在具备条件的城市、特色小镇或特色社区，探索建设“智慧支付城市和社区”试点，打造“便捷支付商圈”，推进新型商业模式在全省落地发展。

（五）完善电子商务服务支撑体系

围绕电子商务生态体系建设，大力发展电子商务服务业，重点培育发展代运营、网络推广、数据分析和售后服务等营销服务业，提升网络市场拓展能力。加大省级电子商务专项资金支持力度，推动电子商务服务体系建设及平台建设。研究建立全省电子商务在线实时统计监测体系，增强统计数据的及时性、真实性。

（资料来源：河北省商务厅、河北省北方电子商务研究院）

第十三章　2017 年河北省陆港物流发展情况与 2018 年展望

一、2017 年陆港物流发展情况

（一）陆港口岸平稳运行

2017 年，全省内陆港口岸完成总吞吐量 100000 标准箱，进出口 84000 标准箱。其中，石家庄内陆港口岸完成总吞吐量 40000 标准箱，进出口 24000 标准箱；保定内陆港完成总吞吐量 22000 标准箱，进出口 22000 标准箱；邢台内陆港口岸完成总吞吐量 20000 标准箱，进出口 20000 标准箱；衡水内陆港完成总吞吐量 18000 标准箱，进出口 18000 标准箱。与 2016 年比，衡水内陆港实现稳步增长，石家庄、保定、邢台内陆港均有不同程度的下降。

（二）编制《河北省陆路口岸发展规划（2017—2030 年）》

为抢抓国家“一带一路”、京津冀协同发展及雄安新区建设等多重战略实施的叠加机遇，加快构建功能完善、集聚辐射能力强的口岸体系，培育陆港产业集群，实现全省经济新旧动能转换，加快转型升级步伐，河北省首次编制了《河北省陆路口岸发展规划（2017—2030 年）》，并于 2017 年 6 月正式印发执行。该规划统筹纳入了铁路口岸、综合保税区、保税物流中心、多式联运海关监管中心等多种陆路口岸形态，明确了全省陆路口岸发展的指导思想、发展思路、基本原则、发展目标、重点口岸建设、保障措施等。该规划得到了省领导的充分肯定，将有力促进全省陆路口岸的科学有序发展。

（三）全力推进陆运口岸快速发展

积极落实习近平总书记提出的“一带一路”倡议以及国家京津冀一体化、全国通关报检一体化发展战略，全力推进河北省陆运口岸快速发展。

一是大力支持新口岸建设。2017 年，对已列入河北省交通、物流发展规划，特别是已列入省重点的物流项目，适时跟进，按照外贸货源适箱、区域分布合理等布局原则，选择合适的物流项目指导引入集装箱多式联运及口岸功能，受到当地政府及物流企业的积极响应。

二是积极谋划开通中欧、中亚国际货运班列。2017 年，河北省发展和改革委员会陆运口岸办事处积极组织中铁集装箱公司北京分公司、口岸各查验单位，对邯郸、邢台、石家庄、保定等地的内陆港、铁路堆场、铁路专用线以及周边货源情况进行了多次实地考察调研，参与完成了“河北省开通中欧班列可行性研究报告”课题，得到了省领导的高度评价。同时，积极协调霍尔果斯、满洲里等边境口岸，支持开通了石家庄—莫斯科—明斯克的国际货运班列。

三是积极推进“双港联动”发展。河北省三大港口加快布局内陆港，努力实现“双港联动”发展，并专题委托河北省水运设计院编制完成了“河北省沿海港口与内陆港双港联动发展课题研究”，指导沿海三市与相关企业有序推动。2017 年唐山港集团和曹妃甸港集团在西北地区开通了 10 余个内陆港，秦皇岛港、黄骅港也在加快布局腹地内陆港，这为破解长期存在港产城互动发展不够的顽疾，培育发展港口经济创造了基础条件。

四是高标准对标学习国内先进内陆口岸发展经验。以成都口岸发展经验为标杆，组织石家庄、廊坊口岸管理部门及内陆港企业专题调研学习成都铁路口岸和口岸经济发展的先进经验和做法，在工作理念、工作方法、工作作风、服务水平上找不足、取真经、补短板，通过制定对标学习方案，形成对标学习调研报告。同时，组织沧州市口岸办、沧州港集团专题调研学习江西、浙江陆路口岸发展、海铁联运的成功范例，开阔了眼界，明确了差距和努力方向。

二、存在的主要问题

从目前的发展状况来看，全省内陆港的功能还需进一步完善，其市场价值尚待深入挖掘。

一是场站功能存在短板。全省内陆港布局大多数是依托公路运输，与铁路运输缺乏硬件软件的配套衔接，多式联运业务开展不畅，内陆港如何融入“一带一路”倡议，是今后研究的重要课题。

二是内陆港公司发展定位和方向不明确。有的内陆港只是将仓储、堆场、运输、货代、通关等进行了简单整合，缺乏个性化、差异化、补充性的专有物流产品设计。

三是内陆城市政府部门对内陆港的城市功能、拉动作用、社会效益等认识不够，虽建设热情高，但缺少配套扶持和支持的有效政策和措施。

三、2018 年陆港物流发展展望

一是支持开展公铁联运、铁海联运等多式联运业务，力争在内陆港实现全程运单签发。

二是积极融入“一带一路”倡议，大力扶持铁路港站建设，协调赋予口岸功能，打造国际班列绿色通道，实现中欧班列运行常态化。

三是充分发挥河北省陆港协会作用，加强各陆港之间的交流合作，在全省构筑完整的国际物流体系及多样化服务的区域配送体系，实现陆港物流网络化。

四是进一步加强全省内陆港与海港口岸的协调联动，扩大辐射腹地。以京津冀一体化为契机，推动内陆港与秦、唐、曹、沧海运口岸及天津海运口岸相衔接，辐射豫、陕、晋、蒙等地区，确立全省内陆港“东出西联”的战略地位。

（资料来源：河北省发展和改革委员会陆运口岸办事处）

区域篇

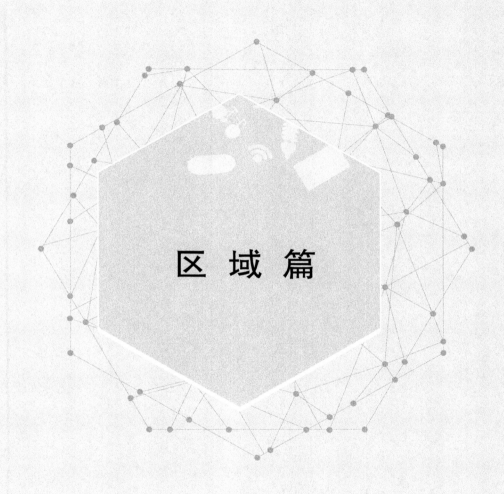

第一章 2017 年石家庄市物流业发展情况与 2018 年展望

石家庄市地处华北平原中南部，是国务院批准定位的华北地区重要商埠和区域性综合交通物流枢纽，是我国北方重要的物流中心和重要物流节点城市之一，《河北省国民经济和社会发展第十三个五年规划纲要》和《河北省建设全国现代商贸物流重要基地规划》明确石家庄市定位为国家级物流枢纽。石家庄市“十三五”规划纲要提出的建设目标为：“到 2020 年打造成全国现代商贸物流中心城市。”

一、2017 年物流业发展情况

（一）物流业已成为石家庄市主导产业

近几年，石家庄市物流业市场需求持续增加，物流业增加值不断增长，产业规模不断壮大，对国民经济发展起到了重要的支撑作用。自“十二五”以来，物流业增加值年平均增长率 8% 以上，2017 年物流业增加值达到 552.9 亿元，较 2016 年增长 9.5%。物流业增加值全省占比约为 1/5，占地区生产总值和服务业增加值比重分别达到 8.6% 和 18%。

（二）布局持续优化

自“十二五”以来，石家庄市着力解决历史形成的商贸物流项目二环路沿线及内侧区域过于集中问题，在物流产业布局上对接交通规划和产业规划，着眼增强城市辐射带动功能，按照国际衔接、区域对接、市域配送三大功能要求，着力构建国际、区域、市域三级布局体系。结合中心城区物流功能外迁，引导以国际对接、区域联通为主要功能的重大物流项目向四环高速路外侧布局，引导以城市配送功能为重点的物流设施向三环路与四环高速路之间布局。同时引导物流企业入园集聚发展，在三环外布局建设润丰、瑞川、深国际、诚通等重点物流园项目并实现项目一期运营，企业入驻态势良好。其中润丰物流园入驻物流企业 360 余家，日均进出各类车辆 5000 台次，年货运量 1200 万吨，约占全市货运量 1/10。石家庄市建成或部分建成投用的诚通联众物流园、深国际物流园、瑞川物流园、苏宁城配中心等项目所建设物流仓储设施均为高端标准化设施；正定乐仁堂、栾城润祥、高新区石药健康城三个医药物流项目设施自动化水平国内领先。

（三）物流高端网络化水平持续向好

近几年，石家庄市除中外运河北分公司、中外运久凌储运有限公司、河北中储物流中心、河北物流产业集团等原有较大物流企业外，15家国内知名物流网络化企业布局石家庄市投资建设项目，近30个快递品牌在石家庄市布点开展业务，域外知名网络化企业的入驻、投资带动石家庄市物流业高端网络化发展。

在建或部分运营的项目有7个：浙江传化收购并控股正定润华物流园、苏宁投资建设的藁城物流基地一期、中国物流公司投资建设的鹿泉物流园、京东定制的鹿泉富道物流园、广东深国际投资建设的正定综合物流港、中储栾城物流园项目、河北邮政速递在机场建设国际快件监管中心。

已签订协议开展前期工作的项目有6个：菜鸟网络科技有限公司在灵寿建设中国智能骨干网物流平台节点项目、苏宁藁城分拨中心项目、京东栾城电商物流园、综保区圆通速递华北区域总部、普洛斯集团、万科物流新乐物流园项目。

正在洽谈的公司有5个：新加坡淡马锡丰树集团、香港泉康投资有限公司、浙江达缘供应链管理有限公司、深圳宝湾物流控股有限公司、中外运久凌储运公司。

（四）快递行业快速发展

包括顺丰、德邦、通达系等国内（国际）27个品牌快递网络化企业已经全部入驻石家庄市开展经营业务，近几年年均业务增长达到40%以上。2017年增长趋缓，全年快递服务企业业务量完成35959.45万件，在全省排名第1位，同比增长30.09%；快递业务收入完成39.55亿元，在全省排名第1位，同比增长29.56%。

二、存在的主要问题

（一）物流成本占比较高

2017年，全国物流总费用占GDP比重为14.6%，我省为16.1%，石家庄市处于全省平均水平。物流成本高的主要原因之一是产业结构偏重，单位运量货物重、货值低。此外，还有以下因素。

（1）运输结构：大量本应通过铁路运输的中长距离运输由公路运输承担，抬高了综合运输成本；2017年全市铁路货运量为1400万吨左右，占全市货运量一成多些。

（2）集装箱运输和多式联运发展不够。标准化是信息化、集装箱运输、发展多式联运的基础，标准化不足致使多种运输方式之间缺乏有效衔接，短驳、搬倒、装卸、配送成本较高，多式联运方式普及率低。美欧发达国家集装箱运输占比较高，30%~40%为常见比例，我国集装箱运输占比仅有5.4%，石家庄市集装箱运输占比仅为1%左右。此外，物流信息平台多为企业或园区自用，目前石家庄市尚无为整个行业服务的公共信息平台。

(3) 市区限行提高了企业成本。自2016年石家庄市出台三环路黄牌照货车限行政策，使得部分企业在三环外场地二次搬倒，费用提升30%左右。

(二) 国际物流短板突出

国际物流发展滞后，尚未形成以航空、铁路为骨干的国际物流通道，国内集疏网络无法与国际市场实现无缝对接，影响和制约物流资源集聚能力。虽然石家庄市开通了中欧班列，但货物量尚小。

(三) 标准化物流仓储设施供给不足

据估计，目前石家庄市主城区及周边丙二类以上仓储设施约为30万平方米，而达不到丙二类的各类“农民仓”面积高达70万平方米左右。“农民仓”的大量存在既干扰大型物流企业的业务运营，同时存在安全隐患。预计近3~5年，石家庄市标准仓储设施缺口不低于50万平方米。

(四) 物流项目建设慢

物流项目对县区政府的直接税收贡献率较低，县区政府不愿意向物流项目供地。

三、2018年物流业发展展望

(一) 建设北部国际物流功能区

利用正定北部区域正定国际机场、综保保税区、自贸区片区、拟建的铁路物流港、公路港等相关平台的聚集优势，着眼打造华北智慧陆港，积极争取省现代服务业发展示范区专项资金扶持，建设省会国际物流功能区，重点发展以集箱运输为主要抓手的多式联运、公转铁跨区域分拨、跨境电商、航空物流等业务，推动国际物流功能区与综合保税区联动发展，形成石家庄市物流新的增长极，同时以国际物流带动相关产业的发展，提高在京津冀协同发展中的产业协同能力和水平。

(二) 促进物流体系标准化智能化

大力推进以标准化托盘（1200毫米×1000毫米）及其循环共用为切入点的物流标准化试点工作的深入开展，提升物流标准化方面基础设施、技术装备、管理流程、信息网络技术标准水平。同时重点谋划推进菜鸟网络科技有限公司拟建的石家庄城市智慧物流项目试点，通过利用大数据、人工智能等先进技术手段，实现城市物流系统可视可管可控，构建石家庄市智慧物流运行体系。在此基础上大力推进区域共同配送。

（三）推广新能源物流用车

据测算，1 台黄牌照货车污染排放量与 200 台家用轿车相当，因大气污染治理黄牌照货车限出三环外势在必行。石家庄市亟须研究出台新能源物流车代替燃油及绿色通行配套落实政策，进一步摸清城市配送车辆底数，以骨干企业为依托，全面推进新能源车城市配送。实现污染减排、科学管理、降本增效。

（四）推进重点物流项目建设

采取月调度、季通报的工作机制，持续推进总投资 295.36 亿元的 21 个 2018 年度重点物流项目建设，协调解决项目发展建设中的问题，力争完成全年投资 38.38 亿元的计划。

（资料来源：石家庄市发展和改革委员会）

第二章　2017年唐山市物流业发展情况与2018年展望

加快推进物流业发展，对于提高流通效率、节约社会资源、保障居民消费安全、提升城市经济发展水平和推动高质量发展具有十分重要的意义。近年来，唐山市委、市政府始终把发展现代物流业作为转方式、调结构的重要抓手，以省级物流产业聚集区开发建设为切入点，不断拓展物流领域、创新物流模式、加速产业集聚、狠抓项目建设，物流业已成为全市经济发展的新亮点。唐山市被确定为国家一级物流园区布局城市、全国17个区域物流节点城市、全国流通领域现代物流示范城市、全国城市共同配送试点城市和全国商贸物流标准化试点城市。

一、2017年物流业发展情况

2017年，全市社会商品物流总额实现14584.77亿元，同比增长9.6%，增幅较2016年提高了3.9个百分点；物流业实现增加值861.48亿元，同比增长6.6%，增幅较2016年提高了1.6个百分点；社会物流总费用1392.04亿元，物流业已成为全市经济社会增长的新动能。

（一）基础设施不断完善，现代物流体系初具规模

近年来，唐山市不断加大投入，强化重大基础设施建设，公路、铁路、海运、空运等基础设施承载能力显著增强，物资集散疏运能力明显提高。2017年，全市公路通车总里程达1.83万公里，路网面积密度达到135公里/百平方公里。铁路营业里程达到1266公里，铁路营业里程密度达9公里/百平方公里。唐山港完成货运吞吐量5.73亿吨，同比增长10.12%，总量居全国沿海港口第3位，世界港口第5位，增速居全国规模以上港口首位。唐山三女河机场已开通11条航线，通达国内15个城市。多元、立体、快捷高效的现代综合交通运输体系初具规模，为发展多式联运奠定了坚实的基础。

（二）物流平台加快建设，物流业聚集发展

积极推进物流园区内外部基础设施及中转联运、配送中心、公共信息平台等功能设施建设，加快资源要素向园区集聚，物流聚集区的综合服务能力显著提升。截至2017年年底，全市10个省级物流产业聚集区实现主营业务收入1250亿元，利税43.7亿元。迁安市北方钢铁物流产业聚集区、唐山海港物流产业聚集区、唐山丰润区北方

现代物流城被评为2017年全国优秀物流园区。先后引进了浙江物产集团、天津物产集团、广东物资集团、普洛斯物流等一批世界500强和国内物流百强企业入驻园区，初步呈现出物流要素聚集、资源配置优化、公共服务完善的良好态势。

（三）标准化建设不断深入，现代化水平显著提升

积极推广应用立体数字仓库、物品托盘、GPS（全球定位系统）定位等先进物流技术手段，推进传统物流业加快向现代物流业转型，优势物流企业加快向信息服务、咨询服务、金融服务等领域拓展，先进物流业态不断涌现。开滦国际物流、公路港物流、佳源集团等一批规模化集约化经营、一体化运作、全程化服务的现代物流骨干企业迅速成长。全市共有A级物流企业15家，其中5A级4家；5星级仓库1个，4星级仓库5个。唐山成联电子商务有限公司、唐山联辉托盘租赁有限公司等30家物流企业物流标准化试点项目建成并通过验收。完善“物流唐山”“托盘唐山”等公共信息服务平台建设，实现“车、货、库”物流配送要素资源的有机结合。通过物流标准化建设和现代化手段的应用，促进了物流企业之间的有效衔接，实现物流业的一体化运作。

（四）重点项目加速推进，物流产业发展后劲十足

项目建设是推进产业发展的动力与支撑，近年来，唐山市不断加大物流项目投入，重点谋划实施金卓家居建材物流中心、冀通山区农特产储运交易市场、唐山公路港物流有限公司、中国北部机电五金博览集散中心、普洛斯物流、海港中东欧产品保税仓储配送基地、鑫之源物流有限公司、鸦鸿桥现代物流中心等一批重大物流项目，通过实施大项目、好项目，推进全市物流业快速发展。

二、2018年物流业发展展望

围绕高质量发展，以建设全国物流园区一级布局城市和区域性物流节点城市，打造万亿级现代物流产业基地为目标，以物流集疏运体系建设和五大主导产业转型发展为基础，建设多规合一、产城融合的标准化物流园区，加快综合运输信息、物流资源交易、电子口岸和大宗商品交易等平台建设，创新物流产业发展模式，实现物流、金融、商贸、制造和信息等产业协调发展，构建布局合理、技术先进、便捷高效、绿色环保、安全有序的现代物流服务体系，努力打造“一中心、多节点、全覆盖”的现代物流发展新格局，全面提升物流产业的核心竞争力。

（一）拓展港口服务功能

对接国家“一带一路”建设和“中蒙俄经济走廊”规划，推进内陆港港腹联动，加快在内蒙古、新疆、山西等省区布局建设内陆港，积极推进腹地通关一体化。围绕国际班列开通，在蒙古、俄罗斯等国家建设海外仓和集铁、集港中心。围绕粮食、木

材、活畜、整车等已经获批口岸资质，延伸产业链条，发展供应链经济，推动外贸结构调整优化。充分发挥曹妃甸综合保税区和京唐港保税物流中心（B 型）政策优势，大力发展保税物流、冷链物流、船舶航运等业务，打造全省海关特殊监管区域的样板。复制推广跨境电子商务综合实验区经验，实现优进优出和外贸转型升级。

（二）构建物流集疏运体系

加强疏港铁路体系建设，完善港口、铁路、公路、航空等重大基础设施及集疏通道，加快推进京唐城际铁路、唐曹铁路、水曹铁路建设，打通区域内物流主动脉。对接冀蒙、京哈、京山等国铁干线，构建由港口覆盖西北、连通蒙俄、直达欧洲的国际物流通道。围绕建设京津冀东北部交通运输中心和构建京津唐一小时交通圈，加快重大交通基础设施互联互通，加快推进唐曹铁路、水曹铁路、唐廊高速、遵曹公路等项目建设。打通国际开放新通道，开通唐山港至泰国林查班、越南胡志明等港口外贸集装箱班轮航线，开通唐山至欧洲、中亚、中东等国际集装箱班列。唐山机场谋划开通面向长三角、珠三角、西部地区开辟国内航线，着力打造京津冀区域航空分中心。

（三）发展多式联运

加快重点铁路、口岸公路、内河水运等基础设施建设，集约、节约利用通道资源，配备现代化中转设施，建立多式联运信息平台，强化区域间交通基础设施互联互通，促进海铁联运、公铁联运、陆空联运无缝对接，积极发展铁路驮背运输、水路滚装运输和集装箱多式联运。加快促进不同运输方式在各节点的衔接、协调，重点推进具有两种以上运输方式的多式联运枢纽建设。积极推进道路运输企业和铁路部门深度合作，加快构建铁路快速转运体系，推动公铁联运发展。

（四）做大做强物流园区

按照节约集约的用地原则，进一步优化园区布局，结合各地产业需求和区位特点，依托交通枢纽、港口、省级物流产业聚集区，在重要交通枢纽加快建设货运枢纽型、综合服务型物流园区，在产业发展重点区域有针对性地建设生产服务型物流园区，在城市周边建设商贸服务型物流园区，在临港经济区建设口岸服务型物流园区，形成布局合理、功能集成、企业集聚、规模适当、支撑服务有力的物流发展载体平台。整合现有物流园区和物流基础设施，支持优势物流园区做大做强，引导物流需求不足和同质化竞争明显的园区进一步完善功能、强化特色、创新发展。

（五）完善城乡高效配送网络

加快构建以综合物流中心（物流园区）、公共配送（分拨）中心、末端配送网点为支撑的城市配送网络。鼓励建设集仓储、运输、分拨、配送、信息、交易功能于一体的综合物流中心、相对集中的公共配送（分拨）中心和末端配送网点。健全以县域物流配送中心、乡（镇）配送节点、村级公共服务点为支撑的农村配送网络。优化城乡配送组织方式，整合配送资源，发展集中配送、统一配送、批量配送。结合城市交通状况和配送需求，加强商贸、快递与物流企业的协同协作，因地制宜发展夜间配送、分时段配送，建立起高效集约、协同共享、融合开放、绿色环保的城乡高效配送体系。

（六）发展智慧物流

大力发展“互联网+”高效物流，积极培育发展物流新业态新模式，依托煤炭、钢铁、石油、铁矿石、LNG（液化天然气）等重要产品市场，应用供应链理念和技术，发展智慧物流，做强综合信息、物流资源交易、电子口岸和大宗商品交易等平台，努力构建“互联网+高效物流”智能化系统服务体系。鼓励物流信息公共服务平台完善在线交易、在线支付等功能，推进金融产品与物流、信息流整合，发展物流供应链金融。积极推动物流信息技术创新和应用，推广使用自动识别、电子数据交换、货物跟踪、智能交通、物联网等先进技术。支持物流企业推广物流信息编码、物流信息采集、物流载体跟踪、自动化控制、管理决策支持、信息交换与共享等领域的物流信息技术，提高企业信息化水平。

（七）培育壮大市场主体

通过联合、兼并、资产重组等方式，整合物流资源，创新特色服务，壮大企业规模和实力，大力培育一批技术先进、主营业务突出、核心竞争力强，具有示范带动作用的现代物流企业集团，通过规模化经营提高物流服务的一体化、网络化水平。鼓励企业联盟合作，创新合作方式和服务模式，建立物流企业联盟，提高整体效益。吸引国际国内500强企业和知名物流企业落户，引导大中型企业剥离物流业务，大力发展第三方物流。鼓励优秀物流龙头企业创优评级申请A级企业评定，引导物流企业向标准化、现代化、规模化方向发展。

（资料来源：唐山市发展和改革委员会）

第三章　2017 年邯郸市物流业发展情况与 2018 年展望

一、2017 年物流业发展情况

近几年来，邯郸市把大力发展现代物流业作为调结构、转方式、促进供给侧结构性改革的重要途径，以建设区域物流中心为目标，坚持规划引领、交通先行、项目支撑、园区聚集，物流业发展明显提速。同时，随着交通基础设施的不断完善，为全市物流业发展提供了更加便捷、高效的发展条件。2017 年，全市物流业增加值预计为 620 亿元，同比增长 12% 左右，继续保持良好增长势头。

（一）聚集效应不断提升

邯郸市大力推进综合交通运输、信息化服务两大体系建设，整合空港陆港资源，谋划建设邯郸“双港”综合物流园区。积极推进永年标准件物流和快递物流、大名京府冷链物流、鸡泽曹庄特种物资物流、魏县绿色回收等物流中心建设，在中心城镇和产业集聚区培育建设一批物流节点。物流园区、中心和节点的建设，为全市物流企业发展提供了强有力的平台支撑，为物流产业发展打下了坚实基础。

（二）重点项目支撑有力

随着煤炭、钢铁、商贸、医药、粮油、快递等行业物流需求稳步上升，邯郸市谋划实施了一大批涉及钢铁、煤炭、建材、商贸、医药、机电、农业、冷链等多个行业的重点物流项目，成为邯郸市重点项目有力支撑。其中，总投资 200 亿元的邯郸国际陆港园区、总投资 20 亿元的林安智慧物流中心和总投资 15 亿元的青岛保税港区邯郸（鸡泽）功能区已正式运营，总投资 26.3 亿元的武安保税物流中心顺利封关试运营，总投资 120 亿元的邯郸华耀城、总投资 13.2 亿元的冀南快递产业园区、总投资 15 亿元的万合集团马头综合物流中心等一批项目正加快建设。

（三）物流企业逐步壮大

近几年，通过实施传统物流企业改造，物流知名品牌引进，一批物流企业迅速发展壮大。目前，全市注册物流企业 700 余家，注册资金在 500 万元以上的物流企业 260 余家，4A 级以上物流企业 8 家。其中，5A 级物流企业 3 家，分别为万合物流、冀中能源国际物流和鼎峰物流；4A 级物流企业 5 家，分别为巨恒物流、熙平物流、明道物流、新武安钢铁集团物流和之江物流。

二、2018年物流业发展展望

2018年，是“十三五”承上启下的一年。紧紧抓住“一带一路”和京津冀协同发展等国家战略以及加快建设河北省主体功能区、全国现代商贸物流重要基地等重大机遇，依托邯郸作为京津冀协同发展区域南部门户、中原经济区北翼经济带核心城市、晋冀鲁豫四省要冲的独特经济区位优势，以提质增效、服务民生为核心，以合理布局、规范整治为手段，加快建成协同京津、联动中原、融入“一带一路”的区域性物流枢纽城市。力争到2018年，全市物流业增加值突破670亿元。

（一）进一步优化产业发展布局

按照统揽全局、统筹全域，体现枢纽作用的总体要求，研究出台邯郸市中心城区现代物流业空间布局规划。坚持提升功能、着眼长远、创新驱动、绿色环保、国际合作的基本原则，围绕“一带一路”、京津冀协同发展、中原经济区发展等国家战略，依托邯郸独特的区位优势，充分利用东出西联、通达南北的公铁空综合交通网络资源，建设融入“一带一路”、协同京津、联动中原的区域性物流枢纽城市。

（二）进一步完善物流体系建设

健全物流标准体系，加快推广物流国际和国内标准，积极推进物流标准化试点建设。推广多式联运发展，鼓励骨干运输企业向多式联运经营人、综合物流服务商转变。推动邯郸国际陆港与空港融合发展，建设邯郸市服务业对外开放门户。完善城乡配送网络，支持快递配送站、智能快件箱等物流设施建设，鼓励社区物业、村级信息服务站及便利店提供快件派送代理服务。加快建设城市公用型配送节点和末端配送点，支持快递服务网络向农村地区延伸。引导邮政、快递处理分拨中心与铁路、公路、航空枢纽同步建设。

（三）进一步推进智慧物流发展

创新物流发展模式，积极促进企业内部物流社会化，发展一批配套制造业的第三方物流企业，实现制造业物流专业化，推动制造业与物流业有机融合、联动发展。加强对现有仓储、货运等物流企业引导、服务，鼓励向第三方物流企业转型，尽快培育形成一批功能齐全、管理完善、服务规范、社会化和专业化程度较高、具有较强竞争实力和品牌知名度的第三方物流企业，带动全市现代物流业快速发展。建立健全物流信息采集、处理和服务的交换共享机制，实现企业内部、企业之间信息资源的互联、互通、交易与共享。积极推进公共信息平台、专业信息平台和物流企业信息平台的有效对接，促进各类物流信息的有效联通，实现资源共享。

（资料来源：邯郸市发展和改革委员会）

第四章 2017 年保定市物流业发展情况与 2018 年展望

一、2017 年物流业发展情况

2017 年，保定市物流业按照国家关于京津冀协同发展战略的总体要求，依托独特的区位交通优势和良好的商贸物流产业基础，通过针对性的营造承接北京物流产业转移的发展环境，采取方案招商吸引物流转移，打造物流公共信息平台，探索跨区域共同配送，实现保定市物流创新发展。通过构建高效率、低成本的商贸物流服务体系，助推河北省打造全国现代商贸物流基地，实现保定市物流协调发展，最终构建具有区域特色的现代物流体系，实现保定市现代物流业创新发展，并在全国形成良好的示范作用。

（一）产业规模不断扩大

近年来，保定市物流业保持持续较快发展，物流总额年均增速达到 8.5%。2017 年全市物流总额约 1.05 万亿元，全市交通运输、仓储和邮政业增加值完成 153.3 亿元，较 2016 年增长 8.7%，占第三产业增加值 1376 亿元的 11.1%，成为第三产业中占比较高的行业。

全市货物运输总量 1.1 亿吨，较 2016 年增长 7.6%；货物运输周转量 359.7 亿吨公里，增长 7.8%。全市公路通车里程（包括乡村）2.1 万公里，增长 0.7%。其中，高速公路 945.9 公里，农村公路 1.7 万公里。全市拥有货、客车 17.3 万辆。其中，货车 16.85 万辆，客车 0.45 万辆。物流园区散装货物吞吐量、园区快递包裹收发量近三年呈逐年上升趋势，年均增长 10% 以上。开通中欧、中亚两条班列，年货物吞吐量 150 万吨。快递业务量突破 2.5 亿件，达到全省快递业务量的 21%（2017 年河北省快递业务量为 11.94 亿件）。

（二）物流基础设施建设不断完善

2017 年全市交通运输、仓储和邮政业等物流相关产业固定资产投资完成 64.9 亿元，较 2016 年减少 43.8%，占第三产业固定资产投资达到 4.4%（2016 年完成固定资产投资 115.4 亿元，占第三产业固定资产投资的 7%）。开放程度进一步提升，2017 年市交通运输、仓储和邮政业外资企业达到 12 家，外商直接投资 1694 万美元，同比增长 111.8%。荣乌、西阜、涞曲、曲港、津石高速公路加快建设，廊涿城际、京雄石城际和保忻、保张、保沧铁路前期工作加快推进。

（三）物流业发展环境得到改善

《京津冀协同发展规划纲要》确定了河北省全国现代商贸物流重要基地的功能定位，河北省商贸物流发展规划进一步明确了保定市物流业发展定位。保定市毗邻雄安新区，地处京津冀核心发展地带，在市域范围内物流产业已形成一定规模。2016 年被列为全国物流业创新发展试点城市，出台了《现代物流业创新发展试点城市建设实施方案》，印发了《保定市物流业降本增效专项行动方案（2017—2019 年）》，部分政策措施取得一定效果。

目前，保定全市范围内注册物流企业达 1900 多家。其中，运输型物流企业 1800 余家，占全部物流企业的 90% 以上；仓储型物流企业 60 余家，约占全部物流企业的 3%；综合服务型物流企业 120 多家，主要从事货物运输代理服务活动，占全部物流企业的 6. 3%；冷链物流企业 12 家；快递快运物流企业 100 余家，其中 25 家全国性快递公司在全市设有营业网点 960 个，另有地方性快运公司 80 余家。

二、存在的主要问题

（一）企业规模结构偏小

全市范围内注册物流运营企业 1900 多家，主城区主要集中于南二环、保沧路沿线、东三环及北三环一带，县域集中度与其产业发展相吻合，绝大多数物流场站规模小而散，无法形成规模效应。在全部物流企业中小型企业约占 95% 以上，大中型企业不足 3%，全部企业中经营年限在 5 年及以上的物流企业不足 10%，总体上呈现“规模小、效率低、资源少”的行业状态。

（二）物流基础设施不完善

一是市区部分物流园区基础设施陈旧，仓储设施简陋，多数企业物流采用传统运作方式，技术落后，服务功能单一；二是货运电车充电站、充电桩等公共服务设施明显不足，同时由于部分汽车的随意停放，致使有限的充电桩设施很难发挥应有作用；三是市域还存在较多的“断头路”“瓶颈路”，对物流企业运送路线优化和物流成本降低带来一些负面影响。

（三）物流标准化智能化水平低

目前保定市物流业还处于标准化发展的初级阶段，各个物流公司自己建仓、闭环运营，没有统一标准，缺少系统化、标准化的运营模式。物流作业机械化程度低，托盘、货架、集装箱、自动拣选设备等应用较少或应用不规范、不标准，物流相关国标、行标的贯彻实施严重不够，单元化物流理念欠缺。

（四）车辆配送装载率低

一是物流运输企业，由于不能有效实现物流资源信息共享，物流干线单边送货现象较普遍，共同配送率低，空驶率偏高，加大了物流运输成本。二是长城汽车、晨阳水漆、奥润顺达、风帆、英利等自营物流企业，在满足自身物流运输需求的同时，存在对冲资源不匹配、物流资源整合度低、运输空驶率高等问题，间接影响了公司整体效益的提升。调查显示，全市重点企业物流车辆开动率仅为66%，运行周转率仅为15%，配送货物装载率平均为74%，还有较大上升空间。企业自营物流面临由企业物流向物流企业转型客观要求，通过三方物流和四方物流整合社会多方资源从而实现资源优化配置、实现降本增效势在必行。

（五）园区管理较为薄弱

全市有较大规模的物流园区15个，主要分为两类：一类是依托当地经济和特色产业形成的具有集散地功能的物流园；另一类是有实力的大型企业和企业集团建设的物流园（如长城汽车零部件物流园、新发地高碑店农副产品物流园区、晨阳水漆产业园等）。比较而言，第一类物流园区整体呈现“单体规模小、运营效率低、资源集聚低、管理模式乱、园区环境差”的行业现状；第二类物流园区投资大、占地多、规划环境及现场管理较好，但分拨不配套、共同配送率低、运营成本偏高，企业入驻率偏低，园区整体入驻率偏低。

（六）物流信息化水平落后

目前，全市运行的综合物流信息平台仅为个位数，除新发地生鲜网、物流保定等少数网站建设较好、功能较为完善以外，其他信息平台功能单一。不同物流信息平台之间没有实现互联互通，导致物流企业与上下游企业信息沟通不畅，物流信息资源利用率不高。由于各种运输方式信息化水平不一、标准不同，导致企业获取信息成本高、时效性差、综合利用率低，实时信息交换水平不高，不仅影响了物流效率和服务水平提升，也客观上制约了多式联运等运输组织模式的发展。此外，信息技术应用仍然停留在财务以及简单的仓储管理等层次，条码、EDI（电子数据交换）、GPS等现代信息技术使用程度较低。

三、2018年物流业发展展望

（一）总体目标

抓住京津冀协同发展和雄安新区规划建设两大历史性机遇，进一步推进落实物流降本增效促进实体经济发展的实施意见，立足生产性物流服务需求和生活性物流服务需求两大市场，通过有针对性的营造承接北京物流产业转移和雄安新区未来需求两大外部环境，采取方案招商吸引物流转移，谋划一批国际物流基础设施，构建高效率、低成本的商贸物流服务体系，构建具有区域特色的现代物流体系，促进京津冀物流资源的合理配置和协同发展，以政策和机制创新为依托，以京、津地区物流业先进水平为标杆，实现保定市现代物流业的跨越式创新发展。

（二）主要任务

（1）把握雄安新区战略需求，打造雄安新区物流保障基地。一是扩大现有的商贸物流设施规模，提升商贸物流业发展档次。以白沟小商品、服装箱包、鞋帽商贸市场群，高碑店农产品市场等为依托，鼓励其通过模式创新，提高商贸市场的辐射能力，为雄安新区提供产品供应保障服务。二是选择靠近雄安新区的区域，在符合城市相关规划的前提下，集中建设农产品物流基地、商贸市场群、物流配送中心，满足雄安新区和保定市增量商贸物流需求，促进雄安新区与保定市商贸物流一体化发展。三是营造雄安新区开放发展物流环境。雄安新区定位为开放发展先行区，为此，保定市应营造良好的开放发展环境，重点在争取天津自贸区相关政策制度延伸、申建综合保税区和铁路口岸等方面实现跨越式发展，为雄安新区开放创新发展营造良好的软环境并积累运作经验。

（2）深入推进京津冀商贸物流协同发展、创新区域商贸物流发展模式。一是扩大承接规模，大力发展电子商务。保定市应借力雄安新区建设机遇，进一步加强与北京市相关政府部门对接，继续承接北京区域商贸物流功能转移，重点在农产品、小商品、纺织服装等领域扩大承接规模。鼓励既有商贸市场发展电子商务，扶持商品、服装箱包等经营业户发展电子商务，实现现有商贸市场业态转型升级，扩大商贸市场辐射能级。二是创新商贸物流协同发展模式。以新发地高碑店农副产品物流园区为试点，搭建农产品、果蔬批发交易电子商务平台，实现农产品、果蔬批发流通商与北京市农贸市场、社区便利店菜市场、连锁超市终端零售商开展对接，开展订单式采购直送模式。

（3）大力发展国际物流，提升保定市区域物流地位。一是加快推进铁路口岸或多式联运海关监管中心建设。抢占我省铁路口岸或多式联运海关监管中心建设先机，为依托铁路口岸申请进口汽车、肉类等指定口岸奠定基础，也为中欧班列开行创造良好条件。二是推进中欧班列常态化开行。重点申请进口肉类、汽车制定口岸，立足于周边近亿人口的高端消费需求，大量从中西亚进口农畜产品，从欧洲进口汽车、高品质生活消费品，走出一条有别于其他内陆城市的中欧班列开行模式，核心通过内需拉动中欧班列开行，打造以进口商品班列为主导的国际班列组织运营中心。三是大力发展跨境电商。依托中欧班列大力发展跨境电商，争取中欧班列运邮试点，出口方面以保定市小商品、箱包鞋帽、纺织服装、新能源产品为主，促进保定市产业扩大开放，提升相关产品的全球市场竞争力。

（4）大力推进物流园区，抓好重点物流项目建设。坚持采取项目带动的模式促进保定市物流业跨越式发展，谋划一批针对性较强、功能齐全、发展环境良好的商贸物流项目对接。坚持立足长远，从促进产业调整升级、增强企业竞争力、促进居民生活水平提高和提升城市综合竞争力的角度出发，建立可持续发展的物流基础设施体系和服务体系。

（资料来源：保定市发展和改革委员会）

第五章 2017 年邢台市物流业发展情况与 2018 年展望

2017 年，是物流业面对多重压力和发展机遇挑战并存的一年。面对严峻复杂的经济形势和稳增长、调结构、促转型的艰巨任务，邢台市把大力发展物流业作为重要抓手，明晰目标任务，完善支持政策，加强督导协调，物流业继续保持快速增长的态势。

一、2017 年物流业发展情况

截至 2017 年年底，邢台市共有经省市批准的物流园区 21 个，其中包括 3 个省级物流产业聚集区（邢台市综合物流产业聚集区、桥西区龙岗综合物流产业聚集区、邢台会宁综合物流产业聚集区）、2 个市级物流产业聚集区（河北清河综合物流产业聚集区、宁晋综合物流产业聚集区）、1226 家物流企业，其中冷链物流企业 21 家；邢台市拥有总营运车辆 13819 辆，其中自有车辆 6336 辆，新能源汽车 1080 辆。邢台市仓库总建筑面积 102 万平方米，其中，普通平房库 24 万平方米，普通仓库 36 万平方米，散装仓库（包括露天）仓库 24 万平方米，危险品库 1 万平方米，仓库利用率达 90% 以上；邢台市拥有普通常温库、冷藏库 145 个，仓储面积 14.5 万平方米，冷藏车辆 296 辆。邢台市在建物流项目 45 个，其中冷链物流项目 13 个。

从县（市、区）情况看，开发区、邢台县、南和县、内丘县、隆尧县、清河县、南宫市的物流业已初步形成了一定规模。如开发区的好望角物流园区及旗下的邢台内陆港、保税物流中心（B 型），邢业通冷链物流，天宇医药物流，南和县的邢州农产品批发市场，内丘县的旺族肉制品物流、金太阳家居建材市场，隆尧县的宝信物流园区，清河县的综合物流园区和龙飞物流等一批具有现代物流功能的物流企业；申通、圆通、韵达等物流分拣中心的发展，拓展了农副产品、工业材料、机电产品、日用消费品的物流领域；特别是建设了北新建材、中国农批、好家园、利盛园等几家特色物流企业，完善了物流产业体系。

二、存在的问题

物流企业体量规模小，多数物流项目拟建尚未落地。3 个省级物流产业聚集区内目前共有项目 33 个，除好望角物流园项目体量、规模、运营较好外，其他项目如邢业通冷链物流一期项目（占地面积 90 亩，仓储量 3 万吨，年吞吐量 90 万吨）、任县华北农产品物流园和采园农业（占地面积 1000 亩）体量规模很小，基础设施落后；并且南和县华北商谷·邢台产业贸易城、桥西区龙岗综合物流产业聚集区里的2个项目、沙河百达物流项目均未落地。

三、2018年物流业发展展望

（一）总体思路

充分发挥物流业对稳增长、调结构的重要作用，优先发展生产性物流业，大力发展生活性物流业，积极发展高端物流业。推动生产性物流业向专业化和价值链高端延伸，加快生产性物流业与制造业深度融合，充分发挥物流业促进产业结构优化升级的重要作用。突出发展重点，深化改革创新，加强开放合作，强化要素保障，切实降本增效，巩固物流业快速发展的良好态势。

（二）在全国现代商贸物流重要基地建设中迈出坚实步伐

（1）以贯彻落实《京津冀商贸物流发展专项规划》和《河北省建设全国现代商贸物流重要基地规划（2016—2020年）》为统领，全面实施《邢台市人民政府关于进一步促进物流业加快发展的若干意见》和《邢台市人民政府办公室关于印发〈邢台市现代物流业中长期发展规划（2016—2030年）〉的通知》，围绕目标任务，推动重大工程、重大项目的谋划和实施，确保2018年迈出坚实步伐。

（2）加快邢台市综合物流产业聚集区、邢台会宁综合物流产业聚集区和桥西区龙岗综合物流产业聚集区3个省级物流产业聚集区以及河北清河综合物流产业聚集区和宁晋综合物流2个市级物流产业聚集区建设，加快邢台保税物流中心（B型）、邢台县绿旗颐高综合物流和天宇医药物流、邢台润恒冷链物流、平乡县内陆港、邢台（南和）邯（邢）黄铁路物流园、新河县铁路物流园等重大项目的谋划、建设工作。

（3）扩大定制化、专业化、个性化物流市场，延伸产业链、提升价值链，构建供应链服务体系。实施“互联网+物流”行动计划，围绕商贸流通、医药、农产品、大宗商品、城乡配送、快递电商等领域，探索新一代互联网技术引领的现代物流运营模式。

（三）加强组织领导，保障物流业发展

（1）健全机构，强化保障。按照《河北省建设全国现代商贸物流重要基地规划（2016—2020年）》工作要求，调整邢台市现代物流业发展领导小组及其成员，常务副市长任组长，相关副市长任副组长，副秘书长、市直相关单位主管同志任成员，办公室设在市发展和改革委员会，在3个省级、2个市级物流产业聚集区设置管理机构，充实工作人员，增加保障经费，主要谋划物流产业聚集区发展，编制详细规划并组织实施，加强监管、招商引资力度，协调项目建设过程中有关问题。

（2）规划引领，政策规范。市政府印发《河北省人民政府关于进一步促进物流业加快发展的若干意见》《邢台市现代物流业中长期发展规划（2016—2030 年）》和《邢台市现代物流业发展三年行动计划（2016—2018 年）》，要抓好贯彻落实。鼓励专业物流企业发展，剥离低效物流部门。加大物流发展要素保障，设立市级物流业专项建设资金，积极推广 PPP（公私合营）模式，鼓励有条件的物流企业融资发展；优先保障物流用地；推广物流先进技术应用；重视物流人才引进培养；加强物流行业统计工作。

（3）加强指导物流园区规划、项目建设，要围绕机场、铁路、高速公路出入口和经济开发区、园区、聚集区、重点企业谋划建设，避免物流围城建设。采取综合措施，切实增加铁路运输发送量和到达量。

（资料来源：邢台市发展和改革委员会）

第六章　2017年沧州市物流业发展情况与2018年展望

2017年，沧州市委、市政府把大力发展现代物流业作为优化产业结构、转变发展方式的重要途径，以打造新亚欧大陆桥的“桥头堡”、冀中南重要物流中心、环渤海地区重要港口商贸物流产业基地为目标，面对不断加大的经济下行压力，坚持立足优势和趋利避害，强化责任担当，积极推进现代物流业发展，建成了一批引人注目、提振士气的大项目，巩固了平稳较快发展的良好态势。

一、2017年物流业发展情况

（一）经济规模不断扩大

2017年，围绕稳中求进工作主基调，着力壮大经济总量，提高发展质量，优化产业结构，物流业发展呈现稳中有进、进中提质的总体态势，三次产业结构占比分别为8.1%、49.9%和42.0%。2017年，沧州市第三产业增加值完成1604.7亿元，增长11%。交通运输、仓储、邮政业和批发零售业完成535.5亿元，占第三产业增加值的33.37%。交通运输、仓储和邮政业完成增加值284.56亿元，增长10.7%。批发和零售业实现增加值250.95亿元，增长9%。社会消费品零售总额1355.2亿元，增长10.4%。2017年，全市现有陆路运输企业营业户数4.66万户，其中集装箱类374户、危险品类302户、大件运输244户；现有货运车辆12.7万辆，全年货运量2.41亿吨。经多年发展形成了如沧州运输集团、骋宇铁路、海通物流、惠岗物流、好日子物流等一批规模物流企业，物流企业效益良好，经济发展更趋稳健，活力日益增强。

（二）港口物流实现重大突破

围绕进一步扩大渤海新区影响力、带动力，大力推进港口国际化、产业集群化，着眼发挥渤海新区龙头带动作用，大力发展港口经济，加快开发开放步伐。20万吨级航道正式通航，煤炭港区四期工程竣工验收，综合保税区具备封关运营条件。黄骅港与中远海运、安通、合德、大连集发等11家船公司开展航线合作，共开通了13条集装箱航线，实现与国内外港口的联通。2017年，黄骅港完成吞吐量2.7亿吨、集装箱65.4万标准箱，分别增长10.4%和8.7%，吞吐量位居全国26个主要港口第13位。

（三）协同发展迈上新台阶

围绕抢抓国家战略机遇，积极作为，全方位对接京津承接转移。沧州东塑明珠商贸城围绕打造全国现代商贸物流重要基地和承接北京商贸批发市场外迁疏解的重要载体，先后与北京就“动批”商圈、大红门、八里桥批发市场、北方世贸轻纺城等签署了合作协议，现已签约北京疏解商户超过7000家，已经入驻开业1000多家，被授予“京津冀协同发展承接转移示范市场”。沧州高新区京津现代服务业产业转移基地2017年开工建设，涵括“现代商贸+电子商务”平台及保税仓储、分类加工、物流配送项目，项目建成后可承接北京商户3万余户，增加就业人员近10万。盐山新发地农副产品批发市场和冷链物流园项目已落户沧州盐山。该项目计划总投资15亿元，占地约700亩，总建筑面积55万平方米。项目建成后，将为盐山及周边县市农副产品进入北京、走向全国提供宽广的平台。京津冀协同发展沧州剧场，奏响新的乐章，为沧州现代物流业发展提供了十分广阔的前景。

（四）物流园区建设加快推进

渤海新区、肃宁、沧东3个省级物流产业聚集区加快打造现代物流业集群体系，做好区内重点项目建设和企业招商工作。2017年，渤海新区物流产业聚集区新增物流贸易企业248家，总数达到了2740家；在建及新开工物流项目55个，总投资810亿元，基本形成了煤炭、矿石、石化产品、建材、钢材、汽车及零部件、农副产品、粮油“八大交易中心”齐头并进的发展新局面。沧东物流产业聚集区积极推进招商工作和项目建设，2017年完成固定资产投资7.58亿元，被评为“2017年中国城市物流示范园区”。肃宁物流聚集区加强项目建设和对标进位，被授予“中国物流十大创新园区”称号。泊头惠岗物流园区、河间市手拉手物流中心等一批物流园区都在有序建设中。各类聚集区和园区产业聚集、功能集成、经营集约和规模效益已显示特有的优势。

（五）物流信息化建设快速发展

坚持以“智慧沧州”信息化建设为基础，以物流设施为依托，努力实现物流设施与物流服务企业的信息化建设。目前已经实现乡村通宽带。沧州已经建成好日子货栈物流信息平台、阿里巴巴沧州产业带等综合性物流信息平台，各类中小型物流企业信息化技术开始普及。以“信息资源数字化、信息传输网络化、信息技术应用集约化”为主要标志的沧州华为云计算大数据中心项目一期工程开工建设，预计2018年建成投用，为打造全市物流“云”中心大数据平台、把沧州推向“云”时代起到积极的促进作用。

（六）财政支持力度加大

市财政局、市发改委联合印发了《沧州市服务业发展专项资金管理暂行办法》，明确对现代物流业发展中的项目建设给予重点支持，并逐渐从推动物流业数量扩张向推动物流业质量提升转变。2017 年市财政预算安排 1000 万元，重点支持现代物流业发展，撬动社会资本 31.64 亿元。

（七）项目建设持续推进

沧州市商贸物流产业目前正处于由传统向现代转型的阶段，按照“谋划一批、跑办一批、开工一批、投产一批”的良性循环要求，实行了“一个产业、一名领导、一个团队、一张招商图”项目引进建设机制。各相关部门加强重大服务业项目的谋划工作，积极推进重点项目建设，每年筛选确定一批产业联动性强、具有较大影响力的物流业项目，保证物流业项目建设可持续。沧州传化智能公路港、肃宁鹏宇保税物流中心、沧州临港龙鑫物流仓储项目、黄骅港带式输送机管廊、午易家居物流港、黄骅市鑫茂冷链物流中心等一大批物流项目有序建设，为物流业的规模化发展提供了有力支撑。

二、存在的主要问题

（一）物流企业多数规模较小

小型和分散是沧州市物流企业的现实问题，多数物流企业运营方式单一，停留在货物的代理、仓储、库存管理、搬运和干线运输上，效率低、速度慢、损耗大；多数企业靠几台车、几个人、几间门面运作，且管理水平低，缺乏发展资金，规模化发展十分艰难，利润水平低，竞争力和抵御风险的能力较弱。

（二）物流服务创新不足

中小物流企业数量多，且大多从事低端服务，服务差异化程度弱。多数物流企业仍然沿袭运输型企业的管理模式，仅属运输能力的简单集合，其实质相当于过去的运输市场。企业科技含量低，市场分析能力弱，系统化服务条件不完善，劳动附加值少。

（三）物流需求培育滞后

第二产业第三产业化问题突出，一些大型制造企业依然热衷于自建自营物流设施，产业服务水平较低，利用供应链理念完善产业组织和辐射能力的意识不强。

（四）物流企业发展壮大难度大

面对激烈的市场竞争，发展现代物流的市场辐射面临严峻的挑战。

三、2018 年物流业发展展望

2018 年，是贯彻党的十九大精神的开局之年，是改革开放 40 周年，是实施“十三五”规划承上启下的关键一年。沧州市物流业发展的总体要求是：全面贯彻党的十九大精神，牢牢把握稳中求进主基调，紧紧抓住用好机遇，有效应对困难挑战，以供给侧结构性改革为主线，充分发挥港口、区位、交通等综合优势，全力推进物流业创新发展，不断提升物流业发展的质量效益，进一步发展沧州品牌，努力在打造沿海率先发展创新示范区和加快建设创新驱动经济强市的征程中展现新作为，创造新业绩。

（一）发展目标

以降低物流成本和提高物流效率为核心，以建设物流聚集区和壮大物流企业为载体，不断优化空间布局，大力推进大宗商品物流向综合性现代物流转变，低端物流向高端物流转变。2018 年全市物流业增加值增长 10% 以上，物流业整体运行效率明显改善，社会化、专业化和现代化水平显著提高，物流公共信息平台建设加快推进，培育形成一批具有较大优势的物流企业，现代物流产业体系更加完善，努力把我市建设成为服务全国的商贸物流重要枢纽、京津物流转移重要承接地、环渤海地区重要港口物流产业基地、京津冀城市群重要物流产业支撑基地、雄安新区和冀中南等广大内陆腹地最便捷的出海口。

（二）主要任务

（1）强化物流设施新支撑。健全现代综合交通网络，加快实现客运“零距离换乘”、货运“无缝隙衔接”，促进区域、城际、城乡交通与城市交通高效转换。全力抓好系列码头群建设，完善集疏运通道，打通铁路进港“最后一公里”。统筹大数据基础设施建设，加快建设“互联网 + 高效物流”协同服务体系，促进物流体系智能化发展。

（2）壮大物流发展新实体。引导商贸物流企业做大做强，培育一批品牌效应好、服务水平优、主营业务突出的大中型现代商贸物流企业。推动小微商贸物流企业入园入区发展。以中心城区为重点，加快建设一批大型现代商贸综合体，培育壮大业态复合、功能完善的休闲购物产业集群。培育发展一批大型物流龙头企业和物流知名品牌，不断提升物流企业的服务功能和市场竞争力。

（3）增强物流园区新引领。加快推进省级物流产业聚集区和县域物流园区建设，加快形成物流产业集聚。进一步提升物流园区服务水平，引导分散、自用的各类工业和商业仓储配送资源向物流园区集聚。

（4）创新物流发展新模式。促进物流业与制造业融合发展，支持大型生产和商贸流通企业剥离或外包物流业务，创新发展冷链物流、应急物流、绿色物流、循环物流、特种货物流等专业化特色化的新型物流供给模式。引导域内大型物流企业与国内外一流物流企业开展“对标”活动，加快提升物流企业的管理服务水平。全面推进渤海新区“八大交易中心”建设，着力打造“中国物流实验基地”。积极发展多式联运，全面提升黄骅港的吸引辐射功能。

（5）拓展协同发展新能力。认真落实《沧州市京津冀协同发展体制机制改革方案》，健全项目谋划、筛选、洽谈、跟踪等九大机制，开展精准对接行动，建设京津大型商贸物流承接地。提升与毗邻区域的协作能力，打造雄安新区和冀中南等广大内陆腹地最便捷的出海口。推进与国际物流体系的深度融合，增强“东出西联”辐射带动能力，发挥与德国杜伊斯堡、荷兰鹿特丹的“港口战略联盟”作用，推进欧洲中国科技文化商贸中心项目落地实施，建立中国中东欧（沧州）中小企业合作示范区，打造名副其实的“一带一路”北方重要节点、新亚欧大陆桥“桥头堡”。

（6）实施商贸物流重大工程。加强重大物流项目的谋划工作，筛选一批具有较大影响力的重点物流项目，争取列入上级支持计划。着力推进临港物流工程、大宗商品物流工程、制造业物流工程、农产品物流工程、传统商贸提升工程、电子商务物流工程、快递物流工程、多式联运工程和物流品牌化工程九大物流工程建设，加快项目落地步伐，持续有效扩大物流项目投资，扩大规模效益，发挥示范带动效应，着力打造沧州物流知名品牌，为物流业发展奠定坚实的基础。

（资料来源：沧州市发展和改革委员会）

第七章 2017年廊坊市物流业发展情况与2018年展望

2017年，廊坊市委、市政府高度重视物流业发展，将其作为推进产业结构优化，加快供给侧改革的重要抓手，持续优环境、上项目，推动物流产业实现持续健康发展，为全市经济实现高质量增长起到了重要支撑。

一、2017年物流业发展情况

（一）产业规模持续壮大，新型业态不断涌现

2017年，全市物流产业实现增加值253.7亿元，同比增长9%，占地区生产总值比重8.8%。物流产业不断壮大，目前全市共注册物流企业877家。其中注册资本500万元以上175家，1000万元以上84家，5000万元以上26家，年营业收入在1000万元以上的51家。全市公路通车总里程10727公里，路网密度166.9公里/百平方公里，其中，境内已通车高速公路8条385公里，普通国省干线公路境内共有25条743.8公里，公路货物运输总量10383.6万吨，货物运输周转量245.7亿吨公里。电子商务实现蓬勃发展，2017年全市电子商务交易额达到2110亿元，同比增长45.5%，实现网络零售206亿元，同比增长21.2%。各类电子商务市场主体蓬勃发展，全市拥有各类活跃网店3.8万家，其中慧聪网2.8万多家。农村电子商务快速发展，率先实现农村电商全覆盖，村点乐、特美易购等积极探索线上到线下经营模式，齐天大圣、万地葡、科舜等企业积极推行社区电商营销新模式。

（二）区域布局日趋优化，承载空间逐步拓展

围绕落实河北省相关规划，基本构建起“四地、一圈、多点、三区”的商贸物流业发展空间布局体系。“四地”即廊坊重要交通基础设施，结合北京大型仓储、城市配送功能疏解，重点建设京津冀电子商务产业重要基地、北京批发市场转移承接地、京津大型商贸承接地、区域物流承接地。初步形成了以永清为重点承接北京服装批发市场转移，以燕郊国际贸易城、香河奥特莱斯国际环球中心和香河万通商贸城为重点承接北京小商品批发市场转移，以香河汽配城为重点承接北京汽配批发市场转移，以香河建材城为重点承接北京建材批发市场转移，以香河、大城为重点承接北京家具批发市场转移，以香河家具城和亚太材料城为重点承接木材与木制品市场转移，以三河为

重点承接北京印刷包装批发市场转移的承接体系。“一圈”即建设环京津1小时鲜活农产品物流配送圈，重点建设固安、三河、永清等10个现代蔬菜产业园。“多点”即以县域特色产业为主的专业化物流节点，重点发展家具、板材、农产品、医药等专业物流市场。“三区”即建设北京新机场临空经济区，重点谋划发展航空物流、综合保税、电子商务等产业，加快建设永清铁海、胜芳国际物流两个省级物流产业聚集区。

（三）项目建设成果丰硕，发展后劲不断增强

2017年，全市实施亿元以上现代物流项目28项，总投资322.4亿元，当年完成投资67.1亿元，其中，续建项目16项，新开工7项，竣工项目5项。电子商务方面，总投资324亿元的京东电子商务产业集群项目进展顺利，其中，京东跨境电商保税区北方中央仓项目，采用京东最先进作业模式，结合商品属性采集设备、密集存储、机械手臂、自动贴标等先进的高端自动化设备，实现商品从入库到出库高端自动化，打造全国最先进的自动化仓库。目前2号、4号库房已经封顶，1号、3号库正在主体施工，预计2018年投入使用；京东北方云计算数据中心基地项目等4个子项目正在开展前期工作。冷链物流方面，重点建设项目有总投资17亿元的海泽田冷链物流中心项目、总投资20亿元的正源冷链物流基地项目等，主体工程已完工。快递物流方面，总投资4.5亿元的中国邮政速递物流华北（廊坊）陆路邮件处理中心项目，目前库房主体框架正在施工。专业物流方面，总投资11亿元的香河国际家具电子商务交易配送中心（一期）项目，总投资19.8亿元的中国京津冀（香河）汽车零部件物流交易中心等项目。

（四）园区发展有序推动，集群效应不断增强

目前，全市共有综合保税区1家，省级物流产业聚集区2个。廊坊综合保税区是2018年1月经过国务院批复同意，廊坊出口加工区整合优化而成。目前，京东跨境电商北方中央仓项目落户综合保税区，该项目由京东集团投资建设，总投资7.8亿元，占地251亩，总建筑面积约18.87万平方米（计容面积约34万平方米），主要建设4栋双层结构物流仓库、1栋综合楼及相关配套设施。于2018年“5·18”期间正式投入运营，开展相关业务。永清铁海物流产业聚集区是经河北省人民政府2010年批准设立的16个省级物流产业聚集区之一，总规划面积12平方千米（起步区面积5.66平方千米），划分为南部能源物资储运区、中部综合服务区和北部项目承载区三个功能区。目前，园区发展态势良好，各项开发建设工作正在扎实推进。一方面，承载功能明显提升，基本实现了“七通一平”（电网、供水、路网、有线电视、宽带、公共交通、邮政和土地平整），招商引资条件逐步完善成熟；另一方面，产业发展初具规模，已有入区企业24家，初步形成了以仓储物流为主、金属制品、化工、建材、家具五大产业，2017年实现地区生产总值22亿元。霸州市胜芳国际物流园区是经河北省人民政府2010年批准设立的16个省级物流产业聚集区之一，起步区面积130公顷，规划控制区面积

486公顷。目前，园区内物流企业和个体工商户200余家。其中，重点企业有河北北方家具城有限公司、河北京通物流开发有限公司等。运输品类主要包括金属制品、家具等，全年公路货物运输量1200余万吨，铁路货运量16500余吨。2017年实现地区生产总值13.7亿元。

二、面临主要问题

一是规划管控影响落地。受规划管控影响，全市大部分区域土地利用规划、城乡建设规划调整和项目用地报批受到限制，影响物流业重大项目落地速度。

二是资源保障亟须解决。土地占补平衡制约突出。由于全市耕地后备资源不足，异地补充周期长、成本高，占补平衡指标难题有待破解，部分项目建设进度受到影响。

三、2018年物流业发展展望

2018年积极抢抓京津冀协同发展及北京新机场临空经济区建设等重大历史机遇，深入落实国家和省支持物流业发展的一系列政策措施，促进物流业智能、绿色发展，全年物流业增加值同比增长8%以上。

（一）继续做好政策引导工作

按照省河北省相关规划确定的廊坊国家一级快递物流枢纽定位要求，高水平组织编制《廊坊国家一级快递枢纽节点专项规划》，积极组织有关部门实施，推动省《规划》确定的重大要求在廊坊落地。同时，围绕国家和省出台的支持商贸物流业发展政策文件，结合廊坊发展实际，抓好贯彻落实。

（二）深入做好服务企业发展工作

按照省、市“双创双服”发展统一安排部署，深入调查梳理制约物流企业发展的障碍和瓶颈，针对企业经营中面临的共性问题和个性问题，实施精准帮扶、有效破解，全面优化营商环境。

（三）着力推动一批重大工程建设

按照共建共管模式，推动北京新机场临空经济区建设，建设综合保税、快递分拨、国际中转、跨境电商等物流中心，形成联通国际、辐射全国的商贸物流枢纽。高标准建设廊坊综合保税区，用足用好国家政策，积极引进高端产业和贸易项目，大力发展保税加工、保税物流、保税服务相关产业。同时，力促京东电子商务产业集群、固安国际商贸城等一批重大项目加快建设，尽快投产，培育全市商贸物流发展新的增长点。

（资料来源：廊坊市发展和改革委员会）

第八章　2017年秦皇岛市物流业发展情况与2018年展望

秦皇岛位于河北省东部，扼华北、东北之咽喉，经济地理位置十分重要，距北京280千米，距天津240千米，距沈阳380千米。是京津冀都市圈的重要出海口，连接京津冀，辐射内蒙古及东北三省，区域位置优越。秦皇岛产业初步形成以“4+3”为骨架的具有秦皇岛特色的产业体系。“4”，即以装备制造、金属压延、粮油食品、玻璃建材为主导的传统优势工业体系。“3”，即以电子信息、临港物流和休闲旅游业为支柱的新兴产业体系。秦皇岛是全国首批沿海开放城市，国家历史文化名城，全国文明城市。首批国家服务业和旅游业综合改革试点城市。国家重要的能源、粮食等大宗商品转运中心，是国家二级物流节点城市。

一、2017年物流业发展情况

（一）货运量增加，结构优化

2017年，秦皇岛市铁路、公路、水路、航空货物运输总量8923.87万吨，比2016年增长0.5%。其中，公路货物运输量6684.24万吨，比2016年增长6.1%。全年秦皇岛市港口货物吞吐量24522万吨，同比增长31.25%。集装箱吞吐量55.9万标准箱，同比增长8.5%。

（二）物流规模扩大，物流总额增加

2017年全市社会物流规模进一步扩大，物流总额达到4131.2亿元，同比增长8%，对比近三年物流总额情况，处于增长趋势，2017年增幅明显加快。2017年社会物流总额与GDP相比的物流需求系数为2.74，说明每单位GDP产出需要2.74个单位的物流总额来支撑，比全省需求系数高0.03个百分点。

在2017年社会物流总额中，工业品物流总额1404.9亿元，同比增长0.6%。农产品物流总额282.9亿元，同比增长3.1%。其他物流总额（含市外流入、进口货物、再生资源、单位与居民物品、批发商品等）2443.4亿元，同比增长13.4%。2017年快递业快速增长，同比增长26.5%，带动了物流总额增加。

（三）物流增加值快速增长，物流费用结构优化

物流业增加值达到158亿元，比2016年同期增长13.2%，高于全市GDP 7.3%的增长速度。物流业增加值占全市GDP的比重为10.5%，高出全省2.1个百分点，占第三产业增加值的20.1%，高出全省0.6个百分点。

2017年秦皇岛市社会物流总费用为201.8亿元，同比增长5.52%，社会物流总费用与GDP的比率为13.4%，物流运行效率不断改善。从物流成本费用看，交通运输费用占比最大，管理费用和保管费用增长迅速。2017年交通运输费用为115.2亿元，同比增长3.73%；保管费用为62.9亿元，管理费用为23.7亿元，同比增长均约8%。

二、存在的问题

全市物流业经过这些年的发展，一些问题凸显出来，根据统计数据分析主要有以下几方面。

（一）源头行业不景气

近年来秦皇岛市工农业生产受内外需市场持续不振、成本上升、自然灾害等因素影响，农业、工业经济增长乏力，农产品、工业生产企业产出品增长缓慢，农业商品产值、工业产品销售产值增幅减缓，导致农业、工业品物流总额比重下降，分别下降0.4%、2%。相关产品生产下滑严重导致相应物流企业货运量下降，收入成本双下降。

（二）港口物流对全市经济拉动力不足

从全国港口吞吐量与GDP回归分析可以看出，在全国港口吞吐量每增加1%，经济总体增加量为1.347%，而在秦皇岛市港口吞吐量每增加1%，GDP只增加0.31%。全市港口物流对经济拉动力不足，吞吐量中主要物流品种是煤炭，多为异地进入，这样港口物流很难带动全市经济发展。

（三）物流企业规模偏小、经营单一

各种货运服务组织发展迅速，但竞争激烈，朝专业化、集约化方向发展的步伐缓慢，特别是大中型物流企业的网络化、规模化经营的优势没有充分发挥出来。物流企业信息化水平较低。当前，秦皇岛市尚未建立统一的公共物流信息平台，物流企业现代化经营水平落后，现代物流意识不强。根据对56家物流企业信息化水平分析，只有不到20%的企业能同时完成网络系统、查询系统、单证管理、货物跟踪系统建设，综合竞争力远远不及物流信息化程度较高的外来企业。全市物流企业的资本金普遍小，经营业务比较单一，承担风险能力较薄弱，在承诺保证货物的安全性、及时性上难以完全实现。物流骨干企业缺乏。秦皇岛市物流企业“低、小、散”特征明显，绝大部

分仍是建立在原来的运输、仓储、货代等企业基础上，所经营的仍是物流业中的某一项或几项作业，以传统的装卸、储存、转运、运输等服务居多，现代的配送、拆装箱、包装、流通加工等增值服务不足，不易形成区域竞争优势。截至2017年，秦皇岛市共有A级物流企业9家（其中4A级4家、3A级4家、2A级1家）。

（四）物流专业人才匮乏

一是物流从业人员总体素质不高，据统计，该行业大学以上学历人员不到50%，物流专业的高才生更是少之又少。二是相关教育和培训滞后，秦皇岛市物流专业教育总体规模偏小，物流专业人才引进难度大，同时又面临严重的流失。物流人才匮乏，物流管理人员、高端人才、复合型人才严重缺乏，物流人才培养严重滞后于经济发展。

三、2018年物流业发展展望

（一）发展重点

按照京津冀协同发展规划纲要部署，秦皇岛秉承“生态立市、产业强市、开放兴市、文明铸市”发展理念，提出了打造“一都三区一枢纽”的城市发展定位，即着力构建国际滨海休闲度假之都；国家生态文明示范区，京津冀区域融合创新先行区，高新技术、现代服务业和战略性新兴产业引领区；东北亚物流枢纽。市十二届党代会提出了大力发展“四大两特”（大旅游、大健康、大物流、“大智移云”和特色高端制造、特色现代农业产业）产业，建设沿海强市、美丽港城和国际化城市宏伟目标。

《秦皇岛市“十三五”现代物流业发展规划》确定了秦皇岛“十三五”物流业发展战略目标：区域性国际消费品商贸物流中心，全国重要的国际农产品物流节点城市，环渤海地区城市快消品分拨配送网络的重要节点城市和区域性综合物流信息中心。物流产业布局是以秦皇岛临港物流集聚区为发展核心，以龙家营临港物流园、西部临港物流园、公路港物流园、山海关临港物流中心4个物流节点为支撑，形成沿海物流发展轴，空间上形成“一核一轴多点”的物流产业空间布局。培育八大物流体系：港口物流、装备制造物流、能源物流、商贸物流、农产品物流、葡萄酒物流、空港物流、电商物流。

（二）工作措施

（1）加强规划研究，促进港产城融合高质量发展。按照省委王东峰书记关于“以城定港，港产城融合高质量发展”的指示精神，秦皇岛市正在积极推进构建城市、港口、产业互动融合一体化发展格局。在充分调研论证的基础上，起草完成了《秦皇岛市推进沿海经济带高质量发展的实施方案》《关于全面推进高质量发展的实施意见》，并与省政府正在起草制定的《关于推进沿海经济带高质量发展的意见》《关于加快推进全省港口转型升级的实施意见》搞好对接。

（2）研究制定政策措施，推进物流业降本增效。2017 年国务院先后出台了《国务院办公厅关于加快发展冷链物流保障食品安全促进消费升级的意见》和《国务院办公厅关于进一步推进物流降本增效促进实体经济发展的意见》，为了制定出具体的、能落地的降本措施，我们及时召开了市直有关部门负责同志会议进行认真研究，全面梳理各部门、各行业对物流业管理的政策及制约物流产业发展的问题，并走访重点物流企业进行调研，征求企业对降低物流成本的需求和建议，提出了《河北省人民政府关于进一步推进物流降本增效促进实体经济发展的政策措施》，经多次修改完善后报市政府研究审定。

（3）加大工作力度，促进物流产业加快发展。根据市委、市政府关于加快推进“四大两特”产业发展的重大决策，为加快“大物流”产业发展，制定出台了《关于加快秦皇岛临港物流园区发展的意见》，对现有的临港物流园区与临港产业聚集区和东港镇进行整合，实行“区镇一体、港区一体、以区带镇”的管理体制，最大限度地发挥地方政府的作用，加快推进临港物流发展，打造全市经济新的增长极。近两年来，秦皇岛市先后开通了至菲律宾达沃的集装箱航线、韩中蒙海铁联运国际集装箱技术直达专列，进一步拓展了港口腹地，打通了内蒙古及西北地区进出港物流通道，标志着秦皇岛市融入国家“一带一路”倡议迈出了实质性一步。

（资料来源：秦皇岛市发展和改革委员会）

第九章 2017年张家口市物流业发展情况与2018年展望

张家口市地处河北省西北部，东靠河北省承德市，东南毗连北京市，南邻河北省保定市，西、西南与山西省接壤，北、西北与内蒙古自治区交界，居京、冀、晋、内蒙古之要冲，既是首都北京的北大门，又是西部大开发的走廊，更是晋煤外运和内蒙古进出口贸易的交通要道。市区距首都北京仅180千米，距天津港340千米。是京津冀（环渤海）经济圈和冀晋蒙（外长城）经济圈的交汇点。目前全市高速公路通车里程达808公里，居全国前列；铁路通车里程623公里，京张高铁建成通车后，张家口市将融入“首都一小时生活圈”；军民两用机场已开通运营。现代化立体交通网，使张家口市成为连接京津冀蒙的交通枢纽城市。同时，张家口市也是2022冬季奥运会的主办城市之一。

一、2017年物流业发展情况

（一）政策引导扶持

为了加快商贸物流创新步伐，建设智慧物流服务体系，张家口市推出一系列提升服务业发展的政策性文件，由市发展和改革委员会组织编制的《张家口市人民政府办公室关于加快发展冷链物流的落实意见》已报市政府研究，通过后印发；《张家口市发展智慧供应链产业规划与实施意见》经过多次修改，市领导作为两次重要的批示，计划提交7月市政府常务会研究；《张家口市人民政府办公室关于进一步推进物流降本增效促进实体经济发展的实施意见》初稿已完成，正在征求相关部门意见中。

（二）物流园项目重点推进

张家口市目前在建的重点物流园区、重点项目如下。

（1）京张奥园区。位于宣化区塔儿村乡和江家屯乡，张石高速公路胶泥湾互通立交入口。京张奥园区规划总面积1849.04公顷（1公顷=10000平方米），其中建设用地面积1473.03公顷。（工业用地总用地面积为592.20公顷，物流仓储用地198.62公顷，规划起步区二类居住用地为33.39公顷。）

（2）张家口奥运物流中心项目。该项目由张家口通泰控股集团公司投资，位于张家口高新技术开发区通泰大街，占地133亩，总建筑面积88900平方米，主要建设2#、

3#、4#物流储备库、冷藏恒温库和综合服务楼。项目总投资1.4亿元，建设期为2017—2020年。目前，正在按计划施工建设中。

（3）张家口龙辰博鳌物流商贸产业园。该项目由张家口地区目前唯一一家从事进出口保税业务的现代化物流园区——张家口龙辰博鳌物流有限公司投资建设，项目总占地面积315亩，总投资约6亿元，其中一期工程已投入运营，占地68.22亩，建筑面积28000平方米，包括两个标准高台库房和现代商务楼；二期工程主要建设四个立体化仓储中心，以及一座现代商务办公大楼，涵盖保税仓储、仓配一体、物流集散、跨境交易、商务办公等。

（4）张家口宣化华阳农产品冷链物流项目。项目总投资1.49亿元，包括立体冷库一座及综合加工用房，该项目主体已完工、设备安装完成，正在试运行中。该公司采用了国内最先进的冷链系统，核心设备均采用德国进口，体积小，耗电低，自动化集成先进，该系统采用全自动集成装卸、自动运输、AB（双门互锁）门感应、立体堆放、扫码查询等先进技术，仓储规模达到14300吨。

（三）积极承接北京非首都功能疏解情况

根据张家口市地理位置及交通资源，比较适合专业批发市场、区域性物流基地等，正积极争取相关的物流企业来张家口市落户。

（四）大数据发展情况

为全面布局、加快推动大数据产业发展，按照市委、市政府的工作部署，张家口市印发《张家口市关于推进大数据产业发展的实施意见》《张家口市大数据产业发展规划（2018—2020年）》。全市已经投入运营数据中心项目3个，分别为云联数据中心项目（阿里庙滩一期）、数据港数据中心项目（阿里小二台一期）、怀来秦淮大数据中心项目，已建设完成服务器8.45万台；在建数据中心项目4个，分别为阿里庙滩数据中心项目（阿里庙滩二期扩建）、阿里小二台数据中心项目（阿里小二台二期扩建）、阿里中都草原数据中心项目、张北榕泰云计算数据中心项目，项目进展顺利。

张家口市积极对接腾讯公司、中国移动等大企业、大集团，经多次沟通协调，现场调研，腾讯公司已基本确定在张家口市建设数据中心，具体地点等待总部确定；中国移动数据中心正在进行选址考察，初步选定宣化区南山产业园。

二、存在的问题

（一）配套设施不足，费用成本较高

大规模的货运停车设施较为匮乏，停车资源分散，正规的停车场费用较高，企业负担重，常出现运输车辆在国道边空场随意停放的现象。目前较为集中的大型停车场

分布在纬五桥西侧、万全110国道附近、苏家桥附近等分散较远区域。

（二）物流企业现代化发展滞后

近年来，物流行业构成发生了很大的变化，快速运输、集装箱运输、城市配送等发展迅速，市场需求日益多样化。而且随着现代物流业的发展，作为物流活动中的一个环节，纯粹运输服务的盈利空间逐渐被压缩，传统物流企业已不再是市场的主角，新兴的物流供应商普遍要求站场提供仓储、配送、流通加工、信息服务等。而张家口现有的货运站场，不但规模小、生产能力不足，而且主要功能还停留在零担货运、装卸、堆存等传统服务上，功能相对较为单一，削弱了其社会服务功能。

（三）物流信息不畅，资源未得到有效整合

没有充分利用云计算、大数据、移动互联网和物联网等信息技术在现代物流行业的应用，缺少以物流信息发布，物流交易、运作与云数据为核心的物流产业服务综合平台，导致物流信息不畅，从而物流供应链产业的一体化服务不完善。

三、2018年物流业发展展望

（一）建立物流公共信息化平台

（1）政务信息共享服务。主要提供包括海关、检验检疫、口岸、公安、消防、工商、税务、外管等各类政府机构的数据对接、各类申报与行政审批、各类数据监管等服务，并实现政府办事的网络化前移与在线办公等功能。系统通过与企业实现统一接口，对接各类企业。同时与相关委办局进行接口，上传和反馈相应的数据，从而实现企业与政务之间的沟通。

（2）商务信息共享服务。主要包括张家口市的物流资源交易、物流人员招聘与物流相关产业服务的电子商务化，从而打造出张家口电子商务物流O2O模式。平台设置统一接口，对接物流仓储、加工、运输、货运代理企业。由物流企业自行共享相关仓位、车辆、生产线和货运代理业务的闲置资源。相关需求企业通过在线查看、商务谈判、预订等步骤完成相应物流空余资源的租赁和购买，从而完成物流业务的线上服务。

（3）物流信息共享服务。主要是针对物流管控平台所形成物流信息链条进行统一发布与查询，从而方便货主企业、上下游供应商对于相关订单的物流信息进行追寻与查找。物流信息共享平台与物流管控平台直接对接，形成物流管控平台的唯一窗口。同时对接物流上下游企业、货主企业、商贸企业，从而形成物流产业向供应链产业的延伸。

（4）金融信息共享服务。主要是针对金融机构与物流企业开展物流金融业务的线上需求发布与供应，在线申请与审批，在线资产恒定与金融监管等业务。金融信息共

享服务中引入包括保险、金融担保、银行、投资公司等众多金融服务性企业。物流企业通过此平台发起短期融资、长期融资、保险理赔等业务的申请后，金融企业通过此平台调用其他平台的信息并完成相应的企业信息审查与金融服务认定。从而缩短业务办理的时间，加快业务的推进速度。

（二）大力发展冬奥产业物流体系

（1）装备制造产业物流服务。依托冰雪装备制售业基地、河新区冰雪运动装备旅游产业园等重点产业园区，服务于全市体育器材、体育服装、体育用品、户外运动装备等产业集聚区，打造高效率、低成本的冰雪装备制造物流服务体系，支撑冰雪装备制造产业扩张发展。

（2）文化旅游产业物流服务。服务于张家口大境门等旅游购物基地，通过生产、销售等商贸和物流环节的畅通，以及线上和线下服务相结合，扩大特色文化旅游产品的辐射范围。依托奥运赛事和后奥运时期冬奥文化宣传展览活动，规划文化艺术产品展示交易物流中心，为文化体育类节庆和展会提供会展物流服务，扩大张家口市旅游产业规模，为冬奥会期间承载更大客流奠定基础。

（3）国际商贸产业物流服务。通过谋划申请综合保税区、多式联运海关监管中心等国际物流基础设施，构建满足相关商品面向全球分拨集散的国际物流体系，依托海关特殊监管区，通过与文化旅游联动发展，谋划保税展示、购物等多种商业业态，扩大张家口在京北地区的国际商贸影响力，也为冬奥期间器材装备等货物的通关保税服务积累经验。

（三）加快冷链物流发展

（1）构建冷链物流网络。依托张家口市便利的交通优势，以及各地方性交通枢纽，统筹推进冷链物流基础设施布局，构建贯通第一、二、三产业的冷链物流产业体系。

一核：以空港经济开发区、南山产业集聚区和张家口高新技术开发区为核心的省级物流集聚区，正在建设中的宣化京张奥园区为核心，依托园区内的物流企业和正在推进的综合保税区、多式联运海关监管中心，打造区域物流和进出口商贸物流发展的核心区。

二轴：一是依托坝上鲜奶产业、马铃薯深加工业；坝上传统蔬菜种植和牛羊肉加工业，依靠张石高速、G95、省道244等交通要道，构建南北纵向物流发展纵轴，南出河北，北进内蒙古。二是依托怀涿盆地葡萄、瓜果产业，打造京藏高速、宣大高速构建东西物流发展的横轴，东入京津，西达晋陕。

多点：在阳原、怀安、万全、赤城、宣化等区县，建设具有县域产业特色的现代商贸物流园区，发挥交通、地理优势，重点发展冷链物流产业，承接冬奥物流，同时作为京津地区与坝上企业冷链物流的中转，解决企业产品运输临时储藏。

（2）创新企业经营模式，打造全链条冷链体系。支持蒙牛、伊利、现代牧业、旗帜等乳制品企业、爱味克雪川等马铃薯种植和深加工企业、宣化华阳农副产品冷链物流企业，通过兼并联合、战略重组、连锁经营、改扩建等方式，形成专业化、规模化冷链物流企业，形成技术先进、动作规范、核心竞争力强的专业化规模化冷链物流企业，缩短运输距离、减少运输时间、提升运输品质，加入多式联运，使张家口市农产品销售得到更好发展，促进冷链业与国际接轨。鼓励有条件的冷链物流企业与农产品生产、加工、流通企业共建共享冷链设施，创建覆盖生产基地到消费终端的全链条服务体系，拓展冷链增值业务。

（资料来源：张家口市发展和改革委员会）

第十章　2017 年承德市物流业发展情况与 2018 年展望

近年来，承德市物流业发展步伐明显加快，依托现有 4 条国家铁路、1 条地方铁路、7 条高速公路以及 1 条在建高铁的综合交通体系，承德市多种所有制、多种服务模式、多层次的物流业发展格局正在逐步形成。

一、2017 年承德市物流园区建设情况

承德市省级物流园区现已达到 3 个，区域性物流园区 3 个，物流骨干企业 37 家；重点物流产业项目 6 个，总投资 71.7 亿元。承德国际商贸物流园区、华北物流园区、丰宁现代物流园 3 个省级物流园区先后完成建设，投产运营。2017 年，年销售收入超 10 亿元物流园区达到 2 个，为承德国际商贸物流园区、平泉华北物流园区，截至目前累计实现销售收入 59 亿元。

（一）省级物流园区建设情况

（1）承德国际商贸物流园区。园区规划控制面积 13 平方千米，截至 2017 年年底已有总投资 200 亿元的 100 多个项目、2000 多家商户落户园区，园区年销售收入达到 160 亿元，形成了钢材物流、家居建材、汽配汽贸、五金机械、石油储运、粮食仓储、小商品集散、医药物流、电子商务九大专业市场。

（2）平泉华北物流园区。华北物流产业聚集区建成区面积 2.9 平方千米，累计完成投资 30 亿元，入驻企业及商户 460 余家，2017 年实现园区交易额 38 亿元。

（3）丰宁现代物流园区。现代物流园按照“一区多园”布局进行建设，包括黄旗煤炭物流园、天桥煤炭物流园、土城农副产品物流园三部分，累计完成投资 6.7 亿元，主营业务收入达到 1 亿元。

（二）区域性物流园区建设情况

（1）承德空港物流园区。园区规划 1460 亩，计划总投资 20 亿元。目前，海关综合商检楼、进口商品保税仓库、出口商品监管仓库已经建设完成，2017 年，宽广超市新建仓库一座，投资 3000 万元，占地 4000 平方米，其他相关配套设施正在完善中。

（2）围场合众北方现代物流园。总投资 16 亿元，建设汽车及汽车装饰交易区、会展中心和二手车交易区、汽车配件区、商贸服务区等。已完成了场地平整工作，目前

沿街1号已出租给公交北站，正在进行内部装修；沿街2号已装修完成，家具建材交易中心主体完成，正在进行设备安装和外线铺设。

（3）滦平冀康国际物流总部基地。总投资10.5亿元，建设中央厨房、五大类交易市场、冷链仓储、农科产品商贸城及配套附属设施。现已完成投资3亿元，项目一期招商中心、酒店主体结构封顶，正在进行内部装修，二次结构施工，办公楼主体工程施工。

（三）重点物流产业项目建设情况

（1）承德农产品冷链物流产业园项目。总投资20亿元，在高新区漫子沟村占地1000亩，项目建设单位由承德市供销合作社成立，由河北省供销合作社控股，负责建设、运营和管理。规划建筑面积60万平方米。一期项目占地430亩，其中2.8万平方米建筑工程已完工，配套的水、电、暖等外网设施工程也在同步推进，预计2018年下半年开园试运营。

（2）铸合集团恒温冷库建设项目。总投资2亿元，仓储物流配送中心建设。项目预计2018年建设完成。

（3）隆化鸿兆物流配送中心暨农产品产业化项目。总投资12.7亿元，建设物流中心，农产品加工中心，物流配送体系，商贸综合体，电子商务全覆盖及线上营销O2O，农产品基地，废旧家电拆解，辅助功能区。目前物流中心项目主体已建设完成，待验收通过后投入运营。

（4）围场合众北方现代物流园汽配中心项目。投资16亿元，建设汽车及汽车装饰交易区、会展中心和二手车交易区、汽车配件区、商贸服务区等，目前已完成投资5亿元。

（5）河北鹏涛保税物流园项目。总投资10.5亿元，建设保税仓库2栋、公共仓库2栋、跨境产品展示中心、供应链人才孵化培训基地。2018年预计完成办公楼、展示中心建设。

（6）滦平冀康国际物流总部基地一期项目。总投资10.5亿元，建设中央厨房、五大类交易市场、冷链仓储、农科产品商贸城及配套附属设施。现已完成投资3亿元。

二、2018年物流业发展展望

2018年，按照党的十九大精神和省委九届六次全会和市委十四届三次全会总体部署，坚持稳中求进工作总基调，坚持高质量发展，坚持生态优先、绿色发展，紧紧围绕“12345”总体思路目标和“三区一城”发展思路。全市将紧密结合其在京津冀协同发展中的功能定位，建设“京北通港枢纽”，完善“交通枢纽、港口腹地、能源通道、物流中心”职能，打造京津冀与东北、内蒙古连接的重要物流枢纽型城市。积极发展有色金属物流、冷链物流配送，着力建设集旅游、文化、购物于一体的大型商贸综合体。立足内蒙古出海通道必经之地的区位优势，探索“实体经济+电子商务+现代物流”发展模式。全面提升承德商贸物流现代化、国际化、高端化发展水平。

（一）抓住重点，协调发展

重点发展生产性物流，搞好生活性物流，切实发挥现代物流业对全市经济社会发展的带动和支持作用。

（1）依托交通枢纽和能源通道建设，将承德市建设成为环京津冀都市圈区域物流枢纽城市。

（2）依托绿色农产品生产加工基地建设和农产品加工龙头企业，发展大型市场物流配送中心，搞好农产品物流配送服务。

（3）依托工业主导产业，大力发展生产性物流，搞好具有仓储、运输、包装、配货、装卸、加工、搬运、管理等一体化服务的专业物流中心建设。

（4）依托旅游产业和商业服务业，搞好旅游产品、消费品的物流配送服务。

（5）依托现代信息技术发展，培育新业态，积极推动电子数据交换、电子商务、互联网等新业态与物流业的深度融合，使承德市尽快形成面向京津、辐射辽蒙、通达全国的现代化物流网络体系，彻底改变全市现代物流业规模小、专业化水平不高、有效需求不足的局面。

（二）具体工作举措

（1）加快重点领域物流发展。工业物流：围绕承德市钒钛钢铁（铁精粉）、清洁能源、装备制造、新型材料、食品医药等工业主导产业，大力发展为生产服务的物流。农产品物流：依托具有较强竞争力的绿色农副产品生产加工基地，发展农产品贸易、加工、配送等。推广现代流通方式和新型流通业态，培育多元化、多层次的市场流通主体，着力发展适应现代农业要求的物流产业。商贸物流：围绕扩大内需、拉动消费，满足城乡居民消费需求，面向超市和各大商场等商业设施、商业企业提供专业性或综合性的物流服务，逐步提高连锁企业配送中心的技术含量。

（2）推进重点园区争列国家规划。大力推进物流产业聚集区（园区）建设，加快推进承德国际商贸物流、平泉华北物流两个省级物流聚集区建设，重点培育丰宁现代物流园区建设，积极争取这3个省级物流园区列入国家物流规划。

（3）进一步加强物流业规划引领。认真贯彻实施市政府会议精神，在抓好物流园区和重大项目建设同时，积极促成《承德市物流产业发展总体规划》的实施，推动物流发展模式创新。扩大定制化、专业化、个性化物流市场，延伸产业链、提升价值链，构建供应链服务体系。实施“互联网+物流”行动计划，围绕商贸流通、农产品、大宗商品、城乡配送、快递电商等领域，探索新一代互联网技术引领的现代物流运营模式。

（资料来源：承德市发展和改革委员会）

第十一章　2017年衡水市物流业发展情况与2018年展望

2017年，衡水市委、市政府围绕京津冀协同发展战略，贯彻实施《衡水市物流业“十三五”发展规划》，按照建设“一枢纽四基地”的发展定位，继续把物流业作为全市主导产业重点培育，努力打造京南区域重要物流枢纽，构建以规模化、区域化和信息化为主要特征的“一核两轴多中心”物流网络，加强物流基础设施和园区建设，搭建贯通第一、二、三产业的物流产业体系。

一、2017年物流业发展情况

2017年全市经济稳中有进、稳中向好，全市实现生产总值1550.1亿元，比2016年增长7.2%。产业结构进一步优化，三次产业结构的占比由2015年的13.8%、46.2%和40.0%调整为2017年的11.9%、46.2%和41.9%，三产占比稳步增加；第三产业投资424.5亿元，比2016年增长8.5%；全年社会消费品零售总额751.5亿元，比2016年增长11.3%。

（一）物流业主要指标情况

全年公路货物运输量5262.2万吨，比2016年增长10.3%，货物运输周转量255.4亿吨公里，增长7.1%；公路旅客运输量1230.8万人，下降11.3%，旅客运输周转量10.5亿人公里，下降1.5%。

（二）现有物流企业情况

2017年全市有各类物流企业、物流专线3000余家，2017年年末载客汽车892辆，载货汽车68229辆。交通运输、仓储和邮政从业人数达到14万人，货运车辆6.13万辆，56.2万吨位，以中小运输型企业为主，其中配货站、私营运输户占80%以上。在统规模以上物流企业32家，其中年营业收入亿元以上的5家。初步形成了服务本地辐射省外大中城市的物流服务网络。

（三）邮政业发展情况

2017年，全市共有邮政普服营业场所135个，快递服务网点202家，快递品牌25个，从业人员3481人。全市邮政行业业务收入8.69亿元，同比增长27.98%；邮政行业业务总量完成14.97亿元，同比增长33.54%。其中快递企业业务量完成6427.05万件，快递企业业务收入6.08亿元。

（四）物流园区建设情况

2017年，全市以物流园区、物流基地、物流中心等命名的占地在100亩以上、有多家物流企业入驻的综合型、商贸型、枢纽型物流园区有12家，其中综合服务型5家，商贸服务型3家，货运枢纽型2家。安平国际丝网物流基地是衡水市唯一的省级物流产业聚集区。

从12个物流园区的实施进度看，已建成运营的有4家，分别是安平国际丝网物流基地、冀州区医药物流园、桃城区东明物流中心、武邑衡东物流中心；在建的有5家，分别是河北新发地饶阳农副产品物流园、圆通华北仓配中心（枣强县）、阜城县四通物流中心、深州市安华国际物流园、衡水远东仓储物流中心（武邑县）。

全力推进前期工作的物流园区3个：一是衡水铁路物流基地项目。该项目由北京铁路局和衡水市政府合作建设，项目选址于武邑县清凉店镇邯黄铁路以东、省道S391以南区域，占地4461亩，总体规划设货物线6条，周边分散布置公路物流区、城市配送区、第三方物流区、口岸监管区、交易展示区等功能区。目前正在加紧与北京铁路局进行沟通，推进各项前期工作。二是唯众良品科技物流产业园。项目由河北唯众良品网络科技有限公司投资建设，选址于枣强县肖张镇肖张村村北，总投资15亿元，占地面积411亩，总建筑面积约21万平方米。新建综合服务中心、自动分拣中心、仓储系统、自动化车间、物流配送中心、配套服务用房等。项目完成后，将达到年出园服装5亿件的规模。三是衡水新合作农产品物流园。项目总投资10亿元，由省、市、区（桃城）三级供销社合资建设，项目占地400亩，主要建设蔬菜、水果等特色农产品加工储运配送中心，目前项目建设用地选址已经确定。

（五）政策环境情况

认真贯彻落实国家和省出台的一系列支持物流业发展的文件和政策，实施《衡水市物流业“十三五”发展规划》，研究制定促进衡水物流业发展的政策，出台了《衡水市现代服务业发展“十三五”规划》《衡水市人民政府办公室关于印发衡水市物流业降本增效专项行动方案（2017—2018年）的通知》，为物流业发展营造良好的政策环境。

二、物流业存在的问题

（一）缺少物流龙头企业

物流企业规模偏小，物流运输、仓储的现代化水平不高。全市物流企业以运输业主、货代企业为主，物流服务大多处于价值链的低端，服务差异化程度低，低价策略仍是此类中小企业竞争的主要手段。据调查，全市现有物流企业3000多家，而2017年在统规模以上物流企业只有32家，省级物流集聚区只有安平聚成1家，入选全国A级物流企业的也只有安平聚成1家，目前衡水市还没有在国内知名的物流品牌企业。

（二）现代园区建设滞后

现代物流园区建设进度和水平与区位交通优势不相称，与建设京南区域物流枢纽节点城市的标准还有很大差距。衡水市为打造支撑和拉动全市物流产业的引擎，重点推进的衡水铁路物流基地项目前期工作进展缓慢。全市已建成运营占地在100亩以上的物流园区只有4个，并且都不具备公铁联运条件，物流园区的规模化、信息化、现代化程度亟待提升。

（三）多式联运不够完善

由于衡水铁路货场位于主城区内，随着城市框架的逐步拉大，受道路、环保等方面影响以及城区的交通管制，货场业务量逐渐萎缩。衡水市货物外运绝大部分依靠汽运，从目前的吞吐量来看，铁路货场年到货量180万吨，出货量43万吨，严重限制了本地企业利用铁路运输的能力，造成产品成本不能有效降低和铁路资源的浪费，也限制了铁路货运的扩张，影响了公铁联运物流平台的搭建，需加快推进衡水铁路物流基地项目建设。

（四）物流信息化程度低

物流信息平台建设滞后，难以为企业提供有效的现代物流增值服务。缺乏全市物流公共信息服务平台，部分企业和园区虽已使用物流信息系统，但仅服务于内部客户，物流服务供需信息不能实现实时共享，功能单一。缺乏物流信息统计管理，不能对全市仓储量、配送量、货物种类和来源及流向等明细事项进行统计，物流数据统计发布滞后且指标较少，只有公路货运量和周转量，各级政府难以掌握物流行业准确的运行状况。

（五）行业管理需要加强

衡水市“大物流”管理架构尚不完善，各物流业相关部门和市、县（区）两级政府在其职责范围内参与物流业细分环节的管理，缺乏统一决策和协调机制，市发展和改革委员会主要负责物流项目和园区建设的管理，商务局主要负责商贸物流的管理，邮政局主要负责快递物流管理，交通运输局主要负责运输企业的管理等。衡水市应仿照国内物流产业发展较好城市的先进经验，设立独立的物流行业管理部门，行使物流行业的综合管理职能。

三、2018 年物流业发展展望

（一）总体目标

衡水市具备“东出西联、南北通衢”的交通区位优势，依托装备制造、食品医药、新材料、纺织家居等主导产业，立足冀中南，面向京津冀和环渤海地区，打造京南区域交通物流枢纽，形成城市物流业和区域物流服务体系共同支撑衡水物流产业发展的新格局。

（二）重点任务

（1）深化改革创新。持续优化营商环境，按照“非禁即入”原则，营造公平竞争环境，鼓励社会资本以多种方式发展物流业。进一步减少物流业相关领域资质认定项目，扩大先照后证范围。实行投资主体“零限制”，凡法律、行政法规未禁止个体私营等非公有制经济经营的物流行业和项目，都要允许其经营。促进制造业实施主辅分离，剥离物流业务，在水、电、气方面实行与原企业相同的价格政策。加强对物流业重点领域违规收费项目的清理和监督检查。

（2）强化用地保障。进一步加强物流资源整合，发挥聚集效应，增加现代物流业用地供给规模，对符合条件的物流业项目优先申列省、市重点项目，优先安排用地计划。重点保障列入省级现代物流产业聚集区的项目建设用地。在全市年度新增建设用地计划总量内，逐年提高物流项目建设用地比例。对一次性缴纳土地出让金确有困难的物流企业，在依法约定的前提下，首期缴纳 50% 后，其余可在 1 年内分期缴纳。鼓励工业企业利用自有工业用地兴办促进企业转型升级的物流企业。

（3）培育龙头企业。积极向国家和省争取现代物流业专项资金，对纳入市统计局统计范围和“双创双服”活动的重点物流业企业，同等条件下优先推荐支持。市级现有资金渠道向物流业倾斜，探索采取贴息、补助、以奖代补等多种形式引导社会投资，更大限度发挥财政资金使用效率。积极对接雄安新区建设，充分发挥企业的主体作用，采取产业链招商、以商招商、专题招商等模式，引入一批物流业战略合作者，促进全市物流业整体水平的提升。

（4）健全工作机制。探索实行物流业管理部门联席会议制度，建立健全与推动物流业发展新任务、新要求相适应的工作体系和推进机制，加强对物流业的工作指导，形成推进物流业快速发展的工作合力。支持物流业商会、行业协会发展，充分发挥协会在行业自律和服务产品技术创新、交流推广等方面的作用，努力形成政府引导、协会推动、行业自律的物流业发展新机制。

（5）加强人才保障。完善现有职业培训政策体系，建立和完善物流业技能人才培养使用、考核评价、竞赛选拔、表彰激励机制，以衡水科技工程学校为基地，开设物流相关专业，加快培养和选拔物流业所需各类人才。采用定向引入、团队整体引入等多种形式，引进市外优秀物流业人才，落实完善项目资助、创业创新、子女教育等方面扶持政策，形成有利于物流业人才创新创业的良好生态。

（资料来源：衡水市发展和改革委员会）

政策篇

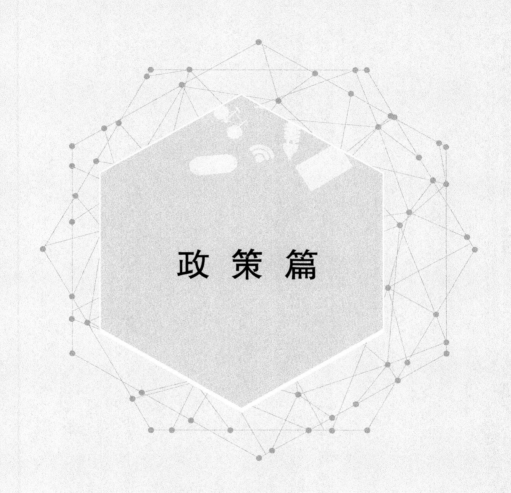

国家政策

商务部等5部门关于印发《商贸物流发展“十三五”规划》的通知

商流通发〔2017〕29号

各省、自治区、直辖市、计划单列市及新疆生产建设兵团商务、发展改革、国土资源、交通运输、邮政部门：

为进一步推动我国商贸物流业健康发展，降低物流成本，提高流通效率，根据《国民经济和社会发展第十三个五年规划纲要》《物流业发展中长期规划（2014—2020年）》，商务部、发展改革委、国土资源部、交通运输部、国家邮政局制定了《商贸物流发展“十三五”规划》，现印发给你们，请认真贯彻执行，并加强对规划实施情况的跟踪问效和监督检查。

商务部
发展改革委
国土资源部
交通运输部
国家邮政局
2017年1月19日

商贸物流发展“十三五”规划

商贸物流是指与批发、零售、住宿、餐饮、居民服务等商贸服务业及进出口贸易相关的物流服务活动。加快发展商贸物流业，有利于提高流通效率，降低物流成本，引导生产，扩大消费。根据《国民经济和社会发展第十三个五年规划纲要》《物流业发展中长期规划（2014—2020年）》，制定本规划。规划期为2016—2020年。

一、发展基础

“十二五”期间，商贸物流业取得长足发展，主要指标达到或超过规划目标水平，为推动国民经济提质增效升级和平稳较快发展提供了有力支撑。

物流需求持续扩大。2015 年社会消费品零售总额达到 30.1 万亿元，“十二五”年均增长达 13.9%；货物进出口总额达 24.6 万亿元，年均增长 4%；电子商务交易总额达 20.8 万亿元，年均增长 35.8%；单位与居民物品物流总额达 5078 亿元，年均增长 20.8%；快递业务量达 206.7 亿件，年均增长 54.61%；生产资料销售总额达 57.9 万亿元，年均增长 10.0%。批发、零售、住宿、餐饮、居民服务等商贸服务业及货物贸易迅速发展，对商贸物流服务需求不断扩大。

物流运行效率提升。“十二五”期间，商贸企业物流费用率呈下降趋势，2014 年我国批发零售企业物流费用率为 7.7%，较 2008 年下降 0.6 个百分点。受益于共同配送等新模式发展，大型连锁企业物流成本持续降低，配送效率不断提升。2011—2015 年，规模以上连锁超市商品统一配送率由 63.4% 提高到 76.6%。

物流服务水平快速提高。商贸物流网络加快向中小城市延伸，向农村乡镇下沉，向居民社区拓展，服务能力不断增强。仓储分拣、装卸搬运、包装加工、运输配送等专用设施设备和条码、智能标签、无线射频识别、可视化及跟踪追溯系统、全球定位系统、地理信息系统等先进技术加速应用，云计算、大数据、物联网、移动互联网等新一代信息技术日益推广。商贸物流服务更加高效便捷，“及时送”“定时达”等个性化服务以及“门到门”等一站式服务更加普及。

物流模式创新发展。商贸物流企业加快推动平台建设，形成了公共信息服务平台、资源整合交易平台、跨境电子商务平台等物流平台发展模式。适应连锁经营发展需要，形成了供应商直接配送、连锁企业自营配送、社会化配送及共同配送等物流配送模式。企业着眼于供应链管理，形成了商贸物流全产业链集成发展、互联网引领物流发展、商贸业和制造业联动发展等融合发展新模式。商贸物流企业积极推动全过程标准化管理，形成了供应链上下游企业“结对子”协同推进标准化、组建联盟创新推进标准化、大型企业集团在系统内部推进标准化、以标准托盘应用为依托推进商业流程标准化、以标准周转箱应用为依托推进农产品物流标准化等标准化推进模式。

国际化发展取得突破。“十二五”期间，交通运输、仓储和邮政业实际利用外资金额累计达 195.3 亿美元，年均增长 13.3%。自由贸易试验区试点放宽国际航运服务领域外资准入限制，外贸进出口集装箱在国内沿海港口和自贸试验区内港口之间的沿海捎带业务有序开展。商贸物流企业加快推动国际区域物流合作，积极参与“一带一路”物流通道建设，稳步推进跨境电子商务海外仓建设，拓展国际货运代理业务范围，国际合作水平明显提高。

发展环境持续优化。“十二五”期间，国家高度重视商贸物流发展，出台了一系列扶持政策，相关规划和标准体系不断完善。地方政府积极落实土地、资金、税费、交通管理等政策，并出台相关配套措施。商贸物流诚信体系建设有序推进，市场秩序逐步规范。城市共同配送、商贸物流标准化、电子商务与物流快递协同发展等综合示范试点工作成效显著。

商贸物流业在取得重大成就的同时，仍然存在一些突出问题。主要表现在：商贸物流网络不完善，基础设施供给不均衡；企业竞争力偏弱，市场集中度较低；专业化、社会化、现代化程度不高；标准化、信息化、集约化水平有待提升。

二、面临形势

“十三五”时期是我国全面建成小康社会的决胜阶段，也是推进供给侧结构性改革的重要时期，商贸物流发展面临重大机遇：居民消费规模进一步扩大，服务需求更加多元，为商贸物流业发展提供了广阔市场。随着“一带一路”建设、京津冀协同发展、长江经济带发展的推进实施，物流基础设施加快建设，为商贸物流区域协调发展奠定基础。新型城镇化和农业现代化有利于实现城乡融合，提高城市和农村间物流基础设施衔接和配套水平，为商贸物流发展提供支撑。云计算、大数据、物联网、移动互联网等新一代信息技术普及应用，有利于高效整合物流资源，为商贸物流转型升级和创新发展创造条件。内外贸一体化进程加快、跨境电子商务等新型贸易方式兴起，为商贸物流国际化发展拓展空间。法治化营商环境持续改善，有利于促进商贸物流主体公平竞争，为行业规范发展提供保障。

“十三五”时期，商贸物流发展也面临诸多挑战：资源环境约束强化，人工、租金成本刚性上升，标准化、信息化、集约化、绿色化发展任务艰巨。居民消费结构升级，对商贸物流服务向精细化、个性化、专业化发展提出更高要求。随着经济全球化、区域经济一体化进程加快，商贸物流企业在创新服务模式、提高经营效率等方面面临更加激烈的国际竞争。商业新技术、新业态、新模式给传统商贸物流发展带来新的挑战。

总体来看，商贸物流发展仍处于大有可为的重要战略机遇期，必须准确把握战略机遇期内涵和条件的深刻变化，着力在优化商贸物流结构、增强内生动力、补齐发展短板上取得突破，切实转变发展方式，不断提高商贸物流发展水平。

三、总体思路

（一）指导思想

全面贯彻党的十八大和十八届三中、四中、五中、六中全会精神，深入贯彻习近平总书记系列重要讲话精神，紧紧围绕统筹推进“五位一体”总体布局和协调推进“四个全面”战略布局，牢固树立和贯彻落实新发展理念，充分发挥市场在资源配置中的决定性作用和更好发挥政府作用，按照推进供给侧结构性改革的总体要求，以体制机制改革为动力，以技术应用为支撑，以模式创新为引领，聚焦重点领域和关键环节，完善商贸物流服务体系，提升商贸物流发展水平，降低物流成本，提高流通效率，为经济社会发展提供物流服务保障，为全面建成小康社会做出贡献。

（二）基本原则

1. 市场驱动、创新发展

强化企业的市场主体地位，创新商贸物流发展方式，鼓励技术创新、模式创新和业态创新。创新商贸物流管理方式，提高政府公共服务、市场监管和宏观调控能力。

2. 加强统筹、协调发展

统筹规划重大物流基础设施建设，推动商贸物流城乡合理布局和区域协同发展。优化供应链管理，推进商贸物流与商贸流通业融合发展，加快商贸物流与农业、制造业、金融业等产业协调发展。

3. 生态环保、绿色发展

鼓励应用节能降耗技术，减少对环境的污染和资源的损耗。推广使用绿色物流设施设备和绿色包装，推进物流设施设备的循环共用，创新绿色物流运作模式，提高能源资源使用效率。

4. 国际合作、开放发展

坚持扩大开放，深化国际合作，积极引进国外先进技术、资金、人才、管理等要素资源，提升商贸物流国际竞争力。积极构建国际营销和物流网络，为国内企业“走出去”和跨境电子商务发展提供保障。

5. 整合优化、共享发展

鼓励应用现代信息技术，发挥信息平台的资源整合优势，推进物流设施、技术装备、数据信息等资源共享。大力推广租赁制、交换制等循环共用方式，提高物流效率，降低物流成本。

（三）发展目标

“十三五”期间，基本形成城乡协调、区域协同、国内外有效衔接的商贸物流网络；商贸物流标准化、信息化、集约化和国际化水平显著提高，商贸流通领域托盘标准化水平大幅提升，标准托盘使用率达到30%左右，先进信息技术应用取得明显成效，商贸物流企业竞争力持续增强；商贸物流成本明显下降，批发零售企业物流费用率降低到7%左右，服务质量和效率明显提升；政府管理与服务方式更加优化，法治化营商环境更趋完善；基本建立起高效集约、协同共享、融合开放、绿色环保的商贸物流体系。

四、主要任务

（一）构建多层次商贸物流网络

服务于“一带一路”建设、京津冀协同发展、长江经济带发展等国家战略，构建具有国际竞争力、区域带动力的全国性商贸物流节点城市和具有地区辐射能力的区域性商贸物流节点城市。以满足消费升级、产业转型和城市发展为目标，加快构建物流分拨中心、专业配送中心、末端配送网点三级网络为主的城市配送体系。加强农村物流网络体系建设，支持建设县、乡镇综合性物流配送中心和末端配送网点。畅通城乡商贸物流通道，促进城市物流和农村物流的高效衔接。加大对老少边穷地区的支持，完善商贸物流服务网络，打通特色产品销售渠道。

专栏 商贸物流节点城市名单

全国性商贸物流节点城市：北京、天津、石家庄、唐山、太原、呼和浩特、包头、沈阳、大连、长春、哈尔滨、上海、南京、苏州、杭州、宁波、合肥、福州、厦门、南昌、济南、青岛、郑州、武汉、长沙、广州、深圳、南宁、海口、重庆、成都、贵阳、昆明、拉萨、西安、兰州、西宁、银川、乌鲁木齐。

区域性商贸物流节点城市：保定、秦皇岛、邯郸、大同、临汾、呼伦贝尔、鄂尔多斯、锦州、丹东、延边、吉林、牡丹江、大庆、徐州、南通、连云港、无锡、舟山、金华、温州、阜阳、芜湖、泉州、漳州、九江、赣州、潍坊、烟台、临沂、洛阳、商丘、南阳、宜昌、襄阳、荆州、衡阳、娄底、株洲、东莞、佛山、桂林、柳州、钦州、防城港、绵阳、达州、南充、宜宾、遵义、六盘水、曲靖、红河、咸阳、榆林、天水、酒泉、海西、海东、石嘴山、喀什、伊犁、博尔塔拉、巴音郭楞、日喀则。

（二）加强商贸物流基础设施建设

推进物流园区转型升级，加强园区水、电、路、网络、通信、热力等基础设施建设，提升仓储、运输、配送、信息等公共服务水平，通过信息平台引导线上、线下对接，拓展物流园区增值服务功能。加强城市配送中心建设，支持具有公益性的城市配送公共服务设施建设，推动位于城市或城乡接合部的货运场站转型为社会化配送中心。加强末端配送网点建设，提升末端配送网点覆盖率，完善配送停靠和装卸设施。

（三）加强商贸物流标准化建设

重点完善基础类、服务类商贸物流标准，加快形成覆盖仓储、运输、装卸、搬运、包装、分拣、配送等环节的商贸物流标准体系。鼓励和引导企业主动应用国家标准，支持行业协会、科研机构和企业参与物流标准的制订和宣贯工作。以“互联网+”为驱动，推动适应电子商务、连锁经营、共同配送等现代流通方式发展的商贸物流设施设备标准化、服务标准化和信息标准化。发展单元化物流，以标准托盘（1200毫米×1000毫米）循环共用为切入点，推广包装基础模数（600毫米×400毫米）和集装器具，带动上下游物流标准化水平提高。

（四）加强商贸物流信息化建设

深入实施“互联网+”高效物流行动，构建多层次物流信息服务平台，发展经营范围广、辐射能力强的综合信息平台、公共数据平台和信息交易平台。运用市场化方式，提升商贸物流园区、仓储配送中心、末端配送站点信息化、智能化水平。推广应用物联网、云计算、大数据、人工智能、机器人、无线射频识别等先进技术，促进从上游供应商到下游销售商的全流程信息共享，提高供应链精益化管理水平。鼓励有条件的地区开展政府物流信息共享平台建设，将交通运输、海关、税务、工商等部门可公开的电子政务信息进行整合后向社会公开，实现便民利企。顺应流通全渠道变革和平台经济发展趋势，探索发展与生产制造、商贸流通、信贷金融等产业协调联动的智慧物流生态体系。

（五）推动商贸物流集约化发展

大力提升商贸物流企业组织化程度，鼓励商贸物流企业进行资产重组、业务融合和流程再造，形成一批技术水平先进、主营业务突出、核心竞争力强的大型现代物流企业集团。鼓励中小企业通过联盟、联合等多种方式，实现资源整合优化，提升集约化发展水平。鼓励大企业通过平台集聚带动中小企业的组织化和信息化水平提高。打破地区和行业界限，按照物流需求规模及增长潜力，整合需求不足和同质化竞争严重的物流园区，推动各类分散仓储配送资源与大型物流园区衔接配套，引导企业自用仓储配送设施对外开放。支持第三方物流发展，拓展物流方案设计、智能包装、设备租赁等增值服务，着力提升第三方物流服务水平。

（六）推动商贸物流专业化发展

重点推动电子商务、冷链、医药、生产资料等专业物流发展。大力发展电子商务物流，引导向中小城市以及县、乡镇延伸服务网络，形成“结构优化、功能强大、运作高效、服务优质”的电子商务物流体系。发展冷链物流，加强多温层节能冷库、加工配送中心、末端冷链设施建设，鼓励应用专业冷藏运输、全程温湿度监控等先进技术设备，建设标准健全、功能完善、上下游有效衔接的冷链物流服务体系。加快发展医药物流，推进医药物流资源集中配置，鼓励大型医药批发企业提供社会化医药物流服务，提升专业化医药物流水平。鼓励生产资料流通企业强化物流服务功能，拓展仓储、加工、配送、追溯、展示等配套服务，推进生产资料物流企业向供应链集成服务商转型发展。

（七）推动商贸物流国际化发展

推动国际物流发展，支持在“一带一路”国际大通道、沿线中心城市、重点港口、重点境外经贸合作区建设物流中心，发展商贸物流型境外经贸合作区。以跨境电子商务发展为重点，引导和鼓励有条件的企业科学规划、有序建设海外物流基础设施，打造具有较强辐射能力的公共海外仓。支持行业协会开展国际合作，建设仓储资源信息平台，促进国内外仓储资源共享。鼓励国内商贸物流企业与外商投资企业加强合作，提升商业创新水平和现代服务理念，实现结构升级和服务能力提升。

（八）促进商贸物流绿色化转型

引导企业创新绿色物流运作模式，通过信息技术优化物流资源配置和仓储配送管理，实现节能降耗。推动物流企业建设能源管理体系，建立绿色节能低碳运营管理流程和机制，加快淘汰落后用能设备。发展绿色仓储，建设绿色物流园区，加强仓库建筑创新与节能减排技术应用。推广节油技术和绿色节能运输设备，鼓励配送企业使用新能源汽车、经济型节油车、轻量化起重搬运设备。积极研发和推广可循环利用、可降解的新型包装材料，鼓励使用绿色循环低碳产品。推动流通企业、电子商务企业、物流企业等利用销售配送网络，建立逆向物流回收体系，利用大数据、云计算等技术优化逆向物流网点布局，提高运营效率。

（九）建设商贸物流信用体系

建立科学合理的商贸物流信用评价体系，研究制定规范统一的信用评价办法，建立信用评价长效机制。将物流企业行政许可、行政处罚、经营异常目录和严重违法失信企业名单（黑名单）、抽查检测结果等信息，通过全国信用信息共享平台和国家企业信用信息公示系统进行归集公示。引导物流园区、物流信息平台、电子商务物流企业等建立对入驻商户和上下游企业的信用评价机制，倡导企业诚信经营。充分发挥行业组织作用，为商贸物流企业和从业人员提供政策、法律、咨询、市场信息等配套服务，增强商贸物流企业和从业人员的诚信意识和风险防范意识。

五、重点工程

（一）城乡物流网络建设工程

依托商贸物流节点城市，支持建设改造一批综合型和专业型的物流分拨中心，以龙头企业为主体打通全国物流主干网。完善城市配送网络，建设改造一批集公共仓储、加工分拣、区域配送、信息管理等服务功能于一体的社会化配送中心。加快物流配送渠道下沉，重点完善末端配送网络体系，加快建设商业设施、社区服务机构、写字楼、机关事业单位、大学校园配送场地，完善配送自助提货柜等设施布局，畅通配送末端“毛细血管”。支持全国性物流龙头企业与区域性物流企业加强合作，共建城乡一体化物流网络。

（二）商贸物流标准化工程

加强物流关键技术标准研制，加快完善贯通物流一体化运作的商贸物流标准体系。结合物流标准化试点，以标准托盘（1200 毫米 ×1000 毫米）及其循环共用为切入点，推广使用符合国家标准《联运通用平托盘主要尺寸及公差》（GB/T 2934—2007）、《联运通用平托盘性能要求和试验选择》（GB/T 4995—2014）的托盘，大力提高标准托盘普及率。加快标准托盘循环共用体系建设，培育市场主体，提升专业化服务能力。大力发展单元化物流，推广包装基础模数（600 毫米 ×400 毫米）和集装器具，推动带托盘运输和免验货交接，提高供应链效率。贯彻《汽车、挂车及汽车列车外廓尺寸、轴荷及质量限值》（GB 1589—2016）国家标准，支持运输车辆的标准化改造。

（三）商贸物流平台建设工程

构建多层次商贸物流信息平台。加快建设物流配送公共服务平台，拓展交易撮合、信息发布、跟踪追溯、信用评价等综合性服务功能，提升采购、交易、运作、管理、结算等全流程服务能力。支持建立智慧化共同配送分拨调配平台，提供路径优化等公共服务，实现供应商、门店、用户和配送车辆等各环节的精准对接，提高物流园区、仓储中心、配送中心的物流供需匹配度。鼓励建设供应链集成平台，推动供应链上下游企业信息互联互通，提高供应链响应能力，促进物流企业与生产制造企业、商贸流通企业融合发展。整合现有物流信息平台资源，促进商贸物流平台与各类专业平台的互联互通，促进数据对接和信息共享。

（四）商贸物流园区功能提升工程

加强物流园区公共基础设施建设，完善多式联运和集疏运体系，提高仓储、中转及配送能力。加强物流园区经营管理，建立以市场化运作为主，规划引导、依法监管、协调服务相结合的园区开发建设模式。支持物流园区拓展服务功能，提供供应链设计、设备租赁、法律咨询、信用评价等商务服务，引进工商、税务、报关、报检等政务服务，提升服务水平。加强物流园区与外部交通网络的有效连接，鼓励物流园区之间、物流园区与产业园区、商品市场、公共平台之间加强合作，实现联动发展。

（五）电子商务物流工程

依托铁路、公路、水运、航空、邮政、供销合作网络，完善电子商务物流布局，构建连接城乡、覆盖全国、面向国际的电子商务物流体系。加快电子商务物流服务、作业、技术、包装、单据、信息等标准建设，提升揽收、仓储、运输、分拣、配送、投递等环节处理能力，开发专业化、个性化服务，满足差异化需求，提升用户体验。支持探索产品源头的物流包装解决方案，减少二次包装，推广使用可降解的胶带、环保填充物，可再生纸张和环保油墨印刷的封装物品等物料辅料，推进包裹包装箱的可循环技术创新和循环再利用管理模式创新，完善包裹包装回收体系，实现包装减量化、绿色化和可循环利用。支持具备条件的第三方机构开展面向消费者的电子商务物流信用评价。

（六）商贸物流创新发展工程

推广使用自动识别、电子数据交换、货物跟踪、智能交通、物联网等先进技术装备，探索区块链技术在商贸物流领域的应用，大力发展智慧物流。推广网订店取、自助提取、代收服务等末端配送模式，探索线上线下融合的物流服务管理模式。大力推进仓配一体化，推动物流企业一体化运作、网络化经营，促进商贸物流转型升级。拓展集中采购、订单管理、流通加工、物流金融、售后维修等增值服务，支持供应链集成创新。

（七）商贸物流绿色发展工程

鼓励企业全面推进绿色仓储设施设备与技术应用，推动大型商贸企业实施绿色供应链管理，重点推动冷库提升节能技术水平，仓储设施利用太阳能等清洁能源，广泛应用电动叉车、智能穿梭车与密集型货架系统，推广新能源配送车辆，实现绿色仓储与配送可持续发展。全面推进绿色物流包装，在商品仓储、运输、配送、分拣、加工的全过程推进可循环包装、减量包装和可降解包装。

六、保障措施

（一）完善管理机制

健全部门联动机制，加强商务主管部门与发展改革、财政、国土资源、交通运输、海关、邮政管理、供销合作等部门和单位之间，各级商务主管部门之间的统筹协调。完善跨区域协同机制，健全工作联席会议制度，逐步统一各区域商贸物流管理制度。

深化行政审批制度改革，积极推进“先照后证”改革。深化商事制度改革，持续推动住所（经营场所）登记制度改革，落实物流企业设立非法人分支机构等相关政策。进一步放开商贸物流领域外资准入限制。发挥行业协会作用，探索建立“市场主导、政府规范、社会协同”的商贸物流治理模式。

（二）优化发展环境

健全法律法规体系，加快制定商贸物流相关法规制度。完善商贸物流市场监管体系，清理和废除行业领域内妨碍全国统一市场和公平竞争的规定和做法，推动建立区域合作协调机制，推进全国高速公路电子不停车收费联网工作。以城市配送车辆通行管理等重点领域为切入点，健全监管执法体制机制，统一执法标准，提高商贸物流综合执法水平。完善商贸物流企业信息披露制度，支持设立商贸物流统一信用信息平台，建立健全失信联合惩戒机制。

（三）加大政策支持

加大财政金融支持力度。鼓励地方政府加大财政资金支持，引导社会资本投入冷链物流、城乡配送网络、公共信息平台等项目建设。研究制定包装分类回收利用支持政策，提高包装循环利用率。鼓励社会资本探索设立商贸物流产业基金。扩大融资渠道，推广供应链金融。鼓励商贸物流企业通过股权投资、债券融资等方式直接融资。引导金融机构探索适合商贸物流发展特点的信贷产品和服务方式。

落实减税降费政策。通过全面推开营改增改革试点，进一步消除重复征税，扩大交通运输业的进项税抵扣范围，降低企业税收负担。抓好清理和规范商贸物流领域行政事业性收费政策落实。

落实商贸物流业用地政策。将商贸物流设施用地纳入土地利用总体规划和城市规划，保障商贸物流业发展用地，支持商贸物流新业态、新模式发展用地。适度提高物流项目建设用地容积率。

（四）加强人才培养

支持高等教育机构、商会、协会和企业加强合作，推动学科建设，完善商贸物流理论体系。着力完善专业人才培养体系，通过学历教育、职业教育、继续教育、社会培训等多种方式培养市场急需的商贸物流管理人才和技术操作人才。加强校企合作，积极开展职业培训，职业院校可采取“订单式”人才培养模式，与企业共同研究制定人才培养方案，校企共同组织针对性教学，确保学以致用，全面提高物流从业人员业务素质。积极推进产学研用结合。以提高实践能力为重点，开展物流标准化、电子商务物流、冷链物流等重点领域技能培训，提高管理和操作能力。

（五）强化规划引领

加快地方商贸物流规划编制工作，加强与国家战略、城市规划和相关规划衔接。支持政策创新，鼓励地级以上城市在公共服务、用地保障、企业融资、人才培养等方面开展试验试点。建立规划年度考核、中期评估和终期检查制度。加强规划政策宣传，提高社会认知度，推动商贸物流健康持续发展。

国务院关于印发“十三五”现代综合交通运输体系发展规划的通知

国发〔2017〕11号

各省、自治区、直辖市人民政府，国务院各部委、各直属机构：

现将《“十三五”现代综合交通运输体系发展规划》印发给你们，请认真贯彻执行。

国务院

2017年2月3日

“十三五”现代综合交通运输体系发展规划

交通运输是国民经济中基础性、先导性、战略性产业，是重要的服务性行业。构建现代综合交通运输体系，是适应把握引领经济发展新常态，推进供给侧结构性改革，推动国家重大战略实施，支撑全面建成小康社会的客观要求。根据《中华人民共和国国民经济和社会发展第十三个五年规划纲要》，并与“一带一路”建设、京津冀协同发展、长江经济带发展等规划相衔接，制定本规划。

一、总体要求

（一）发展环境

“十二五”时期，我国各种交通运输方式快速发展，综合交通运输体系不断完善，较好完成规划目标任务，总体适应经济社会发展要求。交通运输基础设施累计完成投资13.4万亿元，是“十一五”时期的1.6倍，高速铁路营业里程、高速公路通车里程、城市轨道交通运营里程、沿海港口万吨级及以上泊位数量均位居世界第一，天然气管网加快发展，交通运输基础设施网络初步形成。铁路、民航客运量年均增长率超过10%，铁路客运动车组列车运量比重达到46%，全球集装箱吞吐量排名前十位的港口我国占7席，快递业务量年均增长50%以上，城际、城市和农村交通服务能力不断增强，现代化综合交通枢纽场站一体化衔接水平不断提升。高速铁路装备制造科技创新取得重大突破，电动汽车、特种船舶、国产大型客机、中低速磁悬浮轨道交通等领域技术研发和应用取得进展，技术装备水平大幅提高，交通重大工程施工技术世界领先，走出去步伐不断加快。高速公路电子不停车收费系统（ETC）实现全国联网，新能源运输装备加快推广，交通运输安全应急保障能力进一步提高。铁路管理体制改革顺利实施，大部门管理体制初步建立，交通行政审批改革不断深化，运价改革、投融资改革扎实推进。

专栏 1 “十二五”末交通基础设施完成情况

指标	单位	2010 年	2015 年	2015 年规划目标
铁路营业里程	万公里	9.1	12.1	12
其中：高速铁路	万公里	0.51	1.9	—
铁路复线率	%	41	53	50
铁路电气化率	%	47	61	60
公路通车里程	万公里	400.8	458	450
其中：国家高速公路	万公里	5.8	8.0	8.3
普通国道二级及以上比重	%	60	69.4	70
乡镇通沥青（水泥）路率	%	96.6	98.6	98
建制村通沥青（水泥）路率	%	81.7	94.5	90
内河高等级航道里程	万公里	1.02	1.36	1.3
油气管网里程	万公里	7.9	11.2	15
城市轨道交通运营里程	公里	1400	3300	3000
沿海港口万吨级及以上泊位数	个	1774	2207	2214
民用运输机场数	个	175	207	230

注：国家高速公路里程统计口径为原“7918”国家高速公路网。

“十三五”时期，交通运输发展面临的国内外环境错综复杂。从国际看，全球经济在深度调整中曲折复苏，新的增长动力尚未形成，新一轮科技革命和产业变革正在兴起，区域合作格局深度调整，能源格局深刻变化。从国内看，“十三五”时期是全面建成小康社会决胜阶段，经济发展进入新常态，生产力布局、产业结构、消费及流通格局将加速变化调整。与“十三五”经济社会发展要求相比，综合交通运输发展水平仍然存在一定差距，主要是：网络布局不完善，跨区域通道、国际通道连通不足，中西部地区、贫困地区和城市群交通发展短板明显；综合交通枢纽建设相对滞后，城市内外交通衔接不畅，信息开放共享水平不高，一体化运输服务水平亟待提升，交通运输安全形势依然严峻；适应现代综合交通运输体系发展的体制机制尚不健全，铁路市场化、空域管理、油气管网运营体制、交通投融资等方面改革仍需深化。

综合判断，“十三五”时期，我国交通运输发展正处于支撑全面建成小康社会的攻坚期、优化网络布局的关键期、提质增效升级的转型期，将进入现代化建设新阶段。站在新的发展起点上，交通运输要准确把握经济发展新常态下的新形势、新要求，切实转变发展思路、方式和路径，优化结构、转换动能、补齐短板、提质增效，更好满足多元、舒适、便捷等客运需求和经济、可靠、高效等货运需求；要突出对“一带一路”建设、京津冀协同发展、长江经济带发展三大战略和新型城镇化、脱贫攻坚的支撑保障，着力消除瓶颈制约，提升运输服务的协同性和均等化水平；要更加注重提高交通安全和应急保障能力，提升绿色、低碳、集约发展水平；要适应国际发展新环境，提高国际通道保障能力和互联互通水平，有效支撑全方位对外开放。

（二）指导思想

全面贯彻党的十八大和十八届二中、三中、四中、五中、六中全会精神，深入贯彻习近平总书记系列重要讲话精神和治国理政新理念新思想新战略，认真落实党中央、国务院决策部署，统筹推进“五位一体”总体布局和协调推进“四个全面”战略布局，牢固树立和贯彻落实新发展理念，以提高发展质量和效益为中心，深化供给侧结构性改革，坚持交通运输服务人民，着力完善基础设施网络、加强运输服务一体衔接、提高运营管理智能水平、推行绿色安全发展模式，加快完善现代综合交通运输体系，更好地发挥交通运输的支撑引领作用，为全面建成小康社会奠定坚实基础。

（三）基本原则

衔接协调、便捷高效。充分发挥各种运输方式的比较优势和组合效率，提升网络效应和规模效益。加强区域城乡交通运输一体化发展，增强交通公共服务能力，积极引导新生产消费流通方式和新业态新模式发展，扩大交通多样化有效供给，全面提升服务质量效率，实现人畅其行、货畅其流。

适度超前、开放融合。有序推进交通基础设施建设，完善功能布局，强化薄弱环节，确保运输能力适度超前，更好发挥交通先行官作用。坚持建设、运营、维护并重，推进交通与产业融合。积极推进与周边国家互联互通，构建国际大通道，为更高水平、更深层次的开放型经济发展提供支撑。

创新驱动、安全绿色。全面推广应用现代信息技术，以智能化带动交通运输现代化。深化体制机制改革，完善市场监管体系，提高综合治理能力。牢固树立安全第一理念，全面提高交通运输的安全性和可靠性。将生态保护红线意识贯穿到交通发展各环节，建立绿色发展长效机制，建设美丽交通走廊。

（四）主要目标

到2020年，基本建成安全、便捷、高效、绿色的现代综合交通运输体系，部分地区和领域率先基本实现交通运输现代化。

网络覆盖加密拓展。高速铁路覆盖80%以上的城区常住人口100万以上的城市，铁路、高速公路、民航运输机场基本覆盖城区常住人口20万以上的城市，内河高等级航道网基本建成，沿海港口万吨级及以上泊位数稳步增加，具备条件的建制村通硬化路，城市轨道交通运营里程比2015年增长近一倍，油气主干管网快速发展，综合交通网总里程达到540万公里左右。

综合衔接一体高效。各种运输方式衔接更加紧密，重要城市群核心城市间、核心城市与周边节点城市间实现1~2小时通达。打造一批现代化、立体式综合客运枢纽，旅客换乘更加便捷。交通物流枢纽集疏运系统更加完善，货物换装转运效率显著提高，交邮协同发展水平进一步提升。

运输服务提质升级。全国铁路客运动车服务比重进一步提升，民航航班正常率逐步提高，公路交通保障能力显著增强，公路货运车型标准化水平大幅提高、货车空驶率大幅下降，集装箱铁水联运比重明显提升，全社会运输效率明显提高。公共服务水平显著提升，实现村村直接通邮、具备条件的建制村通客车，城市公共交通出行比例不断提高。

智能技术广泛应用。交通基础设施、运载装备、经营业户和从业人员等基本要素信息全面实现数字化，各种交通方式信息交换取得突破。全国交通枢纽站点无线接入网络广泛覆盖。铁路信息化水平大幅提升，货运业务实现网上办理，客运网上售票比例明显提高。基本实现重点城市群内交通一卡通互通，车辆安装使用ETC比例大幅提升。交通运输行业北斗卫星导航系统前装率和使用率显著提高。

绿色安全水平提升。城市公共交通、出租车和城市配送领域新能源汽车快速发展。资源节约集约利用和节能减排成效显著，交通运输主要污染物排放强度持续下降。交通运输安全监管和应急保障能力显著提高，重特大事故得到有效遏制，安全水平明显提升。

专栏2 “十三五”综合交通运输发展主要指标				
指标名称		2015年	2020年	属性
基础设施	铁路营业里程（万公里）	12.1	15	预期性
	高速铁路营业里程（万公里）	1.9	3.0	预期性
	铁路复线率（%）	53	60	预期性
	铁路电气化率（%）	61	70	预期性
	公路通车里程（万公里）	458	500	预期性
	高速公路建成里程（万公里）	12.4	15	预期性
	内河高等级航道里程（万公里）	1.36	1.71	预期性
	沿海港口万吨级及以上泊位数（个）	2207	2527	预期性
	民用运输机场数（个）	207	260	预期性
	通用机场数（个）	300	500	预期性
	建制村通硬化路率（%）	94.5	99	约束性
	城市轨道交通运营里程（公里）	3300	6000	预期性
	油气管网里程（万公里）	11.2	16.5	预期性
运输服务	动车组列车承担铁路客运量比重（%）	46	60	预期性
	民航航班正常率（%）	67	80	预期性
	建制村通客车率（%）	94	99	约束性
	公路货运车型标准化率（%）	50	80	预期性
	集装箱铁水联运量年均增长率（%）	10		预期性
	城区常住人口100万以上城市建成区公交站点500米覆盖率（%）	90	100	约束性
智能交通	交通基本要素信息数字化率（%）	90	100	预期性
	铁路客运网上售票率（%）	60	70	预期性
	公路客车ETC使用率（%）	30	50	预期性
绿色安全	交通运输CO_2排放强度下降率（%）	7*		预期性
	道路运输较大以上等级行车事故死亡人数下降率（%）	20*		约束性

注：①硬化路一般指沥青（水泥）路，对于西部部分建设条件特别困难、高海拔高寒和交通需求小的地区，可扩展到石质、砼预制块、砖铺、砂石等路面的公路。

②通用机场统计含起降点。

③排放强度指按单位运输周转量计算的CO_2（二氧化碳）排放。

④*：与“十二五”末相比。

二、完善基础设施网络化布局

（一）建设多向连通的综合运输通道

构建横贯东西、纵贯南北、内畅外通的“十纵十横”综合运输大通道，加快实施重点通道连通工程和延伸工程，强化中西部和东北地区通道建设。贯通上海至瑞丽等运输通道，向东向西延伸西北北部等运输通道，将沿江运输通道由成都西延至日喀则。推进北京至昆明、北京至港澳台、烟台至重庆、二连浩特至湛江、额济纳至广州等纵向新通道建设，沟通华北、西北至西南、华南等地区；推进福州至银川、厦门至喀什、汕头至昆明、绥芬河至满洲里等横向新通道建设，沟通西北、西南至华东地区，强化进出疆、出入藏通道建设。做好国内综合运输通道对外衔接。规划建设环绕我国陆域的沿边通道。

专栏3　综合运输通道布局
（一）纵向综合运输通道 1. 沿海运输通道。起自同江，经哈尔滨、长春、沈阳、大连、秦皇岛、天津、烟台、青岛、连云港、南通、上海、宁波、福州、厦门、汕头、广州、湛江、海口，至防城港、至三亚。 2. 北京至上海运输通道。起自北京，经天津、济南、蚌埠、南京，至上海、至杭州。 3. 北京至港澳台运输通道。起自北京，经衡水、菏泽、商丘、九江、南昌、赣州、深圳，至香港（澳门）；支线经合肥、黄山、福州，至台北。 4. 黑河至港澳运输通道。起自黑河，经齐齐哈尔、通辽、沈阳、北京、石家庄、郑州、武汉、长沙、广州，至香港（澳门）。 5. 二连浩特至湛江运输通道。起自二连浩特，经集宁、大同、太原、洛阳、襄阳、宜昌、怀化，至湛江。 6. 包头至防城港运输通道。起自包头（满都拉），经延安、西安、重庆、贵阳、南宁，至防城港。 7. 临河至磨憨运输通道。起自临河（甘其毛都），经银川、平凉、宝鸡、重庆、昆明，至磨憨、至河口。 8. 北京至昆明运输通道。起自北京，经太原、西安、成都（重庆），至昆明。 9. 额济纳至广州运输通道。起自额济纳（策克），经酒泉（嘉峪关）、西宁（兰州）、成都、泸州（宜宾）、贵阳、桂林，至广州。 10. 烟台至重庆运输通道。起自烟台，经潍坊、济南、郑州、南阳、襄阳，至重庆。 （二）横向综合运输通道 1. 绥芬河至满洲里运输通道。起自绥芬河，经牡丹江、哈尔滨、齐齐哈尔，至满洲里。 2. 珲春至二连浩特运输通道。起自珲春，经长春、通辽、锡林浩特，至二连浩特。 3. 西北北部运输通道。起自天津（唐山、秦皇岛），经北京、呼和浩特、临河、哈密、吐鲁番、库尔勒、喀什，至吐尔尕特、至伊尔克什坦、至红其拉甫；西端支线自哈密，经将军庙，至阿勒泰（吉木乃）。

4. 青岛至拉萨运输通道。起自青岛，经济南、德州、石家庄、太原、银川、兰州、西宁、格尔木，至拉萨。

5. 陆桥运输通道。起自连云港，经徐州、郑州、西安、兰州、乌鲁木齐、精河，至阿拉山口、至霍尔果斯。

6. 沿江运输通道。起自上海，经南京、芜湖、九江、武汉、岳阳、重庆、成都、林芝、拉萨、日喀则，至亚东、至樟木。

7. 上海至瑞丽运输通道。起自上海（宁波），经杭州、南昌、长沙、贵阳、昆明，至瑞丽。

8. 汕头至昆明运输通道。起自汕头，经广州、梧州、南宁、百色，至昆明。

9. 福州至银川运输通道。起自福州，经南昌、九江、武汉、襄阳、西安、庆阳，至银川。

10. 厦门至喀什运输通道。起自厦门，经赣州、长沙、重庆、成都、格尔木、若羌，至喀什。

（二）构建高品质的快速交通网

以高速铁路、高速公路、民用航空等为主体，构建服务品质高、运行速度快的综合交通骨干网络。

推进高速铁路建设。加快高速铁路网建设，贯通京哈—京港澳、陆桥、沪昆、广昆等高速铁路通道，建设京港（台）、呼南、京昆、包（银）海、青银、兰（西）广、京兰、厦渝等高速铁路通道，拓展区域连接线，扩大高速铁路覆盖范围。

完善高速公路网络。加快推进由 7 条首都放射线、11 条北南纵线、18 条东西横线，以及地区环线、并行线、联络线等组成的国家高速公路网建设，尽快打通国家高速公路主线待贯通路段，推进建设年代较早、交通繁忙的国家高速公路扩容改造和分流路线建设。有序发展地方高速公路。加强高速公路与口岸的衔接。

完善运输机场功能布局。打造国际枢纽机场，建设京津冀、长三角、珠三角世界级机场群，加快建设哈尔滨、深圳、昆明、成都、重庆、西安、乌鲁木齐等国际航空枢纽，增强区域枢纽机场功能，实施部分繁忙干线机场新建、迁建和扩能改造工程。科学安排支线机场新建和改扩建，增加中西部地区机场数量，扩大航空运输服务覆盖面。推进以货运功能为主的机场建设。优化完善航线网络，推进国内国际、客运货运、干线支线、运输通用协调发展。加快空管基础设施建设，优化空域资源配置，推进军民航空管融合发展，提高空管服务保障水平。

专栏4　快速交通网重点工程

（一）高速铁路

建成北京至沈阳、北京至张家口至呼和浩特、大同至张家口、哈尔滨至牡丹江、石家庄至济南、济南至青岛、徐州至连云港、宝鸡至兰州、西安至成都、成都至贵阳、商丘至合肥至杭州、武汉至十堰、南昌至赣州等高速铁路。

建设银川至西安、贵阳至南宁、重庆至昆明、北京至商丘、济南至郑州、福州至厦门、西宁至成都、成都至自贡、兰州至中卫、黄冈至黄梅、十堰至西安、西安至延安、银川至包头、盐城至南通、杭州至绍兴至台州、襄阳至宜昌、赣州至深圳、长沙至赣州、南昌至景德镇至黄山、池州至黄山、安庆至九江、上海至湖州、杭州至温州、广州至汕尾、沈阳至敦化、牡丹江至佳木斯、郑州至万州、张家界至怀化、合肥至新沂等高速铁路。

（二）高速公路

实施京新高速（G7）、呼北高速（G59）、银百高速（G69）、银昆高速（G85）、汕昆高速（G78）、首都地区环线（G95）6条区际省际通道贯通工程；推进京哈高速（G1）、京沪高速（G2）、京台高速（G3）、京港澳高速（G4）、沈海高速（G15）、沪蓉高速（G42）、连霍高速（G30）、兰海高速（G75）8条主通道扩容工程。推进深圳至中山跨江通道建设，新建精河至阿拉山口、二连浩特至赛汗塔拉、靖西至龙邦等连接口岸的高速公路。

（三）民用航空

建成北京新机场、成都新机场以及承德、霍林郭勒、松原、白城、建三江、五大连池、上饶、信阳、武冈、岳阳、巫山、巴中、仁怀、澜沧、陇南、祁连、莎车、若羌、图木舒克、绥芬河、芜湖/宣城、瑞金、商丘、荆州、鄂州/黄冈、郴州、湘西、玉林、武隆、甘孜、黔北、红河等机场。

建设青岛、厦门、呼和浩特新机场，邢台、正蓝旗、丽水、安阳、乐山、元阳等机场。建设郑州等以货运功能为主的机场。研究建设大连新机场、聊城等机场。开展广州、三亚、拉萨新机场前期研究。

扩建上海浦东、广州、深圳、昆明、重庆、西安、乌鲁木齐、哈尔滨、长沙、武汉、郑州、海口、沈阳、贵阳、南宁、福州、兰州、西宁等机场。

推进京沪、京广、中韩、沪哈、沪昆、沪广、沪兰、胶昆等单向循环空中大通道建设，基本形成以单向运行为主的民航干线航路网格局。

（三）强化高效率的普通干线网

以普速铁路、普通国道、港口、航道、油气管道等为主体，构建运行效率高、服务能力强的综合交通普通干线网络。

完善普速铁路网。加快中西部干线铁路建设，完善东部干线铁路网络，加快推进东北地区铁路提速改造，增强区际铁路运输能力，扩大路网覆盖面。实施既有铁路复线和电气化改造，提升路网质量。拓展对外通道，推进边境铁路建设，加强铁路与口岸的连通，加快实现与境外通道的有效衔接。

推进普通国道提质改造。加快普通国道提质改造，基本消除无铺装路面，全面提升保障能力和服务水平，重点加强西部地区、集中连片特困地区、老少边穷地区低等级普通国道升级改造和未贯通路段建设。推进口岸公路建设。加强普通国道日常养护，科学实施养护工程，强化大中修养护管理。推进普通国道服务区建设，提高服务水平。

完善水路运输网络。优化港口布局，推动资源整合，促进结构调整。强化航运中心功能，稳步推进集装箱码头项目，合理把握煤炭、矿石、原油码头建设节奏，有序推进液化天然气、商品汽车等码头建设。提升沿海和内河水运设施专业化水平，加快内河高等级航道建设，统筹航道整治与河道治理，增强长江干线航运能力，推进西江航运干线和京杭运河高等级航道扩能升级改造。

强化油气管网互联互通。巩固和完善西北、东北、西南和海上四大油气进口通道。新建和改扩建一批原油管道，对接西北、东北、西南原油进口管道和海上原油码头。结合油源供应、炼化基地布局，完善成品油管网，逐步提高成品油管输比例。大力推动天然气主干管网、区域管网和互联互通管网建设，加快石油、成品油储备项目和天然气调峰设施建设。

专栏 5　普通干线网重点工程

（一）普速铁路

建成蒙西至华中、库尔勒至格尔木、成昆扩能等工程。建设川藏铁路、和田至若羌、黑河至乌伊岭、酒泉至额济纳、沪通铁路太仓至四团、兴国至永安至泉州、建宁至冠豸山、瑞金至梅州、宁波至金华等铁路，实施渝怀、集通、焦柳、中卫至固原等铁路改造工程。

（二）普通国道

实现 G219、G331 等沿边国道三级及以上公路基本贯通，G228 等沿海国道二级及以上公路基本贯通。建设 G316、G318、G346、G3474 条长江经济带重要线路，实施 G105、G107、G206、G310 4 条国道城市群地区拥堵路段扩能改造，提升 G211、G213、G215、G216、G335、G345、G356 7 条线路技术等级。推进 G219 线昭苏至都拉塔口岸、G306 线乌里雅斯太至珠恩嘎达布其口岸、G314 线布伦口至红其拉甫口岸等公路升级改造。

（三）沿海港口

稳步推进天津、青岛、上海、宁波—舟山、厦门、深圳、广州等港口集装箱码头建设。推进唐山、黄骅等北方港口煤炭装船码头以及南方公用煤炭接卸中转码头建设。实施黄骅、日照、宁波—舟山等港口铁矿石码头项目。推进唐山、日照、宁波—舟山、揭阳、洋浦等港口原油码头建设。有序推进商品汽车、液化天然气等专业化码头建设。

（四）内河高等级航道

推进长江干线航道系统治理，改善上游航道条件，提升中下游航道水深，加快南京以下 12.5 米深水航道建设，研究实施武汉至安庆航道整治工程、长江口深水航道减淤治理工程。继续推进西江航运干线扩能，推进贵港以下一级航道建设。加快京杭运河山东段、江苏段、浙江段航道扩能改造以及长三角高等级航道整治工程。加快合裕线、淮河、沙颍河、赣江、信江、汉江、沅水、湘江、嘉陵江、乌江、岷江、右江、北盘江—红水河、柳江—黔江、黑龙江、松花江、闽江等高等级航道建设。

（五）油气管网

建设中俄原油管道二线、仪长复线、连云港—仪征、日照—洛阳、日照—沾化、董家口—东营原油管道。新建樟树—株洲、湛江—北海、洛阳—临汾、三门峡—西安、永坪—晋中、鄂渝沿江等成品油管道，改扩建青藏成品油管道，适时建设蒙西、蒙东煤制油外输管道。建设中亚 D 线、中俄东线、西气东输三线（中段）、西气东输四线、西气东输五线、陕京四线、川气东送二线、新疆煤制气外输、鄂尔多斯—安平—沧州、青岛—南京、重庆—贵州—广西、青藏、闽粤、海口—徐闻等天然气管道，加快建设区域管网，适时建设储气库和煤层气、页岩气、煤制气外输管道。

（四）拓展广覆盖的基础服务网

以普通省道、农村公路、支线铁路、支线航道等为主体，通用航空为补充，构建覆盖空间大、通达程度深、惠及面广的综合交通基础服务网络。

合理引导普通省道发展。积极推进普通省道提级、城镇过境段改造和城市群城际路段等扩容工程，加强与城市干道衔接，提高拥挤路段通行能力。强化普通省道与口岸、支线机场以及重要资源地、农牧林区和兵团团场等有效衔接。

全面加快农村公路建设。除少数不具备条件的乡镇、建制村外，全面完成通硬化路任务，有序推进较大人口规模的撤并建制村和自然村通硬化路建设，加强县乡村公路改造，进一步完善农村公路网络。加强农村公路养护，完善安全防护设施，保障农村地区基本出行条件。积极支持国有林场林区道路建设，将国有林场林区道路按属性纳入各级政府相关公路网规划。

积极推进支线铁路建设。推进地方开发性铁路、支线铁路和沿边铁路建设。强化与矿区、产业园区、物流园区、口岸等有效衔接，增强对干线铁路网的支撑作用。

加强内河支线航道建设。推进澜沧江等国际国境河流航道建设。加强长江、西江、京杭运河、淮河重要支流航道建设。推进金沙江、黄河中上游等中西部地区库湖区航运设施建设。

加快推进通用机场建设。以偏远地区、地面交通不便地区、自然灾害多发地区、农产品主产区、主要林区和旅游景区等为重点，推进200个以上通用机场建设，鼓励有条件的运输机场兼顾通用航空服务。

完善港口集疏运网络。加强沿海、长江干线主要港口集疏运铁路、公路建设。

专栏6　基础服务网重点工程

（一）农村公路

除少数不具备条件的乡镇、建制村外，全部实现通硬化路，新增3.3万个建制村通硬化路。改造约25万公里窄路基或窄路面路段。对约65万公里存在安全隐患的路段增设安全防护设施，改造约3.6万座农村公路危桥。有序推进较大人口规模的撤并建制村通硬化路13.5万公里。

（二）港口集疏运体系建设

优先推进上海、大连、天津、宁波—舟山、厦门、南京、武汉、重庆等港口的铁路、公路连接线建设。加快推进营口、青岛、连云港、福州等其他主要港口的集疏运铁路、公路建设。支持唐山、黄骅、湄洲湾等地区性重要港口及其他港口的集疏运铁路、公路建设。新开工一批港口集疏运铁路，建设集疏运公路1500公里以上。

三、强化战略支撑作用

（一）打造“一带一路”互联互通开放通道

着力打造丝绸之路经济带国际运输走廊。以新疆为核心区，以乌鲁木齐、喀什为支点，发挥陕西、甘肃、宁夏、青海的区位优势，连接陆桥和西北北部运输通道，逐步构建经中亚、西亚分别至欧洲、北非的西北国际运输走廊。发挥广西、云南开发开放优势，建设云南面向南亚东南亚辐射中心，构建广西面向东盟国际大通道，以昆明、南宁为支点，连接上海至瑞丽、临河至磨憨、济南至昆明等运输通道，推进西藏与尼泊尔等国交通合作，逐步构建衔接东南亚、南亚的西南国际运输走廊。发挥内蒙古联通蒙俄的区位优势，加强黑龙江、吉林、辽宁与俄远东地区陆海联运合作，连接绥芬河至满洲里、珲春至二连浩特、黑河至港澳、沿海等运输通道，构建至俄罗斯远东、蒙古、朝鲜半岛的东北国际运输走廊。积极推进与周边国家和地区铁路、公路、水运、管道连通项目建设，发挥民航网络灵活性优势，率先实现与周边国家和地区互联互通。

加快推进21世纪海上丝绸之路国际通道建设。以福建为核心区，利用沿海地区开放程度高、经济实力强、辐射带动作用大的优势，提升沿海港口服务能力，加强港口与综合运输大通道衔接，拓展航空国际支撑功能，完善海外战略支点布局，构建连通内陆、辐射全球的21世纪海上丝绸之路国际运输通道。

加强“一带一路”通道与港澳台地区的交通衔接。强化内地与港澳台的交通联系，开展全方位的交通合作，提升互联互通水平。支持港澳积极参与和助力“一带一路”建设，并为台湾地区参与“一带一路”建设作出妥善安排。

（二）构建区域协调发展交通新格局

强化区域发展总体战略交通支撑。按照区域发展总体战略要求，西部地区着力补足交通短板，强化内外联通通道建设，改善落后偏远地区通行条件；东北地区提高进出关通道运输能力，提升综合交通网质量；中部地区提高贯通南北、连接东西的通道能力，提升综合交通枢纽功能；东部地区着力优化运输结构，率先建成现代综合交通运输体系。

构建京津冀协同发展的一体化网络。建设以首都为核心的世界级城市群交通体系，形成以“四纵四横一环”运输通道为主骨架、多节点、网格状的区域交通新格局。重点加强城际铁路建设，强化干线铁路与城际铁路、城市轨道交通的高效衔接，加快构建内外疏密有别、高效便捷的轨道交通网络，打造“轨道上的京津冀”。加快推进国家高速公路待贯通路段建设，提升普通国省干线技术等级，强化省际衔接路段建设。加快推进天津北方国际航运核心区建设，加强港口规划与建设的协调，构建现代化的津冀港口群。加快构建以枢纽机场为龙头、分工合作、优势互补、协调发展的世界级航空机场群。完善区域油气储运基础设施。

建设长江经济带高质量综合立体交通走廊。坚持生态优先、绿色发展，提升长江黄金水道功能。统筹推进干线航道系统化治理和支线航道建设，研究建设三峡枢纽水运新通道。优化长江岸线利用与港口布局，积极推进专业化、规模化、现代化港区建设，强化集疏运配套，促进区域港口一体化发展。发展现代航运服务，建设武汉、重庆长江中上游航运中心及南京区域性航运物流中心和舟山江海联运服务中心，实施长江船型标准化。加快铁路建设步伐，建设沿江高速铁路。统筹推进高速公路建设，加快高等级公路建设。完善航空枢纽布局与功能，拓展航空运输网络。建设沿江油气主干管道，推动管网互联互通。

（三）发挥交通扶贫脱贫攻坚基础支撑作用

强化贫困地区骨干通道建设。以革命老区、民族地区、边疆地区、集中连片特殊困难地区为重点，加强贫困地区对外运输通道建设。加强贫困地区市（地、州、盟）之间、县（市、区、旗）与市（地、州、盟）之间高等级公路建设，实施具有对外连接功能的重要干线公路提质升级工程。加快资源丰富和人口相对密集贫困地区开发性铁路建设。在具备水资源开发条件的农村地区，统筹内河航电枢纽建设和航运发展。

夯实贫困地区交通基础。实施交通扶贫脱贫“双百”工程，加快推动既有县乡公路提级改造，增强县乡城镇中心的辐射带动能力。加快通乡连村公路建设，鼓励有需求的相邻县、相邻乡镇、相邻建制村之间建设公路。改善特色小镇、农村旅游景点景区、产业园区和特色农业基地等交通运输条件。

（四）发展引领新型城镇化的城际城市交通

推进城际交通发展。加快建设京津冀、长三角、珠三角三大城市群城际铁路网，推进山东半岛、海峡西岸、中原、长江中游、成渝、关中平原、北部湾、哈长、辽中南、山西中部、呼包鄂榆、黔中、滇中、兰州—西宁、宁夏沿黄、天山北坡等城市群城际铁路建设，形成以轨道交通、高速公路为骨干，普通公路为基础，水路为补充，民航有效衔接的多层次、便捷化城际交通网络。

加强城市交通建设。完善优化超大、特大城市轨道交通网络，推进城区常住人口300万以上的城市轨道交通成网。加快建设大城市市域（郊）铁路，有效衔接大中小城市、新城新区和城镇。优化城市内外交通，完善城市交通路网结构，提高路网密度，形成城市快速路、主次干路和支路相互配合的道路网络，打通微循环。推进城市慢行交通设施和公共停车场建设。

四、加快运输服务一体化进程

（一）优化综合交通枢纽布局

完善综合交通枢纽空间布局。结合全国城镇体系布局，着力打造北京、上海、广州等国际性综合交通枢纽，加快建设全国性综合交通枢纽，积极建设区域性综合交通枢纽，优化完善综合交通枢纽布局，完善集疏运条件，提升枢纽一体化服务功能。

专栏7　综合交通枢纽布局

（一）国际性综合交通枢纽

重点打造北京—天津、上海、广州—深圳、成都—重庆国际性综合交通枢纽，建设昆明、乌鲁木齐、哈尔滨、西安、郑州、武汉、大连、厦门等国际性综合交通枢纽，强化国际人员往来、物流集散、中转服务等综合服务功能，打造通达全球、衔接高效、功能完善的交通中枢。

（二）全国性综合交通枢纽

全面提升长春、沈阳、石家庄、青岛、济南、南京、合肥、杭州、宁波、福州、海口、太原、长沙、南昌—九江、贵阳、南宁、兰州、呼和浩特、银川、西宁、拉萨、秦皇岛—唐山、连云港、徐州、湛江、大同等综合交通枢纽功能，提升部分重要枢纽的国际服务功能。推进烟台、潍坊、齐齐哈尔、吉林、营口、邯郸、包头、通辽、榆林、宝鸡、泉州、喀什、库尔勒、赣州、上饶、蚌埠、芜湖、洛阳、商丘、无锡、温州、金华—义乌、宜昌、襄阳、岳阳、怀化、泸州—宜宾、攀枝花、酒泉—嘉峪关、格尔木、大理、曲靖、遵义、桂林、柳州、汕头、三亚等综合交通枢纽建设，优化中转设施和集疏运网络，促进各种运输方式协调高效，扩大辐射范围。

（三）区域性综合交通枢纽及口岸枢纽

推进一批区域性综合交通枢纽建设，提升对周边的辐射带动能力，加强对综合运输大通道和全国性综合交通枢纽的支撑。

推进丹东、珲春、绥芬河、黑河、满洲里、二连浩特、甘其毛都、策克、巴克图、吉木乃、阿拉山口、霍尔果斯、吐尔尕特、红其拉甫、樟木、亚东、瑞丽、磨憨、河口、龙邦、凭祥、东兴等沿边重要口岸枢纽建设。

提升综合客运枢纽站场一体化服务水平。按照零距离换乘要求，在全国重点打造150个开放式、立体化综合客运枢纽。科学规划设计城市综合客运枢纽，推进多种运输方式统一设计、同步建设、协同管理，推动中转换乘信息互联共享和交通导向标识连续、一致、明晰，积极引导立体换乘、同台换乘。

促进货运枢纽站场集约化发展。按照无缝衔接要求，优化货运枢纽布局，推进多式联运型和干支衔接型货运枢纽（物流园区）建设，加快推进一批铁路物流基地、港口物流枢纽、航空转运中心、快递物流园区等规划建设和设施改造，提升口岸枢纽货运服务功能，鼓励发展内陆港。

促进枢纽站场之间有效衔接。强化城市内外交通衔接，推进城市主要站场枢纽之间直接连接，有序推进重要港区、物流园区等直通铁路，实施重要客运枢纽的轨道交通引入工程，基本实现利用城市轨道交通等骨干公交方式连接大中型高铁车站以及年吞吐量超过1000万人次的机场。

（二）提升客运服务安全便捷水平

推进旅客联程运输发展。促进不同运输方式运力、班次和信息对接，鼓励开展空铁、公铁等联程运输服务。推广普及电子客票、联网售票，健全身份查验制度，加快完善旅客联程、往返、异地等出行票务服务系统，完善铁路客运线上服务功能。推行跨运输方式异地候机候车、行李联程托运等配套服务。鼓励第三方服务平台发展“一票制”客运服务。

完善区际城际客运服务。优化航班运行链条，着力提升航班正常率，提高航空服务能力和品质。拓展铁路服务网络，扩大高铁服务范围，提升动车服务品质，改善普通旅客列车服务水平。发展大站快车、站站停等多样化城际铁路服务，提升中心城区与郊区之间的通勤化客运水平。按照定线、定时、定点要求，推进城际客运班车公交化运行。探索创新长途客运班线运输服务模式。

发展多层次城市客运服务。大力发展公共交通，推进公交都市建设，进一步提高公交出行分担率。强化城际铁路、城市轨道交通、地面公交等运输服务有机衔接，支持发展个性化、定制化运输服务，因地制宜建设多样化城市客运服务体系。

推进城乡客运服务一体化。推动城市公共交通线路向城市周边延伸，推进有条件的地区实施农村客运班线公交化改造。鼓励发展镇村公交，推广农村客运片区经营模式，实现具备条件的建制村全部通客车，提高运营安全水平。

（三）促进货运服务集约高效发展

推进货物多式联运发展。以提高货物运输集装化和运载单元标准化为重点，积极发展大宗货物和特种货物多式联运。完善铁路货运线上服务功能，推动公路甩挂运输联网。制定完善统一的多式联运规则和多式联运经营人管理制度，探索实施“一单制”联运服务模式，引导企业加强信息互联和联盟合作。

统筹城乡配送协调发展。加快建设城市货运配送体系，在城市周边布局建设公共货运场站，完善城市主要商业区、社区等末端配送节点设施，推动城市中心铁路货场转型升级为城市配送中心，优化车辆便利化通行管控措施。加快完善县、乡、村三级物流服务网络，统筹交通、邮政、商务、供销等农村物流资源，推广“多站合一”的物流节点建设，积极推广农村“货运班线”等服务模式。

促进邮政快递业健康发展。以邮区中心局为核心、邮政网点为支撑、村邮站为延伸，加快完善邮政普遍服务网络。推动重要枢纽的邮政和快递功能区建设，实施快递“上车、上船、上飞机”工程，鼓励利用铁路快捷运力运送快件。推进快递“向下、向西、向外”工程，推动快递网络下沉至乡村，扩大服务网络覆盖范围，基本实现乡乡设网点、村村通快递。

推进专业物流发展。加强大件运输管理，健全跨区域、跨部门联合审批机制，推进网上审批、综合协调和互联互认。加快发展冷链运输，完善全程温控相关技术标准和服务规范。加强危险货物全程监管，健全覆盖多种运输方式的法律体系和标准规范，创新跨区域联网联控技术手段和协调机制。

（四）增强国际化运输服务能力

完善国际运输服务网络。完善跨境运输走廊，增加便利货物和人员运输协定过境站点和运输线路。有效整合中欧班列资源，统一品牌，构建“点对点”整列直达、枢纽节点零散中转的高效运输组织体系。加强港航国际联动，鼓励企业建设海外物流中心，推进国际陆海联运、国际甩挂运输等发展。拓展国际航空运输市场，建立海外运营基地和企业，提升境外落地服务水平。完善国际邮件处理中心布局，支持建设一批国际快件转运中心和海外仓，推进快递业跨境发展。

提高国际运输便利化水平。进一步完善双多边运输国际合作机制，加快形成“一站式”口岸通关模式。推动国际运输管理与服务信息系统建设，促进陆路口岸信息资源交互共享。依托区域性国际网络平台，加强与“一带一路”沿线国家和地区在技术标准、数据交换、信息安全等方面的交流合作。积极参与国际和区域运输规则制修订，全面提升话语权与影响力。

鼓励交通运输走出去。推动企业全方位开展对外合作，通过投资、租赁、技术合作等方式参与海外交通基础设施的规划、设计、建设和运营。积极开展轨道交通一揽子合作，提升高铁、城市轨道交通等重大装备综合竞争力，加快自主品牌汽车走向国际，推动各类型国产航空装备出口，开拓港口机械、液化天然气船等船舶和海洋工程装备国际市场。

（五）发展先进适用的技术装备

推进先进技术装备自主化。提升高铁、大功率电力机车、重载货车、中低速磁悬浮轨道交通等装备技术水平，着力研制和应用中国标准动车组谱系产品，研发市域（郊）铁路列车，创新发展下一代高速列车，加快城市轨道交通装备关键技术产业化。积极发展公路专用运输车辆、大型厢式货车和城市配送车辆，鼓励发展大中型高档客车，大力发展安全、实用、经济型乡村客车。发展多式联运成套技术装备，提高集装箱、特种运输等货运装备使用比重。继续发展大型专业化运输船舶。实施适航攻关工程，积极发展国产大飞机和通用航空器。

促进技术装备标准化发展。加快推进铁路多式联运专用装备和机具技术标准体系建设。积极推动载货汽车标准化，加强车辆公告、生产、检测、注册登记、营运使用等环节的标准衔接。加快推进内河运输船舶标准化，大力发展江海直达船舶。推广应用集装化和单元化装载技术。建立共享服务平台标准化网络接口和单证自动转换标准格式。

专栏8　提升综合运输服务行动计划
（一）旅客联程运输专项行动 建设公众出行公共信息服务平台，为旅客提供一站式综合信息服务。推进跨运输方式的客运联程系统建设，实现不同运输方式间有效衔接。鼓励企业完善票务服务系统，提高联程、往返和异地票务服务便捷性。 （二）多式联运专项行动 加快完善货运枢纽多式联运服务功能，支持运载单元、快速转运设备、运输工具、停靠与卸货站点的标准化建设改造，加快多式联运信息资源共享，鼓励组织模式、管理模式和重大技术创新，培育一批具有跨运输方式货运组织能力并承担全程责任的多式联运经营企业。

（三）货车标准化专项行动

按照“政策引导消化存量、强化标准严把增量”的原则，引导发展符合国家标准要求、技术性能先进的车辆运输车、液体危险货物罐车、模块化汽车列车等货运车辆，强化对非法改装、超限超载货运车辆的治理，推动建立门类齐备、技术合理的货运车型标准体系，推进标准化货运车型广泛应用。

（四）城乡交通一体化专项行动

选取100个左右县级行政区组织开展城乡交通一体化推进行动，完善农村客货运服务网络，支持农村客货运场站网络建设和改造，鼓励创新农村客运和物流配送组织模式，推广应用农村客运标准化车型，推进城乡客运、城乡配送协调发展。

（五）公交都市建设专项行动

在地市级及以上城市全面推进公交都市建设，新能源公交车比例不低于35%，城区常住人口300万以上城市基本建成公交专用道网络，整合城市公交运输资源，发展新型服务模式，全面提升城市公共交通服务效率和品质。

五、提升交通发展智能化水平

（一）促进交通产业智能化变革

实施“互联网+”便捷交通、高效物流行动计划。将信息化智能化发展贯穿于交通建设、运行、服务、监管等全链条各环节，推动云计算、大数据、物联网、移动互联网、智能控制等技术与交通运输深度融合，实现基础设施和载运工具数字化、网络化，运营运行智能化。利用信息平台集聚要素，驱动生产组织和管理方式转变，全面提升运输效率和服务品质。

培育壮大智能交通产业。以创新驱动发展为导向，针对发展短板，着眼市场需求，大力推动智能交通等新兴前沿领域创新和产业化。鼓励交通运输科技创新和新技术应用，加快建立技术、市场和资本共同推动的智能交通产业发展模式。

（二）推动智能化运输服务升级

推行信息服务“畅行中国”。推进交通空间移动互联网化，建设形成旅客出行与公务商务、购物消费、休闲娱乐相互渗透的“交通移动空间”。支持互联网企业与交通运输企业、行业协会等整合完善各类交通信息平台，提供综合出行信息服务。完善危险路段与事故区域的实时状态感知和信息告警推送服务。推进交通一卡通跨区（市）域、跨运输方式互通。

发展“一站式”“一单制”运输组织。推动运营管理系统信息化改造，推进智能协同调度。研究铁路客票系统开放接入条件，与其他运输方式形成面向全国的“一站式”票务系统，加快移动支付在交通运输领域应用。推动使用货运电子运单，建立包含基本信息的电子标签，形成唯一赋码与电子身份，推动全流程互认和可追溯，加快发展多式联运“一单制”。

（三）优化交通运行和管理控制

建立高效运转的管理控制系统。建设综合交通运输运行协调与应急调度指挥中心，推进部门间、运输方式间的交通管理联网联控在线协同和应急联动。全面提升铁路全路网列车调度指挥和运输管理智能化水平。开展新一代国家交通控制网、智慧公路建设试点，推动路网管理、车路协同和出行信息服务的智能化。建设智慧港航和智慧海事，提高港口管理水平和服务效率，提升内河高等级航道运行状态在线监测能力。发展新一代空管系统，加强航空公司运行控制体系建设。推广应用城市轨道交通自主化全自动运行系统、基于无线通信的列车控制系统等，促进不同线路和设备之间相互联通。优化城市交通需求管理，提升城市交通智能化管理水平。

提升装备和载运工具智能化自动化水平。拓展铁路计算机联锁、编组站系统自动化应用，推进全自动集装箱码头系统建设，有序发展无人机自动物流配送。示范推广车路协同技术，推广应用智能车载设备，推进全自动驾驶车辆研发，研究使用汽车电子标识。建设智能路侧设施，提供网络接入、行驶引导和安全告警等服务。

（四）健全智能决策支持与监管

完善交通决策支持系统。增强交通规划、投资、建设、价格等领域信息化综合支撑能力，建设综合交通运输统计信息资源共享平台。充分利用政府和企业的数据信息资源，挖掘分析人口迁徙、公众出行、枢纽客货流、车辆船舶行驶等特征和规律，加强对交通发展的决策支撑。

提高交通行政管理信息化水平。推动在线行政许可“一站式”服务，推进交通运输许可证件（书）数字化，促进跨区域、跨部门行政许可信息和服务监督信息互通共享。加强全国治超联网管理信息系统建设，加快推动交通运输行政执法电子化，推进非现场执法系统试点建设，实现异地交换共享和联防联控。加强交通运输信用信息、安全生产等信息系统与国家相关平台的对接。

（五）加强交通发展智能化建设

打造泛在的交通运输物联网。推动运行监测设备与交通基础设施同步建设。强化全面覆盖交通网络基础设施风险状况、运行状态、移动装置走行情况、运行组织调度信息的数据采集系统，形成动态感知、全面覆盖、泛在互联的交通运输运行监控体系。

构建新一代交通信息基础网络。加快车联网、船联网等建设。在民航、高铁等载运工具及重要交通线路、客运枢纽站点提供高速无线接入互联网公共服务。建设铁路下一代移动通信系统，布局基于下一代互联网和专用短程通信的道路无线通信网。研究规划分配智能交通专用频谱。

推进云计算与大数据应用。增强国家交通运输物流公共信息平台服务功能。强化交通运输信息采集、挖掘和应用，促进交通各领域数据资源综合开发利用和跨部门共享共用。推动交通旅游服务等大数据应用示范。鼓励开展交通大数据产业化应用，推进交通运输电子政务云平台建设。

保障交通网络信息安全。构建行业网络安全信任体系，基本实现重要信息系统和关键基础设施的安全可控，提升抗毁性和容灾恢复能力。加强大数据环境下防攻击、防泄露、防窃取的网络安全监测预警和应急处置能力建设。加强交通运输数据保护，防止侵犯个人隐私和滥用用户信息等行为。

专栏9　交通运输智能化发展重点工程

（一）高速铁路、民用航空器接入互联网工程

选取示范高速铁路线路，提供基于车厢内公众移动通信和无线网的高速宽带互联网接入服务。选取示范国内民用航空器，提供空中接入互联网服务。

（二）交通运输数据资源共享开放工程

建设综合交通运输大数据中心，形成数据开放共享平台。增强国家交通运输物流公共信息平台服务功能，着力推动跨运输方式、跨部门、跨区域、跨国界交通物流信息开放与共享。

（三）综合交通枢纽协同运行与服务示范工程

在京津冀、长江经济带开展综合交通枢纽协同运行与服务示范，建设信息共享与服务平台、应急联动和协调指挥调度决策支持平台，实现城市公交与对外交通之间动态组织、灵活调度。

（四）新一代国家交通控制网示范工程

选取公路路段和中心城市，在公交智能控制、营运车辆智能协同、安全辅助驾驶等领域开展示范工程，应用高精度定位、先进传感、移动互联、智能控制等技术，提升交通调度指挥、运输组织、运营管理、安全应急、车路协同等领域智能化水平。

（五）高速公路电子不停车收费系统（ETC）应用拓展工程

提高全国高速公路ETC车道覆盖率。提高ETC系统安装、缴费等便利性，着重提升在道路客运车辆、出租汽车等各类营运车辆上的使用率。研究推进标准厢式货车不停车收费。提升客服网点和省级联网结算中心服务水平，建设高效结算体系。实现ETC系统在公路沿线、城市公交、出租汽车、停车、道路客运等领域广泛应用。

（六）北斗卫星导航系统推广工程

加快推动北斗系统在通用航空、飞行运行监视、海上应急救援和机载导航等方面的应用。加强全天候、全天时、高精度的定位、导航、授时等服务对车联网、船联网以及自动驾驶等的基础支撑作用。鼓励汽车厂商前装北斗用户端产品，推动北斗模块成为车载导航设备和智能手机的标准配置，拓宽在列车运行控制、港口运营、车辆监管、船舶监管等方面的应用。

六、促进交通运输绿色发展

（一）推动节能低碳发展

优化交通运输结构，鼓励发展铁路、水运和城市公共交通等运输方式，优化发展航空、公路等运输方式。科学划设公交专用道，完善城市步行和自行车等慢行服务系统，积极探索合乘、拼车等共享交通发展。鼓励淘汰老旧高能耗车船，提高运输工具

和港站等节能环保技术水平。加快新能源汽车充电设施建设，推进新能源运输工具规模化应用。制定发布交通运输行业重点节能低碳技术和产品推广目录，健全监督考核机制。

（二）强化生态保护和污染防治

将生态环保理念贯穿交通基础设施规划、建设、运营和养护全过程。积极倡导生态选线、环保设计，利用生态工程技术减少交通对自然保护区、风景名胜区、珍稀濒危野生动植物天然集中分布区等生态敏感区域的影响。严格落实生态保护和水土保持措施，鼓励开展生态修复。严格大城市机动车尾气排放限值标准，实施汽车检测与维护制度，探索建立重点区域交通运输温室气体与大气污染物排放协同联控机制。落实重点水域船舶排放控制区管理政策，加强近海以及长江、西江等水域船舶溢油风险防范和污染排放控制。有效防治公路、铁路沿线噪声、振动，减缓大型机场噪声影响。

（三）推进资源集约节约利用

统筹规划布局线路和枢纽设施，集约利用土地、线位、桥位、岸线等资源，采取有效措施减少耕地和基本农田占用，提高资源利用效率。在工程建设中，鼓励标准化设计及工厂预制，综合利用废旧路面、疏浚土、钢轨、轮胎和沥青等材料以及无害化处理后的工业废料、建筑垃圾，循环利用交通生产生活污水，鼓励企业加入区域资源再生综合交易系统。

专栏 10　交通运输绿色化发展重点工程

（一）交通节能减排工程

支持高速公路服务区充电桩、加气站，以及长江干线、西江干线、京杭运河沿岸加气站等配套设施规划与建设。推进原油、成品油码头油气回收治理，推进靠港船舶使用岸电。在京津冀、长三角、珠三角三大区域，开展船舶污染物排放治理，到 2020 年硫氧化物、氮氧化物、颗粒物年排放总量在 2015 年基础上分别下降 65%、20%、30%。

（二）交通装备绿色化工程

加快推进天然气等清洁运输装备、装卸设施以及纯电动、混合动力汽车应用，鼓励铁路推广使用交—直—交电力机车，逐步淘汰柴油发电车。加速淘汰一批长江等内河老旧客运、危险品运输船舶。

（三）交通资源节约工程。

提高土地和岸线利用效率，提升单位长度码头岸线设计通过能力。积极推广公路服务区和港口水资源综合循环利用。建设一批资源循环利用试点工程。

（四）交通生态环保工程

建设一批港口、装卸站、船舶修造厂和船舶含油污水、生活污水、化学品洗舱水和垃圾等污染物的接收设施，并与城市公共转运处置设施衔接。在枢纽、高速公路服务区建设一批污水治理和循环利用设施。

七、加强安全应急保障体系建设

（一）加强安全生产管理

强化交通运输企业安全管理主体责任，推动企业依法依规设置安全生产管理机构，健全安全生产管理制度，加强安全生产标准化建设和风险管理。实施从业人员安全素质提升工程，加强安全生产培训教育。重点围绕基础设施、装备设施、运输工具、生产作业等方面安全操作与管理，打造全寿命周期品质工程。强化对安全生产法律法规和安全常识的公益宣传引导，广泛传播交通安全价值观与理念。

（二）加快监管体系建设

构建安全生产隐患排查治理和风险分级管控体系，加强重大风险源动态全过程控制，健全交通安全事故调查协调机制。完善集监测、监控和管理于一体的铁路网络智能安全监管平台和信息传输系统。完善国家公路网运行监测体系，实时监测东中部全部路段和西部重点路段的高速公路运行情况，全面实现重点营运车辆联网联控。完善近海和内河水上交通安全监管系统布局，加强远海动态巡航执法能力建设，加强“四类重点船舶”运行监测。提升民航飞机在线定位跟踪能力，建立通用航空联合监管机制，实现全过程、可追溯监管。加快城市公交安全管理体系建设，加强城市轨道交通运营安全监管和物流运行监测。实施邮政寄递渠道安全监管“绿盾”工程，实现货物来源可追溯、运输可追踪、责任可倒查。加快实现危险货物运输全链条协同监管，强化应对危险化学品运输中泄漏的应急处理能力，防范次生突发环境事件。

（三）推进应急体系建设

加强交通运输部门与公安、安全监管、气象、海洋、国土资源、水利等部门的信息共享和协调联动，完善突发事件应急救援指挥系统。完善全国交通运输运行监测与应急指挥系统，加快建设省级和中心城市运行监测与应急指挥系统。加快建设铁路、公路和民航应急救援体系。完善沿海、长江干线救助打捞飞行基地和船舶基地布局，加强我国管辖海域应急搜救能力和航海保障建设。提升深海远洋搜寻和打捞能力，加强海外撤侨等国际应急救援合作。

专栏11　交通运输安全应急保障重点工程

（一）深海远海监管搜救工程

研究启动星基船舶自动识别系统，配置中远程监管救助载人机和无人机，提升大型监管救助船舶远海搜救适航性能，推动深海远海分布式探测作业装备研发与应用。提升南海、东海等重点海域监管搜救能力。

（二）长江干线交通安全工程

完善长江干线船舶交通管理系统、船舶自动识别系统和视频监控系统，强化长江海事巡航救助一体化船舶、公安巡逻船和消防船舶配置，建设大型起重船及辅助装备、库区深潜器等成套打捞系统。加强长江干线船舶溢油应急设备库建设。

（三）铁路安保工程

加快建设国家铁路应急救援基地，加强高铁运行、监控、防灾预警等安全保障系统建设；加大道口平交改立交及栅栏封闭等安全防护设施建设力度。

（四）公路安全应急工程

继续实施公路安全生命防护工程。持续开展农村公路隐患治理，加强农村公路隧道隐患整治，继续开展农村公路危桥改造。不断完善道路交通应急体系，提高应急保障能力。

（五）航空安全工程

建设民航安保体系，提高民航空防安全保障和反恐怖防范能力。加强适航审定能力建设，建设全国民航安全保卫信息综合应用平台。依托航空运输等企业加快构建民航应急运输和搜救力量。

（六）邮政寄递渠道安全监管“绿盾”工程

建设行政执法、运行监测、安全预警、应急指挥、决策支持、公共服务六类信息系统，完善国家邮政安全监控中心，建设省级和重点城市邮政安全监控中心。

八、拓展交通运输新领域新业态

（一）积极引导交通运输新消费

促进通用航空与旅游、文娱等相关产业联动发展，扩大通用航空消费群体，强化与互联网、创意经济融合，拓展通用航空新业态。有序推进邮轮码头建设，拓展国际国内邮轮航线，发展近海内河游艇业务，促进邮轮游艇产业发展。大力发展自驾车、房车营地，配套建设生活服务功能区。鼓励企业发展城市定制公交、农村定制班车、网络预约出租汽车、汽车租赁等新型服务，稳妥推进众包服务，鼓励单位、个人停车位等资源错时共享使用。

（二）培育壮大交通运输新动能

以高速铁路通道为依托，以高铁站区综合开发为载体，培育壮大高铁经济，引领支撑沿线城镇、产业、人口等合理布局，密切区域合作，优化资源配置，加速产业梯度转移和经济转型升级。基本建成上海国际航运中心，加快建设天津北方、大连东北亚、厦门东南国际航运中心，提升临港产业发展水平，延伸和拓展产业链。建设北京新机场、郑州航空港等临空经济区，聚集航空物流、快件快递、跨境电商、商务会展、科技创新、综合保障等产业，形成临空经济新兴增长极。

（三）打造交通物流融合新模式

打通衔接一体的全链条交通物流体系，以互联网为纽带，构筑资源共享的交通物流平台，创新发展模式，实现资源高效利用，推动交通与物流一体化、集装化、网络化、社会化、智能化发展。推进“平台＋”物流交易、供应链、跨境电商等合作模式，鼓励“互联网＋城乡配送”“物联网＋供应链管理”等业态模式的创新发展。推进公路港等枢纽新业态发展，积极发展无车承运人等互联网平台型企业，整合公路货运资源，鼓励企业开发“卡车航班”等运输服务产品。

（四）推进交通空间综合开发利用

依据城市总体规划和交通专项规划，鼓励交通基础设施与地上、地下、周边空间综合利用，融合交通与商业、商务、会展、休闲等功能。打造依托综合交通枢纽的城市综合体和产业综合区，推动高铁、地铁等轨道交通站场、停车设施与周边空间的联动开发。重点推进地下空间分层开发，拓展地下纵深空间，统筹城市轨道交通、地下道路等交通设施与城市地下综合管廊的规划布局，研究大城市地下快速路建设。

专栏 12　交通运输新领域建设重点工程

（一）通用航空工程

积极发展通用航空短途运输，鼓励有条件的地区发展公务航空。在适宜地区开展空中游览活动，发展飞行培训，提高飞行驾驶执照持有比例。利用会展、飞行赛事、航空文化交流等活动，支持通用航空俱乐部、通用航空爱好者协会等社团发展。规划建设一批航空飞行营地，完善航空运动配套服务，开展航空体育与体验飞行。

（二）国家公路港网络建设工程

以国际性、全国性综合交通枢纽为重点，建设与铁路货运站、港口、机场等有机衔接的综合型公路港；以区域性综合交通枢纽为重点，建设与主干运输通道快速连通的基地型公路港；以国家高速公路沿线城市为重点，形成一批与综合型和基地型公路港有效衔接、分布广泛的驿站型公路港。

（三）邮轮游艇服务工程

有序推进天津、大连、秦皇岛、青岛、上海、厦门、广州、深圳、北海、三亚、重庆、武汉等邮轮码头建设，在沿海沿江沿湖等地区发展公共旅游和私人游艇业务，完善运动船艇配套服务。

（四）汽车营地建设工程

依托重点生态旅游目的地、精品生态旅游线路和国家旅游风景道，规划建设一批服务自驾车、房车等停靠式和综合型汽车营地，利用环保节能材料和技术配套建设生活服务等功能区。

（五）城市交通空间开发利用工程

重点在国际性、全国性综合交通枢纽，以高速铁路客运站、城际铁路客运站、机场为主体，建设一批集交通、商业、商务、会展、文化、休闲于一体的开放式城市功能区。鼓励建设停车楼、地下停车场、机械式立体停车库等集约化停车设施，并按照一定比例配建充电设施。

（六）步道自行车路网建设工程

规划建设城市步行和自行车交通体系，逐步打造国家步道系统和自行车路网，重点建设一批山地户外营地、徒步骑行服务站。

九、全面深化交通运输改革

（一）深化交通管理体制改革

深入推进简政放权、放管结合、优化服务改革，最大程度取消和下放审批事项，加强规划引导，推动交通项目多评合一、统一评审，简化审批流程，缩短审批时间；研究探索交通运输监管政策和管理方式，加强诚信体系建设，完善信用考核标准，强化考核评价监督。完善“大交通”管理体制，推进交通运输综合行政执法改革，建设正规化、专业化、规范化、标准化的执法队伍。完善收费公路政策，逐步建立高速公路与普通公路统筹发展机制。全面推进空域管理体制改革，扎实推进空域规划、精细化改革试点和“低慢小”飞行管理改革、航线审批改革等重点工作，加快开放低空空域。加快油气管网运营体制改革，推动油气企业管网业务独立，组建国有资本控股、投资主体多元的油气管道公司和全国油气运输调度中心，实现网运分离。

（二）推进交通市场化改革

加快建立统一开放、竞争有序的交通运输市场，营造良好营商环境。加快开放民航、铁路等行业的竞争性业务，健全准入与退出机制，促进运输资源跨方式、跨区域优化配置。健全交通运输价格机制，适时放开竞争性领域价格，逐步扩大由市场定价的范围。深化铁路企业和客货运输改革，建立健全法人治理结构，加快铁路市场化运行机制建设。有序推进公路养护市场化进程。加快民航运输市场化进程，有序发展专业化货运公司。积极稳妥深化出租汽车行业改革，完善经营权管理制度。

（三）加快交通投融资改革

建立健全中央与地方投资联动机制，优化政府投资安排方式。在试点示范的基础上，加快推动政府和社会资本合作（PPP）模式在交通运输领域的推广应用，鼓励通过特许经营、政府购买服务等方式参与交通项目建设、运营和维护。在风险可控的前提下，加大政策性、开发性等金融机构信贷资金支持力度，扩大直接融资规模，支持保险资金通过债权、股权等多种方式参与重大交通基础设施建设。积极利用亚洲基础设施投资银行、丝路基金等平台，推动互联互通交通项目建设。

十、强化政策支持保障

（一）加强规划组织实施

各有关部门要按照职能分工，完善相关配套政策措施，做好交通军民融合工作，为本规划实施创造有利条件；做好本规划与国土空间开发、重大产业布局、生态环境建设、信息通信发展等规划的衔接，以及铁路、公路、水运、民航、油气管网、邮政等专项规划对本规划的衔接落实；加强部际合作和沟通配合，协调推进重大项目、重大工程，加强国防交通规划建设；加强规划实施事中事后监管和动态监测分析，适时开展中期评估、环境影响跟踪评估和建设项目后评估，根据规划落实情况及时动态调整。地方各级人民政府要紧密结合发展实际，细化落实本规划确定的主要目标和重点任务，各地综合交通运输体系规划要做好对本规划的衔接落实。

（二）加大政策支持力度

健全公益性交通设施与运输服务政策支持体系，加强土地、投资、补贴等组合政策支撑保障。切实保障交通建设用地，在用地计划、供地方式等方面给予一定政策倾斜。加大中央投资对铁路、水运等绿色集约运输方式的支持力度。充分发挥各方积极性，用好用足铁路土地综合开发、铁路发展基金等既有支持政策，尽快形成铁路公益性运输财政补贴的制度性安排，积极改善铁路企业债务结构。统筹各类交通建设资金，重点支持交通扶贫脱贫攻坚。充分落实地方政府主体责任，采用中央与地方共建等方式推动综合交通枢纽一体化建设。

（三）完善法规标准体系

研究修订铁路法、公路法、港口法、民用航空法、收费公路管理条例、道路运输条例等，推动制定快递条例，研究制定铁路运输条例等法规。加快制定完善先进适用的高速铁路、城际铁路、市域（郊）铁路、城市轨道交通、联程联运、综合性交通枢纽、交通信息化智能化等技术标准，强化各类标准衔接，加强标准、计量、质量监督，构建综合交通运输标准体系和统计体系。完善城市轨道交通装备标准规范体系，开展城市轨道交通装备认证。依托境外交通投资项目，带动装备、技术和服务等标准走出去。

（四）强化交通科技创新

发挥重点科研平台、产学研联合创新平台作用，加大基础性、战略性、前沿性技术攻关力度，力争在特殊重大工程建设、交通通道能力和工程品质提升、安全风险防控与应急技术装备、综合运输智能管控和协同运行、交通大气污染防控等重大关键技术上取得突破。发挥企业的创新主体作用，鼓励企业以满足市场需求为导向开展技术、服务、组织和模式等各类创新，提高科技含量和技术水平，不断向产业链和价值链高端延伸。

（五）培育多元人才队伍

加快综合交通运输人才队伍建设，培养急需的高层次、高技能人才，加强重点领域科技领军人才和优秀青年人才培养。加强人才使用与激励机制建设，提升行业教育培训的基础条件和软硬件环境。做好国外智力引进和国际组织人才培养推送工作，促进人才国际交流与合作。

附件：1. 重点任务分工方案

2. 综合运输大通道和综合交通枢纽示意图（略）

3. “十三五”铁路规划建设示意图（略）

4. “十三五”国家高速公路规划建设示意图（略）

5. “十三五”民用运输机场规划建设示意图（略）

6. “十三五”内河高等级航道规划建设示意图（略）

7. “十三五”原油、成品油、天然气管道规划建设示意图（略）

附件1

重点任务分工方案

序号	任务	责任单位
1	建设多向连通的综合运输通道	国家发展改革委、交通运输部牵头，国家铁路局、中国民航局、中国铁路总公司等按职责分工负责
2	构建高品质的快速交通网。推进高速铁路建设，完善高速公路网络，完善运输机场功能布局	国家发展改革委、交通运输部、国家铁路局、中国民航局、中国铁路总公司等按职责分工负责
3	强化高效率的普通干线网。完善普速铁路网，推进普通国道提质改造，完善水路运输网络，强化油气管网互联互通	交通运输部、国家发展改革委牵头，国家能源局、国家铁路局、中国民航局、中国铁路总公司等按职责分工负责
4	拓展广覆盖的基础服务网。合理引导普通省道发展，全面加快农村公路建设，积极推进支线铁路建设，加强内河支线航道建设，加快推进通用机场建设，完善港口集疏运网络	交通运输部、国家发展改革委牵头，国家铁路局、中国民航局、中国铁路总公司等按职责分工负责
5	打造“一带一路”互联互通开放通道。着力打造丝绸之路经济带国际运输走廊，加快推进21世纪海上丝绸之路国际通道建设，加强“一带一路”通道与港澳台地区的交通衔接	国家发展改革委牵头，交通运输部、外交部、商务部、国家铁路局、中国民航局、中国铁路总公司等按职责分工负责
6	构建京津冀协同发展的一体化网络。打造“轨道上的京津冀”，完善综合交通网络	国家发展改革委牵头，交通运输部、住房城乡建设部、国家铁路局、中国民航局、中国铁路总公司等按职责分工负责
7	建设长江经济带高质量综合立体交通走廊。打造长江黄金水道，构建立体交通走廊	国家发展改革委牵头，交通运输部、水利部、环境保护部、国家铁路局、中国民航局、中国铁路总公司等按职责分工负责
8	发挥交通扶贫脱贫攻坚基础支撑作用。强化贫困地区骨干通道建设，夯实贫困地区交通基础	交通运输部、国家发展改革委牵头，国务院扶贫办、国家铁路局、中国民航局、中国铁路总公司等按职责分工负责

续 表

序号	任务	责任单位
9	发展引领新型城镇化的城际城市交通。推进城际交通发展，加强城市交通建设	国家发展改革委、交通运输部、住房城乡建设部牵头，国家铁路局、中国民航局、中国铁路总公司等按职责分工负责
10	优化综合交通枢纽布局。完善综合交通枢纽空间布局，提升综合客运枢纽站场一体化服务水平，促进货运枢纽站场集约化发展，促进枢纽站场之间有效衔接	交通运输部、国家发展改革委牵头，住房城乡建设部、国家铁路局、中国民航局、国家邮政局、中国铁路总公司等按职责分工负责
11	提升客运服务安全便捷水平。推进旅客联程运输发展，完善区际城际客运服务，发展多层次城市客运服务，推进城乡客运服务一体化	交通运输部牵头，国家发展改革委、国家铁路局、中国民航局、中国铁路总公司等按职责分工负责
12	促进货运服务集约高效发展。推进货物多式联运发展，统筹城乡配送协调发展，促进邮政快递业健康发展，推进专业物流发展	交通运输部牵头，国家发展改革委、商务部、质检总局、国家铁路局、中国民航局、国家邮政局、中国铁路总公司等按职责分工负责
13	增强国际化运输服务能力。完善国际运输服务网络，提高国际运输便利化水平，鼓励交通运输走出去	交通运输部牵头，国家发展改革委、商务部、海关总署、质检总局、国家铁路局、中国民航局、国家邮政局、中国铁路总公司等按职责分工负责
14	发展先进适用的技术装备。推进先进技术装备自主化，促进技术装备标准化发展	国家发展改革委、交通运输部、工业和信息化部牵头，科技部、公安部、质检总局、国家铁路局、中国民航局、国家邮政局、中国铁路总公司等按职责分工负责
15	促进交通产业智能化变革。实施“互联网+”行动计划，培育壮大智能交通产业	国家发展改革委、交通运输部牵头，工业和信息化部、科技部、国家铁路局、中国民航局、中国铁路总公司等按职责分工负责
16	推动智能化运输服务升级。推行信息服务“畅行中国”，发展“一站式”“一单制”运输组织	交通运输部、国家发展改革委牵头，工业和信息化部、国家铁路局、中国民航局、中国铁路总公司等按职责分工负责

续　表

序号	任务	责任单位
17	优化交通运行和管理控制。建立高效运转的管理控制系统，提升装备和载运工具智能化自动化水平	交通运输部牵头，国家发展改革委、工业和信息化部、公安部、国家铁路局、中国民航局、中国铁路总公司等按职责分工负责
18	健全智能决策支持与监管。完善交通决策支持系统，提高交通行政管理信息化水平	交通运输部牵头，工业和信息化部、国家铁路局、中国民航局、中国铁路总公司等按职责分工负责
19	加强交通发展智能化建设。打造泛在的交通运输物联网，构建新一代交通信息基础网络，推进云计算与大数据应用，保障交通网络信息安全	国家发展改革委、交通运输部牵头，工业和信息化部、国家国防科工局、国家铁路局、中国民航局、中国铁路总公司等按职责分工负责
20	推动节能低碳发展。优化运输结构，推广应用节能低碳技术和产品	交通运输部、住房城乡建设部牵头，国家发展改革委、环境保护部、国家能源局、国家铁路局、中国民航局、中国铁路总公司等按职责分工负责
21	强化生态保护和污染防治。加强全过程全周期生态保护，强化大气、水、噪声污染防治	交通运输部牵头，国家发展改革委、环境保护部、国家铁路局、中国民航局、中国铁路总公司等按职责分工负责
22	推进资源集约节约利用。提高交通资源利用效率，加强资源综合循环利用	交通运输部牵头，工业和信息化部、环境保护部、国家铁路局、中国民航局、中国铁路总公司等按职责分工负责
23	加强交通运输安全生产管理	交通运输部牵头，公安部、安全监管总局、国家铁路局、中国民航局、中国铁路总公司等按职责分工负责
24	加快交通安全监管体系建设	交通运输部牵头，公安部、安全监管总局、国家铁路局、中国民航局、国家邮政局、中国铁路总公司等按职责分工负责
25	推进交通运输应急体系建设	交通运输部牵头，公安部、安全监管总局、国家铁路局、中国民航局、中国铁路总公司等按职责分工负责

续 表

序号	任务	责任单位
26	积极引导交通运输新消费	国家发展改革委、交通运输部牵头，工业和信息化部、住房城乡建设部、国家旅游局、中国民航局、国家邮政局、中国铁路总公司等按职责分工负责
27	培育壮大交通运输新动能	国家发展改革委、交通运输部牵头，商务部、海关总署、国家旅游局、体育总局、中国铁路总公司等按职责分工负责
28	打造交通物流融合新模式	国家发展改革委、交通运输部牵头，商务部、工业和信息化部、海关总署、中国铁路总公司等按职责分工负责
29	推进交通空间综合开发利用	国家发展改革委、交通运输部、住房城乡建设部牵头，国土资源部等按职责分工负责
30	深化交通管理体制改革	国家发展改革委、交通运输部牵头，工商总局、国家铁路局、中国民航局、中国铁路总公司等按职责分工负责
31	推进交通市场化改革	国家发展改革委、交通运输部牵头，工商总局、国家铁路局、中国民航局、中国铁路总公司等按职责分工负责
32	加快交通投融资改革	国家发展改革委、财政部、交通运输部牵头，国土资源部、人民银行、银监会、证监会、保监会、国家铁路局、中国民航局、中国铁路总公司等按职责分工负责
33	完善法规体系	交通运输部牵头，国务院法制办、国家铁路局、中国民航局、国家邮政局、国家交通战备办公室、中国铁路总公司等按职责分工负责
34	强化标准支撑	质检总局、交通运输部牵头，工业和信息化部、科技部、住房城乡建设部、国家铁路局、中国民航局、国家邮政局、中国铁路总公司等按职责分工负责

交通运输部办公厅关于做好无车承运试点运行监测工作的通知

交办运函〔2017〕256号

各省、自治区、直辖市、新疆生产建设兵团交通运输厅（局、委）：

《交通运输部办公厅关于推进改革试点 加快无车承运物流创新发展的意见》（交办运〔2016〕115号）印发实施后，各省按照要求启动了无车承运试点工作。截至目前，29个省（区、市）共筛选确定了283个无车承运试点企业并报部（详见附件1）。为加强对无车承运试点工作的运行监测，规范试点运营行为，确保试点工作平稳有序推进并取得实效，现就做好试点运行监测有关工作通知如下：

一、总体要求

按照分级负责、稳步实施、协同监督的原则，以规范试点行为、防控试点风险、总结试点成效为目标，充分利用互联网及信息化手段，重点针对试点企业的“运输业务、运输资质、服务质量及信用、运行绩效”等内容开展动态监测，总结推广先进的运营管理模式，推动无车承运物流规范有序发展，促进货运物流业的“降本增效”。

二、监测内容

对各省（区、市）交通运输主管部门向交通运输部报备的无车承运试点企业开展运行监测工作，主要内容包括：

（1）运输业务监测。对试点企业的运单数据与实际承运车辆运行轨迹数据等进行比对，加强试点企业运输业务单证与其实际运行数据的一致性监测，并与税务等部门做好信息协同对接。

（2）运输资质比对。对试点企业、实际承运人、实际承运车辆的经营资质进行比对，加强对运输过程和实际承运人经营行为的动态监测。

（3）服务质量及信用监测。对试点企业的保险赔付制度落实情况、服务质量管控情况、业务投诉处理情况等进行动态监测，加强对试点企业的信用评价。

（4）运行绩效监测。通过对试点企业运单数据的动态监测，对试点期间试点企业业务增长和拓展、运营组织模式创新、促进物流“降本增效”情况，以及管理部门法规制度及标准规范创新情况进行综合评估。

三、组织安排

无车承运试点运行动态监测工作采取平台监测、重点督导和企业自律相结合的方式开展。交通运输部负责全国无车承运人试点运行监测工作的统筹指导。省级交通运输主管部门是监测工作的责任主体，负责本辖区内试点运行的监测工作，建设监测平台并对试点运行情况进行重点督察。试点企业应按照要求做好数据接入，加强企业自律并配合管理部门做好监测工作。交通运输部科学研究院（以下简称部交科院）、国家交通运输物流公共信息平台管理中心（以下简称国家物流信息平台管理中心）负责运行监测的技术支持工作。

（一）平台监测

（1）建立部、省两级监测平台。交通运输部委托国家物流信息平台管理中心建设部级试点运行监测平台（以下简称部监测平台），部监测平台向包括试点企业在内的运输企业提供实际承运人的“人、车、户”基本信息、总质量 12 吨及以上货运车辆接入全国道路货运车辆公共监管与服务平台入网信息查询服务。省级交通运输主管部门建设省级监测平台（以下简称省监测平台），监测平台应具备数据采集和比对监测、异常情况预警和处理、运行数据统计分析、信息查询等基本功能，并实现与部监测平台的互联互通。暂不具备条件建设省监测平台的省份，部监测平台将对各省开放本辖区内的试点企业数据信息，作为省级监测虚拟平台，用于各省对试点工作的运行监测。

（2）做好数据接入。试点企业应参照《部无车承运试点企业运行监测平台接入指南》（以下简称《接入指南》，详见附件 2）具体要求，完成企业信息系统接口改造工作，江苏、浙江、河南、湖北、贵州五省试点企业于 2017 年 3 月 31 日前实现与部、省两级监测平台的对接，其他省（区、市）试点企业于 2017 年 4 月 30 日前实现与部、省两级监测平台对接，并按照要求及时上传数据。

（3）做好监测及异常情况处理工作。部监测平台对企业接入的数据进行自动监测分析比对，对出现的实际承运车辆资质信息异常、总质量 12 吨及以上货运车辆未按要求接入道路货运车辆公共平台、以及单证信息与实际运输轨迹不一致等异常情况，及时向省监测平台（包括省监测虚拟平台）推送异常情况提示。省级交通运输主管部门应及时登录本省监测平台（包括省监测虚拟平台）查看异常情况详情，督促试点企业针对异常情况进行调查核实，如单证数据填报不全，可在核对更正后再次向部、省监测平台（包括省监测虚拟平台）上传运单。部监测平台将在推送异常情况提示后的次月最后一日对异常单据进行再次比对，比对结果并经省级交通运输主管部门确认后纳入本省试点企业异常情况统计范围。交通运输部根据部监测平台统计的各省试点企业异常率，定期通报各省及各试点企业运行监测异常及处理反馈情况，省级交通运输主管部门应根据部通报的相关情况建立试点企业考核和退出机制，对未按要求接入监测平台或异常率较高的企业，督促其及时进行整改，对拒不整改的试点企业，取消其试点资格。交通运输部将对试点期内试点企业运行监测情况进行综合评估，评估结果作为部深化试点工作，完善试点政策的重要依据。

（二）重点督导

省级交通运输主管部门应加强对试点企业的考核和督导，建立定期考核和通报机制。针对本省及试点企业的试点实施方案和试点中出现的突出问题，组织专家赴企业进行现场调研和督导。针对运行监测内容，逐项进行检查和考核。对平台监测异常率较高、定期考核较差的试点企业要进行重点督导，督促企业采取有效措施加快整改。省级交通运输主管部门应将对试点企业的考核和督导情况，纳入试点运行监测情况分析报告一并报部。

（三）企业自律

各试点企业要根据试点运行监测的相关要求，结合企业试点实施方案，定期对企业试点运行情况进行自检自查，针对自检自查中发现的问题，以及平台监测反馈的异常信息和省级督导中发现的问题，及时研究处置措施并进行整改。各省级交通运输主管部门应将试点企业自检自查报告及整改处置情况作为省级督导检查的重点内容。

（四）定期报告

各省交通运输主管部门分别于 5 月 20 日和 11 月 20 日前编制完成本省试点运行监测情况分析报告（监测分析报告编写指南见附件 3），并报送交通运输部。部将于 5 月 31 日和 11 月 30 日发布全国试点运行监测分析报告，总结梳理试点工作取得成效及存在的问题，结合平台监测和重点督导情况，对各省和试点企业运行情况进行通报，指导全国试点工作顺利推进。

四、工作要求

（1）加快组织实施。运行监测是开展无车承运人试点工作的重要内容，各省交通运输主管部门要高度重视，加快建设省监测平台，并与部监测平台有效对接，组织和督导试点企业完成数据接入。对部、省两级监测平台反映的异常情况，要及时组织试点企业进行调查分析和反馈处理，要加强对试点企业的定期考核和督察，督促企业落实相关主体责任。要积极协调相关部门解决试点过程中出现的新情况、新问题，确保运行动态监测工作取得预期效果。

（2）确保数据质量。试点企业应利用道路运政信息管理系统和全国道路货运车辆公共监管与服务平台系统，做好“人、车、户”等基本信息的自查核验工作，确保实际承运人经营资质合法合规。要按照《接入指南》要求，及时完成系统接口改造和数据接入工作，上传运单数据，并对数据的真实性负责。针对监测平台告知的单证异常情况，试点企业应及时分析原因并做好处置，如实反馈相关情况。

（3）强化技术支持。国家物流信息平台管理中心要做好部监测平台的开发建设、运营维护，以及试点企业系统接口改造和数据接入的技术培训工作，确保能够及时准确自动比对运单数据。部交科院负责跟踪了解全国无车承运试点企业运行监测情况，依托部监测平台的运行数据和各省上报的试点运行监测情况分析报告，编制全国无车承运人试点运行监测分析报告，汇总记录各省、各试点企业单证异常情况并进行定期通报。全国道路货运车辆公共监管与服务平台向部监测平台提供总质量 12 吨及以上的重型普通载货汽车和半挂牵引车的运行轨迹信息用于运单的真实性校验。

（4）做好数据保密。部、省两级监测平台要强化网络安全整体防护能力，保障试点企业运单数据上传交互过程中的信息安全。各省交通运输主管部门及相关技术支持单位在试点运行监测工作中，须对试点企业运单数据严格保密，严防信息泄露，禁止利用企业上报的运单数据进行商业开发。

附件：1. 无车承运试点企业名单

2. 部无车承运试点企业运行监测平台接入指南

3. 无车承运试点运行监测分析报告编写指南

交通运输部办公厅

2017 年 3 月 1 日

附件 1

无车承运试点企业名单

省份	试点企业名单	数量（家）
北京	北京数据在线国际供应链管理股份有限公司	1
天津	振华东疆（天津）有限公司	11
	世德现代物流有限公司	
	天津大田运输服务有限公司	
	联合运输（天津）有限公司	
	五矿物流集团天津货运有限公司	
	滴滴集运（天津）科技股份有限公司	
	天津运友物流科技股份有限公司	
	水金湾（天津）有限公司	
	天津港散货物流有限责任公司	
	天津正易物通网络科技有限公司	
	天津陆路港公路运输发展有限公司	

续 表

省份	试点企业名单	数量（家）
河北	河北万合物流股份有限公司	10
	远迈信息技术张家口有限公司	
	河北快运集团	
	河北沃车港智慧科技有限公司	
	分通河北物流有限公司	
	胡子物流有限公司	
	中国外运河北分公司	
	河北好望角物流发展有限公司	
	唐山公路港物流有限公司	
	邯郸市邯钢集团安达物流有限公司	
山西	山西经纬通达股份有限公司	7
	山西晋云现代物流有限公司	
	山西快成物流科技有限公司	
	山西新晋中交兴路信息科技有限公司	
	山西聚鑫物云电子科技有限公司	
	山西云启正通物流有限责任公司	
	山西卡的网络科技有限公司	
内蒙古	内蒙古诚昊启元股份公司	5
	通辽市第一运输有限公司	
	内蒙古安快物流集团公司	
	二连流畅贸易有限公司	
	内蒙古巴运汽车运输有限责任公司	
辽宁	营口港通电子商务有限公司	15
	德邻陆港（鞍山）有限责任公司	
	辽阳第地嘉仓储物流有限公司	
	辽宁农信货联物流有限公司	
	辽宁中成物流有限公司	
	沈阳金正物流有限公司	
	辽宁诚通物流有限公司	
	鞍山新资讯信息有限公司	
	辽宁跃达快运网络科技股份有限公司	

续　表

省份	试点企业名单	数量（家）
辽宁	沈阳传化陆港物流有限公司	15
	营口四海互联物流有限公司	
	大连中远国际货运有限公司	
	辽宁门到门信息技术有限公司	
	特兰格睿物流（大连）有限公司	
	大连迈隆国际物流有限公司	
吉林	启明信息技术股份有限公司	6
	吉林省掌控物流科技有限公司	
	吉林省吉高物流有限公司	
	长春京铁物流有限公司	
	长春卡行天下供应链管理有限公司	
	吉林省香江物流有限公司	
黑龙江	哈尔滨只点互通物流有限公司	4
	哈尔滨新赛力生信息咨询有限公司	
	黑龙江北斗天宇导航信息科技股份有限公司	
	哈尔滨传化公路港物流有限公司	
上海市	上海中远海运集装箱运输有限公司	12
	新杰物流集团股份有限公司	
	罗宾逊全球货运（上海）有限公司	
	上海卡行天下供应链管理有限公司	
	上海天地汇供应链管理有限公司	
	上海胖猫物流有限公司	
	上海圆汇网络技术有限公司	
	上海圆迈贸易有限公司	
	上海易浦物流有限公司	
	上海成达信息科技有限公司	
	上海冷联天下国际物流有限公司	
	上海汇而通国际物流有限公司	

续 表

省份	试点企业名单	数量（家）
江苏	丹阳飓风物流股份有限公司	24
	中储南京智慧物流科技有限公司	
	无锡远迈信息技术有限公司	
	无锡恰途网络科技有限公司	
	江苏飞力达国际物流股份有限公司	
	江苏友货网络科技有限公司	
	江苏苏宁物流有限公司	
	江苏志宏物流有限公司	
	江苏物云通物流科技有限公司	
	江苏金陵交运集团有限公司	
	江苏物润船联网络股份有限公司	
	江苏政成物流股份有限公司	
	江苏星通北斗航天科技有限公司	
	江苏满运软件科技有限公司	
	江苏零浩网络科技有限公司	
	连云港吉安集装箱甩挂运输交易中心有限公司	
	林森物流集团有限公司	
	南京众彩农副产品批发市场有限公司	
	南京宜流信息咨询有限公司	
	南京福佑在线电子商务有限公司	
	宿迁农信货联物流有限公司	
	常州易呼通物流科技有限公司	
	常州易得利供应链管理有限公司	
	惠龙易通国际物流股份有限公司	

续　表

省份	试点企业名单	数量（家）
浙江	杭州传化货嘀科技有限公司	14
	杭州菜鸟供应链管理有限公司	
	浙江红狮物流有限公司	
	浙江专线宝网阔物联科技有限公司	
	宁波万联国际集装箱投资管理有限公司	
	宁波卡哥信息科技有限公司	
	浙江嘉宝物流股份有限公司	
	杭州大恩物联科技有限公司	
	宁波国际物流发展股份有限公司	
	浙江运到网络科技有限公司	
	宁波港国际物流有限公司	
	浙江车马象物联网络有限公司	
	宁波聚合集卡联盟电子商务有限公司	
	浙江未名物流发展有限公司	
安徽	合肥维天运通信息科技股份有限公司	13
	安徽慧通互联科技有限公司	
	安徽迅捷物流有限责任公司	
	安徽神通物联网科技有限公司	
	安徽省徽商五源国际物流港务有限公司	
	芜湖运泰物流有限责任公司	
	安得物流股份有限公司	
	安徽共生物流科技有限公司	
	界首市黑豹运输有限公司	
	安徽神州易达供应链管理有限公司	
	铜陵有色金属集团铜冠物流有限公司	
	安徽金网运通物流科技有限公司	
	安徽统运物流科技有限公司	

续 表

省份	试点企业名单	数量（家）
福建	福建高速物流股份有限公司	14
	福建八方物流股份有限公司	
	福建省慧淘供应链管理有限公司	
	铁联物流集团有限公司	
	福州迅腾网络科技有限公司	
	福建好运联联信息科技有限公司	
	福建未名信息技术股份有限公司	
	福建省交通一卡通有限公司	
	泉州天地汇供应链管理有限公司	
	福建传化公路港物流有限公司	
	泉州市闽运兴物流有限公司	
	福建联冠汇通物流科技有限公司	
	福建龙洲运输股份有限公司	
	漳州漳龙物流园区开发有限公司	
江西	江西万佶物流有限公司	5
	江西正广通供应链管理有限公司	
	江西国控吉驰物流科技有限公司	
	江西三志物流有限公司	
	江西尧泰供应链管理有限公司	
山东	一点科技有限公司	10
	青岛港国际货运物流有限公司	
	希杰荣庆物流供应链有限公司	
	日照港集团有限公司	
	山东京博云商物流有限公司	
	济南传化泉胜公路港物流有限公司	
	泰安市峰松电子科技有限公司	
	弘嘉孚国际物流有限公司	
	山东航天九通车联网有限公司	
	满易网络科技有限公司	

续 表

省份	试点企业名单	数量（家）
河南	中原大易科技有限公司	13
	许昌万里运输集团股份有限公司	
	河南安联程通信息技术有限公司	
	河南紫云云计算股份有限公司	
	洛阳市大一物流有限公司	
	郑州金色马甲电子商务有限公司	
	郑州永康物流产业发展有限公司	
	开封市宏达信息技术有限公司	
	河南省脱颖实业有限公司	
	河南卓逾物流有限责任公司	
	河南中原云工有限责任公司	
	郑州交通运输集团有限责任公司	
	郑州国际陆港开发建设有限公司	
湖北	武汉小码大众科技有限公司	10
	武汉物易云通网络科技有限公司	
	湖北我家物流服务有限公司	
	湖北真好运智慧物流有限公司	
	武汉天地汇天诚供应链管理有限公司	
	湖北车联天下物流有限公司	
	武汉快驰科技有限公司	
	湖北安卅物流有限公司	
	宜昌三峡物流园有限公司	
	湖北天盾电子技术有限公司	
湖南	长沙市实泰物流有限公司	14
	湖南海驿智能物流产业发展有限公司	
	湖南省京阳物流有限公司	
	湖南省衡缘物流有限公司	
	湖南国联捷物流有限公司	
	招商局物流集团湖南有限公司	
	湖南湘北斗互联科技有限公司	
	长沙传化公路港物流有限公司	

续 表

省份	试点企业名单	数量（家）
湖南	益阳市南县南洲物流园有限公司	14
	衡阳市雁城物流园有限公司	
	湖南天骄物流信息科技有限公司	
	湖南龙骧神驰运输集团有限责任公司	
	湖南神州大地行物流有限公司	
	益阳市湘运物流有限责任公司	
广东	宝供物流企业集团有限公司	25
	广东中外运电子商务有限公司	
	广州林安汇信物流有限公司	
	广州志鸿物流有限公司	
	深圳市前海美泰物流网科技有限公司	
	广州讯心信息科技有限公司	
	运柜宝物流有限公司	
	好多车联（深圳）科技有限公司	
	招商局物流集团有限公司	
	广州踏歌行物流有限公司	
	广东一站网络科技有限公司	
	风神物流有限公司	
	招商局物流集团广州物流有限公司	
	深圳市新运力科技开发有限公司	
	深圳一海通全球供应链管理有限公司	
	广州市鑫亚物流有限公司	
	深圳前海阿凡达物流网络科技有限公司	
	深圳卡行天下网络科技有限公司	
	广州增信信息科技有限公司	
	深圳市康舶司科技有限公司	
	深圳市一达通供应链服务有限公司	
	深圳市调车宝物流科技有限公司	
	深圳市中芃科技物流有限公司	
	深圳市国讯通科技实业有限公司	
	深圳市华鹏飞现代物流股份有限公司	

续 表

省份	试点企业名单	数量（家）
海南	小驿科技（海南）有限公司	4
	海南南洋华远互联网物流有限公司	
	海南海汽运输集团有限公司	
	海南港航物流服务有限公司	
四川	成都天地汇顺邦供应链管理有限公司	13
	成都积微物联电子商务有限公司	
	成都返空汇网络技术有限公司	
	四川蜀亚通供应链管理有限责任公司	
	拉货宝网络科技有限责任公司	
	成都传化公路港物流有限公司	
	四川省港航开发有限责任公司	
	成都卡行天下物流有限公司	
	四川省物流信息服务有限公司	
	成都道臣物流集团有限公司	
	东亨信息科技股份有限公司	
	宜宾市优配物流信息服务有限公司	
	四川华峰物流有限公司	
重庆	重庆中交兴路供应链管理有限公司	7
	重庆返空汇物流科技有限公司	
	重庆传化公路港物流有限公司	
	沙师弟（重庆）网络科技有限公司	
	重庆公路运输（集团）有限公司	
	重庆诚通信息技术有限公司	
	重庆南川区虹宇汽车贸易有限公司	
贵州	贵州道坦坦科技股份有限公司	9
	贵阳货车帮科技有限公司	
	贵州贵铁物流有限公司	
	贵州交通物流集团有限公司	
	贵阳传化公路港物流有限公司	
	贵州水钢物流有限公司	
	铜仁灯塔国际物流有限责任公司	

续 表

省份	试点企业名单	数量（家）
贵州	遵义传化公路港物流有限公司	9
	贵州省兴义汽车运输总公司	
云南	云南能投物流有限责任公司	5
	云南昆明交通运输集团有限公司	
	云南腾俊多式联运股份有限公司	
	腾冲市瑞和物流有限责任公司	
	昆明海航速运有限责任公司	
陕西	陕西恒顺物流有限责任公司	14
	宝鸡华誉物流股份有限公司	
	榆林货达物流有限公司	
	榆林恒泰运输集团	
	西安海纳汽车服务有限公司	
	陕西省商业储运总公司	
	西安胜途汽车服务有限公司	
	榆林卡漠网络科技有限公司	
	榆林煤炭交易中心有限公司	
	陕西分通物流有限公司	
	陕西银天物流有限公司	
	陕西远行供应链管理有限公司	
	西安和硕物流科技有限公司	
	榆林智汇网络科技有限公司	
甘肃	甘肃省物产集团有限责任公司	7
	甘肃新网通科技信息有限公司	
	甘肃建投资产经营有限公司	
	甘肃西运运输实业（集团）有限责任公司	
	武威腾宇物流中心有限公司	
	甘肃中寰卫星导航通信有限公司	
	甘肃东部运输实业（集团）有限责任公司	
宁夏	宁夏众力北斗卫星导航信息服务有限公司	1

续　表

省份	试点企业名单	数量（家）
新疆	新疆天顺供应链股份有限公司	6
	新疆汇通互联信息科技有限责任公司	
	新疆智慧天山信息科技有限公司	
	新疆华凌物流配送有限公司	
	新疆九洲恒昌供应链管理股份有限公司	
	新疆伊宁市松发物流有限责任公司	
新疆兵团	新疆天富易通供应链管理有限责任公司	4
	新疆兵储物流有限责任公司	
	新疆聚鑫运通物流有限公司	
	新疆联宇投资有限公司	
合计		283

附件 2

部无车承运试点企业运行监测平台接入指南

1　概述

根据《交通运输部办公厅关于推进改革试点加快无车承运物流创新发展的意见》（交办运〔2016〕115 号）要求，交通运输部委托国家物流信息平台管理中心开发建设部监测平台，对全国无车承运试点运行情况进行监测。同时，各省交通运输主管部门要建立省监测平台，对辖区无车承运试点企业运行情况进行监督监测，也可使用虚拟监测平台（由部监测平台分配省级账号）进行监测。

本指南用于指导无车承运试点企业按照运行监测的要求，通过系统接口改造，接入部、省监测平台并实现相关数据的报送。

2　试点企业接入要求

无车承运试点企业互联网平台需按照要求进行系统接口改造，将相关运单数据实时上报。部监测平台接入方式为 WebService。

试点企业需改造业务系统，在货物运送至收货地并由客户签收后，实现该笔业务运输单证数据的实时上传，上报单证为《无车承运人运输单证》，相关技术规范详见《无车承运人运单技术规范》（4.1）。

3　软件接入改造流程

无车承运人运输单证发送方式原则上为一单多报，同时报送部、省两级监测平台。自建监测平台的省份，无车承运人运输单证也可先报送省监测平台，由省监测平台统一传送至部监测平台。部监测平台交换代码：wcjc0001；省监测平台交换代码向所在省份行业管理部门获取。接入改造的具体技术流程参见：http：//www. logink. org/col/col1393/index. html。

试点企业第一次登录部监测平台（网址：jc. logink. org）时，需补充填写企业相关信息。

4 接入单证规范

业务报文上传中报文属性见下表。

报文属性表

序号	属性名称	说明
1	报文层 Level	标识数据元在报文结构中的位置和层次关系
2	分类编号	标识该数据元的唯一标记，反映该数据元在数据元集中的排列位置，分类编号从左至右由交通运输物流信息交换业务领域代码、数据元一级分类顺序号、数据元二级分类顺序号和数据元顺序号组成，具体编码规则见 JT/T 919. 1—2014 中的 5. 1. 2
3	英文名称	数据元和段组的英文标记名，可用作可扩展标记语言（XML）标记名，段组是由多个数据元构成的数据实体
4	中文名称	对数据元的中文描述
5	约束/出现次数	数据元在报文中重复出现的次数： a）0. . 1——数据元值域可填，且出现一次； b）0. . n——数据元值域可填，且可出现多次； c）1. . 1——数据元值域必填，且出现一次； d）1. . n——数据元值域必填，且可出现多次。
6	数据格式	数据格式中使用的字符含义如下： a）a = 字母字符； b）n = 数字字符； c）an = 字母数字汉字字符； d）. . = 字符型数据的最小长度到最大长度的分隔符； e），= 区分数字字符个数与小数点后小数位数的分隔符，即“，”前为数字字符个数，“，”后为小数点后小数位数； f）YYYYMMDDhhmmss =“YYYY”表示年份，“MM”表示月份，“DD”表示日期，“hh”表示小时，“mm”表示分钟，“ss”表示秒，可以视具体实际情况组合使用； 示例 1： an3. . 8 表示最大长度为 8，最小长度为 3 的不定长字符。 示例 2： an5（aannn）表示定长 5 个字母数字字符，前 2 个为字母字符，后 3 个为数字字符。 示例 3： n. . 8，4 表示该数值最大长度为八位数字字符、小数点后四位数字。
7	引用文件	代码型数据元值域引用的标准
8	说明	对数据元的简要解释和应用说明

4.1 无车承运人运单技术规范

序号	报文层	分类编号	英文名称	中文名称	约束/出现次数	数据格式	引用文件	说明
1	1		Root	根	1..1			
2	2		Header	报文头	1..1			
3	3	WL0000062	MessageReferenceNumber	报文参考号	1..1	an..35		报文的唯一标识符，由系统按GUID规则自动产生
4	3	WL0100000	DocumentName	单证名称	1..1	an..35		无车承运人电子路单
5	3	WL0000052	DocumentVersionNumber	报文版本号	1..1	an..17		2015WCCYR
6	3	WL0900813	SenderCode	发送方代码	1..1	an..20		无车承运人物流交换代码
7	3	WL0900817	RecipientCode	接收方代码	1..1	an..20		监测平台代码
8	3	WL0200863	MessageSendingDateTime	发送日期时间	1..1	n14		YYYYMMDDhhmmss
9	3	WL0100225	MessageFunctionCode	报文功能代码	0..1	an..3	GB/T 16833—2011	标识本报文是初始报文，还是变更后的报文（如果是变更后的报文，则托运单号需跟变更之前的报文的托运单号一致）。参见代码集4.2.1
10	2		Body	报文体	1..1			
11	3	WL0100820	OriginalDocumentNumber	原始单号	1..1	an..35		必填。上游企业委托运输单号
12	3	WL0100802	ShippingNoteNumber	托运单号	1..1	an..20		必填。本电子路单号
13	3	WL0300126	Carrier	承运人	1..1	an..512		必填。无车承运试点企业名称
14	3	WL0300807	UnifiedSocialCreditIdentifier	统一社会信用代码	0..1	an18		选填，无车承运人的统一社会信用代码
15	3	WL0300926	PermitNumber	许可证编号	0..1	an..50		选填，无车承运人的道路运输经营许可证（无车承运）编号

续 表

序号	报文层	分类编号	英文名称	中文名称	约束/出现次数	数据格式	引用文件	说　明
16	3	WL0200805	ConsignmentDateTime	托运日期时间	1..1	n14		必填。无车承运人系统正式生成运单的日期时间,YYYYMMDDhhmmss
17	3	WL0800903	BusinessTypeCode	业务类型代码	1..1	an..7	GB/T 26820	必填。详见代码集4.2.2
18	3	WL0200171	DespatchActualDateTime	发运实际日期时间	1..1	n14		必填。货物装车后的发车时间YYYYMMDDhhmmss
19	3	WL0200441	GoodsReceiptDateTime	收货日期时间	1..1	n14		必填。货物运到后的签收时间。如签收时间无法确定,填货物运到收货地的时间 YYYYMMDDhhmmss
20	3		ConsignorInfo	发货方信息	1..1			
21	4	WL0300336	Consignor	发货人	0..1	an..512		选填。单位或个人,如集装箱运输业务无法明确实际发货人可填货代信息
22	4	WL0100194	PersonalIdentityDocument	个人证件号	0..1	an..35		选填
23	4	WL0300334	PlaceOfLoading	装货地点	0..1	an..256		选填。实际装货的地点
24	4	WL0300229	CountrySubdivisionCode	国家行政区划代码	1..1	an..12		必填。装货地点的国家行政区划代码,参照GB/T 2260《中华人民共和国行政区划代码》的代码,精确到区县
25	3		ConsigneeInfo	收货方信息	1..1			
26	4	WL0300132	Consignee	收货人	0..1	an..512		选填。单位或个人
27	4	WL0300160	GoodsReceiptPlace	收货地点	0..1	an..256		选填。具体的收货地址

续 表

序号	报文层	分类编号	英文名称	中文名称	约束/出现次数	数据格式	引用文件	说 明
28	4	WL0300229	CountrySubdivisionCode	国家行政区划代码	1..1	an..12	GB/T 2260 的数字代码	必填。收货地点的国家行政区划代码,参照 GB/T 2260《中华人民共和国行政区划代码》的代码,精确到区县
29	3		PriceInfo	费用信息	1..1			
30	4	WL0500160	TotalMonetaryAmount	货币总金额	1..1	n..18,3		必填。托运人付给无车承运人企业的运输费用,货币单位为人民币,保留 3 位小数,如整数的话,以.000 填充。如是一笔业务分几辆车运,需将托运人针对这笔业务付给无车承运人企业的运输费用分摊到每辆车上
31	4	WL0900842	Remark	备注	0..1	an..256		选填
32	3		VehicleInfo	车辆信息	1..1			
33	4	WL0800819	LicensePlateTypeCode	牌照类型代码	1..1	an..20	GA 24.7	必填。详见代码集 4.2.3
34	4	WL0800802	VehicleNumber	车辆牌照号	1..1	an..35		必填
35	4	WL0800801	VehicleClassificationCode	车辆分类代码	1..1	an..12	GA 24.4	必填。详见代码集 4.2.4
36	4	WL0800812	VehicleTonnage	车辆载质量	1..1	n..9,2		必填。默认单位:吨,保留两位小数,如整数的话,以.00 填充。小数点不计入总长
37	4	WL0800816	RoadTransportCertificate Number	道路运输证号	1..1	n12		必填。车辆的道路运输证号,填道路运输证证件编号
38	4	WL0800962	TrailerVehiclePlateNumber	挂车牌照号	0..1	an..35		选填
39	4	WL0300920	Owner	所有人	0..1	an..256		选填。车辆所有人(或企业)的名称或姓名

续 表

序号	报文层	分类编号	英文名称	中文名称	约束/出现次数	数据格式	引用文件	说 明
40	4	WL0300926	PermitNumber	许可证编号	0..1	an..50		选填。车辆所属业户的道路运输经营许可证编号
41	4		Driver	驾驶员	0..n			选填。如运输过程中有多个驾驶员,可循环
42	5	WL0300404	NameOfPerson	姓名	1..1	an..30		选填。驾驶员姓名
43	5	WL0100810	QualificationCertificateNumber	从业资格证号	0..1	an..19		选填。驾驶员从业资格证号
44	5	WL0300869	TelephoneNumber	电话号码	0..1	an..18		选填
45	4		GoodsInfo	货物信息	1..n			如一车货有不同货物,则可循环
46	5	WL0700002	DescriptionOfGoods	货物名称	1..1	an..512		必填
47	5	WL0700085	CargoTypeClassificationCode	货物类型分类代码	1..1	an..3		必填。详见代码集4.2.5
48	5	WL0600292	GoodsItemGrossWeight	货物项毛重	1..1	n..14,3		必填。重量单位以KGM千克填写数值,保留3位小数,如整数的话,以.000填充。小数点不计入总长。如是轻泡货等货物,请估算重量。如是一笔业务分几辆车运,需报送每辆车实际运输的货物重量
49	5	WL0600322	Cube	体积	0..1	n..9,4		选填。体积单位以DMQ立方米填写数值,保留4位小数,如整数的话,以.0000填充。小数点不计入总长
50	5	WL0700370	TotalNumberOfPackages	总件数	0..1	n..8		选填
51	3	WL0400440	FreeText	自由文本	0..1	an..512		选填

4.2　代码集

4.2.1　报文功能代码（分类编号：WL0100225）

定义：指示报文功能的代码。

参考标准：参考 GB/T 16833—2011 的“1225 报文功能代码”

代码值域：

代码	名称	英文名称	描述
1	取消（删除）	Cancellation	取消先前传输的报文
5	代替（更新）	Replace	替代先前报文的报文
9	最初的（新增）	Original	有关交易的最初传输

4.2.2　业务类型代码（分类编号：WL0800903）

定义：标识业务类型的代码。

参考标准：参考 GB/T 26820 的有关规定

代码值域：

代码	名称	描述
1002996	干线普货运输	干线普货运输服务
1003997	城市配送	在城市范围内进行配送
1003998	农村配送	若发货方或收货方在农村地区即为农村物流
1002998	集装箱运输	集装箱运输
1003999	其他	其他

4.2.3　牌照类型代码（分类编号：WL0800819）

定义：由公安车管部门核发的机动车号牌种类代码。

参考标准：参考 GA 24.7 中的相关规定

代码值域：

代码	名称	描述
01	大型汽车号牌	黄底黑字（含 02 式号牌部分）
02	小型汽车号牌	蓝底白字（含 02 式号牌部分）
99	其他号牌	

4.2.4　营运车辆分类代码

定义：用于标识道路运输车辆分类的代码。

代码值域：

代码	名称
H01	普通货车
H02	厢式货车
H04	罐式货车
Q00	牵引车
G01	普通挂车
G03	罐式挂车
G05	集装箱挂车
H09	仓栅式货车
H03	封闭货车
H05	平板货车
H06	集装箱车
H07	自卸货车
H08	特殊结构货车
Z00	专项作业车
G02	厢式挂车
G07	仓栅式挂车
G04	平板挂车
G06	自卸挂车
G09	专项作业挂车
X91	车辆运输车
X92	车辆运输车（单排）

4.2.5 货物分类代码（分类编号：WL0700085）

定义：规定货物类型分类的代码。

参考标准：参考 GB/T 16833—2011 “7085 货物类型分类代码”

代码值域：

代码	名称	英文名称	描述
90	电子产品	Electronic Product	以电能为工作基础的相关产品，如手机、电视等
92	商品汽车	Automobile	商品运输车
93	冷藏货物	Cold Cargo	冷藏产品的货物
94	大宗货物	Bulk Cargo	大批量运输的货物，如能源产品、基础原材料和农副产品
95	快速消费品	Fast – moving Consumer Goods	消费速度快的消费品
96	农产品	Agricultural Products	农业中生产的供小批量销售物品，如高粱、稻子、玉米等
999	其他		

4.2.6　国家行政区划代码（分类编号：WL0300229）

定义：标识国家或地区行政区划的代码。

参考标准：参考 GB/T 2260 中的行政区划数字代码

代码集中未具体列出的代码值域范围可参见网站：http：//www. logink. org/col/col19/index. html“下载目录”—“交通运输物流信息互联共享标准（2015）”—“基础标准：代码集”内容。

5　异常情况说明及处理

5.1　异常情况说明

部监测平台将对企业上报数据进行异常情况的统计分析，主要为单据接入异常、车辆资质异常、车辆入网异常、车辆定位异常、综合异常等。

（1）单据接入异常，指企业上报的单据未按填报要求填报，必填项未填或填报数据格式不符合要求。

（2）车辆资质异常，指企业上报业务单据中的车辆信息与运政系统信息相比对，存在车辆无道路运输证、证件过期、运政信息与证件信息不符的情况。

（3）车辆入网异常，指总质量 12 吨及以上普通货运车辆尚未接入全国道路货运车辆公共监管与服务平台。

（4）车辆定位异常，指总质量 12 吨及以上货运车辆进行运输的业务单据中，起讫点的定位信息与全国道路货运车辆公共监管与服务平台轨迹定位信息不符。

如一条单据中含以上任意一种或几种异常的，则该单据为异常单据。综合异常率为一定时期内异常单据占总上传单据量的比例。

5.2 异常情况处理

企业需登录省监测平台（包括省级虚拟监测平台）查看企业上报单据的异常情况，并对异常进行反馈处理：

（1）单据接入异常，通过监测平台查询具体接入异常原因（必填项未填、填报格式不正确），改正后重新上报此单据。

（2）车辆资质异常（无道路运输证、证件过期、运政信息与证件信息不符），需立即补办证件、换发新证或更新运政系统信息。

（3）如车辆入网异常，总质量12吨及以上的货运车辆需尽快接入全国道路货运车辆公共监管与服务平台。

（4）车辆定位异常，需做好车辆运输过程的动态跟踪和监管。

车辆资质异常、车辆入网异常、车辆定位异常三种情况进行整改后不需要重新上传对应单据，部监测平台将在推送异常情况提示后的次月最后一日对异常单据进行再次比对，若异常情况已正确处理，则该单据由异常状态更新为正常状态，相应月份的异常率也随之更新；若仍为异常，则纳入本省异常情况统计范围。

各省交通运输主管部门需根据部、省两级监测平台（包括省级监测虚拟平台）的动态跟踪监测结果，全面掌握本省试点企业运行情况，同时切实履行考核和督导责任，督促试点企业做好异常情况的整改，并于每个月最后一日在省监测平台（包括省级虚拟监测平台）中对本省上个月的异常率进行确认，部将以各省交通运输主管部门确认后的数据为依据，研究分析全国无车承运试点运行情况。

6 相关服务

为服务无车承运人信息平台建设，部监测平台提供了人、车、户资质信息以及总质量12吨及以上货运车辆接入道路货运车辆公共平台的入网查询服务，为企业充分利用运政信息做好人、车、户基本信息核验以及车辆入网查询提供支持。具体服务接入参见：http：//www.logink.org/col/col1328/index.html。

7 技术支持

（1）开放接入中心网址。

接入技术文档以及其他开发相关的问题，可访问平台开放接入中心：http：//www.logink.org/col/col5/index.html

（2）技术沟通QQ群。

无车承运互联平台接入QQ群号码为：466573536。

（3）电子邮箱：wccy@logink.org

联系电话：0571－87850256

0571－87850256

附件 3

无车承运试点运行监测分析报告编写指南

无车承运试点运行监测分析应围绕试点工作整体目标、主要任务和工作要求，采取实地调查、材料报送、数据互联交换等形式，加强对试点企业运营管理相关信息采集、跟踪、整理和归纳总结，重点分析试点运行情况、工作成效、模式与制度创新等方面，主要内容包括：

（一）试点企业总体情况

主要分析内容及支撑数据：

——无车承运人试点企业情况，包括试点企业数量，企业类别和业务类型结构，空间地理分布、运营组织模式分布，企业经营规模、完成货运量等；

——签约注册实际承运人情况，包括签约总量（含企业和个体业户），签约企业资质情况及业务类型结构，签约合作内容、服务网络情况，与签约方信息系统互联等。

（二）试点运行情况分析

1. 运力及其运行情况分析

主要分析内容及支撑数据：

——整合运力规模；

——运力车型分布；

——按运力注册地划分的运力区域分布；

——运力交易活跃度情况。

2. 货物运输特点分析

主要分析内容及支撑数据：

——总交易额、承担货运量同环比变化情况；

——运输货类结构分析；

——平均运距分析及变化情况；

——货运量跨省和省内起讫点（OD）分析；

——分省（市、区）交易活跃度（主要业务为省内范围的，可分析省内各地市间交易活跃度）。

（三）试点工作成效分析

主要分析内容及支撑数据：

——推动物流降本增效：重点分析与试点企业签订全日制、长时间合作协议的运输车辆单车月平均完成运输量、周转量、平均等货时间、里程利用率、平均运价等指标，与全行业平均水平进行对比，分析试点工作对提升组织效率、降低物流成本、促进节能减排（减少车辆空驶而降低的能源消耗和污染排放）的影响。

——创新运输组织模式：分析企业在采用甩挂运输、多式联运等先进运输组织方式，采用集装箱和托盘等模块化运输，以及采用定位跟踪、电子运单、网络结算、大数据分析等现代信息技术手段带来的效率提升、成本降低和节能减排。

——促进物流资源整合：围绕平台完成的交易量、交易额、整合货车资源占全社会总量的比例等指标，分析物流资源整合成效。

——规范市场主体行为：分析汇总平台对实际承运人的考核评价、信用监督、质量管控、保险理赔等方面的技术和管理创新。

——提升物流服务水平：分析汇总平台在提供供应链管理、优化客户管理流程、提高仓、运、配一体化水平、拓展跨区域渠道网络、提供物流增值服务等方面的创新，以及实际的效果。

（四）管理制度创新情况

——无车承运人税收政策落实情况。各地落实和创新无车承运人税收政策，协调解决增值税开票资格、进项抵扣、额度监管等实际问题，规范企业纳税行为，建立健全交通运输和税务部门间业务联动、政策协同等方面的相关做法。

——探索创新管理制度情况。总结各地在探索无车承运人市场准入和退出、运营管理等相关制度，以及完善企业经营服务标准规范等方面的创新。

——完善配套支持政策情况。梳理各地在鼓励试点企业创新发展、转型升级等方面制定出台的简化审批流程、改进公共服务、加大人才培养、减免通行费等配套支持政策和举措。

（五）运行监测异常发生及处理情况

结合运行监测平台预警信息，通报试点企业异常运行单证发生情况，交通运输主管部门对异常单证的调查、分析和反馈情况，提出的整改措施要求及试点企业整改落实情况，研究分析试点运行中存在的主要问题和原因。

（六）下一步工作建议

结合本地区工作实际和试点企业合理诉求，从市场需求、政策环境、管理制度等角度分析试点运行过程中存在的问题，提出下一阶段推进和完善试点工作的相关建议。

质检总局等11部门关于推动物流服务质量提升工作的指导意见

国质检质联〔2017〕111号

各省、自治区、直辖市、计划单列市及新疆生产建设兵团质量技术监督局（市场监督管理部门），发展改革委（局）、交通运输厅（局）、商务主管部门、工商行政管理局、保监局，各地区铁路监督管理局，民航各地区管理局，邮政管理局，供销合作社，各直属出入境检验检疫局，各铁路局，有关联合会、协会，有关企业：

物流业是支撑国民经济发展的基础性、战略性产业，也是推进质量强国建设的重要领域。近年来，我国物流行业快速增长，服务标准化、规范化、信息化水平不断提高。但是，物流行业质量标准和诚信体系尚不健全，质量管理基础和能力有待提高，大型综合物流企业集团和物流服务品牌比较缺乏，质量竞争力和品牌效应不强，制约了物流行业对国民经济保障和支撑作用的发挥。为贯彻党中央关于“开展质量提升行动”“扩大高质量产品和服务供给”的精神，落实国务院《质量发展纲要（2011—2020年）》《物流业发展中长期规划（2014—2020年）》和国务院办公厅《营造良好市场环境推动交通物流融合发展实施方案》的有关部署，树立安全诚信优质高效的行业发展导向，营造优胜劣汰的良性发展环境，激发企业强化质量管控的内生动力，提高物流服务质量和效率，充分发挥对国民经济支撑保障作用，提出以下意见。

一、总体要求

（1）指导思想。全面贯彻落实党的十八大和十八届三中、四中、五中、六中全会精神，深入贯彻习近平总书记系列重要讲话精神和治国理政新理念新思想新战略，认真落实党中央、国务院决策部署，牢固树立和贯彻落实创新、协调、绿色、开放、共享的发展理念，聚焦影响物流服务质量的突出问题，以安全为底线，以诚信为基石，以优质为目标，以创新为动力，开展质量提升行动，提高质量标准，加强全面质量管理，着力构建与现代物流业发展相适应的服务质量促进体系，改善物流服务供给结构，培育物流企业核心竞争力，改善物流行业整体形象，促进物流业转型升级和健康有序发展。

（2）基本原则。企业主体、政府推动。以市场需求为导向，积极适应经济社会发展的新形势、新要求，强化企业市场主体地位，充分发挥市场在资源配置中的决定性作用以及政府部门的政策引导和市场监管功能，推动物流服务质量提升。

创新驱动、质量为本。充分利用物联网、云计算、大数据、移动互联等现代信息技术，大力推广先进物流技术装备和现代化管理模式，积极促进物流业管理创新、业态创新和服务创新，打造高品质的本土物流品牌。

问题导向、综合施策。紧紧围绕经济社会对高质量物流服务的迫切需求和人民群众反映最为突出的问题，综合运用市场监管、标准认证、示范引领等多重手段，重点突破与全面提升并重，推动物流业补短板、提质量、降成本。

试点先行、有序推进。充分发挥龙头企业示范引领作用，在条件相对成熟的领域开展优质物流服务试点，树立物流服务质量行业标杆，探索形成符合我国实际，可复制、可推广的物流服务质量管理模式并加大推广力度，带动全行业管理水平和服务质量提升。

部门联动、社会共建。积极利用部际工作协调机制，加强部门间的统筹协调和通力配合，凝聚物流服务质量提升合力，健全物流服务标准体系和认证认可体系。充分发挥行业协会自律作用以及媒体舆论、社会公众的监督作用，完善社会监督体系，为提升物流服务质量创造积极环境。

（3）主要目标。到2020年，基本建立规范有序、共建共享、运行协调、优质高效的现代物流服务质量治理和促进体系，物流行业服务能力和水平明显提升，优质服务、精品服务比例逐步提高；培育形成一批具有国际竞争力的大型本土物流企业集团和知名物流服务品牌，树立并强化“中国物流”优质服务形象。

二、重点任务

（1）强化物流企业服务质量意识。引导和支持物流企业转变服务观念，树立质量第一的强烈意识，完善服务内容、优化服务流程，为客户提供安全、诚信、优质、高效的物流服务。理顺物流行业上下游合作链条，营造企业诚信经营、行业良性竞争的质量生态。大力促进物流企业间的竞争与合作，引导和鼓励物流企业加强全面质量管理，推动质量持续改进。企业要坚持优质优价、以质定价，培育以服务质量、标准、品牌、效率为核心的市场竞争力。

（2）建立物流服务质量指标体系。加强服务质量测评指标、模型和方法的研究，以大型生产企业物流管理关键绩效指标为蓝本，研究建立涵盖物流服务及时率、准确率、破损率、投诉率、顾客满意度以及增值服务水平、服务保障能力、客户体验等各方面的物流服务质量综合评价体系。培育第三方服务质量监测机构，探索物流行业服务质量专业监测体系并加强监测结果运用。鼓励第三方机构建立物流服务质量数据库，开展国际国内同业服务质量比对，定期发布比对研究报告，促进物流行业优质高效发展。

（3）健全物流服务质量标准体系。提高质量标准，完善物流服务质量标准体系，开展重点领域物流服务标准研究与制定，加强电子报文数据标准等物流信息标准制修订工作，提升物流信息服务质量。抓紧修订托盘、周转筐、包装、集装箱等集装单元化器具和相关设施设备标准，明确推广1200毫米×1000毫米规格标准托盘和600毫米×400毫米包装基础模数，使物流各环节标准相衔接。支持重点物流企业主导或参与国际标准、国家标准和行业标准制修订，大力培育发展物流团体标准。加快物流管理、技术和服务标准的推广应用，规范物流企业服务行为。探索建立企业标准领跑者制度，推动企业产品和服务标准自我声明公开和监督。推动有条件的行业和领域实现标准国际化。扩大物流行业国家服务业标准化试点范围，鼓励第三方机构开展物流企业服务质量评价，开展物流服务质量达标测评与监督检查。

（4）积极探索物流服务质量认证。建立健全物流业认证认可体系，重点在电子商务物流、物流园区和再生资源回收物流工程等方面推进认证制度的建立和实施。积极培育物流业认证机构规模化、品牌化发展。鼓励认证机构开展物流企业服务质量、物流安全、绿色物流认证工作，支持物流企业开展质量、环境和职业健康安全管理体系认证。利用认证手段加快物流管理、技术和服务标准的推广应用，规范和提升物流企业服务质量。

（5）完善物流服务质量诚信体系。引导企业公开物流服务质量信息，搭建物流服务信息平台，积极培育物流信用服务市场。鼓励有资质的信用服务机构对物流企业开展第三方信用评价，加强评价结果应用，强化教育培训、标准研制、品牌建设、技术咨询等专业化服务。鼓励引导物流企业发布社会责任报告，践行质量承诺。加强对物流企业失信行为的抽查检查，建立物流企业信用记录，并纳入全国信用信息共享平台，将严重违法失信企业列入黑名单并实施联合惩戒措施，各政府部门将履职过程中对物流企业做出的行政许可、行政处罚等信息通过“信用中国”网站、国家企业信用信息公示系统依法予以公示。积极探索与物流业务相关的保险服务，完善质量纠纷第三方调解处理机制。强化民生相关物流领域的消费者合法权益保护。

（6）实施“服务标杆”引领计划。遴选一批创新能力强、技术水平高、服务质量优、商业模式领先、具有核心竞争力的物流龙头企业，总结推广其先进服务模式、服务质量指标及质量管理方法，引导物流行业加强全面质量管理。培育一批物流服务标杆试点单位，组织开展质量对比提升和培训交流活动，充分发挥标杆企业的示范作用，带动物流企业特别是中小物流企业服务质量水平提升。综合运用各项政策，对服务质量标杆单位进行鼓励和扶持，提升国家质量技术基础设施面向物流行业的公共服务水平。

（7）打造中国物流知名品牌。加大物流业基础设施建设力度，提高信息化、机械化、标准化、集约化、智能化水平。引导物流企业强化品牌意识，加强品牌建设，推广优质服务承诺标识和管理制度，支持优秀企业做出优质服务承诺，引导市场消费，以优质承诺与市场选择引领服务质量升级。支持优秀物流企业申报中国质量奖及各级政府质量奖。在实施激励政策及各类质量先进单位表彰时，对服务质量好、品牌影响大、获得服务认证的物流企业予以优先考虑。在农村物流、冷链运输等物流短板领域加强品牌培育力度，健全服务网络，加快形成连锁化、规模化、品牌化经营的物流服务新格局。

（8）创新物流服务模式。坚持创新驱动发展，扩大高质量物流服务供给，鼓励企业积极利用互联网等现代化信息技术改造业务流程，强化大数据挖掘运用，创新经营和服务模式，提高服务效率，改善客户体验。引导物流企业在细分市场的基础上，针对特殊企业用户和特定消费群体，提供高附加值的专业化物流服务，提高物流服务的个性化、差异化、多样化水平。支持不同类型的物流企业依托自身优势，建立跨行业、跨地区的企业联盟，创新供应链模式，推动优势互补、资源共享、联动发展，为上下游产业和消费者提供高效、便捷、安全的物流服务。

（9）加大物流企业培育辅导力度。鼓励行业协会、咨询机构等专业第三方组织开展企业培育辅导，进一步完善政府推动、市场调节、企业主体、行业自律、社会参与的物流服务质量提升机制。充分发挥各物流业学会、协会、商会等中介组织的桥梁纽带作用，推进公共服务平台建设。加强物流行业职业技能培训，提高从业人员服务能力水平。鼓励大专院校开展物流服务质量研究和基础教育。组织质量专家开展物流企业服务质量提升专项培训和指导活动，促进物流企业服务质量提升。

三、保障措施

（1）加强组织领导，形成工作合力。质检、发改、交通运输、商务、工商、保险、铁路、民航、邮政、供销合作等部门和有关行业协会按照职责分工，加强统筹规划，健全协调机制，齐抓共管，良性联动，探索建立推动物流服务质量提升的长效工作机制，推动形成跨部门的政策协同效应和工作合力。各地要结合本地实际，抓好工作落实，相关情况纳入省级人民政府质量工作考核。

（2）出台扶持政策，完善制度环境。落实好促进物流业优质高效发展的各项政策措施，加大对物流服务质量标杆与试点单位的支持力度。推动完善相关法律法规规章，为提升物流服务质量营造良好的制度环境。

（3）强化企业引导，明确主体责任。进一步明确物流企业在提升服务质量中的主体地位和主体责任，鼓励物流企业建立完善的服务质量安全控制关键岗位责任制。综合运用物品编码、统一社会信用代码、产品防伪等手段和现代信息技术，探索建立物流服务质量追溯体系。

（4）加大宣传力度，营造良好氛围。充分利用网络、报刊等各种媒体，大力加强对物流服务质量的宣传力度，提高社会公众对高质量物流服务的了解和认可程度。积极总结宣传国内外在提升物流服务质量方面的成熟经验，为物流企业改进经营管理、提升服务质量营造良好氛围。

质检总局　国家发展改革委　交通运输部　商务部
工商总局　保监会　铁路局　民航局　邮政局
中华全国供销合作总社　中国铁路总公司
2017 年 3 月 2 日

国家发展改革委　国家粮食局关于印发《粮食物流业“十三五”发展规划》的通知

发改经贸〔2017〕432 号

各省、自治区、直辖市及计划单列市、新疆生产建设兵团发展改革委、粮食局，中国储备粮管理总公司、中粮集团有限公司、中航工业集团公司：

为全面贯彻党的十八大和十八届三中、四中、五中、六中全会精神，根据《物流业发展中长期规划（2014—2020 年）》《粮食收储供应安全保障工程建设规划（2015—2020 年）》《粮食行业“十三五”发展规划纲要》等有关部署要求，国家发展改革委、国家粮食局组织编制了《粮食物流业“十三五”发展规划》（以下简称《规划》），现印发给你们，请结合本地和本公司实际，认真组织实施。

各级发展改革、粮食部门和中央企业要切实承担起《规划》实施的主体责任，加强与有关部门的沟通、协调和配合，明确责任分工，强化《规划》执行的指导和监督，推进《规划》目标任务顺利完成。《规划》实施中遇到的新情况、新问题要及时报送国家发展改革委、国家粮食局。

附件：粮食物流业“十三五”发展规划

国家发展改革委
国家粮食局
2017 年 3 月 3 日

附件

粮食物流业“十三五”发展规划

前 言

粮食物流业是粮食行业发展的基础支撑性产业。发展粮食现代物流，建立高效、畅通、节约的粮食现代物流体系，对提高粮食流通效率，减少粮食损耗，降低流通成本，促进产销衔接，加快推进农业供给侧结构性改革，增强国家粮食宏观调控能力，保障国家粮食安全具有重要意义。发展粮食物流业，需坚持创新、协调、绿色、开放、共享的发展理念，贯彻落实“一带一路”建设、京津冀协同发展、长江经济带发展三大战略；注重第一、二、三产业融合发展，注重应用现代产业组织方式，注重物流技术创新、业态创新和品牌创新。

依据《物流业发展中长期规划（2014—2020 年）》《粮食收储供应安全保障工程建设规划（2015—2020 年）》《粮食行业“十三五”发展规划纲要》等，编制本规划。

一、发展环境

（一）发展现状

“十二五”以来，随着我国现代物流业健康快速发展和“粮食收储供应安全保障工程”全面实施，我国粮食物流业发展较快，粮食现代物流体系初步建成。

——粮食物流总量快速增长。粮食物流总量由 2011 年的 3 亿吨增长到 3. 65 亿吨，其中省内粮食物流量由 1. 5 亿吨增长到 2 亿吨，跨省粮食物流量由 1. 5 亿吨增长到 1. 65 亿吨。①

——“北粮南运”的粮食物流态势更加突出。东北通道粮食年流出量约 5000 万吨，主要品种是玉米、稻谷（大米），主要流向华东、华南、华北、西南和西北地区；黄淮海通道年流出量约 6000 万吨，主要品种是小麦，主要流向华东、华南、西南和西北地区；长江中下游通道年流出量约 2400 万吨，主要品种是稻谷（大米），主要流向华东、华南、西南地区；华东沿海、华南沿海通道年流入量约 4900 万吨，京津通道年流入量约 905 万吨，西南通道年流入量约 2900 万吨，西北通道年流入量约 1800 万吨。

——粮食物流节点覆盖面进一步扩大。建成了一批覆盖主要粮食生产和消费区域、具备一定辐射能力和示范作用的物流节点和粮食物流园区，节点的集散功能进一步完善，有力促进了产销衔接，带动了当地粮食产业经济发展。

——运输方式多元化发展。粮食跨省运输中，铁路运输占比约 50%，水路运输约 40%，公路运输约 10%。汽车散粮、内河船舶散粮运输比例稳步提高，散粮火车入关试点逐步开展，集装箱散粮运输快速发展，粮食物流成本进一步降低，粮食流通效率不断提升。

——高效粮食物流装备及技术推广应用。集装单元化等粮食物流技术开始应用，多点犁式带式输送机等节粮减损装备逐步推广，公铁水多式联运衔接技术得到提升，有力支撑了粮食流通现代化发展。

（二）突出问题

粮食物流业发展总体水平不高，基础设施网络尚不完善，信息化、标准化程度较

① 跨省流量为各省从外省调入和流出省外的流量总和，省内流量为各省各种运输方式的流量总和减去跨省流量。

低，物流成本高、效率低的问题仍比较突出，与我国粮食生产流通总量不相适应。

——系统化运作的机制尚未形成。粮食物流运作条块分割，支持粮食物流持续健康发展的政策体系尚不完善，上下游产业之间、地区之间的物流衔接不畅，供应链尚未形成，物流运营管理模式落后，粮食物流系统化、一体化水平亟待提升。

——通道发展不平衡。东北流出通道的水路外运能力局部过剩；华东沿海、华南沿海流入通道粮食分拨能力不足，中转设施有待完善；西南、西北通道关键节点少，基础设施薄弱。

——散粮设施不完善。部分关键节点、粮食物流园区散粮接发设施落后、接发能力不足，不能适应散装化运输作业需求；多数内河粮食泊位专业化水平低、作业条件差；铁路散粮入关尚处于推广阶段，散粮火车主要在东北地区运行，影响跨省散运比例的提高。

——标准化程度低。粮食物流标准体系不完善，粮食物流各环节的设施、设备、运输工具标准不匹配、不衔接，物流信息采集内容不统一，交换标准尚未建立，制约了粮食物流效率提升，影响了粮食物流系统化运作。

——信息化水平低。信息化手段在粮食物流活动中尚未得到广泛应用，粮食物流信息采集程度低，共享机制不健全，与公共物流信息衔接不畅通，粮食物流资源未能在信息化基础上实现高效配置，信息技术对粮食物流的支撑和引领作用尚未充分发挥。

（三）面临环境

——粮食安全新战略的深入实施为粮食物流业发展带来新机遇。“十三五”时期，随着“以我为主、立足国内、确保产能、适度进口、科技支撑”的国家粮食安全新战略的进一步深入实施，粮食物流业将在进一步保障“北粮南运”等通道顺畅，统筹利用国内国际两个粮食市场，建设粮食物流进出口通道，促进国内供求平衡等方面面临新的机遇和挑战。

——粮食市场化改革为粮食物流业发展注入新活力。“十三五”时期，去产能、去库存、去杠杆、降成本、补短板五大任务将全面展开，粮食行业面临粮食价格形成机制、粮食流通和收储体制机制改革。粮食工作将以供给侧结构性改革为主线，逐步加快玉米“去库存”，切实增加有效供给，加快构建与改革相适应的粮食宏观调控体系，为粮食物流业长远发展奠定良好基础。

——粮食产业发展对粮食物流业发展提出新要求。“十三五”时期是全面建成小康社会决胜阶段，城乡居民收入快速增长，生活水平逐步提高，消费结构不断升级，对绿色优质粮油的需求日渐旺盛，将进一步促进粮油食品加工业加快产业结构调整、产业布局优化和产业集群发展。传统的粮食物流运作模式已不能适应新形势需要，迫切需要建立完善、便捷、高效、安全、绿色的粮食物流体系。

——信息化发展为粮食物流业发展增添新动力。“十三五”时期，信息化与新型工业化、城镇化、农业现代化深度融合，物联网、云计算、大数据、移动互联等信息技术应用更加广泛。粮食行业将推动信息技术在粮食收购、仓储、物流、加工、贸易等领域的广泛应用，以信息化引领粮食从生产到流通的现代化，促进粮食物流业突破传统理念，改造传统物流模式，整合资源，发展粮食现代物流。

——交通基础设施条件改善为粮食物流业发展创造新环境。“五纵五横”综合运输通道相继连通，快速铁路网、高速公路网加密拓展，铁路的区际快捷大能力通道和面向“一带一路”国际通道逐步形成；港口整体格局日益合理，江海直达和多式联运进一步推进，区域港口一体化发展成为趋势。交通基础设施的完善为粮食物流业发展提供了良好环境，必将促进粮食物流新格局的形成。

二、总体要求

（一）指导思想

全面贯彻党的十八大和十八届三中、四中、五中、六中全会精神，深入贯彻习近平总书记系列重要讲话精神和治国理政新理念新思想新战略，紧紧围绕统筹推进“五位一体”总体布局和协调推进“四个全面”战略布局，牢固树立和贯彻落实新发展理念，以粮食物流系统化、一体化运作为方向，以提升物流节点和园区设施现代化水平为手段，以先进技术应用为支撑，以完善粮食物流通道为重点，进一步健全支持粮食物流业发展的政策体系，加快提升粮食物流业发展水平，着力提高粮食物流效率，降低粮食物流成本，深化产销衔接，促进粮食产业转型升级，更好地保障国家粮食安全。

（二）基本原则

——政府引导，市场主导。充分发挥市场在粮食资源配置中的决定性作用和更好发挥政府作用，遵循市场需求，强化企业的主体地位，政府做好规划设计，在政策、标准等方面给予引导扶持，共同促进粮食物流快速发展。

——统一规划，突出重点。统筹生产与消费、近期与长远、中央与地方、产区与销区、国内与国际等关系，与国家“十三五”规划纲要等规划、政策相衔接。突出重点线路，建设重要节点，提高粮食物流信息化与标准化水平，切实提升粮食物流效率。

——深化改革，完善体制。深化粮食流通领域相关改革，形成部门、地区、企业共同促进物流业发展的合力，建立有利于资源整合、优化配置的体制机制和政策环境，充分发挥大型粮食企业在粮食物流发展中的引领作用。

——科技支撑，创新驱动。推进粮食物流科技创新突破，进一步推进产学研用相结合，坚持高标准、高起点，广泛采用物流新理论、新技术，注重用绿色、生态技术改造粮食物流业，大力提高粮食物流的科技含量。

——多元筹资，加大投入。针对粮食物流设施建设基础性、战略性和公益性的特点，充分调动地方、企业和社会力量等各方面的投入积极性，根据需要由中央投资给予适当引导，多渠道筹集建设资金，提高资金使用效率。

（三）发展目标

着力打造产销区有机衔接、产业链深度融合、政策衔接配套、节点合理布局、物流相对集中、经济高效运行的粮食现代物流体系，实现粮食物流系统化、专业化、标准化、信息化协调发展。

——系统化水平显著增强。设施网络化、运作一体化水平大幅提升，粮食物流高效率、低损耗、低成本运行，形成一批具有国际竞争力的大型综合粮食物流企业（园区）和粮食物流服务品牌，粮食物流集聚发展的效益进一步显现，对粮食产业经济发展的支撑进一步加强。

——专业化水平明显提升。快速中转仓型、基于横向通风的平房仓配套快速进出仓技术、集装单元化新技术、专用运输工具和先进散粮接发设施等物流新装备、新技术、新工艺广泛应用。

——标准化水平逐步提高。粮食物流设施及装备标准衔接匹配程度明显提高，铁水联运、公铁联运在标准匹配的基础上更加顺畅。粮食物流设施建设、运营管理、信息技术标准化与兼容水平逐渐提高，粮食物流标准体系基本建立，标准化水平大幅提升。

——信息化水平跨越发展。完善基层企业的粮食物流信息管理系统，建设若干示范性企业物流信息管理系统，推动全国和区域性粮食物流公共信息平台建设，逐步实现公路、铁路、水路和航空运输的信息共享，促进粮食物流和电子商务融合发展，提高粮食物流运营水平和组织化程度。

“十三五”时期，围绕“一个体系、一套标准、一个平台”的建设目标，重点实施“点对点散粮物流行动”“降本增效行动”“标准化建设行动”三大行动，促进粮食收购、仓储、运输、加工、销售一体化融合发展。

专栏 1 “十三五”时期粮食物流业发展主要预期性指标

序号	指标内容	2020 年
1	物流节点数量	一级节点 50 个 二级节点 110 个
2	原粮跨省散运比例	50%
3	跨省粮食物流量	2 亿吨
4	仓储设施完好率	95%
5	现代粮仓科技应用示范库数量	30 个
6	国有粮食物流企业信息化升级改造覆盖率	80%

专栏2　“三个一”总目标和“三大行动”

“三个一”总目标指“一个体系、一套标准、一个平台”。

“一个体系”，促进“收储运加销”融合发展，打造产业链发展模式，形成一体化融合发展的粮食物流体系。在产业链的上游，发展粮食产后从田间到仓库的清理、干燥、运输、入库一体化连续作业的物流服务系统。在产业链中游，针对阶段性结构性收储矛盾，优化仓储设施布局，推广绿色储粮新技术；围绕“一带一路”建设、京津冀协同发展、长江经济带发展三大战略新格局，依托现有粮食物流通道及港口、公路、铁路交通骨干网络及枢纽，完善主要粮食物流节点及提升设施功能，全力打造跨区域“两横、六纵”粮食物流重点线路；发展信息化引领的新型物流组织模式，充分整合物流资源，发展多元化的运输方式，满足市场多层次需求，实现八大跨省通道的系统化协调发展。在产业链下游，促进与销售一体化发展，提高配送的规模化和协同化水平，加快“互联网+物流”发展，建立快速便捷的城乡物流配送体系。

“一套标准”，重点推进粮食物流标准体系建设，建设和完善基础标准、通用标准和专用标准。重点建设粮食物流组织模式标准、粮食物流信息采集及交换标准、散粮接收发放设施配备标准、粮食集装箱装卸设施配备标准、粮食多式联运设备配备标准、粮食物流信息系统设计总体规范、粮食散装化运输服务标准及粮食集装化运输服务标准等急需编制的标准，并支持粮食物流装备企业研发标准化产品，为粮食物流的良性规范发展奠定基础。

“一个平台”，建立全国和区域粮食物流公共信息平台，形成物流信息化服务体系，提升粮食物流信息监管和共享水平，促进以市场为导向的资源整合和产销衔接，推进粮食物流供应链等高效的物流运营管理模式的发展。

“三大行动”指“点对点散粮物流行动”“降本增效行动”“标准化建设行动”。

“点对点散粮物流行动”，重点在沿京哈线路、京沪线路、京广线路等粮食产销需求较大的地区，以大型粮食企业为主体，在发运点和接卸点改造或新建散粮火车发运和接卸设施，形成相对固定的散粮火车运输班列线路。重点在沿陇海线路、京昆线路上，选择主要功能为集中省外来粮并向省内各地区中转的节点，改造或新建散粮集装单元化接卸设施，实现公铁无缝联运，形成散粮集装单元化火车运输线路。

“降本增效行动”，坚持绿色发展理念，支持和鼓励企业在粮食物流节点选用占地少、机械化和自动化程度高的快速中转新仓型，采用标准化、高效低耗新装备，提高粮食中转效率，减少粮食中转和运输损失。

“标准化建设行动”，完善粮食物流标准体系框架及标准体系表，指导粮食物流标准更新、修订和制定，优先制修订粮食行业急需物流标准。以市场需求为导向，加强粮食物流标准基础研究，促进粮食物流模数、粮食物流信息、现代化粮食物流装备标准制定与技术研发的衔接互动。

三、主要任务

围绕“一带一路”建设、京津冀协同发展、长江经济带发展三大战略，大力推进东北、黄淮海、长江中下游、华东沿海、华南沿海、京津、西南和西北八大粮食物流通道建设，突出大节点，强化主线路，重点完善和发展“两横、六纵”八条粮食物流重点线路，重点布局50个左右一级节点，110个左右二级节点，推动火车散粮运输系统工程、港口散粮运输提升工程建设，形成节点层次清晰、线路结构优化、通道发展平衡的粮食现代物流格局。

（一）完善现有八大通道建设

充分整合利用八大通道现有资源，优化物流节点布局，推动粮食物流向主要线路和节点聚集，促进粮食物流规模化运营，实现公铁水多式联运和多种装卸方式的无缝衔接，提升接发效率，深化产区与销区的对接。

东北通道重点以东北港口群、战略装车点为支撑，依托重点线路和优势产区（含加工集聚区），完善散粮集并发运设施和集装单元化装卸设施，着力提升铁路散粮（含集装单元化）入关外运能力。对接华南、华东、长江中下游地区，主要发展铁水联运、公水联运和铁路直达运输；对接西南、西北地区，主要推进铁路集装单元化运输。

黄淮海通道重点发展散粮火车、铁路集装单元化运输，完善铁路接卸设施，弥补粮食铁路运输短板，进一步推进汽车散粮运输和面粉散装运输，适度发展内河散粮运输，加强大型粮食加工企业物流设施建设，形成多元化运输格局。提升承东启西、连南贯北能力。对接京津地区，发展汽车散粮（含集装单元化）运输；对接西南、西北地区，发展铁路集装单元化运输；对接华东、华南地区，发展散粮火车、铁路集装单元化运输和内河散粮运输。

长江中下游通道对接长江经济带发展战略，重点优化沿长江、沿运河节点布局，强化粮食集并能力、江海联运发运能力和海运来粮中转至长江流域的分拨对接能力，逐步推进内河散粮运输船只的标准化，提升水运接发设施的专业化、标准化、集约化水平，促进水水、公水、铁水联运无缝衔接。

西南、西北通道重点沿主要铁路干线打造省会城市和区域中心城市粮食物流节点，大力提升粮食接卸及分拨能力。优先发展公路、铁路集装单元化运输，适应多品种、小批量以及多种质量等级运输的要求；推动散粮火车的运行。

京津通道重点以京津冀协同发展为契机，以大型粮食企业集团及产业集群为基础，以津冀港口群及京沪、京广、京哈铁路为依托，以非首都功能的疏解及结构布局优化为核心，发展公路、铁路集装单元化运输等多元运输系统，打造区域粮食物流联盟，强化城市配送功能，合理布局城市近郊粮食批发市场，提升粮食应急保障能力。

华东沿海通道重点提升粮食海运接卸效率及对接能力，建设战略卸车点，提高散粮火车接卸效率；进一步完善港口接卸疏运系统，提升临港加工集聚区粮食快速疏运能力；推进供应链新型物流组织模式。

华南沿海通道重点提升粮食海运接卸效率及对接能力，建设战略卸车点，提高散粮火车接卸效率；发展水水、公水联运，完善珠江、西江等内河散粮疏运系统；推进供应链新型物流组织模式。

（二）打造“两横、六纵”重点线路

“两横、六纵”八条重点线路的流量约占全国跨省流量的65%。在重点线路上，着力推进“点对点散粮物流行动”，建成一批重点项目和部分中转仓容，发挥集聚产业、稳定物流、带动示范的作用。

沿海线路：主要连接东北、黄淮海、华东沿海、华南沿海四大通道；主要粮食品种为玉米、稻谷（大米）；发展重点：依托大型沿海港口建设中转设施，发展散粮铁水联运对接；重点发展节点：盘锦、沧州、日照、连云港、盐城、南通、舟山、莆田、厦门、东莞、防城港等。

沿长江线路：主要连接华东沿海、长江中下游、西南三大通道；主要粮食品种为稻谷（大米）、玉米和大豆；发展重点：建设水水中转设施，发展散粮江海联运；重点发展节点：苏州、南通、南京、无锡、泰州、镇江、芜湖、武汉、岳阳、重庆、泸州等。

沿运河线路：主要连接黄淮海、长江中下游、华东沿海三大通道；主要粮食品种为稻谷、玉米、小麦；发展重点：依托沿运河码头，提升水运物流设施的现代化水平，发展散粮（集装箱）船舶运输；重点发展节点：济宁、徐州、淮安、宿迁、镇江、苏州、嘉兴、阜阳等。

沿京哈线路：主要连接东北、京津两大通道；主要粮食品种为稻谷（大米）、玉米；发展重点：建设集装箱散粮发运接卸设施，发展公铁集装箱散粮联运和公路集装箱散粮运输；重点发展节点：佳木斯、齐齐哈尔、绥化、哈尔滨、白城、吉林、长春、通辽、四平、铁岭、抚顺、沈阳、阜新、鞍山、北京、天津等。

沿京沪线路：主要连接东北、京津、黄淮海、长江中下游、华东沿海五大通道；主要粮食品种为稻谷（大米）、玉米、小麦；发展重点：依托粮食流量较大的企业，建设“点对点”散粮火车发运接卸设施，逐步推广散粮火车运输；重点发展节点：滨州、济南、徐州、蚌埠、南京、上海等。

沿京广线路：主要连接东北、京津、黄淮海、长江中下游、华南沿海五大通道；主要粮食品种为稻谷（大米）、玉米、小麦（面粉）；发展重点：依托粮食流量较大的企业，建设“点对点”散粮火车发运接卸设施，逐步推广散粮火车运输，发展汽车散粮运输和汽车面粉散装运输；重点发展节点：郑州、漯河、荆门、长沙、衡阳、郴州等。

沿陇海线路：主要连接黄淮海、西北两大通道；主要粮食品种为大米、小麦（面粉）；发展重点：依托中转量集中的节点，建设集装箱散粮发运接卸设施，发展公铁集装箱散粮联运；重点发展节点：连云港、徐州、商丘、焦作、咸阳、天水、兰州、西宁、格尔木、乌鲁木齐、昌吉、伊宁等。

沿京昆线路：主要连接东北、黄淮海、西北、西南、华南沿海五大通道；主要粮食品种为大米、小麦（面粉）、玉米；发展重点：依托中转量集中的节点，建设集装箱散粮发运接卸设施，发展公铁集装箱散粮联运；重点发展节点：襄阳、重庆、广安、广元、德阳、成都、资阳、昆明、曲靖、贵阳、六盘水、南宁等。

专栏3 “两横、六纵”重点线路

	线路名称	连接通道	主要品种	节点名称
“两横”	沿长江线路	华东沿海、长江中下游、西南三大通道	稻谷（大米）、玉米和大豆	**上海**、**苏州**、无锡、常州、**南通**、泰州、镇江、扬州、**南京**、马鞍山、铜陵、芜湖、安庆、南昌、九江、黄石、鄂州、黄冈、**武汉**、咸宁、**岳阳**、荆州、宜昌、**重庆**、泸州、宜宾、昭通等
	沿陇海线路	黄淮海、西北两大通道	大米、小麦（面粉）	**连云港**、**徐州**、**商丘**、开封、**郑州**、**焦作**、长治、洛阳、**渭南**、**西安**、咸阳、宝鸡、**天水**、固原、吴忠、**银川**、**呼和浩特**、巴彦淖尔、**兰州**、武威、**西宁**、德令哈、格尔木、**乌鲁木齐**、昌吉、伊宁、拉萨、日喀则等
“六纵”	沿运河线路	黄淮海、长江中下游、华东沿海三大通道	稻谷、玉米、小麦	菏泽、**济宁**、**枣庄**、徐州、**宿迁**、**淮安**、扬州、**镇江**、常州、无锡、苏州、嘉兴、**杭州**、金华、衢州以及“引江济淮”路线上的亳州、淮北、宿州、阜阳、淮南、**合肥**等
	沿海线路	东北、黄淮海、华东沿海、华南沿海四大通道	玉米、稻谷（大米）	**营口（盘锦）**、锦州、丹东、**大连**、秦皇岛、唐山、**天津**、沧州、烟台、**青岛**、**日照**、**连云港**、盐城、**南通**、**上海**、**宁波—舟山**、嘉兴、台州、温州、**福州**、莆田、泉州、**厦门（漳州）**、汕头、**深圳**、**东莞**、**广州**、珠海、湛江、海口、北海、钦州、**防城港**等
	沿京哈线路	东北、京津两大通道	稻谷（大米）、玉米	满洲里、**佳木斯**、**齐齐哈尔**、**绥化**、**哈尔滨**、白城、吉林、**长春**、通辽、四平、铁岭、抚顺、**沈阳**、阜新、鞍山、天津、**北京**等
	沿京沪线路	东北、京津、黄淮海、长江中下游、华东沿海五大通道	稻谷（大米）、玉米、小麦	**佳木斯**、双鸭山、**齐齐哈尔**、**绥化**、**哈尔滨**、白城、吉林、**长春**、通辽、四平、铁岭、抚顺、**沈阳**、阜新、鞍山、**北京**、天津、德州、聊城、滨州、潍坊、临沂、菏泽、**济南**、**徐州**、**蚌埠**、宿州、滁州、南京、上海、衢州、杭州、福州等
	沿京广线路	东北、京津、黄淮海、长江中下游、华南沿海五大通道	稻谷（大米）、玉米、小麦（面粉）	**佳木斯**、**齐齐哈尔**、**绥化**、**哈尔滨**、白城、吉林、**长春**、通辽、四平、铁岭、抚顺、**沈阳**、阜新、鞍山、北京、**石家庄**、邢台、安阳、新乡、**郑州**、漯河、周口、驻马店、南阳、信阳、随州、荆门、武汉、常德、益阳、**长沙**、南昌、赣州（含京九线）、衡阳（永州）、郴州、广州、佛山、肇庆、东莞等

	线路名称	连接通道	主要品种	节点名称
“六纵”	沿京昆线路	东北、黄淮海、西北、西南、华南沿海五大通道	大米、小麦（面粉）、玉米	**佳木斯**、**齐齐哈尔**、**绥化**、**哈尔滨**、白城、吉林、**长春**、通辽、四平、铁岭、抚顺、**沈阳**、阜新、鞍山、北京、石家庄、大同、太原、运城、郑州、商洛、襄阳、重庆、广安、汉中、安康、广元、德阳、**成都**、资阳、眉山、乐山、攀枝花、达州、南充、拉萨、**昆明**、曲靖、六盘水、**贵阳**、遵义、**南宁**、柳州、贵港等

注：加粗节点为一级节点，不加粗节点为二级节点。

专栏4　点对点火车散粮线路建设条件

散粮火车：线路粮食年运量宜30万吨以上，发运或接卸点有条件建设火车散粮接发设施。铁路专用线宜满足整列到发、半列装卸作业的要求。优先依托粮食铁路枢纽节点或粮食物流园区。

火车散粮集装箱：位于中转量集中的节点，线路粮食年运量宜4000TEU以上，发运或接卸点有条件建设火车散粮集装箱接发设施。优先依托粮食铁路枢纽节点或粮食物流园区。

专栏5　节点项目选择标准

粮食物流一级节点项目应布局在八条重点线路上，依托综合交通枢纽，衔接两种及以上交通运输方式，能够承担区域间主要粮食中转、集散。

铁路节点项目：粮食年中转量50万吨以上（西南、西北通道可按照物流集中、规模适度的原则降低标准），筒仓等用于快速中转的仓容不宜小于5万吨，与产业园区结合的，园区年加工总量不宜低于30万吨。

沿长江（中下游）港口节点项目：粮食年中转量100万吨以上，筒仓等用于快速中转的仓容不宜小于5万吨，与产业园区结合的，园区年加工总量不宜低于30万吨。

沿海港口节点项目：粮食年中转量200万吨以上，筒仓等用于快速中转的仓容10万吨以上，与产业园区结合的，园区年加工总量不宜低于100万吨。

流出通道的二级节点项目应位于八条重点线路上的产粮大市（县），粮食年中转量30万吨以上，衔接两种及以上交通运输方式，宜与当地储备仓容10万吨以上的粮食企业结合。

流入通道的二级节点项目应位于八条重点线路上的消费大市（县），粮食年中转量30万吨以上，宜与当地储备仓容5万吨以上的粮食企业，或配送、批发等重要场所结合。

（三）布局粮食物流进出口通道

充分统筹两个市场、两种资源，依托“一带一路”建设战略，推动粮食跨境物流的衔接与合作，逐步构建与八大粮食物流通道对接的粮食物流进出口通道。完善枢纽港口、铁路、公路等各类口岸粮食物流基础设施建设，逐步形成一批重要的进出口粮食物流节点。

东北方向，发展二连浩特、海拉尔、黑河、建三江、虎林、鸡西、牡丹江等东北亚沿边节点，形成面向俄罗斯、蒙古，连接东北亚及欧洲的粮食进出口通道。

沿海方向，发展环渤海、东南沿海等港口节点，提升沿海港口粮食集疏运能力，完善连接内陆的海上粮食进出口通道。

西北方向，发展塔城、吉木乃、阿勒泰、伊宁、喀什等节点，重点打造面向中亚、西亚的粮食进出口通道。

西南方向，发展保山、芒市、南宁等节点，重点打造面向南亚、东南亚的粮食进出口通道。

（四）提升区域粮食物流水平

优化粮食仓储设施布局。统筹粮食仓储物流设施建设，实现粮食仓储物流一体化融合发展。以优化布局、调整结构、提升功能为重点，结合粮食生产、流通形势和城镇规划，以及现有收储库点分布，合理改建、扩建和新建粮食仓储设施，将粮食收储能力保持在合理水平，实施收储能力优化工程和产后服务中心建设工程。产区重点完善收储网点、调整仓型结构、提高设施水平；产销平衡区重点提升收储网点的收购、储备、保供综合能力；销区重点加强储备库建设、提升应急保供能力。注重区域及单点仓储的经济规模，实现资源效益最大化。发展基于横向通风的平房仓配套快速进出仓技术，提高现有仓储设施的物流对接效率，实施平房仓物流功能提升工程和物流园区示范工程。加强粮食产后服务体系建设，鼓励粮食企业等多元主体建设产后服务中心，为新型粮食生产经营主体及农户提供“代清理、代烘干、代储存、代加工、代销售”等服务。

专栏6　仓储设施分类
综合库：具备储备功能，并能进行上下游延伸，可拓展其他业务，包括产后服务、加工、物流、贸易等，仓容应5万吨及以上，原则上每县至少一个，主要承担本县的粮食储备和物流功能，起到龙头带动作用。 收储库：兼具收纳和储备功能，仓容应2.5万吨及以上。 收纳库：以收纳功能为主，销区仓容应1.5万吨及以上、产区仓容应2.5万吨及以上。位置重要且条件受限的特殊区域，可适当降低仓容规模。

发展区域粮食快速物流。完善收储企业、加工企业、物流企业的散粮接发设施，支持标准化散粮（面粉）运输工具示范，引导和形成散粮运输的社会化服务，全面提升区域内粮食散装化对接水平，实施物流标准化和装备工程、应急保障工程；重点解决西南、西北区域内的散粮汽车运输短板，全面推广散粮运输。突出节点的物流集散优势，提供满足多元化、多层次需求的经济、高效、便捷物流服务。以物流为纽带，促进仓储企业与应急加工、配送、放心粮油企业开展合作，发展“原粮储存、成品粮轮出”的业务模式，逐步实现粮食“常储常新”，降低区域粮食物流成本。

服务粮食市场供应体系。完善批发市场的物流功能，推广应用“互联网+”技术，全面提升粮食市场信息化水平，大力发展粮食电子商务，推动粮食流通方式创新发展。健全成品粮油配送中心，构建城乡粮食应急供应网络，形成覆盖城乡的物流配送体系。

提升粮食加工物流水平。支持大型加工企业完善散粮接收系统和面粉散运发放系统，提升散粮设施对接能力；应用现代化物流模式，发展多元化运输，完善产品配送系统；鼓励加工企业积极参与社会化、专业化分工，将物流业务外包给第三方物流企业。

培育第三方粮食物流企业。支持大型粮食企业加大资源整合和兼并重组力度，联合铁路、航运等企业优化粮食物流链。鼓励粮食产业化龙头企业进行物流业务重组，组建具有行业特色的第三方物流企业。鼓励有条件的大型粮食企业（集团）建立物流战略联盟。鼓励和支持粮食物流企业充分利用境内外资本市场多渠道融资，壮大企业实力。

（五）推广应用新技术新装备

实现粮食物流装备新突破。充分重视信息化与粮食物流装备工业化的融合发展，全面推进具有自主知识产权、核心技术的品牌装备的研究开发与推广应用，开发节能高效粮食物流装备，促进装备大型化、标准化、系列化、精细化发展；严把行业准入条件，鼓励跨行业大型装备制造企业进入粮食行业，带动粮食物流装备水平提升。鼓励企业加大粮食物流装备技术创新投入，提高企业自主创新能力。鼓励高校、科研院所与企业联合，推进以企业为主体的产学研用深度合作，积极推动科技成果转化。

积极推广应用新技术。大力实施“降本提效行动”，支持和鼓励企业在粮食物流节点选用占地少、机械化和自动化程度高的快速中转新仓型，采用标准化、高效低耗新装备，提高粮食中转效率，减少粮食中转和运输损失。根据不同区域特点，推广采用绿色、先进适用的储粮技术。加强公、铁、水多式联运物流衔接技术及标准化内河散粮运输船只的研发与应用。推广集装单元化技术。

（六）完善粮食物流标准体系

推进“标准化建设行动”，完善粮食物流标准体系，加强粮食物流标准基础研究，优先制修订粮食行业急需物流标准。引导企业提高粮食物流标准化意识，逐步把支持和参与标准化工作作为增强企业核心竞争力的重要手段。加大粮食物流标准宣贯力度，全面开展解读、培训、试点示范和标准验证工作；鼓励物流企业实现建设、运营、管理全过程标准化运作；加强对粮食物流标准强制性条款的落实和监督。

（七）大力促进物流与信息化融合

发挥信息化对物流的支撑引领作用，促进粮食物流与信息化深度融合。推动粮食物流活动电子化、信息化，实现粮食物流活动各个层次、各个环节的信息采集全覆盖。推动不同企业间以及企业与政府间公共物流信息的互联互通和共享，利用信息化手段，提高粮食物流资源配置效率及组织化程度。利用物联网、大数据、云计算等先进信息技术，改造传统物流企业，重塑业务和管理流程，实现粮食物流各环节的无缝化衔接。

实施物流信息平台工程，建立全国和区域性粮食物流公共信息平台，形成物流信息化服务体系，提升粮食物流信息监管和共享水平。支持大型粮食企业建设粮食物流信息化服务平台，与国家粮食物流公共信息平台、国家交通运输物流公共信息平台等有效衔接；采集粮食物流相关信息，建立粮食物流数据库，实现与上下游企业共享；应用地理信息系统、传感技术，实时监控物流全过程，保证粮食数量真实和质量安全。

专栏7　八大重点工程和物流园区示范工程（8 +1 工程）

工程	主要任务
收储能力优化工程	以优化布局、调整结构、提升功能为重点，重建、扩建和新建粮食仓储设施，应用先进适用的储粮设备和技术，大幅提升仓储设施现代化水平
产后服务中心建设工程	强化产后服务，建设以烘干整理功能为基础的粮食产后服务中心，南方以新建为主，北方以改造为主，重点向核心产区及新型粮食经营主体倾斜
火车散粮运输系统工程	重点在沿京哈线路、京沪线路、京广线路上，以大型粮食企业为主体，在发运点和接卸点改造或新建散粮火车发运和接卸设施，形成相对固定的散粮火车运输班列线路 重点在沿陇海线路、京昆线路上，选择主要功能为集中省外来粮并向省内各地区中转的节点，改造或新建散粮集装单元化接卸设施，实现公铁无缝联运，形成散粮集装单元化火车运输线路
港口散粮运输提升工程	在沿长江沿线、沿运河沿线、“引江济淮”工程沿线、珠江水系沿线等码头，改造或新建一批内河码头散粮接发点，提升内河码头高效接发能力和公水或铁水无缝衔接的能力。在重点沿海港口完善提升集疏运设施，北方港口着力提升公铁集港效率，南方港口着力提升公水分拨能力
平房仓物流功能提升工程	对具备条件的平房仓进行横向通风技术改造，配备快速进出仓设备，提升现有设施的物流水平，提高物流效率
物流标准化和装备工程	推进粮食物流标准基础研究，编制急需标准。支持粮食物流标准化产品和节能环保新产品的研发和推广应用
物流信息平台工程	整合现有物流信息服务平台资源，建立全国粮食物流公共信息平台，促进各类平台之间的互联互通和信息共享。鼓励大型粮食企业建设粮食物流信息化服务平台，为企业、消费者与政府部门提供第三方服务。鼓励有条件的粮食企业整合配送资源，构建电子商务物流服务平台和配送网络
应急保障工程	改造建设一批区域性骨干粮食应急配送中心，提高突发事件发生时粮食的应急供给、调运、配送能力。依托骨干企业形成粮食应急加工能力。在大城市群、边疆及偏远地区建设一批成品粮应急储备设施
物流园区示范工程	建设一批仓储物流、加工、贸易、质检、信息服务一体化发展的粮食物流园区，发挥集聚产业、稳定物流、带动示范的作用

四、保障措施

（一）加强组织领导与协调

国家发展改革委会同国家粮食局将进一步发挥全国现代物流工作部际联席会议作用，加强与财政、铁路、交通、质检等部门的沟通协调，明确责任、形成合力，切实解决粮食物流发展中出现的重大问题。各级地方政府要全面落实粮食安全省长责任制，加强统筹协调，指导发展改革部门和粮食行政管理部门结合本地实际，制定具体实施方案，抓好规划相关工作任务的落实。

（二）加大资金投入与政策支持力度

对服务于国家宏观调控的重要物流通道和物流线路上的散粮中转设施和粮食物流园区建设，可结合现有渠道由中央预算内投资给予适当支持。进一步落实支持粮食物流业发展的用地政策，对符合土地利用总体规划要求的粮食物流设施建设项目，加快用地审批进度，保障项目依法依规用地，支持企业整合存量土地资源建设物流设施。通过争取专项资金支持，鼓励粮食物流技术创新和示范，推动粮食物流装备企业提升技术实力。鼓励发展散粮火车和集装单元化运输，支持散粮火车入关运行。加强散粮火车的组织运营，提高散粮火车使用效率。

（三）拓宽投融资渠道

积极探索政府资金引导社会资金资本参与粮食物流设施建设的新机制，形成多元化、多渠道、多层次的投融资体系。发挥政策性银行等金融机构对粮食物流业发展的支持作用，鼓励政策性银行在业务范围内对符合条件的粮食物流企业提供信贷支持，积极引导商业银行为粮食物流发展提供多元化金融服务。支持粮食物流企业运用多种方式拓宽融资渠道，鼓励符合条件的企业通过发行债券和上市等方式进行融资。鼓励社会资金以 PPP 等方式投资粮食物流基础设施建设。鼓励社会资本通过成立粮食流通产业创业投资基金，投资粮食物流装备、信息化等领域中小科技型企业。

（四）强化人才队伍建设

着力完善粮食物流专业人才培养体系，支持有关院校增设粮食物流相关课程。以提高实践能力为重点，探索形成院校与有关部门、科研院所、行业协会和企业联合培养粮食物流人才的新模式。完善粮食物流业在职人员培训机制，加强粮食物流业高层次经营管理人才培养，积极开展职业培训。建立健全粮食物流业人才激励和评价机制，加强粮食物流业人才引进，吸引国内外优秀人才参与粮食物流经营和管理。

国务院办公厅关于加快发展冷链物流保障食品安全促进消费升级的意见

国办发〔2017〕29 号

各省、自治区、直辖市人民政府，国务院各部委、各直属机构：

随着我国经济社会发展和人民群众生活水平不断提高，冷链物流需求日趋旺盛，市场规模不断扩大，冷链物流行业实现了较快发展。但由于起步较晚、基础薄弱，冷链物流行业还存在标准体系不完善、基础设施相对落后、专业化水平不高、有效监管不足等问题。为推动冷链物流行业健康规范发展，保障生鲜农产品和食品消费安全，根据食品安全法、农产品质量安全法和《物流业发展中长期规划（2014 — 2020 年）》等，经国务院同意，提出以下意见。

一、总体要求

（一）指导思想

全面贯彻党的十八大和十八届三中、四中、五中、六中全会精神，深入贯彻习近平总书记系列重要讲话精神，认真落实党中央、国务院决策部署，紧紧围绕统筹推进“五位一体”总体布局和协调推进“四个全面”战略布局，牢固树立和贯彻落实创新、协调、绿色、开放、共享的发展理念，深入推进供给侧结构性改革，充分发挥市场在资源配置中的决定性作用，以体制机制创新为动力，以先进技术和管理手段应用为支撑，以规范有效监管为保障，着力构建符合我国国情的“全链条、网络化、严标准、可追溯、新模式、高效率”的现代化冷链物流体系，满足居民消费升级需要，促进农民增收，保障食品消费安全。

（二）基本原则

市场为主，政府引导。强化企业市场主体地位，激发市场活力和企业创新动力。发挥政府部门在规划、标准、政策等方面的引导、扶持和监管作用，为冷链物流行业发展创造良好环境。

问题导向，补齐短板。聚焦农产品产地“最先一公里”和城市配送“最后一公里”等突出问题，抓两头、带中间，因地制宜、分类指导，形成贯通第一、二、三产业的冷链物流产业体系。

创新驱动，提高效率。大力推广现代冷链物流理念，深入推进大众创业、万众创新，鼓励企业利用现代信息手段，创新经营模式，发展供应链等新型产业组织形态，全面提高冷链物流行业运行效率和服务水平。

完善标准，规范发展。加快完善冷链物流标准和服务规范体系，制修订一批冷链物流强制性标准。加强守信联合激励和失信联合惩戒，推动企业优胜劣汰，促进行业健康有序发展。

（三）发展目标

到2020年，初步形成布局合理、覆盖广泛、衔接顺畅的冷链基础设施网络，基本建立“全程温控、标准健全、绿色安全、应用广泛”的冷链物流服务体系，培育一批具有核心竞争力、综合服务能力强的冷链物流企业，冷链物流信息化、标准化水平大幅提升，普遍实现冷链服务全程可视、可追溯，生鲜农产品和易腐食品冷链流通率、冷藏运输率显著提高，腐损率明显降低，食品质量安全得到有效保障。

二、健全冷链物流标准和服务规范体系

按照科学合理、便于操作的原则系统梳理和修订完善现行冷链物流各类标准，加强不同标准间以及与国际标准的衔接，科学确定冷藏温度带标准，形成覆盖全链条的冷链物流技术标准和温度控制要求。依据食品安全法、农产品质量安全法和标准化法，率先研究制定对鲜肉、水产品、乳及乳制品、冷冻食品等易腐食品温度控制的强制性标准并尽快实施。（国家卫生计生委、食品药品监管总局、农业部、国家标准委、国家发展改革委、商务部、国家邮政局负责）积极发挥行业协会和骨干龙头企业作用，大力发展团体标准，并将部分具有推广价值的标准上升为国家或行业标准。鼓励大型商贸流通、农产品加工等企业制定高于国家和行业标准的企业标准。（国家标准委、商务部、国家发展改革委、国家卫生计生委、工业和信息化部、国家邮政局负责）研究发布冷藏运输车辆温度监测装置技术标准和检验方法，在相关国家标准修订中明确冷藏运输车辆温度监测装置要求，为冷藏运输车辆的温度监测性能评测和检验提供依据。（工业和信息化部、交通运输部负责）针对重要管理环节研究建立冷链物流服务管理规范。建立冷链物流全程温度记录制度，相关记录保存时间要超过产品保质期六个月以上。（食品药品监管总局、国家卫生计生委、农业部负责）组织开展冷链物流企业标准化示范工程，加强冷链物流标准宣传和推广实施。（国家标准委、相关行业协会负责）

三、完善冷链物流基础设施网络

加强对冷链物流基础设施建设的统筹规划，逐步构建覆盖全国主要产地和消费地的冷链物流基础设施网络。鼓励农产品产地和部分田头市场建设规模适度的预冷、贮藏保鲜等初加工冷链设施，加强先进冷链设备应用，加快补齐农产品产地“最先一公里”短板。鼓励全国性、区域性农产品批发市场建设冷藏冷冻、流通加工冷链设施。在重要物流节点和大中型城市改造升级或适度新建一批冷链物流园区，推动冷链物流

行业集聚发展。加强面向城市消费的低温加工处理中心和冷链配送设施建设，发展城市“最后一公里”低温配送。健全冷链物流标准化设施设备和监控设施体系，鼓励适应市场需求的冷藏库、产地冷库、流通型冷库建设，推广应用多温层冷藏车等设施设备。鼓励大型食品生产经营企业和连锁经营企业建设完善停靠接卸冷链设施，鼓励商场超市等零售终端网点配备冷链设备，推广使用冷藏箱等便利化、标准化冷链运输单元。（国家发展改革委、财政部、商务部、交通运输部、农业部、食品药品监管总局、国家邮政局、国家标准委按职责分工负责）

四、鼓励冷链物流企业经营创新

大力推广先进的冷链物流理念与技术，加快培育一批技术先进、运作规范、核心竞争力强的专业化规模化冷链物流企业。鼓励有条件的冷链物流企业与农产品生产、加工、流通企业加强基础设施、生产能力、设计研发等方面的资源共享，优化冷链流通组织，推动冷链物流服务由基础服务向增值服务延伸。（国家发展改革委、交通运输部、农业部、商务部、国家邮政局负责）鼓励连锁经营企业、大型批发企业和冷链物流企业利用自有设施提供社会化的冷链物流服务，开展冷链共同配送、“生鲜电商＋冷链宅配”“中央厨房＋食材冷链配送”等经营模式创新，完善相关技术、标准和设施，提高城市冷链配送集约化、现代化水平。（国家发展改革委、商务部、食品药品监管总局、国家邮政局、国家标准委负责）鼓励冷链物流平台企业充分发挥资源整合优势，与小微企业、农业合作社等深度合作，为小型市场主体创业创新创造条件。（国家发展改革委、商务部、供销合作总社负责）充分发挥铁路长距离、大规模运输和航空快捷运输的优势，与公路冷链物流形成互补协同的发展格局。积极支持中欧班列开展国际冷链运输业务。（相关省级人民政府，国家铁路局、中国民航局、中国铁路总公司负责）

五、提升冷链物流信息化水平

鼓励企业加强卫星定位、物联网、移动互联等先进信息技术应用，按照规范化标准化要求配备车辆定位跟踪以及全程温度自动监测、记录和控制系统，积极使用仓储管理、运输管理、订单管理等信息化管理系统，按照冷链物流全程温控和高时效性要求，整合各作业环节。鼓励相关企业建立冷链物流数据信息收集、处理和发布系统，逐步实现冷链物流全过程的信息化、数据化、透明化、可视化，加强对冷链物流大数据的分析和利用。大力发展“互联网＋”冷链物流，整合产品、冷库、冷藏运输车辆等资源，构建“产品＋冷链设施＋服务”信息平台，实现市场需求和冷链资源之间的高效匹配对接，提高冷链资源综合利用率。推动构建全国性、区域性冷链物流公共信息服务和质量安全追溯平台，并逐步与国家交通运输物流公共信息平台对接，促进区域间、政企间、企业间的数据交换和信息共享。（国家发展改革委、交通运输部、商务部、农业部、工业和信息化部负责）

六、加快冷链物流技术装备创新和应用

加强生鲜农产品、易腐食品物流品质劣变和腐损的生物学原理及其与物流环境之间耦合效应等基础性研究，夯实冷链物流发展的科技基础。鼓励企业向国际低能耗标准看齐，利用绿色、环境友好的自然工质，使用安全环保节能的制冷剂和制冷工艺，发展新型蓄冷材料，采用先进的节能和蓄能设备。（科技部、工业和信息化部负责）加大科技创新力度，加强对延缓产品品质劣变和减少腐损的核心技术工艺、绿色防腐技术与产品、新型保鲜减震包装材料、移动式等新型分级预冷装置、多温区陈列销售设备、大容量冷却冷冻机械、节能环保多温层冷链运输工具等的自主研发。（科技部负责）冷链物流企业要从正规厂商采购或租赁标准化、专业化的设施设备和运输工具。加速淘汰不规范、高能耗的冷库和冷藏运输车辆，取缔非法改装的冷藏运输车辆。鼓励第三方认证机构从运行状况、能效水平、绿色环保等方面对冷链物流设施设备开展认证。结合冷链物流行业发展趋势，积极推动冷链物流设施和技术装备标准化，提高冷藏运输车辆专业化、轻量化水平，推广标准冷藏集装箱，促进冷链物流各作业环节以及不同交通方式间的有序衔接。（交通运输部、商务部、工业和信息化部、中国民航局、国家铁路局、国家邮政局、中国铁路总公司按职责分工负责）

七、加大行业监管力度

有关部门要依据相关法律法规、强制性标准和操作规范，健全冷链物流监管体系，在生产和贮藏环节重点监督保质期、温度控制等，在销售终端重点监督冷藏、冷冻设施和贮存温度控制等，探索建立对运输环节制冷和温控记录设备合规合法使用的监管机制，将从源头至终端的冷链物流全链条纳入监管范围。加强对冷链各环节温控记录和产品品质的监督和不定期抽查。（食品药品监管总局、质检总局、交通运输部、农业部负责）研究将配备温度监测装置作为冷藏运输车辆出厂的强制性要求，在车辆进入营运市场、年度审验等环节加强监督管理。（工业和信息化部、交通运输部按职责分工负责）充分发挥行业协会、第三方征信机构和各类现有信息平台的作用，完善冷链物流企业服务评价和信用评价体系，并研究将全程温控情况等技术性指标纳入信用评价体系。各有关部门要根据监管职责建立冷链物流企业信用记录，并加强信用信息共享和应用，将企业信用信息归集至全国信用信息共享平台，通过“信用中国”网站和国家企业信用信息公示系统依法向社会及时公开。探索对严重违法失信企业开展联合惩戒。（国家发展改革委、交通运输部、商务部、民政部、食品药品监管总局、质检总局、工商总局、国家邮政局等按职责分工负责）

八、创新管理体制机制

国务院各有关部门要系统梳理冷链物流领域相关管理规定和政策法规，按照简政放权、放管结合、优化服务的要求，在确保行业有序发展、市场规范运行的基础上，进一步简化冷链物流企业设立和开展业务的行政审批事项办理程序，加快推行“五证合一、一照一码”、“先照后证”和承诺制，加快实现不同区域、不同领域之间管理规定的协调统一，加快建设开放统一的全国性冷链物流市场。地方各级人民政府要加强组织领导，强化部门间信息互通和协同联动，统筹抓好涉及本区域的相关管理规定清理等工作。结合冷链产品特点，积极推进国际贸易“单一窗口”建设，优化查验流程，提高通关效率。利用信息化手段完善现有监管方式，发挥大数据在冷链物流监管体系建设运行中的作用，通过数据收集、分析和管理完善事中事后监管。（各省级人民政府，国家发展改革委、交通运输部、公安部、商务部、食品药品监管总局、国家卫生计生委、工商总局、海关总署、质检总局、国家邮政局、中国民航局、国家铁路局按职责分工负责）

九、完善政策支持体系

要加强调查研究和政策协调衔接，加大对冷链物流理念和重要性的宣传力度，提高公众对全程冷链生鲜农产品质量的认知度。（国家发展改革委、农业部、商务部、食品药品监管总局、国家卫生计生委负责）拓宽冷链物流企业的投融资渠道，引导金融机构对符合条件的冷链物流企业加大投融资支持，创新配套金融服务。（人民银行、银监会、证监会、保监会、国家开发银行负责）大中型城市要根据冷链物流等设施的用地需求，分级做好物流基础设施的布局规划，并与城市总体规划、土地利用总体规划做好衔接。永久性农产品产地预冷设施用地按建设用地管理，在用地安排上给予积极支持。（国土资源部、住房城乡建设部负责）针对制约冷链物流行业发展的突出短板，探索鼓励社会资本通过设立产业发展基金等多种方式参与投资建设。（国家发展改革委、商务部、农业部负责）冷链物流企业用水、用电、用气价格与工业同价。（国家发展改革委负责）加强城市配送冷藏运输车辆的标识管理。（交通运输部、商务部负责）指导完善和优化城市配送冷藏运输车辆的通行和停靠管理措施。（公安部、交通运输部、商务部负责）继续执行鲜活农产品“绿色通道”政策。（交通运输部、国家发展改革委负责）对技术先进、管理规范、运行高效的冷链物流园区优先考虑列入示范物流园区，发挥示范引领作用。（国家发展改革委、国土资源部、住房城乡建设部负责）加强冷链物流人才培养，支持高等学校设置冷链物流相关专业和课程，发展职业教育和继续教育，形成多层次的教育、培训体系。（教育部负责）

十、加强组织领导

各地区、各有关部门要充分认识冷链物流对保障食品质量安全、促进农民增收、推动相关产业发展、促进居民消费升级的重要作用，加强对冷链物流行业的指导、管理和服务，把推动冷链物流行业发展作为稳增长、促消费、惠民生的一项重要工作抓紧抓好。国家发展改革委要会同有关部门建立工作协调机制，及时研究解决冷链物流发展中的突出矛盾和重大问题，加强业务指导和督促检查，确保各项政策措施的贯彻落实。

国务院办公厅

2017 年 4 月 13 日

关于印发《“十三五”铁路集装箱多式联运发展规划》的通知

发改基础〔2017〕738号

各省、自治区、直辖市及计划单列市、新疆生产建设兵团发展改革委、交通运输厅、铁路局：

为贯彻落实“十三五”规划《纲要》《“十三五”现代综合交通运输体系发展规划》《中长期铁路网规划》《营造良好市场环境推动交通物流融合发展实施方案》以及铁路发展改革等要求，加快铁路集装箱发展，促进集装箱多式联运，推动物流业降本增效，现将《“十三五”铁路集装箱多式联运发展规划》印发你们，请结合实际认真贯彻落实。

国家发展改革委
交通运输部
中国铁路总公司
2017年4月19日

“十三五”铁路集装箱多式联运发展规划

集装箱多式联运具有产业链长、高效便捷、集约经济、安全可靠等优势，是货物运输发展的重要方向。发展铁路集装箱多式联运，对推进铁路供给侧结构性改革、扩大铁路有效供给、更好发挥铁路比较优势、降低全社会物流成本等具有重要作用。为增强铁路货运市场竞争能力、提升运输整体效率效益，根据“十三五”规划《纲要》《“十三五”现代综合交通运输体系发展规划》《中长期铁路网规划》《营造良好市场环境推动交通物流融合发展实施方案》以及铁路发展改革等要求，制定《“十三五”铁路集装箱多式联运发展规划》。

一、规划基础

（一）发展现状

近年来，我国铁路运输快速发展，基础设施不断完善，技术装备大幅提升，服务水平整体跃升，为铁路集装箱多式联运发展奠定良好基础。截至2016年年底，全国铁路营业里程达12.4万公里，其中客货共线铁路10万公里。2013年铁路货运改革以来，铁路企业把集装箱运输作为向现代物流转型、推进市场化改革的重要途径，通过拓展入箱货物品类、扩大集装箱办理站、发展铁水联运业务、打造中欧班列品牌等举措，推动集装箱运量快速提升，成为铁路货运增长新亮点。2016年铁路集装箱发送量达761万标准箱，同比增长39.5%，中欧班列累计开行2964列。发展改革委、交通运输部等部门先后出台一系列支持多式联运发展政策措施，以铁水联运、国际联运为重点，积极推进多式联运示范项目、工程建设。

铁路集装箱多式联运发展呈现良好势头，但与经济社会发展要求相比，仍然存在明显差距。一是总量偏低，整体结构不合理。铁路集装箱运量仅占铁路货运量的5.4%，远低于发达国家铁路30%~40%水平，铁路集装箱运输占沿海港口集疏运比例较低，比较优势尚未得到有效发挥。二是设施设备不足，协同衔接效应差。铁路集装箱数量少，专用场站、专用载运机具及衔接转运设施规模小，铁水、公铁衔接不顺畅，标准化和先进技术应用滞后。三是服务供给有待提升。市场供需对接不充分，运输组织方式较为传统，全程物流服务刚起步，时效性、便捷性不强。四是市场开放水平亟待提高。多式联运经营主体欠缺，标准规则不统一，信息开放共享不足，市场化改革仍需深化。

（二）形势要求

经济发展新常态催生新需求。经济发展进入新常态，产业结构和消费加快升级，货运需求结构呈现新变化，传统货运需求增速放缓，新兴货运形态迅速崛起，多样化、强时效、小批量、多频次、一站式“门到门”货运需求快速增长。我国幅员辽阔，内陆纵深，“三大战略”深入推进，将促进区域协调发展，产业梯度转移，内陆市场空间进一步拓展。铁路集装箱多式联运顺应新的市场需求，符合国家区域发展空间拓展战略需要。

铁路转型升级迎来新路径。塑造铁路新优势，促进物流消费回流，要求转变传统货运发展方式，加快向现代物流转型。加快发展以集装箱为核心的铁路运输组织方式，减少货物损耗，提高物流效率，集约利用资源，加强跨区域运输，适应新形势下区域内运输需求，已成为扩大铁路货运供给的重要内容和铁路转型升级的重要途径。

全方位对外开放提供新机遇。以“一带一路”建设为统领的全方位对外开放格局构建，我国与沿线国家的经贸往来发展迅速，铁路互联互通、跨境跨区域多式联运走廊不断完善，中欧铁路班列蓬勃发展，为支持引领国际集装箱多式联运系统加速形成，构筑国际集装箱运输品牌，带来难得机遇，创造崭新平台。

新技术新业态引发模式新变革。当前，新一轮科技革命和产业变革正在孕育兴起，互联网、大数据等现代信息技术的广泛应用、跨界融合深度正在重塑运输组织形式、全程服务模式和物流供应方式。顺应新变革，需要加快构建与各种运输方式无缝衔接，与物流各环节高效对接，与信息、金融、通关等深度融合的集装箱多式联运系统，提供全程综合服务，构建“运输+”组织新模式。

二、总体思路

（一）指导思想

全面贯彻党的十八大和十八届二中、三中、四中、五中、六中全会精神，深入贯彻习近平总书记系列重要讲话精神和治国理政新理念新思想新战略，认真落实党中央、国务院决策部署，统筹推进“五位一体”总体布局和协调推进“四个全面”战略布局，牢固树立和贯彻落实新发展理念，围绕铁路供给侧结构性改革，以提质、降本、增效为导向，以优化结构、扩大供给、补齐短板为中心，强化资源整合，创新组织方式，提高服务水平，融合联动发展，构建一体化、网络化、标准化、信息化的铁路集装箱多式联运系统，更好发挥铁路比较优势，提高综合交通运输组合效率，降低全社会物流成本。

（二）基本原则

优化服务，拓展市场。尊重集装箱运输的市场规律，发挥企业的主体作用，对接市场需求，积极响应新的业态模式，延伸服务链和价值链，提升铁路集装箱的运输服务水平，整合运输资源，提高运输组合效率。

统筹协调、开放融合。更好发挥政府引导作用，围绕多式联运发展，完善合作机制，推动铁路与其他运输方式，以及贸易、金融、信息等深度融合，加强军民融合。健全政策标准，加强市场监管，营造统一开放、竞争有序的市场环境。

创新引领，衔接高效。强化管理、技术、服务创新，加大集装箱多式联运关键技术研发和推广力度，提升信息化和智能化水平。优化网络布局，充分发挥既有铁路场站、公路场站、港口等的功能和作用，提高衔接效率。

发挥优势、扩大供给。发挥铁路运输比较优势，创新市场营销策略和手段，满足不同客户和目标市场需求，在全程服务、运输组织、运到时限等方面加强管理，着力扩大铁路集装箱市场份额，提高市场竞争力。

（三）发展目标

到2020年，布局合理、设施完善、便捷高效、协调融合、全程服务的铁路集装箱运输系统基本建成，铁路集装箱多式联运发展取得明显成效，为经济和社会发展提供安全、高效、便捷、绿色的运输服务。

——基础网络更加高效完善。铁路集装箱多式联运通道基本形成，枢纽设施及集疏运体系有机衔接，配套服务设施功能更加完善，接取送达网络覆盖广泛，信息开放共享程度明显提升，线上线下设施运营效率明显提高。

——集装箱运量快速增长。国际班列、铁水联运班列、快速班列等快速发展，集装箱运量达到铁路货运量20%左右，其中，集装箱铁水联运量年均增长10%以上，中欧班列年开行5000列左右，成为铁路货运增长的新引擎。

——先进技术模式广泛应用。多式联运、协同配送等先进运输组织方式加快发展，模式创新、联运装备取得新突破，信息化、标准化、集装化水平显著提升，整体服务水平焕然一新。

——综合效率效益显著提升。综合交通运输结构进一步优化，运输效率明显提升，准时率达到95%，全社会物流成本显著降低，能源消耗和污染排放大幅减少。

三、重点任务

（一）完善联运通道功能

（1）提升传统运输通道能力。按照国家战略和产业布局调整要求，依托铁路、公路、水路等各种运输方式，围绕“十纵十横”综合运输大通道，提速扩能、畅通瓶颈路段，着力构建能力充分、衔接高效的铁路集装箱专业运输通道和多式联运通道。

（2）研究构建双层集装箱运输通道。按照总体规划、分步推进的原则，结合通道吸引范围和辐射能力、新线建设和既有线改造，研究推进北京—天津—沈阳—哈尔滨、北京—上海、北京—南昌—福州、阿拉山口—兰州—重庆、上海—株洲及济南—青岛等双层集装箱运输通道建设，加强双层集装箱车辆研制，逐步满足主要经济区域间及对外通道上具备开行双层集装箱班列的条件。根据市场需求及运输实际，在已具备条件的通道开行双层集装箱班列。

（3）推进国际运输通道建设。贯彻落实“一带一路”倡议，推进我国与周边国家铁路互联互通，对内提速扩能、畅通瓶颈路段，对外与有关国家共同推进通道建设改造，强化边境口岸设施设备衔接配套，有序推进面向全球、连接内陆的国际运输通道建设。

（二）加强综合枢纽建设

（1）优化集装箱场站布局。按照国家战略和产业布局调整要求，遵循集约化、规模化、高效化的原则，充分利用社会各类既有设施，鼓励规划建设具有多式联运功能的综合货运枢纽。结合综合交通网络发展，通过调整既有铁路场站的规模及功能、移地建设、铁路引入既有公路枢纽、物流园区、港口等方式，强化集装箱运输功能，深化铁路集装箱场站布局研究，优化场站选址方案。结合境内外产业、贸易布局，推进境内中欧班列枢纽建设，视需求适时建设境外分拨集散中心。

（2）强化枢纽衔接配套。围绕铁路集装箱场站，加快公路配套建设，依托公路运输灵活便捷性，形成以一、二级铁路集装箱场站为中心的配送网络，实现“门到门”运输，解决“前后一公里”衔接不畅问题。加快实施铁路引入大型公路货运站、物流园区、产业园区工程，提升设施设备衔接配套水平，有效减少货物装卸、转运、倒载次数，提高枢纽一体化水平。

（3）加快疏港铁路建设。统筹港口与铁路规划对接，加快推进疏港铁路建设及扩能，实现铁路与港口高效衔接，推进港站一体化，提高铁路集疏运比重，形成干支布局合理、衔接有效的铁水联运体系，加快港区铁路装卸场站建设。加快推进上海港、宁波舟山港、广州港等沿海港口疏港铁路建设，建成便捷高效的长江经济带港口多式联运系统，加快铁路与内河其他主要港口的连接线建设。

（4）推进内陆港建设。依托铁路既有、在建、规划场站，与港口、航运等相关企业合作建设铁路内陆港，因地制宜增加内陆集装箱还箱场站，增强进出口货物和铁水联运货物集散能力，打造完整的国际联运和铁水联运系统。建立内陆港海关、检验检疫等口岸管理部门信息共享平台，加快制定多式联运海关监管中心建设标准及监管制度，促进一体化通关，提高通关效率。

（三）扩大服务有效供给

1. 强化多式联运组织衔接

——打造国际联运链条。依托国际铁路运输通道，有效整合各方资源，积极搭建国际物流平台，推进中欧、中亚班列发展。加快融入国际联运体系，建立与国际海运、境外铁路合作机制，利用国际组织和多边机制平台，推进通关便利化，强化全程运行监控，压缩全程运行时间，打造全程化国际联运链条。

——加强铁水联运衔接。整合港区铁路、港口、航运等资源，建立多方联动机制，实现“海箱上路、铁箱下水”，提高铁路集疏运比例。优化港区短驳作业流程，提高班列作业效率，减少集装箱在港停留时间。依托沿海和内河主要港口，深入开展集装箱铁水联运示范工程，扩大集装箱铁水联运示范范围和内容，推广应用示范工程成果。

——优化公铁联运模式。加强与第三方物流企业、零担干线运输企业等合作，强化货源组织和集散功能，推进开行公铁联运班列，提高干线运输组织效率和辐射范围，引导大宗物资、商品汽车等中长距离公路运输有序向铁路转移。

2. 创新铁路服务方式

——完善集装箱供需体系。进一步提高铁路集装箱保有量，优化集装箱箱型结构，适应客户多元化需求。统筹铁路箱和自备箱资源，研究建立跨边境跨区域跨方式箱使循环系统，推动集装箱共享共用，降低集装箱调空比例，提高使用效率。

——加强运输时效性管理。以班列产品为重点，加大市场营销，开发多频次多样化班列产品，不断强化班列的品牌效应。加强运输全程调度指挥和跨局联动，提升班列运行调度等级，在港口、口岸等货源充足地区采用班列“客车化”运行方案。

——拓展延伸增值服务。以市场需求为导向，拓展经营范围，延伸服务链条，强化仓储、装卸、配送、包装等增值业务，满足空箱堆存、掏装箱、上门装卸等服务需要，提供电子商务、保险保价理赔、通关报关等服务。开展以集装箱为载体的冷链、商品汽车、液体化工和食品、粮食、水泥等专业物流服务。

（四）加快技术装备升级

（1）更新升级铁路传统设施设备。提高铁路在运载单元、装备设施等方面标准化程度，大力发展20英尺、40英尺国际标准集装箱，推进冷藏、罐式、干散货等特种箱运用，以与国际标准相配套的经济环保型接取送达车辆及装卸机械为主要机型，加快淘汰陈旧落后、超期服役、技术不良等设施设备。研发应用适应市场需求的内陆集装箱，推广托盘、集装袋等单元化装载运输方式。重点发展集装箱专用车，实现箱车装备均衡发展。

（2）加快研发多式联运设施设备。组织开展重大技术装备关键技术和互联网在集装箱多式联运领域集成应用等专项科技攻关。加快铁路驮背运输专用平车、公铁两用挂车、公铁滚装运输装备以及其他多式联运快速换装转运专用设备的研发应用。规范公路货运车型，积极开展适应各种箱型的公路货运车型、自动化装卸箱等的研发工作。

（五）推动信息开放共享

（1）构建信息共享服务平台。加强物联网、云计算、大数据、RFID、EDI、铁路TMIS等技术应用，研究制定多式联运信息共享和数据传输交换标准，强化集装箱电子数据报文标准的制定和应用。加快集装箱铁水联运公共信息服务平台、全程货物追踪信息系统建设，推进铁路集装箱运输信息与船舶运输和港口作业信息共享，建立铁水联运信息共享机制，促进铁路、公路、水运等不同运输方式之间，以及海关、检验检疫、物流和工商企业等不同业务系统之间衔接，实现集装箱多式联运物流信息交换、开放、共享。

（2）打造“互联网+”服务模式。借助各类信息平台，运用互联网、大数据等现代信息技术，研究开发面向客户的多样化信息服务产品，实现需求提报、到达交付、信息查询、通关查验、转账结算、保价理赔等“一站式”线上服务。面向多样化、强时效、小批量、多频次等新需求，研发电子运单、铁路运单提单化等服务新模式，提供全程综合物流系统解决方案。以铁海联运为重点，探索建立“一站托运、一票到底”的“一单制”服务模式，提高多式联运一体化服务能力，争取在重点货源和关键领域上率先突破。

四、保障措施

（一）健全工作体制机制

建立国家发展改革委、交通运输部、海关总署、质检总局、铁路总公司等部门和单位推进多式联运发展协调工作机制，加快推进简政放权、放管结合、优化服务改革，着力解决多式联运跨领域、跨部门的重大问题，进一步深化细化配套政策措施，鼓励集装箱多式联运示范项目。充分发挥企业在多式联运发展中的主体作用，推动铁路、港口、航运、金融、信息等企业建立联动机制，拓展合作方式，形成发展合力。依托铁路既有资源，采取有力措施，加大市场化运作，确保规划目标、任务顺利实现，加强市场监管和风险防控。

（二）加大政策支持力度

系统制定促进多式联运发展的相关政策措施，加快完善相关法规、标准规范体系，全面对接相关国际联运组织规则。推进多式联运与产业、经贸联动发展，推进便利化大通关。统筹公铁、铁水等多种运输方式紧密衔接的综合枢纽规划布局。地方相关部门要将铁路集装箱多式联运建设纳入综合交通运输发展规划，符合城乡规划，并与土地利用总体规划、产业发展规划等相衔接。对列入国家规划的综合枢纽用地需求，优先安排建设用地指标，简化报批手续。支持利用中央预算内投资、车购税、专项建设基金等，加大对集装箱多式联运线路、枢纽、信息系统等设施设备建设投入。鼓励地方对多式联运业务骨干企业及示范项目给予资金支持。完善多式联运经营人管理制度，规范服务对象、业务范围及法律责任，支持有实力的运输企业向多式联运经营人转变。

（三）拓展投资融资渠道

加大银行等金融机构对铁路和多式联运骨干企业金融服务支持力度。支持铁路和多式联运企业充分利用资本市场的政策和工具，通过发行债券、股票上市等方式多渠道融资。鼓励铁路、港口、航运、公路货运、第三方物流等企业开展合资合作。鼓励货主和社会购置自备箱。探索融资租赁等方式建设集装箱场站设施设备。鼓励铁路企业和地方政府、社会资本通过合资或采用 PPP 模式投资建设枢纽和场站。鼓励开放铁路及其他社会场站资源。鼓励社会企业和金融机构参与国际运输通道、境外分拨点建设。

（四）健全运价调节机制

坚持市场导向，推动铁路运输企业加快建立科学规范的货物运价管理体系，在国家政策规定范围内用好定价权，逐步形成多层次、灵活、方便客户的运价动态调节机制。鼓励铁路和多式联运企业结合市场供求与竞争形势变化、经营成本等因素合理协商定价，不断优化运价方案。充分利用价格杠杆调节作用，对不同地区、不同季节、不同速度等级、重空流向等实行差别化定价策略，实现效益最大化。

五、环境影响评价和要求

（一）对规划的环境影响总体评价

本规划紧密结合国家多式联运发展的有关要求，有利于降本增效等目标的实现，与有关交通运输规划做了有效衔接。《规划》坚持绿色发展理念，充分考虑既有设施的利用，集约节约利用土地等资源，鼓励交通枢纽综合开发，着力提升资源综合利用，与各类环境敏感区相协调，对污染排放提出严格的控制要求，对气环境、声环境和水环境的影响均在可控范围之内。

（二）预防和减轻不良环境影响措施

一是坚持“保护优先、避让为主”的建设原则，合理设计项目线路走向和场站选址，避开基本农田保护区、各类环境敏感区域。二是国土、环保等部门提前介入，为项目勘察设计、预留建设用地等前期工作提供有力保障。三是做好环境恢复和土地复垦工作，采取综合措施有效防治铁路沿线噪声、振动，加强生态、景观恢复工程。四是严格遵守环境保护相关法律法规，严格项目审批和土地、环保准入，建立完善、统一、高效的环境监测体系。

财政部　税务总局关于继续实施物流企业大宗商品仓储设施用地城镇土地使用税优惠政策的通知

财税〔2017〕33号

各省、自治区、直辖市、计划单列市财政厅（局）、地方税务局，西藏、宁夏回族自治区国家税务局，新疆生产建设兵团财务局：

为进一步促进物流业健康发展，现就物流企业大宗商品仓储设施用地城镇土地使用税政策通知如下：

一、自2017年1月1日起至2019年12月31日止，对物流企业自有的（包括自用和出租）大宗商品仓储设施用地，减按所属土地等级适用税额标准的50%计征城镇土地使用税。

二、本通知所称物流企业，是指至少从事仓储或运输一种经营业务，为工农业生产、流通、进出口和居民生活提供仓储、配送等第三方物流服务，实行独立核算、独立承担民事责任，并在工商部门注册登记为物流、仓储或运输的专业物流企业。

三、本通知所称大宗商品仓储设施，是指同一仓储设施占地面积在6000平方米及以上，且主要储存粮食、棉花、油料、糖料、蔬菜、水果、肉类、水产品、化肥、农药、种子、饲料等农产品和农业生产资料，煤炭、焦炭、矿砂、非金属矿产品、原油、成品油、化工原料、木材、橡胶、纸浆及纸制品、钢材、水泥、有色金属、建材、塑料、纺织原料等矿产品和工业原材料的仓储设施。

仓储设施用地，包括仓库库区内的各类仓房（含配送中心）、油罐（池）、货场、晒场（堆场）、罩棚等储存设施和铁路专用线、码头、道路、装卸搬运区域等物流作业配套设施的用地。

四、物流企业的办公、生活区用地及其他非直接从事大宗商品仓储的用地，不属于本通知规定的优惠范围，应按规定征收城镇土地使用税。

五、非物流企业的内部仓库，不属于本通知规定的优惠范围，应按规定征收城镇土地使用税。

六、本通知印发之日前已征的应予减免的税款，在纳税人以后应缴税款中抵减或者予以退还。

七、符合上述减税条件的物流企业需持相关材料向主管税务机关办理备案手续。

请遵照执行。

财政部

税务总局

2017 年 4 月 26 日

国家邮政局关于加快推进邮政业供给侧结构性改革的意见

国邮发〔2017〕47号

各省、自治区、直辖市邮政管理局，国家局直属各单位、机关各司室，中国邮政集团公司，各主要快递企业：

邮政业是国家重要的社会公用事业，是推动流通方式转型、促进消费升级的现代化先导性产业。近年来，我国邮政业发展迅速，在降低流通成本、服务生产生活、扩大就业渠道等方面发挥了积极作用，但仍存在发展方式粗放、创新能力不强、同质化竞争严重、服务质量不高、安全基础薄弱等突出问题，迫切需要在供给侧发力，提高供给质量和效率。为贯彻落实党中央、国务院重大决策部署，加快推进邮政业供给侧结构性改革，进一步促进行业转型升级提质增效，充分发挥邮政业对降低社会物流成本、释放消费需求、培育经济发展新动能的重要作用，现提出如下意见。

一、总体要求

（一）指导思想

深入贯彻习近平总书记系列重要讲话精神和治国理政新理念新思想新战略，牢固树立和贯彻落实新发展理念，坚持稳中求进的工作总基调，坚持以人民为中心的发展思想，加快推进邮政业供给侧结构性改革，按照“打通上下游、拓展产业链、画大同心圆、构建生态圈”的思路，围绕补短板、提质效、降成本，强化创新驱动、注重联动融合、加强制度供给，着力增加服务品种、提升服务品质、创建服务品牌，更好服务经济社会发展和人民群众生产生活。

（二）基本原则

以民为本。始终以满足人民群众对更好服务的需求作为努力方向，促进区域协调、城乡普惠和消费公平，使商家、用户在行业发展中有更多获得感。推动改善工作条件，完善职业保障，促进企业一线员工更有归属感。

市场主导。坚持发挥市场配置资源的决定性作用，完善市场机制，引导企业做优存量、做大增量、做强质量，有效满足服务需求。更好发挥政府作用，加强行业制度供给，提高行业全要素生产率，促进邮政普遍服务提质创新、快递服务转型升级。

创新驱动。发挥科技创新引领作用和企业主体作用，形成激发创新活力、推广创新成果、支持业态创新的体制机制。创新服务理念、商业形态、组织方式和运营模式，创造、引导和满足新需求。

联动融合。科学统筹补短板、提质效和降成本工作，通过补短板推动行业提质效，以提升供给品质和供给效率促进社会物流成本进一步降低。坚持“互联网+”邮政发展战略，有效衔接现代综合交通运输体系，促进产业、市场融合，优化供给结构，扩大供给范畴，加快培育行业发展新动能。

安全绿色。守住安全发展底线，构建企业、社会、政府三方共治的寄递渠道安全治理模式，减少和消除安全隐患。倡导绿色邮政理念，促进资源节约，推广绿色包装、绿色运输，推动行业绿色低碳循环发展。

（三）主要目标

到2020年，邮政业供给侧结构性改革取得重要进展，行业迈入形态更高级、分工更优化、结构更合理的发展阶段，发展方式明显转变，创新能力显著增强，服务产品更加丰富，供给质效大幅提高，寄递安全有效保障，形成世界一流的邮政企业和若干家具有国际竞争力的快递企业集团，能够更好满足广大商家和亿万群众日益增长的多样化、专业化、个性化服务需求。

二、补齐服务短板，增强供给能力

（一）完善基础服务网络

完善邮政普遍服务基础设施布局，支持邮政企业实施西部、农村地区邮政网点改造工程，加快推进建制村直接通邮工作，优化调整偏远和经济落后地区邮政普遍服务营业场所的运营模式。加强邮件快件处理中心、集散枢纽和快递专业类物流园区建设，提升骨干节点信息化、自动化水平。深入实施“快递下乡”和农村电商邮政寄递网工程，整合农村商贸、供销、交通、电商等物流资源，完善县、乡、村三级物流体系，实现“农产品进城”和“工业品下乡”有序集散和高效流通，切实提升服务“三农”水平。打造邮件、快件进出境通道，加强各类口岸国际邮件互换局（交换站）和国际快件监管区建设，提升国际邮件、快件处理效率和能力。鼓励企业建设一批国际转运中心和海外仓，衔接境外邮政、快递、物流体系，构建立足周边、连通“一带一路”、面向全球的跨境寄递物流网络。

（二）提升末端服务能力

推动邮政企业优化服务流程，提高邮政包裹服务质量，缩短邮件全程寄递时限，实现城市包裹投递到户，农村包裹投递到村邮站、村委会等。支持邮政企业以便民服务形式延伸、拓展服务功能，按照市场化机制代理投递农村地区快件，着力将邮政乡镇网点、村邮站打造成为农村寄递服务平台。鼓励快递企业结合各地实际深化合作，在农村共享网点、人员、车辆等资源，降低末端投递成本。实施快递“进社区、进院校、进商厦”工程，加强智能快件箱（智能信包箱、智能包裹柜）和城市公共投递服务中心等末端服务设施的规划建设，着力解决“摆地摊”问题。引导加盟型快递企业总部理顺与加盟网点的关系，规范运营管理方式，进一步完善基层网点和员工的补贴机制，构建稳定、可持续的末端服务网络。鼓励快递企业与商贸流通企业、连锁零售和外卖平台企业以联盟、股权合作等形式开展共同投递，形成区域共同合作模式，促进实体店销售与网购融合发展。支持各地加强管理、完善机制，推广符合标准的快递电动三轮车规范上路。

（三）培育行业优质品牌

引导邮政企业主动开拓市场，调整产品结构，优化作业流程，提高运营效率，不断提升服务品质和用户体验。加快邮政企业自身改革，健全现代企业制度，发展混合所有制经济，激发企业活力、创造力和市场竞争力，做强做优做大国有企业。鼓励企业加强资源要素整合，通过投资入股、联合投资、股权并购等方式，围绕产业链上下游开展兼并重组，提高行业集中度。支持邮政业上下游国有资本和电子商务、仓储、物流等企业，对发展潜力大、成长性强的快递企业进行股权投资。引导加盟型快递企业完善产权激励机制，强化全程全网统筹管理，促进网络资源优化配置。着力培育中国快递国际品牌，完善治理结构，提升核心能力，加快构建定位准确、技术领先、服务一流、管理科学的现代企业，打造中国快递航母。

三、深化业务联动，优化供给结构

（一）强化产业协同

实施“互联网+”邮政发展战略，引导企业拓展产业链、供应链和服务链，向综合性寄递物流运营商转型。深入推进邮政业与电子商务联动发展，建立适应电子商务需求的服务产品体系。服务“中国制造2025”战略，推进邮政业与现代制造业协同合作，发展“入厂物流”“区域性供应链”等服务模式，遴选支持一批寄递服务制造业项目。实施寄递服务现代农业“一地一品”示范工程，为农产品提供包装、仓储、运输的标准化、定制化服务，助力国家精准扶贫。打造跨境寄递引导工程，提升自由贸易试验区、跨境电子商务综试区所在地企业的跨境寄递服务能力，不断扩大跨境寄递服务范围。引导企业创新服务品种和模式，拓展与信息、金融、教育、旅游、文化等第三产业的协同空间。

（二）增加中高端供给

鼓励邮政企业在履行好普遍服务义务基础上，提供改址、约投等精准的投递服务。引导企业提高时限承诺产品的比重，拓展个性化、专业化、差异化、一站式寄递服务。支持企业加快发展快运、冷链等物流服务，加强预冷仓储、分等分级等冷链物流设施建设，推动服务品类向生鲜农产品、易腐食品和医药等高端品易逝品扩展。鼓励企业积极发展体验经济、社区经济等便民利商新业态，大力发展特殊物品寄递、合同物流、逆向物流、代收货款、快递保险等服务。引导企业与上游业态优势互补，拓展服务功能，提供物流、仓储、金融、保险、通关、货代等供应链一体化管理服务。

四、突出安全绿色，提高供给品质

（一）提升安全发展能力

引导企业加强安全生产管理机构建设，聘用注册安全工程师，健全完善安全管理内控制度，加大安全生产技术设备投入。建立寄递从业人员实名档案制度，严格执行《邮件快件微剂量X射线安全检查设备配置管理办法》，出台安全检查操作规程和安检人员管理规范，推动收寄验视、实名收寄、过机安检制度全面落实，加强用户个人信息安全管理。推进实施寄递渠道安全监管“绿盾”工程，全面提升邮政管理部门安全监管能力，实现动态可追踪、隐患可发现、事件可预警、风险可管理、责任可追究。健全寄递渠道安全联合监管机制，强化对重点地区、重点部位、重要活动期间寄递安全管理，坚决遏制重特大事故发生。实施企业安全生产评估分级制度，对评级偏低企业进行约谈警告、重点整治和黑名单管理。加强寄递安全宣传引导，提升寄递从业人员安全生产意识和用户安全用邮意识。

（二）推动绿色邮政发展

鼓励企业再造运营流程，优化运输组织，采用新技术新设备，着力降低生产成本，实现节能减排。开展绿色包装物品研究，出台邮件、快件绿色包装环保标识认定使用和管理办法，开展绿色包装试点工程，提高快递包装绿色化、减量化、可循环水平。鼓励包装生产商、电商平台、寄递企业等共同建立绿色包装联盟，使用符合环保标准的包装物料。大力推广环保袋、中转箱、笼车等物料设备，重点品牌企业电子运单使用率不低于90%，进一步提升新能源车辆的使用率。广泛宣传绿色邮政理念，倡导绿色消费方式，营造“绿色邮政，人人有为”的良好氛围。

（三）提高寄递服务质量

强化企业质量主体责任，增强质量意识和诚信意识，提升服务透明度和时限水平，切实降低邮件快件延误率、损毁率、丢失率和投诉率。开展服务质量提升行动，专项治理刷信、违规操作等侵害消费者合法权益行为，打造放心消费样板工程，基本实现寄递作业“不着地、不抛件”。鼓励邮政企业采取增加运力、利用客运班车代运等措施，提高党报党刊投递服务质量，基本实现党报县城当日见报。运用现代信息技术完善申诉处理平台，充分发挥12305申诉热线的作用，加强申诉受理和行政执法的联动，维护消费者合法权益。完善寄递服务质量评价体系，加强寄递服务满意度调查和时限测试，加大相关信息披露力度。鼓励行业协会、学会等社会团体提供技术、标准、质量管理、品牌建设等方面的咨询服务，为提高寄递服务质量提供智力支持。

五、注重融合创新，提升供给效率

（一）强化科技创新驱动

引导企业加大科技投入，推广应用云计算、大数据、互联网、物联网等信息技术，探索应用人工智能、无人机等先进技术，广泛使用自动装卸传输分拣、冷链物流等技术设备。制定邮政业技术研发指南，加强邮政业枢纽型基地业务与集成、关联产业垂直解决方案、实名制信息化解决方案、包装新材料新工艺设计等关键技术研究。出台邮政业技术中心认定管理办法，支持企业申报国家重点实验室、企业技术中心认定和国家科技计划项目。研究设立科技交流平台，开放共享信息资源和科技研发成果。支持行业协会、媒体为产学研合作牵线搭桥，推进科技成果转化运用。加强邮政、快递领域国际科技交流与合作，提高科技创新水平。

（二）深入推进交邮合作

推动邮政、快递基础设施与铁路、公路、民航枢纽的同步规划建设，打通交通资源要素与寄递服务的衔接。加快机场、车站等邮（快）件绿色通道和装卸、接驳、仓储功能区建设。推广“高铁＋快递”联合运营模式，建立中欧班列运输邮（快）件机制。支持企业加大甩挂运输力度，开展多式联运，提升运输集散效率。鼓励快递企业组建货运航空公司，与民航运输企业在飞机、飞行员、航线、场站资源等方面深化合作，提供纵向一体化的全过程物流服务。建设一批航空快递货运枢纽，延伸面向周边区域的产业链和服务链，实现航空物流、跨境电商、电子信息、健康医疗、智能制造等产业的集聚发展。推进邮政、快递、交通运输企业整合资源，形成“场站共享、服务同网、货运集中、信息互通”的农村快递物流发展新格局。

六、完善制度建设，优化供给环境

（一）深化放管服改革

坚持简政放权、放管结合、优化服务，加强事中事后监管。加快开放邮政业竞争性业务，引导社会资本进入邮政服务领域，完善经营邮政通信业务审批制度。简化快递业务经营许可程序，完善分支机构备案、代理国际快递业务制度设计。落实快递市场主体退出机制，依法注销长期未实际开展业务的僵尸快递企业，加强许可闭环管理。完善部门权力清单、责任清单、市场准入负面清单，健全行业行政裁量基准制度。推动落实快递企业同一工商登记机关管辖范围内“一照多址”政策。全面实施日常执法检查“双随机、一公开”制度，加强综合执法和跨区域互查。

（二）健全政策法规体系

推动落实《国务院关于促进快递业发展的若干意见》和相关产业政策，开展中国快递业发展战略研究。出台行业服务“一带一路”建设加快“走出去”指导意见。全力做好雄安新区邮政业发展规划的编制与衔接工作，科学谋划新区邮政、快递设施布局，着力提供优质寄递服务。落实《邮政业发展“十三五”规划》、行业专项规划及各区域专项规划，开展规划实施情况监测评估。研究提出邮政业增长极战略，将京津冀、长三角、珠三角等重点区域打造成为邮政业的改革创新先行区、转型提效示范区和高端服务引领区。加快推动《快递条例》颁布实施，制修订《快递业务经营许可管理办法》《邮政行业安全监督管理办法》《邮件快件实名收寄管理办法》等配套规章，积极参与电子商务立法工作。

（三）完善行业标准体系

加强邮政业标准体系建设，发挥标准的规范引导作用，助推行业供给侧结构性改革。加大修订后的《邮政普遍服务》标准实施力度，推动修订《住宅信报箱》标准。制定快递专用车辆国家标准，制修订快递封装用品、快递集装容器、快递服务与不同运输方式衔接等标准。加快快递与先进制造业、现代农业等关联产业信息交换技术标准和冷链快递、逆向快递标准研究制定工作。加大标准实施监督力度，开展标准试点示范，推动企业标准自我声明公开。加强与万国邮政联盟、世界海关组织等国际组织的合作，推动建立统一互认的单证格式，为便利通关创造条件。

（四）形成信用约束机制

建立企业和从业人员的电子信用档案，制定快递业信用信息内容、分类、共享标准。推动企业和从业人员的信用信息依法公开。实施行业违法失信企业、从业人员和用户“黑名单”制度，强化信息通报、舆论约束和信用惩戒。全面推进政务公开，依法公开在邮政监督管理中掌握的行业信用信息，建立有效的信息公开和查询机制。建立健全行业信用信息系统，对接企业信用信息公示系统、“信用中国”等国家统一信用信息平台，推动行业信用资源整合共享，构建“一处失信、处处受限”的联合惩戒机制。

七、加强支撑保障，确保改革成效

（一）争取资金政策支持

推动落实西部和农村地区邮政普遍服务基础设施建设中央投资项目。积极探索邮政业政府和社会资本合作（PPP）模式，吸引社会资本参与邮政业基础设施建设。引导企业争取财政资金支持技术升级、研发创新、企业国际化和人才培养等项目。鼓励政策性、开发性金融机构创新投融资方式，参与邮政、快递重大工程项目建设。争取亚洲基础设施投资银行、丝路基金资金支持，推动互联互通邮政、快递物流项目建设。支持符合条件的邮政、快递物流建设项目，申请中央和地方现代物流专项资金。引导企业加强内控管理，合规取得进项抵扣税额，实现增值税应抵尽抵，协调落实省内跨地区经营总分支机构增值税汇总缴纳政策。

（二）提升人才队伍素质

推动成立现代邮政教育联盟，发挥北京、南京、西安、重庆邮电大学共建院校资源优势，强化在行业高端人才培养、科技研发等方面的支撑作用。引导普通高校、职业院校加强邮政、快递学科建设，开设仓储、路由规划等实用课程。加强全国行业人才培养基地建设，开展职业院校现代邮政人才培养改革试点，遴选、建设和推广一批邮政快递产教融合示范项目、示范专业点，举办“互联网+”快递大学生创新创业大赛。实施快递技能人才“853”工程，制定快递员、快件处理员职业标准，推进快递工程技术人员职称评审。支持企业通过职业培训提高员工的职业素养和专业技能。积极推进邮政业智库联盟建设，加强行业供给侧结构性改革政策研究和决策咨询。

（三）加强员工职业保障

推动有关部门出台完善快递从业人员职业保障意见，建立健全快递职业保障体系，稳定快递从业人员队伍。推动快递企业与员工依法签订劳动合同，缴纳社会保险。支持其他快递从业者按灵活就业人员身份参加养老、医疗保险，配合探索适应灵活就业人员的失业、工伤保险保障方式。加强从业人员职业病防治和心理健康保护，督促企业调整雾霾严重区域和灾害天气期间一线员工时效考核标准。加强职业能力建设，强化快递职业人才评价服务引导和支持。鼓励企业加强职业培训教育，拓展从业人员向上发展空间，搭建管理、技术等晋升通道。加强行业党团工会建设，充分发挥党团工会作用，维护劳动者合法权益。

各单位要充分认识加快推进邮政业供给侧结构性改革的重要意义，要加强组织领导、协调配合和检查指导，扎实推进各项工作任务，确保取得实效。各省、自治区、直辖市邮政管理局要紧密结合本地实际，抓紧制定年度行动计划，明确各项重点工作的责任主体、时间进度和目标要求，认真抓好落实。国家邮政局将对本意见落实情况进行督察，并及时总结推广各地推进邮政业供给侧结构性改革的经验和做法。遇有重大问题，要及时向国家邮政局报告。

国家邮政局

2017 年 5 月 18 日

交通运输部办公厅关于印发深入推进水运供给侧结构性改革行动方案（2017—2020年）的通知

交办水〔2017〕75号

各省、自治区、直辖市交通运输厅（委），部长江航务管理局、珠江航务管理局：

交通运输部同意，现将《深入推进水运供给侧结构性改革行动方案（2017—2020年）》印发给你们，请认真贯彻落实。

交通运输部办公厅

2017年5月19日

深入推进水运供给侧结构性改革行动方案（2017—2020年）

为深入贯彻落实党中央、国务院关于深化供给侧结构性改革的战略部署，紧抓交通运输基础设施发展、服务水平提高和转型发展的黄金时期，大力推进水运供给侧结构性改革，加快水运提质增效升级，特制定本方案。

一、总体要求

（一）指导思想

全面贯彻党的十八大和十八届三中、四中、五中、六中全会精神，深入贯彻习近平总书记系列重要讲话精神和治国理政新理念新思想新战略，认真落实党中央、国务院决策部署，统筹推进“五位一体”总体布局和协调推进“四个全面”战略布局，牢固树立和贯彻落实创新、协调、绿色、开放、共享的发展理念，以推进供给侧结构性改革为主线，以降成本、去产能、补短板、调结构、强服务为主要抓手，提高水运供给的质量和效率，加快构建现代水运体系，更好地服务国民经济社会发展。

（二）工作目标

到2020年，水运供给侧结构性改革取得明显进展，转型升级取得实效，内河水运基础设施和港口集疏运体系短板基本补齐，船舶运力结构进一步优化，水运服务质量效率和行业治理能力显著提升。

——内河高等级航道达标率达到 90%。

——重点港口集装箱铁水联运量平均每年同比增长 10% 以上。

——长江经济带江海直达运输经济社会效益得到显现。

——内河船舶船型标准化率达到 70%，平均吨位提高到 1000 载重吨。

二、主要任务

（一）降成本，发挥水运比较优势

（1）完善港口集疏运体系。落实《“十三五”港口集疏运系统建设方案》，以主要港口和航运中心为重点，加强铁路、公路集疏运系统建设，强化集疏运服务功能。（规划司牵头，2020 年年底前完成）

（2）积极发展以港口为枢纽的联运业务。建立实施集装箱铁水联运统计制度，深化铁水联运示范范围和内容，持续提升铁水联运比重。加快以沿海和内河主要港口城市为节点的货运枢纽（物流园区）建设，延伸和拓展港口物流产业链。（水运局、规划司分工负责，持续推进）

（3）降低水路运输成本。深化港口价格形成机制改革，修订港口收费计费办法，改革拖轮计费方式以及国内客运和旅游船舶港口作业费定价模式。做好停止征收船舶登记费、船舶及船用产品设施检验费（中国籍非入级船舶法定检验费）工作。（水运局、海事局分工负责，2017 年年底前完成）

（4）优化江海运输组织。落实推进特定航线江海直达运输发展的意见，制定特定航线江海直达船舶配员标准及船舶监管要求，建立健全特定航线江海直达船舶法规规范体系，推进特定航线江海直达船型研发。继续推进江海联运、干支直达发展，提高水水中转比重。（水运局、海事局分工负责，2017 年年底前完成）

（二）去产能，促进水运转型升级

（1）优化船舶运力结构。积极推进内河船型标准化，实施好老旧运输船舶和单壳油轮提前报废更新政策，逐步化解过剩运能，研发推广新能源动力船舶，提高船舶安全经济、节能环保水平。（水运局负责，财审司、海事局配合，持续推进）

（2）促进区域港口协调发展。完善港口布局规划，加强港口岸线管理，有序推进大型综合性港区和重要货类专业化码头建设。制定推进区域港口一体化发展的意见，促进区域港口资源整合，加快推进津冀港口功能优化、错位发展，化解局部地区产能过剩矛盾。（规划司、水运局分工负责，持续推进）

（3）深入开展船舶与港口污染防治专项行动。协同推进船舶与港口污染物岸上接收设施建设，并做好与城市公共转运、处置设施的衔接，推动多部门联合监管。优化危化品船舶锚地和洗舱站布局，推进珠三角、长三角、环渤海（京津冀）水域船舶排放控制区建设，开展干散货码头粉尘专项治理，推进靠港船舶使用岸电、水运行业推广应用液化天然气和原油成品油码头油气回收工作。（规划司、水运局、海事局分工负

责，2020 年年底前完成）

（三）补短板，增强水运保障能力

（1）继续加快内河高等级航道建设。加强长江干线航道系统治理，加快建设长江三角洲高等级航道网。加快京杭运河和西江航运干线高等级航道扩能改造。全面建成珠江三角洲高等级航道网并向北江上游延伸，统筹推进各支线高等级航道建设，大力推动引江济淮航运工程实施，促进航道等级提升和区域成网。（规划司、水运局分工负责，2020 年年底前完成）

（2）做好内河航道通航管理和养护。落实全国航道管理与养护发展纲要，加强航道养护及重要通航建筑物监督检查，开展重点航道技术等级评定和保护范围划定工作，做好跨越国家重要航道项目航道通航条件影响评价审核及监督工作。（水运局负责，持续推进）

（3）推进解决三峡船闸瓶颈制约。推动理顺三峡通航建筑物管理体制，按分工组织做好三峡升船机试通航和竣工验收，配合推进三峡枢纽水运新通道建设前期工作。（水运局负责，2020 年年底前完成）

（4）提升水运安全发展水平。加快构建双重预防性工作机制，深入开展危险货物港口作业安全治理行动等专项整治，加强储罐技术状况安全检测评估和管控。以危险货物水路运输从业人员素质为重点实施水路运输从业人员安全素质提升实施方案。开展油船、散装液体化学品船安全专项整治。完善近岸海域和内河高等级航道安全监管系统布局。（水运局、海事局分工负责，2017 年年底前完成）

（5）健全水运应急体系。修订发布水路交通突发事件应急预案，研究制定加强水上搜救工作的意见。推进实施国家重大海上溢油应急能力建设规划和水上交通安全监管相关规划，推进空中巡航救助联动，提升深海远海搜救、大吨位沉船打捞、大规模溢油和危化品污染应急处置能力。研究建立与国家海上搜救应急预案相衔接的邮轮突发事件应急反应程序。（水运局、搜救中心、海事局、救捞局分工负责，2020 年年底前完成）

（四）调结构，提高水运服务品质

（1）加快邮轮游艇运输发展。完善邮轮始发港、访问港等港口体系布局，有序推进邮轮码头建设，鼓励通过老港区功能调整、改造现有设施以满足邮轮靠泊要求。研究推进邮轮运输发展措施，配合制定推进全国邮轮旅游发展总体规划，研究制定中资邮轮公司、方便旗邮轮试点政策，提出加强邮轮运输安全监管的特别举措，支持企业拓展国际国内邮轮航线。推进粤港澳游艇自由行工作，支持游艇有序发展。（规划司、水运局、海事局分工负责，2017 年年底前取得阶段性成果）

（2）大力发展现代航运服务业。做好自贸区海运政策复制推广，研究制定并实施新增自贸区交通运输试点政策。促进传统航运服务业升级，推进上海航运交易所体制改革，积极推进国际航运中心建设。（水运局负责，海事局配合，持续推进）

（3）推进“互联网+”水运应用。开展智慧港口示范工程建设，推进港口物流信息平台、长江航运物流公共信息平台等信息化建设。推动大数据、物联网等技术在水运业的应用，支持“互联网+”水运新业态，引导水运企业和互联网企业联盟发展。（水运局牵头，规划司、科技司配合，持续推进）

（五）强服务，提升行业治理能力

（1）深化水运放管服改革。深化行政审批改革，研究取消中央指定地方实施的部分许可事项。推进行政许可全程网上办理，提高政务服务效率。推进水运市场信用体系建设，探索建立信用信息公示和黑名单制度。依托国际集装箱班轮运价备案制度，强化国际海运监管。（水运局负责，政研室、法制司配合，持续推进）

（2）深化水运重点领域改革。统筹研究中俄界河航运管理体制事宜。稳妥实施取消国内航行船舶进出港签证改革措施。健全港航、海事管理部门安全协同监管机制，强化涉水部门综合联动执法。深化实施国际航行船舶联合登临检查机制。（水运局、海事局分工负责，人教司、财审司配合，2017年年底前取得阶段性成果）

（3）完善水运法规体系。继续组织做好《港口法》《国际海运条例》重大法律制度研究修订，推进《航道法》配套法规建设。（水运局负责，法制司配合，2020年年底前完成）

（4）完善水运标准体系。推进建立水路运输标准化技术委员会，加强水运工程和水路运输国家、行业标准制修订工作，建立健全水运工程绿色发展标准体系。（水运局、科技司分工负责，持续推进）

三、保障措施

（一）加强组织领导

有关部门和单位要切实加强组织领导，把改革放在更加突出的位置，紧密结合本地区、本单位实际，完善工作机制，统筹组织各项工作任务的落实，主要领导亲自抓，确保取得工作成效。

（二）强化分工协作

牵头单位要会同有关部门和单位进一步细化任务措施，明确路线图和时间表，并加强与有关部门和地方的沟通，协同推进各项任务的落实。

（三）加强监督考评

有关部门和单位要将相关工作纳入年度重点工作目标任务，建立动态跟踪机制，加强监督考评，督促各项工作按时完成。

国家发展改革委关于印发《服务业创新发展大纲（2017—2025年）》的通知

发改规划〔2017〕1116号

各省（直辖市、自治区）人民政府，新疆生产建设兵团，中央编办，国务院有关部委、直属机构：

为深入贯彻习近平总书记关于供给侧结构性改革的重要讲话精神，落实党中央、国务院决策部署，推进服务业改革开放和供给创新，我们会同有关部门研究起草了《服务业创新发展大纲（2017—2025年）》（以下简称《大纲》）。经国务院同意，现印发你们。请按照《大纲》确定的指导思想、发展目标和重点任务，加强组织领导，分解落实责任，认真组织实施。

附件：服务业创新发展大纲（2017—2025年）

国家发展改革委

2017年6月13日

附件

服务业创新发展大纲（2017—2025年）

加快服务业创新发展、增强服务经济发展新动能，关系人民福祉增进，是更好满足人民日益增长需求、深入推进供给侧结构性改革的重要内容；关系经济转型升级，是振兴实体经济、支撑制造强国和农业现代化建设、实现第一、二、三产业在更高层次上协调发展的关键所在；关系国家长远发展，是全面提升综合国力、国际竞争力和可持续发展能力的重要途径。为深入打造中国服务新品牌、建设服务业强国，为我国服务业发展提供指引，现制定《服务业创新发展大纲（2017—2025年）》。

一、背景情况

（一）世界服务业发展趋势

20世纪七八十年代以来，全球经济结构呈现出服务业主导的发展趋势，发达国家都经历了向服务业为主的经济结构转型和变革。在科技进步和经济全球化驱动下，服务业内涵更加丰富、分工更加细化、业态更加多样、模式不断创新，在产业升级中的作用更加突出，已经成为支撑发展的主要动能、价值创造的重要源泉和国际竞争的主战场。

新一轮科技革命引发服务业创新升级。新一代信息、人工智能等技术不断突破和广泛应用，加速服务内容、业态和商业模式创新，推动服务网络化、智慧化、平台化，知识密集型服务业比重快速提升。服务业转型升级正在推动新一轮产业变革和消费革命，使产业边界日渐模糊，融合发展态势更加明显，个性化、体验式、互动式等服务消费蓬勃兴起。

服务投资贸易全球化拓展服务业发展空间。服务全球化成为经济全球化进入新阶段的鲜明特征。服务业成为国际产业投资热点，制造业跨国布局带动生产性服务业全球化发展，跨国公司在全球范围内整合各类要素，资本、技术和自然人跨境流动更加便利，带动全球服务投资贸易快速增长。信息化大大提升服务可贸易性，数字服务贸易持续迅猛增长。

国际经贸规则重构推动全球服务分工格局深度调整。国际经贸新规则制定的焦点逐渐转向服务领域，多边和区域性投资贸易谈判正致力于推动服务贸易和跨境投资的自由化、便利化。服务投资贸易规则加快健全，将对全球服务业发展和国际分工格局产生深刻影响。

（二）我国服务业发展基础和条件

我国正处于实现“两个一百年”奋斗目标承上启下的历史阶段和从上中等收入国家向高收入国家迈进的关键时期，经济发展进入新常态，结构优化、动能转换、方式转变的要求更加迫切，需要以服务业整体提升为重点，构建现代产业新体系，增强服务经济发展新动能，实现经济保持中高速增长、迈向中高端水平。

服务业发展站在新的历史起点上。“十二五”以来，我国服务业发展连续迈上新台阶，2011 年成为吸纳就业最多的产业，2012 年增加值超过第二产业，2015 年增加值占国内生产总值（GDP）比重超过 50%。服务领域不断拓宽，服务品种日益丰富，新业态、新模式竞相涌现，有力支撑了经济发展、就业扩大和民生改善。

服务业发展仍面临诸多矛盾和问题。我国服务业发展整体水平不高，产业创新能力和竞争力不强，质量和效益偏低。服务供给未能适应需求变化，生产性服务业发展明显滞后，生活性服务业供给不足。服务业增加值比重仍低于世界平均水平，整体上处于国际分工中低端环节，服务贸易逆差规模持续扩大。更为关键的是，服务业发展还面临思想观念转变相对滞后，体制机制束缚较多，统一开放、公平竞争的市场环境尚不完善等障碍。

服务业进入全面跃升的重要阶段。全面深化改革、全方位对外开放和全面依法治国正释放服务业发展新动力和新活力。城乡居民收入持续增长和消费升级，为服务业发展提供了巨大需求潜力。新型工业化、信息化、城镇化、农业现代化协同推进，极大地拓展了服务业发展广度和深度。生态、养老等服务业新领域也不断涌现。

综合判断，我国服务业发展正处于重要机遇期，应当顺应发展潮流，尊重规律，立足国情，转变观念，重点在深化改革开放、营造良好发展环境上下功夫，激发全社会推动服务业创新发展的动力和活力，引领产业升级、改善民生福祉、增强发展动能，阔步迈向服务经济新时代。

二、总体要求

（一）指导思想

全面贯彻党的十八大和十八届三中、四中、五中、六中全会精神，深入贯彻习近平总书记系列重要讲话精神和治国理政新理念新思想新战略，认真落实党中央、国务院决策部署，统筹推进“五位一体”总体布局和协调推进“四个全面”战略布局，牢固树立和贯彻落实新发展理念，适应把握引领经济发展新常态，坚定不移深入推进供给侧结构性改革，以提高质量和核心竞争力为中心，努力构建优质高效、充满活力、竞争力强的现代服务产业新体系，推动中国服务与中国制造互促共进，加快形成服务经济发展新动能，推动经济转型升级和社会全面进步，确保如期全面建成小康社会，为实现第二个百年奋斗目标和中华民族伟大复兴的中国梦奠定坚实基础。

（二）基本原则

坚持以人为本、人才为基。坚持以人民为中心的发展思想，以增进人民福祉、促进人的全面发展为出发点和落脚点，扩大服务供给，更好满足多层次多样化需求。把人才作为核心资源，壮大人才队伍，提高职业素养，充分调动各类人才积极性和创造性，有力支撑服务业强国建设。

坚持市场主导、质量至上。以市场需求为导向，顺应消费升级趋势，提升服务品质，充分发挥市场在资源配置中的决定性作用和更好发挥政府作用，在公平竞争中提升服务业竞争力。树立质量第一的意识，健全服务质量治理和促进体系，打造以标准、质量、品牌为核心的竞争优势，全面提高服务业发展质量和效率。

坚持创新驱动、融合发展。把发展基点放在创新上，营造良好创新环境，深入推进大众创业、万众创新，促进新技术、新产业、新业态、新模式蓬勃发展，增强服务经济发展新动能。推进服务业与农业、制造业及服务业不同领域之间的深度融合，形成有利于提升中国制造核心竞争力的服务能力和服务模式，发挥“中国服务＋中国制造”组合效应。

坚持重点突破、特色发展。瞄准供需矛盾突出、带动力强的重点行业，集中力量破解关键领域和薄弱环节的发展难题，推动服务业转型升级。鼓励各地发挥比较优势、培育竞争优势，因地制宜发展各具特色的服务业，增强城市综合服务功能，引领区域产业升级和分工协作，提升区域经济整体实力。强化小城镇综合服务功能，更好服务农村和农业发展。

坚持深化改革、扩大开放。以改革推动服务业发展，打破制约服务业发展的体制机制障碍，顺应服务业发展规律创新经济治理，推动制度体系和发展环境系统性优化，最大限度激发市场活力。以开放促改革、促发展，稳步扩大服务领域开放，深度参与国际分工合作，在开放竞争中拓展空间、提升水平。

（三）主要目标

到 2025 年，服务业市场化、社会化、国际化水平明显提高，发展方式转变取得重大进展，支撑经济发展、民生改善、社会进步、竞争力提升的功能显著增强，人民满意度明显提高，由服务业大国向服务业强国迈进的基础更加坚实。

发展环境全面优化。服务业加快发展的基础性制度更加健全，基础设施体系更加完善，政府服务和监管水平全面提升，统一开放、公平竞争、创新激励的市场环境加快形成。

有效供给持续扩大。在优化结构、提高质量、提升效率基础上，实现服务业增加值“十年倍增”。服务业体系更加完备、产品更加丰富，供需协调性显著增强，服务业增加值占 GDP 比重提高到 60%，就业人口占全社会就业人口比重提高到 55%。

质量效益显著改善。服务质量明显提高，经济效益、社会效益、生态效益全面提升。服务可及性、便利性明显提高，标准化、品牌化建设取得重大突破，重点领域消费者满意度达到较高水平。

创新能力大幅提升。服务业研发投入和创新成果持续较快增长，科技进步对服务业发展的支撑作用明显增强。产业融合持续深化，新服务模式和业态蓬勃发展。服务业信息化水平大幅提高，数字服务、数字贸易快速发展。

国际竞争力明显增强。在国际分工体系中的地位不断提升，逐步形成若干具有全球影响力的服务经济中心城市，形成一批具有较强国际竞争力的跨国企业和知名品牌，培育一批细分市场领军企业，服务贸易竞争力明显提高，高附加值服务出口占比持续提升、国际收支状况明显改善。

三、创新引领，增强服务业发展动能

营造激励服务业创新发展的宽松环境，促进技术工艺、产业形态、商业模式创新应用，以信息技术和先进文化提升服务业发展水平。

（一）积极发展新技术新工艺

适应服务业创新发展需要，完善创新机制和模式，推动技术工艺创新与广泛深度应用。

提升技术创新能力。强化企业技术创新主体地位，引导建立研发机构、打造研发团队、加大研发投入。推动政产学研用合作和跨领域创新协作，鼓励社会资本参与应用型研发机构市场化改革。鼓励龙头企业牵头建立技术创新战略联盟，开展共性技术联合开发和推广应用。激发中小微服务企业创新活力，促进专精特新发展。充分发挥协会商会在推动行业技术进步中的作用。鼓励服务提供商和用户通过互动开发、联合开发、开源创新等方式，构建多方参与的技术创新网络。促进人工智能、生命科学、物联网、区块链等新技术研发及其在服务领域的转化应用。建立多层次、开放型技术交易市场和转化平台。

加强技能工艺创新。适应服务专业化、精细化、个性化发展要求，支持服务企业研发应用新工艺，提升设计水平，优化服务流程。鼓励挖掘、保护、发展传统技艺，利用新技术开发现代工艺、更好弘扬传统工艺。大力弘扬新时期工匠精神，保护一批传统工艺工匠，培养一批具有精湛技艺技能的高技能人才。

（二）鼓励发展新业态新模式

坚持包容创新、鼓励探索、积极培育的发展导向，促进各种形式的商业模式、产业形态创新应用。

鼓励平台经济发展。适应平台经济快速发展需要，加快完善有利于平台型企业发展的融资支持、复合型人才供给、兼并重组等政策，明确平台运营规则和权责边界，提升整合资源、对接供需、协同创新功能。支持平台型企业带动和整合上下游产业。

支持分享经济发展。建立健全适应分享经济发展的企业登记管理、灵活就业、质量安全、税收征管、社会保障、信用体系、风险控制等政策法规，妥善协调并保障各方合法权益。引导企业依托现有生产能力、基础设施、能源资源等发展分享经济，提供基于互联网的个性化、柔性化、分布式服务。

促进体验经济发展。鼓励企业挖掘生产、制造、流通各环节的体验价值，利用虚拟现实（VR）等新技术创新体验模式，发展线上线下新型体验服务。加强体验场所设施的质量和安全监管。

（三）大力推动服务业信息化

树立互联网、大数据思维，推动信息技术在服务领域深度应用，促进服务业数字化智能化发展。

推进服务业数字化。鼓励利用新一代信息技术改造提升服务业，创新要素配置方式，推动服务产品数字化、个性化、多样化。加强数据资源在服务领域的开发利用和云服务平台建设，推进政府信息、公共信息等数据资源开放共享，发展大数据交易市场。全面推进重点领域大数据高效采集、有效整合、安全利用和应用拓展。

促进服务业智能化。培育人工智能产业生态，促进人工智能在教育、环境保护、海洋、交通、商业、健康医疗、金融、网络安全、社会治理等重点领域推广应用，促进规模化发展。丰富移动智能终端、可穿戴设备等服务内容及形态。

（四）丰富服务业文化内涵

发挥文化元素和价值理念对服务业创新发展的特殊作用，增强服务业发展的文化软实力。

鼓励企业提升服务产品文化价值。鼓励采用更多文化元素进行服务产品设计与创新。提升研发设计、商务咨询等服务的文化创意含量，将传统文化、民俗风情和民族区域特色注入旅游休闲、文化娱乐、体育健身、健康养老等服务。鼓励用文化提升品牌价值，打造具有文化内涵的服务品牌。

提升中国服务文化影响力。发挥中华文化博大精深、兼容并蓄优势，吸收借鉴国外优秀文化成果，发展具有独特文化魅力和吸引力的服务产品及服务模式，提升中国服务国际竞争力。推动服务走出去与文化走出去有机结合，在服务业国际化发展中展示中华文化风采。

专栏1　服务业创新引领行动

（一）创新能力提升行动。实施高技术服务业、知识密集型服务业创新发展工程，提升信息、生物、检验检测等重点领域基础和核心技术创新能力，大力促进科技研发成果转化应用。

（二）新业态新模式发展行动。鼓励发展信息资讯、商品交易、物流运输等领域平台经济，交通出行、房屋住宿、专业技能、生活服务等领域分享经济，生产制造、休闲娱乐、旅游购物、医疗保健等领域体验经济，以及其他各类服务新形态。促进区块链技术应用和分布式服务模式发展。

（三）信息化提升行动。推进服务业与互联网、物联网协同发展、融合发展，培育协同制造、个性化定制、工业云、农业信息化等服务，发展基于互联网的教育、健康、养老、旅游、文化、物流等服务，积极依托物联网拓展服务领域、丰富服务内容。

（四）文化价值提升行动。鼓励开发富有文化内涵的服务，打造富有诚信和社会责任感的企业，倡导做爱岗敬业、富有爱心和人文关怀的从业人员，建设富有文化价值的品牌。

四、转型升级，优化服务供给结构

聚焦服务业重点领域和发展短板，促进生产服务、流通服务等生产性服务业向专业化和价值链高端延伸，社会服务、居民服务等生活性服务业向精细和高品质转变。

（一）推动生产服务加快发展

以产业升级需求为导向，推动生产服务专业化、高端化发展，发展壮大高技术服务业，提升产业体系整体素质和竞争力。

信息服务。加快培育基于移动互联网、大数据、云计算、物联网等新技术的信息服务。发展网络信息服务，大力发展云计算综合服务，完善大数据资源配置和产业链，支持有条件的企业建设跨行业物联网运营和支撑平台。积极发展信息技术咨询、设计和运维服务。鼓励发展高端软件和信息安全产业。

科创服务。构建覆盖科技创新全链条、产品生产全周期的创业创新服务体系。大力发展研究开发、工业设计、技术转移转化、创业孵化、科技咨询等服务。鼓励发展多种形式的创业创新支撑和服务平台，围绕创新链拓展服务链，促进科创服务专业精细和规模集成发展。大力发展知识产权服务，完善知识产权交易和中介服务体系，建设专利运营与产业化服务平台。加快培育标准化服务业。

金融服务。发展高效安全、绿色普惠、开放创新的现代金融服务业，提高金融服务实体经济效能。完善商业性、开发性、政策性和合作金融服务体系，推进金融市场宽化、深化、国际化，促进股权、债券等市场健康发展，提高市场效率。稳步扩大金融业对内对外开放，放宽金融机构准入限制，稳妥推进金融业综合经营，培育具有国际竞争力的金融控股公司。大力发展普惠金融，鼓励发展科技金融、绿色金融，规范发展互联网金融。大力发展保险业。积极发展融资租赁。推动金融机构数字化转型，探索区块链等金融新技术研究应用。积极稳妥推进金融产品和服务模式创新，有效防范和化解金融风险。

商务服务。积极发展工程设计、咨询评估、法律、会计审计、信用中介、检验检测认证等服务，提高专业化水平。支持专业人才队伍建设，减少和规范职业资格许可及认定，健全职业水平评价制度。鼓励各类社会资本以独资、合资、参股联营等多种形式提供商务服务，加快培育有竞争力的服务机构。鼓励发展综合与专业相互协调支撑的各类高端智库。

人力资源服务。鼓励发展招聘、人力资源服务外包和管理咨询、高级人才寻访等业态，规范发展人力资源事务代理、人才测评和技能鉴定、人力资源培训、劳务派遣等服务。发展专业化、国际化人力资源服务机构。

节能环保服务。加快发展节能环保技术、咨询、评估、计量、检测和运营管理等服务。鼓励创新服务模式，提供节能咨询、诊断、设计、融资、改造、托管等“一站式”合同能源管理综合服务。支持发展生态修复、环境风险与损害评价等服务。推动在城镇污水垃圾处理、工业园区污染集中处理等重点领域开展环境污染第三方治理，推广产业园区、小城镇环境综合治理托管。加快发展碳资产管理、碳咨询、碳排放权交易等服务。

（二）促进流通服务转型发展

以提高效率、降低流通成本为目标，积极推动流通服务创新转型，优化城乡网络布局，提升流通服务水平，增强基础支撑能力。

现代物流。大力发展社会化、专业化物流，提升物流信息化、标准化、网络化、智慧化水平，建设高效便捷、通达顺畅、绿色安全的现代物流服务体系。提高供应链管理水平，推动物流、制造、商贸等联动发展。大力发展单元化物流和多式联运。加快发展冷链物流、城乡配送和港航服务。加快推进物流基础设施建设，强化重点物流节点城市综合枢纽功能。推进交通与物流融合发展。支持物流衍生服务发展。完善国际物流大通道和境外仓布局，发展国际物流。

现代商贸。促进线上线下融合互动、平等竞争，构建差异化、特色化、便利化的现代商贸服务体系，支持商品交易市场转型升级。

开展零售业提质增效行动，推进传统商贸和实体商业转变经营模式、创新组织形式、增强体验式服务能力。支持连锁经营向多行业、多业态和农村延伸。促进电子商务规范发展，积极发展农村电商。鼓励社区商业业态创新，拓展便民增值服务。引导流通企业加强供应链创新与应用。大力发展绿色流通和消费。

（三）扩大社会服务有效供给

充分发挥社会服务对提升人的生存质量和发展能力的重要作用，在政府保基本、兜底线的基础上，充分发挥市场主体作用，增加服务有效供给，更好满足多层次、多样化需求。社会服务增加值占 GDP 比重大幅提高。

教育培训服务。鼓励社会力量兴办各类教育，积极发展丰富多样的教育培训服务。支持和规范民办教育培训机构发展。鼓励发展继续教育、职业教育、老年教育、社区教育、校外教育，创新发展技能培训、兴趣培训。鼓励开发数字教育资源，发展开放式教育培训云服务。鼓励教育服务外包，引导社会力量提供实训实习等专业化服务。打造“留学中国”品牌，稳步扩大来华留学规模。扩大教育培训领域对外开放，支持引进优质教育资源，开展合作办学。

健康服务。深化医药卫生体制改革，完善准入制度，强化服务质量监管，建立覆盖全生命周期、满足多元化需求的全民健康服务体系。有序推进公立医疗机构改革，大力发展社会办医，支持社会力量提供多层次多样化医疗服务。鼓励发展专业性医院管理集团。鼓励发展医学检验等第三方医疗服务，推动检验检查结果互认。推动精准医疗等新兴服务发展。推进医疗服务下基层，推广家庭医生签约服务。支持中医药养生保健、医疗康复、健康管理、心理咨询等服务发展。积极支持康复医院、护理院发展，推动医养结合。鼓励创新型新药研发。积极发展智慧医疗，鼓励医疗机构提升信息化水平，支持健康医疗大数据资源开发应用。鼓励发展第三方医疗服务评价。丰富商业健康保险产品，大力发展医疗责任险、医疗意外险等执业保险。

体育服务。倡导全民健身，鼓励兴办多种形式的健身俱乐部和健身组织，加快发展健身休闲产业。繁荣发展足球、篮球、排球、冰雪、水上、山地户外等运动，推动体育竞赛表演业发展，推进职业联赛市场化改革，鼓励发展国际品牌赛事，丰富业余体育赛事，创新项目推广普及方式。促进体育旅游、体育传媒、体育会展、体育经纪等发展。

养老服务。全面放开养老服务市场，丰富养老服务和产品供给，加快发展居家和社区养老服务，建立以企业和机构为主体、社区为纽带的养老服务网络。支持社会力量举办养老服务机构，重点支持兴办面向失能半失能、失智、高龄老年人的医养结合型养老机构，鼓励规范化、专业化、连锁化经营。推动养老服务向精神慰藉、康复护理、紧急救援、临终关怀等领域延伸。鼓励发展智慧养老。探索建立长期护理保险制度，加强与福利性护理补贴项目的整合衔接，发展商业长期护理保险等金融产品。

文化服务。加快构建结构合理、门类齐全、科技含量高、富有创意、竞争力强的现代文化产业体系。推动三网融合和媒体融合，整合广电网络、出版发行资源，鼓励文化企业联合重组，打造大型文化服务集团。加快发展数字出版、网络视听、移动多媒体、动漫游戏、网络音乐、网络文学、创意设计、绿色印刷等新兴产业，推动影视制作、工艺美术、文化会展、出版发行印刷等转型升级，鼓励演出、娱乐、艺术品市场等线上线下融合发展。鼓励实体书店建设成为复合式文化场所。提升文化原创能力和研发能力，促进文化内容和形式创新。

（四）提高居民服务质量

顺应生活方式转变和消费升级趋势，引导居民服务规范发展，改善服务体验，全面提升服务品质和消费满意度。

家政服务。加快建立供给充分、服务便捷、管理规范、惠及城乡的家政服务体系。引导社会资本投资家政服务，鼓励有条件的企业品牌化、连锁化发展，支持中小家政服务企业专业化、特色化发展。加强服务规范化和职业化建设，加大对家政服务人员培训的支持力度，制定推广雇主和家政服务人员行为规范，促进权益保护机制创新和行业诚信体系建设。

旅游休闲。开展旅游休闲提质升级行动，推动旅游资源开发集约化、产品多样化、服务优质化。推广全域旅游，积极发展都市休闲旅游和乡村旅游，打造国家精品旅游带，建设国家旅游风景道，促进精品、特色旅游线路开发建设。大力发展红色旅游，优化提升生态旅游、文化旅游，加快发展工业旅游、健康医疗旅游、冰雪旅游、研学旅行等。发展自驾车旅游、邮轮游艇旅游。支持旅游衍生品开发。加强旅游资源保护性开发，推进旅游景区建设和管理绿色化。规范旅游市场秩序，提高从业人员专业素质和游客文明素养。加强旅游休闲安全应急、紧急救援、保险支撑能力，保障旅游安全。深化国际旅游合作，推进旅游签证便利化。

房地产服务。优化住房供需结构，强化住房居住属性，构建以政府为主提供基本保障、以市场为主满足多层次需求的住房供应体系。积极发展住房租赁市场，规范发展二手房市场。促进房地产评估和经纪、土地评估和登记代理机构专业化发展，规范中介服务市场秩序。鼓励有条件的房地产企业向综合服务商转型。积极推进社区适老化改造。提升物业服务水平。

五、促进融合，构建产业协同发展体系

鼓励产业融合发展，打造一批以服务为主体的第一、二、三产业融合型龙头企业，强化服务业对现代农业和先进制造业的全产业链支撑作用，形成交叉渗透、交互作用、跨界融合的产业生态系统。

（一）促进服务业与农业融合

加快发展农村服务业，构建全程覆盖、区域集成的新型农业社会化服务体系，增

强服务业对转变农业发展方式、发展现代农业的支撑引领能力。

培育多元化融合发展主体。引导新型农业生产经营主体向生产经营服务一体化转型，壮大农村第一、二、三产业融合发展主体。鼓励农民专业合作社、农业产业化龙头企业、工商资本、其他社会化服务组织投资发展农业服务。支持有条件的农业生产、加工、流通企业发展面向大宗农产品及区域特色农业的专业化服务。支持农机合作社发展壮大为全程机械化综合农事服务主体，促进供销社等服务主体向农业综合服务商转型。支持农商联盟发展，鼓励银行、保险、科研、邮政等机构与农村各类服务主体深度合作。

加快发展融合新业态。实施创意农业发展行动，鼓励发展生产、生活、生态有机结合的功能复合型农业。支持农业生产托管、农业产业化联合体、农业创客空间、休闲农业和乡村旅游等融合模式创新。鼓励平台型企业与农产品优势特色产区合作，形成线上线下有机结合的农产品流通模式，畅通农产品进城和农资下乡渠道。建设全国农产品商务信息服务公共平台。鼓励利用信息技术，优化农业生产和经营决策、农技培训、农产品供需对接等服务。积极探索农产品个性化定制服务、会展农业等新业态。

（二）推进服务业与制造业融合

充分发挥制造业对服务业发展的基础作用，有序推动双向融合，促进有条件的制造企业由生产型向生产服务型转变、服务企业向制造环节延伸。

发展服务型制造。促进制造企业向创意孵化、研发设计、售后服务等产业链两端延伸，建立产品、服务协同盈利新模式。鼓励有条件的制造企业向设计咨询、设备制造及采购、施工安装、维护管理等一体化服务总集成总承包商转变。支持领军制造企业“裂变”专业优势，面向全行业提供市场调研、研发设计、工程总包和系统控制等服务。鼓励制造企业优化供应链管理，推动网络化协同制造，积极发展服务外包。推进信息化与工业化深度融合，加快发展智能化服务，提高制造智能化水平。

推动服务向制造拓展。以产需互动为导向，推动以服务为主导的反向制造。鼓励服务企业开展批量定制服务，推动生产制造环节组织调整和柔性化改造。支持服务企业利用信息、营销渠道、创意等优势，向制造环节拓展业务范围，实现服务产品化发展。发展产品全生命周期管理、网络精准营销和在线支持新型云制造服务，实现创新资源、生产能力和市场需求的智能匹配和高效协同。

搭建服务制造融合平台。支持有条件的地区打造电子商务集聚区，系统构建信息、营销、售后等个性化服务体系，柔性制造、智慧工厂等智能化生产体系，电子商务、金融、物流等社会化协同体系。依托新型工业化产业示范基地等制造业集聚区，聚焦共性生产服务需求，加快建设生产服务支撑平台。支持高质量的工业云计算和大数据中心建设。

（三）鼓励服务业内部相互融合

推动服务业内部细分行业生产要素优化配置和服务系统集成，创新服务供给，拓展增值空间。

支持服务业多业态融合发展。支持服务企业拓展经营领域，加快业态和模式创新，构建产业生态圈。顺应消费升级和产业升级趋势，促进设计、物流、旅游、养老等服务业跨界融合发展。

培育服务业融合发展新载体。发挥平台型、枢纽型服务企业的引领作用，带动创新创业和小微企业发展，共建“平台 + 模块”产业集群。培育系统解决方案提供商，推动优势企业跨地区、跨行业、跨所有制整合经营，发展一批具有综合服务功能的大型企业集团或产业联盟。

六、提升质量，推动服务业优质高效发展

实施质量强国战略，创新服务质量治理，着力提升重点领域服务质量，积极推进服务标准化、规范化和品牌化。

（一）健全服务质量治理体系

构建责任清晰、多元参与、依法监管的服务质量治理和促进体系，加快形成以质取胜、优胜劣汰、激励相容的良性发展机制。

强化企业主体责任。完善激励约束机制，引导企业加强全程质量控制，建立服务质量自我评估与公开承诺制度，主动发布服务质量标准、质量状况报告。推行质量责任首负承诺，完善全过程质量责任追溯、传导和监督机制。鼓励推广服务质量保险，建立质量保证金制度。

提升政府监管和执法水平。加大服务质量随机抽查力度。完善质量安全举报核查与协同处理制度，健全质量监督检查结果公开、质量安全事故强制报告、质量信用记录、严重失信服务主体强制退出等制度。健全服务质量风险监测机制。

充分发挥社会监督作用。畅通消费者质量投诉举报渠道，推广服务质量社会监督员制度，鼓励第三方服务质量调查。支持行业协会商会加强质量自律，发布行业服务质量和安全报告。加快推进检验检测认证等质量服务市场化发展。

（二）提高服务标准化水平

开展服务标准化提升行动，加快形成政府引导、市场驱动、社会参与、协同推进的标准化建设格局。

健全服务标准体系。建立政府主导制定的标准与市场自主制定的标准协同发展、协调配套的新型标准体系。将政府主导制定的强制性国家标准限定在保障人身健康和生命财产安全、公共安全、生态环境安全及满足经济社会管理基本要求范围之内。支持社会组织制定团体标准，鼓励企业自主制定企业标准。

推行更高服务标准。加强标准制修订工作，推动国际国内标准接轨，提高服务领域标准化水平。鼓励企业制定高于国家标准或行业标准的企业标准，积极创建国际一流标准。研究建立企业标准领跑者制度，推动企业服务标准自我声明公开和监督制度

全面实施，鼓励标准制定专业机构对企业公开的标准开展比对和评价。整合优化全国标准信息网络平台。

（三）打造中国服务知名品牌

开展品牌价值提升行动，发展一批能够展示中国服务形象的品牌，发挥品牌对服务业转型升级引领作用。

鼓励企业加强品牌建设。引导企业增强品牌意识，健全品牌管理体系，提升品牌认可度和品牌价值，打造世界知名品牌。发挥行业协会商会在品牌培育和保护方面的作用。鼓励品牌培育和运营专业服务机构发展。

营造良好品牌发展环境。完善品牌、商标法律法规，完善维权与争端解决机制。加大品牌、商标保护执法力度，依法打击侵权行为。提升商标注册便利化水平，健全集体商标、证明商标注册管理制度。加强品牌宣传和展示，营造重视品牌、保护品牌的社会氛围。

专栏2　服务质量、标准、品牌建设行动
（一）服务质量满意度提升行动。建立健全符合行业特点的服务质量测评体系，在现代物流、银行保险、商贸流通、旅游住宿、医疗卫生、邮政通信、社区服务等重点行业建立顾客满意度评价制度。 （二）服务质量标杆引领行动。鼓励社会组织分行业遴选和公布一批质量领先、管理严格、公众满意的服务标杆，总结推广先进质量管理经验。鼓励企业瞄准行业标杆开展质量比对，实施质量改进与赶超措施。 （三）服务质量监测能力提升行动。广泛动员社会各界力量，协同建设集监测、采信、分析、发布于一体的质量信息服务体系，搭建服务质量信息共享与社会监督平台。支持金融、交通运输、电子商务、旅游、健康等重点行业质量监测能力建设，鼓励建立行业质量和安全数据库。 （四）服务标准化提升行动。创新标准研制方式，完善科技、金融、物流、知识产权等生产性服务领域标准，制修订家政、养老、健康、教育、文化、旅游等生活性服务领域标准，加快新兴服务领域标准研制。建立健全服务认证制度体系。 （五）品牌价值提升行动。在金融、物流、商务服务等重点领域和电子商务、云计算、大数据、物联网等新兴领域，创建一批高价值服务品牌。鼓励中小服务企业品牌孵化器建设。支持具有文化、民族、地域特色的服务品牌建设，创建区域性知名品牌。

七、彰显特色，优化服务业空间布局

充分发挥各地比较优势，调整服务业功能分工和空间布局，构建特色鲜明、优势互补、体系健全的服务业发展新格局。

（一）优化服务业发展格局

围绕国家区域发展总体战略和“一带一路”建设、京津冀协同发展、长江经济带发展战略实施，对接新型城镇化发展，统筹规划、协调推进，促进服务业开放、集聚和协同发展。

优化服务业区域布局。充分发挥“四大板块”比较优势，推动东部地区服务业率先向价值链高端攀升、提升辐射带动能力和国际化水平；支持东北地区依托制造业和现代农业基础加快发展生产性服务业；鼓励中部地区发挥区位和产业优势，扩大服务业规模、提升服务水平；支持西部地区加快弥补服务业短板，发展特色优势产业。鼓励跨区域服务业合作，促进服务业梯度转移和有序承接。依托“一带一路”核心区和节点城市，扩大服务开放合作力度。全方位拓展京津冀地区服务业合作广度和深度，推进三地服务和要素市场一体化，促进服务业合理分工和错位发展，整体提高服务业发展层次和品质。着力扩大长江经济带中心城市辐射带动能力，增强节点城市物流与贸易功能，建设东中西互动的服务业合作联动发展带。优化提升珠三角服务业发展水平，强化与港澳地区的开放合作，推动泛珠三角区域服务业合作。结合脱贫攻坚，以生活服务和特色产业为重点，支持革命老区、民族地区、边疆地区、贫困地区及资源枯竭、产业衰退、生态严重退化等困难地区服务业加快发展。

构建城市群服务业网络。优化服务业空间组织模式，促进城市群服务业联动发展和协同创新。强化中心城市综合服务功能，优化战略性服务设施布局，发挥网络化效应，支持各具特色的服务业集聚区建设。鼓励构建跨区域信息交流与合作协调机制。

大力发展海洋服务。坚持陆海统筹，发展功能完善、业态多元、布局合理的海洋服务。发展现代航运服务和海洋物流，积极发展海洋旅游和文化产业，加快发展海洋工程咨询、新能源、生物研发、信息等服务。积极发展涉海金融、商务、商贸、会展等配套服务。推动基础较好的地区建设特色海洋服务集群。

（二）加快建设多层次服务经济中心

充分发挥中心城市资源要素密集、规模经济显著、专业分工细化和市场需求集中的优势，完善服务功能，打造不同层级的服务经济中心，增强辐射带动能力，促进服务业发展与新型工业化、城镇化良性互动。

建设具有全球影响力的现代服务经济中心。增强北京、上海和广州—深圳国际服务枢纽和文化交流门户功能，促进高端服务业和高附加值服务环节集聚，提高在全球创新链、价值链、产业链、供应链中的地位和控制力。

加快国家级服务经济中心建设。鼓励各地区依托服务业发展基础较好的超大城市和部分特大城市，加快形成以服务业为主体的产业结构，打造一批具有较强辐射功能的国家级服务经济中心。加快提升服务业层次和水平，搭建服务全国的特色化、专业化服务平台。鼓励跨国公司和企业集团设立区域性、功能型总部，支持有条件的城市提升全球影响力。

提升区域服务经济中心辐射带动能力。依托大城市建设区域服务经济中心，增强服务业集聚效应和辐射能力，更好服务区域发展。推动生产性服务业加快发展，提升对区域产业升级的支撑能力。增强健康养老、教育培训、文化创意等服务功能，提升城市宜居度和吸引力。

增强中小城市和小城镇服务功能。充分发挥中小城市和小城镇集聚产业、服务周边、带动农村的重要作用。促进中小城市与区域中心城市产业对接，利用中心城市服务资源改造提升传统产业，打造区域物流枢纽和制造业配套协作服务中心，主动承接中心城市旅游、休闲、健康、养老等服务需求。支持具有独特资源、区位优势和民族特色的小城镇建设休闲旅游、商贸物流、科技教育、民俗文化等特色镇。

（三）加强服务平台载体建设

积极搭建各类服务平台载体，集聚资源要素、强化组合优势、深化分工合作、探索开放创新，为服务业发展提供有效支撑。

建设专业化服务经济平台。结合科研基地布局优化，在科研资源密集地区，大力发展创新设计、研发服务，建设科创服务中心。依托重大信息基础设施建设，增强信息服务功能，建设信息服务中心。选择有条件的区域中心城市，发展多层次资本市场，规范发展区域性股权市场，建设金融服务中心。依托产业集聚规模大、专业人才集中的地区，加快发展咨询评估、财务管理、检验检测等服务，建设商务服务中心。

挖掘老城区服务业发展潜力。结合城市更新和棚户区改造，加快老城区服务业升级。科学规划土地二次开发，加强文化传承与保育，完善配套政策，支持存量房产和土地发展现代服务业，实现老城区转型发展。

促进开发区、新城新区服务业加快发展。坚持产城融合、特色发展的方向，加快完善服务功能，推动开发区、新城新区从单一功能向混合功能转型。促进商务商业、金融保险、创意设计等服务发展，增强健康医疗、教育培训、商贸物流、文体休闲等服务功能。支持开发区生产性服务业与先进制造业融合发展。

统筹推进服务业试点示范。以解决重点难点问题为导向，以推进体制机制和政策创新为重点，统筹推进各类服务业改革试点示范。继续开展服务业综合改革试点，规范有序推进自由贸易试验区、服务业扩大开放综合试点等建设。加快制度创新成果复制推广。

鼓励打造交通枢纽型经济区。依托大型机场、沿海港口、沿边口岸、高铁车站等交通枢纽设施，加强集疏运衔接配套，完善口岸等服务功能，促进高铁经济和临空、临港经济发展。依托综合交通枢纽城市，建设物流服务中心和多式联运中心。

八、深化改革，创建服务业发展良好环境

加大重点领域关键环节市场化改革力度，深入推进简政放权、放管结合、优化服务改革，最大限度释放市场主体活力和创造力。

（一）实现公平开放的市场准入

完善市场准入制度，全面实施公平竞争审查制度，清理废除妨碍统一市场和公平

竞争的各种规定和做法，促进服务和要素自由流动、平等交换。

实施市场准入负面清单制度。以市场准入负面清单为核心，建立服务领域平等规范、公开透明的准入标准，并适时动态调整。放宽民间资本市场准入领域，扩大服务领域开放度，推进非基本公共服务市场化产业化、基本公共服务供给模式多元化。

破除各类显性隐性准入障碍。减少审批事项，优化审批流程，规范审批行为。清理规范各类前置审批和事中事后管理事项，明确确需保留事项的审批主体、要件、程序和时限，并向社会公开。继续推进商事制度改革。整合公共服务机构设置、执业许可等审批环节，鼓励有条件的地方为申办公共服务机构提供一站式服务。

打破市场分割和地方保护。推进统一开放、竞争有序的服务市场体系建设，打破地域分割、行业垄断和市场壁垒，营造权利平等、机会平等、规则平等的发展环境。除特殊规定外，禁止设置限制服务企业跨地区发展、服务跨地区供给的规定，纠正各种形式限制、歧视和排斥竞争的行为。加大服务业反垄断力度。

（二）发展充满活力的市场主体

依法保障各类市场主体公平竞争，深化国有企业改革，推动事业单位改革取得突破性进展，形成各类市场主体竞相发展的生动局面。

确立法人主体平等地位。依法规范市场主体行为，确保不同主体之间法律地位一律平等。实行营利和非营利分类管理，明确不同性质主体的权责。完善分类登记管理制度，规范社会服务类机构登记，明确机构性质变更实施细则。建立健全市场退出机制。

分类推进国有服务企业改革发展。对主业处于充分竞争行业和领域的国有服务企业，实行股份制公司制改革，积极引入其他国有资本或非国有资本实现股权多元化。对主业处于关系国家安全、国民经济命脉重要领域的国有服务企业，保持国有资本控股地位，支持非国有资本参股。对电信、铁路等服务行业，根据不同行业特点实行网运分开、放开竞争性业务，促进公共资源配置市场化。推进承担公共服务和准公共服务职能的国有企业改革，具备条件的可以推行投资主体多元化。完善现代企业制度。鼓励各类社会资本参与国有服务企业改革，鼓励发展非公有资本控股的混合所有制企业。进一步破除各种形式的行政垄断。

深化事业单位改革。按照政事分开、事企分开和管办分离的要求，加快推进教育、科技、文化、卫生等事业单位分类改革，将从事生产经营活动的事业单位及能够分离的生产经营部门逐步转为企业，参与服务业市场公平竞争。加快建立现代法人治理结构，推动产权管理与业务管理分开，健全内部决策、执行与监督机制，依法独立开展经营活动。改革完善人事制度，改革事业单位编制管理办法，建立与不同性质组织运作相适应的人力资源管理制度。鼓励公办医疗、养老等机构与从业人员实行弹性灵活、权责明确的聘用制度。逐步取消公立医院行政级别，改革医师执业注册办法，促进医师有序流动和多点执业。完善民办机构参与服务业公办机构改制细则，鼓励从事生产经营活动的事业单位直接改制为混合所有制企业。

（三）健全现代高效的监管体系

顺应服务业发展新趋势，更新理念、创新方式、完善机制，加快构建统一高效、开放包容、多元共治的监管体系。

创新监管理念和方式。树立依法依规、独立专业、程序透明、结果公开的现代监管理念，推动监管方式由按行业归属监管向功能性监管转变、由具体事项的细则式监管向事先设置安全阀及红线的触发式监管转变、由分散多头监管向综合协同监管转变、由行政主导监管向依法多元监管转变。按照服务类别制定统一的监管规则、标准和程序，并向社会公开。积极运用信息技术提高监管效率、覆盖面和风险防控能力。

实行统一综合协同监管。促进监管机构和职能整合，推进综合执法。建立健全跨部门、跨区域执法联动响应和协作机制，加强信息共享和联合执法，实现违法线索互查、处理结果互认，避免交叉执法、多头执法、重复检查。推进监管能力专业化，打造专业务实高效的监管执法队伍。建立健全社会化监督机制，充分发挥公众和媒体监督作用，完善投诉举报管理制度。鼓励社会组织发挥自律互律他律作用，完善商事争议多元化解决机制。

创新新业态新模式监管方式。坚持包容创新、守住底线，适应服务经济新业态新模式特点，创新监管方式，提升监管能力。坚持审慎监管和包容式监管，避免过度监管，充分发挥平台型企业的自我约束和关联主体管理作用，创新对“互联网+”、平台经济、分享经济等的监管模式。

（四）营造公平普惠的政策环境

破除制约服务业发展的政策障碍，消除政策歧视，创新要素供给机制，加快形成公平透明、普惠友好的政策支持体系。

创新财税政策。积极构建有利于服务业创新发展的财税政策环境。落实支持服务业及小微企业发展的税收优惠政策。加大政府购买服务力度，研究制定政府购买服务指导性目录。有效发挥相关产业基金和服务业引导资金作用。推广政府与社会资本合作模式，引导社会资本投入服务业。

完善土地政策。优化土地供应调控机制，合理确定用地供给，保障服务业用地需求。依据不同服务门类特性及产业政策导向，有针对性地制定土地政策。探索对知识密集型服务业实行年租制、“先租赁后出让”等弹性供地制度。依法支持利用工业、仓储等用房用地兴办符合规划的服务业。创新适应新产业、新业态特点的建设用地用途归类方式。

优化金融支持。拓宽融资渠道，调整修订不适应服务企业特点的政策规定，支持通过发行股票、债券等直接融资方式筹集资金。探索允许营利性医疗、养老、教育等社会领域机构使用有偿取得的土地、设施等财产进行抵押融资。鼓励金融机构开发适应服务业特点的融资产品和服务。完善动产融资服务体系。鼓励有条件的地方建立小微企业信贷风险补偿机制。支持融资担保机构扩大小微企业担保业务规模。

深化价格改革。加快完善主要由市场决定价格机制，合理区分基本与非基本需求，放开竞争性领域和环节服务价格。健全交通运输价格机制，放开具备竞争条件的客货运输价格。创新公用事业和公益性服务价格管理方式。深化教育、医疗、养老等领域价格改革，营利性机构提供的服务实行经营者依法自主定价。全面清理规范涉企收费，推进实施涉企收费目录清单管理并常态化公示。

健全消费政策。鼓励消费金融创新，支持发展消费信贷。鼓励保险机构开发更多适应医疗、文化、养老、旅游等行业和小微企业特点的保险险种。

九、扩大开放，培育服务业国际竞争新优势

以“一带一路”倡议为统领，推动服务领域双向开放，深度融入全球服务业分工体系，以高水平对外开放促进我国服务业大发展。

（一）深入推进服务领域对外开放

把服务领域开放作为我国新一轮对外开放的重中之重，在坚守国家安全底线的前提下，加大开放力度，丰富开放内涵，提高服务领域开放水平。

完善国际化法治化便利化营商环境。对外资全面实施准入前国民待遇加负面清单管理制度，简化外资企业设立和变更管理程序，提高市场准入透明度和可预期性。在财政政策、融资服务、土地使用和经济技术合作等方面实现内外资企业一视同仁。

推动重点领域对外开放。坚持服务全局、积极有序的原则，稳步扩大服务业对外开放。优先放开对弥补发展短板、促进产业转型升级、提高人民生活质量具有重要作用的领域。推进教育、医疗等社会服务领域有序开放。放开建筑设计、评级服务等领域外资准入限制。有序推动银行、证券、保险等领域对外开放。健全文化、互联网等领域分类开放体系，逐步放宽准入限制。鼓励外商投资工业设计和创意、工程咨询、现代物流、检验检测认证等生产性服务业。

（二）打造服务业全方位开放新格局

推动沿海沿边内陆全方位开放，拓展对外开放空间，形成平衡协调、纵横联动的服务业对外开放格局。

提升沿海服务业开放水平。鼓励沿海地区加大引资引技引智力度，大力发展高层次外向型服务业，建设一批承接国际服务转移的重要平台和国际服务合作窗口城市。支持有条件的地区建设具有全球影响力的金融、技术、信息等要素市场。

打造内陆、沿边开放型服务经济高地。依托战略性互联互通重大项目以及重点口岸、边境城市、边境（跨境）经济合作区和重点开发开放试验区建设，引导优质服务要素集聚，提升服务业开放水平。面向国际经济合作走廊，将边境省区中心城市和口岸城镇培育成为新的交通枢纽、贸易中心和金融服务中心。支持内地空港陆港门户城市，建成新的国际物流通道和人文交流中心。优化整合中欧班列，推进品牌化发展。

大力发展边境旅游，推进跨境旅游合作区、边境旅游试验区建设。

深化内地和港澳、大陆和台湾地区服务业合作。进一步扩大对港澳开放服务领域，支持港澳充分发挥金融、商贸、物流、旅游、会展及专业服务优势，积极参与内地服务业发展和多种形式合作走出去。深化内地与香港金融合作。加深内地同港澳在文化教育、医疗保健、养老安老、环境保护、食品安全等领域交流合作，支持内地与港澳开展创新及科技合作。以服务业合作为重点，加快前海、南沙、横琴等重大合作平台建设，推动粤港澳大湾区建设。促进大陆和台湾地区服务业合作。

（三）提升全球服务市场资源配置能力

鼓励服务企业在全球范围内配置资源、开拓市场，拓展发展新空间，提升国际竞争力。

加快发展服务贸易。积极开拓欧美等发达国家市场、“一带一路”沿线国家、拉美和非洲等新兴市场。巩固旅游、建筑等服务出口优势，扩大金融保险、交通运输、信息通信、研发咨询、环境服务等高附加值服务出口。积极推动文化、中医药等服务出口，加强体育、餐饮等特色服务领域的国际交流合作。大力发展服务外包，推动服务外包向价值链高端延伸。

创新全球服务资源配置方式。围绕关键短板和战略需求，支持服务企业以跨国并购、绿地投资、联合投资等方式，高效配置全球人才、技术、品牌等核心资源。鼓励企业通过在境外设立研发中心、分销中心、物流中心、展示中心等形式，构建跨境服务产业链。鼓励企业利用信息技术改造提升传统服务投资贸易方式，积极发展跨境电商、全球维修、全球采购等服务。

强化“走出去”服务支撑。鼓励会计、法律、资产评估、公共关系、海外救援等服务国际化发展，支持行业协会等机构参与建设海外支撑服务体系。健全“走出去”金融支持体系，发挥开发性、政策性金融机构作用，鼓励社会资本参与，拓宽海外投融资渠道。积极发展海外投资保险，扩大政策性保险覆盖面。构建高效有力的海外利益保护体系，提升服务能力。加强境外风险防控体系建设。

（四）积极参与国际服务投资贸易规则制定

积极参与多边双边、区域服务投资贸易谈判和全球经贸规则制定，增强在国际服务贸易中的制度性话语权。推动世界贸易组织（WTO）框架下的服务业开放谈判。主动参与相关国际服务贸易协定谈判。参与国际标准制定，推进优势、特色领域服务标准国际化，推动与主要贸易国之间标准互认。加快实施自由贸易区战略，构筑立足周边、辐射“一带一路”、面向全球的高标准自由贸易区网络。积极开展国际投资贸易新规则试验，提高自由贸易试验区等各类相关试验区建设质量，加快探索建立适应国际规则新要求的制度体系。积极推广成熟创新经验。

十、夯实基础，强化服务业发展支撑

健全服务业配套制度和基础设施，改善社会信用环境，加强人才队伍建设，保障消费者权益，夯实服务业持续健康发展基础。

（一）健全配套基础制度

完善服务业相关法律法规体系，健全知识产权保护、信息安全、社会组织管理、统计等制度。

完善法律法规体系。研究推进服务业相关基础性法律制定修订工作，加强权益保障、公平竞争、市场监管等领域的立法工作。

健全知识产权保护制度。完善专利权、商标权、著作权、商业秘密保护等法律法规，研究完善商业模式知识产权保护制度，完善互联网、大数据、电子商务等领域知识产权保护规则。简化优化知识产权审查和注册流程。推进知识产权基础信息资源共享。健全知识产权侵权惩罚性赔偿制度。健全企业海外知识产权维权援助机制。

健全信息安全保护制度。加强国家安全、个人隐私和商业秘密保护。建立健全大数据安全管理制度，实行服务领域数据资源分类分级管理和风险评估制度。建立互联网企业数据资源资产化和利用授信机制。加快完善网络安全、个人信息保护、互联网信息服务等领域法律法规，明确数据采集、传输、存储、利用、处理等环节的安全要求及责任主体，界定数据用途和发布边界。严厉打击非法泄露和出卖数据行为。

完善社会组织管理制度。完善行业协会商会类、科技类、公益慈善类、城乡社区服务类社会组织直接依法登记制度。稳妥推进行业协会商会与行政机关脱钩，增强行业协会商会助推行业发展、促进行业自律功能。完善公益性捐赠税前扣除、非营利性组织相关税收等政策。

完善统计制度。整合优化服务业统计调查资源，健全数据互通共享机制。适应服务业特点和业态模式创新，健全服务业统计调查制度，完善统计分类标准和指标体系，改进小微服务企业抽样调查和数据采集，提高统计数据精准性。加强和改进服务业增加值核算。加强大数据在服务业统计中的应用。

（二）强化人才队伍支撑

扩大人才供给，促进人才流动，加大引进力度，大力集聚一批适应服务业创新发展要求、具有国际化经营能力的企业家人才，建设规模宏大的服务业专业技术人才和高技能人才队伍。

健全人才使用和激励机制。打破制度障碍，完善职称评定、薪酬制度、社会保障等配套政策体系，促进医疗、教育、科技、文化等各领域人才有序自由流动。引导和鼓励高校毕业生到基层工作。完善职业技能鉴定制度，畅通技能人才成长路径，推动服务从业人员职业化、专业化发展。加强劳动保护和职业防护，积极改善医疗、养老服务护理人员等工作条件。健全人才创新成果收益分配机制，支持人才以知识、技能、管理等多种创新要素参与分配。挖掘多层次人力资源，注重发挥老年人力资源作用。

实施更加开放的人才政策。加快营造具有国际竞争力的人才吸引环境。加大国际人才吸引力度，通过完善外国人永久居留制度等措施，为海外人才来华工作、出入境和居留创造更加宽松便利的条件。推动“千人计划”“万人计划”、创新人才推进计划等重大人才计划向急需的服务行业倾斜。鼓励开展国际高水平人才交流活动。

加大人才培养培训力度。加大服务领域高端专业人才培养力度，扩大应用型、技术技能型人才规模，大力培养复合型人才。强化综合素质和创新能力培养，创新培养培训方式，深化产教融合、校企合作、工学结合的人才培养模式。推行终身职业技能培训制度，完善职业培训补贴政策，鼓励职业技能和专业知识持续更新。

（三）完善基础设施体系

适应产业结构、形态和模式变化，系统构建和完善适应服务业发展的基础设施体系。加快推进基础设施改造升级，提升智慧化和网络化水平。围绕满足新产业、新业态发展需要，补齐基础设施短板，在信息、交通、流通、旅游、社会服务等领域，组织实施基础设施建设重大工程。推进服务业相关基础设施标准化建设和改造，促进互联互通和系统功能优化。改进基础设施运营管理，提高运行效率。

专栏3　服务业相关基础设施建设重点领域

（一）信息基础设施。加快构建新一代信息基础设施。加强面向服务业应用的信息基础设施和平台建设，完善物联网、云计算及大数据平台等基础设施，统筹布局建设大型、超大型数据中心。建设数据信息资源开放平台。

（二）交通基础设施。积极构建国际运输网络。加快城市群城际铁路网建设，完善高铁快运设施。规划建设支线和通用航空机场。加快内河高等级航道建设。推动公共交通优先发展，加快大城市中心城区轨道交通建设，推动超大、特大城市市域（郊）铁路发展。加强综合交通枢纽布局、建设和运营衔接。完善港口集疏运体系。依托重要物流节点城市和枢纽站场，建设一批多式联运货运枢纽。积极发展智慧交通。

（三）流通基础设施。加强社区和农村流通基础设施建设，优化社区商业网点、公共服务设施的规划布局和业态配置。加快城市流通基础设施升级改造。建设或改造升级一批集运输、仓储、配送、信息为一体的综合物流服务基地。推动智能仓储设施和智慧物流平台建设。统筹交通、邮政、商务、供销等物流站点资源，推动城乡末端配送点建设。加强物流标准化建设，优化农产品冷链物流设施网络。

（四）旅游基础设施。畅通景区和乡村旅游区与交通干线连接，推动从机场、客运场站、客运码头到主要景区交通无缝对接。完善景区停车场、厕所、垃圾污水处理、游客信息服务等设施。建设邮轮游艇码头、自驾车房车营地、通航机场等新型旅游基础设施。规划建设区域性旅游应急救援基地。

（五）社会服务设施。严格按照新建居住区或社区建设相关规定，配建便民商业服务、社区服务、健身休闲等设施。促进教育培训、健康、养老、文化等服务设施建设和升级。盘活存量土地用于社会服务设施建设，改造提升现有社会服务设施。

（四）加强社会信用体系建设

加强信用法律法规建设，完善褒扬诚信、惩戒失信机制，引导服务企业和从业人员树立诚信理念、弘扬诚信美德，营造优良信用环境。

着力加强服务市场诚信建设。建立健全市场主体信用记录，开展服务企业诚信承诺活动，构建跨地区、跨部门、跨领域的守信联合激励和失信联合惩戒机制。加大对非法集资、商业欺诈等违法行为和破坏市场公平竞争秩序行为的查处力度，对严重失信主体实行行业限期禁入等限制性措施。强化医疗、教育、文化、旅游、商贸等领域诚信建设，提升工程建设、广告等领域诚信水平。运用互联网技术大力推进服务领域信用体系建设。

培育和规范信用服务市场。发展各类信用服务机构，逐步建立公共和社会信用服务机构互为补充、信用信息基础服务和增值服务相辅相成的多层次信用服务体系。支持具有较高市场公信力的第三方征信机构培育和发展。支持信用服务产品开发和创新，鼓励社会机构依法使用征信产品，拓展应用范围。推进并规范信用评级行业发展。加强信用服务行业自律和自身信用建设。

（五）保障消费者合法权益

坚持消费者优先理念，健全适应服务消费特点的制度安排，强化线上线下消费者权益保护，有效维护消费者合法权益。

着力提高信息透明度。健全服务信息依法依规告知制度，明确质量、计量、标准等强制性承诺信息内容，鼓励领军企业、行业协会商会发布更高标准的服务信息指引。严格落实经营者明码标价和收费公示制度。规范商业合同格式和条款解释，推进合同条款标准化、表述通俗化。利用各种公共信息平台，将政府各部门涉及企业违规违法行为及信用状况、服务质量检查结果、顾客投诉处理结果等信息及时向全社会公布。支持第三方机构开展服务评价。加强对消费者的金融、法律等专业知识普及。

完善消费者权益保障制度。推动调整修订现行法律法规中不利于保护消费者权益的条款，完善服务质量担保、损害赔偿、风险监控、投诉响应等制度。完善和强化服务消费惩罚性赔偿制度，加大赔偿处罚力度。推行先行赔付制度。充分发挥消费者协会等组织维护消费者权益的作用，积极发挥消费者维权服务网络平台作用。

健全服务纠纷解决机制。强化消费者权益损害法律责任，坚持依法解决服务纠纷。健全公益诉讼制度，适当扩大公益诉讼主体范围。探索建立纠纷多元化解决机制，探索和完善诉讼、仲裁与调解对接机制。

加快发展服务业是产业结构优化升级的主攻方向。各地区、各部门要加快转变观念，充分认识推动服务业发展的重大意义，着力营造服务业发展的良好环境。加强组织领导，健全工作机制，强化部门协同和上下联动，形成工作合力。各地区要因地制宜、大胆创新，积极探索服务业发展的新思路新举措，及时总结推广经验。各部门要按照分工研究制定具体实施方案，细化政策措施，切实履行好政府职责。充分发挥服务业发展部际联席会议制度作用，加强战略谋划，强化统筹协调和督促落实。加强宣传解读，积极营造全社会合力推进服务业创新发展的良好氛围。

关于做好2017年降成本重点工作的通知

发改运行〔2017〕1139号

公安部、民政部、人力资源社会保障部、国土资源部、环境保护部、住房城乡建设部、交通运输部、水利部、农业部、商务部、国资委、海关总署、税务总局、工商总局、质检总局、统计局、林业局、知识产权局、法制办、国务院审改办、银监会、证监会、能源局、民航局、外汇局、铁路总公司办公厅（综合司），各省、自治区、直辖市、新疆生产建设兵团、计划单列市、副省级省会城市发展改革委、经信委（工信委、工信厅）、财政厅（局），人民银行上海总部、各分行、营业管理部、各省会（首府）城市中心支行、各副省级城市中心支行：

在党中央、国务院坚强领导下，2016年降低实体经济企业成本工作取得了积极成效。为贯彻中央经济工作会议和中央财经领导小组第十五次会议精神，落实好《政府工作报告》提出的各项降成本重点任务，按照《降低实体经济企业成本工作方案》（国发〔2016〕48号），降低实体经济企业成本部际联席会议2017年将组织做好8个方面、25项重点工作。

一、2017年降成本目标任务和总体要求

2017年降成本的主要目标是进一步减税降费，继续适当降低“五险一金”等人工成本；进一步深化改革，完善政策，降低制度性交易成本，降低用能、物流成本。

在降成本工作中要统筹兼顾，突出重点，坚持全面系统推进与抓住关键环节相结合，坚持做好顶层设计与分类实施相结合，坚持解决当前问题与着眼长远发展相结合，坚持降低显性成本与降低隐性成本相结合，坚持降低外部成本与企业内部挖潜相结合。充分调动各方面积极性，增强工作针对性，确保各项政策措施得到落实。

二、降低税费负担

（1）落实和完善全面推开营改增试点政策。简化增值税税率结构，由四档税率简并至三档，营造简洁透明、更加公平的税收环境，进一步减轻企业税收负担。规范优化征管服务措施，深入重点行业开展政策辅导，帮助企业用好用足增值税抵扣机制。

（2）进一步减轻企业税收负担。扩大小型微利企业享受减半征收所得税优惠的范围，年应纳税所得额上限由30万元提高到50万元。落实好研发费用加计扣除政策，规

范优化部门间协同工作机制，科技型中小企业研发费用加计扣除比例由 50% 提高到 75%。改进和优化税收征管、纳税服务，提高办税便利程度。

（3）清理规范政府性基金和行政事业性收费。全面清理规范政府性基金，取消城市公用事业附加等基金，授权地方政府自主减免部分基金。取消或停征中央涉企行政事业性收费 35 项，收费项目再减少一半以上，保留的项目尽可能降低收费标准。各地要结合本地区实际削减涉企行政事业性收费。

（4）大幅减少涉企经营服务性收费。减少政府定价的涉企经营性收费。清理取消行政审批中介服务违规收费，组织专项清理行动，发布行政审批前置中介服务事项目录清单；放宽中介服务机构准入条件，严禁利用限额管理等方式控制中介服务机构数量，严禁通过分解收费项目、扩大收费范围、减少服务内容等变相提高收费标准。推动合理降低金融等领域涉企经营性收费，认真执行《商业银行收费行为执法指南》，深入清理规范进出口、检验检疫检测、人才流动、电子政务平台、铁路货运等领域和环节涉企经营服务性收费。放开具备竞争条件的涉企经营服务政府定价，降低部分保留项目的收费标准。

（5）加强收费监督检查。各类收费清单全部公开，严格按照目录清单执行。加强市场调节类经营服务性收费监管，取消不合理的收费项目，降低收费偏高、盈利较多项目的收费标准。重点对电子政务平台、进出口环节、高速公路车辆救援服务、涉农收费等开展收费检查，严厉打击各类乱收费行为。

三、降低融资成本

（1）加大金融对实体经济的支持力度。促进金融机构突出主业，增强服务实体经济能力，防止脱实向虚。在风险可控、商业可持续的前提下，鼓励有条件的金融机构开展应收账款融资、动产融资、银税合作、资产证券化等合理金融创新，支持实体经济发展。缓解中小微企业融资难、融资贵。鼓励大中型商业银行设立普惠金融事业部，国有大型银行要率先做到，实行差别化考核评价办法和支持政策；督促商业银行落实有关小微企业授信尽职免责的监管政策，制定内部制度办法；鼓励大型银行在有效防控风险的前提下，赋予县支行合理的信贷业务权限；规范发展互联网金融，鼓励银行业金融机构在防范风险、审慎经营的前提下，利用互联网、大数据技术，提升客户信息采集与分析能力，创新小微企业金融产品，探索发放信用贷款。鼓励有条件的地区推动社会资本按市场化方式建立产业投资基金。发挥好政策性开发性金融作用，强化农村信用社服务“三农”功能，积极培育发展村镇银行。完善不良贷款处置的市场主体准入、组包项目等方面的政策。拓宽保险资金支持实体经济渠道。坚持有扶有控的信贷政策，对于基础较好、暂时遇到困难的骨干企业，继续满足其合理融资需求。合理界定破产企业国有股东责任。

（2）深化多层次资本市场改革扩大直接融资比例。完善主板市场基础性制度，积极发展创业板、新三板，规范发展区域性股权市场。完善新三板分层管理，推动融资制度规则创新，完善摘牌制度，修订《股票转让细则》。加快推动优先股和资产证券化业务发展。继续扩大债券发行规模，推动债券市场对外开放，扩大创新创业债试点规模。

(3) 发挥政府投资的担保机构作用。指导地方政府完善对其投资、管理的融资担保机构的考核政策，推动政府投资的融资担保机构和再担保机构开展担保业务。对小微企业融资担保业务，鼓励有条件的地区尝试由担保机构、再担保机构、银行等方面按一定比例分担代偿责任，推进新型“政银担”合作机制。推动全国农业信贷担保体系尽快转入实质性运营。建立中小微企业贷款、融资担保风险补偿机制。

四、降低制度性交易成本

(1) 深化简政放权改革。全面实行清单管理制度，制定国务院部门权力和责任清单，扩大市场准入负面清单试点，减少政府的自由裁量权，增加市场的自主选择权。增强审批权限下放的部门间协调，凡可同步下放的务必同步下放，鼓励有条件的地区开展相对集中行政许可权改革试点，推广联审联办机制。出台《中央预算内投资审批制度改革方案》，完善《外商投资项目核准和备案管理办法》，简化备案管理审批流程，组织推行工程建设项目多评合一、多审合一、多图联审、联合验收等新模式。清理取消一批生产和服务许可证，适时启动《工业产品生产许可证管理条例》修订工作。进一步梳理各地现行定价项目，最大限度缩减政府定价范围。进一步深化商事制度改革，实行“多证合一”，扩大“证照分离”改革试点，推进企业登记全程电子化和电子营业执照。加快企业注册便利化改革，积极尝试企业简易注销登记。

(2) 完善事中事后监管制度。实现“双随机、一公开”监管全覆盖，推行“双告知”“双反馈”，推进多部门综合行政执法检查，实现“一次抽查、全面体检、综合会诊”。建立市场监督监管工作会商机制，整合监管力量，提升监管效率。合理降低检验检测收费，推动产品检验检测结果和产品认证实现互认。积极运用大数据、云计算、物联网等信息化手段，探索实行“互联网 + 监管”模式，提高监管效能。推进社会信用体系建设，充分发挥全国信用信息共享平台及企业信用信息公示系统作用，实行守信联合激励和失信联合惩戒，建立中介组织不良行为记录和黑名单。对新产业、新业态、新模式，积极探索科学审慎监管。做好行业协会商会与行政机关脱钩工作，贯彻落实好《行业协会商会综合监管办法（试行）》。

(3) 优化政府服务。加快国务院部门和地方政府信息系统互联互通，形成全国统一政务服务平台。加快实施“互联网 + 政务服务”，大力推进服务事项网上办理，优化网上服务流程，推行网上并联审批和线上注册登记。有条件的地区应着力实现省级行政审批事项和公共服务事项一厅办公。制定《压缩货物通关时间的措施（试行）》，推进全国通关一体化，继续深化国际海关合作，扩大“一带一路”海关合作机制范围，推进国际海关间“经认证的经营者（AEO）”互认合作。

（4）加强公平竞争市场环境建设。坚持权利平等、机会平等、规则平等，进一步放宽非公有制经济市场准入。凡法律法规未明确禁入的行业和领域，都要允许各类市场主体平等进入；凡向外资开放的行业和领域，都要向民间资本开放；凡影响市场公平竞争的不合理行为，都要坚决制止。扩大市场准入负面清单制度改革试点范围，修订《市场准入负面清单草案（试点版）》，进一步压缩清单内容和条目。全面实施公平竞争审查制度。推动完善统一开放、竞争有序的市场体系，持续开展全国市场秩序监测评价工作。严格治理违法违规、不达标、不合格的经营行为。健全反垄断法律规则体系，加强反垄断和反不正当竞争执法，积极查处垄断协议和滥用市场支配地位行为，依法开展经营者集中反垄断审查，依法制止滥用行政权力排除、限制竞争行为，推动统一市场长效机制建设。

五、降低人工成本

（1）继续适当降低“五险一金”有关缴费比例。稳步推动养老保险制度改革。允许失业保险总费率为1.5%的省（区、市）将总费率阶段性降至1%。阶段性适当降低企业住房公积金缴存比例。

（2）降低劳动力流动成本。完善户口迁移政策，推动各地出台户口迁移政策和配套措施，加快出台居住证制度实施办法，严格控制积分落户政策适用范围。提高劳动力市场灵活性。组织技工院校和企业开展新型学徒制试点，符合税法规定条件的企业培训费用允许税前扣除。

六、降低用能用地成本

（1）合理降低用电用气成本。继续推进电力直接交易，完善交易机制，有序放开跨省跨区送受电计划。公布除西藏外全部省级电网输配电价，基本实现省级电网输配电价改革全覆盖，推进建立与输配电价改革相适应的成本归集核算制度及办法，指导地方制定地方电网和新增配电网价格。进一步研究完善两部制电价制度，规范容量电费计费方式。以增量配电设施为基本单元组织一批项目，吸引社会资本投入，开展增量配电业务试点。督促各地出台并落实加强地方天然气输配价格监管措施。

（2）落实产业用地政策。落实好《产业用地政策实施工作指引》。鼓励采取长期租赁、先租后让、租让结合等灵活方式，鼓励盘活存量用地和闲置地、荒废地，更好地满足制造业发展合理用地需要。实行工业用地弹性年期出让制度。

七、降低物流成本

（1）加强物流薄弱环节和重点领域基础设施建设。完善基础设施网络节点布局，陆续启动实施交通物流融合发展第一批重点项目。加快形成贯通内外的国家物流网络主骨架。统筹枢纽节点建设，支持具备多式联运、干支衔接、口岸服务等功能的枢纽项目。畅通集疏运系统，加强对主要港口、重点物流园区疏港铁路和集散公路建设，破解“最后一公里”瓶颈制约，加强城乡物流配送网络节点建设。

（2）推进发展物流新业态和集装箱运输。推动物流业和制造业深度融合发展，降低制造企业物流成本。推进多式联运示范工程建设，组织开展多式联运第二批试点；充分发挥铁路运输优势，大力发展铁路集装箱运输，推动发展成组化运输和甩挂运输。鼓励铁水联运、空陆联运、铁路驮背运输等模式发展。

（3）加强物流标准制定等基础性工作。完善物流业相关基础设施、服务规范、技术装备、信息交换接口等方面标准规范，建立与国际标准接轨的集装箱多式联运标准体系，推进内陆集装箱发展，健全无车承运人相关法规制度和标准规范。推广1200毫米×1000毫米标准托盘和600毫米×400毫米包装基础模数，从商贸领域向制造业领域延伸，促进上下游设施设备的标准化，支持标准装载单元器具循环使用。

（4）发展“互联网+”高效物流。支持基于大数据的运输配载、跟踪监测、库存监控等第三方物流信息平台创新发展，实现跨部门、跨企业的物流管理、作业与服务信息的共享，加快建设国家物流大数据中心。

（5）降低物流用地成本。继续执行物流企业大宗商品仓储设施用地城镇土地使用税优惠政策，对物流企业自有大宗商品仓储设施用地减按所属土地等级适用税额标准的50%计征城镇土地使用税。

八、提高资金周转效率

（1）清理地方政府对企业的资金拖欠。按照相关要求妥善偿还地方政府拖欠的工程款。改进国企招投标、政府采购方式，合理降低企业经营期限、注册资金等资质要求。

（2）清理规范各类保证金。规范工程建设领域保留的投标、履约、工程质量、农民工工资四类保证金的管理。推进加工贸易银行保证金台账制度改革。建立保证金清单制度。

九、引导企业内部挖潜

（1）鼓励企业降低采购成本。在能源原材料等的采购和招标中，鼓励企业利用好国际国内两个市场、两种资源，通过集中采购、长期合同等方式，降低采购成本。

（2）降低企业运营成本。组织开展企业管理创新、优秀成果示范推广活动，加强经验交流。支持企业加强目标成本管理，开展重点行业成本压控专项工作，大力压降“两金”占用。引导企业通过技术改造和内部挖潜，降低能耗物耗水平和各类费用。

加强降成本政策措施宣传解读，利用好互联网新媒体等宣传渠道，并通过各级政府政务信息网、各部门门户网站等加强推广。在各部门、各地区政务公开基础上，汇总整理降成本相关政策和各类清单进行集中公开。加强对大、中、小型企业和各类所有制企业成本情况调查研究，充分听取企业意见建议，不断完善相关政策。通过国家有关部门督促检查和地方自行督察相结合的方式，推进降成本政策落实。

请各单位认真做好相关重点工作。

特此通知。

国家发展改革委

工业和信息化部

财政部

人民银行

2017 年 6 月 16 日

交通运输部关于推进长江经济带绿色航运发展的指导意见

交水发〔2017〕114号

上海、江苏、浙江、安徽、江西、湖北、湖南、重庆、四川、云南、贵州省（市）交通运输厅（委），长江航务管理局，上海、浙江海事局：

推进长江经济带绿色发展是党中央、国务院在新时期做出的重大决策部署。航运具有占地少、能耗低、运能大等比较优势，经济高效、节能环保。近年来，长江经济带航运基础设施建设成效显著，运输服务能力明显提升，为区域乃至全国经济社会发展提供了有效支撑。但仍然存在发展方式相对粗放、绿色发展水平不高、航运比较优势未得到充分发挥等问题，不能完全适应长江经济带发展的新要求。为贯彻落实《中共中央国务院关于加快推进生态文明建设的意见》《长江经济带发展规划纲要》，推进长江经济带绿色航运发展，现提出以下意见。

一、总体要求

（一）指导思想

全面贯彻党的十八大和十八届三中、四中、五中、六中全会精神，统筹推进“五位一体”总体布局和协调推进“四个全面”战略布局，牢固树立和贯彻落实新发展理念，坚持生态优先、绿色发展，以推进供给侧结构性改革为主线，以长江生态环境承载力为约束，以资源节约集约利用为导向，以绿色航道、绿色港口、绿色船舶、绿色运输组织方式为抓手，努力推动形成绿色发展方式，促进航运绿色循环低碳发展，更好发挥长江黄金水道综合效益，为长江经济带经济社会发展提供更加有力的支撑。

（二）基本原则

改革创新，引领发展。立足国家战略，着力推进供给侧结构性改革，紧紧依靠制度、科技和管理创新，积极培育绿色发展新动能，加快长江经济带绿色航运发展，引领全国航运发展，充分发挥长江黄金水道在长江经济带综合立体交通走廊中的主骨架和主通道作用，在长江经济带生态文明建设中先行示范。

全面推进，重点突破。从战略规划着眼，强化长江经济带绿色航运发展顶层设计。加强统筹谋划，把绿色发展理念融入航运发展的各方面和全过程，从生态保护、污染防治、资源节约、节能降碳等方面全面推进绿色发展。坚持目标导向、问题导向，围绕关键领域和重点环节，实施专项行动，开展试点示范，实现率先突破。

综合施策，分类指导。坚持优增量、调存量，综合运用改善结构、整合资源、提升标准、强化监管等多种措施，不断提升基础设施、运输装备的节能环保水平。既统筹推进协调发展，又结合实际，根据沿海内河、干支流特点，分类提出科学合理的目标要求。

（三）发展目标

到2020年，初步建成航道网络有效衔接、港口布局科学合理、船舶装备节能环保、航运资源节约利用、运输组织先进高效的长江经济带绿色航运体系，航运科学发展、生态发展、集约发展的良好态势基本形成，在综合运输体系中的作用进一步提升，绿色航道、绿色港口、绿色船舶和绿色运输组织方式等重点领域进展显著。

——行业生态保护取得明显成效。航运基础设施生态友好程度明显提升，符合生态红线要求。建成一批绿色航道、绿色港口示范工程。

——行业污染物排放得到全面有效控制。船舶污染物全部接收或按规定处置；长三角水域船舶硫氧化物、氮氧化物、颗粒物与2015年相比分别下降65%、20%、30%；船舶使用能源中液化天然气（LNG）占比在2015年基础上增长200%；新建大型煤炭、矿石码头堆场100%建设防风抑尘等设施；主要港口90%的港作船舶、公务船舶靠泊使用岸电，主要港口和排放控制区内50%的集装箱、客滚、邮轮、3000吨级以上客运和5万吨级以上干散货专业化泊位具备向船舶供应岸电的能力。

——节约集约利用水平显著提高。长江经济带港口单位岸线通过能力在2015年基础上增长10%；营运船舶单位运输周转量能耗和港口生产单位吞吐量综合能耗在2015年基础上分别下降6%、2%。

——运输组织效率明显提升。内河船舶船型标准化率达到70%，平均吨位达到1000载重吨；重点港口集装箱铁水联运量年均同比增长10%；基本形成长江和长三角地区至宁波—舟山港和洋山深水港区江海直达运输系统。

二、主要任务

（一）完善长江经济带绿色航运发展规划

1. 优化港口和航道规划布局

修订《全国内河航道与港口布局规划》《长江干线航道发展规划》，加快形成干支衔接、互联互通的内河高等级航道网，进一步优化港口布局和功能分工。完善主要港口总体规划，统筹港口岸线与其他岸线利用需求，合理确定港口岸线开发规模与开发强度。强化港口和航道规划与区域规划、城市规划等的衔接与融合，综合利用过江通道资源。

2. 加快制定实施绿色航运发展专项规划

加快出台港口岸电布局方案，研究制定长江化学品洗舱基地布局规划等专项规划。

推进落实《长江干线京杭运河西江航运干线液化天然气加注码头布局方案（2017—2025 年）》。认真实施《长江干线危险化学品船舶锚地布局方案（2016—2030 年）》，加快推进危险化学品锚地建设。

（二）建设生态友好的绿色航运基础设施

1. 推进绿色航道建设

优先采用生态影响较小的航道整治技术与施工工艺，积极推广生态友好型新材料、新结构在航道工程中的应用，加强疏浚土等资源综合利用。在航电枢纽建设和运营中采取修建过鱼设施、营造栖息生境和优化运营调度等生态环保措施。推动开展造成显著生态影响的已建航道工程与航电枢纽工程生态修复。加快推进三峡枢纽水运新通道建设，解决三峡枢纽瓶颈制约。加强航道水深测量和信息发布，充分利用长江航道水深资源，引导船舶进行科学配载。建设智能化、绿色化水上服务区。

2. 开展绿色港口创建

加快落实《“十三五”长江经济带港口多式联运建设实施方案》《“十三五”港口集疏运系统建设方案》，完善港口集疏运体系，强化主要港区与干线铁路、高等级公路的连接，打通港口集疏运“最后一公里”。完善绿色港口创建制度，深入开展长江经济带港口绿色等级评价，高标准建设新建绿色码头，因地制宜制定老旧码头的升级改造方案，鼓励有条件的港区或港口整体创建绿色港区（港口）。推进港口和船舶污染物接收设施建设，做好与城市公共转运、处理设施的衔接，促进港口环保设施高效稳定运营，确保污染物得到合规处理。全面推进主要港口既有大型煤炭、矿石码头堆场建设防风抑尘等设施。

（三）推广清洁低碳的绿色航运技术装备

1. 持续提升船舶节能环保水平

严格执行船舶强制报废制度，加快淘汰高污染、高耗能的客船、老旧运输船舶、单壳油轮和单壳化学品船。深入推进内河船型标准化，调整完善内河运输船舶标准船型指标，加快推广三峡船型、江海直达船型和节能环保船型，开展内河集装箱（滚装）经济性、高能效船型、船舶电力推进系统等研发与推广应用。进入内河的国际航线船舶加装压载水处理装置或者其他等效设施。鼓励船舶改造油气收集系统，加装尾气污染治理装备。鼓励 400 总吨以下内河船舶安装生活污水收集存储或收集处理装置。加快推进清洁能源船舶开发应用，完善船舶能效管理体系。

2. 强化港口机械设备节能与清洁能源利用

加强港口节能环保技术改造，加快淘汰能耗高、污染重、技术落后的设备，积极推广清洁能源和可再生能源在机械设备和港口生产生活中的应用。提高码头前沿装卸设备、水平运输车辆、堆场装卸机械等关键设备的自动化水平，进一步提升港口装卸作业效率。开展智慧港口示范工程建设，优化港口物流流程和生产组织，促进港口物流服务网络化、无纸化和智能化。

（四）创新节能高效的绿色航运组织体系

1. 大力发展绿色运输组织方式

以集装箱、商品汽车铁水联运为重点，深入开展铁水联运示范工程，加快推进铁水、公水等多式联运发展。依托黄金水道，鼓励冷链物流企业探索“水运＋冷藏班列”铁水联运等联运新模式，优化物流通道布局，促进形成与国际海运、陆海联运、国际班列等有机结合的联运服务模式。加快落实《关于推进特定航线江海直达运输发展的意见》，优先发展干散货、集装箱江海直达运输，研究拓展江海直达领域和范围，加快研究推进商品汽车江海直达船舶发展。鼓励沿江内贸适箱货物集装箱化，促进干支直达、江海联运和水水中转。支持发展大宗液体散货顶推运输船队，鼓励港口企业给予顶推运输船队优先靠离泊、优先装卸等优惠措施。

2. 进一步提升运输组织效率

利用移动互联、大数据、云计算等先进技术，积极推进“互联网＋”水运融合发展。加快建设数字航道，推广使用长江电子航道图、水上 ETC 和北斗定位系统。推进长江航运物流公共信息平台和国家交通运输物流公共信息平台建设，促进信息交换共享。优化船闸调度运行管理，推动长江上游及支流水库群、梯级船闸联合调度，完善运行调度机制和枢纽水库调度规程，进一步提升船舶过闸效率。加强三峡船闸和升船机运行维护管理，统筹协调、科学安排三峡和葛洲坝船闸检修，加强检修期间的通航保障工作，充分发挥三峡升船机运能。

（五）提升绿色航运治理能力

1. 加强法规标准制修订工作

按照《大气污染防治法》《水污染防治法》等法律法规的新要求，制修订绿色航运发展相关的规章制度。研究制定内河航道绿色建设技术导则，完善绿色港口评价标准。完善船舶建造规范和检验法规，研究制定长江水系过闸运输船舶标准船型主尺度系列国家强制性标准。研究制定绿色航运发展综合示范区评价体系，推动建设长江经济带绿色航运发展先行示范区。

2. 加强港口资源节约集约利用

积极推进区域港口一体化发展，加强港口资源整合，完善港口间协调发展机制，加快推进锚地、航道等资源共享共用。严格港口岸线管理，探索建立港口岸线资源有偿使用制度，建立长江经济带港口深水岸线监测系统。积极引导小、散、乱码头集中布置，鼓励企业专用码头社会化经营管理，促进规模化公用港区（码头）建设。在地方政府统一领导下，在重点水域继续开展非法码头专项整治工作，推动依法取缔安全隐患大、环境影响突出、非法建设的码头和装卸点，开展船舶水上过驳非法作业治理，禁止和取缔内河危险品水上非法过驳作业。

3. 加强节能环保监管

加强防污染设施建设和污染物排放的监督检查，坚决制止和纠正违法违规行为。

研究设立长江绿色航运黑名单制度，加大对违规企业的惩处力度。严格实施船舶与港口污染防治专项行动实施方案，推动建立港口和船舶污染物排放的部门间联合监管机制。加强船用燃油联合监管，严格落实内河和江海直达船舶使用合规普通柴油、船舶排放控制区低硫燃油使用的相关要求。开展船舶违规从事植物油运输的治理。加强水运基础设施和船舶的能耗监测。

4. 加大科技攻关和推广应用

加强绿色发展新技术、新材料、新工艺在航运领域的转化应用，制定发布绿色航运技术和产品推广目录，优先支持重点节能环保技术和产品的推广应用。鼓励企业加大科技攻关力度和资金投入，开展船舶尾气后处理、大功率 LNG 柴油双燃料动力设备、过鱼设施等重大装备与关键技术研发。

（六）深入开展绿色航运发展专项行动

1. 加强化学品洗舱作业专项治理

按照危险化学品洗舱基地布局，开展长江经济带化学品洗舱作业需求评估，积极推进化学品洗舱基地建设。全面开展化学品洗舱水治理，进一步规范和强化化学品洗舱基地和洗舱作业管理。引导建立危险化学品洗舱基地和配套设施建设产业基金，鼓励社会资本投资建设和运营管理危险化学品洗舱基地。

2. 大力推广靠港船舶使用岸电

完善船舶检验法规和建造规范，积极推进新建船舶建设岸电受电设施，鼓励既有集装箱船、客滚船等客船改造岸电受电设施。新建码头必须建设岸电设施，引导现有码头增加或改建岸电设施。推进水上服务区、待闸锚地等船舶密集区建设岸电设施。完善岸电供售电机制，健全船舶使用岸电的激励机制，积极推进靠泊船舶优先使用岸电。

3. 积极推进 LNG 动力船舶和配套码头建设

鼓励 LNG 动力船舶建造和改造，优先使用 LNG 能源，完善 LNG 动力船舶建造规范和运营管理配套政策。制定完善 LNG 加注码头建设、运营和管理等标准规范，按照布局方案，加快推进 LNG 加注码头建设，形成 LNG 能源水上应用良性互动发展格局。

4. 强化危险化学品运输安全治理

积极推进长江危险化学品运输安全保障体系建设。按照当地人民政府的统一安排，加快推进水源保护区和自然保护区内的危险化学品码头搬迁工作。建立内河禁运危险化学品遴选标准，严格落实《内河危险化学品禁运目录》。严格危险化学品运输市场准入，实施企业分类分级管理。严格执行内河单壳油船、单壳化学品船禁航相关规定，加强危险品运输船舶安全监管。完善危险化学品水路运输企业信息库，建立长江危险化学品运输动态监管信息共享平台，推进共享危险化学品运输相关信息。结合危险化学品运输规模和码头布局，强化水上溢油及危险化学品泄漏事故应急处置能力建设。

5. 组织船舶污染防治专项治理

坚持问题导向，全面排查船舶污染风险隐患。紧抓船舶航行与作业安全这一源头，加强风险防控。坚持系统治理，建立与完善船舶污染“防、治、赔”的综合治理机制。船舶污染防治专项治理行动工作方案另行印发。

三、保障措施

（一）加强组织领导

各级交通运输主管部门要高度重视，把绿色航运发展摆在更加突出的位置，制定本区域绿色航运发展工作方案，明确责任分工，统筹安排工作进度。各级交通运输主管部门和海事管理机构要加强与有关部门的沟通，积极探索建立区域间、上下游协调联动机制，齐抓共管、形成合力，确保各项工作扎实推进。

（二）加强政策支持

各级交通运输主管部门要充分利用好中央和地方已有的相关资金支持政策，并积极协商有关部门加大政策与资金支持力度。对集约高效的运输组织方式加大市场准入支持力度，培育绿色发展、生态友好型港航企业，建立绿色发展的激励机制。探索形成公众参与绿色航运发展与监督制度。充分利用市场机制，引导社会资本进入绿色航运发展领域。加快推进内河船舶污染责任险，鼓励航运企业探索长江绿色航运相互保险。

（三）加强监督考核

建立监督考核机制，层层传导压力，逐级落实责任。制定绿色航运发展考核办法，依托专业化技术手段和人才，定期评估绿色航运发展重点任务和工作目标的完成情况。开展定期通报，并将评估考核结果作为专项资金补贴和示范项目筛选的重要依据。

（四）加强宣传引导

加强舆论引导，组织开展绿色航运发展相关主题宣传，广泛宣传绿色航运发展的成效和做法，交流推广绿色发展经验，积极营造促进绿色航运发展的良好氛围。加强从业人员绿色发展知识和专业技能的培训教育，强化船员、码头职工等一线人员的环保意识，大力提升从业人员素质，确保各项任务在全行业得到有效开展。

交通运输部

2017 年 8 月 4 日

国务院办公厅关于进一步推进物流降本增效促进实体经济发展的意见

国办发〔2017〕73号

各省、自治区、直辖市人民政府，国务院各部委、各直属机构：

物流业贯穿第一、二、三产业，衔接生产与消费，涉及领域广、发展潜力大、带动作用强。推动物流降本增效对促进产业结构调整和区域协调发展、培育经济发展新动能、提升国民经济整体运行效率具有重要意义。按照党中央、国务院关于深入推进供给侧结构性改革、降低实体经济企业成本的决策部署，为进一步推进物流降本增效，着力营造物流业良好发展环境，提升物流业发展水平，促进实体经济健康发展，经国务院同意，现提出以下意见：

一、深化“放管服”改革，激发物流运营主体活力

（1）优化道路运输通行管理。2017年年内实现跨省大件运输并联许可全国联网，由起运地省份统一受理，沿途省份限时并联审批，一地办证、全线通行。参照国际规则，优化部分低危气体道路运输管理，促进安全便利运输。（交通运输部负责）完善城市配送车辆通行管理政策，统筹优化交通安全和通行管控措施。鼓励商贸、物流企业协同开展共同配送、夜间配送。（公安部、交通运输部、商务部负责）

（2）规范公路货运执法行为。推动依托公路超限检测站，由交通部门公路管理机构负责监督消除违法行为、公安交管部门单独实施处罚记分的治超联合执法模式常态化、制度化，避免重复罚款，并尽快制定可操作的实施方案，在全国范围内强化督促落实。原则上所有对货车超限超载违法行为的现场检查处罚一律引导至经省级人民政府批准设立的公路超限检测站进行，货车应主动配合进站接受检查。各地公路超限检测站设置要科学合理，符合治理工作实际。（交通运输部、公安部、各省级人民政府负责）公路货运罚款按照国库集中收缴制度的有关规定缴入国库，落实罚缴分离。（财政部会同交通运输部、公安部负责）依据法律法规，抓紧制定公路货运处罚事项清单，明确处罚标准并向社会公布。严格落实重点货运源头监管、“一超四罚”依法追责、高速公路入口称重劝返等措施。严格货运车辆执法程序，执法人员现场执法时须持合法证件和执法监督设备。（交通运输部、公安部、各省级人民政府按职责分工负责）完善公路货运执法财政经费保障机制。（财政部会同交通运输部、公安部、各省级人民政府

负责）完善全国公路执法监督举报平台，畅通投诉举报渠道。（交通运输部、公安部负责）

（3）完善道路货运证照考核和车辆相关检验检测制度。进一步完善道路货运驾驶员从业资格与信用管理制度，运用信息化手段推进违法失信计分与处理，积极推进年审结果签注网上办理和网上查询，在部分省份探索实行车辆道路运输证异地年审。（交通运输部负责）2017 年年内将货运车辆年检（安全技术检验）和年审（综合性能检测）依据法律法规进行合并，并允许普通道路货运车辆异地办理，减轻检验检测费用负担。（交通运输部、公安部会同质检总局负责）

（4）精简快递企业分支机构、末端网点备案手续。指导地方开展快递领域工商登记“一照多址”改革。（工商总局、国家邮政局负责）进一步简化快递企业设立分支机构备案手续，完善末端网点备案制度。严格落实快递业务员职业技能确认与快递业务经营许可脱钩政策。（国家邮政局负责）

（5）深化货运通关改革。2017 年年内实现全国通关一体化，将货物通关时间压缩 1/3。加快制定和推广国际贸易“单一窗口”标准版，实现一点接入、共享共用、免费申报。（海关总署、质检总局、公安部、交通运输部负责）

二、加大降税清费力度，切实减轻企业负担

（1）完善物流领域相关税收政策。结合增值税立法，统筹研究统一物流各环节增值税税率。加大工作力度，2017 年年内完善交通运输业个体纳税人异地代开增值税发票管理制度。全面落实物流企业大宗商品仓储设施用地城镇土地使用税减半征收优惠政策。（财政部、税务总局负责）

（2）科学合理确定车辆通行收费水平。选择部分高速公路开展分时段差异化收费试点。省级人民政府可根据本地区实际，对使用电子不停车收费系统（ETC）非现金支付卡并符合相关要求的货运车辆给予适当通行费优惠。严格做好甘肃、青海、内蒙古、宁夏四省（区）取消政府还贷二级公路收费工作。落实好鲜活农产品运输“绿色通道”政策。（交通运输部、国家发展改革委、各省级人民政府负责）

（3）做好收费公路通行费营改增相关工作。2017 年年内出台完善收费公路通行费营改增工作实施方案，年底前建成全国统一的收费公路通行费发票服务平台，完成部、省两级高速公路联网收费系统改造，推进税务系统与公路收费系统对接，依托平台开具高速公路通行费增值税电子发票。（交通运输部、税务总局、财政部负责）

（4）加强物流领域收费清理。开展物流领域收费专项检查，着力解决“乱收费、乱罚款”等问题。（国家发展改革委、交通运输部负责）全面严格落实取消营运车辆二级维护强制性检测政策。（交通运输部负责）完善港口服务价格形成机制，改革拖轮计费方式，修订发布《港口收费计费办法》。（交通运输部、国家发展改革委负责）清理规范铁路运输企业收取的杂费、专用线代运营代维护费用、企业自备车检修费用等，

以及地方政府附加收费、专用线产权或经营单位收费、与铁路运输密切相关的短驳等两端收费。（国家铁路局、中国铁路总公司、各省级人民政府负责）

三、加强重点领域和薄弱环节建设，提升物流综合服务能力

（1）加强对物流发展的规划和用地支持。研究制定指导意见，进一步发挥城乡规划对物流业发展的支持和保障作用。（住房城乡建设部负责）在土地利用总体规划、城市总体规划中综合考虑物流发展用地，统筹安排物流及配套公共服务设施用地选址和布局，在综合交通枢纽、产业集聚区等物流集散地布局和完善一批物流园区、配送中心等，确保规划和物流用地落实，禁止随意变更。对纳入国家和省级示范的物流园区新增物流仓储用地给予重点保障。鼓励通过“先租后让”“租让结合”等多种方式向物流企业供应土地。对利用工业企业旧厂房、仓库和存量土地资源建设物流设施或提供物流服务，涉及原划拨土地使用权转让或租赁的，经批准可采取协议方式办理土地有偿使用手续。各地要研究建立重点物流基础设施建设用地审批绿色通道，提高审批效率。（各省级人民政府、国土资源部、住房城乡建设部负责）

（2）布局和完善一批国家级物流枢纽。加强与交通基础设施配套衔接的物流基础设施建设。结合编制国家级物流枢纽布局和建设规划，布局和完善一批具有多式联运功能、支撑保障区域和产业经济发展的综合物流枢纽，并在规划和用地上给予重点保障。（国家发展改革委、交通运输部、住房城乡建设部、国土资源部负责）

（3）加强重要节点集疏运设施建设。统筹考虑安全监管要求，加强铁路、公路、水运、民航、邮政等基础设施建设衔接。统筹利用车购税等相关资金支持港口集疏运铁路、公路建设，畅通港站枢纽“微循环”。（国家发展改革委、交通运输部、财政部、中国民航局、国家铁路局、国家邮政局、中国铁路总公司按职责分工负责）

（4）提升铁路物流服务水平。着力推进铁路货运市场化改革，发挥铁路长距离干线运输优势，进一步提高铁路货运量占全国货运总量的比重。探索发展高铁快运物流，支持高铁、快递联动发展。支持铁路运输企业与港口、园区、大型制造企业、物流企业等开展合资合作，按需开行货物列车。加快一级和二级铁路物流基地建设，重点加强进厂、进园、进港铁路专用线建设，推动解决铁路运输“最后一公里”问题。鼓励企业自备载运工具的共管共用，提高企业自备载运工具的运用效率。大力推进物联网、无线射频识别（RFID）等信息技术在铁路物流服务中的应用。（中国铁路总公司、交通运输部、国家铁路局、国家邮政局负责）

（5）推动多式联运、甩挂运输发展取得突破。做好第二批多式联运示范工作，大力推广集装箱多式联运，积极发展厢式半挂车多式联运，有序发展驮背运输，力争2017年年内开通驮背多式联运试验线路。大力发展公路甩挂运输。完善铁路货运相关信息系统，以铁水联运、中欧班列为重点，加强多式联运信息交换。（交通运输部、国家发展改革委、国家铁路局、中国铁路总公司负责）

（6）完善城乡物流网络节点。支持地方建设城市共同配送中心、智能快件箱、智能信包箱等，缓解通行压力，提高配送效率。加强配送车辆停靠作业管理，结合实际设置专用临时停车位等停靠作业区域。加强交通运输、商贸流通、供销、邮政等相关单位物流资源与电商、快递等企业的物流服务网络和设施共享衔接，逐步完善县乡村三级物流节点基础设施网络，鼓励多站合一、资源共享。加强物流渠道的安全监管能力建设，实现对寄递物流活动全过程跟踪和实时查询。（商务部、交通运输部、公安部、国家邮政局、供销合作总社、各省级人民政府按职责分工负责）

（7）拓展物流企业融资渠道。支持符合条件的国有企业、金融机构、大型物流企业集团等设立现代物流产业发展投资基金，按照市场化原则运作，加强重要节点物流基础设施建设，支持应用新技术新模式的轻资产物流企业发展。（国家发展改革委、财政部、国务院国资委负责）鼓励银行业金融机构开发支持物流业发展的供应链金融产品和融资服务方案，通过完善供应链信息系统研发，实现对供应链上下游客户的内外部信用评级、综合金融服务、系统性风险管理。支持银行依法探索扩大与物流公司的电子化系统合作。（国家发展改革委、银监会、人民银行、商务部负责）

四、加快推进物流仓储信息化标准化智能化，提高运行效率

（1）推广应用高效便捷物流新模式。依托互联网、大数据、云计算等先进信息技术，大力发展“互联网＋”车货匹配、“互联网＋”运力优化、“互联网＋”运输协同、“互联网＋”仓储交易等新业态、新模式。加大政策支持力度，培育一批骨干龙头企业，深入推进无车承运人试点工作，通过搭建互联网平台，创新物流资源配置方式，扩大资源配置范围，实现货运供需信息实时共享和智能匹配，减少迂回、空驶运输和物流资源闲置。（国家发展改革委、交通运输部、商务部、工业和信息化部负责）

（2）开展仓储智能化试点示范。结合国家智能化仓储物流基地示范工作，推广应用先进信息技术及装备，加快智能化发展步伐，提升仓储、运输、分拣、包装等作业效率和仓储管理水平，降低仓储管理成本。（国家发展改革委、商务部负责）

（3）加强物流装载单元化建设。加强物流标准的配套衔接。推广 1200 毫米 ×1000 毫米标准托盘和 600 毫米 ×400 毫米包装基础模数，从商贸领域向制造业领域延伸，促进包装箱、托盘、周转箱、集装箱等上下游设施设备的标准化，推动标准装载单元器具的循环共用，做好与相关运输工具的衔接，提升物流效率，降低包装、搬倒等成本。（商务部、工业和信息化部、国家发展改革委、国家邮政局、中国铁路总公司、国家标准委负责）

（4）推进物流车辆标准化。加大车辆运输车治理工作力度，2017 年年内完成 60% 的不合规车辆运输车更新淘汰。保持治理超限超载运输工作的延续性，合理确定过渡期和实施步骤，适时启动不合规平板半挂车等车型专项治理工作，分阶段有序推进车型替代和分批退出，保护合法运输主体的正当权益，促进道路运输市场公平有序竞争。

推广使用中置轴汽车列车等先进车型，促进货运车辆标准化、轻量化。（交通运输部、公安部、工业和信息化部、各省级人民政府负责）

五、深化联动融合，促进产业协同发展

（1）推动物流业与制造业联动发展。研究制定推进物流业与制造业融合发展的政策措施，大力支持第三方物流发展，对接制造业转型升级需求，提供精细化、专业化物流服务，提高企业运营效率。鼓励大型生产制造企业将自营物流面向社会提供公共物流服务。（国家发展改革委、工业和信息化部、国家邮政局负责）

（2）加强物流核心技术和装备研发。结合智能制造专项和试点示范项目，推动关键物流技术装备产业化，推广应用智能物流装备。鼓励物流机器人、自动分拣设备等新型装备研发创新和推广应用。（工业和信息化部、国家发展改革委负责）支持具备条件的物流企业申报高新技术企业。（科技部负责）

（3）提升制造业物流管理水平。建立制造业物流成本核算制度，分行业逐步建立物流成本对标体系，引导企业对物流成本进行精细化管理，提高物流管理水平。（国家发展改革委、工业和信息化部负责）

六、打通信息互联渠道，发挥信息共享效用

（1）加强物流数据开放共享。推进公路、铁路、航空、水运、邮政及公安、工商、海关、质检等领域相关物流数据开放共享，向社会公开相关数据资源，依托国家交通运输物流公共信息平台等，为行业企业查询和组织开展物流活动提供便利。结合大数据应用专项，开展物流大数据应用示范，为提升物流资源配置效率提供基础支撑。结合物流园区标准的修订，推动各物流园区之间实现信息联通兼容。（各有关部门按职责分工负责）

（2）推动物流活动信息化、数据化。依托部门、行业大数据应用平台，推动跨地区、跨行业物流信息互联共享。推广应用电子运单、电子仓单、电子面单等电子化单证。积极支持基于大数据的运输配载、跟踪监测、库存监控等第三方物流信息平台创新发展。（国家发展改革委、交通运输部会同有关部门负责）

（3）建立健全物流行业信用体系。研究制定对运输物流行业严重违法失信市场主体及有关人员实施联合惩戒的合作备忘录，对失信企业在行政审批、资质认定、银行贷款、工程招投标、债券发行等方面依法予以限制，构建守信激励和失信惩戒机制。（国家发展改革委会同相关部门、行业协会负责）

七、推进体制机制改革，营造优良营商环境

探索开展物流领域综合改革试点。顺应物流业创新发展趋势，选取部分省市开展物流降本增效综合改革试点，深入推进物流领域大众创业、万众创新，打破地方保护

和行业垄断，破除制约物流降本增效和创新发展的体制机制障碍。探索建立物流领域审批事项的“单一窗口”，降低制度性交易成本。强化科技创新、管理创新、机制创新，促进物流新业态、新模式发展，形成可复制、可推广的发展经验。（国家发展改革委、交通运输部会同有关部门负责）

各地区、各有关部门要认真贯彻落实党中央、国务院的决策部署，充分认识物流降本增效对深化供给侧结构性改革、促进实体经济发展的重要意义，加强组织领导，明确任务分工，结合本地区、本部门实际，深入落实本意见和《国务院办公厅关于转发国家发展改革委营造良好市场环境推动交通物流融合发展实施方案的通知》（国办发〔2016〕43 号）、《国务院办公厅关于转发国家发展改革委物流业降本增效专项行动方案（2016—2018 年）的通知》（国办发〔2016〕69 号）明确的各项政策措施，完善相关实施细则，扎实推进工作。要充分发挥全国现代物流工作部际联席会议作用，加强工作指导和督促检查，及时协调解决政策实施中存在的问题，确保各项政策措施的贯彻落实。

国务院办公厅

2017 年 8 月 7 日

商务部办公厅　财政部办公厅关于开展供应链体系建设工作的通知

商办流通发〔2017〕337 号

天津、辽宁、吉林、黑龙江、上海、江苏、浙江、福建、山东、河南、湖南、广东、重庆、四川、陕西省（市）商务、财政主管部门：

为贯彻《国民经济和社会发展十三五规划》及中央经济工作会议关于推进供给侧结构性改革、供应链物流链创新的精神，提高流通标准化、信息化、集约化水平，2017 年商务部、财政部将在天津、上海、重庆、深圳、青岛、大连、宁波、沈阳、长春、哈尔滨、济南、郑州、苏州、福州、长沙、成都、西安市（以下称首批重点城市）开展供应链体系建设。现将有关事项通知如下：

一、总体思路和目标

供应链体系建设，要按照“市场主导、政策引导、聚焦链条、协同推进”原则，重点围绕物流标准化、供应链平台、重要产品追溯，打基础、促协同、推融合；从 1200 毫米×1000 毫米标准托盘和全球统一编码标识（GS1）商品条码切入，提高物流链标准化信息化水平，推动供应链各环节设施设备和信息数据的高效对接；以供应链平台为载体，推动上下游协同发展，资源整合、共享共用，促进供应链发展提质增效；以物流链为渠道，利用物联网、对象标识符（OID）等先进技术设备，推动产品从产地、集散地到销地的全链条追溯，促进追溯链与物流链融合。

围绕建设标准规格统一、追溯运行顺畅、链条衔接贯通的供应链体系，重点企业标准托盘使用率达到 80%，装卸货效率提高 2 倍，货损率降低 20%，综合物流成本降低 10%；形成一批模式先进、协同性强、辐射力广的供应链平台，供应链平台交易额提高 20%，供应链交易管理成本下降 10%；建成并运行重要产品追溯管理平台，供应链项目支持的重点企业肉菜、中药材、乳制品等重要产品追溯覆盖率达到 80%，流通标准化、信息化、集约化水平显著提升。

二、主要任务

供应链体系建设的首批重点城市应积极发挥辐射带动周边的作用，形成城市间联动互动局面，提高区域供应链标准化、信息化、协同化水平，促进提质增效降本。主要任务如下：

（1）推广物流标准化，促进供应链上下游相衔接。以标准托盘及其循环共用为主线，重点在快消品、农产品、药品、电商等领域，推动物流链的单元化、标准化。一是加快标准托盘应用。鼓励使用符合国家标准 1200 毫米 ×1000 毫米规格和质量要求的标准托盘，支持托盘租赁、交换（不支持用户自购）；推广“集团整体推进”“供应链协同推进”“社会化服务推进”“平台整合推进”等成熟模式，引导商贸连锁、分销批发、生产制造、第三方物流、托盘运营、平台服务等企业合作开展带托运输；推广“回购返租”模式，加速非标托盘转换。二是建立社会化托盘循环共用体系。扩大托盘循环共用规模，完善运营服务网络，由托盘向周转箱、包装等单元器具循环共用延伸；推动“物联网 + 托盘”平台建设，拓展“配托 + 配货”服务，鼓励“带托运输 + 共同配送”“带托运输 + 多式联运”；探索托盘交易、租赁、交换、回收可自由转换的市场流通机制。三是支持与标准托盘相衔接的设施设备和服务流程标准化。支持仓库、配送中心、商超、便利店等配送设施的标准化改造，以及存储、装卸、搬运、包装、分拣设备和公路货运车辆（外廓 2550 毫米）等标准化更新；鼓励以标准托盘和周转箱（符合 600 毫米 ×400 毫米包装模数系列尺寸）为单元进行订货、计费、收发货和免验货，促进物流链全程“不倒托”“不倒箱”；推动利用配送渠道、押金制等对标准包装物进行回收使用；探索标准托盘箱替代快递三轮车箱体，以循环共用推动分拣前置、环节减少。四是支持物流链数据单元的信息标准化。支持探索基于全球统一编码标识（GS1）的托盘条码与商品条码、箱码、物流单元代码关联衔接，推动托盘、周转箱由包装单元向数据单元和数据节点发展，促进供应链和平台相关方信息数据传输交互顺畅；探索用数据单元优化生产、流通、销售管理，转化为商业价值，促进降本增效，满足不同商品的不同用户需求和服务体验。

（2）建设和完善各类供应链平台，提高供应链协同效率。以平台为核心完善供应链体系，增强供应链协同和整合能力，创新流通组织方式，提高流通集约化水平。一是建设流通与生产衔接的供应链协同平台。支持供应链核心企业建设连接个性化需求与柔性化生产的智能制造供应链协同平台，促进流通与生产的深度融合，实现大规模个性化定制，促进降本增效；支持流通企业与供应商实现系统对接，打造供应链采购协同平台，实现需求、库存和物流信息的实时共享，提高协同计划、自动预测和补货能力。二是建设资源高效整合的供应链交易平台。支持建设商品现货交易类平台，聚集供需信息，提供信息发布、支付结算、仓储物流、质量追溯等综合服务，提高资源配置效率，降低交易和物流成本；支持传统实体商品交易市场转型升级，打造线上线下融合的供应链交易平台，延伸提供物流、结算、报关等供应链服务，促进商品交易市场与产业融合发展。三是建设专业化的供应链综合服务平台。支持供应链服务型企业建设供应链综合服务平台，提供研发设计、集中采购、组织生产、物流分销、终端管理、品牌营销等供应链服务，融通物流、商流、信息流、资金流；通过平台直接服务需求终端，减少流通环节和成本，构建跨界融合、共享共生的供应链商业生态圈。四是建设供应链公共服务平台。支持有条件的地方建设供应链公共服务平台和供应链科创中心，完善供应链公共服务，提供政策咨询、信息聚集、经济预警、研发支持和人才培训等服务，加强供应链创新发展的协同监管和治理。同时，鼓励供应链核心企业牵头制定相关产品、技术、管理、数据、指标等关键共性标准，提高供应链协同和整合效率，服务于产业供应链体系。

（3）建设重要产品追溯体系，提高供应链产品质量保障能力。一是建设城市重要产品追溯管理平台。优化提升原有肉菜、中药材流通追溯管理平台，推进现有各类重要产品追溯体系统一接入重要产品追溯管理平台；应用对象标识符（OID）技术实现不同编码体系的兼容与交互，实现跨部门跨区域追溯信息的互联互通，以及与重要产品追溯管理平台实时对接；鼓励第三方追溯平台建设，建立追溯数据对接评价或认证机制；强化追溯数据分析与成果应用，增强追溯体系对供应链产品质量安全管理和问题事件应急处置能力。二是扩大供应链产品追溯覆盖范围。在完善原有肉菜、中药材追溯体系建设的基础上，进一步扩大重要产品追溯覆盖范围，提高肉菜等预包装产品的追溯覆盖率，肉类产品力争实现全覆盖；扩大节点企业覆盖面，供应链上下游企业全部纳入追溯体系；延伸追溯链条，将相关种植养殖、生产加工、仓储物流、终端消费等环节纳入追溯体系。三是支持供应链核心企业追溯系统创新升级。重点推进二维码、无线射频识别（RFID）、视频识别、区块链、GS1、对象标识符（OID）、电子结算和第三方支付等应用，推动追溯系统创新升级；推动大中型批发市场及大型商超、物流企业等开展信息化改造，鼓励商超利用 GS1 进行结算实现追溯功能，将产品追溯融入现有 ERP 系统，实现企业信息系统与追溯系统的对接；鼓励供应链核心企业线上线下融合发展，形成全渠道整合、线上线下无缝衔接的追溯网络。

三、财政资金重点支持方向和方式

中央服务业发展专项资金支持供应链体系建设，主要立足于弥补市场失灵，做好基础性、公共性工作，发挥中央财政资金对社会资本引导作用，支持供应链体系中薄弱环节和关键领域建设。

中央财政资金拨付地方后，有关城市应结合本地产业实际情况选择任务方向，统筹使用、加快执行，可采用以奖代补、财政补助、贷款贴息、购买服务等支持方式，完成期限为 2 年；同时，鼓励有条件的地区创新财政政策，支持跨区域联动项目，对在外地注册法人但在本地有实体的非法人机构，及在本地注册法人但在周边地区建设实体的机构，可在本地申报项目，促进辐射带动周边地区。各地要严格加强资金管理，中央财政资金不得用于楼堂馆所等建设和工作经费；不得支持有金融风险、发展模式不成熟的平台。

四、有关要求

（1）加强组织领导。省级主管部门要高度重视供应链体系建设工作，加强对实施城市的对口业务指导和工作检查，严格奖惩，及时上报工作进度，建设完成后要对城市进行绩效评价。实施城市是供应链体系建设的责任主体，要加强顶层设计，建立工作协调机制，科学编制方案，完善管理制度和配套政策，明确责任分工和时间节点，保证工作顺利开展。

（2）尽快编报方案。省级主管部门，应及时指导有关城市编报供应链体系建设方案，城市可结合实际情况，自主选择实施方向（物流标准化、供应链平台、重要产品追溯）。未完成商务部肉菜、中药材流通追溯试点任务的地区，不得申报新的追溯体系建设项目。方案编制应立足辐射带动周边地区，围绕促进供应链标准化、信息化、协同化，实现提质增效降本目标，做到思路清晰、目标明确、措施有效、责任明确、数字翔实，具体应包含：工作基础、思路目标、任务内容、资金安排、组织实施、管理要求、时间安排及责任人、保障措施。

（3）规范管理项目。城市主管部门要制定项目与资金管理规定，严格组织实施，对项目要统一申报、统一评审、统一验收，规范程序手续，不搞资金拆分，分管责任处室要抓好分类指导、过程检查，做到项目建设与模式推广、效益效果并重。项目承担企业应签订《供应链体系建设项目责任承诺书》，建立工作进度档案，优先鼓励供应链核心企业申报融合多方向的综合性项目以及供应链合作企业联合申报协同性较强的项目。

（4）加强资金监管。有关省市财政部门要按照《财政部关于印发〈中央财政服务业发展专项资金管理办法〉的通知》（以下简称《通知》）（财建〔2015〕256号）要求，加强资金管理，专款专用，专账核算。

（5）夯实工作基础。鼓励发挥行业协会、联盟机构优势作用，制定并推广团体标准；加强业务培训和标准宣贯，开展相关统计分析，监测效益、成本等指标，反映工作成效；总结推广机制创新、政策创新、模式创新等经验成果，加大典型案例宣传和推广力度。

请各地按照《通知》要求，认真抓好贯彻落实。城市工作方案、项目和资金管理规定（盖两部门章的PDF格式电子版），以及确定的具体项目表（项目方向、承担单位、建设内容、计划投资额、计划支持资金、完成时限）应于2017年10月30日前报送商务部、财政部备案。年度工作进展报告应于次年2月底前主动及时报送，工作总结与绩效评价应于整体建设结束后三个月内报送。

联系方式：

商务部　流通发展司牵头 85093794（物流标准化及综合性方向）renhongwei@ mofcom. gov. cn

市场建设司 85093706（供应链平台方向）liushujun@ mofcom. gov. cn
市场秩序司 85093316（重要产品追溯方向）yushiwei@ mofcom. gov. cn
财政部　经济建设司 68552796，mof_ syc@ 126. com

附件：1. 重点实施的部分国家标准目录
　　　2. 供应链体系建设绩效评价表（略）

商务部办公厅
财政部办公厅
2017 年 8 月 11 日

附件 1

重点实施的部分国家标准目录

（供参考）

1.《联运通用平托盘主要尺寸及公差》（GB/T 2934—2007）符合 1200 毫米 ×1000 毫米规格

2.《联运通用平托盘性能要求和试验选择》（GB/T 4995—2014）

3.《托盘编码及条码表示》（GB/T 31005—2014）

4.《商贸托盘射频识别标签应用规范》（GB/T 33456—2016）

5.《托盘共用系统运营管理规范》（SB/T 11153—2016）

6.《托盘租赁企业服务规范》（SB/T 11152—2016）

7.《共用系统托盘质量验收规范》（SB/T 11154—2016）

8.《硬质直方体运输包装尺寸系列》（GB/T 4892—2008）符合 600 毫米 ×400 毫米模数系列规格

9.《汽车、挂车及汽车列车外廓尺寸、轴荷及质量限值》（GB 1589—2016）强制性国家标准，《系列 2 集装箱》国家标准（近期发布），普通厢体外廓 2550 毫米、冷藏厢体外廓 2600 毫米，与标准托盘匹配

10.《通用仓库及库区规划设计参数》（GB/T 28581—2012）

11.《商品条码　零售商品编码与条码表示》（GB 12904—2008）强制性国家标准

12.《商品条码　储运包装商品编码与条码表示》（GB/T 16830—2008）

13.《商品条码　物流单元编码与条码表示》（GB/T 18127—2008）

14.《商品条码　店内条码》（GB/T 18283—2008）

15.《快递封装用品　第 2 部分：包装箱》（GB/T 16606. 2—2017）符合 600 毫

米×400 毫米模数系列规格

16.《信息技术　开放系统互连 OID 的国家编号体系和注册规程》（GB/T 26231—2015）

17. 肉类蔬菜流通追溯体系编码规则（SB/T 10680—2012）

18. 肉类蔬菜流通追溯体系管理平台技术要求（SB/T 10683—2012）

19. 肉类蔬菜流通追溯体系信息处理技术要求（SB/T 10684—2012）

20. 中药材流通追溯体系专用术语规范（SB/T 11038—2013）

印发《关于对运输物流行业严重违法失信市场主体及其有关人员实施联合惩戒的合作备忘录》的通知

发改运行〔2017〕1553号

各省、自治区、直辖市有关部门、机构：

为深入贯彻党的十八大和十八届三中、四中、五中、六中全会精神，落实党中央、国务院关于社会信用体系建设的系列部署，根据《国务院关于建立完善守信联合激励和失信联合惩戒制度加快推进社会诚信建设的指导意见》（国发〔2016〕33号）要求，建立多部门联合惩戒机制，加快推进运输物流行业信用体系建设，国家发展改革委、人民银行、交通运输部、中央编办、中央文明办、公安部、财政部、人力资源和社会保障部、国土资源部、国务院国资委、海关总署、税务总局、工商总局、质检总局、银监会、证监会、保监会、国家铁路局、中国民航局、国家邮政局联合签署了《关于对运输物流行业严重违法失信市场主体及其有关人员实施联合惩戒的合作备忘录》。现印发给你们，请认真贯彻执行。

附件：关于对运输物流行业严重违法失信市场主体及其有关人员实施联合惩戒的合作备忘录

国家发展改革委　人民银行
交通运输部　中央编办　中央文明办
公安部　财政部　人力资源社会保障部
国土资源部　国资委　海关总署
税务总局　工商总局　质检总局
银监会　证监会　保监会
国家铁路局　中国民航局
国家邮政局
2017年8月24日

附件

关于对运输物流行业严重违法失信市场主体及其有关人员实施联合惩戒的合作备忘录

为深入贯彻党的十八大和十八届三中、四中、五中、六中全会精神，落实《国务院关于印发社会信用体系建设规划纲要（2014—2020年）的通知》（国发〔2014〕21号）、《国务院关于建立完善守信联合激励和失信联合惩戒制度加快推进社会诚信建设的指导意见》（国发〔2016〕33号）等有关要求，健全跨部门失信联合惩戒机制，推进运输物流行业信用体系建设，国家发展改革委、人民银行、交通运输部、中央编办、中央文明办、公安部、财政部、人力资源和社会保障部、国土资源部、国务院国资委、海关总署、税务总局、工商总局、质检总局、银监会、证监会、保监会、国家铁路局、中国民航局、国家邮政局等部门和单位，就运输物流行业严重违法失信市场主体及其有关人员（以下简称失信主体）实施联合惩戒，达成如下一致意见。

一、联合惩戒的对象

联合惩戒对象为违反运输物流行业相关法律、法规、规章及规范性文件规定，违背诚实守信原则，经政府行政管理部门认定存在严重违法失信行为并被列入运输物流行业“黑名单”的市场主体及负有直接责任的法定代表人、企业负责人、挂靠货车实际所有人及相关人员。本备忘录所指的运输物流行业市场主体为从事运输、仓储、配送、代理、包装、流通加工、快递、信息服务等物流相关业务的企业和个体工商户。

二、联合惩戒的措施

除对失信主体依法依规予以处罚外，各相关部门还依照有关规定，对联合惩戒对象采取下列一种或多种惩戒措施（相关依据和实施部门见附录）：

（一）准入和支持方面的惩戒措施

（1）对失信主体申请从事道路、铁路、水路、民航运输和站场（港口、机场）经营业务，在班线和航线审批、经营许可等方面依法实行限制性管理措施。

（2）对失信主体申请从事寄递物流业务，在经营许可方面依法实行限制性管理措施。

（3）对失信主体申请城市货运车辆通行证予以限制。

（4）对失信主体作为供应商参加政府采购活动依法予以限制。

（5）对失信主体参与工程等招投标依法予以限制。

（6）对失信主体在取得政府供应土地方面依法予以限制。

（7）在财政补贴资金安排过程中，将失信信息作为审核的重要参考。

（8）对失信主体在申请取得认证机构资质、获得认证证书方面予以限制。

（二）监管方面的惩戒措施

（1）将失信主体的信用状况作为税务部门评价其纳税信用级别的重要参考。

（2）对失信主体申请适用海关认证企业管理的，不予通过认证；对已经成为认证企业的，按照规定下调企业信用等级。

（3）在失信主体办理通关等海关业务时，对其进出口货物实施严密监管，加强单证审核、布控查验或后续稽查。

（4）将失信主体的信用状况作为进出口检验检疫监管的重要参考。

（三）金融方面的惩戒措施

（1）将失信状况作为金融机构融资授信时的审慎性参考。

（2）将失信信息作为公开发行公司债券核准的重要参考。对失信主体发行企业债券从严审核；在银行间市场发行非金融企业债务融资工具限制注册，并按照注册发行有关工作要求，强化信息披露，加强投资者保护机制管理，防范有关风险。

（3）将失信信息作为股票发行审核及在全国中小企业股份转让系统公开转让审核的参考。

（4）在上市公司或者非上市公众公司收购的事中事后监管中，对失信主体予以关注。

（5）在境内上市公司实行股权激励计划或相关人员成为股权激励对象事中事后监管中，对失信主体予以关注。

（6）在审批证券公司、基金管理公司、期货公司的设立、私募基金管理人登记及变更持有5%以上股权的股东、实际控制人时，将其失信信息作为审批的参考。

（7）将失信状况作为保险公司核定保险费率的重要参考。

（四）从业资格方面的惩戒措施

（1）对失信主体担任国有企业法定代表人、董事、监事依法予以限制。

（2）对失信主体登记为事业单位法定代表人依法予以限制。

（3）对失信主体招录（聘）为公务员或事业单位工作人员依法予以限制。

（4）对严重失信的自然人，依法限制其担任上市公司、债券公司、基金管理公司、期货公司的董事、监事和高级管理人员等，对其证券、基金、期货从业资格申请予以从严审核，对已成为证券、基金、期货从业人员的相关主体予以关注。

（5）对失信主体担任保险公司的董事、监事、高级管理人员依法予以限制。

（五）社会形象方面的惩戒措施

（1）通过“信用中国”“信用交通”等网站和国家企业信用信息公示系统依法向社会公布失信主体信息。

（2）对失信主体参评文明单位、道德模范依法予以限制。

（3）行业协会商会对会员失信行为进行警告、通报批评、公开谴责等。

三、联合惩戒的实施方式

（1）国家发展改革委通过全国信用信息共享平台定期向参与失信联合惩戒的部门和单位提供运输物流行业严重违法失信“黑名单”。相关部门根据本备忘录约定的内容对“黑名单”中的失信主体实施惩戒。

（2）逐步建立惩戒效果定期通报机制，有条件的部门定期将联合惩戒实施情况通过全国信用信息共享平台共享。

（3）涉及地方事权的，由签署部门和单位将“黑名单”推送给地方相关部门，地方部门按照本备忘录内容实施联合惩戒。

四、联合惩戒的动态管理

有关部门按照职责分别对运输物流行业严重违法失信“黑名单”进行动态管理，及时更新相关信息，并定期推送至国家发展改革委。同时，将相关信息在全国信用信息共享平台及时更新，并开放平台授权供部门共享使用。对于从“黑名单”中移除的市场主体及其有关人员，相关部门应及时停止实施联合惩戒措施。

五、其他事宜

各部门应密切协作，积极落实本备忘录，制定运输物流行业严重违法失信市场主体及其有关人员信用信息使用、管理、监督的相关实施细则和操作流程，指导本系统各级单位依法依规实施联合惩戒措施。

本备忘录实施过程中出现的问题，由国家发展改革委组织协商解决。

本备忘录签署后，各项惩戒措施依据的法律、法规、规章及规范性文件有修改或调整的，以修改后的为准。

附录：1. 惩戒措施法律及政策依据

2. 物流服务平台加强信用建设实施联合惩戒备忘录

附录 1

惩戒措施法律及政策依据

惩戒措施	法律及政策依据	实施部门
1. 对失信主体申请从事道路、铁路、水路、民航运输和站场（港口、机场）经营业务的，在班线和航线审批、经营许可等方面依法实行限制性管理措施。	1.《中华人民共和国道路运输条例》 第三条　从事道路运输经营以及道路运输相关业务，应当依法经营，诚实信用，公平竞争。 第二十一条　申请从事货运经营的，应当具备下列条件：（一）有与其经营业务相适应并经检测合格的车辆；（二）有符合本条例第二十二条规定条件的驾驶人员；（三）有健全的安全管理制度。 2.《国务院关于促进市场公平竞争维护市场正常秩序的若干意见》 （十五）建立健全守信激励和失信惩戒机制。……对守信主体予以支持和激励，对失信主体在经营、投融资、取得政府供应土地、进出口、出入境、注册新公司、工程招投标、政府采购、获得荣誉、安全许可、生产许可、从业任职资格、资质审核等方面依法予以限制或禁止，对严重违法失信主体实行市场禁入制度。 3.《国务院关于加强道路交通安全工作的意见》 （二十五）加大事故责任追究力度。……对发生重大及以上或者 6 个月内发生两起较大及以上责任事故的道路运输企业，依法责令停业整顿；停业整顿后符合安全生产条件的，准予恢复运营，但客运企业 3 年内不得新增客运班线，旅游企业 3 年内不得新增旅游车辆；…… 4.《交通运输部　工业和信息化部　公安部　工商总局　质检总局关于进一步做好货车非法改装和超限超载治理工作的意见》 （五）加强营运车辆准入管理和综合性能检测。各地道路运输管理机构严格执行《道路运输车辆技术管理规定》，严把营运车辆技术关，对不符合相关标准规定的车辆，不得允许进入道路运输市场。加强在用货车营运资质清理，规范普通货物、大件货物和危险货物营运资质分类许可。禁止大件运输专用车辆从事普通货物运输。…… 5.《道路旅客运输及客运站管理规定》 第四条　……道路客运及客运站经营者应当依法经营，诚实信用，公平竞争，优质服务。 第五条　国家实行道路客运企业等级评定制度和质量信誉考核制度，鼓励道路客运经营者实行规模化、集约化、公司化经营，禁止挂靠经营。	交通运输部、国家铁路局、中国民航局

续 表

惩戒措施	法律及政策依据	实施部门
1. 对失信主体申请从事道路、铁路、水路、民航运输和站场（港口、机场）经营业务的，在班线和航线审批、经营许可等方面依法实行限制性管理措施。	6.《道路货物运输及站场管理规定》 第三条　道路货物运输和货运站经营者应当依法经营，诚实信用，公平竞争。 7.《铁路运输企业准入许可办法》 第七条　……在最近 2 年内因生产安全事故受到行政处分的，不得担任铁路运输相关业务的负责人和专业技术管理的负责人。 第二十六条　申请企业隐瞒有关情况或者提供虚假材料申请铁路运输许可的，国家铁路局不予受理或者不予许可，并给予警告，申请企业在 1 年内不得再次申请铁路运输许可。 第二十七条　……被许可企业以欺骗、贿赂等不正当手段取得行政许可的，应当予以撤销，申请企业在 3 年内不得再次申请铁路运输许可。 8.《国内水路运输管理条例》 第五条　经营水路运输及其辅助业务，应当遵守法律、法规，诚实守信。 国务院交通运输主管部门依法对水路运输市场实施监督管理，对水路运输及其辅助业务的违法经营活动实施处罚，并建立经营者诚信管理制度，及时向社会公告监督检查情况。	交通运输部、国家铁路局、中国民航局
2. 对失信主体申请从事寄递物流业务的，在经营许可方面依法实行限制性管理措施。	1.《快递市场管理办法》 第四条　经营快递业务的企业应当依法经营，诚实守信，公平竞争，为用户提供迅速、准确、安全、方便的快递服务。 第九条　国家对快递业务实行经营许可制度。经营快递业务，应当依照《中华人民共和国邮政法》的规定，向邮政管理部门提出申请，取得快递业务经营许可；未经许可，任何单位和个人不得经营快递业务。 第十条　邮政管理部门根据企业的服务能力审核经营许可的业务范围和地域范围，对符合规定条件的，发放快递业务经营许可证，并注明经营许可的业务范围和地域范围。 2.《关于全面加强电子商务领域诚信建设的指导意见》 （九）建立事前信用承诺制度。全面建立市场主体事前信用承诺制度，推动电子商务平台、入驻商家、个人卖家、物流企业等提供商品销售和服务的市场主体就遵纪守法、信息真实性、产品质量、服务保证、承担的责任与义务等情况作出信用承诺，以规范格式向社会公开，并承诺违法失信后将自愿接受约束和惩戒。信用承诺事项纳入市场主体信用档案，接受社会监督，并作为事中事后监管的参考。	国家邮政局

续 表

惩戒措施	法律及政策依据	实施部门
3. 对失信主体申请城市货运车辆通行证予以限制。	《交通运输部　公安部　商务部关于加强城市配送运输与车辆通行管理工作的通知》 五、优化城市配送车辆通行管理措施 ……对于配送车辆在行驶时间和区域方面采取限制和禁止通行措施的城市，城市公安机关交通管理部门应当会同交通运输主管部门，按照保证需求、便利通行、分类管理、适度调控的原则，结合城市配送运力调控计划，加快建立公开、公平、公正、择优的配送车辆通行调控机制，制定出台保障配送车辆通行便利的管理政策。在实施配送车辆通行管理中，对从事生活必需品配送的企业、从事鲜活农产品和冷藏保鲜产品配送的企业、使用新能源和清洁能源车辆从事配送业务的企业、开展共同（集中）配送的企业、服务质量信誉考核为 AAA 级的企业以及规模较大的网络型零担运输和快递企业、自有大型配送中心的运输企业，可优先考虑给予其通行便利。	地方公安机关
4. 对失信主体作为供应商参加政府采购活动依法予以限制。	1.《国务院关于促进市场公平竞争维护市场正常秩序的若干意见》 （十五）建立健全守信激励和失信惩戒机制。……对守信主体予以支持和激励，对失信主体在经营、投融资、取得政府供应土地、进出口、出入境、注册新公司、工程招投标、政府采购、获得荣誉、安全许可、生产许可、从业任职资格、资质审核等方面依法予以限制或禁止，对严重违法失信主体实行市场禁入制度。 2.《国务院办公厅关于运用大数据加强对市场主体服务和监管的若干意见》 （十三）建立健全失信联合惩戒机制。……充分发挥行政、司法、金融、社会等领域的综合监管效能，在市场准入、行政审批、资质认定、享受财政补贴和税收优惠政策、企业法定代表人和负责人任职资格审查、政府采购、政府购买服务、银行信贷、招标投标、国有土地出让、企业上市、货物通关、税收征缴、社保缴费、外汇管理、劳动用工、价格制定、电子商务、产品质量、食品药品安全、消费品安全、知识产权、环境保护、治安管理、人口管理、出入境管理、授予荣誉称号等方面，建立跨部门联动响应和失信约束机制，对违法失信主体依法予以限制或禁入。建立各行业“黑名单”制度和市场退出机制。推动将申请人良好的信用状况作为各类行政许可的必备条件。 3.《中华人民共和国政府采购法》 第二十二条　供应商参加政府采购活动应当具备下列条件：……（2）具有良好的商业信誉和健全的财务会计制度；……（5）参加政府采购活动前三年内，在经营活动中没有重大违法记录。……4.《国务院关于印发社会信用体系建设规划纲要（2014—2020 年）的通知》	财政部

续　表

惩戒措施	法律及政策依据	实施部门
4. 对失信主体作为供应商参加政府采购活动依法予以限制。	第二部分　推进重点领域诚信建设 （二）深入推进商务诚信建设。…… 政府采购领域信用建设。……制定供应商、评审专家、政府采购代理机构以及相关从业人员的信用记录标准。依法建立政府采购供应商不良行为记录名单，对列入不良行为记录名单的供应商，在一定期限内禁止参加政府采购活动。完善政府采购市场的准入和退出机制，充分利用工商、税务、金融、检察等其他部门提供的信用信息，加强对政府采购当事人和相关人员的信用管理。……	财政部
5. 对失信主体参与工程等招投标依法予以限制。	1.《国务院关于印发社会信用体系建设规划纲要（2014—2020 年）的通知》 第二部分　推进重点领域诚信建设 （二）深入推进商务诚信建设。…… 招标投标领域信用建设。扩大招标投标信用信息公开和共享范围，建立涵盖招标投标情况的信用评价指标和评价标准体系，健全招标投标信用信息公开和共享制度。进一步贯彻落实招标投标违法行为记录公告制度，推动完善奖惩联动机制。依托电子招标投标系统及其公共服务平台，实现招标投标和合同履行等信用信息的互联互通、实时交换和整合共享。鼓励市场主体运用基本信用信息和第三方信用评价结果，并将其作为投标人资格审查、评标、定标和合同签订的重要依据。 2.《国务院办公厅关于运用大数据加强对市场主体服务和监管的若干意见》 （十三）建立健全失信联合惩戒机制。各级人民政府应将使用信用信息和信用报告嵌入行政管理和公共服务的各领域、各环节，作为必要条件或重要参考依据。充分发挥行政、司法、金融、社会等领域的综合监管效能，在市场准入、行政审批、资质认定、享受财政补贴和税收优惠政策、企业法定代表人和负责人任职资格审查、政府采购、政府购买服务、银行信贷、招标投标、国有土地出让、企业上市、货物通关、税收征缴、社保缴费、外汇管理、劳动用工、价格制定、电子商务、产品质量、食品药品安全、消费品安全、知识产权、环境保护、治安管理、人口管理、出入境管理、授予荣誉称号等方面，建立跨部门联动响应和失信约束机制，对违法失信主体依法予以限制或禁入。建立各行业“黑名单”制度和市场退出机制。推动将申请人良好的信用状况作为各类行政许可的必备条件。	国家发展改革委、交通运输部、国家铁路局、中国民航局

续 表

惩戒措施	法律及政策依据	实施部门
5. 对失信主体参与工程等招投标依法予以限制。	3.《工程建设项目施工招标投标办法》 第二十条 资格审查应主要审查潜在投标人或者投标人是否符合下列条件：（一）具有独立订立合同的权利；（二）具有履行合同的能力，包括专业、技术资格和能力，资金、设备和其他物质设施状况，管理能力，经验、信誉和相应的从业人员；（三）没有处于被责令停业，投标资格被取消，财产被接管、冻结，破产状态；（四）在最近三年内没有骗取中标和严重违约及重大工程质量问题；……	国家发展改革委、交通运输部、国家铁路局、中国民航局
6. 对失信主体在取得政府供应土地方面依法予以限制。	1.《国务院关于促进市场公平竞争维护市场正常秩序的若干意见》 （十五）建立健全守信激励和失信惩戒机制。……对守信主体予以支持和激励，对失信主体在经营、投融资、取得政府供应土地、进出口、出入境、注册新公司、工程招投标、政府采购、获得荣誉、安全许可、生产许可、从业任职资格、资质审核等方面依法予以限制或禁止，对严重违法失信主体实行市场禁入制度。 2.《国务院办公厅关于运用大数据加强对市场主体服务和监管的若干意见》 （十三）建立健全失信联合惩戒机制。……充分发挥行政、司法、金融、社会等领域的综合监管效能，在市场准入、行政审批、资质认定、享受财政补贴和税收优惠政策、企业法定代表人和负责人任职资格审查、政府采购、政府购买服务、银行信贷、招标投标、国有土地出让、企业上市、货物通关、税收征缴、社保缴费、外汇管理、劳动用工、价格制定、电子商务、产品质量、食品药品安全、消费品安全、知识产权、环境保护、治安管理、人口管理、出入境管理、授予荣誉称号等方面，建立跨部门联动响应和失信约束机制，对违法失信主体依法予以限制或禁入。建立各行业“黑名单”制度和市场退出机制。推动将申请人良好的信用状况作为各类行政许可的必备条件。 3.《企业信息公示暂行条例》 第十八条 县级以上地方人民政府及其有关部门应当建立健全信用约束机制，在政府采购、工程招投标、国有土地出让、授予荣誉称号等工作中，将企业信息作为重要考量因素，对被列入经营异常名录或者严重违法企业名单的企业依法予以限制或者禁入。	国土资源部

续 表

惩戒措施	法律及政策依据	实施部门
7. 在财政补贴资金安排过程中，将失信信息作为审核的重要参考。	1.《国务院办公厅关于运用大数据加强对市场主体服务和监管的若干意见》 （十三）建立健全失信联合惩戒机制。……充分发挥行政、司法、金融、社会等领域的综合监管效能，在市场准入、行政审批、资质认定、享受财政补贴和税收优惠政策、企业法定代表人和负责人任职资格审查、政府采购、政府购买服务、银行信贷、招标投标、国有土地出让、企业上市、货物通关、税收征缴、社保缴费、外汇管理、劳动用工、价格制定、电子商务、产品质量、食品药品安全、消费品安全、知识产权、环境保护、治安管理、人口管理、出入境管理、授予荣誉称号等方面，建立跨部门联动响应和失信约束机制，对违法失信主体依法予以限制或禁入。建立各行业"黑名单"制度和市场退出机制。推动将申请人良好的信用状况作为各类行政许可的必备条件。 2.《国务院关于建立完善守信联合激励和失信联合惩戒制度加快推进社会诚信建设的指导意见》 （十）依法依规加强对失信行为的行政性约束和惩戒。对严重失信主体，各地区、各有关部门应将其列为重点监管对象，依法依规采取行政性约束和惩戒措施。……严格限制申请财政性资金项目，限制参与有关公共资源交易活动，限制参与基础设施和公用事业特许经营。 ……	国家发展改革委、财政部、人力资源社会保障部、交通运输部、国务院国资委等相关部门
8. 对失信主体在申请取得认证机构资质、获得认证证书方面依法予以限制。	1.《国务院关于印发社会信用体系建设规划纲要（2014—2020 年）的通知》 第二部分　推进重点领域诚信建设 （一）加快推进政务诚信建设。 ……发挥政府诚信建设示范作用。各级人民政府首先要加强自身诚信建设，以政府的诚信施政，带动全社会诚信意识的树立和诚信水平的提高。在行政许可、政府采购、招标投标、劳动就业、社会保障、科研管理、干部选拔任用和管理监督、申请政府资金支持等领域，率先使用信用信息和信用产品，培育信用服务市场发展。…… （二）深入推进商务诚信建设。 ……中介服务业信用建设。建立完善中介服务机构及其从业人员的信用记录和披露制度，并作为市场行政执法部门实施信用分类管理的重要依据。重点加强公证仲裁类、律师类、会计类、担保类、鉴证类、检验检测类、评估类、认证类、代理类、经纪类、职业介绍类、咨询类、交易类等机构信用分类管理，探索建立科学合理的评估指标体系、评估制度和工作机制。…… 2.《国务院关于促进市场公平竞争维护市场正常秩序的若干意见》 （十五）建立健全守信激励和失信惩戒机制。……对守信主体予以支持和激励，对失信主体在经营、投融资、	质检总局

续 表

惩戒措施	法律及政策依据	实施部门
8. 对失信主体在申请取得认证机构资质、获得认证证书方面依法予以限制。	取得政府供应土地、进出口、出入境、注册新公司、工程招投标、政府采购、获得荣誉、安全许可、生产许可、从业任职资格、资质审核等方面依法予以限制或禁止，对严重违法失信主体实行市场禁入制度。 3.《中华人民共和国认证认可条例》 第六条　认证认可活动应当遵循客观独立、公开公正、诚实信用的原则。	质检总局
9. 将失信主体的信用状况作为税务部门评价其纳税信用级别的重要参考。	《国家税务总局关于发布〈纳税信用管理办法（试行）〉的公告》 第十条　纳税信用信息包括纳税人信用历史信息、税务内部信息、外部信息。……外部信息包括外部参考信息和外部评价信息。外部参考信息包括评价年度相关部门评定的优良信用记录和不良信用记录；外部评价信息是指从相关部门取得的影响纳税人纳税信用评价的指标信息。 第十四条　本办法第十条第四款外部信息主要通过税务管理系统、国家统一信用信息平台、相关部门官方网站、新闻媒体或者媒介等渠道采集。通过新闻媒体或者媒介采集的信息应核实后使用。 第十五条　纳税信用评价采取年度评价指标得分和直接判级方式。评价指标包括税务内部信息和外部评价信息。…… 第十八条　纳税信用级别设 A、B、C、D 四级。A 级纳税信用为年度评价指标得分 90 分以上的；B 级纳税信用为年度评价指标得分 70 分以上不满 90 分的；C 级纳税信用为年度评价指标得分 40 分以上不满 70 分的；D 级纳税信用为年度评价指标得分不满 40 分或者直接判级确定的。	税务总局
10. 对失信主体申请适用海关认证企业管理的，不予通过认证；对已经成为认证企业的，按照规定下调企业信用等级。	1.《国务院关于促进市场公平竞争维护市场正常秩序的若干意见》 （十五）建立健全守信激励和失信惩戒机制。……对守信主体予以支持和激励，对失信主体在经营、投融资、取得政府供应土地、进出口、出入境、注册新公司、工程招投标、政府采购、获得荣誉、安全许可、生产许可、从业任职资格、资质审核等方面依法予以限制或禁止，对严重违法失信主体实行市场禁入制度。 2.《关于公布〈海关认证企业标准〉的公告》 《海关认证企业标准（一般认证）》认证标准第（九）项　未有不良外部信用：企业或者其企业法定代表人（负责人）、负责关务的高级管理人员、财务负责人连续 1 年在工商、商务、税务、银行、外汇、检验检疫、公安、检察院、法院等部门未被列入经营异常名录、失信企业或者人员名单、黑名单企业、人员。 《海关认证企业标准（高级认证）》认证标准第（九）项　未有不良外部信用：企业或者其法定代表人（负责人）、负责关务的高级管理人员、财务负责人连续 1 年在工商、商务、税务、银行、外汇、检验检疫、公安、检察院、法院等部门未被列入经营异常名录、失信企业或者人员名单、黑名单企业、人员。	海关总署

续 表

惩戒措施	法律及政策依据	实施部门
11. 在失信主体办理通关等海关业务时，对其进出口货物实施严密监管，加强单证审核、布控查验或后续稽查。	《中华人民共和国海关企业信用管理暂行办法》 第三条　海关根据企业信用状况将企业认定为认证企业、一般信用企业和失信企业，按照诚信守法便利、失信违法惩戒原则，分别适用相应的管理措施。	海关总署
12. 将失信主体的信用状况作为进出口检验检疫监管的重要参考。	1.《国务院关于促进市场公平竞争维护市场正常秩序的若干意见》 （十五）建立健全守信激励和失信惩戒机制。将市场主体的信用信息作为实施行政管理的重要参考。……对守信主体予以支持和激励，对失信主体在经营、投融资、取得政府供应土地、进出口、出入境、注册新公司、工程招投标、政府采购、获得荣誉、安全许可、生产许可、从业任职资格、资质审核等方面依法予以限制或禁止，对严重违法失信主体实行市场禁入制度。 2.《出入境检验检疫企业信用管理办法》 第二十三条　检验检疫机构按“守信便利，失信惩戒”的原则，将企业信用等级作为开展检验检疫监督管理工作的基础，对不同信用等级的企业分别实施相应的检验检疫监管措施。…… 第二十四条　检验检疫机构可针对不同的信用等级制定和完善符合实际管理需要的监管措施。	质检总局
13. 将失信状况作为金融机构融资授信时的审慎性参考。	1.《国务院关于促进市场公平竞争维护市场正常秩序的若干意见》 （十五）建立健全守信激励和失信惩戒机制。……对守信主体予以支持和激励，对失信主体在经营、投融资、取得政府供应土地、进出口、出入境、注册新公司、工程招投标、政府采购、获得荣誉、安全许可、生产许可、从业任职资格、资质审核等方面依法予以限制或禁止，对严重违法失信主体实行市场禁入制度。 2.《国务院关于建立完善守信联合激励和失信联合惩戒制度加快推进社会诚信建设的指导意见》 （十一）加强对失信行为的市场性约束和惩戒。……引导商业银行、证券期货经营机构、保险公司等金融机构按照风险定价原则，对严重失信主体提高贷款利率和财产保险费率，或者限制向其提供贷款、保荐、承销、保险等服务。	人民银行、银监会

续 表

惩戒措施	法律及政策依据	实施部门
13. 将失信状况作为金融机构融资授信时的审慎性参考。	3.《国务院办公厅关于运用大数据加强对市场主体服务和监管的若干意见》 （十三）建立健全失信联合惩戒机制。……充分发挥行政、司法、金融、社会等领域的综合监管效能，在市场准入、行政审批、资质认定、享受财政补贴和税收优惠政策、企业法定代表人和负责人任职资格审查、政府采购、政府购买服务、银行信贷、招标投标、国有土地出让、企业上市、货物通关、税收征缴、社保缴费、外汇管理、劳动用工、价格制定、电子商务、产品质量、食品药品安全、消费品安全、知识产权、环境保护、治安管理、人口管理、出入境管理、授予荣誉称号等方面，建立跨部门联动响应和失信约束机制，对违法失信主体依法予以限制或禁入。建立各行业“黑名单”制度和市场退出机制。推动将申请人良好的信用状况作为各类行政许可的必备条件。 4.《中华人民共和国商业银行法》 第三十五条　商业银行贷款，应当对借款人的借款用途、偿还能力、还款方式等情况进行严格审查。 商业银行贷款，应当实行审贷分离、分级审批的制度。 第三十六条　商业银行贷款，借款人应当提供担保。商业银行应当对保证人的偿还能力，抵押物、质物的权属和价值以及实现抵押权、质权的可行性进行严格审查。 经商业银行审查、评估，确认借款人资信良好，确能偿还贷款的，可以不提供担保。 5.《贷款通则》 第二十二条　贷款人的权利 根据贷款条件和贷款程序自主审查和决定贷款，除国务院批准的特定贷款外，有权拒绝任何单位和个人强令其发放贷款或者提供担保。 一、要求借款人提供与借款有关的资料； 二、根据借款人的条件，决定贷与不贷、贷款金额、期限和利率……	人民银行、银监会

续 表

惩戒措施	法律及政策依据	实施部门
14. 将失信信息作为公开发行公司债券核准的重要参考。对失信主体发行企业债券从严审核；在银行间市场发行非金融企业债务融资工具限制注册，并按照注册发行有关工作要求，强化信息披露，加强投资者保护机制管理，防范有关风险。	1.《国务院关于建立完善守信联合激励和失信联合惩戒制度加快推进社会诚信建设的指导意见》 （十）依法依规加强对失信行为的行政性约束和惩戒。对严重失信主体，各地区、各有关部门应将其列为重点监管对象，依法依规采取行政性约束和惩戒措施。从严审核行政许可审批项目，从严控制生产许可证发放，限制新增项目审批、核准，限制股票发行上市融资或发行债券，限制在全国股份转让系统挂牌、融资，限制发起设立或参股金融机构以及小额贷款公司、融资担保公司、创业投资公司、互联网融资平台等机构，限制从事互联网信息服务等。…… 2.《中华人民共和国证券法》 第十八条　有下列情形之一的，不得再次公开发行公司债券：……（二）对已公开发行的公司债券或者其他债务有违约或者延迟支付本息的事实，仍处于继续状态；…… 3.《公司债券发行与交易管理办法》 第十七条　存在下列情形之一的，不得公开发行公司债券：（一）最近三十六个月内公司财务会计文件存在虚假记载，或公司存在其他重大违法行为；……（三）对已发行的公司债券或者其他债务有违约或者迟延支付本息的事实，仍处于继续状态；（四）严重损害投资者合法权益和社会公共利益的其他情形。 4.《国家发展改革委办公厅关于进一步改进企业债券发行审核工作的通知》 对于以下两类发债申请，要从严审核，有效防范市场风险。 （一）募集资金用于产能过剩、高污染、高耗能等国家产业政策限制领域的发债申请 （二）企业信用等级较低，负债率高，债券余额较大或运作不规范、资产不实、偿债措施较弱的发债申请 ……2. 企业及所在地地方政府或为其提供承销服务的券商有不尽职或不诚信记录。…… 5.《银行间债券市场非金融企业债务融资工具管理办法》 第十三条　交易商协会依据本办法及中国人民银行相关规定对债务融资工具的发行与交易实施自律管理。交易商协会应根据本办法制定相关自律管理规则，并报中国人民银行备案。 第十七条　交易商协会对违反自律管理规则的机构和人员，可采取警告、诫勉谈话、公开谴责等措施进行处理。 第十八条　中国人民银行依法对交易商协会、同业拆借中心和中央结算公司进行监督管理。	国家发展改革委、人民银行、证监会

续　表

惩戒措施	法律及政策依据	实施部门
15. 将失信信息作为股票发行审核及在全国中小企业股份转让系统公开转让审核的参考。	1.《中华人民共和国证券法》 第十三条　公司公开发行新股，应当符合下列条件： ……（三）最近三年财务会计文件无虚假记载，无其他重大违法行为；…… 2.《首次公开发行股票并上市管理办法》 第十八条　发行人不得有下列情形： ……（二）最近 36 个月内违反工商、税收、土地、环保、海关以及其他法律、行政法规，受到行政处罚，且情节严重；……（六）严重损害投资者合法权益和社会公共利益的其他情形。 3.《首次公开发行股票并在创业板上市管理办法》 第二十条　发行人及其控股股东、实际控制人最近三年内不存在损害投资者合法权益和社会公共利益的重大违法行为。…… 4.《上市公司证券发行管理办法》 第九条　上市公司三十六个月内财务会计文件无虚假记载，且不存在下列重大违法行为：……（二）违反工商、税收、土地、环保、海关法律、行政法规或规章，受到行政处罚且情节严重，或者受到刑事处罚；（三）违反国家其他法律、行政法规且情节严重的行为。 5.《创业板上市公司证券发行管理暂行办法》 第十条　上市公司存在下列情形之一的，不得发行证券：……（三）最近三十六个月内因违反法律、行政法规、规章受到行政处罚且情节严重，或者受到刑事处罚，或者因违反证券法律、行政法规、规章受到中国证监会的行政处罚；最近十二个月内受到证券交易所的公开谴责；因涉嫌犯罪被司法机关立案侦查或者涉嫌违法违规被中国证监会立案调查；……（六）严重损害投资者的合法权益和社会公共利益的其他情形。 6.《非上市公众公司监督管理办法》 第三条　公众公司应当按照法律、行政法规、本办法和公司章程的规定，做到股权明晰，合法规范经营，公司治理机制健全，履行信息披露义务。 第六条　为公司出具专项文件的证券公司、律师事务所、会计师事务所及其他证券服务机构，应当勤勉尽责、诚实守信，认真履行审慎核查义务，按照依法制定的业务规则、行业执业规范和职业道德准则发表专业意见，保证所出具文件的真实性、准确性和完整性，并接受中国证监会的监管。	证监会

续 表

惩戒措施	法律及政策依据	实施部门
16. 在上市公司或者非上市公众公司收购的事中事后监管中，对失信主体予以关注。	1.《上市公司收购管理办法》 第六条　任何人不得利用上市公司的收购损害被收购公司及其股东的合法权益。 有下列情形之一的，不得收购上市公司：……（二）收购人最近 3 年有重大违法行为或者涉嫌有重大违法行为；…… 2.《非上市公众公司收购管理办法》 第六条进行公众公司收购，收购人及其实际控制人应当具有良好的诚信记录，收购人及其实际控制人为法人的，应当具有健全的公司治理机制。任何人不得利用公众公司收购损害被收购公司及其股东的合法权益。 有下列情形之一的，不得收购公众公司：……（二）收购人最近 2 年有重大违法行为或者涉嫌有重大违法行为；……	证监会
17. 在境内上市公司实行股权激励计划或相关人员成为股权激励对象事中事后监管中，对失信主体予以关注。	《上市公司股权激励管理办法》 第七条　上市公司具有下列情形之一的，不得实行股权激励：……（四）法律法规规定不得实行股权激励的；（五）中国证监会认定的其他情形。 第八条　…… 下列人员也不得成为激励对象：……（三）最近 12 个月内因重大违法违规行为被中国证监会及其派出机构行政处罚或者采取市场禁入措施；（四）具有《公司法》规定的不得担任公司董事、高级管理人员情形的；（五）法律法规规定不得参与上市公司股权激励的；（六）中国证监会认定的其他情形。	证监会
18. 在审批证券公司、基金管理公司、期货公司的设立、私募基金管理人登记及变更持有 5% 以上股权的股东、实际控制人时，将其失信信息作为审批的参考。	1.《中华人民共和国证券法》 第一百二十四条　设立证券公司，应当具备下列条件：……（二）主要股东具有持续盈利能力，信誉良好，最近三年无重大违法违规记录，净资产不低于人民币二亿元；……（五）有完善的风险管理与内部控制制度；…… 2.《证券公司监督管理条例》 第十条　有下列情形之一的单位或者个人，不得成为持有证券公司 5% 以上股权的股东、实际控制人：……（三）不能清偿到期债务；…… 3.《中华人民共和国证券投资基金法》 第十三条设立管理公开募集基金的基金管理公司，应当具备下列条件，并经国务院证券监督管理机构批准：……（三）主要股东应当具有经营金融业务或者管理金融机构的良好业绩、良好的财务状况和社会信誉，资产规模达到国务院规定的标准，最近三年没有违法记录；……（七）有良好的内部治理结构、完善的内部稽核监控制度、	证监会

续 表

惩戒措施	法律及政策依据	实施部门
18. 在审批证券公司、基金管理公司、期货公司的设立、私募基金管理人登记及变更持有5%以上股权的股东、实际控制人时，将其失信信息作为审批的参考。	风险控制制度；…… 4.《证券投资基金管理公司管理办法》 第七条 申请设立基金管理公司，出资或者持有股份占基金管理公司注册资本的比例（以下简称持股比例）在5%以上的股东，应当具备下列条件：……（六）具有良好的社会信誉，近3年在金融监管、税务、工商等行政机关，以及自律管理、商业银行等机构无不良记录。 5.《私募投资基金监督管理暂行办法》 第三条 从事私募基金业务，应当遵循自愿、公平、诚实信用原则，维护投资者合法权益，不得损害国家利益和社会公共利益。 6.《期货交易管理条例》 第十六条 申请设立期货公司，应当符合《中华人民共和国公司法》的规定，并具备下列条件：……（四）主要股东以及实际控制人具有持续盈利能力，信誉良好，最近3年无重大违法违规记录；……（六）有健全的风险管理和内部控制制度；…… 7.《期货公司监督管理办法》 第八条 持有期货公司5%以上股权的个人股东应当符合本办法第七条第（三）项至第（七）项规定的条件，且其个人金融资产不低于人民币3000万元。	证监会
19. 将失信状况作为保险公司核定保险费率的重要参考。	1.《国务院关于建立完善守信联合激励和失信联合惩戒制度加快推进社会诚信建设的指导意见》 （十一）加强对失信行为的市场性约束和惩戒。……引导商业银行、证券期货经营机构、保险公司等金融机构按照风险定价原则，对严重失信主体提高贷款利率和财产保险费率，或者限制向其提供贷款、保荐、承销、保险等服务。 2.《中国保监会关于深化商业车险条款费率管理制度改革的意见》 三、建立健全商业车险费率形成机制 ……（二）逐步扩大财产保险公司费率厘定自主权。赋予财产保险公司一定的商业车险费率厘定自主权，由市场主体根据自身实际情况科学测算基准附加保费，合理确定自主费率调整系数及其调整标准。…… 根据保险市场发展情况和保险市场成熟程度，逐步扩大财产保险公司商业车险费率厘定自主权，最终形成高度市场化的商业车险费率形成机制。	保监会

续 表

惩戒措施	法律及政策依据	实施部门
20. 对失信主体担任国有企业法定代表人、董事、监事依法予以限制。	1.《中华人民共和国公司法》 第一百四十六条　有下列情形之一的，不得担任公司的董事、监事、高级管理人员：（一）无民事行为能力或者限制民事行为能力；（二）因贪污、贿赂、侵占财产、挪用财产或者破坏社会主义市场经济秩序，被判处刑罚，执行期满未逾五年，或者因犯罪被剥夺政治权利，执行期满未逾五年；（三）担任破产清算的公司、企业的董事或者厂长、经理，对该公司、企业的破产负有个人责任的，自该公司、企业破产清算完结之日起未逾三年；（四）担任因违法被吊销营业执照、责令关闭的公司、企业的法定代表人，并负有个人责任的，自该公司、企业被吊销营业执照之日起未逾三年；（五）个人所负数额较大的债务到期未清偿。 公司违反前款规定选举、委派董事、监事或者聘任高级管理人员的，该选举、委派或者聘任无效。 董事、监事、高级管理人员在任职期间出现本条第一款所列情形的，公司应当解除其职务。 2.《中华人民共和国企业国有资产法》 第二十三条　履行出资人职责的机构任命或者建议任命的董事、监事、高级管理人员，应当具备下列条件：（1）有良好的品行；（2）有符合职位要求的专业知识和工作能力；（3）有能够正常履行职责的身体条件；（4）法律、行政法规规定的其他条件。 董事、监事、高级管理人员在任职期间出现不符合前款规定情形或者出现《中华人民共和国公司法》规定的不得担任公司董事、监事、高级管理人员情形的，履行出资人职责的机构应当依法予以免职或者提出免职建议。	国务院国资委、财政部、工商总局、银监会、证监会、保监会、国家发展改革委等相关部门
21. 对失信主体登记为事业单位法定代表人依法予以限制。	1.《中央编办关于批转〈事业单位、社会团体及企业等组织利用国有资产举办事业单位设立登记办法（试行）〉的通知》 第四条　登记事项要求：……（四）法定代表人。应当是具有完全民事行为能力的中国公民，且为该单位主要行政负责人，年龄一般不超过 70 周岁，无不良信用记录。担任过其他机构法定代表人的，在任职期间，该机构无不良信用记录。 党政机关领导干部在职或退休后拟担任法定代表人的，应当符合干部管理有关规定。 2.《事业单位登记管理暂行条例实施细则》 第三十一条　事业单位法定代表人应当具备下列条件：（一）具有完全民事行为能力的自然人；（二）该事业单位的主要行政负责人。 违反法律、法规和政策规定产生的事业单位主要行政负责人，不得担任事业单位法定代表人。	中央编办

续表

惩戒措施	法律及政策依据	实施部门
22. 对失信主体招录（聘）为公务员或事业单位工作人员依法予以限制。	1.《中华人民共和国公务员法》 第十二条　公务员应当履行下列义务：（一）模范遵守宪法和法律；（二）按照规定的权限和程序认真履行职责，努力提高工作效率；（三）全心全意为人民服务，接受人民监督；（四）维护国家的安全、荣誉和利益；（五）忠于职守，勤勉尽责，服从和执行上级依法作出的决定和命令；（六）保守国家秘密和工作秘密；（七）遵守纪律，恪守职业道德，模范遵守社会公德；（八）清正廉洁，公道正派；（九）法律规定的其他义务。 2.《公务员录用规定（试行）》 第十六条　报考公务员，应当具备下列资格条件：……（四）具有良好的品行；……（八）省级以上公务员主管部门规定的拟任职位所要求的资格条件；（九）法律、法规规定的其他条件。…… 3.《事业单位公开招聘人员暂行规定》 第九条　应聘人员必须具备下列条件：（一）具有中华人民共和国国籍；（二）遵守宪法和法律；（三）具有良好的品行；（四）岗位所需的专业或技能条件；（五）适应岗位要求的身体条件；（六）岗位所需要的其他条件。	人力资源社会保障部
23. 对严重失信的自然人，依法限制担任上市公司、债券公司、基金管理公司、期货公司董事、监事和高级管理人员等，对其证券、基金、期货从业资格申请从严审核，对已成为证券、基金、期货从业人员的相关主体予以关注。	1.《中华人民共和国公司法》 第一百四十六条　有下列情形之一的，不得担任公司的董事、监事、高级管理人员：……（五）个人所负数额较大的债务到期未清偿。…… 2.《证券业从业人员资格管理办法》 第十条　取得从业资格的人员，符合下列条件的，可以通过机构申请执业证书：……（五）品行端正，具有良好的职业道德；…… 3.《期货从业人员管理办法》 第十条　机构任用具有从业资格考试合格证明且符合下列条件的人员从事期货业务的，应当为其办理从业资格申请：（一）品行端正，具有良好的职业道德；…… 4.《私募投资基金监督管理暂行办法》 第四条　私募基金管理人和从事私募基金托管业务的机构（以下简称私募基金托管人）管理、运用私募基金财产，从事私募基金销售业务的机构（以下简称私募基金销售机构）及其他私募服务机构从事私募基金服务活动，应当恪尽职守，履行诚实信用、谨慎勤勉的义务。私募基金从业人员应当遵守法律、行政法规，恪守职业道德和行为规范。	证监会

续 表

惩戒措施	法律及政策依据	实施部门
24. 对失信主体担任保险公司的董事、监事、高级管理人员依法予以限制。	《保险公司董事、监事和高级管理人员任职资格管理规定》 第七条　保险机构董事、监事和高级管理人员应当具有诚实信用的品行、良好的合规经营意识和履行职务必需的经营管理能力。	保监会
25. 通过“信用中国”“信用交通”等网站和国家企业信用信息公示系统依法向社会公布失信主体信息。	1.《国务院办公厅关于运用大数据加强对市场主体服务和监管的若干意见》 第十九条　大力推进市场主体信息公示。……建设“信用中国”网站，归集整合各地区、各部门掌握的应向社会公开的信用信息，实现信用信息一站式查询，方便社会了解市场主体信用状况。各级政府及其部门网站要与“信用中国”网站连接，并将本单位政务公开信息和相关市场主体违法违规信息在“信用中国”网站公开。 2.《企业信息公示暂行条例》 第七条　工商行政管理部门以外的其他政府部门（以下简称其他政府部门）应当公示其在履行职责过程中产生的下列企业信息：(1) 行政许可准予、变更、延续信息；(2) 行政处罚信息；(3) 其他依法应当公示的信息。 其他政府部门可以通过企业信用信息公示系统，也可以通过其他系统公示企业信息。工商行政管理部门和其他政府部门应当按照国家社会信用信息平台建设的总体要求，实现企业信息的互联共享。	国家发展改革委、交通运输部、工商总局
26. 对失信主体参评文明单位、道德模范依法予以限制。	1.《国务院关于促进市场公平竞争维护市场正常秩序的若干意见》 （十五）建立健全守信激励和失信惩戒机制。……对守信主体予以支持和激励，对失信主体在经营、投融资、取得政府供应土地、进出口、出入境、注册新公司、工程招投标、政府采购、获得荣誉、安全许可、生产许可、从业任职资格、资质审核等方面依法予以限制或禁止，对严重违法失信主体实行市场禁入制度。 2.《国务院关于建立完善守信联合激励和失信联合惩戒制度加快推进社会诚信建设的指导意见》 （十）依法依规加强对失信行为的行政性约束和惩戒。对严重失信主体，各地区、各有关部门应将其列为重点监管对象，依法依规采取行政性约束和惩戒措施。……及时撤销严重失信企业及其法定代表人、负责人、高级管理人员和对失信行为负有直接责任的董事、股东等人员的荣誉称号，取消参加评先评优资格。 3.《企业信息公示暂行条例》 第十八条　县级以上地方人民政府及其有关部门应当建立健全信用约束机制，在政府采购、工程招投标、国有土地出让、授予荣誉称号等工作中，将企业信息作为重要考量因素，对被列入经营异常名录或者严重违法企业名单的企业依法予以限制或者禁入。	中央文明办

续 表

惩戒措施	法律及政策依据	实施部门
27. 行业协会商会对会员失信行为进行警告、通报批评、公开谴责等。	《国务院关于建立完善守信联合激励和失信联合惩戒制度加快推进社会诚信建设的指导意见》 （十二）加强对失信行为的行业性约束和惩戒。建立健全行业自律公约和职业道德准则，推动行业信用建设。引导行业协会商会完善行业内部信用信息采集、共享机制，将严重失信行为记入会员信用档案。鼓励行业协会商会与有资质的第三方信用服务机构合作，开展会员企业信用等级评价。支持行业协会商会按照行业标准、行规、行约等，视情节轻重对失信会员实行警告、行业内通报批评、公开谴责、不予接纳、劝退等惩戒措施。	运输物流行业相关协会、商会

附录 2

物流服务平台加强信用建设实施联合惩戒备忘录

为贯彻落实《国务院关于印发社会信用体系建设规划纲要（2014—2020 年）的通知》《国务院关于建立完善守信联合激励和失信联合惩戒制度加快推进社会诚信建设的指导意见》和国家发展改革委等七部门《关于我国物流业信用体系建设的指导意见》，充分发挥行业性、社会性约束和惩戒作用，在全国现代物流工作部际联席会议指导下，中国物流与采购联合会组织 23 家国内重点物流服务平台，就加强信用建设实施联合惩戒达成一致意见，决定联合签署备忘录并采取一致行动如下：

一、主动承担社会责任。信用建设是物流业健康有序发展的基础。物流服务平台集聚了数百万家物流企业和丰富的数据等资源，是行业信用建设的重要力量。签署平台要充分发挥用户规模巨大、应用场景丰富、技术手段先进的优势，加大信用建设投入，完善信用评价体系，积极参与信用试点示范，努力为运输物流行业信用体系建设贡献力量。

二、积极履行自律义务。自律是加强信用建设的前提。签署平台要恪守“诚信为本”的理念，严格遵守国家法律法规，规范经营、文明服务，做诚信经营的模范。

（一）强化行业自律，自觉维护市场秩序，坚决抵制恶性竞争。

（二）坚持客观、公正、公平的原则，严守商业信誉，维护交易各方的正当权利。

（三）杜绝虚假承诺，提高服务质量，勇于承担责任。

（四）保证公布信息的合法性、真实性和准确性。

（五）自觉接受政府、行业和社会大众的监督。

三、加强平台信用建设。加强信用管理是平台持续健康发展的保证。签署平台要加大建设力度，不断完善功能、丰富内容，进一步提高信用管理水平。

（一）严格平台准入。签署平台要建立明确的准入条件，对申请加入平台的交易方严格实行实名认证，对有不良信用记录的新加入企业和个人予以重点关注。

（二）完善信用记录。对所有平台交易方建立信用档案，全面准确地记录平台上的交易行为和履约情况，形成完善的信用记录。

（三）建立红黑名单制度。进一步完善对平台交易方的信用评价体系，形成信用记录优秀的“红名单”、具有不良信用记录应予提醒的“警示名单”和严重违法失信行为“黑名单”。

（四）建立激励惩戒机制。对“红名单”企业实施激励措施，对“警示名单”建立警示提醒机制，对“黑名单”停止提供服务，形成褒扬诚信、惩戒失信的信用环境。

（五）加强诚信文化宣传。积极向平台交易方宣传“诚信经营”的理念，在各类协议和合同中增加诚信相关内容，努力提高平台所有交易企业和人员的诚信意识。

四、实行信用信息共享。签署平台要主动加强平台间的互联互通，在行业协会组织下，建立信用信息共享和依法公布机制。

（一）中国物流与采购联合会组织平台企业协商制定“黑名单”标准和管理办法及共享机制。“黑名单”信息要包括失信事实、失信主体、企业社会信用代码、个人身份证号码等基本要素。

（二）各平台根据“黑名单”标准和共享机制将产生的“黑名单”在签署平台间充分共享。

（三）中国物流与采购联合会将形成的“黑名单”定期向全国信用信息共享平台推送，经相关部门认定后列入国家运输物流行业“黑名单”。

（四）中国物流与采购联合会积极推动全国信用信息共享平台中运输物流领域相关信息，依法依规向签署平台共享。

五、严格实施联合惩戒。实施联合惩戒是规范市场秩序的有效措施。签署平台要采取一致行动，严格实施联合惩戒措施，形成“一处失信，处处受限”的氛围。

（一）对平台共同产生的“黑名单”，签署平台在有效期内停止对“黑名单”内的企业和个人提供服务。

（二）对国家运输物流行业“黑名单”，签署平台予以重点关注，进行警示提醒或采取必要的限制措施。

（三）鼓励平台之间开展合作，对“警示名单”采取降低信用等级等联合惩戒措施。

（四）签署平台要将对“黑名单”实施的惩戒措施定期反馈给中国物流与采购联合会。

六、充分发挥协会作用。中国物流与采购联合会要充分发挥行业中介作用，组织平台加强沟通交流，形成信用建设合力，建立长效合作机制。

（一）监督签署平台严格执行备忘录条款，建立信用建设季度报告制度，定期通报执行情况。

（二）对违反备忘录相关条款的平台予以警示提醒，督促整改；对严重违反备忘录内容的平台给予通报，经其他签署企业一致同意后停止其备忘录签署成员资格，并建议将其列入国家运输物流行业“黑名单”。

（三）组织签署平台开展各类交流和宣传活动，广聚共识，提升备忘录签署平台的凝聚力。

（四）搭建政府与企业之间的桥梁，组织落实相关政策措施，积极向政府部门反映平台诉求，提出意见建议。

签署企业名单（按首字母排序）：

安徽共生物流科技有限公司，北京速派得物流信息技术有限公司，北京京津港国际物流有限公司，北京运科网络科技有限公司，广东林安物流发展有限公司，广州依时货拉拉科技有限公司，贵阳货车帮科技有限公司，杭州传化货嘀科技有限公司，好多车联（深圳）科技有限公司，合肥维天运通信息科技股份有限公司，湖南天骄物流信息科技有限公司，江苏零浩网络科技有限公司，江苏满运软件科技有限公司，江西万佶物流有限公司，南京福佑在线电子商务有限公司，上海卡行天下供应链管理有限公司，上海天地汇供应链管理有限公司，深圳市国网物流信息有限公司，天津五八到家生活服务有限公司，武汉物易云通网络科技有限公司，驿路星辰（北京）科技有限公司，郑州金色马甲电子商务有限公司，中储南京智慧物流科技有限公司。

工业和信息化部关于印发《工业电子商务发展三年行动计划》的通知

工信部信软〔2017〕227 号

各省、自治区、直辖市及计划单列市、副省级省会城市、新疆生产建设兵团工业和信息化主管部门：

为贯彻落实《国务院关于深化制造业与互联网融合发展的指导意见》（国发〔2016〕28 号），促进工业电子商务创新发展，制定《工业电子商务发展三年行动计划》。现印发给你们，请结合实际，组织开展相关工作。

附件：工业电子商务发展三年行动计划

工业和信息化部

2017 年 9 月 11 日

附件

工业电子商务发展三年行动计划

工业电子商务是电子商务在工业流通、生产、服务全流程的深化应用，是工业领域基于网络交易的新型经济活动。发展工业电子商务，有利于激发企业创新活力、拓展市场发展空间、创新经营管理模式、优化资源配置效率，是制造业数字化、网络化、智能化的重要引擎，是制造业转型升级的重要抓手，是制造业新旧动能转换的重要途径。为大力推动工业电子商务创新发展，特制定本行动计划。

一、总体要求

（一）指导思想

全面贯彻党的十八大和十八届三中、四中、五中、六中全会精神，牢固树立和贯彻落实创新、协调、绿色、开放、共享的发展理念，深化制造业供给侧结构性改革，以工业电子商务普及应用为主线，以发展工业电子商务平台为重点，创新工业企业交易方式、经营模式、组织形态和管理体系，夯实工业电子商务关键基础设施，加快区域产业结构调整，不断激发制造业企业创新活力、发展潜力和转型动力，推动制造业新旧动能转换，加快制造强国和网络强国建设。

（二）基本原则

坚持创新引领。围绕大型工业企业采购销售模式的在线化、网络化、协同化，创新交易、营销、物流和管理模式，深刻把握工业电子商务平台功能多元化、服务精细化发展趋势，引领资源配置方式、产业组织形态和区域发展模式创新。

坚持变革转型。围绕产品、服务、资源和能力的在线交易和开放共享，基于电子商务开展个性化定制、发展服务型制造、促进创业创新，培育新产品、新模式和新业态，推动工业企业生产方式、组织方式和管理体系变革。

坚持分业施策。深刻把握电子商务在不同行业、环节的扩散规律和融合方式，结合工业行业信息化基础、产业特征、市场环境的差异性，完善工业电子商务推进机制和政策体系，加快形成多元化的电子商务发展模式。

坚持优化环境。大力推进机制创新、管理创新和服务创新，通过开展试点示范、夯实基础设施、完善投融资机制、强化安全和信用保障，加快建立安全可信、规范有序的工业电子商务发展环境。

（三）总体目标

到2020年，工业电子商务应用进一步普及深化，建成一批资源富集、功能多元、服务精细的工业电子商务平台，工业电子商务支撑服务体系不断完善，发展环境进一步优化，线上线下融合水平逐步提升，形成开放、规范、诚信、安全的工业电子商务产业生态。

——工业电子商务普及应用不断深入。规模以上工业企业电子商务采购额达到9万亿元、电子商务销售额达到11万亿元，重点行业骨干企业电子商务普及率达到60%，成为激发企业创新活力的重要引擎。

——工业电子商务平台服务水平持续提升。培育一批优势突出、功能完善、能力开放的工业电子商务平台，平台专业化、精细化水平逐步提升，成为带动企业提质增效、促进制造业转型升级、培育区域产业新生态的重要载体。

——工业电子商务支撑服务体系基本形成。围绕工业电子商务共性需求和关键环节，加快形成物流体系高效便捷、网络设施高速泛在、标准规范体系完善、交易保障机制安全可控的工业电子商务支撑服务体系。

——工业电子商务发展环境日趋完善。工业电子商务发展的政策和工作体系不断完善，形成更加浓厚的工业电子商务应用氛围，营造健康、诚信、有序、安全的工业电子商务发展环境。

二、主要行动

（一）大企业工业电子商务发展水平提升行动

1. 行动目标

大型工业企业采购销售的在线化、网络化、协同化水平大幅提升，成为推动企业降本、提质、增效和创新管理模式的重要手段，在重点行业涌现出一批由大企业主导建设的工业电子商务平台，不断提升行业供应链高效便捷、柔性智能、开放协同水平。

2. 行动内容

提高网络集中采购水平。围绕传统采购模式从线下向线上迁移，鼓励大型工业企业普及完善供应商管理系统，建立网上统一采购平台，推动物资编码标准化、供应商管理一体化、采购需求协同化、采购流程规范化，加快采购、订单、库存、财务等系统的高效集成，形成透明、高效、低成本的网络集中采购体系。依托网络集中采购平台，推动供应链上下游企业订单、生产、库存等信息的实时交互，实现供应仓储、生产计划、物流配送的精准对接、快速响应和柔性供给，提高产业链整体协作水平和综合竞争力。

提高网络化营销水平。围绕推动大型工业企业销售的在线化、网络化，完善客户关系管理系统，建立全网覆盖、品类丰富、功能完善的网上销售平台，提供在线支付、物流配送、融资租赁和产品全生命周期服务，打造线上线下融合、产供销一体的营销新体系。鼓励大企业面向终端客户的定制化需求，建立线上线下结合、需求实时感知的用户信息采集体系，推动订单信息与企业生产经营管理系统的高效集成与精准响应，加快研发设计、生产制造、供应链管理等关键环节的柔性化改造，实现基于电子商务的个性化产品服务和商业模式创新。

支持大企业电子商务平台建设。鼓励大企业网络集采集销平台向第三方电子商务平台转型，面向行业用户的采购销售需求提供在线交易、支付结算、物流配送、信息技术等服务，提高行业整体采购销售数字化、网络化、集约化水平，支持认证、检测、渠道、技术、信用等在线交易资源和能力的开放，构建资源富集、创新活跃、高效协同的“双创”平台，促进创业创新要素集聚发展。支持大企业电子商务平台与金融机构、物流企业加强战略合作和数据共享，构建多元化的中小企业信用信息收集渠道，完善征信机制，开展信用销售、融资租赁、质押担保等供应链金融服务，有效缓解中小企业融资难问题。

（二）重点工业行业电子商务平台培育行动

1. 行动目标

深刻把握工业电子商务发展的特征、规律和趋势，培育一批优势突出、功能完善、能力开放的工业电子商务平台，持续提升平台专业化、精细化、规模化水平，成为推动传统产业降低交易成本、提升资源配置效率、增加有效供给、优化产业结构的重要载体。

2. 行动内容

创新大宗原材料电子商务平台发展模式。鼓励钢铁、石化、有色、建材等大宗原材料电子商务平台创新发展，加快从行业信息平台向交易服务平台转型，构建集订单交互、电子单据、在线交易、在线支付于一体的交易服务体系，实现交易全流程的在线化和网络化。推动大宗原材料电子商务交易服务平台向综合服务平台发展，面向多样化、碎片化的用户需求，完善在线交易、支付结算、加工配送、信用贷款、质押担保等服务体系，提供线上线下融合的一站式服务。

加快培育装备和电子信息行业电子商务平台。引导机械、汽车、电子信息等行业电子商务平台从信息交互向在线交易、融资租赁等一体化服务演进，拓展设计加工、配送安装、监测诊断、维保回收等产品全生命周期服务，发展个性化定制等新模式、新业态，积极培育二手设备电子商务交易平台。支持零配件电子商务平台围绕用户个性化需求，与供应链上下游企业加强协作，完善零配件模型库、数据库，缩短个性化产品交货周期，提供订单交易、仓储物流、资金结算等一站式采购服务，降低采购成本。

提升消费品电子商务平台服务水平。推动轻工、纺织、食品等行业电子商务平台，面向上游采购和下游分销，为上下游企业提供在线交易、物流配送、融资和供应链管理等服务。推动消费品电子商务平台发展品质电商、品牌电商，加快提升物流配送、产品追溯、售后服务等综合服务水平，支持工业企业建立网络化经营管理模式。面向消费升级和个性化需求，发展以销定产和个性化定制等新型生产方式，进一步发挥电子商务引导生产、引领消费的积极作用。

加快培育跨境工业电子商务平台。支持大型工业企业结合企业国际化战略布局，整合上下游企业、物流企业、金融机构等多方资源，建设跨境工业电子商务平台、海外物流仓储和跨境支付渠道，推动海外订单信息与企业生产经营管理系统的高效对接，形成互利共赢、协同发展的国际合作模式。鼓励发展面向重点工业行业的第三方跨境电子商务平台，围绕工业企业“走出去”，建立集询单报价、交易支付、海运物流、货运代理、单证服务、信用保险等于一体，高效便捷的一站式跨境电子商务服务体系，成为企业拓展海外市场和加快品牌培育的重要渠道。

（三）中小企业工业电子商务推广行动

1. 行动目标

工业电子商务在提升中小企业创新能力和推动生产经营方式变革等方面的作用明显增强，培育一批有效运用电子商务、具有创新发展优势、竞争力强的中小企业，不断提高中小企业与大企业互动创新和协同制造的能力，打造大中小微企业融通发展新局面。

2. 行动内容

推动中小企业交易方式和经营模式的网络化。鼓励中小企业依托第三方工业电子商务平台开展委托采购、联合采购、即时采购等网络采购新模式，降低运营成本，提升运营效率。支持中小企业基于电子商务平台，发展网络直销、社交电商等网络营销新模式，加快销售渠道拓展和品牌培育。支持中小企业利用电子商务等互联网平台开展工艺设计、快速原型、模具开发和产品定制等新业务，推动自身研发、采购、生产、销售、服务等各环节的变革，培育基于电子商务的个性化定制模式。

加快中小企业制造能力和资源开放共享。推动中小企业制造资源与电子商务平台全面对接，实现生产加工、计量检测、测试验证、物流配送等制造能力的在线发布、协同和交易，积极发展面向制造环节的分享经济，打破企业边界，共享技术、设备和服务，提升中小企业快速响应和柔性高效的供给能力。围绕品牌培育、网上销售、物流配送等业务，支持中小企业与基于互联网的开放式“双创”平台开展合作，整合线上线下交易资源，拓展销售渠道，打造制造、营销、物流等高效协同的生产流通一体化新生态。

（四）区域工业电子商务培育行动

1. 行动目标

围绕区域产业转型升级的新特点、新要求和新趋势，推动工业电子商务成为区域产业集群集约化、网络化和品牌化改造提升的重要引擎，涌现出一批创新能力突出、带动作用强的示范园区，形成优势互补、合作共赢、协同发展的区域产业新生态。

2. 行动内容

培育基于工业电子商务的区域产业新生态。支持“中国制造2025”试点示范城市（群）、国家智能制造示范区、国家信息消费试点示范城市等区域，积极推动主导产业与电子商务渗透融合，进一步普及深化工业电子商务应用，促进工业电子商务平台、第三方物流、金融机构等参与主体的协同创新和互动发展，培育一批工业电子商务示范区。支持区域立足产业优势和特色，围绕传统产业转型升级和工业电子商务健康发展，健全系统化推进机制、体系化引导政策、平台化服务体系，构建多元化投融资和人才培养体系，培育基于工业电子商务的区域产业新生态。

培育“电子商务＋特色产业集群”示范园区。支持各地面向产业集群、区域特色产业和各类专业市场，培育和发展一批适应区域产业结构、市场结构和电子商务应用水平的电子商务平台，为企业提供在线交易、供应链管理、融资等专业化、特色化、一体化服务。围绕产业集群的集约化、网络化、品牌化提升改造，鼓励特色产业集群积极引进国内外知名工业电子商务平台，推进产品和资源在线化、产能柔性化、产业链协同化，培育一批工业电子商务特色产业集群，实现线上线下融合发展，加速特色产业集群新旧动能转换。

（五）工业电子商务支撑服务体系建设行动

1. 行动目标

工业电子商务支撑服务体系建设步伐不断加快，安全可控的交易保障能力显著提升，高效便捷的物流体系不断夯实，高速泛在的网络设施基本建成，体系完善的标准规范加速普及，营造健康、诚信、有序、安全的工业电子商务发展环境。

2. 行动内容

夯实工业电子商务物流基础。支持物流企业加大对物流基础设施信息化改造，提升仓储配送智能化水平，加快建立现代物流服务体系，支持“互联网＋”高效物流新模式、新业态发展，建设集约化、网络化、协同化、智慧化的物流骨干网。推动跨区域跨行业的智能物流信息平台建设，对接制造、商贸、金融等行业转型升级和融合发展需求，形成集物流信息发布、在线交易、数据交换、跟踪追溯、智能分析等功能为一体的物流信息服务中心，打造开放、透明、共享的供应链协作模式。

提升网络基础设施水平。继续实施“宽带中国”战略，构建新一代信息通信基础设施，推动高速光纤网络跨越发展，加快建设先进泛在的无线宽带网，优化网络结构布局。完善互联网和物联网应用基础设施，推进电信基础设施共建共享、互联互通，引导云计算数据中心优化布局，推动数据中心向规模化、集约化、绿色化发展。加强移动互联网、物联网、云计算、大数据、移动智能终端、智能硬件、北斗导航等技术研发和综合应用，提升安全可靠水平，推进核心技术成果转化和产业化。

完善工业电子商务标准规范体系。支持行业组织、电子商务平台和龙头工业企业加快研制工业电子商务基础术语、产品核心元数据、企业核心元数据、工业电子商务平台运营与技术规范等基础性标准，统一线上线下产品编码标识，推动工业产品交易模式的在线化和网络化。鼓励企业建立健全数据采集、交互、应用和管理标准，引导工业电子商务健康发展。

健全工业电子商务信用和安全保障体系。加强工业电子商务参与主体信息的汇集整合，建设工业电子商务市场主体信息库，推进工业电子商务信用信息公示，提高工业电子商务交易可信度。在工业电子商务领域推广数字证书、电子合同，建立工业电子商务电子认证信任体系，对违法失信市场主体进行联合惩戒。支持企业建立工业电子商务网络安全防护体系、数据资源安全管理体系、网络安全应急处置和灾备体系，提高工业电子商务交易的安全性。

三、保障措施

（一）强化组织保障

在电子商务发展部际综合协调工作组的统一领导下，健全工业电子商务政策体系，加强宣传推广，加大统筹协调力度，跟踪产业发展态势，全面落实行动计划各项任务。各地区、各行业要加强对本行动计划的贯彻落实和组织保障，积极探索新方法、新路径，营造良好发展环境。

（二）加强政策引导

坚持政府引导和市场运作相结合，不断完善促进工业电子商务发展的激励机制，加强财税支持力度，充分利用现有资金渠道，加大对工业电子商务发展关键环节和重点领域的支持力度。鼓励地方设立专项基金，引导社会资本参与工业电子商务平台建设与整合，以多种方式支持工业电子商务支撑服务体系建设。

（三）完善服务体系

充分发挥协会、联盟等行业组织作用，加强对工业电子商务运行态势监测分析，对重点区域、重点行业、重点企业电子商务运行态势进行监测和评估，研制工业电子商务发展指数，发布年度《中国工业电子商务发展报告》。多渠道整合工业电子商务相关信息，推动工业电子商务平台依法向政府主管和监管部门开放数据资源，加快建立适应工业电子商务发展规律的治理机制与监管体系。

（四）开展试点示范

围绕工业电子商务深化应用和创新发展，选择一批基础较好、创新性和带动性强的重点区域、行业、企业开展试点示范，探索工业电子商务发展新模式、新机制。总结实践经验，挖掘典型案例，推动开展全国工业电子商务深度行活动，探索形成可复制、可推广、具有示范带动作用的行业解决方案。

（五）深化国际合作

结合“一带一路”等国家重大战略，深入推进跨境电子商务综合试验区建设，鼓励工业企业和电子商务平台加强合作，拓展国际市场，推动产品出口和企业“走出去”。利用双边、多边等国际合作机制，将工业电子商务作为技术、园区、标准合作以及人才交流的重要内容，实现优势互补、共赢发展。密切研究和跟踪国际工业电子商务发展的动态和趋势，完善跨境工业电子商务发展环境。

交通运输部等十四个部门关于印发促进道路货运行业健康稳定发展行动计划（2017—2020 年）的通知

交运发〔2017〕141 号

各省、自治区、直辖市人民政府，国务院各部委、各直属机构：

为认真贯彻落实党中央、国务院关于维护道路货运行业健康稳定发展的重要部署，促进道路货运行业稳定和谐、健康有序发展，经国务院同意，现将《促进道路货运行业健康稳定发展行动计划（2017—2020 年）》印发给你们，请认真贯彻执行。

附件：2018 年年底前促进道路货运行业降本减负 10 件实事任务分工表

交通运输部　国家发展改革委　教育部

工业和信息化部　公安部　财政部

人力资源和社会保障部　税务总局　质检总局

中国保监会　国家信访局　中央维稳办

中央网信办　全国总工会

2017 年 9 月 19 日

促进道路货运行业健康稳定发展行动计划（2017—2020 年）

道路货运是综合交通运输体系的重要组成部分，是国家物流系统的重要依托载体，是国民经济发展重要的基础性服务业。道路货运行业的健康稳定发展，事关国民经济的平稳运行，事关物流业的降本增效，事关城乡居民的生产生活，也是道路货运行业广大从业人员安居乐业的基本要求。改革开放以来，我国道路货运业取得长足发展，对经济社会发展做出巨大贡献，但长期积累的“多、小、散、弱”等结构性矛盾日益突出，普通运力相对过剩，经营业户负担较重，货车司机生产生活条件较差，保稳定、促发展任重而道远。为贯彻落实党中央、国务院进一步促进道路货运行业健康稳定发展的工作部署和要求，制定本专项行动计划。

一、总体要求

（一）指导思想

牢固树立并贯彻落实新发展理念，坚持“稳中求进”工作总基调，以供给侧结构性改革为主线，坚持问题导向与目标导向相结合，以“减负增效、提质升级”为核心，按照“远近结合、标本兼治、改革引领、创新驱动、综合治理”的原则，统筹处理好改革、发展和稳定的关系，着力减轻经营负担、促进创新发展、改善从业环境、优化市场秩序、提升治理水平，为行业发展注入新动力、激发新活力，切实推进道路货运行业转型升级，实现行业持续健康稳定发展，为全面建成小康社会提供坚实保障。

（二）工作目标

“十三五”期间，通过深化新一轮改革创新、破解多方面政策瓶颈，引导发展壮大一批龙头骨干企业、提升稳定一支较高素质从业队伍，道路货运行业对物流降本增效、社会新增就业、经济转型升级的支撑保障更加有力。

2018 年年底前，完成降本减负 10 件实事（见附件），推动政策落地并取得实质性进展。制度性交易成本大幅降低，货车司机生产生活条件显著改善，货运业户的获得感和货车司机的归属感持续增强，行业平稳发展的基础更加牢固。

2020 年年底前，提质增效各项工作任务全面推进，行业改革创新取得突破性进展。市场组织化程度明显提高，龙头骨干企业加快成长；市场主体结构明显优化；低水平落后运能有序淘汰更新，车型标准化水平显著提升；先进运输组织模式广泛推广，道路货运比较优势得到有效发挥；“互联网 + 货运”新业态不断涌现，资源集约利用效率稳步提高。

二、主要任务

（一）减轻道路货运经营负担

（1）简化车辆检验与检测。推进营业性货运车辆安全技术检验和综合性能检测依法合并，减少重复检测、重复收费，减轻检验检测费用负担。严格落实取消营业性货运车辆二级维护强制上线检测，由经营者以确保车辆安全性能为前提，自主确定二级维护周期，自行组织车辆维护。（交通运输部、公安部、质检总局负责）。

（2）便利异地年审和考核。加快实现道路普通货运车辆异地年审和驾驶员异地考核。制定普通货运车辆异地年审规范和流程，优化审验服务。推进全国道路运政信息系统联网应用，建立与公安部门信息系统的共享联动机制。推动道路普通货运驾驶员基本信息、违法信息、信用信息等全国共享，实现证件转籍、信用考核等事项异地办理。鼓励开展道路货运驾驶员网络远程继续教育。（交通运输部、公安部负责）

（3）完善城市物流配送体系。以中心城市为重点，推动建立“交通运输主管部门负责需求管理和运力调控、公安交通管理部门负责通行管控”的协同工作机制。加强城市配送车辆技术管理，对于符合标准的新能源配送车辆给予通行便利。支持在城市周边统筹布局规划和建设一批具有干支衔接功能并组织开展共同配送的大型公共货运配送综合体，同步优化城市内末端共同配送节点。组织开展城市绿色货运配送试点。（交通运输部、公安部、工业和信息化部负责）

（4）规范大件运输许可管理。推进跨省大件运输并联许可全国联网，由起运地省份统一受理，沿途省份限时并联审批，一地办证、全线通行。（交通运输部负责）

（5）优化收费公路通行费政策。在具备条件的省份和路段，组织开展高速公路分时段差异化收费试点。推广货车使用电子不停车收费系统（ETC）非现金支付方式，省级人民政府可根据本地区实际，对使用 ETC 非现金支付卡并符合相关要求的货运车辆给予适当通行费优惠。严格执行鲜活农产品运输“绿色通道”政策，免收整车合法装载运输鲜活农产品车辆通行费。（交通运输部负责）

（6）优化交通运输业增值税发票管理。完善交通运输业个体纳税人异地代开增值税专用发票管理制度。落实收费公路通行费增值税发票开具工作实施方案，建立全国统一的收费公路通行费增值税发票服务平台系统，完成部、省两级收费公路联网收费系统改造，依托平台开具高速公路通行费增值税电子发票。（交通运输部、财政部、税务总局负责）

（7）推动取消部分许可审批事项。落实国务院有关“放管服”改革要求，精简道路货运行政许可事项，研究推动取消道路货运站场经营许可、外商投资道路运输业立项审批、总质量 4.5 吨及以下普通货运车辆道路运输证和驾驶员从业资格证，充分利用信息化手段、保险机制等，加强事中事后监管。（交通运输部负责）

（8）改进危险货物运输管理。督促各地取消危险货物道路运输驾驶员异地从业资格证转籍要求。在严格加强危险货物运输安全管理基础上，稳步实施限量瓶装氮气、二氧化碳等低危气体道路运输豁免制度。（交通运输部负责）

（二）促进货运行业创新发展

（1）持续推进货运车辆技术升级。深化车辆运输车治理工作，2018 年 6 月全面完成治理目标。制定出台超长平板半挂车、液体危险货物罐车专项治理方案，分阶段合理设置更新淘汰过渡期。推进低水平非标车型车辆更新改造，加快淘汰落后运能。加快中置轴汽车列车等先进车型推广应用，完善制度标准。鼓励各地创新政策措施，推广标准化、厢式化、轻量化、清洁能源货运车辆。（交通运输部、工业和信息化部、公安部、财政部负责）

（2）大力推动运输组织模式创新。鼓励和引导传统道路货运企业主动适应并融入多式联运发展大局，调整优化经营结构，积极拓展短途接驳运输服务。支持道路货运企业加强与铁路相关企业战略合作，共同开发多式联运服务产品，探索发展驮背运输、公铁两用挂车甩挂运输等新模式。大力发展公路甩挂运输，广泛推广网络化、企业联盟、干支衔接等甩挂模式，支持创新“挂车池”服务、挂车租赁、长途接驳甩挂等新

模式。大力支持发展城市共同配送，促进干支无缝衔接和集约化组织。（交通运输部、公安部、国家发展改革委负责）

（3）鼓励创新“互联网+”货运新业态。依托互联网、物联网、大数据、云计算等先进信息技术，大力发展“互联网+”车货匹配、“互联网+”专线整合、“互联网+”园区链接、“互联网+”共同配送、“互联网+”车辆租赁、“互联网+”大车队管理等新模式、新业态，按照“鼓励创新、包容审慎”的监管原则，及时调整制度政策，推动道路货运新旧业态加快融合发展，不断提高市场组织化程度。鼓励支持道路货运企业积极参与智能运输、智慧物流等各类试点示范。（交通运输部、国家发展改革委负责）

（4）规范培育现代物流市场新主体。鼓励道路货运企业通过组织创新、技术创新等做大做强，加快向多式联运经营人、现代物流服务商转型发展。深入推进无车承运人试点工作，提升无车承运人资源整合能力，强化全程运输责任，组织试点政策评估和制度研究，制定出台无车承运人管理办法和运营服务规范。鼓励中小货运企业联盟发展，支持以资产重组、资源共享等为纽带组建联盟实体，引导创新企业联盟组织模式和运行机制。（交通运输部负责）

（三）维护公平竞争市场环境

（1）严格落实治超全国统一标准。督促各地严格落实全国治理货运车辆非法改装和超限超载运输认定标准和处罚标准，编制货车非法改装和超限超载处罚清单，明确处罚事项和标准，规范执法自由裁量权。各级治理车辆超限超载工作领导小组要定期组织开展治超督导检查，确保全国各地治超执法标准统一。健全完善全国统一领导、地方政府负责、部门指导协调、各方联合行动的工作机制，强化地方政府主体责任，明确执法人员、执法装备配备标准，统一规范执法流程和规则。（交通运输部、公安部、工业和信息化部负责）

（2）规范公路货运执法行为。依托公路超限检测站，推进将由公路管理机构负责监督消除违法行为、公安交通管理部门单独实施处罚记分的治超联合执法模式常态化、制度化。坚持固定执法与流动检测相结合，积极推行公路路政部门与公安交通管理部门联合执法，进一步规范联合执法工作流程，规范车辆拦截和货物卸载管理。加强重点货运源头监管，落实“一超四罚”措施，推广高速公路入口称重劝返模式。调整优化国省干线公路超限检测站点布局。推广应用不停车称重检测系统。健全公路执法监督举报平台，强化12328交通运输服务监督电话投诉举报功能，鼓励社会各方监督。（交通运输部、公安部负责）

（3）合理引导市场预期。保持超限超载治理工作的延续性，合理确定过渡期和实施步骤。完善公路货运统计监测体系，有效整合社会大数据平台，加强市场运行动态跟踪和量化分析，定期发布市场供需状况，引导经营业户理性进入市场。（交通运输部负责）

（4）强化行业诚信监管。依托全国交通运输信用信息共享平台，推进货运源头单位、运输企业、货运车辆、从业人员相关数据信息与全国信用信息共享平台的交换与共享，将企业诚信信息通过“信用交通”“信用中国”网站和国家企业信用信息公示系统进行公示。建立完善守信联合激励和失信联合惩戒制度，对严重失信的经营主体，要依法依规加大定向监管力度，在市场准入、政策给予等方面予以限制。鼓励企业自行发布服务标准和信用承诺。研究推行对超限超载货运车辆保险费率上浮制度。（交通运输部、国家发展改革委、保监会负责）

（四）改善从业人员生产经营条件

（1）改善公路行车停宿条件。地方政府要组织多部门联合行动，在高速公路服务区和货运站场等重点区域，严厉打击盗抢车货和偷油等违法犯罪行为，列入社会治安综合治理重要任务，优化货车通行治安环境。鼓励有条件的省份进一步加大资金支持，创新机制并积极引导社会资本参与，在高速公路服务区、货运枢纽（物流园区）或其他公路沿线建设“司机之家”，为货车司机提供价格适宜的停车、住宿、餐饮、车辆维修保养、无线上网等服务，创建司机休息和放松的良好空间。（交通运输部、公安部负责）

（2）强化从业人员社会保障。有序扩大从业人员社保覆盖面，道路货运企业应依法与货车司机签订劳动合同并依法参加社会保险。研究推进从业人员在各项社会保险中优先参加工伤保险，根据货车司机的职业特点和道路货运企业用工方式，研究完善工伤保险参保缴费政策，不断提升工伤认定和劳动能力鉴定工作效率，提高工伤保险管理服务水平。研究探索道路货运互助保险机制。道路货运经营者应当按照《劳动法》有关规定合理安排货车司机工作量，保证法定休息时间。（人力资源社会保障部、财政部、交通运输部、保监会负责）

（3）加强货车司机职业教育。鼓励校企合作，建立大型货车驾驶人订单式培养机制。鼓励各地因地制宜研究制定优惠政策，引导符合有关条件的生源参加大型货车职业教育，逐步缓解职业货车司机日趋短缺的矛盾。（交通运输部、公安部、财政部、教育部、人力资源社会保障部负责）

（4）发挥工会和行业协会作用。研究推进道路货运从业人员工会建设，采取多种形式吸引货车司机加入工会组织，正确行使民主参与和行业监督权利。依托工会组织开展爱岗敬业楷模、感动交通人物等优秀从业人员典型选树活动。推动行业协会和产业工会定期开展货运企业营商环境、货车司机经营状态、行业发展公众满意度等社会调查，及时向有关部门反馈意见建议。组织开展货车司机安全节能驾驶技能竞赛，广泛开展专业培训、法制教育、技术推广、评优评先等工作，开展多种形式的关爱货车司机活动。鼓励依托行业协会、工会组织依法设立货车司机公益基金，为有困难的货车司机提供经济援助。支持行业协会、工会组织为货车司机等提供公益性法律援助，引导货车司机依法维权，理性反映诉求。（全国总工会、交通运输部负责）

（五）强化行业稳控综合治理

（1）加强维稳形势监测分析。强化地方政府主体责任，建立健全交通运输、公安、维稳、网信、信访等多部门参与的协调联动机制，利用现代信息技术和大数据手段，进一步强化网络舆情监测，跟踪了解行业动态和各方诉求，及时沟通信息，做好分析研判和会商，有针对性采取措施，有效化解和疏导矛盾，及时做好不稳定情况的防范、排查和应对处置工作。（交通运输部、公安部、中央维稳办、中央网信办、国家信访局负责）

（2）做好突发事件应急处置。进一步健全分级分层的道路货运社会稳定事件应急处置预案和工作机制，切实强化上下联动和多方协同，确保第一时间快速反应、及时稳妥处置，最大限度维护道路货运市场稳定。（交通运输部、中央维稳办、公安部、中央网信办、国家信访局负责）

三、保障措施

（一）加强组织领导

在全国现代物流工作部际联席会议框架下，针对道路货运发展中的重大问题，定期分析研究、及时协调解决。重点加强对2018年年底前促进道路货运行业降本减负10件实事的督导检查，及时开展绩效评估。各地区、各有关部门要加强对道路货运行业健康稳定发展工作的领导，建立健全政府主导、部门协同的长效工作机制，因地制宜制定具体实施方案。同时，要加强对拟出台重大政策影响的评估，制定应对预案。引导主流媒体加强正面宣传，为行业健康稳定发展营造良好社会舆论氛围。（国务院有关部门）

（二）深化体制机制改革

创新推进交通运输行业综合执法改革，健全完善公路超限超载长效治理机制。加强基层“执法队伍职业化、执法站所标准化、执法行为规范化”建设，建立执法督导考评机制，严格执法监督检查。完善法规制度，规范引导新业态、新模式有序发展。充分利用大数据和信息化手段，加强事中事后精准化监管，有效促进行业治理体系和治理能力现代化。（交通运输部、公安部负责）

（三）强化政策支持

利用现有政策渠道，对通用集散型货运枢纽（物流园区）等基础设施建设投资予以支持。研究制定道路货运领域政府和社会资本合作的政策举措，引导带动更多社会资金投入。鼓励地方各级政府加强对道路货运基础设施、公共信息平台、治超科技手段建设以及货运司机社会保障、职业培训等公共服务方面的财政投入。支持城市人民政府统筹规划并投资建设城市共同配送中心及配套公共节点设施。（交通运输部、财政部、国家发展改革委负责）

（四）强化基层党组织保障作用

引导和支持道路货运企业加强基层党组织建设，不断扩大企业基层党组织的覆盖面。引导个体经营业户中的党员，依托个体劳动者协会等组织，采取多种形式健全党组织，加强党的建设，充分发挥道路货运行业生产一线党员的先锋模范作用，鼓励各地组织开展党员司机挂牌上岗、岗位示范及优秀党员司机评选等活动。（国务院有关部门）

各地区、各有关部门要高度重视道路货运行业健康稳定发展工作，按照本行动计划的任务分工和时限要求，明确责任主体和路线图，加强统筹协调和跟踪督导，确保各项工作任务落到实处，重大问题和情况及时报告。

附件

2018 年年底前促进道路货运行业降本减负 10 件实事任务分工表

序号	工作任务	负责部门	完成时限
1	推进货运车辆安全技术检验和综合性能检测依法合并	交通运输部、公安部、质检总局	2017 年年底
2	推进道路普通货运车辆异地年审和驾驶员异地考核	交通运输部	2018 年年底
3	推进跨省大件运输并联许可全国联网	交通运输部	2017 年年底
4	改善货车司机停车休息条件，选择典型省份试点建设“司机之家”	交通运输部	2018 年年底
5	对使用 ETC 非现金支付卡并符合相关要求的货运车辆给予适当通行费优惠	交通运输部	2017 年年底
6	推进从业人员在各项社会保险中优先参加工伤保险	人力资源社会保障部、交通运输部	2018 年年底
7	编制公布货车非法改装和超限超载处罚清单	交通运输部、公安部	2017 年年底
8	完善交通运输业个体纳税人异地代开增值税专用发票管理制度，推进开具高速公路通行费增值税电子发票	交通运输部、税务总局、财政部	2017 年年底
9	开展道路货运驾驶员免费网络继续教育	交通运输部、财政部	2017 年年底
10	取消部分道路货运行政审批事项	交通运输部	2018 年年底

国务院办公厅关于积极推进供应链创新与应用的指导意见

国办发〔2017〕84号

各省、自治区、直辖市人民政府，国务院各部委、各直属机构：

供应链是以客户需求为导向，以提高质量和效率为目标，以整合资源为手段，实现产品设计、采购、生产、销售、服务等全过程高效协同的组织形态。随着信息技术的发展，供应链已发展到与互联网、物联网深度融合的智慧供应链新阶段。为加快供应链创新与应用，促进产业组织方式、商业模式和政府治理方式创新，推进供给侧结构性改革，经国务院同意，现提出以下意见。

一、重要意义

（一）落实新发展理念的重要举措

供应链具有创新、协同、共赢、开放、绿色等特征，推进供应链创新发展，有利于加速产业融合、深化社会分工、提高集成创新能力，有利于建立供应链上下游企业合作共赢的协同发展机制，有利于建立覆盖设计、生产、流通、消费、回收等各环节的绿色产业体系。

（二）供给侧结构性改革的重要抓手

供应链通过资源整合和流程优化，促进产业跨界和协同发展，有利于加强从生产到消费等各环节的有效对接，降低企业经营和交易成本，促进供需精准匹配和产业转型升级，全面提高产品和服务质量。供应链金融的规范发展，有利于拓宽中小微企业的融资渠道，确保资金流向实体经济。

（三）引领全球化提升竞争力的重要载体

推进供应链全球布局，加强与伙伴国家和地区之间的合作共赢，有利于我国企业更深更广融入全球供给体系，推进“一带一路”建设落地，打造全球利益共同体和命运共同体。建立基于供应链的全球贸易新规则，有利于提高我国在全球经济治理中的话语权，保障我国资源能源安全和产业安全。

二、总体要求

（一）指导思想

全面贯彻党的十八大和十八届三中、四中、五中、六中全会精神，深入贯彻习近平总书记系列重要讲话精神和治国理政新理念新思想新战略，认真落实党中央、国务院决策部署，统筹推进“五位一体”总体布局和协调推进“四个全面”战略布局，坚持以人民为中心的发展思想，坚持稳中求进工作总基调，牢固树立和贯彻落实创新、协调、绿色、开放、共享的发展理念，以提高发展质量和效益为中心，以供应链与互联网、物联网深度融合为路径，以信息化、标准化、信用体系建设和人才培养为支撑，创新发展供应链新理念、新技术、新模式，高效整合各类资源和要素，提升产业集成和协同水平，打造大数据支撑、网络化共享、智能化协作的智慧供应链体系，推进供给侧结构性改革，提升我国经济全球竞争力。

（二）发展目标

到2020年，形成一批适合我国国情的供应链发展新技术和新模式，基本形成覆盖我国重点产业的智慧供应链体系。供应链在促进降本增效、供需匹配和产业升级中的作用显著增强，成为供给侧结构性改革的重要支撑。培育100家左右的全球供应链领先企业，重点产业的供应链竞争力进入世界前列，中国成为全球供应链创新与应用的重要中心。

三、重点任务

（一）推进农村第一、二、三产业融合发展

（1）创新农业产业组织体系。鼓励家庭农场、农民合作社、农业产业化龙头企业、农业社会化服务组织等合作建立集农产品生产、加工、流通和服务等于一体的农业供应链体系，发展种养加、产供销、内外贸一体化的现代农业。鼓励承包农户采用土地流转、股份合作、农业生产托管等方式融入农业供应链体系，完善利益联结机制，促进多种形式的农业适度规模经营，把农业生产引入现代农业发展轨道。（农业部、商务部等负责）

（2）提高农业生产科学化水平。推动建设农业供应链信息平台，集成农业生产经营各环节的大数据，共享政策、市场、科技、金融、保险等信息服务，提高农业生产科技化和精准化水平。加强产销衔接，优化种养结构，促进农业生产向消费导向型转变，增加绿色优质农产品供给。鼓励发展农业生产性服务业，开拓农业供应链金融服务，支持订单农户参加农业保险。（农业部、科技部、商务部、银监会、保监会等负责）

（3）提高质量安全追溯能力。加强农产品和食品冷链设施及标准化建设，降低流通成本和损耗。建立基于供应链的重要产品质量安全追溯机制，针对肉类、蔬菜、水产品、中药材等食用农产品，婴幼儿配方食品、肉制品、乳制品、食用植物油、白酒等食品，农药、兽药、饲料、肥料、种子等农业生产资料，将供应链上下游企业全部纳入追溯体系，构建来源可查、去向可追、责任可究的全链条可追溯体系，提高消费安全水平。（商务部、国家发展改革委、科技部、农业部、质检总局、食品药品监管总局等负责）

（二）促进制造协同化、服务化、智能化

（1）推进供应链协同制造。推动制造企业应用精益供应链等管理技术，完善从研发设计、生产制造到售后服务的全链条供应链体系。推动供应链上下游企业实现协同采购、协同制造、协同物流，促进大中小企业专业化分工协作，快速响应客户需求，缩短生产周期和新品上市时间，降低生产经营和交易成本。（工业和信息化部、国家发展改革委、科技部、商务部等负责）

（2）发展服务型制造。建设一批服务型制造公共服务平台，发展基于供应链的生产性服务业。鼓励相关企业向供应链上游拓展协同研发、众包设计、解决方案等专业服务，向供应链下游延伸远程诊断、维护检修、仓储物流、技术培训、融资租赁、消费信贷等增值服务，推动制造供应链向产业服务供应链转型，提升制造产业价值链。（工业和信息化部、国家发展改革委、科技部、商务部、人民银行、银监会等负责）

（3）促进制造供应链可视化和智能化。推动感知技术在制造供应链关键节点的应用，促进全链条信息共享，实现供应链可视化。推进机械、航空、船舶、汽车、轻工、纺织、食品、电子等行业供应链体系的智能化，加快人机智能交互、工业机器人、智能工厂、智慧物流等技术和装备的应用，提高敏捷制造能力。（工业和信息化部、国家发展改革委、科技部、商务部等负责）

（三）提高流通现代化水平

（1）推动流通创新转型。应用供应链理念和技术，大力发展智慧商店、智慧商圈、智慧物流，提升流通供应链智能化水平。鼓励批发、零售、物流企业整合供应链资源，构建采购、分销、仓储、配送供应链协同平台。鼓励住宿、餐饮、养老、文化、体育、旅游等行业建设供应链综合服务和交易平台，完善供应链体系，提升服务供给质量和效率。（商务部、国家发展改革委、科技部、质检总局等负责）

（2）推进流通与生产深度融合。鼓励流通企业与生产企业合作，建设供应链协同平台，准确及时传导需求信息，实现需求、库存和物流信息的实时共享，引导生产端优化配置生产资源，加速技术和产品创新，按需组织生产，合理安排库存。实施内外销产品“同线同标同质”等一批示范工程，提高供给质量。（商务部、工业和信息化部、农业部、质检总局等负责）

（3）提升供应链服务水平。引导传统流通企业向供应链服务企业转型，大力培育新型供应链服务企业。推动建立供应链综合服务平台，拓展质量管理、追溯服务、金融服务、研发设计等功能，提供采购执行、物流服务、分销执行、融资结算、商检报

关等一体化服务。（商务部、人民银行、银监会等负责）

（四）积极稳妥发展供应链金融

（1）推动供应链金融服务实体经济。推动全国和地方信用信息共享平台、商业银行、供应链核心企业等开放共享信息。鼓励商业银行、供应链核心企业等建立供应链金融服务平台，为供应链上下游中小微企业提供高效便捷的融资渠道。鼓励供应链核心企业、金融机构与人民银行征信中心建设的应收账款融资服务平台对接，发展线上应收账款融资等供应链金融模式。（人民银行、国家发展改革委、商务部、银监会、保监会等负责）

（2）有效防范供应链金融风险。推动金融机构、供应链核心企业建立债项评级和主体评级相结合的风险控制体系，加强供应链大数据分析和应用，确保借贷资金基于真实交易。加强对供应链金融的风险监控，提高金融机构事中事后风险管理水平，确保资金流向实体经济。健全供应链金融担保、抵押、质押机制，鼓励依托人民银行征信中心建设的动产融资统一登记系统开展应收账款及其他动产融资质押和转让登记，防止重复质押和空单质押，推动供应链金融健康稳定发展。（人民银行、商务部、银监会、保监会等负责）

（五）积极倡导绿色供应链

（1）大力倡导绿色制造。推行产品全生命周期绿色管理，在汽车、电器电子、通信、大型成套装备及机械等行业开展绿色供应链管理示范。强化供应链的绿色监管，探索建立统一的绿色产品标准、认证、标识体系，鼓励采购绿色产品和服务，积极扶植绿色产业，推动形成绿色制造供应链体系。（国家发展改革委、工业和信息化部、环境保护部、商务部、质检总局等按职责分工负责）

（2）积极推行绿色流通。积极倡导绿色消费理念，培育绿色消费市场。鼓励流通环节推广节能技术，加快节能设施设备的升级改造，培育一批集节能改造和节能产品销售于一体的绿色流通企业。加强绿色物流新技术和设备的研究与应用，贯彻执行运输、装卸、仓储等环节的绿色标准，开发应用绿色包装材料，建立绿色物流体系。（商务部、国家发展改革委、环境保护部等负责）

（3）建立逆向物流体系。鼓励建立基于供应链的废旧资源回收利用平台，建设线上废弃物和再生资源交易市场。落实生产者责任延伸制度，重点针对电器电子、汽车产品、轮胎、蓄电池和包装物等产品，优化供应链逆向物流网点布局，促进产品回收和再制造发展。（国家发展改革委、工业和信息化部、商务部等按职责分工负责）

（六）努力构建全球供应链

（1）积极融入全球供应链网络。加强交通枢纽、物流通道、信息平台等基础设施建设，推进与“一带一路”沿线国家互联互通。推动国际产能和装备制造合作，推进边境经济合作区、跨境经济合作区、境外经贸合作区建设，鼓励企业深化对外投资合作，设立境外分销和服务网络、物流配送中心、海外仓等，建立本地化的供应链体系。

（商务部、国家发展改革委、交通运输部等负责）

（2）提高全球供应链安全水平。鼓励企业建立重要资源和产品全球供应链风险预警系统，利用两个市场两种资源，提高全球供应链风险管理水平。制定和实施国家供应链安全计划，建立全球供应链风险预警评价指标体系，完善全球供应链风险预警机制，提升全球供应链风险防控能力。（国家发展改革委、商务部等按职责分工负责）

（3）参与全球供应链规则制定。依托全球供应链体系，促进不同国家和地区包容共享发展，形成全球利益共同体和命运共同体。在人员流动、资格互认、标准互通、认可认证、知识产权等方面加强与主要贸易国家和“一带一路”沿线国家的磋商与合作，推动建立有利于完善供应链利益联结机制的全球经贸新规则。（商务部、国家发展改革委、人力资源社会保障部、质检总局等负责）

四、保障措施

（一）营造良好的供应链创新与应用政策环境

鼓励构建以企业为主导、产学研用合作的供应链创新网络，建设跨界交叉领域的创新服务平台，提供技术研发、品牌培育、市场开拓、标准化服务、检验检测认证等服务。鼓励社会资本设立供应链创新产业投资基金，统筹结合现有资金、基金渠道，为企业开展供应链创新与应用提供融资支持。（科技部、工业和信息化部、财政部、商务部、人民银行、质检总局等按职责分工负责）

研究依托国务院相关部门成立供应链专家委员会，建设供应链研究院。鼓励有条件的地方建设供应链科创研发中心。支持建设供应链创新与应用的政府监管、公共服务和信息共享平台，建立行业指数、经济运行、社会预警等指标体系。（科技部、商务部等按职责分工负责）

研究供应链服务企业在国民经济中的行业分类，理顺行业管理。符合条件的供应链相关企业经认定为国家高新技术企业后，可按规定享受相关优惠政策。符合外贸企业转型升级、服务外包相关政策条件的供应链服务企业，按现行规定享受相应支持政策。（国家发展改革委、科技部、工业和信息化部、财政部、商务部、国家统计局等按职责分工负责）

（二）积极开展供应链创新与应用试点示范

开展供应链创新与应用示范城市试点，鼓励试点城市制定供应链发展的支持政策，完善本地重点产业供应链体系。培育一批供应链创新与应用示范企业，建设一批跨行业、跨领域的供应链协同、交易和服务示范平台。（商务部、工业和信息化部、农业部、人民银行、银监会等负责）

（三）加强供应链信用和监管服务体系建设

完善全国信用信息共享平台、国家企业信用信息公示系统和“信用中国”网站，健全政府部门信用信息共享机制，促进商务、海关、质检、工商、银行等部门和机构之间公共数据资源的互联互通。研究利用区块链、人工智能等新兴技术，建立基于供应链的信用评价机制。推进各类供应链平台有机对接，加强对信用评级、信用记录、风险预警、违法失信行为等信息的披露和共享。创新供应链监管机制，整合供应链各环节涉及的市场准入、海关、质检等政策，加强供应链风险管控，促进供应链健康稳定发展。（国家发展改革委、交通运输部、商务部、人民银行、海关总署、税务总局、工商总局、质检总局、食品药品监管总局等按职责分工负责）

（四）推进供应链标准体系建设

加快制定供应链产品信息、数据采集、指标口径、交换接口、数据交易等关键共性标准，加强行业间数据信息标准的兼容，促进供应链数据高效传输和交互。推动企业提高供应链管理流程标准化水平，推进供应链服务标准化，提高供应链系统集成和资源整合能力。积极参与全球供应链标准制定，推进供应链标准国际化进程。（质检总局、国家发展改革委、工业和信息化部、商务部等负责）

（五）加快培养多层次供应链人才

支持高等院校和职业学校设置供应链相关专业和课程，培养供应链专业人才。鼓励相关企业和专业机构加强供应链人才培训。创新供应链人才激励机制，加强国际化的人才流动与管理，吸引和聚集世界优秀供应链人才。（教育部、人力资源社会保障部、商务部等按职责分工负责）

（六）加强供应链行业组织建设

推动供应链行业组织建设供应链公共服务平台，加强行业研究、数据统计、标准制修订和国际交流，提供供应链咨询、人才培训等服务。加强行业自律，促进行业健康有序发展。加强与国外供应链行业组织的交流合作，推动供应链专业资质相互认证，促进我国供应链发展与国际接轨。（国家发展改革委、工业和信息化部、人力资源社会保障部、商务部、质检总局等按职责分工负责）

国务院办公厅

2017 年 10 月 5 日

交通运输部　公安部关于治理车辆超限超载联合执法常态化制度化工作的实施意见（试行）

交公路发〔2017〕173 号

各省、自治区、直辖市、新疆生产建设兵团交通运输厅（局、委）、公安厅（局）：

为贯彻中央财经领导小组第十六次会议精神，落实《国务院办公厅关于进一步推进物流降本增效促进实体经济发展的意见》（国办发〔2017〕73 号），严格规范治超检查和处罚行为，进一步优化营商环境，根据国家有关法律法规，现就推进交通运输和公安部门治超联合执法常态化制度化工作，提出如下意见。

一、指导思想

全面贯彻党的十九大精神，以习近平新时代中国特色社会主义思想为指导，认真落实党中央、国务院的决策部署，以服务交通运输发展、维护社会公共安全和人民群众合法权益为目标，以杜绝多头执法和重复罚款为重点，创新工作机制，规范执法流程，强化科技监管，提高执法效能，促进严格规范公正文明执法，为经济社会发展和人民群众出行提供更加安全高效的服务保障。

二、工作原则

（1）坚持政府领导、部门联动。要在地方各级人民政府的统一领导下，明确职责任务，建立健全协作机制，加强执法队伍建设，强化执法督导检查，推动联合执法工作科学规范高效开展。

（2）坚持依法履职、提升服务。要切实推进依法规范履行法定职责，强化协作配合，严格规范检查和处罚行为。强化执法为民意识，坚持以规范为主、处罚为辅，完善便民服务措施，提升执法服务水平。

（3）坚持统筹部署、分类实施。统筹本区域路网结构、公路超限检测站点分布、执法力量部署等因素，分类规范和强化普通公路、高速公路、货运源头等区域联合执法，提高执法效能，节约行政资源。

（4）坚持科技推动、创新管理。要坚持互联网思维和信用治超，加快推广完善技术监测设备，推进相关信息交换和共享，逐步实现自动识别和精准查纠，减少路面检查频次，从源头环节减少和杜绝不规范执法行为。

三、联合执法工作机制

各地交通运输、公安部门要在普通公路、高速公路、货运源头等区域全面实施联合执法，严格规范查处车货总质量超过《公路货运车辆超限超载认定标准》（见附件1）的违法超限超载运输行为，避免重复罚款。

（1）定点联合执法。对于地处省际、多条国道或省道交会点、货物运输主通道的超限检测站，各地公路管理机构和公安交通管理部门应当实行驻站联合执法，由公路管理机构负责检测车辆装载情况并监督消除违法行为，公安交通管理部门单独实施处罚和记分（认定标准见附件1，工作流程见附件2）。实行驻站联合执法的超限检测站，由各省级交通运输、公安部门共同确定后，报省级人民政府批准同意。对于未实施驻站联合执法的超限检测站，由公路管理机构负责检测和监督消除违法行为，并通知公安交通管理部门，公安交通管理部门要及时到站实施处罚和记分。超限检测站的设立必须经省级人民政府批准。对于违法超限超载运输车辆较多的超限检测站，交通运输、公安部门要加强执法力量，确保及时查处和纠正违法行为。

（2）流动联合执法。对于未设置超限检测站的普通公路，公路管理机构和公安交通管理部门应建立会商机制，不定期联合开展流动检测。对于故意绕行逃避检测或者短途超限运输情形严重的地区，要加大联合流动检测频次。发现违法超限超载车辆，应就近引导至超限检测站接受检查处罚（工作流程见附件2）；距离超限检测站较远的，应当就近引导至具有停放车辆和卸载条件的超限检测点接受检查处罚。超限检测点的设置应方便及时就近消除违法超限超载车辆的违法行为，并报省级人民政府批准（设置要求见附件3）。流动联合执法人员引导车辆至超限检测站点后，按照驻站联合执法的职责分工和工作流程进行检查处罚。要通过设置车辆检测等技术设备，加强超限超载违法情况监测，对超限超载违法多发高发的路段，联合开展针对性查纠。

（3）高速公路入口联合执法。省级交通运输、公安部门要在省级人民政府统一部署下，组织和指导高速公路经营管理单位，加强高速公路入口检测管理，推进高速公路治超工作。高速公路经营管理单位要加快安装高速公路入口检测设施（设备），加强货运车辆装载情况检测，实行检测数据和收费站入口发卡系统联动管理；发现违法超限超载车辆时，高速公路经营管理单位应当拒绝其进入高速公路行驶，并及时报告当地公路管理机构、公安交通管理部门，由有关部门按流动联合执法程序进行处理。对寻衅滋事、堵塞车道等违法行为，公安机关应依法查处。

（4）货运源头联合执法。各地道路运输管理机构应当加强对政府公布的重点货运源头单位的监督检查，建立重点货运源头单位监管信息系统，引导货运源头单位安装使用称重设备和视频监控设备，加强货车出场（站）装载情况检查，制止违法超限超载车辆出场（站）上路行驶。同时，提请地方人民政府督促相关行业主管部门履行监管职责，监督公路货运源头企业落实安全生产主体责任，从源头遏止违法超限超载运输。各地公路管理机构、公安交通管理部门要加强本地区货运源头单位周边路段的流动联合执法。对于货运源头超限超载严重的地区，省级交通运输、公安部门应通过治超工作领导小组协调机制对该地区进行挂牌督办，督促整改，并向社会公布。

（5）联动管理和失信联合惩戒。各省级公路管理机构要汇总本区域内违法超限超载车辆的检测信息和公安交通管理部门的处罚信息，抄送车籍所在地省级道路运输管理机构。道路运输管理机构要按照《公路安全保护条例》《道路运输条例》等规定，对违法货运车辆、货运车辆驾驶人、道路运输企业和货运场所经营者进行相应处罚。各地交通运输主管部门要组织道路运输管理机构和公路管理机构，加快推进货运源头单位、运输企业、从业人员、营运车辆数据库建设，做好严重违法失信超限超载运输行为和相关责任主体信息汇总和报送工作，依法依规实施失信联合惩戒。相关信息在“信用交通”网站公布。

四、联合执法纪律要求

各地交通运输、公安部门要依法依规履行职责，严格统一超限超载认定标准，严厉打击货车违法超限超载行为。联合执法人员依法进行检查处罚时，应着制式服装，出示执法证件，使用文明规范用语，申明执法检查依据和理由等；要坚持教育与处罚相结合，充分运用说服教育、调节疏导、劝导示范等非强制手段。要配备和使用执法记录仪，实现执法全过程记录。要按照有关规定，保证超限检测站视频监控、网络通信等检测辅助设施正常运行。要严格落实罚款收缴分离制度，公路货运罚款按照国库集中收缴制度的有关规定缴入国库。要抓紧制定公路货运处罚事项清单，明确处罚标准并向社会公布。要严格落实执法信息公开制度，依法公开执法主体、执法依据、执法程序、执法监督、执法结果、当事人权利等相关信息。各地道路运输管理机构不单独上路检查货运车辆。

联合执法要严格执行“十不准”纪律：

（1）不准制定和执行与全国统一超限超载认定标准不一致的地方标准。

（2）不准无执法资格人员实施行政处罚、行政强制措施等执法行为。

（3）不准超出法律法规规章规定的范围实施行政检查和行政处罚。

（4）不准制定和执行罚款收缴合并的制度。

（5）不准利用职务便利，以各种形式收受当事人及其委托人财物。

（6）不准对同一违法行为进行重复罚款。

（7）不准对违法超限超载车辆只罚款不卸载。

（8）不准违规收取超限检测费、停车保管费、通行费等费用。

（9）不准超期扣留违法超限超载车辆不做处理。

（10）不准在公路超限检测站（点）以外现场处罚车辆超限超载违法行为，原则上所有对货车超限超载违法行为的现场检查处罚一律引导至公路超限检测站（点）进行。

五、保障措施

（1）加强组织领导。省级交通运输、公安部门要依托治超工作领导小组协调机制，研究制定联合执法实施方案，报省级人民政府批准后组织实施。要大力宣传治理车辆超限超载的重要意义和成效，及时公布联合执法业务流程、行政处罚和检查清单等重点内容，鼓励社会公众加强对治超执法工作的监督，促进联合执法工作有效开展。

（2）加强站点布局。省级交通运输、公安部门要结合本地区道路货运流量流向、路网结构、车辆超限超载特征、公安交警执法站设置等情况，研究制定超限检测站和超限检测点设置和优化方案，报省级人民政府批准后实施。要按有关规定，及时公开超限检测站（点）相关信息。超限检测站要增设安全防护设施，保护执法人员的人身安全；有条件的，要增设相关服务设施，为驾乘人员提供加水、如厕等便民服务。

（3）加强科技支撑。省级交通运输、公安部门要加快车辆信息、执法信息交换和共享，提高治超执法科技化和信息化水平，实现货运车辆自动检测、车辆轴型和装载标准自动识别、违法超限超载信息自动记录、处罚信息自动转递。各地交通运输部门要完善公路超限检测站设施设备，在超限检测站前方设置货车检测通道和相应的交通标志，引导车辆进站检测，并设置电子抓拍系统，防止货运车辆逃避进站检测。对于交通流量大的，要在货车检测通道内设置预检设施，提高检测效率。对于货运车辆不按规定车道行驶、逃避检测的，公安交通管理部门要依法处罚。有条件的地方可逐步完善技术监测网络，自动检测、拍摄和记录行驶中货运车辆的车货总质量、车辆图像等信息。

（4）加强经费保障。省级交通运输、公安部门要通过治超工作领导小组协调机制，切实落实治超执法经费预算保障，满足实际执法工作需要；公路超限检测站要做好联合执法的办公、住宿等保障。

（5）加强执法监督。省级交通运输、公安部门要组织依托12328、12389服务监督电话系统及政府机构网站邮箱等，受理投诉举报，及时查处和纠正违规执法行为；每季度对所在区域执法处罚情况进行网上公示公开。要强化行政复议、申诉渠道，依法受理、及时处理复议申请和申诉，最大限度保护行政相对人的合法权益。要加强监督检查，建立健全执法工作责任倒查与追究制度。交通运输部、公安部视情对重点地区进行督导，对工作不力、问题突出的，将督促地方按照有关规定严肃处理，并在全国范围内通报。

附件：1. 公路货运车辆超限超载认定标准

2. 超限检测站联合执法工作流程

3. 超限检测点设置要求

交通运输部

公安部

2017 年 11 月 9 日

附件 1

公路货运车辆超限超载认定标准

轴数	车　型	图　例		总质量限值（吨）
2 轴	载货汽车	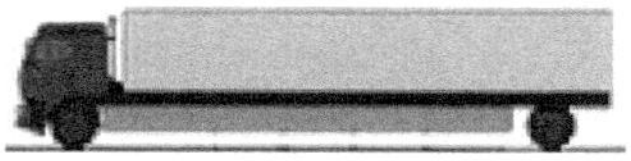		18
3 轴	中置轴挂车列车		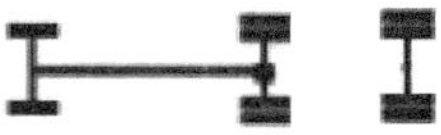	27
	铰接列车		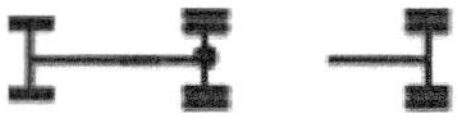	
	载货汽车			25

4 轴	中置轴挂车列车		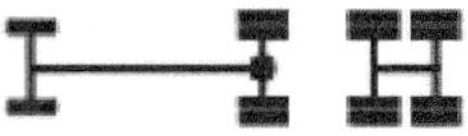	36
				35
	铰接列车		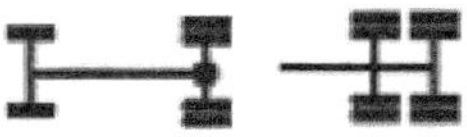	36
	全挂汽车列车			
	载货汽车	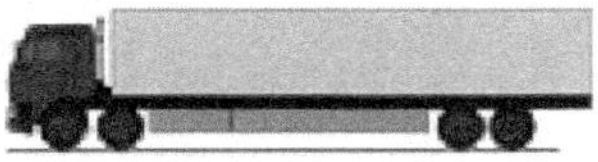		31

续 表

轴数	车 型	图 例		总质量限值（吨）
5 轴	中置轴挂车列车			43
			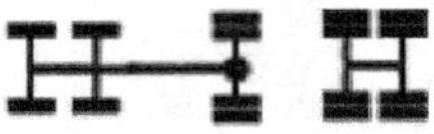	
	铰接列车			
	铰接列车			43
			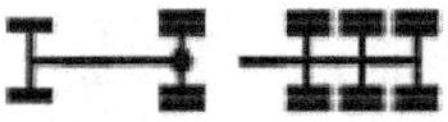	42
	全挂汽车列车			43

6 轴	中置轴挂车列车		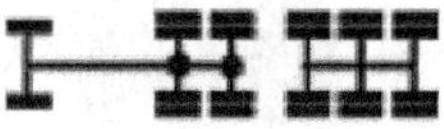	49
			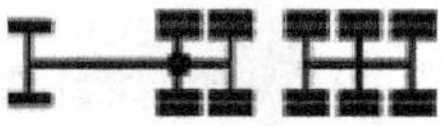	46
				49
				46
	铰接列车		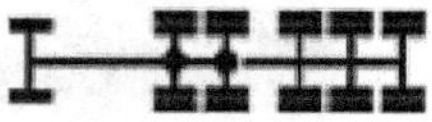	49
				46
				46

续 表

轴数	车 型	图 例		总质量限值（吨）
6 轴	全挂列车		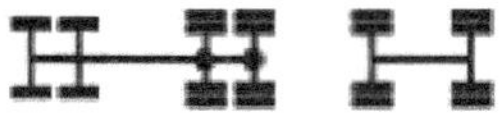	49
				46
备注	1. 2 轴货车车货总重还应当不超过行驶证标明的总质量。 2. 除驱动轴外，图例中的 2 轴组、3 轴组以及半挂车和全挂车，每减少两个轮胎，其总质量限值减少 3 吨。 3. 安装名义断面宽度不小于 425 毫米轮胎的挂车及其组成的汽车列车，驱动轴安装名义断面宽度不小于 445 毫米轮胎的载货汽车及其组成的汽车列车，其总质量限值不予核减。 4. 驱动轴为每轴每侧双轮胎且装备空气悬架时，3 轴和 4 轴货车的总质量限值各增加 1 吨；驱动轴为每轴每侧双轮胎并装备空气悬架，且半挂车的两轴之间的距离 $d \geqslant 1800$ 毫米的 4 轴铰接列车，总质量限值为 37 吨。 5. 图例中未列车型，根据《汽车、挂车及汽车列车外廓尺寸、轴荷及质量限值》（GB 1589—2016）规定，确定相应的总质量限值。 6. 对于车货外廓尺寸超限行为，按照国家有关部门的统一部署，分阶段有步骤地推进。在部署工作开展前，暂不对外廓尺寸进行检查。 7. 危险化学品运输车辆违法超限超载的，由公安机关依据《危险化学品安全管理条例》第八十八条的有关规定进行处罚。 8. 运输鲜活农产品车辆违法超限超载运输的，通行收费公路时，该运次不得给予免收车辆通行费的优惠政策；通行非收费公路时，以批评教育为主，暂不实施处罚。 9. 载运标准集装箱的挂车列车的整治工作另行部署，在专项整治前，重点检查其车货总质量是否超过限载标准的行为，暂不对外廓尺寸进行检查。 10. 低平板半挂车运输普通货物的整治工作另行部署，在专项整治前，重点查纠其车货总质量超过限载标准和假牌套牌违法行为。			

附件 2

超限检测站联合执法工作流程

1. 通过交通标志或执法人员的指挥，引导货运车辆进入超限检测站接受检查。

2. 公路管理机构执法人员对车辆装载情况进行检测，确认未超过超限超载认定标准的车辆，直接予以放行；超过规定标准 1 吨以内的，予以提示警告后放行。

3. 对经检测确认超限超载的车辆，公路管理机构执法人员打印检测单（过磅单）两份，由驾驶员签字确认。

4. 公路管理机构执法人员责令并监督超限超载车辆消除违法状态。对经复检确认违法状态已按规定消除的车辆，公路管理机构执法人员打印检测单（过磅单）两份，由驾驶员签字确认。

5. 公路管理机构执法人员制作称重和卸载单（式样见附件），加盖单位公章后，将公安交通管理部门留存联交现场执勤交通民警。

6. 现场执勤交通民警收到公路管理机构提供的称重和卸载单后，依据称重和卸载单载明的超限超载比例，依法作出处罚并制作公安交通管理行政处罚决定书，或者制作道路交通安全违法行为处理通知书，当场交付被处罚的驾驶员。

7. 公路管理机构执法人员收到公安交通管理部门的行政处罚决定书或道路交通安全违法行为处理通知书后，采取复印等方式留存证据，放行已消除违法状态的车辆，不得以任何理由拖延放行时间，不得以任何名义收取费用。

8. 各省级公路管理机构要汇总本区域内违法超限超载车辆的检测信息、公安交通管理部门的处罚信息，抄送车籍所在地省级道路运输管理机构。

称重和卸载单

（编号　　）

车牌号：　　　　　　驾驶员姓名：

道路运输证号：

从业资格证号：

车辆所属运输企业：

车辆装货场所：

车辆最大允许总质量：　　　　　　吨

卸载前车货总质量：　　　　　　吨

卸载后车货总质量：　　　　　　吨

超限超载比例：　　　　　　%

超限超载比例 =（卸载前车货总质量 - 车辆最大允许总质量）/车辆最大允许总质量 ×100%

驾驶员签名：　　　　　　（超限检测站盖章）

年　月　日

（公路管理机构留存联）

附件 3

超限检测点设置要求

1. 功能定位：作为超限检测站的有效补充，是开展流动联合执法时实施现场检查处罚的重要场所，方便对超限超载车辆及时就近开展检测认定和违法问题整改。

2. 选址要求：位于区域公路网中货物运输的重要路段或节点，尽量靠近公路主线，通行条件较好，与公路主线可通过辅道、匝道等连接。辅道、匝道能满足大型货车通行需求。

3. 标志标线要求：在公路主线上设置醒目的指示标志，在与公路主线连接处应设置减速标志标线和相应反光、防护等设施。

4. 外观要求：设有明显外观标识和标志标牌，标明该超限检测点的名称、主管单位、监督电话等信息。

5. 场地要求：满足大型货运车辆停放、通行，且能存放卸载货物的非开放场所。

6. 称重设备要求：具有经质检部门检验检测合格的静态称重设备。

交通运输部办公厅关于进一步做好无车承运人试点工作的通知

交办运函〔2017〕1688号

各省、自治区、直辖市、新疆生产建设兵团交通运输厅（局、委）：

2016年8月，我部印发了《关于推进改革试点加快无车承运物流创新发展的意见》（交办运〔2016〕115号），在全国共筛选确认了283家企业开展无车承运试点工作。试点工作开展一年来，取得了较为显著的成效，对于带动行业转型升级，促进物流"降本增效"发挥了重要作用。为深入贯彻落实党中央、国务院有关工作部署，深化物流供给侧结构性改革，进一步巩固和拓展试点成果，充分发挥试点企业的引领带动作用，推动货运物流新业态、新模式创新发展，现就进一步做好无车承运人试点工作通知如下：

一、充分肯定试点工作取得的成效

试点工作开展一年来，各级交通运输主管部门、试点企业、科研单位、行业协会协同努力，无车承运业务稳步开展，创新活力逐步释放，示范作用不断增强，成效明显。

一是有效促进了资源整合和集约发展。无车承运人利用移动互联网等先进信息技术，整合了大量的货源车源，并通过信息网络实现了零散运力、货源、站场等资源的集中调度和优化配置，逐步引导和带动行业从"零、散、小、弱"向集约化、规模化、组织化方向发展。

二是有效提升了物流运输的组织效率。无车承运试点企业通过线上资源合理配置，实现线下物流高效运行，促进行业"降本增效"。根据典型企业的调查分析，试点企业的车辆里程利用率较传统运输企业提高50%，平均等货时间由2~3天缩短至8~10小时，交易成本下降约6%~8%。同时，企业积极探索"无车承运+"甩挂运输、多式联运、共同配送等模式，通过模式创新，发挥叠加效应，进一步增强和放大了试点效果。

三是有效规范了物流运输的运营行为。试点企业通过严格承运人筛选标准、健全诚信考核档案、实施全过程风险管理、完善保险赔付机制等手段，逐步建立起涵盖全链条、各环节及各要素的管理体系，不仅有效规范了广大中小货运企业的运营行为，同时也提升了无车承运自身的服务品质。

与此同时，我们也认识到试点工作中仍然存在着许多问题：一是监测工作亟待加强，部分试点省份尚未建立省级无车承运试点运行监测平台，部分试点企业报送信息综合异常率偏高；二是退出机制亟须完善，对试点企业的监督管理仍显薄弱；三是制度标准体系亟待建立，部分试点企业存在不规范竞争等行为。这些问题在一定程度上影响了整体试点效果，也不利于无车承运物流模式的健康有序发展，亟须在下一步试点工作中加以规范和明确。

二、继续做好试点运行监测工作

一是提升数据报送质量。试点企业应严格按照监测工作要求，如实、准确、及时上报全部无车承运业务单据，避免单据漏报、错报，降低综合异常率，提升数据报送质量。同时，部监测平台将进一步加强对试点企业的运行监测，考核合格继续试点的企业要在现有无车承运人运单技术规范的基础上，增补资金流水单技术规范，并于2018年2月28日前上报部监测平台，无车承运人资金流水单将列入异常率统计范围。部、省监测平台应定期对试点企业异常率情况进行综合排名并通报，同时要做好与工商、税务、保险部门的信息协同对接。

二是加强数据比对监测。部、省无车承运试点运行监测平台要加强对企业接入数据的自动监测分析比对，继续做好运单信息与实际承运人“人、车、户”资质信息、总质量12吨及以上重型普通载货汽车和半挂牵引车全国道路货运车辆公共监管与服务平台入网信息、运输车辆轨迹信息的比对工作，加强对无车承运业务的综合监测。全国道路货运车辆公共监管与服务平台要向部监测平台提供总质量12吨及以上重型普通载货汽车和半挂牵引车的运行轨迹信息用于运单真实性校验。

三是及时做好异常数据处理。试点省（区、市）交通运输主管部门应及时查看部、省监测平台反馈的异常信息，了解辖区内试点企业接入异常、资质异常、入网异常、定位异常的原因，督促试点企业及时处理异常情况。同时，应对试点企业提交的车辆资质异常申诉进行及时校验，切实履行考核和督导责任。

三、加强对试点企业的考核和管理

（一）考核要求

各级交通运输主管部门要按照定量与定性相结合的原则，对辖区内试点企业运行情况进行考核评估。

1. 定量考核

截至2017年12月31日，试点企业需同时满足以下条件方为合格（以部监测平台统计数据为准）：

（1）累计上传运单量不低于1万单。

（2）累计上传运单天数不低于60天。

（3）整合货运车辆数不少于300辆。

（4）完成运量不低于2万吨。

（5）上传运单平均接入异常率不高于5%。

2. 定性考核

（1）试点企业要建立完善的安全生产管理制度，包括经营管理规范、保险赔付机制以及对实际承运人运输全过程的安全监管等。

（2）试点期内，对在运营服务标准规范、税收、保险、物流金融、供应链互联等方面探索出成功经验，社会效益显著的试点企业，给予优先支持。

在试点考核期间，对有下列情形之一的，试点期末考核记为不合格：

（1）被税务部门查处偷税、漏税，且拒不整改的。

（2）被工商部门吊销营业执照的。

（3）实际承运人在业务合作期间发生重大以上道路交通安全责任事故的。

（4）发生影响社会稳定或危害社会公共安全事件且情节较为严重的。

（二）考核程序

试点省（区、市）交通运输主管部门要按照考核要求，对辖区内试点企业运行情况进行考核，考核结果于2018年1月15日前报部。部将依据部无车承运试点运行监测平台统计数据，根据考核要求，对试点企业运行情况进行复核，在与各省进行沟通协调后，公布考核结果合格的企业名单。试点省（区、市）交通运输主管部门对考核合格的试点企业延续一年试点，试点资格和无车承运人经营资质有效期至2018年12月31日；对考核不合格的试点企业，试点期结束后收回无车承运人经营资质。

四、细化落实无车承运人相关配套政策

（1）细化无车承运人增值税进项抵扣政策措施。各省交通运输主管部门要加强与省国税部门的沟通协调，重点围绕无车承运人进项抵扣范围、认定标准及操作方法等方面，研究制定贯彻落实《国家税务总局关于跨境应税行为免税备案等增值税问题的公告》（以下简称30号公告）实施细则，切实将30号公告落实到位，降低无车承运人的税收负担。

（2）强化无车承运人对实际承运人的安全监管。督促试点企业加强事前事中事后监管，健全安全生产管理制度。在平台客户注册，建立对货主和实际承运人实名验证制度，加强对实际承运人的“人、车、户”等信息的比对查询，不得委托未取得道路货运相关经营资质的企业、车辆和驾驶员执行运输任务；在运输监管环节，利用信息化手段加强对实际承运人的动态跟踪，强化安全教育培训、安全驾驶提醒，严格对实际承运人车辆安全例检、定期维护保养等方面的要求；在诚信考核环节，试点企业应从安全事故、服务质量、投诉举报、社会信用等多个维度建立对实际承运人的信用考

核体系，创新守信联合激励和失信联合惩戒措施，并充分利用市场化和法制化的手段促进“优胜劣汰”。

（3）进一步加强试点企业偿付能力制度建设。各试点省份应进一步加强与保险部门和相关企业的沟通协调，细化对无车承运人偿付能力的要求，探索创新适合无车承运运营特点的保险产品，并在试点企业中先行先试，逐步总结经验。

五、推进无车承运试点制度建设

一是加快研究制定无车承运人管理制度及运营服务规范。各相关单位要在充分借鉴发达国家道路货运管理制度的基础上，围绕法律责任、许可准入、运营监管、诚信考核、责任保险等方面健全无车承运人管理制度，完善运营服务标准体系，厘清无车承运人经营各环节的责任边界，为无车承运物流发展营造良好的制度环境。

二是建立健全试点监管考核机制。各级交通运输主管部门要按照“高标准、严要求、宁缺毋滥”的原则，根据辖区内试点企业实际情况，进一步细化考核指标，严格考核程序，切实筛选出优秀的无车承运企业，优化货运市场结构。有条件的省份要适时建设省级无车承运人试点监测平台，强化对本辖区内试点企业运行监管，规范试点企业经营行为，有效防范试点风险。

三是加强对考核合格试点企业的政策支持。各地交通运输主管部门要加强与当地财政、税务、发改、经信等部门的沟通协作，协调解决试点企业发展中存在的制度障碍和政策瓶颈，加大对试点企业信息平台建设、组织模式创新、税收征管等方面的支持，加快无车承运物流规范健康发展。

四是加强行业自律。充分发挥行业协会在健全运营服务标准、完善风险赔付机制、促进交流合作等方面的作用，规范企业经营行为，引导试点企业创新运营模式，营造公平有序的发展环境。

交通运输部办公厅

2017 年 11 月 15 日

交通运输部关于全面深入推进绿色交通发展的意见

交政研发〔2017〕186 号

各省、自治区、直辖市、新疆生产建设兵团交通运输厅（局、委），部属各单位，部内各司局：

建设生态文明是中华民族永续发展的千年大计。党的十八大以来，交通运输行业深入贯彻落实以习近平同志为核心的党中央关于生态文明建设的新理念新思想新战略，全力推动交通运输的科学发展，在绿色交通方面取得了积极成效。但总体上看，交通运输发展方式相对粗放、运输结构不尽合理、绿色交通治理体系不尽完善、治理能力有待提高等问题依然存在，难以有效满足新时代人民日益增长的优美生态环境需要。为全面贯彻党的十九大精神，切实落实新发展理念，深入推进绿色交通发展，服务交通强国建设，现提出以下意见。

一、总体要求

（一）指导思想

以习近平新时代中国特色社会主义思想为指导，紧紧围绕统筹推进“五位一体”总体布局和协调推进“四个全面”战略布局，坚持人与自然和谐共生的基本方略，牢固树立社会主义生态文明观，践行“绿水青山就是金山银山”的理念，以交通强国战略为统领，以深化供给侧结构性改革为主线，着力实施交通运输结构优化、组织创新、绿色出行、资源集约、装备升级、污染防治、生态保护七大工程，加快构建绿色发展制度标准、科技创新和监督管理三大体系，实现绿色交通由被动适应向先行引领、由试点带动向全面推进、由政府推动向全民共治的转变，推动形成绿色发展方式和生活方式，为建设美丽中国、增进民生福祉、满足人民对美好生活的向往提供坚实支撑和有力保障。

（二）基本原则

生态优先，绿色发展。坚持尊重自然、顺应自然、保护自然，把绿色发展摆在更加突出的位置，落实最严格的生态环境保护制度，全方位、全地域、全过程推进交通运输生态文明建设，全面提升交通基础设施、运输装备和运输组织的绿色水平。

深化改革，创新驱动。坚持体制机制创新、管理创新、技术创新和方式创新，着眼于建设现代化经济体系的战略目标，着力深化交通运输供给侧结构性改革，加快推进综合交通管理体制等重点领域改革，转变交通发展方式，优化交通运输结构，推广绿色出行方式，推动形成交通运输绿色发展长效机制。

重点突破，系统推进。坚持抓重点、补短板、强弱项，针对绿色交通发展制约性强、群众反映突出的问题，在重点领域和关键环节集中发力，打好污染防治攻坚战，以点带面，示范引领，不断拓展绿色交通发展的广度和深度，形成交通运输发展与生态文明建设相互促进的良好局面。

多方参与，协同治理。坚持政府为主导、企业为主体、社会组织和公众共同参与，通过法律、经济、技术和必要的行政手段，着力构建约束和激励并举的绿色交通制度体系，努力建设政府企业公众共治的绿色交通行动体系。积极参与全球环境治理，加强交通运输应对气候变化等领域的国际合作与交流。

（三）发展目标

到 2020 年，初步建成布局科学、生态友好、清洁低碳、集约高效的绿色交通运输体系，绿色交通重点领域建设取得显著进展。

——客货运输结构持续优化。铁路和水运在大宗货物长距离运输中承担的比重进一步提高，铁路客运出行比例逐步提升。

——先进运输组织方式进一步推广。力争实现 2020 年多式联运货运量比 2015 年增长 1.5 倍，重点港口集装箱铁水联运量年均增长 10%。

——绿色出行比例显著提升。大中城市中心城区绿色出行比例达到 70% 以上，建成一批公交都市示范城市。

——资源利用效率明显提高。港口岸线资源、土地资源和通道资源的利用效率明显提高，交通运输废旧材料循环利用率和利用水平稳步提升。

——清洁高效运输装备有效应用。交通运输行业新能源和清洁能源车辆数量达到 60 万辆，内河船舶船型标准化率达到 70%，公路货运车型标准化率达到 80%。内河运输船舶能源消耗中液化天然气（LNG）比例在 2015 年基础上增长 200%。铁路单位运输工作量综合能耗比 2015 年降低 5%，营运货车、营运船舶和民航业单位运输周转量能耗比 2015 年分别降低 6.8%、6% 和 7%，港口生产单位吞吐量综合能耗比 2015 年降低 2%。

——污染排放得到有效控制。船舶水污染物全部接收或按规定处置，环渤海（京津冀）、长三角、珠三角水域船舶硫氧化物、氮氧化物和颗粒物排放与 2015 年相比分别下降 65%、20% 和 30%。交通运输二氧化碳排放强度比 2015 年下降 7%。全国主要港口和船舶排放控制区内港口 50% 以上已建的集装箱、客滚、邮轮、3 千吨级以上客运和 5 万吨级以上干散货专业化泊位具备向船舶供应岸电的能力。

——生态保护取得积极成效。交通基础设施建设全面符合生态功能保障基线要求。建成一批绿色交通基础设施示范工程，实施一批交通基础设施生态修复项目。

到 2035 年，形成与资源环境承载力相匹配、与生产生活生态相协调的交通运输发展新格局，绿色交通发展总体适应交通强国建设要求，有效支撑国家生态环境根本好转、美丽中国目标基本实现。

二、全面推进实施绿色交通发展重大工程

（一）运输结构优化工程

统筹交通基础设施布局。在国土主体功能区和生态功能保障基线要求下，进一步优化铁路、公路、水运、民航、邮政等规划布局，扩大铁路网覆盖面，加快完善公路网，大力推进内河高等级航道建设，统筹布局综合交通枢纽，完善港口、机场等重要枢纽集疏运体系，提升综合交通运输网络的组合效率。

优化旅客运输结构。推进铁路、公路、水运、民航等客运系统有机衔接和差异化发展，提升公共客运的舒适性和可靠性，吸引中短距离城际出行更多转向公共客运。加快构建以高速铁路和城际铁路为主体的大容量快速客运系统，形成与铁路、民航、水运相衔接的道路客运集疏网络，稳步提高铁路客运比重，逐步减少 800 公里以上道路客运班线。

改善货物运输结构。按照“宜水则水、宜陆则陆、宜空则空”的原则，研究制定相关政策，调整优化货运结构，促进不同运输方式各展其长、良性竞争、整体更优。提升铁路全程物流服务水平，理顺运价形成机制，提高疏港比例，发挥铁路在大宗物资中远距离运输中的骨干作用。大力发展内河航运，充分发挥水运占地少、能耗低、运能大等比较优势。逐步减少重载柴油货车在大宗散货长距离运输中的比重。

（二）运输组织创新工程

推广高效运输组织方式。大力发展多式联运、江海直达、滚装运输、甩挂运输、驼背运输等先进运输组织方式。依托铁路物流基地、公路港、沿海和内河港口等，推进多式联运型和干支衔接型货运枢纽（物流园区）建设。统筹农村地区交通、邮政、商务、供销等资源，推广“多站合一”农村物流节点建设，推广农村“货运班线”服务方式。积极推动快递“上车上船上飞机”，鼓励发展铁路快运产品。积极推进铁水联运示范工程，将集装箱铁水联运示范项目逐步扩大到内河主要港口。

提高物流信息化水平。鼓励“互联网＋”高效物流等业态创新，深入推进道路货运无车承运人试点，促进供需匹配，降低货车空驶率。推进国家交通运输物流公共信息平台建设，推动跨领域、跨运输方式、跨区域、跨国界的物流信息互联互通。

发展高效城市配送模式。加快推进城市绿色货运配送，优化城市货运和快递配送体系，在城市周边布局建设公共货运场站或快件分拨中心，完善城市主要商业区、校园、社区等末端配送节点设施，引导企业发展统一配送、集中配送、共同配送等集约化组织方式。鼓励发展智能快件箱等智能投递设施，积极协调公安等部门保障快递电动车辆依法依规通行。

（三）绿色出行促进工程

全面开展绿色出行行动。积极鼓励公众使用绿色出行方式，进一步提升公交、地铁等绿色低碳出行方式比重。加强自行车专用道和行人步道等城市慢行系统建设，改善自行车、步行出行条件。引导规范私人小客车合乘、互联网租赁自行车等健康发展。鼓励汽车租赁业网络化、规模化发展，依托机场、火车站等客运枢纽发展“落地租车”服务，促进分时租赁创新发展。

深入实施公交优先战略。在大中城市全面推进“公交都市”建设，完善公共交通管理体制机制，加快推动城市轨道交通、公交专用道、快速公交系统等公共交通基础设施建设，强化智能化手段在城市公共交通管理中的应用。推进城际、城市、城乡、农村客运四级网络有序对接，鼓励城市公交线路向郊区延伸，扩大公共交通覆盖面。

加强绿色出行宣传和科普教育。启动全国绿色交通宣教行动，深入宣贯相关理念、目标和任务。开展绿色出行宣传月活动及“无车日”活动，制作发布绿色出行公益广告，让绿色交通发展人人有责，让绿色出行成为风尚。

（四）交通运输资源集约利用工程

集约利用通道岸线资源。推动铁路、公路和市政道路统筹集约利用线位、桥位等交通通道资源，改扩建和升级改造工程充分利用既有走廊。加强港口岸线使用监管，严格控制开发利用强度，促进优化整合利用。深入推进区域港口协同发展，促进区域航道、锚地和引航等资源共享共用。

提高交通基础设施用地效率。推进交通基础设施科学选线选址，避让基本农田，禁止耕地超占，减少土地分割。积极推进取土、弃土与造地、复垦综合施措，因地制宜采用低路基、以桥代路、以隧代路等措施，严格控制互通立交规模，提高土地节约集约利用水平。

促进资源综合循环利用。积极推动废旧路面、沥青等材料再生利用，推广钢结构的循环利用，扩大煤矸石、矿渣、废旧轮胎等工业废料和疏浚土、建筑垃圾等综合利用。推进钢结构桥梁建设，提升基础设施品质和耐久性，降低全生命周期成本。推进快递包装绿色化、减量化、可循环，鼓励降低客运领域一次性制品使用强度。继续推动高速公路服务区、客运枢纽等开展水资源循环利用。

推广应用节能环保先进技术。制定发布交通运输行业重点节能环保技术和产品推广目录。继续对港口、机场、货运枢纽（物流园区）装卸机械和运输装备实施“油改电、油改气”工程，开展机场新能源综合利用示范。积极推广温拌沥青等技术应用，在桥梁、隧道等交通基础设施中全面推广节能灯具、智能通风控制等新技术与新设备。提高铁路机车牵引能效水平，推广车船节能技术改造，全面规范实施飞机辅助动力装置（APU）替代。

（五）高效清洁运输装备升级工程

推进运输装备专业化标准化。加快推进内河船型标准化，严格执行船舶强制报废制度，加快淘汰高污染、高耗能船舶、老旧运输船舶、单壳油轮和单壳化学品船。调整完善内河运输船舶标准船型指标，加快推广三峡船型、江海直达船型和节能环保船型。继续深化车辆运输车治理，全面推进货运车辆标准化、厢式化、轻量化。加快推进敞顶集装箱、厢式半挂车等标准化运载单元的推广应用。

推广应用新能源和清洁能源车船。在港口和机场服务、城市公交、出租汽车、城市物流配送、汽车租赁、邮政快递等领域优先使用新能源汽车，加大天然气等清洁燃料车船推广应用。联合环保、工信、质检、公安等部门，严格落实国家、行业有关能耗等标准限值要求，鼓励支持节能环保车辆优先使用，推动运输装备升级进档。联合公安等部门研究制定鼓励新能源汽车使用的差异化政策措施。支持高速公路服务区、交通枢纽充电加气设施的规划与建设，在京津冀、长三角、珠三角、成渝等区域公路网率先完善充电加气配套设施体系。支持内河高等级航道加气设施的规划与建设，支持在长江干线、京杭运河和西江干线等开展液化天然气加注码头建设。

（六）交通运输污染防治工程

强化船舶和港口污染防治。继续实施船舶排放控制区政策，适时研究建立排放要求更严、控制污染物种类更全、空间范围更大的排放控制区政策。大力推广靠港船舶使用岸电，推动码头、船舶、水上服务区待闸锚地等新改建岸电设施。全面推进港口油气回收系统建设，推动船舶改造加装尾气污染治理装备。全面推进大型煤炭、矿石码头堆场防风抑尘设施建设。全面推进港口船舶污染物接收设施建设，重点提升化学品洗舱水接收能力，并确保与城市公共转运、处理设施衔接。继续推进实施碧海行动计划。推动长江经济带内河船舶开展环保设施升级改造，推动建设长江经济带绿色航运发展先行示范区。

强化营运货车污染排放的源头管控。加快更新老旧和高能耗、高排放营运车辆，推广应用高效、节能、环保的车辆装备。强化运输过程的抑尘设施应用。制定实施汽车检测与维护（I/M）制度，确保在用车达到能耗和排放标准。采用多种技术手段，推进对营运车辆燃料消耗检测的监督管理。研究建立京津冀、长三角区域道路货运绿色发展综合示范区。倡导推广生态驾驶、节能操作、绿色驾培。积极推广绿色汽车维修技术，加强对废油、废水和废气的治理，提升汽车维修行业环保水平。

（七）交通基础设施生态保护工程

推进绿色基础设施创建。把生态保护理念贯穿到交通基础设施规划、设计、建设、运营和养护全过程，强力开展绿色铁路、绿色公路、绿色航道、绿色港口、绿色机场等创建活动。在铁路、公路沿线开展路域环境综合整治。积极推行生态环保设计，倡导生态选线选址，严守生态保护红线。完善生态保护工程措施，合理选用降低生态影响的工程结构、建筑材料和施工工艺，尽量少填少挖，追求取弃平衡。落实生态补偿机制，降低交通建设造成的生态影响。

实施交通廊道绿化行动。落实国土绿化行动，大力推广公路边坡植被防护，在铁路、公路、航道沿江沿线大力开展绿化美化行动，提升生态功能和景观品质，支撑生态廊道构建。联合旅游等部门健全交通服务设施旅游服务功能，打造国家旅游风景道，促进交通旅游融合发展。

开展交通基础设施生态修复。针对早期建设不能满足生态保护要求的交通基础设施，推进生态修复工程建设。重点针对高寒高海拔、水源涵养生态功能区、水土流失重点治理区等重点生态功能区，结合国省道改扩建项目推进取弃土场生态恢复、动物通道建设和湿地连通修复。针对涉及自然保护区、世界自然文化遗产、风景名胜区的国省道改扩建项目，推进路域沿线生态改善和景观升级。在环渤海、长三角、珠三角等港航产业应用滩涂湿地恢复、生境营造、增殖放流等生态修复技术。在长江经济带内河高等级航道、西江干线航道等实施生态护岸、人工鱼巢等航道生态恢复措施。

三、加快构建绿色交通发展制度保障体系

（一）绿色交通制度标准体系

加快构建绿色交通规划政策体系。研究制定绿色交通中长期发展战略，建立分层级、分类别、分方式的绿色交通规划体系。研究制定京津冀、长江经济带等重点区域绿色交通发展规划。将生态文明建设目标纳入综合交通运输规划，推动构建科学适度有序的国土空间布局体系和绿色循环低碳发展的产业体系。修订交通运输节能环保领域相关管理办法。

完善绿色交通标准体系。逐步构建基础设施、运输装备、运输组织等方面的绿色交通标准体系，配套制定绿色交通相关建设和评价标准，完善交通运输行业重点用能设备能效标准和能耗统计标准。积极参与绿色交通国际标准制定，提升国际影响力。

（二）绿色交通科技创新体系

强化绿色交通科技研发。强化科研单位、高校、企业等创新主体协同，开展以绿色交通新技术、新产品、新装备为重点的科技联合攻关，在新能源和清洁能源应用、特长隧道节能、车船尾气防治、自动驾驶、无人船、自动化码头、低噪声船舶、数字航道、公路发电等领域尽快取得一批突破性科研成果。

推动绿色交通科技成果转化与应用。完善绿色交通科技创新成果的评价与转化机制，加快先进成熟适用绿色技术的示范、推广与应用。加快推进移动互联、云计算、大数据等先进信息技术应用，大力推动“互联网＋”交通运输发展，提升交通运输运行效率。借鉴国际绿色交通发展经验，加强国际间科技和成果交流合作。

（三）绿色交通监督管理体系

提升行业节能环保管理水平。健全绿色交通管理体制机制，推动各级交通运输主管部门加强绿色交通管理力量配备。严格执行国家环保“三同时”制度，深入开展交通运输规划环境影响评价工作。加强与发展改革、环保等部门及地方政府协同合作，按照大气、水污染防治协作机制分工，配合完成大气、水污染治理攻坚任务。

强化船舶污染物排放监测监管。以船舶排放控制区为重点，开展船舶大气污染物排放和水污染物排放监测监管。推动建立港口和船舶污染物排放、船舶燃油质量等方面的部门间联合监管机制。强化船舶大气污染监测和执法能力建设，严格落实内河和江海直达船舶使用合规普通柴油、船舶排放控制区低硫燃油使用的相关要求。

四、切实抓好组织落实

（一）加强组织领导

统筹推进绿色交通建设发展，强化本意见与交通运输服务决胜全面建成小康社会三年行动计划和交通强国战略纲要的衔接，在行动计划和战略纲要中充分体现各项任务要求。各级交通运输主管部门要抓紧研究制定本地区、本领域绿色交通发展的实施方案，明确责任分工和任务措施，各司其职、各负其责，确保工作落实到位。

（二）加大政策支持

积极争取各级财政性资金对绿色交通发展的支持力度，促进交通运输行业应用绿色信贷、绿色债券等创新金融工具，拓宽绿色交通发展融资渠道，鼓励支持交通运输节能环保产业发展。加强政策协调衔接，强化试点示范、典型经验的总结推广。

（三）鼓励多方参与

充分发挥企业和社会公众积极性，积极探索新举措、新模式，形成全社会广泛参与的工作机制。引导企业广泛应用节能环保技术和装备，更好承担社会责任，培育创建一批绿色交通示范企业。组织开展绿色交通专题教育培训，推广绿色交通先进技术和经验，提升行业从业人员的节能环保意识和能力。

（四）强化监督考核

加大对绿色交通建设的督察考核力度，积极探索将绿色交通发展绩效纳入部门和单位工作考核体系，研究建立奖惩机制。落实《党政领导干部生态环境损害责任追究办法（试行）》要求，坚决制止和惩处破坏生态环境行为。

交通运输部

2017 年 11 月 27 日

商务部　公安部　交通运输部　国家邮政局　供销合作总社关于印发《城乡高效配送专项行动计划（2017—2020年）》的通知

商流通函〔2017〕917号

各省、自治区、直辖市、计划单列市及新疆生产建设兵团商务、公安、交通运输、邮政、供销合作部门：

为深入贯彻落实《国务院办公厅关于进一步推进物流降本增效促进实体经济发展的意见》（国办发〔2017〕73号）、《商贸物流发展“十三五”规划》（商流通发〔2017〕29号）等文件精神，完善城乡物流网络节点，降低物流配送成本，提高物流配送效率，商务部、公安部、交通运输部、国家邮政局、供销合作总社联合制定了《城乡高效配送专项行动计划（2017—2020年）》，现印发给你们，请结合本地区、本部门实际，认真组织实施。

城乡高效配送专项行动计划（2017—2020年）

为贯彻落实《国务院办公厅关于进一步推进物流降本增效促进实体经济发展的意见》（国办发〔2017〕73号）、《商贸物流发展“十三五”规划》（商流通发〔2017〕29号）等文件精神，完善城乡物流网络节点，降低物流配送成本，提高物流配送效率，商务部、公安部、交通运输部、国家邮政局、供销合作总社拟在全国范围开展城乡高效配送专项行动。

一、总体要求

（一）指导思想

全面贯彻党的十九大精神，牢固树立新发展理念，认真落实党中央、国务院关于深入推进供给侧结构性改革、降低实体经济成本的决策部署，充分发挥市场在资源配置中的决定性作用，更好发挥政府作用，以体制机制改革为动力，以网络构建为基础，以模式创新为引领，以技术应用为支撑，以共享协同为重点，切实破解制约城乡配送发展的突出问题，推进城乡配送网络化、集约化、标准化，便利居民消费，促进城乡双向流通。

（二）基本原则

坚持市场主导与政府引导相结合。依托市场机制有效配置资源；发挥政府统筹作用，引导城乡配送高效集约。

坚持问题导向与重点突破相结合。聚焦突出问题，着力破解制约城乡配送发展的瓶颈和障碍。

坚持因地施策与注重实效相结合。综合考量各地基础条件和配送需求，因地制宜，务求实效。

坚持试点示范与以点带面相结合。通过引方向、促改革、立标杆等方式，将成熟经验向全国推广。

（三）主要目标

到2020年，初步建立起高效集约、协同共享、融合开放、绿色环保的城乡高效配送体系。确定全国城乡高效配送示范城市50个左右、骨干企业100家左右。

——基础设施更加完善。城市配送网络基本健全，农村配送网络基本形成，城乡配送网络基本衔接。

——运行效率显著提高。配送组织方式更加集约，先进技术和通用标准得到广泛应用。配送成本明显下降，商贸企业物流费用率降低到7%左右。

——发展环境更加优化。制约城乡配送发展的体制机制性问题得到有效解决。规划保障更加有力，停靠装卸等配套设施更加完善，配送车辆资源配置更加合理，通行更加顺畅。

二、主要任务

（一）完善城乡配送网络

（1）优化城市配送网络。加快构建以综合物流中心（物流园区）、公共配送（分拨）中心、末端配送网点为支撑的城市配送网络。鼓励根据需求建设集仓储、运输、分拨、配送、信息、交易功能于一体的综合物流中心，强化物流中心的集聚辐射功能。鼓励建设相对集中的公共配送（分拨）中心，支持仓储、零担运输、电商、邮政、快递等各类企业共建共用，提升配送中心的公共属性。加快建设末端配送网点，丰富零售门店的送、取货物功能，完善快递基层服务网点布局，支持邮政综合服务平台建设，发展自助提货设施等末端公共服务点。

（2）完善农村配送网络。健全以县域物流配送中心、乡（镇）配送节点、村级公共服务点为支撑的农村配送网络，鼓励有条件的地区构建公共配送中心和末端网点直通快捷的农村配送网络。支持县域物流配送中心强化资源整合、集散中转、仓储配送等功能。依托乡镇连锁超市、邮政营业场所、客货运站场、快递网点、农资站等网络资源，建设上接县、下联村的农村配送节点。依托农家店、便民店、村邮站、三农服务站等末端网点，发展农村公共服务点。农产品主产区乡镇重点建设具有农产品集聚、产地预冷、加工配送等功能的公共冷链设施，从产地高起点发展冷链物流网络。

（3）加强城乡配送网络衔接。发挥区域配送中心衔接城乡的功能优势，形成衔接有效、往返互动的双向流通网络。鼓励跨部门资源共享和跨行业协作联营，推动商贸流通、交通运输、邮政、快递、供销合作、第三方物流等企业向农村延伸服务网络，充分利用农村现有仓配资源，拓展农产品上行物流通道，打造“一点多能、一网多用、深度融合”的城乡配送服务网络。

（二）优化城乡配送组织方式

（1）加快发展集约化配送。发挥第三方物流企业仓配一体化服务优势，融合供应商、实体零售门店、网络零售的配送需求，发展面向各类终端的共同配送。依托物流园区、批发市场等配送需求集中场所，整合零担长途干线运输“落地配”与城市配送资源，发展面向机关单位、工商企业、学校医院等消费团体的集中配送。扩大零售终端网络，整合供应商配送需求，发展面向连锁超市、百货店、专卖店、专业店等零售门店的统一配送。依托专业大户、家庭农场、农民合作社、农业产业化龙头企业等新型农业经营主体，发展面向电商平台和团体消费的农产品批量配送。结合城市交通状况和配送需求，加强商贸、快递与物流企业的协同协作，因地制宜发展夜间配送、分时段配送。创新发展符合个性化、定制化消费的配送方式。

（2）推动各类配送资源协同共享。加快发展公用型仓储设施，强化集货、分拨和配送功能，推动各类配送中心对外开放、共享共用，推动供应链各环节库存统一管理。加强实体商业配送网络与电商、快递等物流配送网络的协同共享，探索在分拨中心、配送中心环节加强合作，推动店配与宅配融合发展。加强末端配送资源共享，促进快递、邮政、商超、便利店、物业、社区等末端配送资源的有效组织和统筹利用。鼓励平台型物流企业和无车承运人的发展。加强配送车辆的统筹调配和返程调度，推广循环取货、返程取货等方式，减少车辆空载率。

（3）推动配送与供应链深度融合。拓展配送功能，加强与生产制造、采购销售、农产品生产等环节的协同衔接。重点发展原材料与零部件的代理采购、库存控制与线边服务；推进配送与集中采购、批发分销、网络零售等功能整合，优化网购商品按区域分布式存储，发展集中仓储和共同配送，实现供、销、配、存、运一体化；深入田间地头，发展农产品集约化、标准化的预冷加工、质量检测、包装赋码、仓储配送、质量追溯与代购代销等服务。

（三）强化城乡配送技术标准应用

（1）加强装备技术推广应用。大力推广集装单元、快速分拣、自动识别、智能仓储等技术，提升仓储配送、装卸搬运、分拣包装等装备技术水平。推广应用无线射频识别、综合识别、集成传感等物联网感知技术，鼓励应用货位管理、可视化、路径优化、供应链管理等智能存储配送技术，提高仓储配送效率。支持应用专业冷藏运输、蓄冷板（棒）、全程温湿度监控等先进技术设备，加强末端冷链设施建设，实现冷链不断链、可监控。

（2）加强标准实施应用。完善配送中心、配送站点建设标准和配送车辆选型标准，推动仓储、配送、分拣、包装、装卸、搬运等环节物流标准广泛应用。加快建设托盘、周转箱（筐）循环共用体系，推广应用标准托盘、周转箱（筐）及一贯化作业，探索以托盘、周转箱（筐）作为装载、作业、计量和信息单元，推进农产品流通从田间地头到超市货架全程“不倒筐、零触碰”。推动配送车辆向标准化、厢式化发展，规范管理快递专用车辆。有条件的城市探索城乡配送车辆“统一标识、统一车型、统一管理、统一技术标准”。

（3）加强信息平台建设与互联互通。加快整合城乡配送公共信息平台，保障信息平台汇集配送需求和运力资源的信息服务功能，提升资源整合、交易撮合、订单管理、配载管理等交易服务功能，拓展车辆调度、路径优化、信用评价、车辆监管、运力调控、绩效统计等管理服务功能。促进城乡配送上下游企业和公共信息平台互联互通，推动跨地区、跨行业的仓配信息融合共享。有条件的城市探索配送平台与交通监管平台的数据交互和统筹管理，探索配送业务管理与肉类、蔬果、水产、酒类、药品等重要产品追溯管理的融合发展。

（四）推动城乡配送绿色发展

（1）发展绿色仓储。贯彻实施仓库规划设计、绿色仓库等国家、行业标准，开展绿色仓库评价与评估。合理规划仓库空间布局与功能布局，充分考虑仓储运营的需求，合理配置作业门、可调节月台、移动登车桥等设施，重点推广应用绿色建筑材料、仓库屋顶光伏发电、冷库节能技术、节能灯、电动叉车等新材料、新技术、新设备。

（2）发展绿色运输。推进货运车辆技术升级，推广应用高效、节能、环保的运输装备，积极推广使用新能源和清洁能源车辆。推动运输组织模式创新，支持发展甩挂运输、多式联运等方式，鼓励开展配送流程再造，合理调度运输车辆，优化路径，减少重复交错运输和运输车辆空载。

（3）发展绿色包装。开展绿色包装容器与技术研发，支持使用标准化、减量化、可循环利用和可降解的包装材料。鼓励采用清洁包装技术，合理使用包装物品，大力降低原材料和能源消耗。推动包装回收再利用，建立包装生产者、使用者和消费者在内的多方协同回收体系。

（五）提升城乡配送管理水平

（1）加强仓储规划保障。将城乡配送仓储设施建设纳入土地利用规划和城乡建设规划，并与本地区经济社会发展、交通、商贸流通和物流业发展规划紧密衔接，以规划保障城乡配送网络建设。加强规划实施的监督和评估，强化政策支持措施与规划的衔接配套，引导企业依规、有序建设仓储配送设施。

（2）加强设施衔接配套。合理设置城市配送所需的公用仓储、配送车辆停靠、装卸、充电等配套设施和场地。完善城市商业区、居住区、高等院校和大型公共活动场地等项目装卸设施、停车场地、充电桩的配套建设并强化实施监督。

（3）加强车辆通行管理。组织城乡配送需求调查，综合评估城市环保、拥堵与配送实际的客观要求，科学配置进城车辆资源，探索发展城乡配送公交化运行模式。落实企业主体责任，加强对运输、配送等环节的安全管理。进一步完善城市配送车辆通行管理制度，探索建立城市配送车辆分类管理机制，按照保障需求、便利通行、分类管理、适度调控的原则，保障配送车辆的城区通行与停靠需求。

三、重点工程

（一）城乡配送网络建设工程

适应全渠道流通和供应链深度融合的趋势要求，优化仓储配送网点布局，促进地区之间、城乡之间网络衔接。引导仓储、邮政、快递、批发、零售、电商等企业，采取多种方式共建共用社会化配送中心。鼓励地方政府整合利用城市商业网点、快递网点、社区服务机构等设施资源及农村商贸、交通、邮政、快递、供销等网络资源，建设公共末端配送网点。鼓励经营规模大、配送品类全、网点布局广、辐射功能强的骨干企业，联合相关企业建立多种形式的联盟与协同体系，构建城乡一体、上下游衔接、线上线下协同的物流配送网络。（商务部会同交通运输部、国家邮政局、供销合作总社负责）

（二）绿色货运配送示范工程

建立交通运输主管部门负责配送运力调控、商贸流通主管部门负责配送需求引导、公安交通管理部门负责通行管理的协同工作机制，推进城乡货运绿色创新发展。在城市中心城区周边、农村县乡等交通便利地区，统筹规划建设具有干支衔接功能并组织共同配送的大型公共货运与配送综合体。完善城市配送车辆便利化通行政策，探索建立城市配送车辆分类管理机制。推动城市配送车辆标准化、专业化发展，推广新能源配送车辆并给予通行便利。推动运输组织方式创新，支持发展多式联运、甩挂运输、带托运输等高效运输模式。在商业街区、大型商圈、居民社区、高等院校等场所合理设置城市配送所需的停靠、充电、装卸、夜间配送交接等设施。推动城乡货运与配送全链条信息交互共享，促进整合各方资源，形成集约高效的城乡货运组织链条。（交通运输部会同公安部、商务部负责）

（三）技术与模式创新工程

推动现代物流技术和装备的创新与应用，推广使用标准托盘、周转箱（筐）、配送车辆等，推动城乡配送各环节高效衔接。推动将绿色包装纳入资源回收政策支持范畴，减少包装物料用量，研发生产可循环使用和可降解的包装材料。大力推进大数据、云计算与物联网等技术在城乡高效配送中的应用，推动智慧仓配网络与平台建设。创新配送模式，发展统一配送、集中配送、共同配送等多种形式的集约化配送，发展共享物流、智慧供应链等新业态，发展夜间配送、分时段配送。（商务部会同交通运输部、

国家邮政局、供销合作总社负责）

四、保障措施

（一）优化政策环境

落实和完善物流用地政策，合理确定配送中心仓储用地税收贡献指标水平，加大对公共物流设施和农村物流设施的支持。结合物流园区建设、电子商务示范试点、快递发展系列示范工程、鲜活农产品“绿色通道”、新能源汽车等支持政策，优先扶持试点城市和骨干企业发展，对全程全网型企业给予重点扶持。推动建立多元化投融资机制，发挥财政资金、国有资本、产业基金的引导带动作用。进一步深化“放管服”改革，研究制定非机动配送车辆标准，简化货车通行审批程序，为推进城乡配送发展营造良好政策环境。

（二）完善工作机制

各地要加强对专项行动的组织领导，建立健全组织机构，成立由政府统一领导，商务、公安、交通运输、邮政、供销等部门组成的城乡配送领导小组。明确工作分工，建立部门联席会议等协调推进机制，强化对专项行动的综合协调、督导检查、绩效评估和统计监测，加强部门分工协作与资源共享。发挥专业协会等行业组织作用，强化行业自律，开展统计、咨询、评估等社会化服务。

（三）开展试点示范

各地结合各行业发展基础与经验，以城市为载体组织开展城乡高效配送试点，通过改革探索和政策支持，实施一批重点项目，对重点行业给予重点扶持。其中，直辖市、计划单列市整体组织试点，各省、自治区自主选择城市组织试点。商务部等五部门共同组织开展城乡高效配送专项行动年度评估工作，编制印发城乡配送评估指南，每年从各地试点中确定一批全国城乡高效配送示范城市，在全国范围确定一批骨干企业。

（四）加强宣传培训

创新工作方式和手段，组织开展形式多样的宣传活动，提高社会认知度、行业认同度和企业参与的积极性。通过召开现场经验交流会、建立案例库等形式，宣传推广典型经验做法。开展多层次的业务培训，加强物流规划、物流标准化、共同配送等重点领域业务培训，提高企业专业化水平与业务技能。

商务部

公安部

交通运输部

国家邮政局

供销合作总社

2017 年 12 月 13 日

交通运输部办公厅、公安部办公厅、商务部办公厅关于组织开展城市绿色货运配送示范工程的通知

交办运〔2017〕191号

各省、自治区、直辖市、新疆生产建设兵团交通运输厅（局、委）、公安厅（局）、商务主管部门：

为贯彻落实党的十九大精神，推动城市货运配送绿色高效发展，缓解城市交通拥堵，促进物流业降本增效，按照《国务院办公厅关于进一步推进物流业降本增效促进实体经济发展的意见》（国办发〔2017〕73号）、《交通运输部 公安部等十四个部门关于印发促进道路货运行业健康稳定发展行动计划的通知》（交运发〔2017〕141号）以及《商务部公安部交通运输部国家邮政局供销合作总社关于印发〈城乡高效配送专项行动计划（2017—2020年）〉的通知》（商流通函〔2017〕917号）工作要求，经交通运输部、公安部、商务部同意，决定联合组织开展城市绿色货运配送示范工程。现将有关事项通知如下：

一、总体思路

开展城市绿色货运配送示范工程建设，是支撑国家新型城镇化战略实施的重要举措，是防治大气污染和缓解城市交通拥堵的客观要求，是促进物流降本增效、破解城市配送“三难”问题的有效途径。示范工程将以城市为组织主体，坚持“客货并举、便民高效、综合施策”的原则，整合各方物流资源，完善干支衔接的公共货运枢纽设施，优化城市配送车辆便利通行政策，推广应用新能源城市配送车辆，实现城际干线运输和城市末端配送的有机衔接，形成集约高效的城市货运配送组织链条，提升流通效率，促进节能减排。

二、工作目标和主要任务

（一）工作目标

通过示范，力争在示范城市建成“集约、高效、绿色、智能”的城市货运配送服务体系，为促进城市可持续发展提供有力支撑。

示范城市在示范期结束时应实现以下目标：探索形成一批各具特色的城市绿色货运配送发展模式；建成一批现代化、标准化、集约化的城市货运枢纽，形成若干集聚效应

强的干支衔接公共货运枢纽站场；培育一批运作高效、服务规范、开展甩挂运输和实施共同配送的物流企业；更新一批标准化、专业化、环保型运输与物流装备，新能源和清洁能源车辆占营运载货汽车比重大幅提升；打造功能健全、资源集约协同共享的物流信息平台；城市货运配送效率显著提升，物流成本、能耗水平和污染物排放明显降低。

（二）主要任务

（1）统筹规划建设城市货运配送节点网络。在城市周边统筹布局规划和建设一批具有干支衔接并组织共同配送的大型公共货运枢纽，优化城市内末端共同配送节点网络，在城市近郊建设服务于城际货运和城市配送间高效转换的物流园区和大型物流中心，依托工业集中发展区或大型商业网点建设分拨中心、公共配送中心以及各类货物装卸点、公共配送站，推动形成有机衔接、层次分明、功能清晰、协同配套的城市货运配送节点网络体系。

（2）优化完善城市配送车辆便利通行政策。建立“交通运输主管部门负责运力调控，商贸流通主管部门负责配送需求引导，公安交通管理部门负责通行管理”的协同工作机制，健全完善城市货运配送需求调查制度，科学确定并及时向社会公布配送车辆禁止、限制通行的区域和时间；对城市配送车辆依照规定发放通行证，并向社会公布通行证办理的条件和程序；对年度安全管理考核不合格、车辆交通违法行为较多的配送运输企业，收回其车辆通行证，并责令限期整改。探索实施城市配送车辆分时、错时、分类通行和停放措施，合理规划设置中心城区商业区、居住区、生产区、大型公共活动场地等区域专用卸货场地和道路范围内配送车辆的临时停车泊位。

（3）加快标准化新能源城市货运配送车辆推广应用。推动示范城市制定符合国家标准、体现各地发展实际的城市配送车辆选型技术指南，进一步加强对城市配送车辆车型、安全、环保等方面的技术管理，推动城市配送车辆的标准化、专业化发展。加大对新能源城市配送车辆的推广力度，加强政策支持并给予通行便利，健全完善加补气、充电等基础设施建设，引导支持城市配送车辆清洁化发展。

（4）推进城市货运配送全链条信息交互共享。推动示范城市建设城市货运配送基础公共信息服务平台，有效整合城际干线运输、城市配送相关公共信息系统以及城市交通管理信息系统等各类资源，促进各类信息资源的集约利用。支持互联网平台企业利用信息化技术优化公共货运配送服务，打通物流企业、生产制造企业和商贸流通企业信息互联共享链条，提升供应链综合服务水平。

（5）引导和鼓励城市货运配送组织模式创新。支持城市货运配送企业发展多种形式的统一配送、集中配送、共同配送。推动完善夜间配送管理制度，引导商贸流通企业、货运配送企业协同开展夜间配送。支持货运配送企业延展服务链条，推进干线甩挂运输与城市共同配送的一体化运作。推动干线货运与城市配送企业之间、同城配送企业之间建立多种形式的合作联盟，共同开展跨区域货运配送的业务合作、同城共同配送的组织协作。

三、申报条件

申报绿色货运配送示范工程的城市，原则上应当同时满足以下条件：

（1）城市规模。地级及以上城市，优先考虑直辖市、省会城市和计划单列市。

（2）区位条件。优先支持《推进物流大通道建设行动计划（2016—2020 年）》确定的国家骨干联运枢纽（城市）、区域重点联运枢纽（城市）和《全国物流园区发展规划（2013—2020 年）》确定的一级、二级物流园区布局城市。

（3）物流基础。物流枢纽站场等基础设施条件较好，信息化水平较高，物流需求旺盛，城市配送、甩挂运输、冷链物流等重点领域发展潜力大。

（4）政策环境。城市人民政府及相关管理部门对推动城市物流配送发展、新能源配送车辆便利通行等方面有具体、明确的支持政策。

四、申报程序与时间安排

（一）启动阶段（2018 年 1—6 月）

（1）城市申报。省级交通运输主管部门组织本省（区、市）各有关城市进行申报。符合申报条件的城市人民政府，按照实施方案编制要点（详见附件 2），结合城市发展特点，认真组织编写城市绿色货运配送示范工程实施方案，报送省级交通运输主管部门，抄送省级公安、商务部门。

（2）审查确认。省级交通运输、公安、商务部门应遵循公平、公正、公开的原则，对申报城市材料进行审核，形成审核报告，并按照推荐的优先顺序排序后，填写《×××省（区、市）申报城市绿色货运配送示范工程情况汇总表》（详见附件 1），于 2018 年 3 月 31 日前将相关材料报交通运输部，申报城市原则上不超过两个。交通运输部会同公安部、商务部组织专家对审核报告和城市申报材料进行综合评价，择优确定城市绿色货运配送示范工程创建城市，并于 2018 年 6 月 30 日前联合发文确认公布。

（二）实施阶段（2018 年 7 月—2020 年 6 月）

（1）组织实施。城市人民政府要建立部门协同、分工负责的工作机制，按照批准的实施方案，严格组织执行，落实配套政策，全面推进各项工作。

（2）重点督导。省级交通运输主要部门要会同公安、商务部门要加强跟踪督导，及时协调解决示范工程建设中遇到的各种问题。交通运输部将会同公安部、商务部视工作进展情况适时组织督察。

（三）验收总结阶段（2020 年 7—12 月）

（1）评估验收。交通运输部将会同公安部、商务部制定示范工程绩效考核评价指标体系和评估方法，示范工程结束后，各省级交通运输主管部门会同公安、商务部门按照绩效评估办法，对照示范工程实施方案和考核验收目标，对示范工程进行总结评估，出具评估验收意见。交通运输部将会同公安部、商务部视情对验收工作进行抽查。

（2）总结推广。相关部门要全面总结示范工程取得成效，梳理典型发展模式和成熟经验，充分发挥标杆项目示范引领作用，推进城市绿色货运配送健康发展。

五、工作要求

（一）加强组织领导

示范城市所在省级交通运输、公安、商务部门要充分认识推进城市绿色货运配送发展的重要意义，对示范工作给予高度重视和大力支持。示范城市人民政府应加强领导和统筹，建立有关部门各负其责、协调配合的工作机制，明确具体职责、工作目标和任务分工，强化示范工作动态监管，为示范工程提供组织保障。

（二）落实配套政策

交通运输部将对纳入城市绿色货运配送示范工程的货运枢纽（物流园区）项目，按照《“十三五”货运枢纽（物流园区）建设方案》和相关管理规定，予以重点考虑、优先支持。公安部、商务部将根据各自职责，加强部门协调和政策推进，支持示范工程建设。交通运输主管部门应积极争取省级和城市的财政资金支持，加大对示范工程中公共基础设施建设、公共信息平台建设、新能源配送车辆更新购置、企业节能减排技术改造项目等方面的支持。

（三）强化市场监管

城市交通运输主管部门要会同公安、商务部门研究制定城市配送企业运营服务规范，健全城市货运配送企业质量信誉考核制度，引导行业规范发展。加强城市配送需求、车辆运力需求的调查统计，科学制定城市配送发展规划和运力投放计划，提高城市配送车辆通行证发放的科学性。进一步加大对城市货运非法营运、交通违法行为的检查和处罚力度，规范城市配送市场和安全秩序。

（四）加强监督指导

各省级交通运输主管部门要会同公安、商务部门，按照示范工程绩效考核评价办法的要求，严格对示范工程的绩效考核。各省级主管部门和城市人民政府应加强对示范工作实施过程的监督管理，建立督察督导工作制度，及时掌握示范工作进展情况，协调解决示范过程中遇到的问题，确保示范工作取得实效。

附件：1. ×××省（区、市）申报城市绿色货运配送示范工程情况汇总表

2. 城市绿色货运配送示范工程实施方案编制指南

交通运输部办公厅

公安部办公厅

商务部办公厅

2017 年 12 月 18 日

附件 1

×××省（区、市）申报城市绿色货运配送示范工程情况汇总表

填报单位（盖章）：

序号	城市名称	城市类型	中心城区常住人口（万人）	2017 年人均 GDP 在全省排名	备注

注：按照《全国物流园区发展规划》，城市类型分为：一级物流园区布局城市、二级物流园区布局城市。

附件 2

城市绿色货运配送示范工程实施方案编制指南

一、城市物流业发展的总体情况

论述城市经济社会和物流业发展的基本情况和战略规划。

二、申请示范工程的优势及前期工作基础

按照示范工程的申报条件，重点论述示范工程依托城市在城市绿色货运配送方面所具备的优势，分析城市交通基础设施、车辆通行管控、货运配送车辆、信息化建设、运输组织、市场主体、体制机制等方面的基本条件；城市在推进绿色货运配送过程中的难点问题；申报前期所开展的相关工作及政府支持政策等情况。

三、城市货运配送需求分析及预测

重点分析论述城市货运配送面临的新形势及需求特征，预测未来 3 年的需求总量、主要货类需求量。

四、示范工程建设的总体思路、原则及目标

论述示范工程建设的总体构想和思路，在建设过程中需要遵循的基本原则。从建设高效、集约、绿色、现代城市货运配送服务体系的角度，在基础设施、车辆更新、通行管控、运输组织模式、信息化水平、市场主体培育、降本增效、节能减排等方面提出示范工程的考核目标。

五、示范工程建设的主要任务

结合各城市实际，围绕加强城市货运配送枢纽设施规划建设、优化配送车辆通行管控政策、促进标准化新能源车辆更新改造、推进货运配送全链条信息交互共享、创新城市配送运输组织模式、完善体制机制和政策法规等方面，按照具有创新性和试点示范引领的要求，提出具体化的工作任务，选择若干方向作为突破口，争取率先形成示范。

结合主要任务，明确重点项目，并对项目的组织模式、运作方案、投资估算、进度计划等方面进行重点论述。

对于中央重点支持项目应以表格形式细化年度投资计划、具体实施期限和规模，清晰界定年度实施范围和进度，并提供相应的证明材料，以便进行年度考核。

六、示范效果预估

对示范工程方案实施后的效果进行预判，分析示范工程建设对当地社会经济所带来的经济效益和社会效益。

七、配套政策及措施

论述保障示范工程顺利实施的支持政策及配套措施情况。

京津冀政策

京津冀地区快递服务发展“十三五”规划

前 言

推动京津冀协同发展，是党中央、国务院在新的历史条件下做出的重大决策部署。京津冀地区同属京畿重地，濒临渤海，背靠太岳，携揽“三北”，战略地位十分重要，是我国经济最具活力、开放程度最高、创新能力最强、吸纳人口最多的地区之一，也是拉动我国经济发展的重要引擎。快递业作为现代服务业的重要组成部分，是推动流通方式转型、促进消费升级的现代化先导性产业。京津冀地区在全国快递服务发展中具有重要地位，但与长三角、珠三角地区相比，京津冀地区快递服务协同发展需求更为迫切，绿色环保任务更重，安全保障压力更大。京津冀快递服务协同发展，既是区域发展的内在需要，也是贯彻落实国家重大战略的必然要求，更是京津冀快递业转型升级、创新发展的重要机遇，将在降低流通成本、支撑电子商务、服务生产生活、扩大就业渠道等方面发挥积极作用。

根据《国民经济和社会发展第十三个五年规划纲要》《京津冀协同发展规划纲要》《邮政业发展“十三五”规划》和《快递业发展“十三五”规划》，结合京津冀快递服务发展实际，制定《京津冀地区快递服务发展“十三五”规划》。规划期为 2016 年到 2020 年。

一、现状与形势

（一）发展现状

快递服务处于快速发展阶段。“十二五”期间，京津冀快递服务快速发展，快递业务收入、业务量五年间年均增长率分别达到 33.4% 和 53.3% 。2015 年，京津冀快递业务收入完成 281.3 亿元，业务量完成 22.2 亿件。其中北京市快递业务收入、业务量占京津冀地区比重分别为 64.5%、63.7%；天津市快递业务收入、业务量占京津冀地区比重分别为 15.5%、11.6%；河北省快递业务收入、业务量占京津冀地区比重分别为

20.0%、24.7%。特别是随着国内电子商务、跨境电子商务、新兴电子商务业态的发展，电商类快递业务发展迅速，显示出强劲的发展势头。

快递服务形成多元化发展格局。“十二五”期间，快递业发展环境不断优化，区域内快递业基本形成多种所有制并存、多元主体竞争、多层次服务共生的格局。从所有制看，国有、民营和外资快递企业共同发展。从需求看，既有民生的需求，也有来自农工商等产业的需求。从提供主体看，既有专业化快递企业，也有来自零担货运、航空、铁路、电子商务、仓储、第三方配送等不同类型的企业。社会资本积极进入快递业，服务产品和服务模式日趋多样化。快递服务在寄递范围上有同城、国内、国际三类，服务时限上有限时达、当日递、次晨达、次日递、隔日递等多种类型。快递业与电子商务交叉渗透融合发展。快递服务竞争方式日趋多样化、差异化，竞争形态发生了较大变化。

快递服务的科技水平不断提升。快递企业加快信息化、集成化和自动化发展步伐，新技术应用迅猛发展，科技水平不断提升。手持终端、卫星定位、电子条码、高速扫描录单等系统装备得以广泛使用，互联网、物联网、大数据、云计算等技术加快应用，信息网络技术与快递业进一步融合，“互联网＋”快递的科技支撑初步形成。

快递服务能力和服务水平显著提升。快递服务基础设施规模和网络覆盖面不断扩大，截至2015年年底，快递服务营业网点超过1万个，乡镇快递服务网点覆盖率提升至90%以上。快递时限准时率保持稳定，快递服务满意度稳步提升。快递企业不断拓展业务范围，开展代收货款、报关报检、保价保险、广告营销、仓配一体化和云仓等增值服务。快递产品体系不断完善，生鲜冷链快递、医药快递、特殊物品快递等新兴和专业化业务不断涌现。

京津冀快递国际化发展迈出新步伐。国内包裹快递市场全面开放，快递“走出去”战略加快推进。部分快递企业开通了从京津冀至日、韩、俄、美等国的快递服务。部分快递企业涉足服务跨境电商，加快开展国际快递业务，提供特定国家的“海外专线”“海外仓”等服务，开始布局“一带一路”等重点国家和地区。

（二）主要问题

快递服务能力有待进一步提升。京津冀地区尚未形成完善高效的快递服务体系，特别是部分农村地区的快递服务能力较为薄弱，企业的科技和信息化整体水平不高，快递业与农业、制造业联动发展比较滞后。冷链快递、跨境快递、特殊物品快递等专业快递服务能力不足。快递服务集约化程度较低，产业大而不强，企业众多但核心竞争优势有待进一步提升。城区“最后一公里”服务问题亟待解决，区域内快递资源尚未得到最优配置。

快递业尚待形成发展合力。京津冀三省市快递业存在明显发展落差，中心城市与地市城市间、城乡间快递服务水平差距较大。京津冀快递业统筹规划不足，基础设施和信息平台尚未实现有效衔接，协同服务能力亟待加强，协同发展的政策体系仍不完善，互利共赢和沟通协调机制尚未完全建立。

快递业面临的制约要素明显。快递服务的用工、用地、资金等需求缺口加大。基层从业人员素质和职业技能有待提升，高端管理人才、技术研发人才比较缺乏，校企合作培养人才的模式还在探索。快递基础设施建设用地资源稀缺，与机场、铁路等综合交通枢纽的规划建设衔接不够，快递服务场地受限制的问题比较突出。针对快递业的金融服务创新不足，中小快递企业融资较为困难，发展后劲不足。

快递业的国际竞争力不强。京津冀作为未来的世界级城市群，快递业在国际通达能力、品牌规模效应、核心竞争力、创新能力、服务产品等方面还有很大提升空间，提升国际竞争力任重道远。

寄递渠道安全形势依然严峻。北京作为首都的城市性质和功能定位，决定了京津冀快递业安全的政治重要性和战略重要性。快递从业主体众多，企业安全防范能力参差不齐，安全制度建设等工作亟待进一步完善，寄递渠道安全形势日趋严峻，安全保障能力与任务要求不相适应。京津冀三地尚未完全形成统一高效的安全监管体系。

（三）形势判断

一是经济增长和结构升级将为快递持续快速增长提供新动能。“十三五”时期，京津冀将成为中国经济重要的增长极，快递业不仅自身将成为新增长点，还能够发挥出促进商品流通、保障民生、拉动居民消费、支持相关产业发展等方面的关键作用。京津冀地区工业化将持续推进，北京进入工业化后期，天津迈向工业化中后期，河北加快新型工业化步伐。京津冀产业结构进一步优化升级，服务业比重进一步上升。京津冀地区的产业结构和消费结构升级将使得快递需求保持旺盛势头。“互联网+”等新业态在经济社会各领域会得到更广泛的应用，相应的快递需求将继续保持高速增长态势。

二是对外开放战略深入实施为快递业国际化开辟了新空间。京津冀地区是参与全球分工的世界级城市群，是中国北方面向东北亚、中亚、俄罗斯和欧洲全方位开放的门户。国家加快推进“一带一路”倡议。北京加快建设世界性城市并成为全国首个服务业扩大对外开放综合试点城市。天津建设自由贸易区，加快滨海新区开发开放，建设国家自主创新示范区并成为跨境电商试点城市。这些将为快递业国际化带来难得历史机遇，快递业高水平引进来和大规模走出去将成为新的常态。跨境电子商务快速发展将会极大推动京津冀快递国际化步伐，也将吸引国际快递企业进一步向中国市场拓展业务。

三是京津冀协同为区域快递转型升级创造了新机遇。京津冀协同发展战略加速推进，非首都功能有序疏解，有利于促进产业区域协同和优势互补，促进区域快递服务转型升级。区域交通一体化深入推进，“四纵四横一环”交通网络加快建设，京津保唐“1 小时交通圈”逐步形成，有力支撑区域快递资源整合和布局优化。科技与经济深度融合，信息化变革持续推进，生产集约化、智能化、专业化渐成新特征，消费个性化、多样化、网络化渐成主流，流通渠道扁平化、精细化、专业化渐成方向，新需求、新业态、新商业模式不断涌现，促进区域快递提质增效、创新发展。

二、指导思想、基本原则和发展目标

（一）指导思想

全面贯彻落实党的十八大和十八届三中、四中、五中、六中全会精神，深入贯彻习近平总书记系列重要讲话精神，按照“五位一体”总体布局和“四个全面”战略布局要求，紧紧围绕京津冀协同发展的战略定位，牢固树立创新、协调、绿色、开放、共享的发展理念，深入推进快递服务领域供给侧结构性改革，以“互联网+”快递为发展方向，遵循市场规律，充分发挥市场在资源配置中的决定性作用，更好地发挥政府作用，把握新科技革命和产业变革的机遇，解决当前存在的突出问题，顺应未来发展趋势，以“完善体系、整合资源、优化结构、合理布局、提升能力、提高效率、联动发展、城乡统筹、海外拓展”为重点，建成与小康社会相适应的京津冀快递服务体系。

（二）基本原则

市场主导，政府引导。以市场和需求为导向，充分发挥企业的主体作用，全面激发企业发展活力。更好地发挥政府在立法、战略、规划、政策、标准、监管等方面作用。在发展中求规范，以规范促发展，全力保障京津冀地区寄递渠道安全。统筹兼顾，重点突破。把解决当前问题与把握长远趋势结合起来，统筹国内发展与国际布局，统筹城市发展与农村建设，统筹促进大、中、小企业协调发展。围绕重点领域、薄弱环节和矛盾突出的领域，实现重大突破。资源整合，协同发展。落实京津冀协同发展战略，有序疏解北京非首都功能。着眼于全局和长远未来，对区域内社会资源进行综合利用，促进协调与集成、重组与优化，使快递服务对区域发展作出较大贡献。支持跨地区、跨行业资源整合，在自愿、诚信、互利、共赢的基础上深化协同合作。

（三）发展目标

围绕建成“普惠城乡、技术先进、服务优质、安全高效、绿色节能、定位清晰、优势互补、互利共赢”的京津冀快递服务体系总体目标，重点将京津冀地区打造成为快递业改革创新的试验区、快递业与交通运输业协同发展的示范区和北方快递业发展核心区。

“十三五”期间京津冀快递服务发展预期目标如下：

产业规模。预计到2020年，快递业务收入达到850亿元，年均增速保持在25%左右，快递业务量达到80亿件，年均增速保持在29%左右。

服务能力。快递服务基础设施布局进一步优化，快递服务网络实现农村全覆盖，实现“乡乡有网点、村村通快递”。国际网络连通取得重大进展，初步建立通达亚洲、美洲、欧洲、非洲、大洋洲，连接“一带一路”沿线国家的快递服务网络。年人均快件使用量超过80件。

服务水平。快递服务产品体系更加丰富，形成标准服务、个性服务、定制服务、智能服务等多类型多层次服务组合。区域内快递服务达到“同城化”水平，基本实现主要城市当日达、次日达。规模以上快递企业全部实现投诉处理平台信息化，投诉处理满意率、快递服务满意度高于全国平均水平。

安全生产。全面落实寄递渠道安全管理收寄验视、实名收寄、过机安检三项制度。提高安全管理和安全应急水平，推动实现快件收派安全、信息保护安全、交通运输安全、设备运行安全。保障重大活动期间的寄递渠道安全，遏制重特大安全责任事故发生。

创新能力。信息技术、智能技术、绿色环保技术加快普及，转化一批对行业有重大影响的科技成果，服务模式创新变革。智能快件（包裹）箱安装格口数超过 100 万个，重点快递企业的枢纽型分拨中心自动化设备配置率达到 60% 以上，重点企业新能源汽车保有量超过 5000 辆，新能源车加速推广应用。

三、定位布局

京津冀地区快递业定位布局，要解放思想，同频共振，突破行政区划，扩大区域联动，发挥区位优势。充分依托多层次、全覆盖的综合交通网络和公路、机场、铁路、港口等综合交通枢纽，加快构建快递骨干网络体系。按照“统筹协调、功能互补、有序疏解、区域联动”的思路，以“一核心、两区域、四枢纽、五节点、多园区”为架构，打造中国北方快递业发展核心区，形成特色鲜明的区域快递协同发展新格局。

一核心。北京是京津冀协同发展的核心。根据北京城市功能定位，逐步疏解区域性快递集散分拨功能，加强快递业安全监管、科技应用、绿色发展、产业联动等方面能力建设，发挥对津冀的示范带动作用，致力于建设“国内领先，国际一流”的首都现代快递业，打造快递服务首善之区。

两区域。充分发挥天津和河北“护城河”作用，保障首都寄递渠道安全。津冀主动承接北京非首都功能溢出，积极寻求错位发展、融合发展。天津致力于打造快递专业类国际航空物流中心、跨境快递基地和先进制造业与快递业联动示范区。河北致力于建设全国现代商贸快递物流重要基地。

四枢纽。依托首都机场、天津滨海机场、河北石家庄正定机场，加快建设快递航空货运枢纽，提升快递航空运输集散能力。把握北京新机场建设机遇，高标准统筹规划快递基础设施，将北京新机场逐步建成国际快递航空货运枢纽。着力打造快递航空货运增长极。

五节点。依托物流节点城市，结合发展需求，确定北京、天津、廊坊为全国一级快递专业类物流园区布局城市，确定石家庄、保定为全国二级快递专业类物流园区布局城市，打造京津冀“黄金三角”快递集聚带，构建覆盖区域、联通全球的“网络化、一体化、多层次”快递服务体系。

多园区。加快建设北京天竺快递核心区、规划建设北京新机场快递物流园区。加快建设天津空港航空快递物流园、东疆港跨境快递物流园、武清电商快递物流园。以廊坊、石家庄、保定为重要节点，规划建设产业集聚、经营集约、功能集成的多点位特色快递物流园区。

四、主要任务

（一）加强快递基础设施建设

推动快递基础设施建设。以航空、铁路、港口为依托，完善空间布局，统筹规划京津冀快递专业类物流园区、快件处理中心和快递配送网点，提升基础设施信息化水平，全面推进快递干线运输、支线运输和末端配送网络建设。推进机场、车站快件“绿色通道”建设。依托重要交通节点，结合快递业发展需求，在京津冀区域着力构建陆、海、空快件多式联运、港口协同联动的快递基础设施网络体系。统筹北京城市副中心和北京新机场快递基础设施规划建设。

专栏 1　京津冀“黄金三角”快递园区集聚带工程
以首都机场、天津滨海机场、北京新机场和河北石家庄正定机场为重心，在新机场临空经济区、滨海新区、张（家口）承（德）生态功能区、曹妃甸区四个功能区规划布局快递园区，打造京津冀“黄金三角”快递园区集聚带。依托石家庄正定机场货运跑道建设，推动快件处理中心建设。围绕北京新机场，在北京大兴、河北廊坊两地规划建设快递功能区和快递园区。推动天津空港航空快递物流园、东疆港跨境快递物流园和武清电商快递物流园以及河北石家庄、廊坊、保定等地快递园区和大型快件处理中心建设。充分发挥高速公路、航空、高铁和海运对快递发展的战略支撑作用，推动建设立体化快递综合运输枢纽，形成多种运输方式的无缝衔接，提升快递运能。实现公路、民航、铁路、海运与快递相互支撑、服务互为渗透、互利共赢局面，共同打造京津冀连接全国的“48 小时快递圈”。

（二）提升快递普惠服务水平

以进社区、进校园、进机关、进楼宇为重点，加快北京、天津及河北省内各市区县的城区快递末端建设，为市民和商户提供便利寄递服务。依照“有偿、互惠、共赢”原则，促进各类主体与快递企业开展多层次合作。推广“快递进校园”的成功经验，探索快递超市等新模式，解决快递在校园周边摆摊设点问题。大力推广建设智能快件（包裹）箱，利用智能设备为用户提供 24 小时自助服务。鼓励快递企业探索城市社区商业新业态和新模式，拓展网点服务功能。支持各类市场主体参与到快递末端建设，打造多元化、差异化、个性化的快递末端服务体系。完善农村快递服务网络，着力建设高度组织化、规模化、社会化的中小城镇和农村快递服务网络，形成“布局合理、功能完善、便捷高效”的农村快递服务体系。鼓励和支持快递企业向偏远农村延伸服务网络。结合农村物流建设任务，研究探索建设集电子商务、采购、仓储、销售、运输、快递、配送服务为一体的综合快递物流服务平台。支持快递服务纳入京津冀地区“一小时都市生活圈”规划建设。

专栏 2　京津冀快递下乡工程
鼓励快递企业加强农村地区自营网点建设，提高网点的覆盖率和稳定性。鼓励快递企业间加强合作，进行城乡间、乡镇与村庄间的快件集中运输，鼓励在业务量较小的乡镇和村合作建设快递配送网点。支持快递企业与农家店、农村综合服务社、农产品购销代办站建立合作网点，提供投递服务。推动快递企业与邮政企业进一步加强合作。鼓励快递企业与农村商贸流通企业、供销合作社等合作，发展农村共同配送。鼓励快递企业服务农产品进城，探索与农产品网络销售渠道的有效对接，打造特色农副产品的新型流通模式。探索开展快递服务精准脱贫工作，鼓励企业在京津冀地区内建立与贫困地区的劳务输出合作，支持快递员工返乡创业，带动当地贫困人口就业。

（三）推动快递服务转型升级

推进“互联网+”快递，推动企业走品牌化、规模化、网络化、专业化、一体化发展道路，开发多品种、个性化、定制化服务，拓展服务领域，满足差异化需求，促进快递服务与农业、制造业和服务业深度融合。鼓励快递企业充分利用移动互联、物联网、大数据、云计算等信息技术，优化服务网络布局，提升运营管理效率，拓展协同发展空间，推动服务模式变革，加快向综合性快递物流运营商转型。引导快递企业与电子商务企业深度合作，促进线上线下互动创新，共同发展体验经济、社区经济、逆向物流等便民利商新业态。支持快递企业积极参与涉农电子商务平台建设，构建农产品快递网络，服务产地直销、订单生产等农业生产新模式。鼓励快递企业发挥供应链管理优势，积极融入智能制造、个性化定制等制造业新领域。支持快递企业完善信息化运营平台，发展代收货款等业务，提供供应链金融等服务。鼓励快递企业积极进驻工业园区、经济开发区、高新技术产业园区、商贸物流园区。

根据北京发展高精尖产业结构的战略方向，鼓励快递企业与新一代信息技术、生物、新材料、智能制造业等创新企业开展深层次合作，打造首都高精尖产业供应链快递服务平台，降低物流成本，提高高精尖产业核心竞争力。根据天津制造业转型升级的要求，在天津实施先进制造与快递联动工程，加快发展支撑精益制造、准时制造和柔性制造的航空快递、限时快递等精益物流服务。根据河北打造新型工业化重要基地、产业升级试验区和华北先进制造基地、商贸物流基地等目标，在河北实施工业转型升级与快递业联动工程、商贸流通与快递业联动工程。

（四）加强快递渠道安全监管

发挥天津市和河北省“护城河”的作用，从源头上防控禁限寄物品进入寄递渠道，保障寄递渠道安全，保护消费者的个人信息安全，预防和减少安全生产事故。研究制订“2022 年北京—张家口冬季奥林匹克运动会”寄递渠道安全保障方案。加强京津冀邮政业安全监管信息化建设，广泛运用互联网、物联网、大数据等技术，不断提高区域安全监管和应急处置能力。在京津冀范围内统筹安排重大会议、重大活动和重大节假日期间的寄递渠道安全保障工作。健全快递安全监管风险预警、应急处置、责任追溯、检查监督、执法处罚等规范化管理体系。

专栏3　寄递渠道安全监管“绿盾”工程
推动京津冀三省市寄递渠道安全监管一体化，贯彻《中华人民共和国邮政法》《邮政行业安全监督管理办法》和中央综治办等九部门联合印发的《关于加强邮件、快件寄递安全管理工作的若干意见》，贯彻实施邮政业安全生产强制性标准，全面落实寄递渠道收寄验视、实名收寄、过机安检三项制度。完善快递企业安全防范体系，实行寄递业务全流程信息化管理，推进进出境快件安全设施建设，完善安全应急体系。健全企业安全生产责任追究机制，强化落实安全生产“一票否决”制度。建立健全京津冀快递业安全应急合作机制，在区域内协调行业应急保障资源和应急保障力量。建立与公安、国家安全等部门的联动机制，利用科技手段加强快递服务重点环节、重点部位的实时监控，实现创新、高效、便捷管理。

（五）促进交通快递融合发展

提升交通智能化管理水平和提高货运服务水平。鼓励京津冀地区交通企业和快递企业继续深化公路干线运输、票务代理等传统领域合作，不断丰富和创新合作内容，提升合作层次，实现优势互补。推动快递企业与航空、铁路运输企业市场化合作，积极探索高铁快递和电商班列等高效运输方式，实现快递多种运输方式的有效衔接和铁路运力资源的有效利用。支持对快递企业增加航线、运能、时刻等资源供给，有效满足航空快递业务发展需要。推动邮政、快递企业与交通运输企业资源整合，形成“场站共享、服务同网、资源集中、信息互通”的农村快递物流发展新格局。着力推动交通运输和邮政快递信息系统的互联互通，夯实双方合作基础。强化京津冀三地快递车辆通行衔接，规范快递车辆标识，保障快递车辆的便利通行。

（六）加快科技绿色创新步伐

加快京津冀区域内快递收寄、分拣、运输、投递等环节的标准化建设。大力推广使用快递电子运单。完善快递配送车辆标准，支持京津冀快递车辆规范管理，大力发展绿色环保、形象统一、适应城市交通的快递车辆。推动大数据、云计算、物联网、智能分拣系统、自动包装等新兴技术在快递服务和监管领域的应用，实现服务智能化、生产自动化、协同信息化、运输高效化、运营绿色化和管理科学化。加强环保宣传，推广快件绿色包装，推进包装循环利用体系建设，促进包装减量化、绿色化和可循环。扩大邮政业领域新能源汽车应用规模，加快落实相关补贴政策。

（七）推进快递诚信体系建设

健全快递业信用制度和标准体系，完善快递业信用管理体制，完善信用信息采集和公示工作机制，强化信用信息的应用，加强行业诚信文化建设，推进多方共同参与的快递业诚信体系建设。制定诚信等级标准，建立快递企业和快递员诚信档案，实施违法违规信息公示。支持协会、专业评价机构开展行业信用评价工作。坚持问题导向，全面推进诚信邮政建设。以营造诚实守信的快递市场环境为目标，以政务诚信建设为先导，以建立违法失信主体“黑名单”和联合惩戒制度为重点，以企业信息公示系统和邮政行业监管信息系统为基础，以完善与优化快递业信用管理体制为保障，以推进诚信文化建设为支撑，推动京津冀快递企业信用信息共享互认，构建科学有效的一体化企业信用信息监管体系，稳步提升快递业诚信意识和信用水平。

（八）支持快递企业“走出去”

立足北京“国际交往中心”定位，牢牢把握京津冀在国家“一带一路”建设中的重要战略支撑作用，构建京津冀融入“一带一路”倡议的快递服务体系。充分发挥京津冀航空快递枢纽、天津港和天津自贸试验区重要载体作用，促进国际快递业务和跨境电商业务协同发展。支持有实力的企业拓展国际快递网络，在境外投资建设运营基地、处理中心、营销机构、“海外仓”等。鼓励和支持快递企业更多地参与国际竞争，在巩固传统国际业务的基础上，大力拓展新兴国际市场。支持快递企业增强国际服务能力，创新业务模式，与跨境电子商务企业、传统贸易企业开展深度合作，融入全球供应链服务体系。推动快递企业与邮政企业合作，开展跨境寄递服务。

专栏4　京津冀跨境电商与快递物流协同发展工程
以国家跨境电商综合试点城市天津和国际运能发达城市北京为重点，依托航空、铁路枢纽等交通基础设施，布局建设国际邮件处理中心、国际邮件互换局（交换站）和国际快件监管区，加大国际快件处理能力。依托天津自贸试验区的有关政策，逐步构建京津冀一体化的跨境快递服务体系，服务跨境电子商务的发展，推动快递企业“走出去”。协同利用好北京、天津、河北的快递服务和各项基础资源，发挥天津自贸试验区作用，充分利用京津冀地区的综合保税区、电子口岸、一站式通关等基础设施功能和政策优势，围绕跨境电商供应链服务需求，鼓励快递企业积极发展境内“云仓”“保税仓”、报关报检、结汇退税、代收货款、供应链金融等服务。协调商务、海关、税务等部门，推进京津冀地区快件通关一体化。

五、保障措施

（一）抓好规划实施衔接

做好京津冀快递服务规划与京津冀三省（市）规划、邮政业规划、物流业规划、电子商务规划、交通运输规划以及相关部门规划衔接工作，切实抓好规划落地实施。国家邮政局负责本规划与国务院各部门规划政策的衔接工作，京津冀三省市邮政管理部门负责本规划与当地地方政府专项规划及政策的衔接。

（二）建立协同监管机制

建立健全京津冀地区快递服务联席会议制度、专项工作机制和信息通报制度，完善区域协同发展和监管联动机制。探索构建京津冀快递监管信息共享平台。有序推进京津冀县级邮政监管机构建设。建立邮政与公安、国家安全、海关、民航等部门的沟通合作机制，推动完善便捷监管政策，提升三地一体化通关水平和口岸联动水平。推动建立京津冀三地执法协同联动机制，探索整合执法力量，合力整治区域内流动违法行为。

（三）完善发展政策环境

简政放权，推动对快递企业实行同一工商登记机关管辖范围内的“一照多址”模式，简化快递业务经营许可程序，精简分支机构、末端网点备案手续，探索国际快递业务（代理）经营许可审批部分工作环节下放至京津冀省级邮政管理机构。推动完善进出境快件便捷通关。推动出台符合本地实际的快递专用电动三轮车城市收投服务管理办法。积极争取投资支持，加强农村地区公益性、基础性快递基础设施建设，落实快递企业申请执行增值税汇总缴纳政策，依法享受企业所得税优惠政策。研究完善京津冀快递发展的统计评价指标，加强京津冀区域经济运行分析。支持保险公司开发针对快递服务发展的险种。鼓励利用多种融资方式、多层次资本市场促进快递企业成长壮大。支持金融机构创新金融产品，推动解决中小快递企业融资困难，服务京津冀快递发展。

（四）加强行业人才培养

发挥京津冀地区科技教育文化资源优势，推进产学研用结合，着力建设专业化、技能化的快递人才队伍，适应快递发展新趋势。推动高校和高职高专开设快递专业，探索建立快递职业人才培训基地，发展“订单培养”“联合培养”职业培训，扩大快递技能人才的供给，培养高水平快递管理与技术人才。发挥职业技能鉴定机构作用，开展多层次职业技能培训，促进从业者素质水平有效提升。

（五）发挥行业协会作用

更好地发挥三地行业协会在企业与政府间的桥梁纽带作用，增强行业服务、内外协调、行业自律以及维护行业合法权益的职能。支持行业协会积极开展京津冀协同发展的调查研究、标准推广、教育培训和统计咨询、国际合作等工作，协调企业、政府部门与消费者的关系，维护行业利益和企业合法权益，推动行业和谐发展。鼓励行业协会健全和完善各项工作制度，积极推动企业规范自律和诚信体系建设，促进行业健康发展。

北京市商务委员会 天津市商务委员会 河北省商务厅关于印发《环首都1小时鲜活农产品流通圈规划（2016—2020）》的通知

京商务物流字〔2017〕2号

各有关单位：

为贯彻落实《京津冀协同发展规划纲要》要求，紧扣京津冀地区新功能定位，坚持以协同促进供给侧改革，以发展提升首都服务保障水平，着力构建与区域协同发展相融合、与满足城乡居民鲜活农产品需求相配套的环首都1小时鲜活农产品流通圈，特制订本规划，请认真贯彻执行。

特此通知。

附件：环首都1小时鲜活农产品流通圈规划（2016—2020）

北京市商务委员会
天津市商务委员会
河北省商务厅
2017年5月22日

附件

环首都1小时鲜活农产品流通圈规划（2016—2020）

规划编制依据：

1.《京津冀协同发展规划纲要》

2.《国务院办公厅关于加强鲜活农产品流通体系建设的意见》（国办发〔2011〕59号）

3.《“十三五”时期京津冀国民经济和社会发展规划》（国家发展和改革委员会，2016年2月）

4.《京津冀产业转移指南》（工信部、北京市人民政府、天津市人民政府、河北省人民政府〔2016〕27号）

5.《京津冀农产品流通体系创新行动方案》（发改经贸〔2016〕1361号）

6.《北京市“十三五”时期物流业发展规划》（京商务综字〔2016〕3号）

7.《天津市商贸物流业发展规划（2016—2020）》（津商务流通〔2016〕4号）

8.《河北省建设全国现代商贸物流重要基地规划（2016—2020年）》（河北省人民政府　冀政发〔2016〕9号）

9.《河北省人民政府办公厅 关于加快转变农业发展方式的实施意见》（河北省政府办公厅　冀政办发〔2015〕47号）

10.《河北省农产品流通体系发展规划（2015—2020年）》（河北省商务厅）

一、目的及意义

按照《京津冀协同发展规划纲要》的总体部署，北京市、天津市、河北省加快构建环首都1小时鲜活农产品[①]流通圈，旨在通过建立稳定、便捷、高效的产供销系统和物流服务系统，提高环首都鲜活农产品的流通服务能力，支撑首都城市功能建设，保障首都社会生活的安全稳定，带动区域协同发展。环首都1小时鲜活农产品流通圈的覆盖范围，涵盖供应服务首都市场的北京及环京农产品生产、流通区域，环京区域主要包括天津市武清、宝坻、蓟县以及河北省廊坊、保定、唐山、张家口、承德等地。

规划对于保障北京市“全国政治中心、文化中心、国际交往中心、科技创新中心”的城市新功能定位、发挥天津市“北方国际航运核心区”的区位优势具有重要意义，同时，有助于推动河北省利用地理位置优势，把握首都农产品消费市场错位发展机遇，建设“全国现代商贸物流重要基地、产业转型升级试验区”，促进京津冀协同发展。

当前，环首都鲜活农产品流通体系的发展具备良好的发展机遇，也面临着一定的挑战。首都市场较为稳定的消费规模、不断上升的消费品质需求、产供销有效衔接的客观要求等，都为鲜活农产品流通的发展提供了空间；信息技术的迅速发展为提升流通服务功能和创新流通模式提供了技术手段。在面临发展机遇的同时，客观形势的变化和不断增长的需求也对环首都鲜活农产品流通体系的保障能力提出了新的挑战，城市道路承载能力的制约将会影响城市鲜活农产品的配送时效，绿色低碳的发展理念对鲜活农产品配送效率则提出了更高要求。

（一）规划目的

1. 支撑首都城市功能建设

在有序推进北京区域性专业市场、区域性物流基地等非首都功能产业疏解的同时，规划的实施将推动环首都鲜活农产品流通主体集约化和规模化发展，提高鲜活农产品

① 鲜活农产品：传统意义上的鲜活农产品主要指与居民生活息息相关的新鲜蔬菜、水果、水产品、禽畜及其肉类产品，以及能够到达餐桌上的农副产品、新鲜绿色食品。《中国物流发展报告（2004—2005）》中对鲜活农产品的定义是“农业部门生产的没有或经过少量加工的，在常温下不能长期保存的农产品，一般是指蔬菜、水果、肉类、奶制品、水产品、花卉等农畜产品”。我国农业部专门制定了鲜活农产品目录调控制度，以利于对居民消费影响较大的重要鲜活农产品进行供需均衡调控。本规划中的鲜活农产品主要指由农业部门生产的原始的或经过初加工的，在常温下不能长期保存，服务于居民日常生活的蔬菜、水果、鲜活水产品、新鲜的肉类、蛋奶等生活必需品。

的供给质量，提升首都生活性服务业发展水平，进而服务城市居民社会生活需要，支撑首都城市功能建设。

2. 提高鲜活农产品流通效率

提升京津冀地区标准化流通装备运营管理与服务水平，推动跨区域流通标准化创新；推进新兴流通模式的发展，实现区域间鲜活农产品产销一体化，减少流通环节，降低流通成本，提高流通效率和鲜活农产品质量；推动农产品流通的信息化建设和发展，保障流通体系的高效运转。

3. 保障鲜活农产品质量安全

推动鲜活农产品生产、加工、流通、消费各个节点的信息互通，推进流通各环节信息透明和质量安全可追溯。完善市场监测、预警和信息发布机制，加强农产品质量安全检测体系建设，推动农产品信用体系建设，加大农产品质量监管力度，打造京津冀鲜活农产品质量安全保障体系。

4. 推动农业产业结构升级

优化农业生产结构和区域布局，推动鲜活农产品生产地加工园区基础设施和现代仓储冷链物流设施建设，带动农业发展由粗放型向集约型转变，分散兼业型向规模专业型转变，资源依赖型向科技驱动型转变，加快推进农业农村现代化的实现。

5. 促进鲜活农产品领域绿色流通体系发展

推广节能环保技术，通过制度创新和流通模式创新，减少鲜活农产品流通环节，促进流通集约化和精细化发展，降低资源消耗和污染物产生量。通过建立物流标准化企业联盟等方式，进行区域物流标准化合作和标准化设备设施应用推广，提高物流环节衔接能力，降低农产品物流环节损耗。

（二）规划意义

1. 增强首都服务保障能力

环首都 1 小时鲜活农产品流通圈的规划建设是保障首都民生的重大工程之一，有利于稳定鲜活农产品的价格，保障首都消费市场的有效供应，有利于首都社会生活持续稳定健康发展。环首都 1 小时鲜活农产品流通圈的建设，是北京建设国际一流的和谐宜居之都的保障，有利于首都全面建成小康社会。

2. 推进京津冀协同发展

发挥示范带动作用，全面推进京津冀鲜活农产品流通产业一体化发展，充分发挥三地比较优势，创新合作模式，加快京津冀三地的错位发展和融合发展，有利于形成目标同向、措施一体、优势互补、互利共赢的发展新格局。

3. 带动农村经济发展，增加农民收入

环首都 1 小时鲜活农产品流通圈的建设，将有利于提高京津冀农业现代化发展水平，提升农业物流设施建设，提高农产品供给能力和农产品质量安全水平，转变农业发展方式，优化农业结构和农业生产经营组织模式，实现农业可持续发展，促进农业效益和农民收入持续增长，对环首都贫困地区脱贫与发展也具有重要作用和意义。

二、指导思想、规划原则与发展目标

（一）指导思想

认真贯彻落实党的十八大和十八届三中、四中、五中、六中全会精神，遵循《京津冀协同发展规划纲要》提出的发展要求，紧扣京津冀地区新功能定位，牢牢把握“创新、协调、绿色、开放、共享”的发展理念，着力构建与区域协同发展相融合、与满足城乡居民鲜活农产品需求相配套的环首都1小时鲜活农产品流通圈，进一步优化鲜活农产品流通功能布局，强化产供销衔接，增强流通服务能力，推动新流通模式发展和业态创新，为建设北京国际一流的和谐宜居之都、推动津冀农业升级和农民增收提供有力支撑和保障。

（二）规划原则

1. 协同发展，互利共赢

以实现京津冀区域协同发展、产业协调互补为目标。通过对鲜活农产品流通体系的建设完善和优化提升，引导生产流通主体加强协作、联办联动、紧密合作，促进鲜活农产品产销对接，增强鲜活农产品的流通效率，实现京津冀三地全产业链上下游主体的共同发展和互利共赢。

2. 有序疏解，合理布局

以有序疏解北京非首都功能、优化产业布局为方向。加快北京区域性农产品流通功能的疏解、转型与升级，增强北京市与天津市、河北省的产业对接，通过对京津冀鲜活农产品流通设施的科学规划与合理布局，推动形成层次分明、功能完善的鲜活农产品流通体系，保障区域鲜活农产品流通的可持续发展。

3. 市场推进，创新驱动

以发挥市场经济杠杆作用、创新流通发展模式为手段。充分发挥企业的市场主体作用，通过市场机制实现生产流通要素的资源优化配置，坚持流通设施投资主体多元化、经营管理企业化、运作方式市场化。坚持创新驱动发展，推广应用先进技术，鼓励农产品流通新模式的发展壮大。

4. 政策引导，制度保障

以强化政策导向和健全机制体制为保障。加大对重点鲜活农产品流通项目的支持力度，以行政力量促进项目的顺利实施，加强政府对鲜活农产品流通业发展的引导。制定科学合理的政策制度，增大政策制度的执行力度，为打造环首都1小时鲜活农产品流通圈创造良好的发展环境。

（三）发展目标

1. 总体目标

推进京津冀区域协同发展，规划建设“一核双层、五通道、多中心”的环首都鲜活农产品流通网络，经过 5 年的发展，京津冀鲜活农产品流通环境进一步完善，流通环节进一步减少，流通成本明显降低，产销对接更加紧密，流通现代化水平显著提升；到 2020 年，基本形成布局合理、高效畅通、环境友好和协作共赢的环首都 1 小时鲜活农产品流通圈。

2. 预期指标

到 2020 年，预期实现以下指标：

——规模以上农产品流通企业（含超市）在津冀直采直供蔬菜量达 15 万吨，增幅提升至 18%。

——津冀供京蔬菜数量比重由 2015 年的 20% 提高到 25%。

——推广产地预处理，大力发展净菜进京，有效降低流通环节的损耗率，显著减少流通环节的垃圾产生量。

——北京农产品批发市场鲜活农产品过境物流比例下降 90% 以上。

——津冀环京地区年产地预冷、冷藏鲜活农产品数量超过 300 万吨。

——北京城市农产品配送新能源物流车达 300 辆以上。

——北京在 1 ~ 2 处铁路货场开展服务城市配送的公铁联运试点示范。

——北京农产品批发市场和居住区蔬菜零售设施面积的达标率均超过 80%①。

三、流通网络布局

推进京津冀区域协同发展，规划建设“一核双层、五通道、多中心”的环首都鲜活农产品流通网络，总体布局如下图所示。

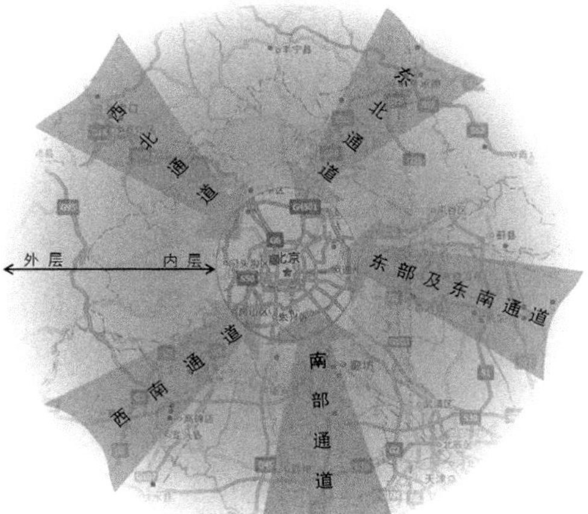

环首都 1 小时鲜活农产品流通圈示意

① 农产品批发市场符合《农产品批发市场管理技术规范》（GB/T 19575—2004）要求；居住区蔬菜零售设施面积达到《北京市居住公共服务设施配置指标》要求。

（一）一核双层

“一核双层”是指以首都消费市场为核心，从北京六环向外辐射至周边河北和天津地区的地域。在该区域内布局面向首都消费市场，集鲜活农产品初加工、仓储、运输、配送、终端零售以及物流信息服务等为一体的综合现代流通网络。“外层”规划建设鲜活农产品生产基地和中转集散中心，进行流通加工、仓储配送等服务，“内层”衔接“外层”和“一核”，建设分拨、配送中心等，将鲜活农产品快捷高效地配送至首都消费市场，“一核”主要规划实现快速、便捷的城市配送和末端配送功能。

1. 一核

“一核”特指首都鲜活农产品消费市场，通过系统规划、疏解转型、改造升级北京城市内的农产品零售终端和末端配送网点等流通服务节点和设备设施，保障首都消费市场优质、高效、绿色的鲜活农产品供给，满足首都居民的社会生活需求。

“一核”区域内重点加快传统农产品批发市场的疏解和转型升级，按照疏解一批、改造升级一批、建设一批的原则加快推进；完善流通终端网点建设，改造、升级社区菜市场和连锁销售便民终端，发展产地直供社区终端，提升鲜活农产品品牌化、连锁化、规范化发展水平；建设首都农产品绿色高效配送体系，推进城市内部鲜活农产品配送站点的优化升级，推广应用新能源车辆，优化配送模式，实现便捷高效配送服务；推动鲜活农产品流通交易线上线下融合发展，推进农产品新兴流通模式的发展，全面优化和提升现代鲜活农产品流通服务体系的效率和运行质量。

2. 双层

“双层”泛指从六环向外辐射至周边河北和天津临近地区，其中：北京六环以外至京津、京冀接壤地区为“内层”，天津市、河北省环京地区则为“外层”。

“内层”衔接“外层”和“一核”，依托进京鲜活农产品输运通道，重点布局发展面向终端核心市场的城市鲜活农产品中转流通及分拨、“互联网＋”流通功能，利用高效、先进的物流配送设施和设备，为北京郊区和来自津冀集散中心的农产品进入首都消费市场提供流通服务，形成绿色环保、便捷高效的鲜活农产品城市流通体系。此区域重点加快提升北京新发地市场和黑庄户北京鲜活农产品流通中心服务能力，更好地发挥其保障作用；加快农产品分拨配送和流通设施建设；优化农产品流通方式，推广集中配送、共同配送、绿色配送等配送方式；推进“互联网＋”农产品流通的发展，完善现代农业流通体系建设。

“外层”重点布局鲜活农产品生产基地、储备基地、大型物流设施、大宗农产品流通集散中心和净菜加工中心，以及外埠农产品在津冀的集散、交易储存、流通加工中心等设施，依托进京交通线路上的骨干节点，利用先进的流通加工设备和仓储物流设施，实现津冀当地及外埠农产品进入北京前的集货、交易、流通加工、包装服务功能和进出口农产品的口岸服务功能。此区域重点在交通节点和农产品基地建设大型物流设施、基地冷链设施、净菜加工中心、中央厨房等。

（二）五通道

“五通道”指以进京高速公路为主，国/省道及铁路为辅，通过建立和完善区域鲜活农产品运输组织畅通的保障机制，打造连接首都核心市场的五个方向的鲜活农产品进京输运通道，具体包括西北、东北、东部及东南、南部和西南通道。

西北通道以京新、京藏高速为依托，衔接以张家口为主的区域，同时辐射内蒙古及山西省等地区，主要供应首都冬季土豆、夏淡季蔬菜、精细菜及肉类等；东北通道以京承、京平高速为依托，衔接以承德为主的区域，同时辐射内蒙古及东北三省，主要供应首都时差蔬菜、季节蔬菜、冬季反季节蔬菜、牛羊肉等；东部及东南通道以京哈、京津、京沪高速为依托，衔接以天津、唐山为主的区域，同时辐射辽宁及渤海湾地区，主要依托港口优势与北京朝阳口岸、平谷口岸联动，供应应季蔬菜和冬季反季节蔬菜及进口海产品、水产品和牛羊肉，发挥国际多式联运优势，助推鲜活农产品跨境电商的发展；南部通道以京开、京台高速为依托，衔接以廊坊和保定、沧州、衡水为主的区域，同时辐射天津、山东及南方地区，主要供应季节蔬菜和反季节蔬菜、水果、牛羊肉等；西南通道以京昆、京港澳高速为依托，衔接以保定为主的区域，同时辐射山西、甘肃及南方地区，主要供应首都季节蔬菜和冬季反季节蔬菜、水果、肉类、禽蛋等。

（三）多中心

“多中心”指依托“五通道”、农业生产基地以及农产品交易集散中心等，根据鲜活农产品产地分布和流通特征，在市场机制下建设的若干流通节点。“多中心”集聚生产、加工、仓储、中转、配送、交易等各环节设施，发挥集约化和规模化效应，降低鲜活农产品流通成本，提高流通效率。

规划内层区域形成面向城市配送为主的农产品流通与配送中心，依托进京输运通道，快捷高效地完成鲜活农产品市内流通配送。重点规划推进鲜活农产品冷藏仓库的改造升级，推广鲜活农产品冷藏车的使用，推动鲜活农产品冷链物流的发展；整合和改造现有仓储，推广自动化立体仓库；改造、升级现有流通与配送中心，推广鲜活农产品现代化配送中心，完善配套设施设备；进一步推广标准化托盘、农产品标准化周转箱等标准化物流装备，逐步实现标准化物流装备在鲜活农产品供应链上下游的循环利用，提高鲜活农产品的配送效率与服务水平；改造升级鲜活农产品国内和跨境电商仓储和配送系统。

规划外层区域形成基于流通加工的大型生产加工基地和物流中心，综合统筹“五通道”的交通便捷程度、生产基地的聚集程度以及既有的农产品批发市场等多种因素，规划推进鲜活农产品产地直供直销生产基地建设，实现生产基地规范化、集约化和规模化发展；推广鲜活农产品产地冷链设施建设；促进鲜活农产品清洗、修整、保鲜等初加工设施和初级农产品包装设施的使用；改造升级现有鲜活农产品集散中心，推进标准化物流装备的使用；依托进京输运通道，在鲜活农产品生产、中转量较大的大型集散区域重点规划建设现代化流通仓储设施及流通加工中心，推动鲜活农产品的集中处理；建设产地净菜加工中心，推动“中央厨房”为代表的新兴业态的发展，提高净菜进京比例，进一步降低损耗，减少城市垃圾产生量。

四、重点任务

（一）优化流通网络，提高服务能力与水平

1. 健全北京农产品流通产业链

鼓励大型农产品批发企业完善农产品流通体系三地布局。按照环首都鲜活农产品流通网络“一核双层、五通道、多中心”总体布局要求，在河北承德、保定、廊坊、唐山、张家口等城市选择具备规范经营基础的农产品批发市场进行合作经营，利用企业品牌效应和管理经验带动当地农产品流通行业发展，满足百姓生活需求。在距北京较近的周边地区选择合适的农产品批发市场通过参股或合作方式，将部分易储存或需前端加工的农产品，如土豆、洋葱、香蕉等的粗加工或相关农产品的储存疏解到北京周边的合作市场，同时引导市场商户在河北地区增加基地数量，根据北京市场的销售情况随时调配，打造大型批发市场在京津冀区域内的农产品仓储物流网络体系，形成首都农产品供应保障新格局。

2. 完善末端网点建设

优化鲜活农产品末端网点布局，鼓励新建或改造规范化社区菜市场、社区菜店、连锁生鲜超市等零售终端基础设施，完善农产品零售网络。推动鲜活农产品末端配送网点及流通设施设备的升级改造，实现末端仓储配送环节的标准化、效率化。提高三地农村流通现代化水平，加快完善农村现代化流通体系，合理布局农产品末端集散服务网点，支持建设和拓宽农产品流通渠道。

3. 推进北京农产品批发市场转型升级

优化农产品批发市场体系构架，有序疏解转移首都过境农产品流通功能和初加工、大宗仓储等物流功能。加快北京新发地市场和黑庄户北京鲜活农产品流通中心的改造、建设工作。利用现代信息技术，大力探索“互联网+现代农产品流通”新型交易模式，积极开展甩挂、落地交易，委托交易，电子交易，探索拍卖交易等，实现交易模式的多样化。升级结算模式，借助第三方支付平台和支付牌照，实现结算方式多元化、电子化和统一化。对区级综合农产品批发市场结合具体情况分类调整，在转型升级的同时，引导部分发展成为都市现代农产品配送节点。对北京郊区农村市场的原有薄弱环节进行建设发展。

4. 加强津冀流通节点设施建设

立足津冀地区自身特点和区位优势，开展产业链分工协作。推进有序承接北京非首都功能，鼓励三地鲜活农产品生产流通主体以参股或者控股的方式加强合作，通过联办联动方式，增加种植基地和合作市场数量，在环京产地加快建设一批农产品加工仓储物流园区，改造升级一批现代化农产品批发市场。鼓励生产流通主体直接建设或合作建设鲜活农产品产销直供基地。支持在部分主要通道周边利用既有设施改建或新建一批以冷库为中心的物流节点。推动传统鲜活农产品流通设施设备的改造升级。

5. 大力发展冷链物流

鼓励农产品冷链服务体系发展，加强冷链基础设施建设，加快冷链物流装备与技术升级，推进标准化冷藏集装箱研发应用，发展冷链甩挂运输，促进冷链运输集约化发展，构建布局合理、设施设备先进、功能完善的农产品冷链配送服务网络。鼓励一般性物流企业拓展业务，发展冷链物流，鼓励部分企业向鲜活农产品物流企业转型，培育一批冷链物流企业。进一步完善农产品冷链行业标准体系，规范冷链物流运行管理，确保生产流通各环节的品质和安全。支持覆盖农产品生产、加工、运输、储存、销售等环节的全程冷链服务。

（二）创新流通模式，完善城乡供应体系

1. 鼓励直采直供模式

推进大型连锁超市、酒店餐厅、企业食堂等与鲜活农产品生产基地、农业合作组织等建立长期稳定的合作关系，推动“农超对接”“农餐对接”发展。拓展电子商务等多元化渠道，依托末端配送站点或社区终端等发展“农宅对接”。鼓励大型鲜活农产品生产主体开设直营网点，发展“基地直供”。鼓励“中央厨房”“订单农业”等新型农产品流通业态的发展。

2. 推动“互联网＋”流通新业态发展

支持建设互联网销售平台，开展鲜活农产品的线上采购、结算及跟踪等业务。鼓励鲜活农产品垂直电商的发展。鼓励利用先进信息技术，支持电商企业与线下社区店开展合作，促进线上线下融合的O2O流通新业态发展。鼓励传统农产品流通企业升级转型，推动智慧型农产品批发市场发展。鼓励发展委托交易、拍卖、电子订货等现代交易方式，推广实行电子结算、统一结算。

3. 推广共同配送、夜间配送模式

推动企业加强横向联合，鼓励倡导连锁经营，支持企业发展统一采购、统一仓储和统一送货模式。积极推广末端集中配送、共同配送、夜间配送等模式，完善商贸流通网点的装卸货配套设施，提高集约化程度和流通设备利用率。

（三）构建绿色供应链，推动行业节能减排

1. 发展绿色低碳流通方式

鼓励在鲜活农产品流通中采用低能耗、低排放设备设施，推广节能环保技术。发展建设节能型绿色仓储设施，鼓励加工、包装、分拣、装卸、存储等环节的设备更新改造，降低流通环节的能耗。鼓励更新、推广使用新能源物流车和最新排放标准车辆，推进鲜活农产品绿色运输体系建设。鼓励发展农产品第三方物流，为农产品流通提供快捷高效的专业化物流服务。

2. 推广净菜加工模式

鼓励有条件的鲜活农产品生产流通企业开展净菜加工业务。鼓励区域净菜加工企业与餐饮企业开展业务合作，促进净菜加工流通环节的有效衔接。鼓励大型商超、连锁企业在津冀地区直接投资或合作建设净菜加工中心，减少鲜活农产品后续流通环节产生的废弃物和污染排放。

3. 探索开展多式联运模式

利用铁路运输的低碳环保优势，发掘地区铁路资源，在南菜北运、部分品类农产品运输等方面发挥铁路运输的作用。探索开展农产品公铁联运试点，整合改造具备条件的铁路货场，打造专业化城市配送中心。推进公路、铁路、水路等运输方式信息平台与社会化物流信息平台的对接，打通公、铁、海联运通道，以信息共享提升运输组织效率。

4. 加快物流标准化推广应用

加大区域物流标准化合作和应用推广，支持成立跨区域整合上下游服务的农产品物流标准化企业联盟。鼓励标准化物流仓储设施建设和改造。鼓励标准化物流设备使用，支持推广600毫米×400毫米标准化周转箱、1200毫米×1000毫米标准化托盘的循环共用，减少农产品中转损耗。加快物流信息标准化的推广应用。

（四）加速信息化应用，促进流通体系现代化

1. 推进建设农产品公共信息平台

加快推进流通网络化、数字化、智能化建设，鼓励建设技术领先、监测面广、数据权威、发布及时、功能多样的农产品公共信息平台。鼓励开发建设区域性特色农产品公共服务平台，引导帮扶地方农产品企业和农业合作社上线销售。鼓励企业参与农产品公共信息平台的建设与使用。

2. 推动物流设施资源共享平台建设

鼓励建设农产品物流设施资源的供需信息发布平台，积极引导社会闲置物流资源的共享利用，促进货源、车源、仓储和物流服务信息的高效匹配，有效提高物流设施利用率。推动鲜活农产品物流信息采集技术的应用，促进信息的衔接与共享，提高区域物流设施资源共享率。

3. 建设质量安全信息共享平台

建立京津冀农产品质量安全信息共享平台，实现三地农产品质量安全检测信息、监管信息、主体信息等的共享与交流，实现监管动态实时更新、提高监管时效，确保联合监管措施有效推进。

4. 鼓励先进技术设施设备应用

鼓励移动互联网、物联网、地理信息系统、全球定位系统、无线射频、大数据及云计算等先进的信息技术在鲜活农产品流通领域的普及应用。鼓励企业通过技术手段

进行资源整合和业务创新，延伸传统服务功能，发展定制化流通服务，满足日益增长的个性化需求。

（五）加强制度化建设，保障流通安全稳定

1. 推进肉菜追溯体系建设

引导生产经营主体逐步建立“来源可追溯，去向可查证，责任可追究”的鲜活农产品质量安全追溯体系。依托先进信息技术，建立原产地可追溯和质量标识制度，利用信息化手段采集和记录生产销售的鲜活农产品信息。建立完善猪肉流通追溯体系，做好屠宰环节猪肉产品追溯，实现猪肉产品质量安全追溯流通环节基本覆盖。选择有条件的蔬菜流通企业，包括连锁超市、蔬菜直营直供企业等，开展蔬菜质量监控及追溯体系建设示范，逐步将“环首都1小时鲜活农产品流通圈”内具备条件的农产品流通基地供京蔬菜纳入肉菜流通追溯体系，扩大蔬菜流通追溯范围。

2. 推动三地检测结果互认制度

推动三地农产品质量安全检测联动，推进检测信息共享，实现三地检测结果互认。建立产地准出和销地准入制度。推进联合开展农产品质量安全检测机构资质考核，统一实施农产品质量安全检测机构能力验证工作。建立检测信息共享与违规处罚联动机制、农产品质量安全预警合作机制，确保相关问题处置三地联动。建立统一的农产品质量安全检测工作规范，实现抽样单位、抽样标准、检测标准、检测内容、工作程序和结果发布的一致性和规范化。

3. 推动应急供应保障体系建设

进一步完善农产品政府储备制度，探索建立京津冀农产品供应和应急保障联动机制，通过基地规模化发展和流通服务能力的提升，提高鲜活农产品的流通支撑功能，提高突发情况下鲜活农产品供应应急保障能力和水平。

4. 支持企业规模化品牌化发展

培育和发展一批立足本地、跨区域发展、具有较强竞争力的鲜活农产品龙头企业。鼓励鲜活农产品流通企业开展连锁化经营，支持企业在社区和农村设置服务网点。鼓励生产流通主体打造知名品牌，提升自主创新能力，提高终端产品质量水平。

五、保障措施

（一）完善三地协同发展机制

强化京津冀三地政府间工作联动，三地共同建立环首都1小时鲜活农产品流通圈建设领导小组，研究制定统一明确的工作计划并推动实施。协调推动鲜活农产品流通设施重点工程项目建设，协助研究解决土地、规划、通行、车辆管理等问题。研究京津冀三地道路管理一体化制度，打通鲜活农产品输运通道，为鲜活农产品流通创造良好的政策环境，形成高度协同的工作推进局面。

（二）创新项目投融资支持方式

对关系鲜活农产品的物流公共基础设施、物流产业结构升级、信息化、集约化示范等重点项目，加强政策引导和扶持力度，创新财政支持方式。鼓励发展政府和社会资本合作（PPP）模式，探索研究环首都1小时鲜活农产品流通圈发展基金。拓宽农产品流通领域的融资渠道，支持金融、融资性担保机构为农产品流通企业发展提供融资服务，促进股权投资等市场化融资手段的发展，改善企业融资环境。鼓励民间资本投资，推动民营企业加快发展，充分激发市场主体活力。

（三）建立项目动态调整和滚动实施机制

京津冀三地建立环首都1小时鲜活农产品流通圈的重点项目储备库，对重点项目进行合理规划与分批实施。合理界定物流公益设施的范围，加大用地支持，在建设用地指标等方面给予保障。根据京津冀鲜活农产品流通和物流服务水平的实际情况，每年对环首都鲜活农产品流通领域重点支持项目进行动态调整。建立规划项目的监督和追踪机制，加大对重点工程和项目的跟踪分析和协调支持，推动项目的建设和持续发展。

（四）充分发挥民间组织作用

加强三地商会、物流协会等民间组织的联动，充分利用相关协会在政府与企业、企业与社会之间的桥梁纽带作用。支持和鼓励协会参与环首都1小时鲜活农产品流通圈建设，推动三地企业互联互通，调动社会投资积极性。支持协会、商会开展标准的制定和推广，提升流通行业服务管理水平。支持协会、商会发挥其在加强三地行业自律、规范企业行为、反映行业诉求、开展人才培训等方面的作用，加快营造健康有序的营商环境。

交通运输部办公厅　天津市人民政府办公厅　河北省人民政府办公厅关于印发《加快推进津冀港口协同发展工作方案（2017—2020年）》的通知

交办水〔2017〕101号

天津市、河北省交通运输、发展改革、财政、国土资源、环境保护、住房和城乡建设、水利、商务、国有资产监督管理、安全生产监督管理、市场监督管理（工商管理）、金融、口岸管理部门，天津市滨海新区人民政府，东疆保税区、临港经济区、南港工业区管委会，河北省秦皇岛市、唐山市、沧州市人民政府，天津、河北海事局：

《加快推进津冀港口协同发展工作方案（2017—2020年）》已经京津冀交通一体化领导小组第7次会议审议通过，并经交通运输部、天津市人民政府、河北省人民政府同意，现印发给你们。请结合实际，充分发挥市场配置资源的决定性作用，更好发挥政府作用，加快推进津冀港口资源整合，促进区域港口协同发展。

交通运输部办公厅
天津市人民政府办公厅
河北省人民政府办公厅
2017年7月5日

加快推进津冀港口协同发展工作方案（2017—2020年）

交通运输是京津冀协同发展的先行领域，港口是综合交通运输体系的重要枢纽。为深入贯彻《京津冀协同发展规划纲要》《京津冀协同发展交通一体化规划》，加快完善津冀港口功能布局，优化港口资源配置，推进区域港口协同发展，特制定本工作方案。

一、总体要求

（一）指导思想

牢固树立五大发展理念，深入贯彻京津冀协同发展战略部署，以推进供给侧结构性改革为主线，以深化改革创新为引领，以提高发展质量效益为中心，充分发挥市场在资源配置中的决定性作用和更好发挥政府作用，按照网络化布局、集约化建设、智能化管理的要求，整合港口资源，提升服务品质，促进转型升级，加快推进津冀港口协同发展，进一步增强港口的辐射和带动作用，为京津冀协同发展提供有力支撑。

（二）基本原则

深化改革，创新驱动。加快推进港口领域供给侧结构性改革，化解部分货种富余产能，补齐集疏运短板，降低物流成本，提升港口服务功能。创新体制机制，优化监管模式，打破行政壁垒，科学配置区域港口资源，增强津冀港口协同发展的活力。

统筹规划，协调推进。结合全国沿海港口布局规划修订工作，加强津冀港口顶层设计，优化港口群功能分工，形成津冀港口布局规划“一张图”、统筹建设“一盘棋”的格局。协调推进规划实施，避免重复建设，实现分工协作、错位发展、互利共赢。

重点突破，分类施策。坚持以市场为导向，以资本为纽带，在集装箱、散货等码头功能分工、资源整合等方面率先取得突破。坚持问题导向，分类施策，严控新增产能，优化存量产能，推进公共资源共享共用。

（三）发展目标

到2020年，津冀港口集疏运体系日臻完善，集装箱和大宗散货运输系统高效协同，天津北方国际航运核心区辐射能力不断增强，区域港口资源节约集约利用，做强做优做大国有骨干港口企业，基本建成以天津港为核心、以河北港口为两翼，布局合理、分工明确、功能互补、安全绿色、畅通高效的世界级港口群，先行示范带动港口资源跨省级行政区域整合，为更大范围的协同发展创造条件。

二、主要任务

（一）优化津冀港口布局和功能分工

（1）进一步明确功能定位。修订全国沿海港口布局规划，完善津冀港口总体规划，促进港口功能合理分工。积极打造天津港综合性门户枢纽，以集装箱、商品汽车滚装和邮轮运输为重点，加快现代港航服务要素集聚，提升航运中心功能。河北港口以大宗物资运输为主，大力拓展临港工业、现代物流等服务功能，与天津港错位发展、有效互动。

（2）完善主要货类运输系统。强化天津港集装箱干线枢纽港地位，河北港口发展支线和内贸运输，加强津冀港口间集装箱干支联动。发挥河北港口在大宗干散货运输中的主通道作用，依托大秦、朔黄、蒙冀等铁路大通道，以秦皇岛港、唐山港、黄骅港为煤炭主要装船港，以天津港、唐山港、黄骅港为矿石主要接卸港，控制天津港煤炭运输规模。外贸原油运输以天津港、唐山港为主要接卸港，适时发展黄骅港。

（3）推动港产城协调发展。依据区域经济、产业布局和城市功能定位，加强港口规划与城市规划、产业规划之间的衔接。进一步优化港口服务功能，强化港口与区域产业、物流园区、运输通道的有效对接，加强港产城互动融合。

（二）加快港口资源整合

（1）严控增量科学把握建设节奏。综合考虑现有同类码头能力利用等因素，严格港口岸线合规性和合理性审查，防止重复建设和岸线资源浪费。根据市场需求，稳步推进集装箱、邮轮、商品汽车滚装、液化天然气码头建设。依托已成立的津冀港口合资公司，统筹开展新增项目建设。

（2）加快推进省内港口资源整合。以国有港口企业资源整合为重点，发挥国有骨干港口企业的作用，通过资产划拨、股权投资、合资合作等方式，推动省内国有资产不同管理层级的国有港口企业整合，提高经营集约化水平，避免同质化过度竞争。

（3）重点推进津冀间港口资源整合。按照“先经营管理统一、再资产统一”的模式，扩大津冀港口间现有集装箱码头、航线领域合作的广度和深度，以限制接收公路转运煤炭为契机，积极探索津冀港口在干散货运输领域的合作。探索津冀合资成立国有资本运营公司，并以此为平台，开展国有资本市场化运作，推动区域港口集约化建设和运营。

（4）鼓励企业专用码头社会化。支持企业专用码头向社会开放经营、委托经营、合作经营，促进市场公平竞争。引导国有骨干港口企业以资本为纽带，整合企业专用码头、中小码头资源，开展联合经营，实现互利共赢。

（三）完善港口集疏运体系

（1）加快港口集疏运设施建设。组织实施好“十三五”港口集疏运系统建设方案，加快唐山港曹妃甸港区水曹铁路、天津港南疆港区铁路系统扩容等港口专用线及支线项目建设，提升港口铁路集疏运通道能力，构建能力充分、衔接高效的区域港口综合集疏运体系，减少港城道路交通矛盾。

（2）优化区域港口集疏运格局。加大运输组织协调，按照《京津冀及周边地区2017年大气污染防治工作方案》的要求，推动津冀港口公路运输煤炭调整为铁水联运，完成港口不再接收公路运输煤炭的任务，逐步提高铁路运输在港口铁矿石疏运中的比重，形成煤炭铁路集港、铁矿石铁路疏运的格局。

（3）提升对内陆地区的辐射带动作用。加快铁水联运等多式联运示范工程建设，优化内陆无水港节点布局，拓展物流产业链，将港口服务功能向华北、西北等腹地延伸。加强津冀港航资源与雄安新区交通物流需求的有效衔接，大力支持雄安新区建设。鼓励津冀港口企业共建共用内陆无水港，共享货运信息资源和联运网络。

（四）促进现代航运服务业发展

（1）加快天津北方国际航运核心区建设。支持天津承接与航运相关的非首都核心功能疏解。依托港口开展冷链、汽车等专业物流业务，大力发展航运金融、航运保险、航运信息等现代航运服务业。加快船舶融资租赁业务，推进航运金融租赁业务国际化。积极推动航运保险公司在天津设立，探索启运港退税政策在天津试点。

（2）拓展河北港口航运服务功能。支持河北港口开展配煤、洗煤、矿石筛分和混矿等增值服务。加强秦皇岛海运煤炭交易市场等大宗散货交易平台建设，拓展物流、商贸、信息、金融等服务功能，加快自由贸易试验区有关海运政策在河北的复制推广。

（3）支持天津国际邮轮港发展。加强京津冀区域合作，推动区域公众出行服务信息共享，促进天津邮轮港与区域内机场、铁路、公路客运枢纽和城市公共交通网络的有效衔接。推动设立海港口岸进境免税购物点，建设综合型邮轮船供物流基地，吸引国际知名邮轮公司落户，加快邮轮产业在天津集聚。

（五）加快建设绿色平安港口

（1）有效推进区域船舶排放控制。落实环渤海（京津冀）水域船舶排放控制区实施方案，建立区域内港口统一执法标准，提高船舶大气污染监测监管能力。高标准高质量实施环渤海（京津冀）水域船舶排放控制区政策，适时评估实施效果并确定采取更加严格排放控制要求。

（2）加大港口污染防治工作力度。加强港口作业粉尘治理，以既有的煤炭、矿石等大宗干散货码头为重点，加快实施大型堆场防风抑尘设施建设或实现封闭存储。统筹推进港口和船舶污染物接收设施与城市公共转运、处置设施建设的衔接，促进集约高效运行。强化清洁能源在港口的应用，大力推进码头岸电设施、船舶受电设施新建和改造，鼓励地方政府和港口积极采取措施引导靠港船舶优先使用岸电。

（3）协同推进港口安全管理体系建设。加强安全监管能力、安全风险防控体系建设，构建跨区域互联高效的安全应急防控网络。开展智慧港口示范，建设省级港口危险货物安全监管信息平台，加强津冀危险货物运输信息交换，推进港口、海事安全信息系统的互联互通，逐步实现危险货物运输全过程监管。

（六）提升津冀港口治理能力

（1）加快建设统一开放、竞争有序的市场体系。继续深化“放管服”改革，创新和完善监管手段，建立健全行业信用体系。全面清理妨碍港口经营市场统一竞争和公平竞争的规定和做法，打破地方保护和行政壁垒，消除不正当竞争。

（2）加快津冀通航资源整合和海事监管区调整。根据渤海中西部水域船舶交通流量、习惯航路情况，研究设置新的船舶定线制，引导和规范进出天津港、黄骅港及周边港口的船舶交通流。调整和新增部分锚地，实现公共水域资源共享共用。参照津冀两地行政区划分界点，在保持海事辖区、港区、航道和锚地的完整性和连续性的前提下，重新调整天津与河北海事搜救责任区。

三、保障措施

（一）加强组织领导

在京津冀交通一体化领导小组的框架下，建立津冀港口协同发展协调机制。津冀省级交通运输（港口）管理部门要联合成立工作机构，协调解决津冀港口协同发展的重大问题，共同推进港口资源整合重大项目实施。

（二）加强监督考核

津冀省级交通运输（港口）管理部门要制定具体实施方案，细化实化任务措施。建立实施方案考核机制，加强津冀港口协同发展实施效果考评，并定期将推进工作情况报送京津冀交通一体化领导小组。部指导研究建立并完善区域港口评价指标，试点开展港口经济运行、绿色港口、平安港口等评价。

（三）加强舆论引导

充分发挥媒体作用，认真组织宣传津冀港口协同发展的方针政策、进展情况和取得的成效，形成广泛共识，及时总结和推广成功经验，加强信息通报，强化舆论分析引导，营造促进津冀港口协同发展的良好氛围。

河北政策

沧州市人民政府办公室关于创新流通促进消费的意见

沧政办发〔2017〕4号

各县（市、区）人民政府，渤海新区、开发区、高新区管委会，市直各相关部门：

为贯彻落实《河北省人民政府办公厅关于创新流通促进消费的意见》（冀政办字〔2016〕158号）精神，深化我市供给侧结构性改革，加快流通模式创新，积极引领扩大消费，培育经济发展新动能，结合我市实际，提出如下意见：

一、引领扩大消费

（1）提升品质消费。重点谋划和推进3~5个单体投资规模10亿元以上的集购物、住宿、餐饮、娱乐和生活体验等功能为一体的大型商贸综合体；重点培育2~3个方便快捷、消费集中、文化底蕴深厚的特色商业街区，促进商业、文化和快递产业融合发展；优化社区商业网点建设和业态配置，重点推进8个综合服务中心建设，提升社区商业便利化、智能化水平；选择人口集中、经济发达、交通便利的中心乡（镇），重点新建和改造一批乡（镇）商贸中心，促进农村生产和生活环境的改善，引领带动消费，提升消费品质。

（2）促进餐饮转型。组织参加烹饪大赛，交流技艺，创新品牌，推动餐饮企业创建“国家级钻石酒家”，促进特色店、老字号、农家乐等餐饮企业发展，培育地方名优特色小吃，打造“沧州”品牌；开展餐饮标准化建设，提升菜品和服务质量，为居民提供价廉物美、方便快捷、安全卫生的餐饮服务。

（3）发展家庭服务。进一步推进家庭服务业市场体系建设，完善市场服务机制。重点扶持1~2家大型示范性家庭服务企业、8~10家中小型规范化服务企业，形成1~2个在省内外具有较大影响力的家庭服务品牌，年培训输出家政服务员500人以上。

（4）提升品质消费。继续开展以“促消保供、惠民兴商”为主题的中秋、十一、元旦、春节等重大节日肉菜惠民补贴销售、“幸福河北欢乐购”“消费促进月”“购物节”“家电节”“年货街”等丰富多彩的消费促进活动；倡导商贸、旅游企业通过网络和微信开展导购促销活动，激发消费热情，释放购买潜力，加大市场开拓力度。

（5）挖掘夜间消费。深入推进城市夜经济发展，引导有条件的大型商贸企业和特色街区开展夜购、夜娱、夜宵等夜间消费服务，激发夜消费活力，将日常营业时间延长至22时，周末及节假日将营业时间延长至22时30分，鼓励实行自然闭店。对参与夜经济且达到相应要求的商贸流通企业，按营业面积予以适当电费补贴。

二、增加有效供给

（1）搞活农产品流通。在重点产区和销区，新建、改造6个以上农产品批发市场和农贸市场，完善分选包装、冷链物流、检验检测、电子结算和信息发布等功能，满足居民“菜篮子”需求。深入推动“农超对接”，支持大型连锁超市、农产品流通企业与农产品合作社建立农产品直采基地，促进农产品产销衔接。探索采用政府回购、政府股权投资、设立农产品流通产业基金等方式，建设和培育一批公益性农产品市场，促进市场转型升级。

（2）发展农村电子商务。深入推进黄骅、南皮国家级电子商务示范县创建活动，支持邮政、供销社、快递企业完善农村地区服务网络，在2016年实现全市农村电子商务全覆盖的基础上，继续完善农村电子商务网络体系建设，到2020年农村电子商务交易额突破500亿元，占全市电子商务交易额的20%以上。

（3）加强品牌培育。在引导支持各类企业开展沧州地产品争创驰名、著名商标和服务品牌活动的同时，重点支持企业研发、生产、注册、销售适合电商网络外销的沧州优质特产和商品，适应形势发展，创新品牌建设新思路和新渠道，加强品牌培育。

（4）创新绿色流通。开展绿色商场、绿色市场和绿色饭店创建活动，加强商业建筑和设施节能减排，力争到2020年全市零售业万元销售额能耗降低10%。完善再生资源回收体系，到2020年全市建成3～5个以上废旧商品回收利用基地，培育3～5家大型废旧商品回收龙头企业，各主要品种废旧商品回收率达到80%以上。加快二手车市场、报废汽车回收企业升级改造，推动旧货市场规范发展。

（5）推动会展经济。重点支持沧州会展中心组织会展活动做大做强，带动住宿、餐饮、交通、通信、旅游等相关消费。积极鼓励企业参加廊坊国际经济贸易洽谈会、石家庄（正定）国际小商品博览会等会展活动，走出去引进来，展示沧州品牌，推动会展经济发展。

三、降低流通成本

（1）降低用电成本。实行工商用电同价，除自愿执行峰谷分时电价的用户外，能单独计价的商场、超市、餐厅、宾馆、冷库等用户暂不执行峰谷分时电价，按一般工商业平段电价执行。

（2）降低税费负担。推进跨地区连锁经营总部和分支机构汇总纳税，落实国家已出台的促进中小商贸企业发展的减免税收、降低费用等政策，免征18项行政事业性收费。

（3）降低用地成本。落实新建社区商业和综合服务设施面积占社区总面积比例不得低于10%的政策要求。对符合条件的农产品批发市场和农贸市场，实行免征土地使用税和房产税。

（4）降低融资成本。鼓励和引导银行、保险、典当、融资租赁、商业保理等融资机构开发符合商贸流通特点的融资产品。科学合理地调整、降低商贸流通企业的银行刷卡费率。

（5）降低物流成本。推动物流标准化试点工作，支持小洋人生物乳业集团有公司、信誉楼百货集团有限公司、吴桥顺鸿物流有限公司等开展省级托盘商贸物流标准化试点，严格公路等经营性收费项目，逐步降低过高的物流成本。

四、建设治化营商环境

（1）改革机制优化环境。探索建立大流通工作机制，理顺部门职责分工，整合内贸流通职责，加强对电子商务、商贸物流、农产品市场建设等重点领域规划和政策的统筹协调。依法界定内贸流通经营活动审批、资格许可和认定等管理事项，推行市场准入负面清单管理制度。调整和优化市场准入资质条件，进一步降低市场准入门槛。

（2）提升监管规范秩序。开展综合执法改革试点，认真落实执法人员持证上岗和资格管理制度，健全举报投诉网络和执法规程，创新流通执法机制。抓紧建立涉及流通领域的权力清单、责任清单和监管清单，完善信息公示制度，对重点商品、重点领域实施专项治理，强化网络监管，打击侵犯知识产权、制售假冒伪劣商品和商业欺诈行为。

（3）构建流通追溯体系。坚持政府引导与市场化运作相结合，利用互联网技术，以肉类、蔬菜、酒类和药品等商品为重点，加快建立来源可追溯、去向可查证、责任可追究的流通追溯体系。扩大重要商品追溯体系应用范围，强化追溯大数据智能化分析研究，加大在事中事后监管、促进行业发展、信用体系建设等方面的应用力度，提高追溯体系综合服务功能。建立完善重要商品追溯体系工作机制和商务诚信公共服务平台，推进跨部门、跨区域追溯体系对接和信息互通共享，公布失信企业“黑名单”，完善联合惩戒机制，打造公平竞争的良好环境。

（4）加大财政扶持力度。在积极争取中央和省级资金政策和试点项目支持的同时，充分利用市级服务业发展专项资金，支持农产品批发市场、农贸市场、菜市场和乡镇商贸中心升级改造、绿色商场（饭店、市场）创建、“中华老字号”传承和发展、农村和旅游电子商务建设、大型促销活动开展。各县（市、区）也要安排专项资金，纳入本级财政预算，用于创新流通、促进消费。

沧州市人民政府办公室

2017年1月11日

衡水市人民政府办公室关于印发衡水市现代服务业发展“十三五”规划的通知

衡政办字〔2017〕6号

各县市区人民政府，工业新区、滨湖新区管委会，市直有关部门：

《衡水市现代服务业发展“十三五”规划》已经市政府第50次常务会议研究通过，现印发给你们，请结合本地本部门实际，认真贯彻执行。

衡水市人民政府办公室

2017年1月18日

（此件公开发布）

衡水市现代服务业发展“十三五”规划

服务业是国民经济的重要组成部分，其发展水平是衡量现代社会经济发达程度的重要标志。近年来，市委市政府团结带领全市人民，深入贯彻落实中央、省决策部署，齐心协力，攻坚克难，推动服务业健康快速发展，为“十三五”发展奠定了良好基础。“京津冀协同发展”“一带一路”“大众创业万众创新”等战略的深入推进，省级综合配套改革试验市、“一枢纽、四基地”的京津冀协同发展定位、生态宜居的滨湖园林城市及重大交通基础设施建设等，为衡水市服务业发展带来了新的重大机遇。新时期，衡水市将充分发挥区位、交通、生态、产业综合优势，巩固服务业优势行业，发展服务业特色行业，引进培育新兴服务行业，优化空间布局，努力培育新的经济增长点，率先实现发展方式的战略性转变，奋力推进衡水经济社会发展实现新跨越。

衡水市现代服务业发展规划全面落实国家、省、市的各项方针政策、规划和要求，是引领全市服务业发展的重要依据，是指导未来发展的宏伟蓝图，对于推动衡水市服务业健康可持续发展，构筑三次产业互动发展新格局，全力建设经济强市、美丽衡水，具有重要意义。

第一章　发展基础与发展环境

一、发展基础

1. 服务业总量大幅提升

随着工业化快速发展和城市化水平不断提高，“十二五”期间，我市服务业增加值保持高速增长态势，服务业规模不断扩大。2015 年全市第三产业实现增加值 488 亿元，增长 12.7%，比 2010 年增加 256.4 亿元，占 GDP 的比重逐年提高，由 2011 年的 28.65% 上升到 2015 年的 40%。服务业增加值增速持续高位。2011—2015 年衡水市第三产业增加值年均增速为 11.1%，比同期 GDP 年均增速高 1.6 个百分点，比省第三产业增加值年均增速高 1.4 个百分点。2015 年服务业对经济社会发展的贡献率为历史最高水平，达到 64%，成为拉动经济增长的重要力量（见图 1）。

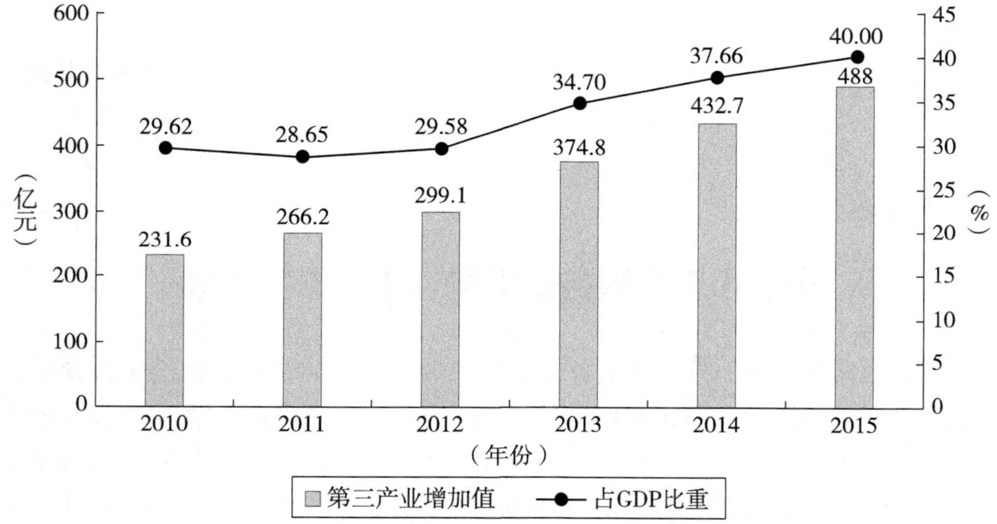

图 1　衡水市第三产业增加值及占 GDP 比重情况

2. 服务业质量效益稳步提高

服务业发展质量和效益逐年提升，成为推动衡水市经济增长的重要动力。2015 年衡水市规模以上服务业企业营业收入 107.41 亿元，比 2010 年增加 69.28 亿元，年均增长 23%。批发和零售业，金融业，交通运输、仓储和邮政业已成为衡水市服务业的重要支柱产业，2015 年营业收入分别增长 10.1%、18.5%、6.3%。批发业和金融业发展迅猛，对产业带动作用日益明显；交通运输、仓储和邮政业发展基础更加牢固，提升发展潜力不断拓展。教育、信息传输、软件和信息技术等服务业获得较快提升。现代服务业取得新进展，2011—2015 年增加值年均增速 15%（见图 2）。

3. 服务业发展基础不断牢固

围绕打通京衡、津衡、石衡、衡港、衡济五大通道，高铁、城际、轨道、高速、

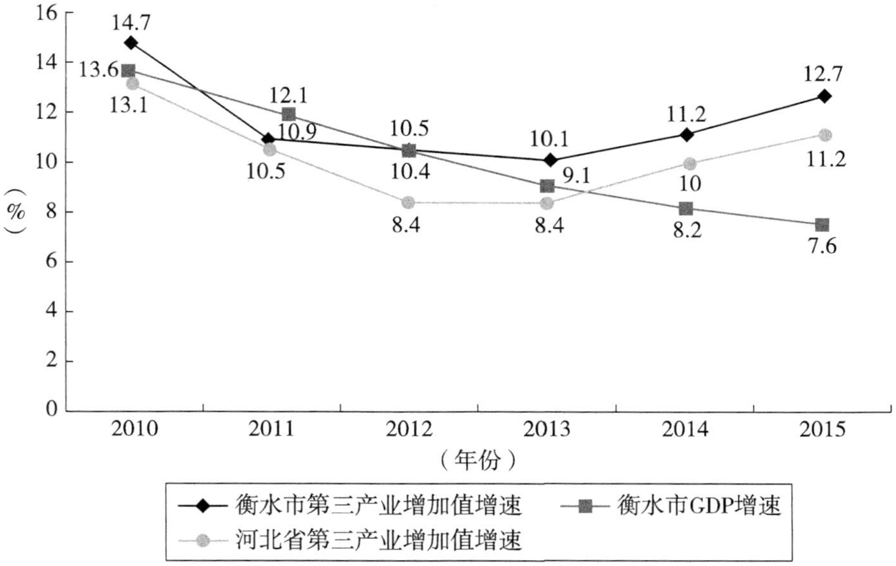

图 2　衡水市第三产业增加值增速、GDP 增速及河北省第三产业增加值增速比较

航空等互联互通交通网络体系正在构建，为现代物流业发展打下坚实基础；借助工业新区、滨湖新区两个省重点平台，建设金融服务、“互联网 +” 等配套功能齐全的“2 + 13”集中承载地，为承接京津现代服务业产业提供充足空间；冀州成功撤市设区，市辖区面积扩大，市辖区人口增加，城市核心竞争力和辐射力全面提升，有力促进服务业快速发展；各县市区发展特色各异，构筑了各自的发展亮点，为全市服务业发展打下良好基础（见图 3）。

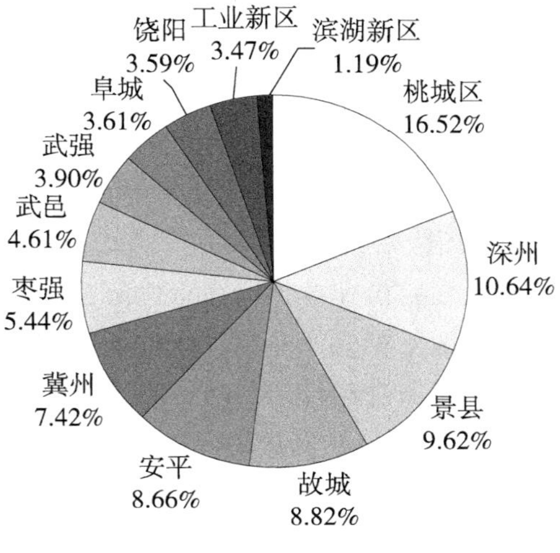

图 3　2015 年衡水市各县市区服务业增加值占全市比重情况

专栏1　2015年衡水市各县市区服务业特征

县市区	GDP（亿元）	GDP增速（%）	服务业增加值（亿元）	服务业增加值增速（%）	服务业主要特色
全市	1220	7.6	488	12.7	
桃城区	130.0	7.3	77.1	10.8	商贸、金融、房地产、公共服务、历史古迹、物流
冀州区	92.0	8.1	37.3	13.9	旅游、历史古迹、物流、特色市场、科技研发
枣强	85.6	7.7	27.5	15.9	文化服务、商贸、特色市场、科技研发
武邑	61.6	7.6	22.1	11.1	特色市场、电商
深州	136.1	7.2	55.3	14.4	商贸、特色市场、历史古迹、物流、公共服务
武强	53.5	8.0	19.2	12.3	历史人文、商贸、物流、旅游
饶阳	55.5	7.4	18.0	14.1	历史人文、商贸、物流
安平	104.0	7.8	43.1	14.6	特色市场、商贸、物流
故城	96.9	7.0	44.6	13.3	商贸、特色市场、物流、历史古迹、文化
景县	136.1	7.9	48.3	14.8	商贸、特色市场、历史古迹、物流、文化服务
阜城	63.2	8.1	19.8	14.6	商贸、特色市场、文化服务
工业新区	136.2	7.6	16.7	12.3	特色市场、研发、工业旅游
滨湖新区	10.5	5.0	5.7	11.5	旅游、特色市场、电商、健康

4. 服务业发展支撑作用增强

近年来，全市服务业重大项目加速推进，衡百国际、安平国际丝网物流聚集区等重点项目建成投用，安平聚成国际物流产业园、武邑硬木雕刻产业园、饶阳新发地农副产品物流园等一批重大项目正加快建设，带动作用日益明显。2015年衡水市服务业完成固定资产投资281.5亿元，比上年增长29.1%，增速高出第二产业21.9个百分点，比全部固定资产投资高14.7个百分点。其中卫生和社会工作投资增长211.7%，水利、环境和公共设施管理业投资增长100.6%，交通运输、仓储和邮政业投资增长100%。新兴服务业发展迅猛。金融业、租赁和商务服务业、文化体育和娱乐业等行业保持了较快的增长势头，营业税增速分别为35.2%、17.7%、10.3%，对服务业的拉动力较强。

二、发展面临的形势

1. 机遇与优势

从国际看，经济格局深度调整，生产性服务业成为高新技术创新和应用的主体，以美英为代表的发达国家大力发展新兴产业，促进生产性服务业与制造业深度融合。国际服务业产业转移加快，以服务外包为主要形式的国际服务贸易加速发展，国际产业转移的趋势从以加工制造业为主拓展到研发、采购、物流、金融等生产性服务业领域。

从国内看，经济发展已进入增速换挡、动力转换、结构优化的新常态，互联网、物联网、新一代信息技术迅速扩展和应用，带来服务业发展格局和消费模式的深刻变化。国务院以国发〔2014〕26号文件出台了《关于加快发展生产性服务业促进产业结构调整升级的指导意见》，明确了研发设计、第三方物流、融资租赁、信息技术服务等12个行业作为我国生产性服务业的发展重点，在放宽市场准入、改革工商登记制度、扩大“营改增”实施范围等方面出台了一系列政策措施，进一步优化了服务业发展环境，增强了服务业发展的动力和活力。

从我省看，京津冀协同发展上升为国家重大发展战略，我省接受京津产业转移已成定势，必将为服务业发展增添新动力，生产性服务业发展不仅能够促进工业转型升级，而且能够支撑高端制造业发展。传统产业着力延伸产业链条，在相关联的上下游将催生大量生产性服务业业态。同时，环境治理也将带动节能环保服务业、再制造服务产业的快速发展。省政府以冀政发〔2015〕7号文件出台的《关于加快发展服务业的实施意见》，明确了发展重点和具体措施。

从衡水看，全域被纳入京津冀协同发展重大国家战略，省委、省政府确定我市为唯一的省级综合配套改革试验市，支持衡水加快打造冀中南综合物流枢纽、安全食品和优质农产品生产加工配送基地、生态宜居的滨湖园林城市，特别是支持我市加快重大基础设施建设，石济客专正在加紧建设，京衡客专、石衡高速、衡港高速、衡水机场和通用机场正在加快前期工作，随着这些重大交通基础项目的实施，衡水将成为京津冀南下北上、东出西联的“黄金十字交叉处”，将为服务业加快发展提供重要的基础保障，为旅游、商贸、文化娱乐、健康等生活性服务业的发展奠定基础，为服务业又好又快发展打造重要支撑。

2. 问题与挑战

与此同时，我们也清醒地认识到，随着京津冀协同发展战略的深入实施，为最大限度地接受京津辐射与产业功能外溢，全省各市之间的竞争日趋激烈。尽管“十二五”时期全市服务业取得了持续较快发展，但总体相对薄弱。服务业布局分散，产业链较短，品牌效应不明显，辐射带动能力有待加强。内部结构亟须优化，传统服务业占主导地位，现代服务业发展相对不足，生产性服务业增速不快，以信息化为支撑的新兴服务业规模较小、引领作用有待加强，金融业等知识密集型生产性服务业发展比较滞后，劳动密集型的交通运输、仓储和邮政业发展比较迅速。

“十三五”时期是服务业实现升级提速、创新发展的关键五年，我们必须深刻认识并准确把握面临的新形势新特点，顺应现代服务业发展趋势，加快推动服务业规模扩张、水平提升、结构升级、布局优化，努力实现服务业发展新跨越。

第二章　指导思想和发展目标

一、指导思想

紧紧围绕“五位一体”总体布局和“四个全面”战略布局，牢固树立和贯彻落实创新、协调、绿色、开放、共享发展理念，以京津冀协同发展和综合配套改革为统领，以供给侧结构性改革为主线，以加快推动服务业优质高效发展为重点，以市场化、产业化、社会化为方向，坚持扩大总量与优化结构并重，拓展新领域，催生新业态，延伸产业链条，优先发展生产性服务业，推动生产性服务业向专业化和价值链高端延伸，大力发展生活性服务业，推动生活性服务业向便利化、精细化和高品质转变，着力构建完备的现代服务业体系，按照衡水市“一枢纽四基地”的战略定位，全力打造京津冀物流枢纽和教育文化健康产业发展创新基地，为建设“经济强市、美丽衡水”提供有力支撑。

二、基本原则

坚持协同发展，开拓发展空间。积极对接国家和区域顶层设计，依托衡水比较优势，精准自身定位，搭建非首都功能疏解平台，主动承接京津功能尤其是服务功能疏解，拓展产业转移的孵化转化空间，做好产业结构调整、产业布局优化、产业园区建设，精准承接产业转移。

坚持改革创新，释放发展活力。以全省综合配套改革试验区为动力和抓手，用足用好用准政策，创新体制机制，坚持问题导向，从制约服务业发展最突出的问题改起，最大限度地优化服务业发展软环境，最大限度地激发市场主体活力，形成繁荣、健康、有序的服务业发展氛围。

坚持稳步推进，明确重点突破。结合衡水发展实际，重点推进现代商贸、现代物流、休闲旅游、金融产业、文化教育等带动能力强的主导产业，不断优化服务业内部结构，进一步扩大生产性服务业规模，提升生活性服务业水平，形成更加完备的服务体系。

坚持统筹协调，注重城乡结合。积极稳妥推进新型城镇化，逐步放宽进入城镇就业和定居的条件，增加有效需求；高水平建设环湖城区，打造现代服务业集聚发展高地；大力提升各县（市）城区建设水平，形成县域服务核心区；抓好小城镇和新型农村社区建设，满足乡村基本服务需求，形成层级清晰、布局合理、重点突出、特色鲜明、均衡发展的城乡服务业发展格局。

三、发展目标

（1）服务业地位进一步提升。现代服务业对经济社会发展的支撑和贡献能力逐步加大，到2020年，服务业增加值比重达到45%以上。

（2）服务业结构进一步优化。生产性服务业规模进一步扩大，到2020年，生产性服务业占服务业的比重超过60%；生活性服务业多元化、精细化、品牌化发展水平显著提升，新兴服务业总收入年均增长20%以上。

（3）服务业规模进一步增大。培育服务业龙头企业和重点项目发展、做大做强，争取入围现代服务业省级百强企业名单，大幅提高规模以上服务业企业数量。到2020年规模以上服务业企业达到500家以上。

专栏2　衡水市服务业发展目标表

指标		单位	2014年	2020年	年均增速
地区生产总值（GDP）		亿元	1149.1	1800	8.5%
服务业增加值		亿元	432.7	810	10%以上
服务业增加值占GDP比重		%	37.7	45	—
现代服务业增加值占服务业增加值比重		%	38.3	45	—
重点行业增加值	批发和零售业	亿元	133.6	250	11%
	交通运输、仓储和邮政业	亿元	34.55	61	10%
	金融业	亿元	58.94	144	16%
	信息传输、软件和信息技术服务业	亿元	14.81	34	15%
	住宿和餐饮业	亿元	12.38	27	14%
	商务服务业	亿元	9.65	30	20%
	文化、体育和娱乐业	亿元	3.04	8	18%
	科学研究和技术服务业	亿元	2.74	6	15%
市级服务业重点集聚区		个	—	67	—
服务业特色乡镇（村）		个	—	26	—

第三章　优化空间布局

按照《京津冀协同发展规划》和《衡水市城市总体规划》，依托现有发展基础、特色与潜力，加快构建现代服务业总体发展格局。按照“整体推进、重点突破”原则，利用先进技术，推动生产性服务业向专业化和价值链高端延伸，生活性服务业向便利化、精细化和高品质转变，促进现代服务业扩大规模、拓展领域、优质高效发展，构建农产品物流基地、教育文化产业发展创新基地。到2020年，服务业增加值占GDP的比重达到45%以上。

一、打造都市核心区

衡水都市核心区，包括环衡水湖的桃城区、冀州区、滨湖新区、工业新区。充分发挥区位优势，加快发展现代服务业，着力构建以服务经济为主导的城区经济体系，打造全市服务业发展核心。依托中心城区现有基础优势，重点发展现代金融、现代商贸、现代物流、科技服务、健康养老、文化教育、服务外包等产业，着力增强集聚辐射功能、资源要素配置功能，打造贸易便利、功能完善、辐射能力强的现代商贸物流中心。桃城区向南，适度向西发展，完善城市公共服务设施、基础设施建设，提升城市综合服务职能；冀州区向东、向北发展，利用深厚的历史文化底蕴和滨湖近水的生态资源两大比较优势，打造“汉韵古都、欢乐水城”旅游名片，建设华北知名的生态旅游目的地；工业新区北区向东发展，适度向南延伸，强化交通联系，构建以绿色食品加工、装备制造、新能源装备生产和现代物流职能为主的北部生产物流区，工业新区西区要加强规划改造，提升水平；滨湖新区在老盐河以东，依托纵一路南北拓展，发挥衡水湖生态优势，加快生态旅游、文化旅游、乡村旅游、养生度假游等多种旅游方式发展，打造华北平原魅力独具的北方湖城和知名健步休闲旅游目的地。

二、壮大县域集聚区

市域北部深州、安平、饶阳、武强，共规划重点服务业集聚区20个。按照京津冀协同发展的重大战略部署，充分发挥近临京津地区生态资源、交通区位条件等诸多优势，规划建设一批传统产业物流、农产品特色物流、红色文化旅游、休闲观光等重点服务业集聚区，实现错位合作发展，形成全市服务业发展高地。

市域东南部枣强、武邑、故城、景县、阜城五县，共规划重点服务业集聚区16个。充分发挥区位、交通、产业优势，依托居于东部的特点，借力山东，规划建设一批工业特色产业物流、文化旅游、特色商贸、休闲养生观光等重点服务业集聚区，实现借力发展，构筑全市服务业发展新增长极。

专栏3　衡水市重点服务业集聚区

都市核心区：东明—橡胶城商贸区、衡北商贸物流园、衡东陆港物流基地、宝云寺文化旅游区、滏阳河水上观光、科技创新园、教育园区、衡水国际基础教育产业园、滏阳生态文化公园、服务外包示范基地。工业新区：汽车博览中心、服务外包示范基地、“蓝火计划”衡水基地、工业新区总部基地。滨湖新区：科技创新园区、国家服务外包示范区、衡水湖超级总部基地、滨湖新区好生活广场、滨湖国际一期、国际会展中心、旅游健康产业园区、闾里·汉民俗文化小镇、侯店文化旅游区。冀州区：医药物流园、恒通棉花物流园、冀州瑞谷丰国际农业商贸物流中心、辣椒市场、古城文化旅游区、田园棉文化园、教育园区。

市域北部：深州：安华国际物流园、蜜桃观光园、形意拳文化园、前磨头西洋乐器产业园。安平：圣姑庙文化旅游区、台城村红色文化旅游基地、安平教育园区、聚成国际物流产业园、安平服务外包示范基地。饶阳：新发地农副产品物流园、春阳—康绿农产品物流园、华日青铜文化创意园、官亭民族乐器产业园、华星内画产业园、耿长锁红色文化旅游基地、饶阳信息服务中心。武强：年画国际城、周窝音乐小镇、梅花拳文化园、马头村特色旅游区。

市域东南部：枣强：大营裘皮商贸物流集聚区、冀东南商贸物流园区、吉祥田园万亩海棠观光园、移民文化园。武邑：硬木雕刻产业园、金属橱柜市场及电子商务中心。故城：衡德商贸物流基地、营东皮草交易集散中心、运河文化旅游区、临空服务业集聚区。景县：董子文化园、景州塔文化旅游区、景县服务外包示范基地。阜城：千顷洼省级森林公园、剪纸文化园、农产品物流中心。

三、提升特色节点乡镇

依托衡水市各乡镇（村）服务业发展特色与潜力，重点发展50个现代服务业特色乡镇（村），其中武强金音和枣强玫瑰是省级特色小镇。充分发挥农业资源丰富、特色小镇经济基础较好等优势，依托各自的产业和文化特色，大力发展以农产品、特色工业品流通为主的现代物流，以传统文化、自然生态为支撑的休闲旅游业，以商贸商务、金融服务、健康养老等为主的城镇服务业，以电子商务、连锁配送、乡村旅游等为特色的镇区服务业，着力打造大营、周窝等一批特色明显和影响力大的现代服务业特色乡镇，提升现代服务业发展总水平。

专栏4　衡水市“多节点”服务业特色乡镇（村）

桃城区：绳头庄文化旅游、赵圈耕读慢行小镇，邓庄山楂健康小镇，内画小镇。工业新区：老白干酒文化小镇。滨湖新区：侯店毛笔水墨小镇，闾里汉民俗文化小镇。冀州区：北岳旅游小镇，小寨乡西湖湿地，周村镇辣椒小镇，双冢汉风古韵。枣强：八里庄玫瑰小镇，吉利吉祥文化小镇，大营裘皮小镇，肖张商贸物流小镇。武邑：清凉店镇物流，美林生态小镇，桥头金属橱柜小镇，武邑红木工艺小镇。深州：穆村蜜桃，大冯营乡黑陶汉墓，王家井镇形意拳，前磨头音乐小镇，清辉头特色小镇。武强：周窝音乐小镇，街关年画小镇，马头村千年古槐，吉屯五谷小镇，孙庄乡武强梅花拳。饶阳：五公镇耿长锁纪念馆，大官亭民族乐器、堂村京南游乐小镇，合方村诗经小镇，南韩内画小镇。安平：汉王文化，孙犁故里文化小镇，星火台城红色文化小镇，丝网小镇。故城：裘都文化小镇，庆林寺塔、龙凤店福禄文化小镇，故城镇运河文化、建国镇特色蔬菜小镇。景县：广川镇董子文化园、安陵文化小镇，龙华现代物流装备小镇。阜城：崔庙剪纸小镇，阜城湖生态小镇、霞口梨风古韵。

第四章　培育全国商贸物流基地

一、现代物流

围绕建设冀中南综合物流枢纽，多措并举推动物流业发展，力争到2020年，初步建立服务京津、面向全国、带动周边、发展自己的智慧物流服务网络，物流效率达到国内先进水平，基本建成立足京津冀、辐射环渤海、面向国内外的冀中南综合物流枢纽，形成集多式联运、仓储配送、供应链管理、信息化为一体的现代物流体系。全市现代物流业增加值年均增长15%，第三方物流占全社会物流量的比重达到35%以上。

1. 推进综合专业物流园区建设

依托交通区位优势，构建沿大广高速、京九铁路和沿石黄高速、石德铁路、邯黄铁路、307国道的全市物流业发展核心区，重点打造京九物流带，促进优质物流资源集聚发展。以丝网制品、裘皮服装、食品饮品、农副产品等行业物流为重点，构建规模化、区域化、网络化、集约化和信息化的现代物流产业发展格局。推动现有专业物流园区和特色市场改造升级，加快国家级现代商贸物流中心、衡德商贸综合物流园等园区建设，推进丝网、裘皮等特色产业物流基地建设，规划建设2～3个标准快递物流园区。大力发展服务地方特色产业的专业物流、专业市场，重点建设皮草、丝网等县域特色产业物流市场，改造提升年交易额20亿元以上的商贸交易中心。

2. 引进培育现代物流企业

加强与中铁联合物流、传化集团等知名物流企业的合作，重点引进具有先进管理运营经验、现代物流技术装备和高端信息化技术水平的战略投资者，提高物流业科技水平、运作效率和品牌影响力。推动老白干、冀衡等大型工业企业剥离物流业务，做强产业支撑，鼓励本地物流企业通过相互参股、兼并重组等方式做大做强，形成一批技术先进、主营突出、竞争力强的大型现代物流企业集团，向市域外拓展。推进技术装备现代化，支持、鼓励商贸物流企业采用货物跟踪定位、无线射频识别、电子数据交换等关键技术，推广使用标准化、厢式化、专业化公路货运车辆。

3. 构建现代物流服务体系

建设绿色环保、低成本、高效率、基于云计算的大数据基础设施和区域性、行业性数据汇聚平台，为物流提供大数据支撑；加大桃城区、武邑、安平、景县等物流基础设施建设力度，加快建设一批物流产业聚集区、综合保税区、保税物流中心、区域分拨中心，打造优势产业供应链服务体系和大宗商品供应链服务体系；积极推进物流公共信息平台和货物配载中心建设，统筹海关、检验检疫、物流中心、货代企业信息资源，实现互联互通、资源共享，建设内陆港综合服务平台。稳步推进“快递下乡”工程，依托丝网、医药、裘皮、建材、蔬菜等特色产业，实现乡乡通快递、村村有网点；完善物流金融服务，建设物流企业信用评级体系。推广应用货物跟踪定位、无线射频识别、物流管理等新技术，提升物流科技服务水平。

专栏5 现代物流重点项目

衡水铁路物流基地：项目在武邑清凉店，占地约4461亩，总投资42亿元，建设铁路作业区、第三方物流区、口岸监管区、贸易加工区、交易展示区、综合办公生活服务基地等八个功能区。桃城区新合作农副产品物流园：规划投资10亿元，占地400亩，主要包括干货、水产、蔬菜、果品、粮油等七大类市场，新增建筑面积20万平方米。桃城区冀通快递物流园：园区在邓庄乡，规划投资12.5亿元，占地400亩，建设快递物流分拨中心。冀州医药物流园：项目在冀州区，推进明仁堂医药物流、德信医药物贸中心、仁和医药物流、石药医药配送中心等建设发展，建成华北最大的现代化医药物流配送中心。冀州恒通棉花物流园：项目在冀州区，推进恒通棉花公司加快发展，建成北方最大、档次最高、功能齐全的现代化棉花仓储集散中心。冀州瑞谷丰国际农业商贸物流中心：占地370亩，规划总投资8亿元人民币。主要建设国际精品展销区、物流配送及交易仓储区和综合配套区三个区域。深州安华国际物流园：项目在深州市，占地7.5平方公里，总投资150亿元，主要建设仓储物流中心和农资、农机、汽车配件、家具、农副产品等十几个专业市场。枣强冀东南商贸物流园区：项目在枣强肖张镇北，规划占地面积1800亩，建成集货物集散、仓储配载、加工整理、专业市场交易、三方物流、汽修汽配、信息服务、住宿餐饮等功能的现代商贸物流园。主要项目有枣强菜鸟物流，商祺物流等。武邑·京东云大数据创新服务中心项目：京东尚东大数据公司、河北沃享信息技术公司为武邑的金属制品、明清家具产品、农产品等产业资源企业提供产品、运营数据分析服务，以平台交易为中心共建电商数据分析中心。总投资1.5亿元。景县鼎辉国际物流城：项目在景县，规划投资46亿元，占地1400亩，新增建筑面积136万平方米，园区主要建设公路物流港区、电子商务孵化区、国际展贸区、汽配汽贸区、现代物流仓储配送区、钢铁物流区等功能区。龙华现代物流园区：项目在景县龙华镇，建设集货物集散、仓储配载、三方物流、汽修汽配、信息服务、住宿餐饮等功能于一体的现代商贸物流园。武强电子商务产业园：位于武强开发区，总投资10亿元，项目占地150亩，颐高集团承办，主要建设武强特色馆、武强特色产业聚集区、网商落地体验馆、综合配套及物流园区。武强国际乐器物流：建设乐器快递物流，由德国盖瓦公司建设。衡德商贸物流基地，项目在故城县，依托区位优势建设大型商贸物流基地，打造冀鲁最大经济合作平台。主要项目有衡德物流园、汽车文化产业园、青竹文化产业园、衡德商贸城等。营东皮草交易集散中心：项目在故城县，建设皮草交易集散中心。主要项目有泰赫商贸物流园、江浔商贸园等。阜城县农产品物流中心，依托丰富的农业资源和运输车队资源，整合提升现有瓜果蔬菜批发市场，延伸产业链条，完善配套功能。中国民族乐器产业电子商务基地项目：北京网库信息技术股份有限公司在饶阳县官厅镇投资建设，总投资10亿元。新发地农副产品物流园：项目在饶阳县，占地351亩，主要从事蔬菜、水果等农副产品的加工处理和冷链流通。建设农产品加工流通企业100家以上，日供北京各大超市蔬菜2000吨以上，年加工蔬菜50万吨以上。河北中冷农产品冷链物流配送中心：项目在饶阳县，规划投资5.3亿元，占地236亩，建设低温冷藏库、保鲜库、商品交易区、仓库、网络配送中心、综合服务中心、办公用房等，总建筑面积12万平方米，冷鲜储量60万吨。博达集团电梯博览城：项目在饶阳县，投资15亿元，占地500亩，从事电梯生产的展示，由北京博达集团承建。春阳—康绿农产品物流园：项目在饶阳县，是冀中最大的蔬菜产地批发市场，全国四十强蔬菜批发市场，建设电子结算、供需信息采集发布、农残食品检验检测、新品种新产品集中展示等六大功能平台。安平聚成国际物流产业园：项目总投资52亿元，占地3069亩，包括综合商务区、丝网物流区、钢材市场、冷链物流区、保税仓库区等十个功能分区，建成冀中最大的现代物流中心，华北物流通道上的一个重要节点。

二、商贸服务

加快传统商贸业转型升级和承接京津产业转移步伐，“十三五”期间，商贸服务业增加值实现年均增长10%以上，到2020年，初步建成商业网点布局优化、电子商务体系健全、多业态融合发展的现代化商贸体系。

1. 推进特色商业街区建设

推动现有特色专业市场和特色商业街的改造升级，强化内涵特色，完善配套设施，提升景观环境，提高管理水平。加大市场资源整合力度，引导专业商家分类集聚，培育打造10～20个规划合理、设施完善、业态多元、管理规范的特色街区。发展壮大特色专业市场，重点推进工业新区汽车博览中心、东明—橡胶城商贸区、大营裘皮商贸物流集聚区建设，扶持安平丝网大世界、饶阳果品蔬菜批发市场和圣水瓜菜市场等龙头专业市场做大做强。重点打造饶阳瓜菜、东明果蔬、冀州辣椒、阜城西瓜、建国蔬菜等具有较强辐射功能的农产品批发市场和以枣强裘皮、武强乐器、桃城橡塑、武邑家具等特色产业为依托的专业市场。

2. 加快综合商业中心体系建设

加快打造四级商业中心体系，构建覆盖城乡、层级清晰、现代多元、特色鲜明、辐射力强的大商贸业发展新格局，推动桃城区商贸中心改造升级和滨湖新区商业中心规划建设，形成两大市级商业中心；加快工业新区、北部高铁新城、南部新城等次市级商业中心的规划建设；推进各县市区商业中心规划建设，打造县（市）域综合商贸服务中心；鼓励各镇（乡）在镇区改造或规划建设一定规模的商业街（区），建设镇域综合商贸服务中心。引进培育高端混合商业业态，扶持衡百、爱特等本地商贸龙头企业继续做大做强，开展各种并购和联合重组，实行集团化发展，提升品牌知名度；瞄准国内外知名品牌，积极引入购物中心、品牌百货、大型连锁超市、文化服务、休闲娱乐、特色餐饮、星级酒店等高端商业业态；高标准规划新建一批集展示展销、消费体验、全球采购、国际商贸等功能于一体的大型现代商业综合体；加快建设滨湖国际、天鸿城市购物广场、鑫城城市广场、九州博览城、新天地、富恒时代广场、爱特购物广场、景县景南新区商贸综合体等；到2020年，在市区新规划建成2个以上大型商业综合体项目，每个县市区至少建成一个特色商业综合体项目。

3. 建立农村现代流通网络

立足农村、服务农业、紧贴农民，深入实施“农村电商”“农超对接”“互联网+”工程，引导连锁店和超市等现代商贸流通企业和新型商业业态加快向农村延伸发展，规范发展各级配送中心和“农家店”，培育发展电商小镇。重点推动吉美、万德福、信发、德隆等大中型商超建设产地集配中心、销地交易配送专区，与县市区果菜、粮油、畜禽、蛋奶等生产基地、农合组织、专业批发市场建立长期直采直供关系，加快形成布局合理、结构优化、功能齐备、现代化水平较高的农村流通市场体系，农产品市场与冷链物流设施配套建设，全面提升农村集市升级改造。

4. 大力发展电子商务

指导大中型企业全面推广电子商务应用，促进大宗原材料网上交易、工业产品网上定制、上下游关联企业业务协同发展，引导小微企业依托第三方电子商务服务平台开展业务，创新企业组织结构和经营模式。扶持安平玛世、饶阳春阳、冀州华贸等国家、省级电子商务示范企业做大做强。加快推进农村电子商务市场发展，着力培育一批农村电商专业村。推动金属材料、橡胶及化工原材料、棉花、木材、农产品5个大宗商品电子商务交易平台建设，力争培育1~2家国家级电子商务示范基地。发挥安平、武邑两个国家信息化试点县的引领作用，加快商贸流通信息化进程，打造集信息发布、商品展示、电子商务于一体的现代采购交易平台。

专栏6　商贸服务发展重点
桃城区东明—橡胶城商贸区：位于桃城区京衡大街、南环路和景和大街交会区域，包括河北衡水橡胶城、东明专业市场群（陶瓷建材、蔬菜、果品）等商贸设施，推动专业市场向高端化发展，推动物流园区外迁。衡北商贸中心：位于桃城区北环路以南，前进北大街两侧。规划面积约4平方公里，投资120亿元。建成具备特种货物仓储运输、物流加工、区域配送、商贸流通等功能商贸中心。工业新区汽车博览中心：位于工业新区西区，依托现有汽车销售集聚氛围和周边居住人口的不断增加，建设集汽车销售服务、购物中心、商务办公、文化设施、星级酒店等于一体的现代化商业文化中心区。滨湖新区休闲养生基地：主要包括301远程体检、糖尿病康复中心及大型儿童游乐体验，以及商业、健身、餐饮、影院等内容。滨湖国际商区：占地400亩，总投资28亿元。规划建设商业综合体，包括家具建材、百货商场、酒店以及写字楼和超市。冀州辣椒市场：完善周村辣椒市场的市场功能，完善交易平台和交通、餐饮、住宿、部门综合服务等配套设施，积极发展电子商务。枣强大营裘皮商贸物流集聚区：做优大营国际皮草交易会品牌，打造集研发设计、展示销售、电子商务、旅游购物等功能于一体的皮毛产业集聚区。武邑县金属橱柜市场及电子商务中心：占地200亩，总投资5.26亿元。建设金属橱柜市场及展示大厅、电子商务中心、自动化立体仓库及各种安全监测、图像、计算机管理系统等。

三、现代商务

发挥衡水综合优势，抢抓京津冀协同发展机遇，依托本土优势企业，培育发展商务服务，积极发展会展经济，集聚发展总部经济，构建总部商务发展新格局。

1. 培育发展商务服务

坚持产业化、市场化的发展方向，重点发展企业管理服务、法律服务、咨询与调查服务、广告服务、知识产权服务、人力资源服务、旅行社及相关服务。进一步规范投资管理公司，推动政府机关、企事业单位后勤管理等业务流程服务外包，提升专业化和规范化水平。利用老白干、养元等企业的资源优势，推动本地广告业集约化发展，尽快培育一批拥有著名品牌和先进技术的大型广告企业。探索开展知识产权竞争对手监控、无形资产管理诊断咨询等高端咨询服务；建立知识产权信息公共服务平台，促进专利、商标、版权等知识产权信息的系统集成、资源整合和信息共享；培育发展知识产权流转中介组织，促进知识产权成果转化。鼓励开展高级人才寻访、薪酬管理、人力资源服务外包等新兴业务，搭建职业中介服务机构网络监管平台，实现网上审批、监管和行业统计调查分析。发展现代包装、绿色环保包装、保安服务、办公服务及礼仪、票务代理等服务业。

2. 大力发展会展经济

依托衡水湖生态优势，统筹规划滨湖新区餐饮住宿、文化娱乐、体育休闲、商贸物流等配套设施，尽快启动衡水国际会展中心建设，承办区域性、综合性、大型专业展，大型演出及商务会议，打造全国领先、功能齐全、服务一流的会展中心。壮大安平丝网博览会、大营国际皮草交易会、冀州钟表博览会等知名展会，培育壮大工程橡胶展销会、食品饮品博览会、乐器博览会等特色产业名优精品展会，提升展览展会业国际化、专业化和市场化水平。

3. 加快发展服务外包

积极拓展服务外包领域，围绕产业转型升级需求，大力发展科技研发、互联网数据中心、医药研发、文化创意、物流和旅游、电子商务等领域服务外包，积极发展政府公共服务外包业务。加快建设专业化服务平台，提供服务外包的信息技术支撑，开展服务外包的推广应用、专业咨询、信息化建设规划制定、流程再造方案设计、项目工程监理。积极引进外包企业，桃城区引进扶持文化创意、电子商务、现代物流、金融等服务外包企业，推动传统产业转型升级；工业新区引进培育互联网、软件、云计算、物联网、电子商务等服务外包企业和研发机构，支撑制造业与高新科技融合发展；滨湖新区积极发展创新型的互联网、软件、创意设计等服务外包产业，打造衡水新增长极；冀州区重点围绕“冀州云”大数据中心发展“大智移云”等服务外包产业，景县重点引进供应链管理、采购、业务运营、软件、电子商务、运营和维护等服务外包，支持农产品、文化、乐器等产业做大做强；安平县引进工业设计、工程设计、产品技术研发等外包服务，积极探索知识流程外包，打造“工业4.0”的衡水模式。

专栏7　服务外包发展重点
桃城区服务外包示范基地：引进扶持文化创意、互联网、电子商务、现代物流、金融等服务外包企业，建设服务外包示范基地；工业新区服务外包示范基地：引进培育互联网、软件、云计算、物联网、电子商务等企业和研发机构，建成服务外包示范基地；安平服务外包示范基地：积极发展互联网、软件、创意设计等服务外包产业，建成全市服务外包产业核心区；景县服务外包示范基地：重点发展供应链管理、采购、业务运营、软件、电子商务、运营和维护等，建设服务外包示范基地；滨湖新区国家服务外包示范区：建设信息技术服务外包，针对丝网产业转型升级，开展工业设计、工程设计、产品技术研发等外包服务，建设衡水中冶总部基地。武邑县云计算电子商务项目。

4. 集聚发展总部经济

主动承接新一轮国际高端服务业转移，加快总部经济的发展，全面提升衡水的吸引力、影响力和竞争力。紧抓京津冀合作加快、大型基础设施建设加速等历史机遇，完善政策环境、市场机制和投资环境，积极吸引国内外知名大企业集团在衡水设立总部、地区总部、研发中心、采购中心、营运中心和销售中心等。积极承接京津等发达城市企业总部外溢发展，构建“总部+分支、研发+生产、中心+网络”的优势互补、合作共赢发展模式。积极培育本土支柱企业向总部企业发展，加速形成一批优势总部企业。积极争取国际国内各类组织在衡水设立分支机构和总部。发挥总部经济的技术创新和市场扩张引领功能，完善优势产业链条，优化产业配套环境，提高总部机构业务与本地产业的融合度，增强总部经济的植根性。加快建设金融商务总部集聚区，有效聚集、整合和调配资源，重点推进主城区枢纽金融商务中心、衡水湖总部基地、工业新区总部基地等市级重点集聚区建设。

专栏8　现代商务发展重点
主城区金融商务中心：桃城区规划建设金融大厦，积极引进金融企业、商务服务入驻；工业新区总部基地：工业新区依托工业集聚发展优势，积极引进各类企业总部入驻；衡水湖总部基地：引进国内外知名企业或下属企业总部、研发机构入驻。以与我市密切合作的央企名企为依托，规划总部基地产业园，包括企业总部基地（新兴产业孵化基地）、会议会展等内容；国际会展中心：占地面积约600亩，建成后将成为衡水湖区的地标建筑，建设内容主要为展示中心、会议中心、商务中心、购物中心、五星级酒店等。

第五章　打造生态休闲旅游目的地

一、休闲旅游

将衡水打造成为旅游功能完备、产业体系完整、旅游产品齐全的区域性知名旅游城市和生态休闲度假旅游目的地。到2020年，旅游业总收入达到150亿元，接待境内外游客达到2000万人次，实现年均增长15%以上。

1. 构建“一心两环”旅游格局

以举办第二届园博会为契机，落实旅发大会要求，整合串联各县市区旅游资源，打造“一心两环”的旅游布局。“一心”，以衡水湖国家级自然保护区为旅游核心。环衡水湖的桃城区、滨湖新区、工业新区、冀州区和枣强形成旅游“内环”，桃城区以文化旅游和提供旅游综合服务为主，滨湖新区以生态文化旅游和健康养生等特色旅游服务为主，打造滨湖全域旅游片区，工业新区以工业旅游为特色，冀州区以生态文化旅游和提供旅游综合服务为主，枣强以移民文化和农业观光为主。外围的武邑、故城、景县、阜城、武强、饶阳、安平和深州形成旅游“外环”，武邑以农业观光为特色；故城、景县、阜城以运河文化为纽带串联，故城以裘皮文化和文物古迹为特色，景县以董子文化和文物古迹为特色，阜城以剪纸文化为特色，武强以年画、西洋乐器、武术等文化为特色，饶阳以内画文化、民乐文化、青铜文化和红色文化为特色，安平以丝网文化和红色文化为特色，深州以温泉健康养生和历史古迹为特色。

2. 加快发展生态旅游

扎实推进衡水湖国家5A级旅游景区创建工作，严格执行环保法律法规，着力打造衡水湖景观带，发挥衡水湖核心带动作用。以游湖（衡水湖）、长跑（马拉松）、品酒（老白干）、挥毫（毛笔）、赏画（内画）、玩水（滏阳河）、鱼趣（金鱼）等为主题，着力打造“生态湖城、休闲之都”。加快培育迎宾农业科技生态观光园、万亩玫瑰观光园、万亩荷花观光园、万亩森林公园等生态园艺旅游。

3. 着力发展文化旅游

深入挖掘文化内涵，整合冀文化、汉文化、儒文化、移民文化、裘皮文化等文化资源，加快培育冀州古城、闾里·汉民俗文化小镇、董子文化园、移民文化园、大营国际裘皮文化产业园、周窝音乐小镇等文化旅游景区。依托安平台城第一个农村党支部等革命历史文化资源，大力发展红色旅游，着力提升红色旅游景区的吸引力。依托衡水宝云寺、安济桥、冀州古城、景州塔、京杭大运河衡水段等丰厚的历史文化资源，打造具有衡水特色的历史文化旅游休闲精品景区。依托衡水内画、武强年画、阜城剪纸、侯店毛笔等衡水特色文化资源，开发特色旅游商品，大力发展文化旅游休闲项目。依托衡水中学等名校，建设外语城，开发修学旅游和研学旅游。依托衡水湖国际马拉松、武强麦田音乐节、冀州花田音乐节、吉他音乐节等，打造集文化观光、健身娱乐于一体的文化之旅，积极申办、组织各种会展、文体、经贸等活动，着力提升衡水的知名度和美誉度。

强力发展休闲旅游。围绕衡水湖景区，充分利用衡水湖及其周边得天独厚的休闲旅游资源，积极发展会展旅游、体育旅游、健身旅游和度假旅游。加快滏阳河城市休闲观光带建设，为市民提供更多更好的休养娱乐空间。结合美丽乡村建设，大力创建省级现代农业示范园区，以武强北大洼等12个省级现代农业示范园区为重点，拓展农业农村休闲、观光和体验功能，培育一批休闲农业与乡村旅游特色品牌。打造环衡水湖和武强—饶阳、枣强—故城乡村旅游和休闲农业观光带，发展一批星级休闲农业园区、美丽休闲乡村和美丽田园。依托衡水老白干、养元核桃露、金音乐器、枣强大营裘皮等名优产品，大力发展工业旅游和购物旅游。

打造特色旅游线路。以特色资源和产业产品为基础，组合成“四区一带”的旅游特色片区，“四区”包括衡水湖旅游产业聚集区、安平饶阳红色旅游产业聚集区、深州饶阳休闲农业与乡村旅游产业聚集区、大营旅游购物产业聚集区，“一带”即故城景县阜城运河文化旅游带。丰富衡水湖旅游，串联16个市级重点旅游业集聚区及特色旅游乡镇等，推动各旅游景点协同发展。深入挖掘历史文化、风俗民情、自然生态、养生健身，推进游客集散中心、旅游咨询服务中心、自驾游与房车营地等旅游服务设施建设。充分发挥“衡水湖号”旅游业发展“大动脉”的优势，改变衡水旅游节假日火爆、平常冷清的局面，实现旅游常态化。推出衡水湖“一日游”“两日游”，“一日游”包括衡水湖、习三内画博物馆、老白干工业旅游示范点、冀州古城等环湖旅游景点；“两日游”在“一日游”基础上增加田园棉旅游文化园、大营裘皮市场、武强年画博物馆、周窝音乐小镇等景点。

专栏9　衡水市“四区一带”特色旅游
衡水湖旅游产业聚集区：以游湖（衡水湖）、长跑（马拉松）、品酒（老白干）、挥毫（毛笔）、赏画（内画、书画）、玩水（滏阳河、老盐河）、鱼趣（金鱼、垂钓）、养生（康体、健身、自行车）、益智（衡水中学、六个核桃）等为主题，发展综合旅游；安平饶阳红色旅游产业聚集区：以忆红（红色文化）、怀古（古迹、青铜文化）、赏画（内画）等为主题，弘扬红色文化，感怀革命先辈，发展传统文化旅游。深州饶阳休闲农业与乡村旅游产业聚集区：以逛园（观光农业）、美食（特色名吃）、观 Tao（蜜桃、黑陶）、浴泉（地热温泉）、听乐（西洋、民族乐器）、习拳（形意拳、梅花拳）、赏画（年画）等为主题，发展农家游；大营旅游购物产业聚集区：以淘皮（裘皮）、传统技艺（田园棉）等为主题，依托现有的大型市场、传统工艺作坊形成特色旅游片区；故城景县阜城运河文化旅游带：开发故城、景县、阜城现有资源，整合运河沿岸的文化要素，强化大运河城市旅游推广联盟的交流合作，借力大运河沿线旅游开发，打造大运河旅游体系。

专栏10　休闲旅游发展重点
宝云寺文化旅游区：依托宝云寺历史文化资源，对旧城村及周边区域进行改造，策划高端旅游项目，引入古玩、工艺品、花鸟鱼虫、特色小商品等文化类专业市场；滏阳河水上观光区：依托滏阳河和城区主要干渠，打造环城水上旅游观光线路；滏阳生态文化公园：加快推进博物馆、图书馆、影剧院等文化设施及公共空间建设；闾里汉民俗文化小镇：以“汉式婚礼”等国学教育为主题，建设全程全景式体验汉代婚俗，建设孙敬学堂；侯店文化旅游区：依托毛笔文化旅游、爱国主义教育资源、大地花海项目和侯店电影一条街项目，规划打造特色文化旅游区；园博园景

区，依托旅发大会扩大衡水园博园影响力和知名度；冀州区古城文化旅游区：启动古城拆迁、改造和恢复，打造人文旅游区。完善灵秀山庄、竹林寺等景点，推进道安寺、文革一条街、汉城墙遗址公园等项目建设；枣强吉祥田园万亩海棠观光园：建设综合配套栽培技术示范基地和国家休闲旅游城郊型美丽乡村示范基地，建成集生态保护、观光旅游和科普宣传于一体的生态科技示范园；武邑旅游项目：观津公园滏阳河观光带、窦氏青山文化旅游；枣强移民文化园：森林公园南以"移民文化"作为主线，建设问祖礼拜区、礼德怀古区、幽谷寻踪区、枣林探源区、原著生活体验区、传统民俗展示区六大主题区；故城运河文化旅游区：发掘运河文化，整治修复运河，完善周边配套设施，联合周边县市，策划规划以运河传统文化为主题的综合型旅游项目；景县董子文化园：规划总投资10亿元。已完成投资5亿元，包括水面、湖心岛、董子读书台、董仲舒铜像、中国儒家文化展览馆和董子文化街等；景州塔文化旅游区：依托舍利塔和开福寺等古迹资源，策划打造特色文化旅游区；阜城千顷洼森林公园：建设集教育、文化、旅游、生态、休闲、娱乐于一体的平原型多功能特色森林公园。主要包括综合服务、森林观光体验、红色旅游和民俗体验区等；安平台城村红色旅游：以全国第一个农村党支部纪念馆为核心，发展红色文化旅游；以圣姑庙文化，发展特色旅游；耿长锁红色文化旅游基地：以耿长锁纪念馆为核心，发展红色文化旅游；阜城马头村特色旅游区：提升马头村旅游特色，着力打造特色旅游。

二、文体教育

依托丰富的特色文化资源、最优秀的基础教育、优良的"体育 + 文化 + 生态"优势，在均衡发展文化教育的基础上，规划建设衡水国际基础教育产业园、桃城区教育园区、冀州教育园区、安平教育园区、冀州田园棉文化园等15个市级重点集聚区，打造侯店毛笔、广川董子文化、周窝乐器等特色文化乡镇，建设京南特色文体教育强市。

1. 发展特色文化产业

打造特色品牌，深入发掘整合内画、年画、毛笔、裘皮、乐器、剪纸、雕刻工艺品等现有资源，扩大产业规模，延伸产业链条，推动上下游关联产业发展，逐步提高产业化程度；积极发展新兴文化产业，引进一批"文化 + 创意""文化 + 科技"企业，提高文化资源和文化产品的附加值。建设特色示范区，推进一批文化特色鲜明、产业优势突出的特色文化产业示范区建设，加快特色文化产业有序集聚，形成集聚效应明显、孵化功能突出的特色文化产业基地和园区，不断增强区域文化产业发展的核心竞争力，提升区域文化品格，打造地方文化名片。促进文化成果共享，建设一批惠及广大人民群众的基础性公共文化设施和开放性特色文化活动场所，实现县区有文化馆、图书馆，乡镇（街道）有综合文化站、广播站，行政村（社区）有文化活动室、广播室。

2. 培育壮大特色教育

均衡发展基础教育，合理规划中小学布局，加强农村中小学标准化建设，加快发展残疾人高中阶段教育，推进普通高中示范性建设、优质化发展。大力发展现代职业教育，构建普职互通、中高等职业教育衔接、学历教育与职业培训并举的现代职教体系；支持衡水职业技术学院扩大规模，加强校内创业孵化基地和校外创新创业基地建设；完善职业院校毕业生就业创业服务体系，推进职业院校专业课程内容和职业标准相衔接。创新发展高等教育，积极引进国内外高校、科研院所来衡水设立分校、技术研发中心、重点实验室等，促进衡水高校与京津等地高校教育资源的横向联合；谋划建设滨湖大学城，成建制引进全国知名高等院校；积极推进衡水学院向应用技术型高校转型发展，加快建立紧密对接衡水产业链的应用技术类学科体系。

3. 加快塑造城市体育名片

进一步完善市、县、乡镇（街道）、社区（村）四级公共体育设施，加快建设小型、多样，群众就近、方便的体育健身场馆和基础设施，打造城市社区“十五分钟健身圈”；推动体育与文化、旅游等相关产业融合发展，加快推进衡水湖景区 36 公里健步路建设、衡水市滏阳河市区段全民健身绿道工程建设，打造“休闲健步养生旅游目的地”。继续完善提升衡水湖国际马拉松赛事，发展健身跑、健步走、自行车、水上运动等体育项目和赛事，积极申办全国、全省群众性体育赛事活动，全力打造体育品牌赛事；推进衡水湖水上运动项目的开展，开发龙舟、皮划艇、铁人三项、智力竞赛等一系列特色休闲项目；加快打造长跑城、篮球城和体育名城。

专栏 11　文体教育发展重点

衡水市教育园区：中高等职业教育资源集聚发展，完善各类配套设施；衡水国际基础教育产业园：积极引入社会资本，建设衡水国际基础教育产业园，逐步提升衡水基础教育品牌的国际影响力，为国际名牌高校输送人才；冀州田园棉文化园：占地面积 1.3 万平方米。园区分民俗文化展览馆和田园棉手织粗布观光车间，更深层次感受民俗艺术的无穷魅力和乐趣；冀州教育园区：发挥冀州职教中心教育示范作用，推进素质教育内涵化发展，落实各项投资政策实施方案、投资项目建设，谋划布局建设教育园区；枣强县职业教育中心：占地 155 亩，提升培养人才能力，加快继续教育发展；深州形意拳文化园：文化园中立有形意拳祖师李老能先生和二世名师李太和等历代宗师纪念碑；深州前磨头西洋乐器产业园：依托西洋乐器产业传统，打造特色文化创意产业园区；阜城剪纸文化园：依托剪纸文化资源，在陈集剪纸合作社项目基础上，策划规划建设特色文化旅游园区；武邑硬木雕刻产业园；武强年画国际城：位于武强年画博物馆（4A 景区）南侧，规划占地 55 亩，建设年画文化产业创意区，主题酒店、会展中心、培训中心等；武强周窝音乐小镇：以金音集团乐器产业为硬件基础，挖掘音乐主题文化的潜力，提升周窝镇的旅游价值，提高居民收益和经济效益；饶阳梅花拳文化园：规划在孙庄乡建设梅花拳文化园，将武术文化发扬光大；饶阳华日青铜文化创意园：占地面积 200 亩，着力打造艺术铸造、青铜文化、休闲旅游、青铜铸造研发、雕塑家画廊五大功能；饶阳官亭民族乐器产业园：占地 600 亩，总投资 20 多亿元，集展示、研发、制作、生产、销售等多项功能于一体；安平教育园区：占地 1500 亩，计划将安平中学、安平职教中心、安平特教学校及所有农村初级中学都搬迁至园区；饶阳华星内画产业园：

占地面积 300 亩，建设艺术家工作室群落、销售市场和内画人才培训中心等，建成集展览、文贸、创作、才艺展示、培训于一体的产业基地；安平教育园区：占地 600 亩，建设集展示、研发、制作、生产、销售等多项功能于一体的产业园区。

三、健康养生

依托衡水湖生态优势，积极承接京津医疗卫生功能疏解，以“大健康产业”发展理念为引领，以“服务人的身心健康”为落脚点，在切实保障人民群众基本医疗卫生服务需求的基础上，整合社会资本，拓宽发展领域，提高服务层次，重点发展滨湖新区、深州，规划建设滨湖新区旅游健康产业园区、深州蜜桃观光园 2 个市级重点集聚区，努力打造京津冀健康养生基地。力争到 2020 年，基本建立起覆盖人的整个生命周期、结构合理、形式多样的健康服务体系；每个县市区建成一所规模适度、功能完备、管理规范的示范型医养结合养老服务机构。

1. 推动健康养生融合发展

加强与京津医疗、保健、养生机构合作，积极推进与北京优势医疗资源合作，在衡水湖建设远程康复中心和区域医疗卫生平台。推进北京 301 医院等优质医疗机构在衡水建设远程体检康复中心、区域医疗卫生平台、医疗设备共享平台、预约和诊疗服务平台；加快市哈励逊医院南院区、衡水妇幼保健院新院区等项目建设进度，推进衡水心血管病医院迁建等一批社会办医项目建设。推进“医疗 + 互联网”，建设“数字医院”，推行远程会诊系统，试点推行家庭电子医生，促进京津冀医疗资源共享；创新“医疗 + 保健”服务模式和组织业态，增加一批基因检测、精准体检、康复美容等医疗服务项目，延伸健康体检、健康评估、健康咨询等全方位健康管理服务链；发展“医疗 + 护理”模式，推进全市医疗护理服务向专业化、规范化发展，推广个性化、网络化的服务模式，培育一批具有高科技含量的护理服务企业；推进“休闲 + 养生”，依托衡水湖等生态文化资源，加快体验性、参与性和休闲性项目建设，重点推进衡水湖健康休闲养生产业园建设，着力打造衡水湖养生度假城和湿地健康生态区，构建“大健康”全产业链。

2. 完善养老服务网络

按照规模适宜、功能健全、安全便捷要求，建设县（市、区）居家养老服务机构、乡镇（街道）居家养老服务中心、社区（村）居家养老服务站（农村互助幸福院）三级居家养老管理服务网络，到 2020 年，每个县市区建成一所规模适度、功能完备、管理规范的示范型医养结合养老服务机构。鼓励和引导非公资本投资发展养老产业，提升养老机构医疗、康复、护理、保健功能，建设一批连锁化、品牌化养老服务机构。支持社区发展日间照料、全托、半托等综合性居家养老服务中心，新建城区和新建居住（小）区按相关标准配建养老服务设施。推进养老产业和中医药服务融合发展，扶持医养结合型养老服务机构和养护型、医护型养老服务企业。加快推进市区、冀州、枣强等地的社区养老示范中心建设，加强农村养老设施建设，鼓励扩展居家养老服务功能。推进社会化养老向产业化、规模化发展，规划建设滨湖新区、深州、冀州健康养生基地，将我市打造成省级综合性健康养生产业基地。抓住京津冀协同发展机遇，瞄准京津老年高端消费人群，按照“医、护、养、学、研”一体化新模式，打造一批功能突出、辐射面广、带动力强的集休闲养生、老年教育、老年体育、特色医疗于一体的养老服务基地。

3. 积极发展健康保险

加强产品供给，大力发展与基本医疗保险有机衔接的商业健康保险，鼓励企业和个人通过参加商业保险及多种形式的补充保险；开发各类长期商业护理保险，开发残疾人康复、托养、照料和心智障碍者家庭财产信托等商业保险；提高医疗执业保险覆盖面，支持医疗机构和医师个人购买医疗执业保险，推行养老机构责任保险。提升服务水平，加强商业保险机构信用体系建设，完善健康保险单独核算、风险管理和数据管理等制度；支持商业健康保险信息系统与基本医疗保险信息系统、医疗机构信息系统进行必要的信息共享，提供即时结算服务，简化理赔手续；鼓励商业保险机构运用大数据、互联网等现代信息技术，参与人口健康数据应用业务平台建设，支持商业保险机构提供全方位的咨询、查询和投诉等服务。

专栏 12　健康养生发展重点
旅游健康产业园区：建设集旅游休闲、度假、医疗健康、分时度假养老、康复疗养、教育培训、旅游商务及特色配套商务设施于一体，以休闲、健康为主题的园区；蜜桃观光园：建设占地 3 万亩，以蜜桃基地桃园为中心外加周边各旅游景点综合修建的旅游景区，建设 4A 景区。

第六章　拓展现代服务新兴领域

一、金融服务

抢抓京津冀协同发展、河北省综合配套改革试验区的战略机遇，加快金融创新，壮大金融市场主体，拓宽企业融资渠道，优化金融生态环境，完善发展布局，重点打造桃城区、滨湖新区金融集聚区。加强政府配套政策支持，创新“政府引导 + 市场运作”模式，努力开创现代金融新局面。到 2020 年，基本形成全方位、多层次、高水平、门类全、聚集发展的开放型现代金融体系。

1. 壮大金融市场主体

深入开展“引金入衡”工程，积极引进国内外金融、保险、证券、期货、信托等机构，鼓励设立产业基金、风险投资基金、私募股权基金和创业投资基金。支持衡水银行做大做强，推动政策性银行、股份制商业银行、城市商业银行、新型农村金融机构、民间融资机构及各类中介服务机构协调发展，构筑主体多元、竞争有序、功能互补的金融服务体系。着力打造地方金融品牌，支持衡水银行、农信社引进战略投资者，探索多元化混业经营模式，晋升监管评级。

2. 发展新兴金融业态

大力推进金融创新，加速发展互联网金融、普惠金融、创业金融、科技金融、培育衍生金融新生态和新型要素交易平台，构建传统产业、电子商务和金融三位一体的要素市场体系，构建互联网金融服务平台、金融信息平台、电子商务平台、手机银行网络平台，拓展金融产业链。积极争取“省民营金融业创新举措”在衡水先行先试。支持民营金融业发展，稳步推进由民间资本发起设立中小型银行等金融机构，引导民间资本参股、投资金融机构。培育发展消费金融公司、汽车金融公司、健康保险、农业保险、责任保险等新型金融机构。

3. 拓宽企业融资渠道

支持银行开展跨业跨区合作，扩大对各类园区、重点产业、重点行业和骨干企业的信贷投放范围和投放力度，大力开展产业链融资、商业圈融资和企业群融资，推动开展商业保理、金融租赁和定向信托等融资服务。创新投融资模式，加快发展股权投资基金和创业投资基金，灵活运用 PPP 等新型投融资模式，逐步建立以政府资金为引导、民间资本为主体的创业资本筹集机制和市场化的创业资本运作机制，支持各类投资企业参与政府公共建设。大力推进企业直接融资，多渠道推进企业上市或挂牌；支持已上市或挂牌企业进行股权再融资，开展并购重组；支持符合条件的企业发行公司债券、票据等，推动中小企业加入“区域集优债”融资项目；结合区域特色，完善大宗商品期货和金融期货的品种体系，谋划建设冀东南区域橡胶产品期货市场。

专栏 13　金融服务业发展重点
桃城区金融商务中心，谋划建设金融大厦，打造现代金融商务区，积极引进金融、商务服务、企业总部入驻，建设高铁金融商贸服务中心。衡水湖总部基地，在滨湖新区，引进国内外知名企业总部、研发入驻。以中冶总部基地产业园为启动器，占地 374 亩，投资 20 亿元，建设企业总部基地、会议会展中心项目。

二、信息服务

发挥综合优势，依托工业化和城镇化发展基础，积极发展信息服务业，推进“互联网 +”行动计划，优化发展布局，建设信息服务业集聚区，打造“智慧衡水”。到 2020 年增加值将达到 34 亿元，占服务业增加值比重超过 4%，社会服务事务网上办理率达 90% 以上。

1. 全力推进智慧城市建设

加强信息化建设，推进大数据、云计算等技术应用，整合各类信息资源数据，形成衡水共享型大数据库，创建通达便民的公共服务环境。推进“智慧城市云平台”建设，打造智慧政务、智慧交通、智慧教育、智慧旅游、智慧医疗、智慧农业、智慧社区。推动物联网发展，探索物联网在智能家居、物流等领域的应用。加快“全光网城市”建设，深入推进“政务协同办公”系统、“数字城管”“安监通”平台、“价格通”平台、“沃税通”应用系统等的建设。加大信息公开力度，提升民众对信息的获取和利用能力。深入推进新一代移动通信网络和广播电视网建设，推动无线局域网（Wi－Fi）全覆盖和城市建成区免费使用。建设城市智能基础设施，加强交通、照明、供电供水供气、消防等的智能化建设，充分利用新兴信息技术提升公共服务的智能化水平。

2. 推进“互联网＋”行动计划

推动互联网与制造业的深度融合，在产品研发设计、柔性制造、销售渠道、战略创新等环节融入互联网因素，推动云计算、物联网、智能工业机器人等技术支撑主导产业创新发展。加快互联网与金融、商贸、物流、文化、旅游等服务业融合发展，搭建电子商务平台，拓展网上交易，完善在线支付、数字认证等网上服务功能，推进搜房网电商交易数据处理中心，南昊云端教育服务平台项目建设。推动互联网与现代农业融合，改造提升农业生产、经营、管理和服务水平，推进农业生产智能化、农业经营网络化、信息服务便捷化。推进公共服务智能化，加快医疗信息服务平台、数字化校园等的建设，推进优质教育医疗文化资源向农村延伸，满足城乡群众多样化的需求，促进公共服务均等化。

3. 培育壮大信息服务业

完善信息服务政策体系，加快信息服务平台建设，优化信息服务发展环境。加大创新创业扶持力度，促进现有信息服务企业做大做强，加快引进国内外人才和企业，形成产业集聚。重点发展基础性信息传输服务、软件与系统集成服务、信息技术服务及网络增值服务等行业；加快发展软件开发、数据处理和存储服务、数字内容服务、信息技术咨询服务等；鼓励发展云计算、物联网、移动互联、大数据、IT运维等信息技术服务；支持电子商务研发、服务和推广工作，鼓励电子商务商业模式创新。建设滏南新区通信基础设施共建共享、水利监测能力工程、华北区域综合生态气候实验基地、“十三五”气象事业重点工程项目积极运用信息技术改造和提升传统产业，促进新兴产业的发展。鼓励相关行业协会、企业、各类组织组建联合服务平台。重点规划工业新区信息服务中心、桃城区信息服务中心、景县信息服务中心、安平县信息服务中心、饶阳县信息服务中心、滨湖新区信息服务中心6个市级重点集聚区。

专栏 14　信息服务发展重点
桃城区信息服务中心：培育引进信息服务业企业，建设信息服务中心；工业新区信息服务中心：建设信息服务业中心，引进培育互联网、软件、云计算、物联网、电子商务等企业和研发机构，逐步形成信息服务业集聚区；滨湖新区信息服务中心：发展信息技术外包，引进培育互联网、软件、云计算、物联网、电子商务等企业和研发机构；景县信息服务中心：依托景县特色产业，大力发展软件、电子商务等信息服务业，建设信息服务中心；饶阳县信息服务中心：依托饶阳特色产业，大力发展软件、电子商务等信息服务业，建设信息服务中心；安平县信息服务中心：发展信息服务业，扩大信息技术服务外包，推动信息服务中心改造提升。武邑县信息中心。

三、科技服务

依托京津冀丰富的科教资源和自身良好的基础教育优势，主动承接京津科技成果转化和产业化，大力推动科技创新，健全科技创新体系，提高科技服务效率，推进产学研协同创新，优化发展布局，打造河北省科技创新试验区。到 2020 年，形成覆盖科技创新全链条的科技服务体系，科技服务业增加值达到 3 亿元。

1. 健全科技创新体系

重点加快创新环境、技术交易、科技金融、知识产权 4 方面发展。营造科技创新良好环境，全面深化改革，破除体制机制的障碍，制定和出台扶持科技创业、创新发展的优惠政策，制定支持科技创新人才和团队到衡水创业、创新的激励政策，为科技创新的可持续发展提供有力保障。不断健全技术交易市场，积极融入京津冀技术市场一体化建设，加快实现与国内外信息共享，加速科技创新成果的应用和示范；以衡水本地及区域特色产业需求为导向，加快建立研发设计服务体系，以科技创新支撑产业转型升级；推动科技向文化、旅游、金融等产业的渗透，加快发展文化创意、医疗健康技术服务、数字媒体技术应用等新兴业态。建立完善多元化投融资体系，积极吸引国家和省的科技专项资金，加大对科技创新的资金投入；支持金融机构在衡水开展科技金融创新试点，拓展科技创新活动的融资、成果转化、信用保险、信用担保、上市等渠道；鼓励探索建立科技创新创业投资资金、投资联盟、直接股权投资等模式，引导和吸纳民间资本。打造知识产权综合服务平台，积极营造良好的知识产权法治环境、市场环境、文化环境，使各类知识产权服务主体低成本获得基础信息资源；引进国内外知识产权服务企业，加强知识产权分析预警和相关技术咨询等服务，全面提高知识产权创造、运用、保护和管理能力。

2. 推进产学研合作发展

加强产学研合作，建立政、产、学、研、资、介六大创新要素相互间资源共享、取长补短、互惠互利的协同发展体系；充分运用市场机制，建设集研发、设计、孵化、成果转让于一体的科技成果孵化转化基地；建立一站式公共服务平台，积极协助中小企业开展重大关键共性技术的研究开发和推广应用，促进科研成果的高效转化。加快推进“蓝火计划”，积极引进国内外知名的高校、科研机构落户衡水，进一步加强重点实验室、工程中心、技术中心建设，重点支持河北华冲省级重点实验室、泰华机器人重点实验室、景县海伟超薄电容膜、中铁建工程橡胶、精信集团等产业技术服务平台项目建设，构建“创业苗圃＋孵化器＋加速器”的创业孵化服务链条，打造京津冀科技人才创业基地、科技成果孵化基地。

3. 打造“3＋10”科技创新体系

重点打造3个科技创新园和10个科技孵化器。结合“蓝火计划”衡水基地建设，依托雄厚的工业基础，整合企业创新资源，建设工业新区科技创新园；充分发挥区位、交通、人文、教育等方面的优势，依托服务业集聚的强大功能，整合各类创新资源，规划建设桃城区科技创新园；依托华北衡水湖优良的自然生态环境优势、良好的区位交通优势，规划建设滨湖新区科技创新园；依托自身的产业基础，整合科技创新资源，在10个县市分别建设科技孵化器。到2020年，科技创新园初具规模，每个孵化器成功孵化10家科技企业。

专栏15　科技服务发展重点
桃城区科技创新园：建设科技创新园区，支持重点企业建设技术中心、研究中心、重点实验室，与京津冀知名大学、大中专院校、科研院所建立技术联盟，促进科技成果转化，引进重大科技成果研发战略合作者，支持衡水市设计院做大做强；“蓝火计划”衡水基地（工业新区科技创新园）：规划占地860亩，建设研发中心、科技孵化楼、试验楼、标准化生产车间、集散中心等十大功能区。打造产学研合作示范区，推动校地、校企产学研用深度合作，促进高校科技成果转化；滨湖科技创新园区：规划建设科技创新园。加强产学研合作，建立科技孵化平台、创业投融资平台，着力提升技术水平，创办技术研发平台。与京津冀知名大学、大中专院校、科研院所建立技术联盟，引进重大项目及重大科技成果研发战略合作者。

四、社区服务

适应群众生活水平提高和人口老龄化趋势，以家庭为服务对象，以社区为重要依托，着力推进“便民服务进家庭、便利消费进社区”的“双进工程”。到2020年，具备开展老年护理、家庭病床等服务的社区卫生服务中心超过80%。

1. 提高社区商业便利程度

鼓励发展社区商业网点，逐步形成门类齐全、便民利民的城市社区服务网络。重点支持连锁便利店、美容美发店、早餐网点、连锁药店、摄影影印店、生鲜蔬菜市场、废旧物资回收网点和维修网点进驻社区。在市区及各县市区城区打造5分钟到便利店、10分钟到菜市场、15分钟到大中型超市的便民生活圈。积极推动商业示范社区建设。

2. 推动社区服务均等化

积极发展社区服务业，完善社区公共服务配套设施，合理布局商店、超市、餐厅、洗衣店、美容美发店等生活服务设施，满足社区居民日常生活需求；探索社区服务事业“去行政化”，推动政府向社会组织购买公共服务、社会服务，建立主体多元、功能完善、内容丰富、队伍健全、机制合理的社区服务模式；鼓励社会组织探索提供养老院、幼儿园（托儿所、学前班）等有偿市场服务，为居民提供均等化社区服务。

3. 加强家庭服务建设

做好家庭服务人员专业培训，提高专业化、规范化服务水平。推动一批中小家庭服务机构做专做精，扶持一批有实力的员工制家政服务企业做大做强。发展社区日间照料中心，规范病患陪护服务。面向京津高端客户需求，推进复合型、高附加值的管家服务。依托移动互联网、大数据、网络支付等技术，用共享模式改造家庭服务业供给侧，将家庭服务专、兼职服务员的零星时段有效整合，实现与供给侧无缝匹配，加快建设家庭服务业公益性信息服务平台，规范发展各类家庭服务平台。

第七章　保障措施

一、强化组织领导

各有关部门要各司其职，围绕规划落实，加强工作指导，完善工作机制，形成推进服务业快速发展的工作合力。支持服务业商会、行业协会发展，充分发挥协会在行业自律和服务产品技术创新、交流推广等方面的作用，努力形成政府引导、协会推动、行业自律的服务业发展新机制，充分发挥其联系政府与企业的桥梁作用，规范行业有序竞争；健全统计制度，以国民经济行业分类为基础，适应现代服务业新模式、新业态不断涌现的特点，完善相关统计指标体系和统计调查制度；加强服务业运行情况分析，定期发布相关统计信息和监测分析报告，健全信息共享机制；建立服务业发展考核评价体系，对规划目标完成情况、重大项目建设进度、政策措施落实情况进行督导检查，确保各项工作落到实处。

二、推进政策落实

落实税收优惠，抓好“营改增”实施工作，积极推进国家扩大生产性服务产品出口退税范围政策工作，贯彻落实国家已出台的服务业企业应享受的各种税收优惠政策；凡是政策性税费减免政策有上、下限浮动范围的，一律按下限执行。把落实服务业优惠政策纳入对各县市区的绩效考核，强化日常执法检查及重点执法检查，审查有关单位及人员的办事程序、办事效率，对贯彻不力、推诿扯皮的，严肃追究相关单位和人员的责任。

三、加强载体建设

加快聚集区建设，以产业聚集、企业集中、资源集约为方向，突出规模化、特色化、集约化发展，增强要素吸附能力和产业支撑能力；加大招商引资力度，积极承接京津服务业转移，大力引进总部经济、信息服务、商务服务、科技服务、文化创意等服务业重大项目，推动特色化发展；推进重点项目建设，加强服务业重大项目的谋划和实施，争取每年滚动建设一批、储备一批、谋划一批，保障服务业项目建设可持续，增强持久增长动力。

四、强化要素保障

充分发挥省综合配套改革试验区优势，加强政策研究，从财税、信贷、土地和价格等方面进一步完善促进服务业发展政策体系，扩大政策对服务业发展的支持力度。积极争取国家和省对科技创新的政策支持，增强服务业对外开放力度；进一步推进服务价格体制改革，完善价格政策，对列入国家鼓励类的服务业逐步实现与工业用电、用水、用气、用热基本同价；合理确定服务业用地的比例，实行差别化政策，建立指标安排与用地进度、供地率、补充耕地挂钩机制，用地供给向服务业集聚区倾斜。国土部门探索制定扶植服务业企业用地价格优惠，降低土地成本方面的相关政策。

五、强化人才支撑

创新人才发展体制机制，完善人才资源配置体系，优化人才创新创业环境，为加快发展服务业提供人才保障。充分发挥高等院校、科研院所的作用，加强与京津及发达地区相关机构的合作，实施高端人才引进计划；完善服务业创新团队和项目相结合的柔性引进机制，重点吸引供应链管理、金融产品创新、大数据、云计算等各类现代服务业高素质专业人才和创新团队来衡创业发展；鼓励衡水籍在外人才资源和优秀毕业生回乡创业，结合招商选资引智工作，采取多样化方式，扩大和畅通人才引进的绿色通道；做好人才的配套服务工作，提供多样的工作机会、优良的住宿环境、便捷的生活服务等，使人才引得来、留得住。

六、创优发展环境

加快推进服务业领域市场化、产业化、社会化进程，增强企业发展活力和竞争力，形成以市场为导向、以企业为主体的服务业发展机制。推进商事登记制度改革，实行注册登记“零收费”，放宽注册资本登记条件，完善创业服务机制，激发全社会创业创新活力；放宽市场准入，取消部门和地方自行设定的服务业企业登记前置许可项目，实行投资主体“零限制”，鼓励民间资本、外资进入服务业领域，推进统一开放、竞争有序的市场体系建设；加快行业信用体系建设，依托各行业管理系统，研究制定企业、个人信用管理办法，逐步完善社会信用服务体系。

石家庄市人民政府办公厅关于印发石家庄市物流业降本增效专项行动方案（2017—2018）的通知

石政办函〔2017〕16号

各县（市）、区人民政府，高新区、正定新区、循环化工园区和综合保税区管委会，市政府有关部门：

《石家庄市物流业降本增效专项行动方案（2017—2018）》已经市政府同意，现印发给你们，请认真抓好贯彻落实。

石家庄市人民政府办公厅

2017年1月25日

石家庄市物流业降本增效专项行动方案（2017—2018）

为贯彻落实《河北省人民政府办公厅关于印发河北省物流业降本增效专项行动方案（2016—2018年）的通知》（冀政办字〔2016〕192号）精神，推动物流业降本增效，进一步提升物流业发展水平，结合我市实际，特制定本方案。实施期为2017—2018年。

一、总体要求

紧紧围绕贯彻落实《河北省建设全国现代商贸物流重要基地规划（2016—2020年）》关于我市“国家级物流枢纽”的定位，立足促进供给侧结构性改革，加快建设商贸物流中心城市，坚持深化改革、创新驱动、协同联动、重点突破，以推动全市物流降本增效为重点，着力解决物流瓶颈制约，优化要素资源配置，落实各项支持政策，力争到2018年，全社会物流总成本与GDP比率较2016年降低1.5个百分点。

二、行动重点

（一）强化服务功能，降低物流业运营成本

（1）促进通行便利。按照河北省交通运输厅安排部署，优化公路超限运输行政许可办理流程，建立健全货运司机诚信管理制度，简化道路运输许可证、营运证年审手续，落实省内异地年审政策。（市交通运输局负责，2018 年年底前完成）根据河北省统一规定，规范公路超限治理处罚标准，减少执法中的自由裁量权。（市交通运输局、市公安局负责，持续推进）制定城区配送车辆便利通行管理办法及货运运营服务规范，科学规划城市配送车辆专用停车位或停车场。对生活必需品、药品、鲜活农产品和冷藏保鲜产品配送以及新能源车辆，给予优先通行便利。[市公安局、市交通运输局、市商务局、有关县（市）区政府按职责分工负责，2017 年年底前完成]

（2）加强税收支持。落实物流小微企业减免税优惠政策；规范交通运输行业成本核算，使其进项税额得到充分抵扣，降低企业税收负担。（市财政局、市国税局、市地税局按职责分工负责，持续推进）经认定为高新技术企业的物流企业，享受高新企业所得税优惠政策。物流企业为开发新产品、新技术、新工艺的研发费用，未形成无形资产计入当期损益的，在按照规定据实扣除的基础上，按照研究开发费用的 50% 加计扣除；形成无形资产的，按照无形资产成本的 150% 摊销。物流企业在信息化改造中所购置并实际使用符合税法规定的环境保护、节能节水、安全生产等专用设备，该设备投资额的 10% 可从企业当年应纳税额中抵免；当年不足抵免的，可在以后 5 个纳税年度结转抵免。（市国税局、市地税局、市科学技术局按职责分工负责，持续推进）

（3）实施价格优惠。落实河北省关于大型农贸市场的用水价格和蔬菜冷链物流的冷库用电与工业同价的价格优惠政策。（市发展改革委、市商务局按职责分工负责，2017 年年底前完成）

（4）加大要素保障。积极筛选降本增效突出的物流项目，争取国家政策支持。鼓励物流园区建立投融资平台，通过银行贷款、股票上市、发行债券、增资扩股、中外合资等多渠道筹集资金。引导物流项目做好与土地利用总体规划衔接。落实支持物流业发展的用地政策，积极支持利用工业企业旧厂房、仓库和存量土地资源建设物流设施，涉及原划拨土地使用权转让或者租赁的，按规定办理土地有偿使用手续。支持物流项目申列省重点建设项目计划，优先保障项目建设用地。一次性缴纳土地出让金确有困难的物流企业，在依法约法的前提下，首期缴纳 50% 后，其余可在 1 年内分期缴付。鼓励以租赁方式供应物流业用地，允许物流企业通过租赁方式取得国有土地使用权。[市发展改革委、市金融办、市财政局、市国土资源局、市城乡规划局，有关县（市）、区政府按职责分工负责，持续推进]

（二）加强载体支撑，提高物流体系运行效率

（1）畅通物流通道。提升正定机场货运集疏能力，推进正定机场航空快件集散中心建设，谋划建设快递物流园项目。（市发展改革委、市邮政管理局，石家庄综合保税区管委会按职责分工负责，持续推进）鼓励物流企业建设国际分拨中心、海外仓，拓展中东欧、非洲、东南亚等国际市场。（市商务局负责，持续推进）

（2）加快物流园区建设。加快推进河北瑞川物流园、润丰城市共同配送中心、诚

通联众物流园、深国际综合智能港、河北中储物流中心等三环外物流园区项目建设，引导物流企业向三环外聚集。（市发展改革委、市城乡规划局、市国土资源局，有关县、区政府按职责分工负责，持续推进）

（3）推广新能源汽车配送。落实国家新能源汽车推广应用政策，完善充电运营服务，优先发展主城区新能源汽车配送。（市工业和信息化局、市发展改革委、市财政局按职责分工负责，持续推进）

（三）促进联动融合，增强物流协同服务能力

（1）促进物流与制造联动发展。结合实施“中国制造 2025”，引导物流企业与制造业供应链对接，建立与新型工业化发展相适应的制造业物流服务体系，谋划建设专业化制造业物流基地。鼓励装备制造、生物医药等企业，依托自身技术装备优势，发展专业化物流业务，拓展专业化营销网络。支持先进制造、电子信息、生物医药等生产企业，优化供应链业务流程，构建产业链、供应链一体化运作体系。［市工业和信息化局，有关县（市）、区政府、管委会按职责分工负责，持续推进］

（2）推动物流与交通融合发展。促进物流业与交通运输一体化发展，提高综合效率效益和服务水平，解决物流节点与交通运输枢纽布局不协调、集疏运体系不畅、信息孤岛现象突出等问题。组织实施《石家庄市营造良好市场环境推动交通物流融合发展的实施方案》。［市发展改革委、市交通运输局、市城乡规划局、市国土资源局，有关县（市）、区政府按职责分工负责，持续推进］

（3）推进物流与商贸互动发展。加快建设“互联网 + 高效商贸物流”协同服务体系，提升物流服务质量和效率，降低实体商贸企业的物流成本。支持石家庄苏宁商贸有限公司、北人集团等大型商贸企业建设共用型商贸物流项目；加快推进鹿泉区北方农产品交易中心、栾城区胜捷家居物流园、新乐市富达冷链物流等商贸物流项目建设，发挥聚集、集成效益。（市发展改革委、市商务局、市国资委按职责分工负责，持续推进）

（四）逐步完善体系，引导物流业集约化发展

（1）推广健全标准体系。大力推进以标准化托盘（1200 毫米 ×1000 毫米）及其循环共用为切入点的物流标准化试点工作的深入开展，提升物流标准化方面的基础设施、技术装备、管理流程、信息网络技术标准水平。到 2018 年年底重点培育 5 ~ 8 家标准化托盘使用规模在 1 万块以上、能够在企业内部及相关企业中循环使用的重点商贸物流企业；积极培育 1 ~ 2 家托盘运营服务商，提高跨区域、跨行业、跨企业的运营服务能力。（市商务局、市质量技术监督局按职责分工负责，2018 年年底前完成）

（2）推进多式联运项目建设。积极推进高邑县冀中南公铁联运智能港、井陉县中联铁运公铁联运项目等重大工程建设，推进石家庄一级铁路物流基地项目前期工作。（市发展改革委、市交通运输局、市城乡规划局、市国土资源局，有关县、区政府按职责分工负责，持续推进）

(3) 完善城乡配送体系。推进落实《石家庄市城市共同配送体系建设规划(2016—2020)》和《石家庄市电商与物流快递协同发展规划》，建设分拨中心（电商物流园区）、配送中心（县级分拨中心）、配送节点（末端标准化服务点）三级城（乡）配送网络体系，打通物流配送“最先一公里”和“最后一公里”。支持邮政企业、快递企业以及石家庄国润仓储服务有限公司、石家庄苏宁贸易有限公司等企业联合构建城市、农村智能物流配送联盟，支撑配送服务向农村延伸。[市商务局、市供销社、市邮政管理局，有关县（市）、区政府按职责分工负责，持续推进]

（五）实施创新带动，提升物流智慧化水平

(1) 推进年度重点物流项目建设。高起点建设总投资359.6亿元的全市2017年重点物流项目，以项目建设和运营带动物流行业智慧化水平的整体提升。[市发展改革委、市城乡规划局、市国土资源局，有关县（市）、区政府按职责分工负责，持续推进]

(2) 推动物流智慧化。支持河北快运、润丰等物流企业，开展无车承运人、信用评价、交易结算、融资保险等增值服务。鼓励企业探索开展智能配送、无人配送等新的服务业态。(市交通运输局负责，适时推进) 支持、鼓励商贸物流企业推广使用标准化、厢式化、专业化公路货运车辆，提高货物运输装备现代化水平。(市交通运输局、市商务局、市科学技术局按职责分工负责，持续推进)

(3) 创新基础性工作。完善物流业调查、统计、核算和形势分析预警预测。(市统计局负责，持续推进) 鼓励和支持物流行业协会开展企业A级评定申报工作，向国家积极推介我市有实力的品牌物流企业。支持物流行业协会加强与国内外物流行业间的交流合作。(市现代物流行业协会负责，持续推进) 加快物流基础性人才培养。鼓励市属高校建设物流产学研基地，推动物流企业与市属高校开展多种形式合作，建立多层次、多元化人才培养体系。(市教育局、市人力资源和社会保障局按职责分工负责，持续推进)

三、保障措施

(1) 加强组织领导。各相关市直部门和县（市）、区政府要切实加强组织领导，做好统筹衔接，各负其责，协调联动，强力推进，确保各项工作任务积极有序推进。

(2) 细化工作方案。各级有关部门要根据各自职能，抓紧明确目标任务和工作分工，细化工作举措，加快推进，确保工作任务落地。

(3) 实施试点示范。配合省发展改革、交通运输、商务等上级部门，积极开展示范试点工作，充分发挥示范项目带动作用。按照上级要求选取业绩突出、行业影响带动能力强的项目作为物流降本增效试点示范项目，重点给予政策支持。

石家庄市人民政府办公厅关于印发石家庄市2017年服务业重点行业发展工作要点的通知

石政办函〔2017〕15号

各县（市）、区人民政府，高新区、正定新区、循环化工园区和综合保税区管委会，市政府有关部门：

《石家庄市2017年服务业重点行业发展工作要点》已经市政府同意，现印发给你们，请认真抓好贯彻落实。

石家庄市人民政府办公厅
2017年1月25日

石家庄市2017年服务业重点行业发展工作要点

2017年，是加快我市坚定走“转型升级，绿色发展，跨越提升”新路的开局之年，也是推进供给侧结构性改革的深化之年。大力发展现代服务业对推进我市产业结构调整、积极融入京津冀协同发展、加快实现新发展具有重要作用。根据省第九次党代会和今年市政府重点工作安排，制定2017年全市服务业重点行业发展工作要点。

一、发展思路

全面贯彻党的十八届五中、六中全会和省委九次党代会议、市委九届九次全会精神。切实按照中央和省委决策部署，紧紧围绕“增强辐射带动功能，加快建设现代化省会城市”的新定位，全面落实国家、省促进服务业发展的政策措施，全力推进我市现代服务业快速发展。充分发挥省会优势，大力扶持龙头服务业企业，积极打造省会服务业品牌，提升服务业发展水平，努力为全市经济社会又好又快发展提供强有力支撑。

二、发展目标

2017年全市服务业发展计划目标为：实现服务业增加值增长10.5%，服务业增加值占 GDP 比重达到 49%。

三、工作重点

按照《石家庄市现代服务业重点行业发展三年行动计划》要求，重点抓好现代物流、金融服务、商贸服务、信息服务、科技服务、旅游、文化、健康养老、职业教育 9 大现代服务业发展。

（1）加速发展现代物流业。以重大项目建设为抓手，引导物流企业向三环外聚集，优化产业布局，推动物流标准化建设，提高行业效率。力争 2017 年物流业增加值达到 490 亿元。一是加快推进总投资 359.6 亿元的 17 项重点物流项目建设。2017 年计划完成投资 43.1 亿元。其中，胜捷家居物流园等 4 个项目计划开工建设；苏宁河北地区管理总部及配送中心等 3 个项目竣工投用。二是落实物流货运市场外迁。按照市委、市政府安排部署，加强调研，做好外迁方案，强化组织推动，力促物流货运市场外迁工作初见成效。三是研究制定《石家庄市物流业降本增效专项行动方案》，分解责任，强化协调督导，各相关部门按照职能抓好落实。四是继续推进物流标准化试点工作。到年底重点培育 3～5 家标准化托盘使用规模在 1 万块以上、能够在企业内部及相关企业中循环使用的重点商贸物流企业。积极培育 1～2 家托盘运营服务商，提高跨区域、跨行业、跨企业的运营服务能力，促进行业降低成本、提高效率。五是引导快递物流聚集发展。按照国家邮政局对正定国际机场支撑京津冀航空快件集散运输的功能定位，依托综合保税区，谋划启动邮政快递航空枢纽项目。引导快递物流企业入驻瑞川物流园、诚通联众物流园等物流园区项目聚集发展。（市发改委）

（2）壮大发展金融业。认真贯彻国家金融政策，以促进省会金融业快速发展为中心，以优化金融发展环境为总抓手，深化金融供给侧结构性改革，防范金融风险，支持实体经济发展，大力推进银企线上对接和企业上市，促进小微企业融资，建立健全现代金融体系，助推经济发展提质增效。一是着力增加信贷投放规模。建立网络银企对接平台，实时发布供给侧结构性改革、京津冀协同发展、重点行业、骨干企业、战略性新兴产业和现代服务业的融资需求信息，实现企业与金融机构之间信息的及时传送和反馈，促进银企双向选择、有效对接。二是着力推动资本市场发展。2017 年，力争我市在多层次资本市场新增挂牌企业 30 家。力争科林电气在主板上市。三是着力增进普惠金融服务。加大对中小微企业的金融服务，积极开展小微企业贷款风险补偿工作。加强对执行利率及收费情况的监督检查，鼓励金融机构开展减费让利活动。引导各金融机构特别是主要支农机构加大对 4 个贫困县脱贫攻坚的金融服务力度。四是着力推进地方金融改革。积极引进银行、保险、证券等金融机构入驻石家庄。推动县级农村信用社深化改革。完成汇融农合行改制组建石家庄农村商业银行工作。支持东旭集团等民营企业加快民营银行申报工作。配合省金融办积极推进法人寿险公司设立工作。（市金融办）

（3）大力发展商务服务业。形成布局合理、设施完善、主体多元、业态先进、竞争有序、高效便民的商贸流通体系。2017 年，全市社会消费品零售总额增长 10% 以上。一是加快重点项目建设。加快推进总投资 655.9 亿元的 37 项重点商贸项目（其中市重点商贸项目 20 项、县域重点商贸项目 17 项）建设，2017 年计划完成投资 139.4 亿元。其中，瑞丰广场等 15 个项目计划开工建设；中交财富中心等 8 个项目计划竣工投用。重点对鹿泉、栾城、藁城新三区和正定新区的商贸项目建设进行督导。二是加快推进电商发展。加快国家电子商务示范城市、示范基地建设，加快大型电商园区建设，重点推进财富大厦金融电商示范基地、河北慧聪正定产业园等 10 大电子商务基地发展，重点支持移联网信、中废通、君乐宝乳业、以岭健康城等一批潜力电商平台建设；完善提升商务云规模水平，加快电子商务公共服务生态体系（中国梦网）建设。加快电子商务与传统产业融合发展。鼓励有产业基础和电商潜力的县（市）、区，高起点、高标准规划建设集商品交易、物流快递、融资担保、研发设计等服务于一体的电子商务小镇、特色园区。依托省级出口基地和保税区，积极搭建省内龙头跨境电商平台，推进 21 世纪中国城（21BCD）与一达通等跨境电商平台发展。大力推进电子商务与物流快递协同发展，加强物流快递门店、自助提货柜等末端配送网点建设，优化设施布局，为群众提供优质、高效 = 方便、快捷的快递配送服务。三是大力推进夜经济和特色街区建设。加快打造中山路夜经济繁华带，推进特色突出的商业街区建设。围绕大型商业综合体集中打造一批集合多种业态的一站式区域性城市综合消费商圈。推进滹沱河亲水休闲游憩带建设。积极推进新三区和正定县夜经济发展，着力培育建设一批商贸、旅游、文化、体育等品牌项目，形成点面结合、布局合理的夜间消费格局，成为拉动居民消费，推动经济发展的重要力量。四是大力提升会展规模和质量。加快国际会展中心建设，力争完成 8 万平方米展览中心建设，具备承接举办大型会展能力。尽快出台我市会展业发展专项资金管理办法，加大对品牌展会的扶持力度。同时，对引进国际性、国家级、专业型展会，以及国内外知名展览机构落户我市分设机构、举办展会等给予支持，完善政策培育体系。加大与京津的协调力度，争取把国家级的有关专业展会拉到我市举办。组织好正博会、石洽会、动漫节、中华健康节等会展活动，基本实现周周有会展。全年力争举办各类会展 120 次。五是加快国际服务外包开发区建设。加快基础设施建设和招商引资，打造国际服务外包产业高地，争创服务外包示范城市。（市商务局）

（4）着力发展软件与信息服务业。软件和信息服务业主营业务收入增长 10% 左右。一是建设城市公共场所免费 Wi - Fi 覆盖项目。二环到三环之间主要公共场所实现覆盖和免费开放。二是鼓励企业规范管理。深入企业进行政策宣传，力争我市 6 ~ 7 家通过 CMMI 国际认证企业，享受到省工信厅的相关补贴。三是开展交流合作加大招商投资力度。组织软件和信息技术服务业企业参加各项国内国际的专业展会，拓宽企业的视野，提高企业在行业内外的知名度。继续为本市企业与国内外行业企业深入开展交流合作，

加大招商引资力度搭建专业平台。（市工信局）

（5）加快发展科技服务业。大力推动以科技创新为核心的全面创新，不断提升科技创新能力和创新服务水平。一是研究开发服务。2017年新建市级以上工程（技术）研究中心、重点（工程）实验室30家，企业技术中心10家，省级产业技术研究院2家。二是技术转移服务。依托石家庄科技大市场，构建线上线下有机统一、多层次的技术（产权）交易市场体系。全年实现技术合同成交额15亿元。三是创新创业服务。大力发展“众创空间”，为小微创新企业成长和个人创业提供低成本、便利化、全要素的开放式综合服务平台。2017年全市“众创空间”达到80家。（市科技局）

（6）加快发展旅游业。大力推进旅游业改革发展、提质增效，力争全年实现旅游总收入突破800亿元，同比增长25%以上。一是开展旅游环境品质行动。开展城镇、乡村、道路旅游环境整治活动，完善旅游服务功能，加强道路、绿化、厕所等旅游基础设施改造提升，建设沿线休憩场所、风景道和绿道，建设标准化厕所、游客中心，健全各类旅游服务设施。积极参加省旅游特色城市、旅游强县、旅游名镇、旅游名村“四项创建”活动。二是大力培育旅游精品景区。支持平山县创建国家全域旅游示范区，统筹配置旅游发展要素，力争首批通过国家验收。支持正定县以打造国家历史文化名城、世界旅游休闲胜地为目标，精心打造古城文化旅游、红楼文化、体育旅游、乡村旅游四大旅游品牌，努力使“正定旅游”成为石家庄的金字招牌。重点推进平山县沕沕水皇安生态旅游区（空中画廊）、平山县白鹿温泉——红崖谷、平山佛光山综合文化旅游项目、鹿泉区西部长青旅游休闲度假区、灵寿县漫山生态休闲服务区等一批精品休闲度假重点项目建设。积极开展景区创A工作，力争新创建1～2家A级景区。三是培育旅游消费热点，积极推进“旅游+”建设。做大做强君乐宝、中航通飞、以岭药业、藁城宫灯等工业旅游示范点。全力推动石钢钢铁文化综合体、中车机车工业区等工业旅游区的建设。紧紧抓住京津冀协同发展重大机遇，着眼京津和省会周边地区市场，着力推出一批健康养生、民俗文化、生态休闲、农事体验及体育运动等新业态，拉动相关产业发展。四是积极推广城市旅游品牌。办好石家庄第四届旅游交易会。与中央、省、市主流媒体合作宣传“红色西柏坡，多彩石家庄”城市旅游品牌。研究确定石家庄市旅游产业发展大会申办承办机制，召开好全市首届旅发大会。（市旅游委）

（7）大力发展文化产业。深化文化体制改革，加快推动文化产业发展，力争到2017年年底全市文化产业增加值占生产总值的比重接近5%。一是加快重大文化项目建设。力争石家庄报业传媒大厦、石家庄赛凡蒂工艺品制造基地、博深文化创意产业园区、白鹿古镇、龙山蜡像馆景区、西部长青水上乐园等重点文化产业项目建成投用。大力推动百年巧匠木绘拼花手工艺品、藁城宫灯文化产业园、河北新东印、玛雅影视、众创梦工厂、小巢文化创意产业园、盛瑞书画艺术认证、世界湾等文化产业项目建设。二是办好大型节庆文化活动。大力扶持印刷包装产业发展，办好河北（石家庄）第十四届印刷机械器材展览会。力争十二届动博会实现总参展企业超过220家，参展参会客商超过1500人，参观人次超过60万，带动关联行业实现收入上千万元。三是制定出台《关于推动省会文化产业加快发展的若干意见》。多措并举推动全市文化产业加快发展，力争打造成为国民经济支柱性产业。四是促进文化消费。继续推进“文化惠民卡”创建国家公共文化服务体系示范项目工作，创建文化消费试点城市，推动我市文化消费规模快速增长，结构不断升级。（市委宣传部、市文广新局）

（8）加快发展健康养老产业。改善基础设施条件，提高全民健康水平，力争成为全市新的经济增长点。一是推进养老机构建设。年内全市新改扩建60家社区综合居家养老服务中心、240家标准化社区居家养老服务中心。二是提高老年人健康管理水平。2017年，各级各类综合医院老年人医疗服务绿色通道开通率达到80%以上；实施65岁以上老年人健康管理项目，2017年老年人健康管理率达到65%以上。三是积极办好体育赛事。全力做好职业联赛石家庄永昌足球队主场服务保障工作。全力备战2018年河北省第15届运动会各项比赛。举办2017年第14届国际自行车环城赛、第3届石家庄（正定）国际马拉松赛、石家庄（正定）国际徒步大会、第3届“中孚杯”全国国际象棋公开赛。积极谋划引进国内外知名赛事来我市举办。（市民政局、市卫计委、市体育局）

（9）加快发展职业教育。依托行业需求，大力培养专业人才，力争年投身服务业的职业院校毕业生达到2.5万人以上，非学历教育达到45万人次。一是加快职教园区建设进度。全年园区项目计划完成投资8亿元，主要用于征地和主体建设。市信息技术学校二期、市交通运输学校、市文化传媒学校、市财经商贸学校开工建设，年底前完成部分主体工程。二是完善校企合作、工学结合的人才培养体系。围绕我市主导产业发展的需要，将工学结合贯穿教育教学全过程，积极探索现代学徒制等育人模式，抓好市职教中心等3~4所学校的试点工作。三是打造与我市产业结构相匹配的一批骨干特色专业。依据我市产业发展规划和布局调整，重点打造加工制造、化工医药、电子信息、商贸物流、现代农业、节能减排、交通运输、旅游服务、养老护理等20个骨干特色专业。四是构建城乡继续教育网络。完善覆盖全市城乡的四级社区教育办学网络，依托我市社区学院组建武术、乒乓球、音乐舞蹈、书画4个分院，适时开展进社区活动。建设数字化、网络化的社区教育课程资源，创建市级社区教育课程资源，创建市级社区教育实验区和示范区，努力推进学习型社会建设。五是着力培养技术技能型人才。市属高校招生达到1.5万人，中等职业学校招生规模稳定在4万人以上。（市教育局）

四、强化工作推进措施

（1）建立服务业重点行业发展机制。在市政府确定的九大服务业重点行业中，继续实行一个行业、一名市级领导、一个牵头部门、一套推进方案、一抓到底的“五个一”推进机制，并建立由市服务业发展办公室综合协调的“季调度、季报告”工作推进机制。

（2）建立服务业重点行业统计机制。由市统计局负责，研究建立市政府确立的现代物流业、金融业、商务服务业、信息服务业、科技服务业、文化产业、旅游业、健康养老、职业教育九个服务业重点发展行业市级统计制度。按季度报告每个行业发展情况。

（3）加大行业政策支持力度。落实国家和省服务业营改增、所得税减免及服务业用水、用电、用气、用热与工业同价等优惠政策。规范各种行政性收费，减轻企业负担。支持重大服务业项目申列省、市重点建设项目计划，优先保障项目建设用地。落实支持服务业发展的用地政策，中心城区企业外迁和关闭退出的土地，鼓励发展高端服务业。

（4）做大做强市场主体。各行业牵头部门筛选一批规模以上服务业企业进行重点培育扶持，做大做强，形成我市龙头品牌企业。培育一批规下服务业企业做大做强，争取年底前新增一批规上服务业企业，实现我市服务业规上企业规模扩张，数量增加。

附件：石家庄市 2017 年服务业重点行业发展责任分解表（略）

承德市人民政府办公室关于深入推进“互联网+流通”行动计划的实施意见

承市政办字〔2017〕25号

各县、自治县、区人民政府，承德高新区管委会、御道口牧场管理区委员会，市政府各部门：

为贯彻落实《河北省人民政府办公厅关于深入推进“互联网+流通”行动计划的实施意见》（冀政办字〔2016〕99号）精神，深入实施“互联网+流通”行动计划，进一步推进全市实体商业线上线下融合发展，加快推进我市商贸流通创新发展和实体商业转型升级，激发经济发展新动力，经市政府同意，提出如下实施意见：

一、深入推进实体商业转型升级

鼓励和引导宽广、福满家等零售企业充分利用新型电子商务营销渠道加快实体店数字化改造。支持实体商业企业自建一批模式新、交易规模大、辐射面广的网络购物和生活服务平台，增强店铺场景化、立体化和智能化功能，推动线上线下互动，促进多渠道、全天候营销。鼓励金龙皇家广场、名都、宜家旺等企业创新消费业态，整合配置购物、休闲、娱乐、文化、体育、保健等体验消费，增加消费的娱乐性和趣味性，提升综合服务能力。（责任单位：市商务局、市发改委、市文广新局、市体育局，各县区政府、承德高新区管委会、御道口牧场管理区委员会）

鼓励和引导宽广、福满家、鸿兆等大型商贸企业以电子商务、信息技术和物流配送为依托，提升供应链管理控制能力，积极发展直营连锁，规范特许经营和自愿连锁，增强联合采购、统一分销和共同配送能力，提高自营商品比例。（责任单位：市商务局、市发改委，各县区政府、承德高新区管委会、御道口牧场管理区委员会）

鼓励和引导山庄老酒、板城烧等中华老字号企业运用互联网等信息技术，创新生产工艺和商业模式，推广自主品牌。鼓励大型生产企业建立开放性采购平台和营销平台，积极推动生产企业与第三方电子商务平台合作，实现需求和生产的无缝对接。（责任单位：市商务局、市工信局、市质监局，各县区政府、承德高新区管委会、御道口牧场管理区委员会）

鼓励和引导亚欧杏仁、华净活性炭、森源食用菌、润隆食用菌等商品交易市场及企业利用互联网技术优化供应链管理，促进商品批发向生产、零售环节延伸，强化交易撮合、商品集散、价格发现和信息交互等传统功能，拓展物流配送、质量标准、研发设计、展览展示等服务。加强与“万村千乡”、邮政支局（所）、供销社等流通主体合作，健全电子商务便民服务体系，完善住宿、餐饮、缴费、网订店取、网订店送、网订自提和社区配送等服务功能，切实让大家从体验店感受电子商务的快速发展和直接受益。（责任单位：市商务局、市发改委、市国土局、市环保局、市质监局，各县区政府、承德高新区管委会、御道口牧场管理区委员会）

二、深入推进流通方式创新

积极尝试分享经济新模式，创新政府管理和服务，激发市场主体创业创新活力，鼓励搭建要素对接平台，分享我市闲置实物资源、优化配置信息资源，降低生产和流通成本，拓展消费新空间、新领域，促进社会就业。大力支持邮政、快递企业转型升级，切实提升投递效率、降低流通成本，造福全市百姓。（责任单位：市发改委、市工信局、市人社局、市商务局、市市场监管局、市旅发委、市邮政局，各县区政府、承德高新区管委会、御道口牧场管理区委员会）

鼓励发展协同经济新模式，鼓励有条件的企业整合产业链、供应链、服务链上下游企业优质资源，推动新型服务业态发展，构建全流程协同平台，创新协作模式，提升协作水平，创新关键技术，提高科技对流通产业发展的支撑能力。以众创、众包、众筹、众扶等多种形式，与创业者合作，实现优势互补、利益共享、协同发展。（责任单位：市发改委、市科技局、市工信局、市商务局，各县区政府、承德高新区管委会、御道口牧场管理区委员会）

鼓励推进流通创业创新基地建设，大力发展流通创新服务机构，聚焦中小企业发展需求，完善配套设施和服务，打造支撑中小企业发展的市场化、专业化、集成化和网络化新型载体，为中小企业应用互联网创业创新提供集群注册、办公场地、基础通信、运营指导、人才培训、渠道推广、信贷融资等一体化支撑服务，促进抱团聚集发展。（责任单位：市商务局、市科技局、市人社局、市市场监管局，各县区政府、承德高新区管委会、御道口牧场管理区委员会）

三、深入推进智慧物流服务体系建设

按照《河北省建设全国现代商贸物流重要基地规划（2016—2020 年）》精神，全面提升我市商贸物流现代化、国际化、高端化发展水平，积极探索“实体经济 + 电子商务 + 现代物流”发展模式，加快转型升级步伐，强化资源整合，提高集约发展水平，建成“环首都东北部一小时物流圈”。加快推进承德国际商贸物流园区、平泉华北物流园区、丰宁现代物流园区等省级物流产业聚集区建设，扶持培育滦平冀康国际物流产业园、围场县物流园区、隆化县物流园区加快发展，提升园区基础设施配套能力，推动物流产业聚集区由规模扩张向质量提升转变。借助物流标准化示范市的契机，加强与北京市商务委的合作，打造京承物流标准化试点项目，完善物流标准化体系建设。加快对现有仓储、转运设施和运输工具的标准化改造，推进物流设施与设备的标准化。实施好20个物流标准化试点项目，重点推进托盘标准化，引导企业带拖运输，提高一贯化物流作业效率；推进以新能源车辆为载体的城市末端配送服务标准化，解决配送最后100米难题，提升城市整体形象；推进农产品物流包装标准化，解决农产品流通破损率高等问题。鼓励大型物流企业率先发展，探索建立标准化物流作业模式和线下实体、线上平台融合发展模式，支持宽广双峰寺物流标准化改造项目加快建设，提档升级；积极推进承德农产品冷链物流项目建成投产，带动全市物流标准化建设快速发展。全力推动城市公共物流配送体系建设，大力支持邮政物流体系建设，升级改造承德市邮区中心局，扶持邮政企业进一步健全和优化三级配送网络体系；支持邮政企业积极开放营业网点，为用户代存其他企业快件，提升邮政末端服务水平；推动邮政企业对传统信报箱进行升级改造，加快智能信报箱（信包箱）建设进程，提升末端服务水平。加快建设承德市快件分拨中心、区县公共物流配送中心、末端配送网点三级配送网格体系，为县区提供物流配送场地，支持城市、农村店铺开办快递业务，重点在机场、高速路、火车站等区域规划建设一级快件集散分拨中心；改造、建设区县快件公共配送中心，形成承上启下、布局合理、高效顺畅的一体化、共同化配送节点；支持在社区和学校利用便利店、楼宇自助中心等，建设末端共同配送点或公共智能自提柜；充分运用好农村电子商务全覆盖县、乡、村三级网络体系。加快推进“数字承德、智慧城市”工程，推动“三网融合”，提升网络运行速度，率先在公路沿线乡村实施“宽带提速工程”，支持光纤和宽带进村入户。在城区、人员密集的公共场所及服务区、旅游景区等重要节点，建设免费公共Wi-Fi，逐步实现无线网络全覆盖。（责任单位：市商务局、市发改委、市工信局、市国土局、市交通局、市农牧局、市通信管理局、市公安局、市国资委、市质监局、市邮政管理局，各县区政府、承德高新区管委会、御道口牧场管理区委员会）

四、深入推进智能服务与消费

鼓励金龙广场、双百、商厦等大型购物商场构建线上线下互动的城市体验式智慧商圈，支持民间资本参与商圈无线网络基础设施建设，逐步完善智能交通引导、客流疏导、信息推送、移动支付、消费互动、物流配送等功能，健全商圈消费体验评价、信息安全保护、商家诚信积累和消费者权益保障体系，提升商圈内资源整合能力和消费集聚水平。（责任单位：市商务局、市发改委、市工信局、市国土局、市环保局，各县区政府、承德高新区管委会、御道口牧场管理区委员会）

鼓励各县区基于互联网技术培育一批符合城市总体规划和商业布局，产业特色、经营特色、文化特色鲜明，具有较高的知名度和发展潜力，且配套设施齐全，购物环境舒适，商业与文化、景观与建筑、特色与环境有机融合，能为市民和国内外游客提供较为完善的多功能、多业态的特色商业街区，从而形成新的消费聚集区，促进城镇商业发展。（责任单位：市商务局、市旅发委、市文广新局、市环保局，各县区政府、承德高新区管委会、御道口牧场管理区委员会）

五、深入推进绿色低碳流通和消费

深入贯彻《绿色商场》行业标准（SB/T 11135—2015），树立绿色经营理念，以资源高效循环利用为方向，建立长效机制，进行节能改造，推广使用节能环保技术和产品，创建1~2家集门店节能改造、节能产品销售、废弃物回收于一体的绿色商场。鼓励双百、宜家旺等流通企业与绿色低碳生产企业建立战略合作关系，优先采购环境友好、节能降耗和易于资源综合利用的原材料、商品和服务，通过开设绿色产品专柜和专区等形式，宣传、展示和推销有节能标识和获得低碳认证的绿色商品。加强商业建筑和设施节能减排，大力推广节电、节水、环保技术和设备，推动新能源汽车在邮政、快递领域的应用。加快构建多元化回收、集中分拣和拆解、安全储运和无害化处理再生资源回收体系，推动“互联网+回收”模式创新，优化逆向物流布局，提升再生资源循环利用水平。（责任单位：市商务局、市发改委、市教育局、市工信局、市国土局、市环保局、市住建局、市质监局、市供销社，各县区政府、承德高新区管委会、御道口牧场管理区委员会）

六、深入推进农村电子商务全覆盖

总结提升宽城县、滦平县、围场县国家级电子商务进农村综合示范县运营模式，进一步健全农村电商工作机制和推广机制，实现全市农村电子商务全覆盖。即县域农村电商体系全覆盖、农村电商双向流通渠道全覆盖、行政村电子商务功能应用全覆盖。支持各类企业或社会力量参与农村电子商务公共服务中心建设，整合电子商务发展的各类资源，提升农村电子商务集聚效应。鼓励大槐树、北纬42度、皇家136农庄、滦平互营等电子商务企业加强与现代农业园区、万村千乡农家店、邮政便民服务网点、供销社、超市等流通主体的合作，新建或改造农村电子商务服务站点，拓展站点的服务功能，提高电子商务应用水平。（责任单位：市商务局、市财政局、市交通局、市邮政管理局、市农牧局、市供销社，各县区政府、承德高新区管委会、御道口牧场管理区委员会）

加强交通运输、商贸、农业、供销、邮政等部门的协调配合，建立农村物流服务网络和设施的共享机制，推动多站合一、资源共享。完善农产品冷链物流体系。鼓励邮政、快递企业等各类市场主体建设和改造县、乡、村三级物流配送节点基础设施，指导邮政企业科学推进村邮乐购服务点建设，充分发挥邮政在农村电子商务发展中的生力军作用，同时注重与其他运营主体的合作，充分发挥邮政村邮站、便民服务站点多面广的优势，助力农村电商全覆盖工作。积极推广农村货运班线、农村客运班车利用货舱承接小件快运等服务模式，打通农村电子商务“最后一公里”。（责任单位：市商务局、市交通局、市邮政管理局、市农牧局、市供销社，各县区政府、承德高新区管委会、御道口牧场管理区委员会）

支持怡达、广聚菜园、木兰缘、皇家136农场等企业整合农产品、林果产品等农村产品资源，按照网络消费需求打造个性化的特色农村产品。引导特色农产品主产区在第三方电子商务平台开设地方特色馆，促进“三品一标”“名特优新”“一村一品”农产品上网销售。鼓励大型生产基地和流通企业探索建立高效衔接的农产品O2O交易模式。（责任单位：市农牧局、市商务局，各县区政府、承德高新区管委会、御道口牧场管理区委员会）

七、深入推进电子商务进社区

大力发展社区电子商务，鼓励和推广面向社区便民服务的软件开发和应用，推动社区便民服务智能化建设。加强电子商务企业与社区服务机构、商业网点融合互动，支持社区电子商务综合便民服务平台建设，促进线上线下企业运营模式升级转型，努力打造以社区生活服务业为核心的“15分钟服务圈”。充分利用各类社会资源，整合服务功能，依托社区电子商务综合服务平台，建立集社区菜市场、便利店、快餐店、配送站、再生资源回收点，以及健康、养老、看护等大众化服务网点于一体的社区电子商务综合服务体，开展快件代收自取、电子缴费、社区养老等便民服务，提高社区服务的信息化、标准化、规范化、集约化水平，提升社区居民生活品质。统筹建设和改造餐饮、住宿、家政、洗染、美容美发、维修、物流、金融、文化、娱乐、休闲等社区生活服务网点，改造和提升社区服务设施，鼓励和引导其主动对接社区电子商务便民服务平台，开展近民服务，拓展服务范围，激发消费潜力。力争用2~3年的时间，培育一批具有示范意义的社区电子商务骨干企业，创新引领社区服务业的发展。培育一批电子商务新业态，形成新的增长点，带动社区消费快速增长。培育一批有效满足居民生活服务需求，具有较强专业化服务能力的区域性社区电子商务服务品牌，推动社区生活服务便利化、品质化发展。（责任单位：市商务局、市国土局、市住建局、市城管局，各县区政府、承德高新区管委会、御道口牧场管理区委员会）

八、深入推进京津冀市场一体化

加强与京津商贸流通发展规划衔接，推动承德“环京津一小时鲜活农产品物流圈”范围内的承德农产品冷链物流产业园、滦平进京蔬菜生产基地暨农产品冷链物流中心等服务京津项目早日建成投产，有效提升承接京津市场转移能力。通过怡达、大槐树、皇家136农庄等进京平台进行农产品高端定制，开发、包装和谋划一批高品质、高附加值系列产品，提高承德“京津水源地”产品影响力和附加值。要加强农产品质量安全监管体系建设，强化农产品质量安全监管，探索建立农副产品检验检测结果互认制度，畅通鲜活农产品运输“绿色通道”，确保京津农产品优质安全供应。搭建区域公共物流信息服务平台，深化物流标准化和智慧物流试点合作，提高商品物流配送效率。着力打造展会平台，发展会展经济。探索建立重要商品应急保供机制，联合保障区域市场稳定运行。构建适应京津冀协同发展的快递网络空间布局，探索京津冀电子商务要素交易市场建设路径，打造环京津电子商务产业带。各县区要结合本地实际和特色产业，分别以电子商务产业园、孵化器和电子商务服务交易中心等方式，做好电子商务产业对接和转移工作，打造服务京津的电子商务产业与服务基地。（责任单位：市商务局、市发改委、市工信局、市供销社、市交通局、市农牧局、市邮政管理局、市人社局、市旅发委，各县区政府、承德高新区管委会、御道口牧场管理区委员会）

九、强化流通制度保障

按照《高新技术企业认定管理办法》，落实“互联网 + 流通”企业的申报认定工作。（责任单位：市科技局、市财政局、市国税局、市地税局，各县区政府、承德高新区管委会、御道口牧场管理区委员会）

工商业用电实行同网同价。商贸流通企业和餐饮服务业中的商场（超市、门店）、餐饮店（馆）和宾馆用户，以及农产品批发市场、农贸市场、农产品冷链物流的冷库用电，暂不执行峰谷电价（自愿选择执行峰谷电价的用户除外）。允许大型商贸企业参与电力直接交易，商贸企业购电价格由市场交易价格、输配电价、政府性基金及附加和政策性交叉补贴组成。市场交易价格由用户与发电企业或售电主体通过协商、市场竞价等方式自主确定。鼓励福满家、双百、金龙等大型商业超市、宾馆服务业采用电蓄热、电蓄冷设备，其设备低谷用电享受“双蓄”电价。（责任单位：市发改委、市商务局，各县区政府、承德高新区管委会、御道口牧场管理区委员会）

制定社区菜市场等惠民便民服务设施布局专项规划，通过改造提升和配套新建，加快社区菜市场等便民服务设施建设，盘活存量、优化增量，提高惠民便民服务设施供给水平。鼓励采取先买后租、先建后租等措施，引导降低实体店铺租金，保障社区菜市场、社区食堂等惠民便民服务设施低成本供给，引导线上企业线下开设实体店铺，实现线上线下互动融合发展。（责任单位：市商务局，各县区政府、承德高新区管委会、御道口牧场管理区委员会）

发挥国家和省现代物流、商贸流通、电子商务建设专项资金引导带动作用，支持智慧流通基础设施建设和农村电子商务发展，积极开展电信普遍服务试点和电子商务进农村综合试点工作，推动农村宽带提速降费进程。谋划股权投资、政府和社会资本合作等多种市场化的投融资方式，引导社会资本加大对流通领域互联网等信息技术应用的投入。（责任单位：市商务局、市财政局，各县区政府、承德高新区管委会、御道口牧场管理区委员会）

十、强化流通公共服务能力

鼓励慧购、即客通物流公共信息平台和源自承德、热爱农、爱她购等本地商贸物流一体化的电子商务公共服务平台建设，完善市级电子商务项目库、人才智库和服务监管机制数据库建设，为全市中小企业应用电子商务提供政策等服务支撑。优化市电子商务统计监测平台，完善数据采集系统，鼓励组建覆盖全市的信息员队伍，科学采集、整理分析、统计报送相关数据，为全市电子商务发展提供科学依据。引导电子认证服务机构，进一步完善电子签名、电子合同和认证服务体系，积极推进电子发票、电子合同和电子签名在电子商务领域应用，加强技术应用和标准建设，确保认证信息的真实性、私密性和完整性，支撑电子商务市场高效规范运行，维护电子商务交易安全。（责任单位：市商务局、市统计局、市工信局、市市场监管局、市质监局、市国税局、市地税局，各县区政府、承德高新区管委会、御道口牧场管理区委员会）

支持学校、企业及社会组织合作办学，探索实训式电子商务人才培养与培训机制。支持电子商务企业开展岗前、技能提升和高技能人才培训，加快培养电子商务领域的高素质人才。推动校企联合，创新教学方式，共建教学实训基地，提高教学的实践性和操作性，鼓励有条件的职业院校、社会培训机构和电子商务企业开展网络创业培训。建立人才激励机制，加快高端人才交流引进，为全市电子商务持续、健康、快速发展提供智力支撑。（责任单位：市商务局、市教育局、市人社局、市科技局，各县区政府、承德高新区管委会、御道口牧场管理区委员会）

十一、强化流通法规和标准体系建设

积极拓宽普法渠道，提高公众对商品流通、电子商务等领域相关法律、法规的认知和运用。建立多部门联动协作的管理服务机制，研究制定全市促进电子商务发展的扶持政策和措施，根据新形势下流通行业中呈现出的新情况、新特点，认真梳理符合全市发展需要的现行规章和标准，确保线上线下融合发展。大力推动“十三五”期间流通标准化体系建设，积极制定出台相关行业地方标准，健全批发、零售、物流、生活服务和商务服务领域标准体系。加强流通与电子商务行业发展的融合渗透，鼓励企业采用标准化设施、设备，重点推进农产品生产、采摘、检验检疫、分拣、分级、包装、配送和“互联网＋回收”等细分环节的标准体系建设。加大对《电子商务物流服务规范》等国家和行业标准的宣传贯彻力度，引导企业规范化运营。（责任单位：市质监局、市商务局、市发改委、市农牧局、市法制办，各县区政府、承德高新区管委会、御道口牧场管理区委员会）

十二、强化诚信经营公平竞争环境建设

运用大数据、云计算、物联网等新信息技术，加强网络交易信息化监管手段建设，提高网上违法交易线索的发现、收集、甄别和挖掘能力。突出线上线下相结合，建立“风险监测、网上发现、源头追溯、属地查处”机制，对网络违法交易进行精准打击。加强与网络交易平台企业的沟通协作，鼓励企业应用大数据技术，对海量交易数据中的违法交易数据进行监测和记录，及时报告违法线索，配合监管部门打击违法交易。强化网络交易平台企业管理，督促企业建立网上经营者资质审查和经营者网络交易、广告推广等业务监控以及违法交易信息巡查清理、举报投诉处理等制度，坚决抵制侵权假冒、虚假交易等违法网络交易行为。对违法网络交易高发频发、拒不落实安全管理责任和措施的平台企业依法予以处罚，保障“互联网＋流通”行动计划顺利实施。（责任单位：市商务局、市市场监管局、市质监局、市发改委、市工信局、市公安局，各县区政府、承德高新区管委会、御道口牧场管理区委员会）

完善市电子商务信用系统，加强信用信息数据库建设，健全政府部门信用信息共享机制，通过“信用中国”“国家企业信用信息公示系统”“信用河北”和“河北商务信用平台”向社会公开相关信用信息。健全电子商务信用信息管理制度，推进人口、法人、商标和产品质量等信息资源向电子商务企业和信用服务机构开放，促进电子商务领域信用信息与其他领域相关信息交换共享。加快推进电子商务领域信用评价和失信联合惩戒机制，鼓励电子商务产业园区及电商企业建立内部信用管理、评价、改进体系，完善内部信用管理制度，设立信用风险管理机构，加强自我监管和自我评估，强化企业自律意识。积极探索基于消费者交易评价和社会公众综合评价的市场化企业信用信息采集、共享和使用机制，指导网络交易行业组织制定行业标准和经营规范，开展企业诚信等级评估，鼓励社会化的网络交易网站可信认证服务发展，充实全市商务诚信体系内涵。（责任单位：市发改委、市商务局、人行承德市中心支行、市工信局、市市场监管局、市质监局，各县区政府、承德高新区管委会、御道口牧场管理区委员会）

各县区、各部门要加强组织领导和统筹协调，结合本地本部门实际，明确工作分工，认真组织实施。市商务局要会同市有关部门做好业务指导和督促检查工作，重大情况及时报告市政府。

承德市人民政府办公室

2017 年 2 月 23 日

廊坊市人民政府办公室关于深入推进“互联网＋流通”行动计划的实施意见

廊政办〔2017〕6号

各县（市、区）人民政府，廊坊开发区管委会，市政府有关部门：

为深入贯彻落实《河北省人民政府办公厅关于深入推进“互联网＋流通”行动计划的实施意见》（冀政办字〔2016〕99号）精神，加快推进我市商贸流通创新发展和实体商业转型升级，结合我市实际，提出以下意见。

一、指导思想

全面贯彻落实党的十八大和十八届三中、四中、五中、六中全会精神，深刻把握“互联网＋”时代大融合、大变革趋势，围绕推进供给侧结构性改革，充分发挥互联网规模应用综合优势，以加快新一代信息通信技术与商业深度融合为主线，以推动实体商业转型升级为重点，大力推进线上线下融合发展，加快市场对资源配置的决定性作用和政府作用的有机结合，推动流通产业转型升级，提高流通效率，培育新的产业，促进创业就业，拓展消费领域，释放消费潜力，努力打造新的经济增长点。

二、重点任务

（一）深入推进实体商业转型升级

支持零售企业加快实体店数字化改造，自建一批模式新、交易规模大、辐射面广的网络购物平台，增强店铺场景化、立体化和智能化功能，推动线上线下互动，促进多渠道、全天候营销。鼓励有条件的零售企业创新消费业态，整合配置购物、休闲、娱乐、文化、体育、保健等体验消费，增加消费的娱乐性和趣味性，提升综合服务能力。

责任单位：市商务局、市发改委、市文广新局、市体育局，各县（市、区）政府、廊坊开发区管委会。

支持大型商贸企业以电子商务、信息技术和物流配送为依托，提升供应链管理控制能力，积极发展直营连锁，规范特许经营和自愿连锁，增强联合采购、统一分销和共同配送能力，提高自营商品比例。

责任单位：市商务局、市发改委，各县（市、区）政府、廊坊开发区管委会。

增强老字号尤其是中华老字号等传统品牌影响力，积极运用互联网等信息技术，创新生产工艺和商业模式，推广自主品牌。鼓励大型生产企业建立开放性采购平台和营销平台，积极推动生产企业与第三方电子商务平台合作，实现需求和生产的无缝对接。

责任单位：市商务局、市工信局、市文广新局、市质监局，各县（市、区）政府、廊坊开发区管委会。

支持商品交易市场利用互联网技术优化供应链管理，促进商品批发向生产、零售环节延伸，强化交易撮合、商品集散、价格发现和信息交互等传统功能，拓展物流配送、质量标准、研发设计、展览展示等服务。健全电子商务便民服务体系，完善住宿、餐饮、缴费、网订店取、网订店送、网订自提和社区配送等服务功能。

责任单位：市商务局、市发改委、市国土局、市环保局、市质监局，各县（市、区）政府、廊坊开发区管委会。

（二）深入推进流通方式创新

积极尝试分享经济新模式，创新政府管理和服务，激发市场主体创业创新活力，鼓励搭建要素对接平台，分享闲置实物资源、优化配置社会闲置资源，降低生产和流通成本，拓展消费新空间、新领域，促进社会就业。

责任单位：市发改委、市工信局、市网信办、市人社局、市商务局、市工商局、市旅游发展委、市邮政管理局，各县（市、区）政府、廊坊开发区管委会。

鼓励发展协同经济新模式，支持有条件的市场主体整合产业链、供应链、服务链上下游企业优质资源，推动新型服务业态发展，构建全流程协同平台，创新协作模式，提升协作水平，创新关键技术，提高科技对流通产业发展的支撑能力。以众创、众包、众筹、众扶等多种形式，与创业者合作，实现优势互补、利益共享，协同发展。

责任单位：市发改委、市科技局、市工信局、市商务局、市文广新局，各县（市、区）政府、廊坊开发区管委会。

支持推进流通创业创新基地建设，大力发展流通创新服务机构，聚焦中小企业发展需求，完善配套设施和服务，打造支撑中小企业发展的市场化、专业化、集成化和网络化新型载体，为中小企业应用互联网创业创新提供集群注册、办公场地、基础通信、运营指导、人才培训、渠道推广、信贷融资等一体化支撑服务，促进抱团聚集发展。

责任单位：市商务局、市科技局、市人社局、市工商局，各县（市、区）政府、廊坊开发区管委会。

（三）深入推进智慧物流服务体系建设

深入落实《河北省建设全国现代商贸物流重要基地规划（2016—2020 年）》，加强物流发展规划与城乡规划的衔接，依托北京新机场临空经济区，加快现代商贸物流基地建设，完善城市绿色货运配送体系，积极引导物流快递园区、城市共同配送中心

（分拨中心）及末端配送网点三级配送节点建设，完善城市配送车辆通行管控措施，推行快递专用电动三轮车标准化管理，制定快递专用电动三轮车用于城市配送服务的管理办法，放宽从事物流运输的新能源货运车辆城市通行管控限制，推广共同配送等先进组织模式。加快完善县级物流配送中心、乡镇农村配送站、农村货运网点三级农村物流服务体系，推进“快递下乡”工程，推动配送网络下沉至乡村。推进标准仓储建设，升级改造装卸搬运、中转、调度指挥设施，加强冷链设施体系建设，提升鲜活农产品产地预冷、预选分级、加工配送、冷藏冷冻、冷链运输、包装仓储、检验检测和安全监控等设施水平，构建从产地到消费终端的全程冷链物流服务网络。加快推进宽带乡村工程，加大农村宽带网络建设力度，实现提速降费，消除城乡“数字鸿沟”。加快建设“互联网＋高效商贸物流”协同服务体系，构建与物联网等新一代信息技术融合互动的商贸物流运营模式，促进商贸物流智能化。加快商贸物流行业“云服务”公共信息平台建设，整合现有大宗商品交易服务平台、电子商务平台等商贸物流信息资源，建立各类应用服务平台互联互通机制，实现数据资源共享与综合利用。支持邮政、快递业务发展，积极推进有条件的货运枢纽配建邮政、快递分拨中心。

责任单位：市商务局、市发改委、市工信局、市财政局、市国土局、市规划局、市房管局、市建设局、市综合执法局、市公积金管理中心、市交通运输局、市农业局、市公安局、市国资委、市质监局、市文广新局、市邮政管理局，各县（市、区）政府、廊坊开发区管委会。

（四）深入推进智能服务与消费

鼓励探索构建线上线下互动的城市体验式智慧商圈，支持民间资本参与商圈无线网络基础设施建设，逐步完善智能交通引导、客流疏导、信息推送、移动支付、消费互动、物流配送等功能，健全商圈消费体验评价、信息安全保护、商家诚信积累和消费者权益保障体系，提升商圈内资源整合能力和消费集聚水平。

责任单位：市商务局、市发改委、市工信局、市国土局、市环保局、市房管局、市建设局、市综合执法局、市公积金管理中心，各县（市、区）政府、廊坊开发区管委会。

鼓励各地基于互联网技术培育一批符合城市总体规划和商业布局，产业特色、经营特色、文化特色鲜明，具有较高的知名度和发展潜力，且配套设施齐全，购物环境舒适，商业与文化、景观与建筑、特色与环境有机融合，能为市民和游客提供完善服务的多功能、多业态商业街区。促进城镇商业发展。

责任单位：市商务局、市规划局、市房管局、市建设局、市综合执法局、市公积金管理中心、市旅游发展委、市文广新局、市环保局，各县（市、区）政府、廊坊开发区管委会。

拓宽智能消费领域，鼓励虚拟现实、现实增强软硬件研发与生产，促进人工智能新技术新服务应用。加大对机器人产业发展支持力度，围绕助老助残、家庭服务、医疗康复、救援救灾、能源安全、公共安全等领域，促进服务机器人向更广领域发展。加快推广可穿戴、生活服务机器人智能化产品，提高供给能力和水平，培育智慧生活、现代服务、特殊作业等方面的需求。

责任单位：市发改委、市工信局、市科技局，各县（市、区）政府、廊坊开发区管委会。

（五）深入推进绿色低碳流通和消费

深入贯彻《绿色商场》行业标准（SB/T 11135—2015），树立绿色经营理念，以资源高效循环利用为方向，建立长效机制，进行节能改造，推广使用节能环保技术和产品，创建一批集门店节能改造、节能产品销售、废弃物回收于一体的绿色商场。以开展绿色商场示范创建工作和“绿色产品进商场、绿色消费进社区、绿色回收进校园”主题宣传活动为契机，开展绿色营销试点，鼓励流通企业与绿色低碳生产企业建立战略合作关系，优先采购环境友好、节能降耗和易于资源综合利用的原材料、商品和服务，通过开设绿色产品专柜和专区等形式，宣传、展示和推销有节能标识和获得低碳认证的绿色商品。加强商业建筑和设施节能减排，大力推广节电、节水、环保技术和设备，支持新能源汽车在邮政、快递领域的应用。加快构建多元化回收、集中分拣和拆解、安全储运和无害化处理再生资源回收体系，推动“互联网＋回收”模式创新，优化逆向物流布局，提升再生资源循环利用水平。

责任单位：市商务局、市发改委、市教育局、市工信局、市国土局、市环保局、市规划局、市房管局、市建设局、市综合执法局、市公积金管理中心、市质监局、市文广新局、市供销社，各县（市、区）政府、廊坊开发区管委会。

（六）深入推进农村电子商务全覆盖

加快电子商务进农村综合示范县建设，实现全市农村电子商务全覆盖。支持各类企业或社会力量参与农村电子商务公共服务中心建设，整合县域电子商务发展的各类资源，提升农村电子商务集聚效应。鼓励电子商务企业加强与现代农业园区、万村千乡农家店、邮政便民服务网点、供销社、超市等流通主体的合作，新建或改造农村电子商务服务站点，拓展站点的服务功能，提高电子商务应用水平。

责任单位：市商务局、市财政局、市交通运输局、市邮政管理局、市农业局、市供销社，各县（市、区）政府、廊坊开发区管委会。

加强交通运输、商贸、农业、供销、邮政等部门的协调配合，建立农村物流服务网络和设施的共享机制，推动多站合一、资源共享。完善农产品冷链物流体系。鼓励邮政、快递企业等各类市场主体建设和改造县、乡、村三级物流配送节点基础设施。积极推广农村货运班线、农村客运班车利用货舱承接小件快运等服务模式。打通农村电子商务“最后一公里”。

责任单位：市商务局、市交通运输局、市邮政管理局、市农业局、市供销社，各县（市、区）政府、廊坊开发区管委会。

支持企业整合农产品、林果产品、农村制品等农村产品资源，按照网络消费需求打造个性化的特色农村产品。引导特色农产品主产区在第三方电子商务平台开设地方特色馆，促进“三品一标”“名特优新”“一村一品”农产品上网销售。鼓励大型生产基地和流通企业探索建立高效衔接的农产品 O2O 交易模式。

责任单位：市农业局、市商务局，各县（市、区）政府、廊坊开发区管委会。

（七）深入推进电子商务进社区

大力发展社区电子商务，鼓励和推广面向社区便民服务的软件开发和应用，推动社区便民服务智能化建设。加强电子商务企业与社区服务机构、商业网点融合互动，支持社区电子商务综合便民服务平台建设，促进线上线下企业运营模式升级转型，努力打造以社区生活服务业为核心的“15 分钟服务圈”。充分利用各类社会资源，整合服务功能，依托社区电子商务综合服务平台，建立集社区菜市场、便利店、快餐店、配送站、再生资源回收点，以及健康、养老、看护等大众化服务网点于一体的社区电子商务综合服务体，开展快件代收自取、电子缴费、社区养老等便民服务，提高社区服务的信息化、标准化、规范化、集约化水平，提升社区居民生活品质。统筹建设和改造餐饮、住宿、家政、洗染、美容美发、维修、物流、金融、文化、娱乐、休闲等社区生活服务网点，支持老旧小区利用地下空间、闲置房屋等存量房产资源，改造和提升社区服务设施，鼓励和引导其主动对接社区电子商务便民服务平台，开展近民服务，拓展服务范围，激发消费潜力。力争用 2 ~ 3 年的时间，培育一批具有示范意义的社区电子商务骨干企业，创新引领社区服务业的发展。培育一批电子商务新业态，形成新的增长点，带动社区消费快速增长。培育一批有效满足居民生活服务需求，具有较强专业化服务能力的区域性社区电子商务服务品牌，推动社区生活服务便利化、品质化发展。

责任单位：市商务局、市国土局、市规划局、市房管局、市建设局、市综合执法局、市公积金管理中心、市文广新局，各县（市、区）政府、廊坊开发区管委会。

（八）深入推进京津冀市场一体化

加强京津冀商贸流通发展规划衔接，有序承接京津市场转移。鼓励流通企业双向延伸、融合发展，加大市场开拓力度。深化农产品流通市场合作，以现代农业园区为重点，加强“农超对接”，推动农产品质量安全监管合作，建设环首都“一小时”鲜活农产品供应圈。搭建区域公共物流信息服务平台，深化物流标准化和智慧物流试点合作，提高商品物流配送效率。共同打造展会平台，发展会展经济。探索建立重要商品应急保供机制，联合保障区域市场稳定运行。构建适应京津冀协同发展的快递网络空间布局，推进快递产业在全国现代商贸物流重要基地建设中率先突破。以北京新机场临空经济区为依托，建立大型分拨中心、数据中心、呼叫中心，打造廊坊国家一级快递枢纽。深化京津冀电子商务合作，加强与京津在电子商务领域的对接与交流，做好京津电商企业的落户承接，打造环京津电子商务产业带。根据各县（市、区）特点，分别以电子商务产业园、孵化器和电子商务服务交易中心等方式，做好电子商务产业对接和转移工作，打造服务京津的电子商务产业与服务基地。推动京津冀电子商务合作和创新试验区建设。

责任单位：市商务局、市发改委、市工信局、市文广新局、市供销社、市交通运输局、市农业局、市邮政管理局、市人社局、市旅游发展委，各县（市、区）政府、廊坊开发区管委会。

（九）强化流通制度保障

鼓励依托互联网平台的“无车承运人”开展运输业务。

责任单位：市交通运输局、市发改委。

按照《高新技术企业认定管理办法》，落实“互联网＋流通”企业的申报认定工作。

责任单位：市科技局、市财政局、市国税局、市地税局，各县（市、区）政府、廊坊开发区管委会。

工商业用电实行同网同价。商贸流通企业和餐饮服务业中的商场（超市、门店）、餐饮店（馆）和宾馆用户，以及农产品批发市场、农贸市场、农产品冷链物流的冷库用电，暂不执行峰谷电价（自愿选择执行峰谷电价的用户除外）。允许大型商贸企业参与电力直接交易，商贸企业购电价格由市场交易价格、输配电价、政府性基金及附加和政策性交叉补贴组成。市场交易价格由用户与发电企业或售电主体通过协商、市场竞价等方式自主确定。鼓励大型商业超市、宾馆服务业采用电蓄热、电蓄冷设备，其设备低谷用电享受“双蓄”电价。

责任单位：市物价局、市发改委、廊坊供电公司、市商务局。

制定社区菜市场等惠民便民服务设施布局专项规划，通过改造提升和配套新建，加快社区菜市场等便民服务设施建设，盘活存量、优化增量，提高惠民便民服务设施供给水平。鼓励采取先买后租、先建后租等措施，引导降低实体店铺租金，保障社区菜市场、社区食堂等惠民便民服务设施低成本供给，引导线上企业线下开设实体店铺，实现线上线下互动融合发展。规范住房公积金缴存比例，单位和个人住房公积金缴存比例均不得高于12%。困难流通企业可根据相关规定，申请降低住房公积金缴存比例或缓缴。

责任单位：市房管局、市综合执法局、市公积金管理中心、市财政局、市商务局、市建设局、人行廊坊市中心支行，各县（市、区）政府、廊坊开发区管委会。

发挥省现代物流、商贸流通和电子商务建设专项资金引导带动作用，支持智慧流通基础设施建设和农村电子商务发展，积极开展电信普遍服务试点和电子商务进农村综合试点工作，推动农村宽带提速降费进程。谋划设立市商贸流通发展产业基金，引导社会资本加大对流通领域互联网等信息技术应用的投入。

责任单位：市财政局、市商务局，各县（市、区）政府、廊坊开发区管委会。

（十）强化流通公共服务能力

依托省电子商务公共服务平台，逐步完善我市电子商务项目库、人才智库和服务监管机制数据库建设，为全市中小企业应用电子商务提供政策等服务支撑。依托省电子商务统计监测平台，组建覆盖全市的信息员队伍，完善我市数据采集，并整理分析相关数据，为我市电子商务发展提供科学依据。引导我市电子认证服务机构，进一步完善电子签名、电子合同和认证服务体系，积极推进电子发票、电子合同和电子签名在电子商务领域应用，加强技术应用和标准建设，确保认证信息的真实性、私密性和完整性，支撑电子商务市场高效规范运行，维护电子商务交易安全。

责任单位：市商务局、市统计局、市工信局、市工商局、市质监局、市国税局，各县（市、区）政府、廊坊开发区管委会。

支持学校、企业及社会组织合作办学，探索实训式电子商务人才培养与培训机制。支持电子商务企业开展岗前、技能提升和高技能人才培训，加快培养电子商务领域的高素质人才。推动校企联合，创新教学方式，共建教学实训基地，提高教学的实践性和操作性，鼓励有条件的职业院校、社会培训机构和电子商务企业开展网络创业培训。建立人才激励机制，加快高端人才交流引进，为全市电子商务持续、健康、快速发展提供智力支撑。

责任单位：市商务局、市教育局、市人社局、市科技局，各县（市、区）政府、廊坊开发区管委会。

（十一）强化流通法规和标准体系建设

积极拓宽普法渠道，提高公众对商品流通、电子商务等领域相关法律、法规的认知和运用。根据新形势下流通行业中呈现出的新情况、新特点，认真梳理我市现行规章和标准，积极修订完善，确保符合线上线下融合发展需要。积极制订出台相关行业地方标准，健全批发、零售、物流、生活服务和商务服务领域标准体系。加强流通与电子商务行业发展的融合渗透，重点推进农产品生产、采摘、检验检疫、分拣、分级、包装、配送和“互联网＋回收”等细分环节的标准体系建设。加大对《电子商务物流服务规范》等国家和行业标准的宣传贯彻力度，引导企业规范化运营。

责任单位：市商务局、市发改委、市农业局、市质监局、市政府法制办，各县（市、区）政府、廊坊开发区管委会。

（十二）强化诚信经营公平竞争环境建设

运用大数据、云计算、物联网等新信息技术，加强网络交易信息化监管手段建设，提高网上违法交易线索的发现、收集、甄别、挖掘能力。突出线上线下相结合，建立“风险监测、网上发现、源头追溯、属地查处”机制，对网络违法交易进行精准打击。健全跨地区跨部门执法协作机制，完善信息共享、线索通报、案件协查、案件移送等制度，对违法交易的利益相关者全链条合力打击。加强与网络交易平台企业的沟通协作，鼓励企业应用大数据技术，对海量交易数据中的违法交易数据进行监测和记录，及时报告违法线索，配合监管部门打击违法交易。强化网络交易平台企业管理，督促企业建立网上经营者资质审查和经营者网络交易、广告推广等业务监控以及违法交易信息巡查清理、举报投诉处理等制度，坚决抵制侵权假冒、虚假交易等违法网络交易行为。对违法网络交易高发频发、拒不落实安全管理责任和措施的平台企业依法予以处罚，保障“互联网＋流通”行动计划顺利实施。

责任单位：市商务局、市工商局、市质监局、市食药监局、市发改委、市工信局、市公安局，各县（市、区）政府、廊坊开发区管委会。

完善市电子商务信用系统，加强信用信息数据库建设，加快与省信用信息共享交换平台和全国企业信用信息公示系统对接，健全政府部门信用信息共享机制，通过“信用中国”“国家企业信用信息公示系统”“信用廊坊”和“廊坊市公共信用信息共享平台”向社会公开相关信用信息。结合“多证合一、一照一码”登记制度改革，健全电子商务信用信息管理制度，推进人口、法人、商标和产品质量等信息资源向电子商务企业和信用服务机构开放，促进电子商务领域信用信息与其他领域相关信息交换共享，加快形成电子商务领域信用评价和失信联合惩戒机制。积极探索基于消费者交易评价和社会公众综合评价的市场化企业信用信息采集、共享和使用机制，指导网络交易行业组织制定行业标准和经营规范、开展企业诚信等级评估，鼓励社会化的网络交易网站可信认证服务发展，充实全市商务诚信体系内涵。

责任单位：市网信办、市商务局、市政府信用办、市发改委、人行廊坊市中心支行、市工信局、市工商局、市质监局，各县（市、区）政府、廊坊开发区管委会。

三、组织保障

（一）加强组织领导

市商务局牵头会同有关部门建立“互联网＋流通”工作联系机制，加强统筹协调、业务指导和督促检查，切实推动重点事项的贯彻落实，重大问题和情况要及时报告。各县（市、区）、廊坊开发区也要建立相应工作机制，确保工作落实。

责任单位：市商务局、市直有关部门，各县（市、区）政府、廊坊开发区管委会。

（二）有序推进实施

各级各部门要主动作为，完善服务，加强引导，以动态发展的眼光看待“互联网＋流通”，在实践中大胆探索拓展，相互借鉴“互联网＋流通”成功经验，促进“互联网＋流通”新业态、新经济发展。市直有关部门要加强统筹规划，提高服务和管理能力。各县（市、区）要结合实际，研究制定适合本地的“互联网＋流通”行动实施方案，因地制宜，合理定位，科学组织实施，务实有序推进“互联网＋流通”行动。

责任单位：市直有关部门，各县（市、区）政府、廊坊开发区管委会。

石家庄市人民政府关于印发促进现代服务业发展的若干政策的通知

石政发〔2017〕11号

各县（市）、区人民政府，高新区、正定新区、循环化工园区和综合保税区管委会，市政府有关部门：

《关于促进现代服务业发展的若干政策》已经市政府第71次常务会议研究通过，现印发给你们，请结合实际，认真抓好贯彻落实。

石家庄市人民政府

2017年3月23日

关于促进现代服务业发展的若干政策

为进一步增强省会辐射带动功能，加快建设现代化省会城市，推进现代服务业转型发展、绿色发展、创新发展、率先发展，特制定我市促进现代服务业发展若干政策。

一、优化服务业营商环境。加快“放管服”在服务业领域改革，进一步拓宽服务业领域市场准入，积极落实负面清单制度，降低服务业企业成本，加快信用体系在服务业企业的落实。

（责任部门：市商务局、市编委办、市工商局、市行政审批局、市发改委）

二、加大财政资金支持。设立现代服务业发展投资基金。基金规模5亿元，根据发展需要及时扩大规模。通过股权投资方式，支持现代服务业实体经济发展。

对服务业企业的行政事业性收费，凡收费标准有上下限额度的，一律按下限收取。

县（市）、区政府也要安排相应的资金，共同推进全市现代服务业发展。

［责任单位：市财政局，各县（市）、区政府］

三、强化用地保障。在不改变用地主体和规划条件的前提下，开发互联网信息资源，利用存量房产、土地资源发展新业态、创新商业模式、开展线上线下融合业务的，可实行继续按原用途和土地权利类型使用土地的过渡期政策。过渡期支持政策以5年为限，5 年期满及涉及转让需办理相关用地手续的，可按新用途、新权利类型、市场价，以协议方式办理。新投资 50 亿元以上的重大服务业项目，市政府在项目建设用地和占补平衡指标方面给予重点支持。

（责任单位：市国土局、市规划局）

四、吸引京、津企业入驻我市。京、津地区迁入我市的服务业企业，参照原地区优惠政策执行；重大项目本着“一事一议”的原则，另行制定优惠政策。

（责任单位：市发改委）

五、支持服务业重大项目发展。加快在建服务业重点项目推进，鼓励重大服务业项目的招商引进。新投资完成 50 亿元以上的、具有立市引领作用的重大服务业项目（不含住宅地产项目），给予自持部分投资完成额 1% 的财政补贴。

（责任单位：市财政局）

六、支持服务业企业品牌建设。鼓励服务业企业创名牌，提升企业知名度。凡新获得“中国驰名商标”“中华老字号”的法人企业，给予 50 万元奖励；获得“河北省服务名牌”“河北省著名商标”的法人企业，给予 10 万元奖励；新注册登记使用地理标志产品专用标志的法人企业（合作社），给予 10 万元奖励。

（责任单位：市工商局、市商务局、市质监局、市财政局）

七、支持金融服务业发展。全面落实小微企业贷款风险补偿政策；创新金融产品，增加实体经济信贷投放规模；推动企业在资本市场上市融资；积极引进银行、保险、证券等金融机构总部或区域总部入驻我市，符合条件的享受我市总部经济优惠政策。

（责任单位：市金融办、市财政局）

八、支持现代物流业发展。加快建设全国现代商贸物流中心城市，落实物流“十三五”规划，完善集疏运体系，鼓励创建多式联运示范工程，推进大型物流园区建设，培育重点物流企业。新增国家认定的 3A、4A、5A 物流企业，分别给予法人企业 30 万元、40 万元、50 万元奖励。鼓励符合规划、手续完善的现代物流园区，新建智慧物流信息公共服务平台，平台运营年货物吞吐量达到 150 万吨、300 万吨的，分别给予 50 万元、100 万元奖励。

（责任单位：市发改委、市交通局、市商务局、市财政局）

九、支持服务业集聚区建设。按照城市规划总体要求，优化服务业发展布局，研究制定政策，支持建立金融创新开发区、中央商务区、新型商品市场贸易区等现代服务业集聚区，集聚资金、人才、信息等资源要素，打造现代服务业发展平台，形成现代服务业发展高地。

［责任单位：市商务局、市规划局、市编委办、市国土局、市发改委，有关县（市）、区政府］

十、支持商业综合体发展。鼓励集商业、餐饮、娱乐等多种业态为一体的商业综合体落户我市。新建面积 10 万～50 万平方米、50 万～100 万平方米、100 万平方米以上的商业综合体企业，自正式营业之日起，分别给予商业部分3年5%、10%、20%的电价补贴。

［责任单位：市商务局、市财政局，有关县（市）、区政府］

十一、支持电子商务发展。加大对传统服务业的改造提升，加快电子商务发展壮大。新认定为国家、省级的电子商务产业园区，分别给予100万元、50万元奖励。企业自建互联网交易平台并注册服务业法人企业，平台年交易额1亿元以上、5亿元以上、10亿元以上，分别给予10万元、50万元、100万元奖励。鼓励各类跨境电子商务交易平台提升交易额，跨境电子商务成交额超过1000万美元、3000万美元、5000万美元的跨境电子商务交易平台企业，分别给予10万元、20万元、50万元资金奖励。

（责任单位：市商务局、市财政局）

十二、支持高端会展业发展。引进国际性、国家级知名机构和企业在我市举办的各类品牌会展项目，展览面积10000平方米（含）以上（标准展位500个）或会议规模为国际、国内大型（含）会议以上，给予举办方不超过30万元奖励。支持引进重大精品赛事，承接列入国家赛事计划的高水平赛事给予专项补助。体育场馆等健身场所的水、电、气、热价格按不高于一般工业标准执行。

（责任单位：市商务局、市体育局、市财政局）

十三、支持国际服务外包发展。推进国际服务外包开发区与华夏幸福基业股份有限公司密切合作，加快基础设施建设和招商引资，打造国际服务外包产业高地。争创全国服务外包示范城市。

（责任单位：市商务局，服务外包开发区管委会、长安区政府）

十四、支持旅游业发展。大力培育旅游精品景区，成功创建国家5A级旅游景区的，给予500万元奖励；成功创建国家生态旅游示范区、国家文化旅游示范区、国家休闲旅游度假区的，给予200万元奖励；成功创建省生态旅游示范区、省休闲旅游度假区的，给予50万元奖励。奖励资金用于旅游景区基础设施建设。

（责任单位：市旅游委、市财政局）

十五、支持健康养老服务业发展。面向老年人开展集中居住和照料（护）服务的老年病医院、康复医院、护理院以及基层医疗机构等，申请养老机构设立许可，享受养老机构同等优惠政策和补贴政策；在路、水、电、气、暖等设施建设上由所在县（市）、区政府给予配套支持；将符合条件的养老机构内设医疗机构纳入基本医疗保险协议管理定点单位。

［责任单位：市民政局、市卫计委、市人社局、市发改委，各县（市）、区人民政府、管委会］

十六、支持文化创意服务业发展。具有自主知识产权的文化产品、文化服务被国家文化部门认定为文化品牌的，一次性奖励100万元；被省文化部门认定为文化品牌的，一次性奖励50万元。

（责任单位：市文广新局、市财政局）

十七、支持检验检测服务业发展。全市综合实力排名前10位的检验检测企业，给予10万元奖励。鼓励创建“国家检验检测认证公共服务平台示范区”，新入驻的国家级检测中心企业，给予100万元奖励。

（责任单位：市质监局、市财政局）

十八、支持软件信息服务业发展。实施“宽带中国”战略，推进大数据中心建设，加快信息服务与重点产业深度融合，培育壮大软件信息服务企业。对新通过CMM/CMMI省级认证的软件及信息技术服务业企业，按照省级补助资金标准，给予1：1资金补助。

（责任单位：市工信局、市财政局）

十九、加快现代服务业对外开放。积极对接“一带一路”国家发展战略，加快复制推广自由贸易试验区政策，落实口岸建设规划，强力推进石家庄综合保税区建设，鼓励服务业企业利用市场采购贸易方式开展跨境贸易、开通国际货运班列、建设海外仓，进一步提升我市对外开放合作水平。

［责任单位：市商务局、市发改委、综保区管委会、有关县（市）、区政府］

二十、强化技能人才支撑。大力引进现代服务业领军人才和高端人才，积极落实市政府制定的引进高层次人才优惠政策，为引进人才创造良好的科研条件和工作条件，帮助解除子女上学、家属就业、住房等生活的后顾之忧。积极推进服务业职业教育，加快推进职教园区建设，合理安排重点专业和特色专业，建立多层次、多元化人才培养体系，为我市经济社会发展提供专技人才保障。

（责任单位：市人社局、市教育局）

享受本政策条文的企业为在我市注册的服务业企业，奖励政策的落实由各责任单位提出意见，提交市服务业发展领导小组研究报市政府同意后，兑现奖励。各责任单位每年年底前向市服务业发展领导小组报告政策落实情况。

衡水市人民政府办公室关于印发衡水市物流业降本增效专项行动方案（2017—2018年）的通知

衡政办字〔2017〕30号

各县市区人民政府，工业新区、滨湖新区管委会，市直有关部门：

《衡水市物流业降本增效专项行动方案（2017—2018年）》已经市政府同意，现印发给你们，请结合本地本部门实际，认真组织实施。

衡水市人民政府办公室
2017年3月27日
（此件公开发布）

衡水市物流业降本增效专项行动方案（2017—2018年）

为贯彻落实《河北省人民政府办公厅关于印发河北省物流业降本增效专项行动方案（2016—2018年）的通知》（冀政办字〔2016〕192号），推动我市物流业降本增效，进一步提升物流业发展水平，结合我市实际，制定本方案。实施期为2017—2018年。

一、总体要求

紧紧围绕贯彻落实《京津冀协同发展规划纲要》的发展要求和我市“一枢纽四基地”的发展定位，立足服务供给侧结构性改革，加快建设全国现代商贸物流基地，坚持深化改革、创新驱动、协同联动、重点突破，着力解决瓶颈制约，优化要素资源配置，落实各项支持政策，力争到2018年，全社会物流总成本占GDP比重较2015年降低1.5个百分点，网络购物总额占社会消费品总额的比重提升到20%左右，快递物流实现国内重点城市48小时送达。

二、重点行动

（一）强化服务功能，降低物流业运营成本

（1）优化准入流程。梳理有关物流行业行政许可审批的设立依据，压减清理行政许可申报材料和种类，简化流程，不断改进和提升服务效率和水平。大力推行“互联网＋公共服务”，行政许可事项的申请、受理、办结、送达实行“一站式”“零障碍”服务。鼓励具备法定投资资格的自然人和企业法人、社团法人、事业单位法人、民办非企业单位，成为物流企业出资人。加快推行“多证合一、一照一码”登记制度，进一步放宽物流企业住所（经营场所）登记条件，鼓励物流企业网络化经营布局。（市编委办、发改委、食品和市场监督管理局、交通局负责，持续推进）

（2）促进通行便利。优化公路超限运输行政许可办理流程，建立健全货运司机诚信管理制度，简化个体运输道路运输许可证、营运证年审手续，实现省内异地年审。（市交通局负责，2018 年年底前完成）

规范公路超限治理处罚标准，减少执法自由裁权。（市交通局、公安局负责，持续推进）

采取限行或禁行措施的城市，抓紧制定配送车辆通行便利管理办法及货运出租汽车运营服务规范，科学规划城市配送车辆专用临时停车位或临时停车场。对生活必需品、药品、鲜活农产品和冷藏保鲜产品配送以及新能源车辆，给予优先通行便利。（市公安局、交通局、商务局，有关县市区政府负责，2017 年年底前完成）

落实信息互换、监管互认、执法互助，推进“单一窗口”建设和“一站式作业”改革，提高通关效率。（市出入境检验检疫局、衡水海关负责，持续推进）

（3）加强税收支持。继续巩固全面推开营改增改革的减税成果，规范交通运输行业成本核算，使其进项税额得到充分抵扣，降低企业税收负担。（市财政局、国税局、地税局负责，持续推进）

总部设在衡水、在各地分别纳税的物流企业，可按照现行增值税汇总缴纳有关规定申请实行汇总纳税。经认定为高新技术企业的物流企业，享受高新企业所得税优惠政策。物流企业为开发新产品、新技术、新工艺发生的研发费用，未形成无形资产计入当期损益的，在按规定扣除的基础上，按照研发费用的 50% 加计扣除；形成无形资产的，按照无形资产成本的 150% 摊销。物流企业在信息化改造中所购置并实际使用符合税法规定的环境保护、节能节水、安全生产等专用设备，该设备投资额的 10% 可从企业当年应纳税额中抵免；当年不足抵免的，可在以后 5 个纳税年度结转抵免。（市国税局、地税局、科技局负责，持续推进）

（4）实施价格优惠。大型农贸市场的用水价格，执行其他用水价格，有条件的执行居民用水价格；蔬菜冷链物流的冷库用电与工业同价。（市物价局、商务局负责，2017 年年底前完成）

（5）规范收费行为。督促相关企业严格落实明码标价制度，实行进出口环节收费目录清单制，推进收费管理制度化、科学化、透明化。（市物价局、交通局、财政局、衡水海关负责，2017 年 6 月底前完成）

加紧跟进国家有关部委《收费公路管理条例》修订进程，提出我市具体意见建议。（市交通局负责，2017 年年底前完成）

取消政府还贷二级公路收费，落实《道路运输车辆技术管理规定》，取消营运二级维护强制性检测。（市交通局、财政局负责，持续推进）

（6）加大要素保障。积极筛选降本增效突出的物流项目，争取国家政策支持。鼓励物流园区建立投融资平台，通过银行贷款、股票上市、发行债券、增资扩股、中外合资等多渠道筹集资金。落实支持物流业发展的用地政策，积极支持利用工业企业旧厂房、仓库和存量土地资源建设物流设施，涉及原划拨土地使用权转让或者租赁的，按规定办理土地有偿使用手续。支持物流项目申列省市重点建设项目计划，优先保障项目建设用地。一次性缴纳土地出让金确有困难的物流企业，在依法约定的前提下，首期缴纳 50% 后，其余可在 1 年内分期缴付。鼓励各地以租赁方式供应物流业用地。允许物流企业通过租赁方式取得国有土地使用权。（市发改委、金融办、财政局、国土局、住建局、交通局、商务局，有关县市区政府负责，持续推进）

（二）加强载体支撑，提高物流体系运行效率

（1）畅通物流通道。优化全市内陆港布局，完善检验检疫、海关通关、集中查验等配套服务设施，强化“进出口直通”功能，畅通沿海港口与内陆腹地互动的通道，促进物流一体化进程。鼓励衡运集团、安平聚成、深州安华、枣强菜鸟、冀州恒通等龙头企业，拓展国际市场，适时增设境内外站点，不断扩大货源品种及辐射范围。（市交通局、商务局、出入境检验检疫局、衡水海关负责，2017 年年底前完成）

（2）优化物流节点。依托衡水铁路物流基地园区，打造全国现代商贸物流重要节点，支持北京铁路局整合我市现有铁路货运场站，在衡水东部建设路（铁路）港（黄骅港）物流经济区。积极推进景县鼎辉、故城衡德、饶阳中冷等项目建设，构建一批线上线下联动的综合型、基地型和驿站型公路港。（市发改委、交通局，有关县市区政府负责，持续推进）

（3）升级物流园区。推进安平聚成省级物流产业聚集区内部功能建设，完善现代商贸、智能配送、供应链管理等服务功能，促进桃城工程橡胶、枣强建材皮毛等物流产业聚集区与产业基地、交通枢纽融合互动发展。加快支持各县市区按照多规合一、一区多园等模式建设物流园区，提高土地、资金等要素资源的利用水平，强化重大物流项目落地机制。（市发改委、金融办、财政局、交通局、商务局、国土局、住建局，有关县市区政府负责，持续推进）

（三）促进联动融合，增强物流协同服务能力

（1）促进物流业制造业联动发展。结合实施“中国制造 2025”，引导物流企业与制造业供应链对接，支持老白干、养元、河钢、中铁建等制造业企业物流业务外置，建设专业化制造业物流基地，依托自身技术装备优势，发展专业化物流业务，拓展专业化营销网络，构建产业链、供应链一体化运作体系。（市工信局、发改委负

责，持续推进）

（2）推动物流业交通业融合发展。促进物流业与交通运输一体化融合发展，提高综合效率效益和服务水平，解决物流节点与交通运输枢纽布局不协调、集疏运体系不畅、信息孤岛现象突出等问题，组织落实《津冀港口群集疏运体系改善方案》。（市交通局、发改委、国土局、住建局，有关县市区政府负责，2018 年 6 月底前完成）

（3）推进物流业商贸业互动发展。加快建设“互联网 + 高效商贸物流”协同服务体系，提升物流服务质量和效率，降低实体商贸企业的物流成本。加快推进饶阳新发地、桃城东明、新合作等商贸物流重点项目建设，结合“智慧城市”建设，规划建设区域性智慧物流公共数据存储中心、交换中心和处理开发中心，打造智能物流信息服务示范基地，推动建设智能城乡共同配送网络。（市商务局、工信局、发改委负责，持续推进）

（四）完善体系建设，引导物流业集约化发展

（1）健全标准体系。加快推广物流国际和国内标准，构建标准化托盘循环共用体系。大力推动铁路 1.5 吨小型集装箱技术标准在全社会的推广使用。引导和支持物流企业进行货架、叉车、月台、配送车辆等物流设施设备标准化改造，逐步统一铁路企业与生产、物流企业共用托盘、集装箱等装载单元标准。（市交通局、商务局、质监局负责，2018 年年底前完成）

（2）推广多式联运体系。大力发展铁水联运、公铁联运、陆空联运等先进运输组织方式，加快发展公路甩挂运输，鼓励骨干运输企业向多式联运经营人、综合物流服务商转变。（市交通局、发改委负责，积极推进）

（3）完善城乡配送体系。推广共同配送，探索建立智能化协同配送体系。加快建设城市公用型配送节点和末端配送点，打通物流配送“最先一公里”和“最后一公里”。引导物流企业联合构建城市、农村智能物流配送联盟，支撑配送服务向农村延伸。鼓励利用邮政、供销社等优化网点布局，开展农村共同配送，打通农资、消费品下乡和农产品进城高效便捷通道。引导邮政、快递处理分拨中心与铁路、公路、航空枢纽同步建设，实施快件“上车上机上铁”“快递下乡”“电子商务与物流快递协同发展”等试点工程。加快冀通快递物流园区建设。（市交通局、商务局、公安局、供销社、邮政管理局负责，持续推进）

（4）推行一体化服务体系。配合省研究制定推进铁水联运、公铁联运在“一单制”运输上率先突破的实施方案，实现一站托运、一次收费、一单到底。支持依托互联网平台的无车承运人发展。（市交通局、商务局，有关县市区政府负责，2017 年年底前完成）

（五）实施创新驱动，提升物流智慧化水平

（1）建设物流公共平台。支持推进衡水内陆港投资建设外贸综合平台，拓展追踪溯源、数据分析、担保结算、融资保险、信用评价等增值服务。积极参与建设河北交

通运输物流公共信息平台，推动政务信息资源共享和业务协同。（市交通局、发改委、工信局、商务局、邮政管理局负责，持续推进）

加强关键信息基础设施的信息安全等级保护工作，落实数据库安全管理等各项网络安全保障措施，保障数据信息安全。（市公安局、交通局、工信局负责，持续推进）

（2）互联共享信息资源。建立健全金融、税务、海关、检验检疫、交通运输等部门物流信息共享机制，完善“单一窗口”功能。加强北斗导航、物联网、云计算、大数据、移动互联等先进信息技术在物流领域的应用。支持企业应用条码、电子数据交换、无线射频等先进适用技术，引导大型物流企业开发应用企业资源管理系统、供应链管理、客户关系管理等先进物流管理系统。（市发改委、交通局、工信局、商务局、公安局、质监局、食品和市场监督管理局、国税局、地税局、衡水海关负责，2018 年 6 月底前完成）

三、保障措施

（1）加强组织领导。市政府各相关部门要及时发现解决难点、热点问题，按照简政放权、放管结合、优化服务的要求，进一步提高认识，加大工作力度，有机衔接，形成工作合力，确保各项任务积极有序推进。

（2）细化工作方案。各县市区政府要根据各自职能，抓紧明确目标任务和工作分工，细化工作举措，排出工作进度和时间要求，加快推进，确保各项工作任务落地。

（3）实施试点示范。发改、交通运输、商务等部门要积极开展示范试点，探索建立示范项目带动机制。鼓励物流企业围绕多式联运、城乡配送、信息平台建设、区域物流资源整合、拓展物流业新型业态等方面，开展降本增效试点。选取业绩突出、行业影响带动能力强的物流降本增效项目作为试点示范，重点给予政策支持。

（4）强化督导检查。市县发改、商务等部门要统筹组织实施工作，加大督导检查力度，及时跟踪调度各项工作任务推进情况。有关责任单位要定期向牵头部门反馈工作进展情况。

秦皇岛市人民政府办公厅关于印发秦皇岛市现代服务业发展“十三五”规划的通知

秦政办发〔2017〕9号

各县、区人民政府，开发区、北戴河新区管委，市政府各部门，各有关单位：

《秦皇岛市现代服务业发展“十三五”规划》已经2017年5月3日市政府第1次常务会议研究通过，现印发给你们，请认真贯彻执行。

秦皇岛市人民政府办公厅
2017年6月1日

秦皇岛市现代服务业发展“十三五”规划

“十三五”时期，是秦皇岛全面建成小康社会的决胜期，也是主动融入京津冀协同发展大局，全面增强和重塑发展动力，加快建设沿海强市、美丽港城的攻坚期。加快发展服务业特别是现代服务业，不断巩固提升服务经济的质量和水平，是实现秦皇岛发展战略目标的重要支撑。根据国家和省关于加快发展服务业的战略部署和《秦皇岛市国民经济和社会发展第十三个五年规划纲要》总体要求，制定本规划。规划期为2016—2020年。

一、发展基础

“十二五”期间，秦皇岛市深入实施“开放强市、产业立市、旅游兴市、文化铸市”四大主体战略，大力推动服务业快速增长，成为经济发展的重要支撑力量和结构调整的重要推动力量，以服务经济为主的经济结构基本形成，为“十三五”时期的更好更快发展奠定了良好基础。

（一）发展成就

——服务业实现较快增长，地位和作用持续增强。2015年，全市服务业实现增加值627.72亿元，比2010年增长45.6%，“十二五”期间年均增长达到7.8%；服务业增加值占全市生产总值的比重达到50.2%，成为秦皇岛发展的主要动力，比重较全省平均水平高出10个百分点，居全省各设区市之首。服务业固定资产投资占全社会固定资产投资比重达到64.2%。

——重点领域平稳增长，新兴领域加速成长。文化旅游业、现代物流业占全市服务业增加值比重稳定在70%以上。“十二五”期间，全市年接待国内外游客人次以10%以上速度增长，总收入以15%以上速度增长。现代物流业运行质量和效益明显提升，增加值年均增长6%，社会物流总额年均增长10%。邮政快递业实现较快增长，发展质量同步提升，2015年实现收入4.47亿元。电子信息产业增加值保持年均30%的超高速增长。大健康产业加速发展，正成为秦皇岛新兴服务业标志性产业。充分发挥奥体中心龙头作用，大力开发体育竞技表演市场，体育产业社会贡献度不断提升。

——市场需求不断扩大，新业态、新模式不断涌现。基于大数据、云计算、物联网的服务应用和创新日益活跃；创意设计、系统流程服务、远程诊断等新业态发展迅速，为制造业转型升级提供了有力支撑；生态旅游、远程教育、休闲养老等新的服务模式快速发展，成为寻常百姓消费热点。电子商务与传统产业加速融合，大中型企业电子商务应用率达到60%，2015年电子商务交易额达到312.9亿元，秦皇岛海运煤炭网成为全国最大的煤炭大宗商品电子交易平台，秦皇岛晨砻采购网成为全国知名电力设备采购平台，宏都易猪网成为国内领先的生猪电子商务交易平台，葡萄酒交易网成为国内著名的葡萄酒专卖网。

——综合服务功能持续提升，内聚外联效应日益显现。积极培育应用软件和嵌入式软件开发，大力发展信息咨询服务业，形成海湾公司火灾报警系统、康泰医学脑电地形图等一批具有自主知识产权的软件产品。健康产业、会议展览、生态产业加快发展，北戴河生命健康产业创新示范区获国家批准，秦皇岛国际展览中心基本建成。证券、保险、租赁、会计、审计等新兴服务业健康发展。工业设计、建筑景观设计、服装设计、包装设计、数字媒体、动漫游戏等文化创意产业日益繁荣。家政服务、社区服务、养老服务和病患陪护、家庭用品配送、家庭教育等家庭服务业蓬勃发展，托儿所、美容保健服务、婚姻服务等其他居民服务业规范有序。

——服务业布局不断优化，集聚发展格局逐步完善。秦皇岛市城区服务业发展能级和水平进一步提升，各县区独具特色的服务业快速发展。临港物流园、公路物流集聚区、铁路物流集聚区、青龙物流园区、空港物流园区等现代物流集聚区蓬勃发展，产业集聚效应日益凸显。秦皇岛经济技术开发区数据产业基地、北戴河新区高新技术园区、中关村海淀园秦皇岛分园等载体建设加快推进，电子信息产业集群雏形显现。北戴河新区文化创意产业园、建设文化艺术区、动漫产业基地和旅游文化基地声名远播，滚雪球效应愈加明显。秦皇岛能源交易中心揭牌运营，国际粮食产业及秦皇岛大宗商品交易中心项目签约，秦皇岛港成为国家进境粮食指定口岸，全国大宗商品交易平台和价格形成中心正在形成。

——改革创新力度进一步加大，发展环境持续改善。全面推进制度创新，率先开展国家智慧城市、国家信息消费、国家信息惠民和省级个人信息保护试点，促进了信息产业高速发展。深入推进国家创新型试点城市建设，科技创新能力稳步提高，全市科技进步贡献率达到62%。深化推进服务业综合改革、旅游综合改革、公共文化服务体系示范区、全国养老服务业综合改革等试点，形成了一批可复制、可推广的试点经验。持续加强与京津对接合作，取得实质性进展，对接合作项目达95项，中关村海淀园秦皇岛分园、秦皇岛（中科院）技术创新成果转化基地等一批项目落地生根。

（二）矛盾问题

——新兴服务业发展相对滞后。服务业增长仍然依赖劳动密集型为主的旅游、运输等传统行业，以知识密集型、科技密集型为主导的新兴服务业发展缓慢，信息传输、计算机服务、软件、科学技术、金融等服务业总量偏小，设计、数字媒体、动漫游戏、影视文化等文化创意产业尚显薄弱，对经济整体拉动作用不强；与人民生活密切相关的健康养老服务业不够发达，难以满足人民群众日益增长的服务需求。

——企业竞争力偏弱。区域内大多数服务企业规模小、实力不足，在国内外市场有影响力的龙头领军企业少，特别是在现代服务业领域缺乏有核心竞争能力的大企业、大集团，企业扩张和整合能力低，难以支撑服务业集群的发展壮大。对外开放度质量不高，服务贸易比重低，国际竞争力较弱。

——高层次人才缺乏。秦皇岛市服务业人才比较短缺，企业管理、市场服务、科技研发、技术推广、信息技术、电脑软件、电子商务、金融保险、咨询中介、综合物流等知识密集型服务行业发展的高端人才支撑不足，尤其是领军型、管理型、复合型现代服务业人才数量不能满足区域经济快速发展的需要。

——发展环境尚需优化。部分行业市场仍处于初期阶段，缺少竞争引致创新不足，缺乏行业规范、服务标准，管理体制、法律规定尚不健全，缺乏独立的机构或部门统一管理和综合协调。部分地区、人员服务意识不够，服务手段欠缺，管理经验不足，服务业现代化水平有待进一步提升，服务业竞争力和对周边区域影响带动力有待进一步加强。

二、面临形势

“十三五”时期，在世界经济缓慢复苏和国内经济进入新常态的形势下，我市服务业面临新的发展环境，进入新的发展阶段。

一是经济加速转型，消费全面升级，服务业地位进一步凸显，进入主导国民经济发展的新时代。经济发展方式正从规模速度型转向质量效益型，发展动力正从要素投入转向创新驱动，制造业向服务领域延伸，创新服务主导制造业转型升级；城乡居民消费结构正由生存型消费向发展型消费升级，由物质型消费向服务型消费升级，由传统消费向新型消费升级，时尚、休闲、安全、便捷成为大众消费的重要取向。秦皇岛是中国北方重要旅游城市和避暑胜地，有“中国夏都”美誉，以“旅游+”为战略引擎，大健康、大文化、大贸易等现代服务业发展面临前所未有的时代机遇。

二是“一带一路”、京津冀协同发展等战略全面推进，服务业发展进入新的战略机遇期。“一带一路”是世界经济失衡背景下，我国政治、经济、文化协同开放的最顶层战略安排；京津冀协同发展、环渤海地区合作发展等战略实施，区域一体化进程加快，北京非首都功能疏解，产业分工格局重构，竞合发展态势显现。秦皇岛作为港口城市、滨海旅游城市，地处中国北方关内外经济文化交流咽喉和南北物资海陆联运通道重要枢纽，在“一带一路”、京津冀协同发展中具有重要地位，随着系列国家重大战略全面推进，秦皇岛现代服务业发展进入开放、融合、创新发展的重要战略机遇期。

三是供给侧结构性改革深入实施，服务业进入转型发展、能级提升的新阶段。服务业有效供给不足和能级水平不高成为我市服务业发展的主要挑战，旅游、物流等主导服务业服务水平与国内外消费需求、生产需求全面升级的要求不适应，金融、科技、商务等高端生产性服务业发展落后，健康、养老等民生服务短板亟待补足。深化体制机制改革，让市场在服务业资源配置中发挥决定性作用，是秦皇岛服务业打破垄断、补齐短板、创新业态、转型升级的根本出路。

三、发展思路

（一）指导思想

“十三五”时期，秦皇岛市服务业发展将进入提升品质、提高能级、补齐短板、迈向高端的关键阶段。要全面贯彻党的十八大和十八届三中、四中、五中、六中全会精神，以邓小平理论、“三个代表”重要思想、科学发展观为指导，深入学习贯彻习近平总书记系列重要讲话精神，统筹推进“五位一体”总体布局，协调推进“四个全面”战略布局，牢固树立和落实新发展理念，围绕“一都三区一枢纽”战略定位，着力深化服务业供给侧结构性改革，坚持提升传统服务业和培育新兴服务业并举，坚持满足需求和引导消费并重，坚持强壮主导和补齐短板并行，推动以滨海休闲度假为主导的大旅游、大健康、大文化产业发展，加快以港口为龙头的大物流、大贸易、大商务发展，提升以创新创业服务为主旨的金融服务、科技服务、数据信息服务水平，完善以改善民生为核心的养老、医卫、家庭服务体系，进一步发挥服务业在建设沿海强市、美丽港城和国际化城市中的主导作用。

（二）基本原则

——市场主导，政府引导。进一步强化企业主体地位，充分发挥市场配置资源的决定性作用，促进资源要素合理有序流动和集聚。主动适应互联网迅猛发展、科技日新月异、产业跨界融合新趋势，创新政府管理模式，构建高效便捷的服务体系，提高服务效能，营造公平、公正、公开的竞争环境。

——创新驱动，融合共享。支持企业深化推进技术创新、模式创新、业态创新和管理创新，提升供给质量，提高效益，增强竞争力。推动制造业和农业向服务领域延伸，实现产业跨界融合，在融合中推动制造业转型升级和现代农业发展，拓展服务业发展新空间。

——深化改革，扩大开放。聚焦服务业关键领域和薄弱环节，深入推进服务业综合改革试点，创新制度供给、打破垄断壁垒。加强与京津对接合作，主动融入“一带一路”倡议，进一步提高服务业领域的改革深度和开放广度，释放服务业发展巨大潜力。

——城乡协调，聚集发展。以港口转型升级、区划调整为契机，依托服务业集聚区、功能性载体和平台，引导服务业资源合理布局，完善西港区和中心城区高端服务聚集功能，提升区县特色服务业发展水平，实现港区、城区、县乡服务业协调发展。

（三）主要目标

——服务业主导地位进一步提高。继续发挥服务业促进经济转型、产业升级、稳定增长、引导消费的基础作用。到2020年，服务业发展水平要高于全国和全省平均水平，服务消费总额占社会消费总额的比重达到50%左右。

——服务业发展能级进一步提高。滨海休闲旅游、港口现代物流战略支撑地位更加突出，金融、科技、信息等创新创业服务水平显著提高，养老、医卫、家庭服务等民生服务体系更加完善，现代服务业和新兴服务业加快发展，服务业结构不断优化，服务质量和效益不断提高。

——服务业创新水平进一步提高。“互联网＋”现代服务业行动取得实质性进展，新兴业态不断涌现，移动互联网、物联网、云计算、大数据等新兴信息技术在服务业领域不断渗透融合，技术创新和模式创新对服务业发展的驱动作用进一步增强。

——服务业竞争能力进一步提高。服务业供给侧结构性改革取得实质性进展，引进和培育一批在国内外具有引领作用的服务业旗舰企业，培育和发展2～3个规模较大、辐射较强、业态多样的现代服务业聚集区，形成一批在国内外具有较大影响力和较强竞争力的服务品牌。到2020年，规模以上服务业企业达到600家左右，比2015年翻一番。

四、发展重点

（一）打造国际滨海休闲度假之都

1. 基本思路

以全面对接和融入京津冀协同为统领，以“打造全域全季旅游，助力全面小康建设”为主题，依托“长城历史文化、近代工业文明、国家级地质遗址、生态山地风光、自然海岸沙滩”特色优势，以滨海旅游为龙头，全力发展全域旅游、全季旅游、全业态旅游，着力推进旅游“上山、下海、进村”，强化“旅游＋X”跨界融合发展理念，加快发展健康休疗、休闲娱乐、文教体育、商务会展等产业，加快建设全域旅游示范市和国际休闲度假康养旅游目的地。

2. 主要目标

“十三五”期间，在提升已有滨海度假区品质的同时，着力培育高端业态，科学布局实施一批中高端旅游、健康疗养、文化创意等项目，到2020年，建成2～3家知名度高、吸引力大、社会综合影响带动力强的全国一流精品景区，培育5～7家建设水平高、服务质量好、区域影响大的龙头景区，北戴河生命健康产业创新示范区建设取得突出成效，体育运动、国际会展、文化创意、教育培训等产业全面提升，形成以旅游为龙头，健康、休疗、体育、会展、文创、培训等衍生产业互动互促发展的新格局。

3. 方向重点

争创国家全域旅游示范区。高标准规划、高起点建设“一带（山海旅游大通道）、三区（醉美海岸文化度假区、多彩田园休闲观光区、秦皇山谷康养度假区）、七组团（七里海组团、健康城组团、欢乐海洋组团、杜庄温泉冰雪主题组团、祖山康养组团、板厂峪长城文化组团、昌黎葡萄沟组团）”，打造“山海花田”康养休闲度假区。努力打造滨海旅游核心品牌，坚持“碧海金沙吸引人”与“体验消费留住人”并重，提升景区品质，开发游艇产业基地、海洋文化主题乐园、国际邮轮停靠港等一批滨海旅游新项目，重点推动北戴河新区按照国际一流标准建设中国北方最优滨海休闲旅游目的地。积极培育健康养生、葡萄酒休闲、邮轮游艇、海上垂钓、温泉度假、欢乐冰雪等高端特色旅游业态，不断延长旅游产业链，形成四季旅游新格局。科学开发山区旅游资源，利用北部山区丰富山水资源，提升现有景区知名度，完善基础设施配套条件，大力发展户外休闲、运动健身等旅游产品，成为滨海旅游的重要补充和延伸。深度挖掘文化旅游内涵，充分利用历史文化、长城文化、民俗文化、红酒文化等资源，打造历史探秘、名人名迹寻访等一批旅游精品，培育城市文化个性与魅力。进一步加快智慧景区、智慧旅游服务体系建设，在全省智慧旅游体系中发挥示范作用。整合优质旅游资源，加快国有景区体制改革，壮大投资主体多元化、权责清晰、管理现代的秦皇岛旅游开发股份公司，通过上市融资、发行债券等方式筹集资金，深化旅游资源市场化开发。推进旅游监管体制改革，建立旅游投诉综合受理平台和旅游诚信平台，提高旅游投诉处理能力。

建设北戴河生命健康产业创新示范区。依托旅游业优势和良好的生态环境，承接京津资源转移，以北戴河国际健康城为支撑，深化与北大未名等战略投资者合作，引进和建设一批国际知名外资综合医院、特色著名专科医院和诊疗机构，提升健康医疗资源的质量和水平，创新医疗机构管理机制，建设区域公共医疗检验检测和影像中心，加强与国内外重点院校合作，培养高端医疗健康及护理人才，大力发展生物医药研发生产、医疗服务、康复疗养、健康管理、医疗旅游等产业，积极推进生态农业、健康食品制造、生物制药、旅游度假、文化培训、休闲娱乐、体育拓展等多产业融合发展，构建“药、医、养、健、游”大健康产业链，培育世界一流生命健康产业集群。依托北戴河休疗品牌，在森林资源良好、基础条件完善的森林公园、自然保护区建设一批集度假、疗养、保健、养老、娱乐于一体的优质休闲养生区，打造一批规模化、国际化、专业化的绿色生态医疗健康和老年养护基地。

建设发展国际体育运动基地。以建设国家级体育产业示范园区为契机，办好中超、国际马拉松、中式八球、铁人三项、轮滑、徒步大会等精品赛事，以赛事提升城市影响力。加强与京津体育资源对接合作，积极引进和承办高水平国际、国内体育赛事，壮大体育产业。以奥运品牌和奥运遗产为引领，以体育学校、奥体中心等既有体育设施为基础，依托山地和临海优良条件，规划建设海洋运动休闲基地、山地运动休闲基地、竞赛表演和健身展示基地、体育训练教育基地、高端休闲运动基地，满足国内体育事业发展的要求和人民群众日益增长的健康运动需求。依托华夏幸福足球俱乐部和中超赛事，着力壮大足球产业，打造足球城市。促进体育与旅游、疗养、商贸等产业有机结合，发展运动休闲、体育训练、竞赛表演和健身展示、运动康复休疗养、体育用品制造等体育产业集群，把体育产业培育为全市新的经济增长点。

积极发展国际会展业。发挥秦皇岛独特的区位和功能优势，培育精品会议品牌，推进旅游会展业发展。整合利用北戴河休疗院所资源，加快建设北戴河新区国际会议中心，积极承接京津会议会展转移。依托生命健康产业，打造老龄问题国际论坛、康养产业发展论坛、中华医学会各类会议等国家级会展品牌。以开展煤炭交易洽谈会为切入，积极向原油、铁矿石、大宗农副产品、汽车贸易洽谈会、高端装备、高新技术产品、生物医药等洽谈会拓展。按照政府引导、市场主导的思路，鼓励和支持会展企业举办、承办专业会展，培育壮大会展业。

大力发展文化创意产业。挖掘历史文化资源，打造地方文化品牌，深度挖掘长城、滨海、碣石等文化底蕴，不断丰富秦皇岛历史文化资源内涵。以大型文化活动为主体，搭建旅游文化展示平台，培育和壮大具有地方特色的文化产品品牌。依托北戴河新区文化创意产业园，加快建设特色突出、形式多样的文化创意楼宇设施，大力发展文化创意设计、新闻出版和网络文化服务业。积极培育动画动漫产业，建设国家级展演和动漫基地，推动动漫游戏与虚拟仿真技术在设计、制造等产业领域中的集成应用。

发展提升休闲娱乐业。实施城市休闲娱乐提升工程，推动旅游城市向城市旅游转变，进一步深化“城市即景区”理念，按照休闲旅游城市标准，围绕游客需求，增加特色街区、餐饮名店、城市综合体和地标性建筑，补齐“娱”“购”短板，提升城市“宜游功能”带动作用，打造京津居民周末休闲娱乐首选地。加强大型文化演出、娱乐场所等建设，提升经营档次和品位。创新发展民间文娱演艺，推动文艺精品创作和营销，不断扩大现代文艺演出和文化娱乐业规模。

规范发展教育培训业。积极承接北京会议培训功能，壮大培训经济。加强与京津地区高等院校、科研院所、培训机构合作，开展国际教育培训合作，引进设立分校和分支机构，开展从业资格培训、职业技能培训和继续教育培训。加强职业教育与产业发展融合，积极开拓电子信息、工业制造、酿酒、品酒、专业护理、金融、会议会展、体育等产业方面的职业培训。

（二）打造东北亚物流枢纽

1. 基本思路

充分发挥秦皇岛港作为“三北”地区重要出海口区位和交通优势，深度融入“一带一路”、京津冀协同发展、环渤海地区合作发展、东北亚和中蒙俄国际合作战略，以港口为核心，坚持港口带动、产业联动、区域互动，以智慧物流、信息技术为支撑，完善北京、天津、冀北、辽西南、内蒙古及西北地区进出港物流通道，畅通重大国际物流通道，优化物流产业布局，构建内陆港网络体系，深化物流服务创新，壮大专业化第三方物流企业队伍，全面提升物流国际化、专业化、社会化和信息化水平，构建便捷高效、布局合理、技术先进的现代物流服务体系，将秦皇岛建设为蒙中、晋北、辽西地区及蒙、俄等国货物出海，日、韩、美等国货物西行的中枢，打造东北亚物流枢纽。

2. 主要目标

“十三五”期间，以临港物流园为核心，重点建成10个设施先进、功能完备、集聚集约发展的省级重点物流项目，建设1～2家国家级示范物流园区；加快推进港口转型升级，力争东港区东作业区建设全面启动；改造完善秦山地区铁路网，整合改造全市铁路货场，加快龙家营铁路物流中心建设步伐；着力推进东港区、东港区东作业区、山海关港区与物流园区的铁路、公路集疏运通道建设。到2020年，全市物流业综合实力明显提升，支柱产业地位进一步夯实，基本建立便捷高效、布局合理、技术先进的现代物流服务体系。物流业增加值年均增长9%左右，社会物流成本进一步降低，物流结构进一步优化。企业实力显著增强，全市A级以上物流企业达30个，其中3A级以上15个，年营业收入过亿元的企业达到10家以上，力争1～2家全国百强物流企业。全市电子商务产业规模进一步扩大，电子商务交易额达到900亿元，年平均增幅达到近25%，增速达到省内领先。

3. 方向重点

完善区域综合交通网络体系。推进京秦高速、青龙铁路支线项目建设，打造京津秦一小时经济圈。加大承秦铁路推动力度，打通与珠恩嘎达布其、二连浩特国家一类口岸链接的综合运输大通道，打造内蒙古中部、冀北、辽西南地区及蒙、俄等国出海通道，成为继二连浩特和满洲里之后的又一条欧亚大通道。拓展海上干支线，适时开通到釜山、关西地区航线。

拓展冀蒙俄国际物流通道。积极参与张家口、承德及内蒙古、山西、辽宁等腹地内陆港建设，布局物流园区，促进港口功能向腹地延伸，加快建立港港联盟、港货联盟、港区联盟，逐步构建无水港喂给网络，推动形成以秦皇岛为龙头、以沿线城市为节点的“冀蒙俄”港腹互动发展带，构建以港口物流为龙头，陆路物流为支撑，空港物流为补充的“三位一体”物流体系。

优化港口功能。推动港口业务创新和发展模式转变，促进港口与临港物流融合、港口与贸易金融融合，不断丰富临港物流产品，实现港口由传统运输、装卸搬运、暂时仓储到全流程物流产品和一体化物流服务的转变。加快港口转型升级，强化集装箱码头、公铁水联运基础设施建设。推进出口加工区转型升级综合保税区，在山海关港区设立综合保税区 B 区，力争实现将天津自贸区政策延伸至秦皇岛出口加工区和山海关港区、建立天津自贸区秦皇岛功能分区“三步走”战略，梯次推进。优化海运货物供应链、虚拟仓储、物流金融服务，实现秦皇岛港由单一卸载港向现代综合性国际物流大港转型。完善提升进口粮食口岸配套功能，依托进口水果、肉类指定口岸资质，培育建设以冷链物流为主的粮食、水果、肉类集散基地。

引导物流聚集发展。加快物流园区建设，以秦皇岛临港物流园区为核心，青龙物流园区和空港物流园区为两翼，围绕建设国家级示范物流园区，大力推进园区铁水、公铁、公水等多式联运设施建设，健全园区水、电、路等基础设施，高标准建设仓储、中转设施，完善园区信息网络体系，着力提升物流园区服务水平，推进多式联运、甩挂运输、共同配送、集中配送等现代物流运作方式发展。大力推动电子商务物流，谋划建设国际农产品电商物流贸易基地。

培育大宗商品交易市场。整合煤炭交易资源，创新商品交易模式，依托秦皇岛海运煤炭交易市场，完善以动力煤价格指数为基础的定价功能和交易功能，适时推出煤炭中长期电子交易等业务，建设国家级以信息服务和金融服务为主体功能的煤炭交易中心。加强与大集团、大企业及战略投资者的合作，建设秦皇岛能源交易中心和进口水果交易中心，打造面向全国的大宗商品交易平台和价格形成中心。

壮大龙头物流企业。提高物流专业化水平，培育壮大第三方物流企业，支持物流企业通过兼并、重组等方式，整合社会物流资源。积极引入世界500强和国内100强物流企业建立区域物流节点和区域总部，拓展国际贸易物流。加强与北京物流企业合作，大力开展跨区分拨、城际配送、中转贸易等增值业务。按照“主业突出、特色突出、优势突出”的要求，重点支持领域业态新、成长性好、示范性强、发展潜力大的服务企业，引导企业向规模化、品牌化、网络化发展，努力形成一批主营业务突出、拥有自主品牌、具有较强市场竞争力的服务业领军企业。

积极发展电子商务。充分发挥秦皇岛的区位优势、港口优势和产业优势，引领大型企业深化电子商务应用，推动中小企业普及电子商务应用，促进商贸流通企业发展电子商务，提倡小微企业向电商服务商转型，深化电子商务在煤炭、农副产品、对外贸易、旅游产业、数据产业等特色领域的应用，重点支持秦皇岛港、义乌小商品城、昌黎皮毛交易市场等商品交易市场加快发展电子商务，以发展 B2B 交易为主、B2C 交易为辅，积极发展专业市场电子商务、农村电子商务、跨境电子商务、旅游电子商务及信息资源电子商务等新型电子商务模式。到 2020 年，电子商务环境达到适应和满足电子商务服务和应用的需要，建设5个布局合理、业态先进、带动性强的电子商务产业园区，5个具有全省领先水平的大宗商品交易平台，10个县域特色电子商务平台。

强化现代邮政业发展，加强邮政快递市场监管，增多壮大市场主体，拓展邮政快递服务网络，推动邮政业转型升级、提质增效。

（三）打造京津冀创新创业服务高地

1. 基本思路

大力实施创新驱动发展战略，提高创新支撑能力，加大创业服务力度，完善城市服务功能，最大限度激发全社会创新创业活力，加快培育信息服务、科技服务、金融服务等新业态，不断壮大市场主体，树立特色品牌，提升服务水平，扩大产业规模，建设京津科技创新服务能力溢出的主要承接地，打造创新型城市。

2. 主要目标

“十三五”期间，信息及服务外包业加快发展，创新环境不断完善，金融服务体系不断健全。到2020年，形成覆盖科技创新全链条的科技服务体系，构建起全方位、多层次的金融服务体系。万人发明专利拥有量力争达到10件，保持全省领先地位，科技服务市场化水平和竞争力明显增强，成为京津创新资源的最优汇聚地。

3. 方向重点

加快发展信息及服务外包。推进与京津合作，建设京津冀服务外包基地。依托秦皇岛开发区数据产业基地、北戴河新区高新技术产业园，发挥中兴网信智慧城市北方基地、北斗卫星数据中心等高新技术企业示范带动作用，促进服务外包与其他产业融合互动，大力发展医药研发外包、供应链管理外包、金融外包和信息技术外包等服务外包产业。加强服务外包基础配套设施建设，在规划的服务外包产业园中，建设相对独立、适应生产需要的办公场所、稳定的供电系统、足够带宽的国际数据通信网络以及研发设计、数据测试、信息咨询等公共服务平台。积极推进服务外包示范园区、基地和骨干企业开展产业招商、专题招商。重点吸引京津服务外包企业来我市投资创业，寻求合作发展。利用国内外各种专业服务外包洽谈会推介秦皇岛，以日韩、港台、欧美等外包市场为重点，引进一批境外服务外包企业落户园区，形成各具特色的产业聚集区。坚持融合创新，加快发展信息数据产业。推进云计算、大数据、电子商务与移动应用内容的结合，大力发展地理位置服务、第三方移动支付、互联网接入等多种移动互联网新业务和服务模式。加快信息技术服务与传统产业的融合发展，支持企业加快应用模式、服务模式和商业模式创新，开拓新兴信息数据服务消费领域，推进信息服务业在政务、金融、电信、医疗、教育、交通、电力等行业的创新应用。

全面优化科技服务环境。依托现有园区和科技企业孵化器，吸引京津孵化器或众创空间在秦皇岛设立分支机构，建设一批众创空间等新型创业孵化载体。支持“北岛工坊”“e谷创想空间”“科泰创新工场”“燕大创客学院”“秦皇岛东软创业大学”“青豆+云”等发展创业孵化新模式。加强与中国技术交易所的合作，推进技术交易市场建设，加速科技成果转化。依托燕大国家级技术转移示范机构，推动市内技术转移机构与国内外知名技术转移机构合作，实现成果资源跨区域交流共享。加强产业共性技术研发，提高技术服务能力。围绕全市优势产业发展需求，实施科技创新计划。加快各类研发机构建设，支持现有科技创新机构加强科研条件和创新团队建设，推进科技资源对全社会开放服务。加强知识产权代理、评估、咨询等服务机构建设，提升知识产权中介服务能力。实施知识产权优势企业培育、优质专利品牌产品培育、优秀知识产权人才培养等知识产权“三优”工程，加强知识产权创造和知识产权运用，促进知识产权转化。

努力改善金融服务条件。充分发挥金融在经济转型发展中的核心作用，积极承接京津金融产业转移和金融功能外溢，力争引进各类银行、保险等金融总部来秦设立产品研发、客户服务和数据备份中心等后台机构。大力鼓励和支持股份制商业银行、保险、证券、基金、期货、股权投资、金融租赁等机构来秦设立总部或分支机构；重点引进全国性和外资金融机构来秦设立分支机构或出资设立法人机构；积极引进域外银行机构来秦发起设立村镇银行。力争通过 5 ~ 10 年的努力，初步建成金融市场完善、金融机构健全、金融业态丰富的多元化金融市场体系。支持引导银行服务和产品创新，加快地方金融机构建设。实施秦皇岛银行增资扩股，深化农村信用社改革，加快农商银行组建步伐，优化地方法人结构。大力发展普惠金融，强化农村金融基础设施建设，优化农村支付结算环境，完善电子支付结算网络，力争实现现代金融服务手段在全市行政村全覆盖。健全中小企业科技金融服务体系，鼓励社会资本设立科技投资公司、科技融资担保公司、科技融资租赁公司等多业态的新型科技金融服务机构，满足科技型企业对科技金融服务的多样化需求；鼓励金融服务机构不断开展产品创新，开发科技园区集合贷、知识产权质押、股权融资、融资租赁等特色金融产品，全方位服务科技型企业融资发展。鼓励企业对接多层次资本市场，开展互联网股权众筹试点，支持企业在“新三板”、省产权交易中心等资本市场挂牌交易。

（四）打造民生服务示范区

1. 基本思路

立足民生，以人为本，加快商贸服务、电子商务、医疗养老和社区服务业发展，建设一批集展示展销、消费体验、全球采购等功能于一体的大型现代商业综合体，引进和培育一批电子商务平台，提升一批医疗养老机构，壮大一批家庭服务连锁经营企业，不断提高科技含量、规范服务标准、提升服务质量，满足城乡居民不断增长的多层次服务需求。

2. 主要目标

“十三五”期间，着力推进城乡商贸服务体系建设，全面提高基本医疗及养老服务水平，大力发展社区服务业。到 2020 年，城乡居民日常消费服务更加便捷，基本医疗和养老服务实现全覆盖，初步建成多层次、广覆盖，与人民群众需求相适应的社区服务体系。

3. 方向重点

完善城乡商贸服务体系。以打造区域性现代化商贸名城为目标，以引入新兴业态、完善商贸网络为重点，促进大型百货、综合超市、购物中心等传统零售业态整合创新，鼓励华联商厦、金三角商场等零售骨干企业连锁网络整合扩展和电商化发展，有计划地引进国内外知名零售百货企业。大力发展便利店、中小超市、社区菜店、菜市场等社区商业。完善农村商贸服务体系，支持城市商业企业向农村延伸网点，发展农资和日用品配送下乡服务，全面提升农村商贸服务水平。进一步优化商业网点布局，构建中心商圈、商贸副中心、区级商贸中心以及社区及村镇商贸中心组成的四级商贸等级体系。

不断提高基本医疗养老服务水平。按照现代化、市场化、社会化的总体要求，大力发展中高端医疗、康复疗养和全民健康管理，全面提升人民健康水平。整合秦皇岛医疗卫生资源，按照布局合理、结构优化和规模适宜的原则，提高医疗保障水平，提升公共卫生服务能力，强化医疗服务公平性和可及性，满足群众多元化健康需求，基本建成与人民群众健康需求相适应的医疗健康服务体系。统筹建立城乡养老服务设施，完善居家养老服务网络，壮大养老服务产业，满足日益增长的养老服务需求。积极研发老年服务产品，培育老年餐饮业、老年医疗保健业、老年保险业、老年文化娱乐业等相关养老康复产业。全面建成以居家为基础、社区为依托、机构为支撑的社会养老服务体系。实现居家养老服务中心覆盖所有城市街道和60%以上乡镇，农村互助幸福院基本实现全覆盖。完善医疗机构与养老机构合作机制，推进医养结合，建设医养结合示范基地，鼓励符合条件的养老机构开展医疗服务，逐步推广家庭医生与居家老人签约工作机制，落实医疗卫生机构敬老优待政策，大力发展中医药健康养老服务。

加快完善社区服务网络。以现代化、产业化、市场化、规范化为方向，大力发展以社区治安、环境管理和物业管理为主的社区管理服务业，规范发展以家政服务、文体服务为主的社区便民服务业，适应生活节奏不断加快的趋势，不断拓展社区服务业领域，创新服务模式。鼓励各类市场主体进入家庭服务业，重点培育一批连锁经营的大型家庭服务企业，积极扶持中小家庭服务企业，促进家庭服务企业规模化、品牌化和网络化发展。提高社区服务业信息化水平，构建覆盖全市的社区综合信息服务网络。

五、主要任务

（一）深化服务业供给侧结构性改革

推进服务业领域供给侧结构性改革，提高供给结构对需求变化的适应性和灵活性，形成产业结构高端、公共服务高质、与需求变化相适应的新型供给体系，实现由中低水平向高水平供需平衡的提升。

努力提高供给质量，满足多样化、个性化、高端化需求。围绕打造国际滨海休闲度假之都和东北亚物流枢纽的战略目标，服务国内外游客品质消费和贸易客户细分需求，鼓励服务企业提供更多个性化产品、精准服务和定制服务，丰富产品和服务的内涵及功能。鼓励企业积极接轨国际商业惯例，主动对接国际产品和服务标准，提供具有国际一流品质的优质服务。立足于满足和引领服务新需求，引导和支持服务业企业加大对创新能力建设和人才资本等高端要素的投入，培育服务消费、信息消费、绿色消费、时尚消费、品质消费等，培育新的服务消费增长点。到2020年，在重点服务领域选择培育20家供给侧结构性改革示范企业。

努力补齐供给短板，满足民生服务和创新创业服务需求。聚焦与消费结构升级相关的基础设施和公共服务，充分发挥政府投资的引导作用，广泛吸引社会投资，加大对医疗、养老、家政、文化、教育等与民生密切相关的服务领域投入力度。围绕创新创业需求，加大对各类众创空间、电子商务创新创业公共服务平台、公共信息服务平台、公共技术服务平台、公共培训服务平台等平台建设资金支持和市场品牌推广支持力度，提高金融、科技、信息等对创新创业的服务能力，建立完善创新创业一条龙、保姆式服务体系。

（二）推动服务业开放合作

抢抓国家重大战略机遇，坚持引进来与走出去相结合，积极融入一带一路建设，深入推进与京津服务业协同发展，继续深化与环渤海地区其他港口合作，努力构建开放型服务业发展格局。

深入推进服务业协同发展。努力扩大秦皇岛与京津在物流、旅游、文化、医疗健康养老、商务、金融、技术交易和人力资源等领域的合作，积极承接京津服务人才、技术和产业疏解转移。共同建设滨海休闲旅游带，共同打造北戴河生命健康产业创新示范区等现代服务业基地。积极吸引京津企业总部在秦设立分支机构，建立培训疗养基地。依托奥体中心等国内一流的体育场馆设施，争取国家体育总局优先考虑将秦皇岛市作为部分国家级体育运动中心和协会的落户地，与北京共同举办国家级、世界级体育赛事。积极发展高尔夫、游艇、帆船（板）等体育项目，吸引京津地区精英消费人群。

积极开展服务业国际合作。充分发挥国际滨海休闲度假之都和中国夏都等城市品牌效应，积极吸引国际资本和先进技术投向旅游、物流、金融、信息、医疗、培训等服务业重点领域。大力引进国际先进服务理念和管理技术、领军人才和知名服务品牌，提高服务业利用外资的层次和水平。加快发展技术密集型服务贸易，支持具有自主知识产权和自主品牌的服务业产品出口。积极开拓信息服务、金融、物流、医疗、法律、动漫、研发设计等领域的服务外包业。鼓励和支持优势企业走出国门，加强与“一带一路”沿线国家和地区合作，建立国际营销网络，设立境外研发中心，加入海外技术联盟。

继续深化服务业区域合作。加强秦皇岛港口物流贸易与环渤海、东南沿海其他港口合作，在集装箱运输领域重点深化与天津港、大连港、青岛港合作，积极参与区域集装箱运输枢纽港建设，借力开拓国际航线，扩大对外贸易。与承德、张家口、大连、青岛等区域其他旅游城市相协作，共同建设环首都、环渤海旅游带，推动旅游景点和旅游服务企业合作，共同打造精品旅游线路。

（三）实施“互联网+”服务业行动

在旅游、物流、民生服务等重点领域，充分利用互联网、大数据等先进信息技术，开展“互联网+”试点示范，推进服务线上、线下融合发展，提高服务效能，扩大服务影响力和竞争力。

“互联网+”旅游。积极推进山海关、北戴河等重点旅游区旅游管理和服务智慧化，加快构建旅游基础信息库和信息资源共享及交换中心，开发“互联网+旅游”服务应用平台。支持建设全市智慧旅游大数据采集与分析平台。积极开展智慧旅游试点，全力推进智慧旅游示范项目建设。

“互联网+”物流。鼓励大数据、云计算在港口物流领域应用。加快建设智能仓储和物流调配系统，开展港口物流智能仓储系统建设试点和货运车联网信息互联共享试点。大力发展智能快件箱、冷链储藏柜、代收代投服务点、共同配送站（点）等新型配送模式。大力推进农村电子商务，鼓励农民利用电子商务实现创业就业，培育发展一批淘宝村。加强跨境电子商务平台和服务基地建设。

“互联网+”民生服务。支持有条件的金融机构建设创新型互联网平台，开展网络银行、网络证券、网络保险、网络基金销售和网络消费金融等业务，发展普惠金融。发展智慧医疗卫生和健康养老，建设居民健康档案、电子病历、医学影像、检验报告等医疗信息共享服务平台。鼓励社区和养老机构利用互联网、大数据、导航定位等技术搭建公共信息平台，提供个性化健康服务，推进智能居家养老。促进与京津养老和医疗资源等信息共享对接。

（四）提升服务业基础支撑能力

致力于改善旅游、物流、信息、科技、民生服务等发展条件，“十三五”期间，重点打通交通、信息设施“断头路”和“肠梗阻”，实现客流、物流、信息流等服务要素的畅通、快速流动。

提升交通设施。以港口转型升级为目标，加快综合港口和现代化港口建设步伐，推进港口与山海关港区开发建设。完善疏港铁路体系和公路体系，积极推进疏港铁路支线和京秦高速公路等重点项目建设，积极开辟海上客运航线。推进快速客运铁路网络建设，开行特色观光旅游地铁线路，基本形成秦皇岛与京津唐1小时城际铁路通达。加快建设城市轨道交通网络，提高城市通行能力。结合旅游产业开发，加快推动长城一线旅游路、干红产业园区道路等旅游公路建设。完善北戴河机场功能，大力推进通用航空发展，拓展航班航线网络，打造机场集疏运体系，构建京津冀航空旅游新通道。谋划建设综合性枢纽场站，加快推进货运枢纽（物流园区）和客运站场（枢纽）建设。

完善信息网络。实施信息网络宽带化、智能化升级，进一步提升秦皇岛信息基础设施服务能级。加快推动公共信息资源向社会开放，为服务业创新发展打造良好的基础环境。深化宽带城市、无线城市、通信枢纽建设，实施下一代互联网升级工程，提供更加面向终端用户，异构、泛在、灵活的网络接入。积极推进城市物联网布局建设，全面提升城市数字化、网络化、智能化水平。依托政府大量社会管理和公共资源数据，实现经济、环境、教育、就业、交通、安全、文化、卫生、气象、市场监管等重点领域的公共数据有效开放及社会化合理利用。

建设服务平台。鼓励有条件的贸易商、制造业企业内部贸易平台、资讯服务商等拓展服务领域，向平台企业转型升级，成为具有总集成能力的专业化服务平台。加快引进一批具有行业领军能力的平台企业。鼓励基于互联网、基于服务、基于信息化的平台模式发展。鼓励科技型、智慧型中小企业参与平台经济建设。在信息技术、高端装备等领域，与京津科研机构合作，共同建设若干共性技术研发支撑平台。培育科技服务平台，建立技术转移交易中心。鼓励打造“孵化器 + 商业空间”“孵化器 + 宿舍”等创业社区和创客空间。围绕互联网、大数据、信息安全、生物医药、文化创意等新兴产业，建设一批专业孵化器。

（五）加强服务业绿色化改造

围绕创建国家生态文明先行示范区，坚持生态立市、绿色发展、绿色惠民，统筹生态建设、环境保护与产业发展，以物流、旅游为切入点和突破口，探索实践服务业绿色发展的有效路径和模式。

大力发展绿色物流业。合理布局物流中心，减少物流、客流运输的交叉影响，提高通行效率。加强对绿色物流的管理，从源头上控制物流企业造成的环境污染。加强车辆废气排放治理，在城区和旅游区推广使用共享单车等绿色交通运输工具。鼓励企业选择合适的运输方式，发展共同配送。探索制定绿色物流标准，促进绿色物流发展。到 2020 年，重点培育 20 个绿色物流示范企业。

全面发展绿色旅游业。旅游项目开发要与自然保护区规划、经济发展规划相衔接，避免过度开发、生态破坏。注重开发绿色旅游产品。支持有条件的景区、旅游购物场所、旅游餐饮店开展“禁白”工作，鼓励采用绿色环保材料，遏制旅游消费环节的白色污染。推行宾馆一次性洗漱用具收费制度，鼓励游客自带洗漱用品。通过各种媒体和告示牌手段，培育游客“绿色化”出游意识，增强其对社会环境、自然环境的责任感，使每个游客明确，绿色出游是每个人应尽的义务。

（六）优化服务业空间布局

按照城市功能提升和城乡统筹发展的要求，提高中心城区高端服务业聚集带动能力，推动其他城区和县城服务业特色发展、改造升级，优化服务业空间发展格局。

全力打造服务经济发展核。海港区及秦皇岛经济技术开发区作为全市人口集中度最高、综合配套条件最好、服务业聚集规模最大的中心城区，要以行政区划调整和港口转型升级为契机，优化现有太阳城商业街、金三角附近区域市级商业中心，建设白塔岭和山东堡片区第二市级商业中心，加快港产城互动、陆海空联动，提升口岸物流、区域门户等主城区承载力和综合服务功能，重点培育壮大现代物流、金融服务、文化旅游、数据信息等服务业，高标准、高起点搞好港口转型升级空间的综合开发，打造全市现代服务业引领区、区域创新创业服务高地、现代化港口旅游城市。

着力建设现代服务聚集带。北戴河区、北戴河新区、山海关区和抚宁区，滨海旅游资源丰富，文化资源集中，生态环境优越，要突出各自特色和优势，重点发展滨海休闲旅游、文化创意和高端商务服务业。北戴河区以休疗培训机构改革为契机，争取承担行政性事业性服务机构及央企总部平台，重点发展高端旅游、会议培训、文化创意、总部经济、会议会展、健康养生等服务业，率先实施全域旅游，建设国际滨海休闲之都，打造世界名区；北戴河新区围绕建设国家生命健康产业创新示范区，积极承接首都教育、医疗、体育功能疏解和转移，重点发展健康医疗、休闲旅游等服务业，建设国际著名健康休闲旅游目的地；山海关区发挥历史文化特色优势，突出“山海相连、关城一体”特色，重点发展文化旅游、健康养老等服务业，建设长城与滨海有机融合的历史文化名城；抚宁区重点发展商贸物流业和特色旅游业，打造引领慢生活的红酒小镇，建设山水田园景观特色的新城区。依托中关村海淀园秦皇岛分园、北戴河生命健康产业创新示范区、秦皇岛（中科院）技术创新成果转化基地、北京大学（秦皇岛）科技产业园、北京化工大学秦皇岛环渤海生物产业研究院产业园、北京高科大学联盟北戴河新区科研成果转化基地、中科遥感航天产业园等平台，集聚服务要素，创新服务功能，优化服务环境，打造成为服务协同创新、科技进步的重大载体。

积极培育特色服务增长点。昌黎、卢龙、青龙及戴河镇、石河镇、石门寨镇、驻操营镇、大新寨镇、祖山镇、隔河头镇、十里铺乡、两山乡、刘家营乡、蛤泊乡等文化、旅游、生态资源特色突出的县城和乡镇，突出各自发展特色，重点发展葡萄酒庄文化游、乡村旅游、山区生态游等特色旅游产业和专业物流产业，形成特色服务业增长点。

六、重点工程

立足全市服务业发展实际，着力抓好产业融合、资源整合、龙头示范、品牌打造四项重点工程，从各区域、各领域、各层面和各环节深入推动服务业发展。

（一）产业融合发展工程

发挥服务业引领作用，推动现代服务业与制造业、农业深度融合，促进制造业和农业转型升级。一是实施制造业服务链条双向延伸拓展计划。支持20家转型升级条件成熟的工业企业，向管理咨询、市场研究、产品研发设计、采购融资的上游服务产业链延伸，向产品营销、商贸会展、检验检测、物流配送、售后服务、产品回收、专利保护等下游服务产业链拓展。支持加工制造环节与生产性服务环节主辅分离，高标准打造生产性服务子公司，促进制造业服务化。二是实施农业与服务业融合对接计划。着力培育30家面向农业提供良种、农资、农技、培训、信息、流通、保险、融资、政策咨询等涉农服务企业，有效提升农业种养殖技术、资金保障能力、信息化水平和市场对接程度，推进传统农业向现代农业转变。加快发展“服务+农业”新业态，大力提升创意农业规模实力，鼓励发展生产、生活、生态有机结合的功能复合型农业，支持农业共营制、农业产业化联合体、农业创客空间、休闲农业和乡村旅游等融合模式创新。创新农产品市场流通体系，加强以批发市场为中心的农产品市场载体建设，重点支持蔬菜、水果、肉禽、蛋奶、水产品等鲜活农产品物流发展，解决鲜活农产品“最后一公里”瓶颈问题。三是推动服务业融合发展。强化生产要素优化配置和服务系统集成，创新服务供给，拓展增值空间。支持服务业多业态融合发展，支持服务企业拓展经营领域，加快业态和模式创新，构建产业生态圈。顺应消费升级和产业升级趋势，促进“设计+”“物流+”“旅游+”“养老+”等跨界融合发展。

专栏1　产业融合发展工程建设重点

1. 构建促进工业转型升级的服务业支撑体系。大力发展研究开发、工业设计、技术转移转化、创业孵化、科技咨询等服务，构建覆盖科技创新全链条、产品生产全周期的科技创新和创业服务体系。

2. 搭建服务制造融合平台。系统构建信息、营销、售后等个性化服务体系，柔性制造、智慧工厂等智能化生产体系，电子商务、金融、物流等社会化协同体系。依托制造业集聚区，聚焦共性生产服务需求，加快建设生产服务支撑平台。支持高质量的工业云计算和大数据中心建设。

3. 搭建农业科技服务云平台。努力实现专家、农技人员和广大农民移动互联互通，为广大农民和各类现代农业生产经营主体提供精准、及时、全程顾问式的科技信息服务。

4. 打造服务业融合发展新载体。发挥平台型、枢纽型服务企业的引领作用，带动创新创业和小微企业发展，共建“平台+模块”产业集群。培育系统解决方案提供商，推动我市优势企业跨地区、跨行业、跨所有制整合经营，发展一批具有综合服务功能的大型企业集团或产业联盟。

（二）资源整合聚集工程

顺应服务业产业链整合重构、空间聚集发展趋势，推动服务资源整合集聚，有效提升服务业竞争实力、发展活力和创新能力。实施物流企业整合计划，根据区域交通设施条件、产业布局状况，有效整合缩减定位不清、分散同构、服务低端的物流企业，加速物流资源向交通枢纽、产业集群、产品集散中心集聚，提升物流服务质量。重点加快推进钢铁、煤炭、建材等大宗工业原材料向龙家营临港物流园、青龙物流园、秦西物流中心、大巫岚工业物流中心等物流载体集中。实施文化旅游整合提升计划。集中力量建设山海关长城文化产业园区、海港区圆明山文化旅游产业园区、北戴河怪楼文化艺术园区、北戴河新区文化会展旅游园区、南戴河国际娱乐中心文化旅游休闲园区、抚宁区葡萄酒产业园区、昌黎“碣阳酒乡”葡萄酒文化产业园区、昌黎碣石山旅游文化创意产业园区、卢龙永平府古城文化产业园、青龙“满韵清风”文化产业园区等园区，打造精品旅游线路。实施文化创意产业空间聚集计划。重点推进工业设计、动漫影视、传媒出版、工艺美术、咨询策划、广告服务企业向各类专业创意设计园区聚集，提升创意设计企业协同创新能力。

专栏2　资源整合聚集工程建设重点
1. 加快推进市级中央商贸区、创意产业园、软件和服务外包基地、现代物流园、商务服务区、科技创业园、产品交易市场、旅游商务区等集聚区基础设施建设，强化集聚融合、创新驱动和链条延伸，围绕主导产业做好延链补链招商，引导服务业集群发展。 2. 建设一批县（区）级服务业聚集发展示范区。鼓励各县（区）依托自身资源优势，开展服务业特色街区、特色村镇、特色园区建设，形成一批功能完善、结构合理的现代服务业集聚区。 3. 支持推动服务业资源整合和聚集发展的公共服务平台和重大项目建设。加快构建集信息、研发、金融、物流、培训、展示、合作、检测于一体的综合服务平台，优先推荐申报国家、省资金扶持，并根据实际需求给予一定比例的配套支持。 4. 优化重点产业聚集区资源配置。加大招商引智力度，重点引导国内外知名、拥有先进技术的优势企业向园区集聚，依托国内外科技、信息、金融、物流等高端服务人才创新产业形成新的服务业链条。

（三）龙头示范带动工程

发挥龙头骨干服务企业的示范带动作用，培育大中小企业唇齿相依的关联产业群体。大力发展总部经济。建设中央商务区，着力培育20家本土企业总部，支持其在国内外建立生产基地、营销中心和研发机构；紧跟国内外企业投资及选址趋势，着力引进一批跨国公司、央企来秦皇岛建设区域性总部或者职能性总部机构。实施中小企业成长扶持计划。支持龙头骨干企业通过专业分工、服务外包、订单开发等多种方式，剥离专业化较强的非核心服务环节，带动更多中小企业参与专业化配套服务，实现管理流程和服务标准与骨干企业对接，培育形成百家服务企业“小巨人”，带动中小服务企业专业化发展。

专栏3　龙头示范带动工程建设重点
1. 积极发展总部经济。引导国内外大企业集团在秦皇岛设立地区总部或职能性总部机构，重点引进世界和中国500强企业、跨国公司、中央企业和国内大型企业集团的地区性总部或营销中心、研发中心、物流中心、采购中心等职能型总部，着力引进京津冀民营企业总部。

2. 全面优化发展环境。制定并动态调整龙头企业名录，畅通“绿色通道”，重点筛选20家规模大、实力强的骨干企业和50家具有高成长性、创新能力强、特色突出的中小企业，在投资项目核准（备案）、用地、环保、外贸、资质资格认定等方面给予倾斜支持，加强跟踪服务，及时协调解决龙头企业面临的困难问题。

3. 鼓励实施兼并重组。支持服务业龙头骨干企业实行强强联合，通过股权、资产收购等多种形式实施企业兼并重组支持龙头企业改制上市，推动已上市龙头企业通过配股、公开增发、定向增发等方式再融资，引导各类股权投资基金加大对龙头企业投资力度。

4. 建立梯度培育体系。各县（区）要确定一批成长性好、发展潜力大的后备企业进行重点培育，引导和促进优势企业平稳较快发展，形成一批拥有知名品牌、主业突出、核心竞争力强、行业带动作用明显的龙头骨干大企业（大集团），形成联动发展、共同推进的龙头骨干企业培育体系。

（四）品牌质量提升工程

加大品牌建设力度。支持有条件的服务业聚集区争创国家级、省级“知名品牌创建示范区”。实施区域服务品牌打造计划，跨越式提升秦皇岛区域服务形象；实施特色名牌服务强县打造计划，形成市场知名度较高的特色服务强县（市）；实施名牌服务企业培育计划，引导服务行业领军企业，提升技术水平，增强服务品质，拓展销售渠道，培育新兴业态，开拓外部市场，扩大企业知名度，培育打造一批在省内外有较高知名度和影响力的服务名牌。完善金融服务、现代物流、高技术服务等生产性服务质量标准，推动生产性服务业向中高端发展。提高商贸、旅游、文化、体育等生活性服务质量标准覆盖率，满足人民群众多层次、多样化、日益增长的物质文化生活需求。加大地方标准制定和修订力度，鼓励企业主持或参与国家标准、行业标准修订，支持有条件的行业组织围绕发展需要制定团体标准。

专栏4　品牌质量提升工程建设重点

1. 强化行业质量监测分析。把服务业作为质量监测分析的重点领域之一，动态掌握质量变化趋势，支撑发展决策。

2. 开展服务质量升级试点。确定一批服务质量升级试点单位，全面强化质量领先性、管理示范性、风险可控性和行业影响力，着力打造中国旅游服务质量第一方阵。

3. 塑造先进质量管理模式。选树服务质量标杆单位，全面总结可复制可推广的经验，组织专家和标杆单位面向中小企业举办免费质量培训，为“大众创业、万众创新”提供质量技术支撑。

4. 推行质量标准声明制度。在服务业企业公示执行标准和质量声明，作出质量型、差异化承诺，在企业醒目位置及平台上对外公示，营造安全、诚信、优质的旅游消费环境。

5. 打造知名中国地域品牌。以现代物流、金融、信息等生产性服务业和文化、旅游、教育培训、健康养老等生活性服务业为重点，开展商标战略实施示范企业创建活动，积极参与“全国知名品牌创建示范区”建设工作，培育一批中国知名的秦皇岛地域品牌。

七、推进措施

（一）加强组织实施

积极转变政府职能。健全各级各部门工作机构，围绕规划落实，完善工作机制，形成谋发展、促发展的合力。推行服务业领域政府权力清单制度，实行行政审批事项清单管理，进一步精简、规范服务业发展的相关审批事项，推动政府职能从注重事前准入转为事中事后监管，提高政府公共服务效率。推进商事制度改革，全面落实“一照一码”登记制度改革，加快推动“证照分离”改革试点，进一步减少服务业领域前置审批和资质认定项目，使政府服务更加高效便捷。

深化服务业各类改革试点。着眼于体制突破和机制完善，不断解决制约服务业发展的深层次难题。继续深化推进服务业综合改革试点，围绕建设河北省现代服务业先行区和“旅游兴市”主战略，认真开展服务业创新发展示范区创建工作，加快形成在全国可复制、可推广的服务业发展经验，以点带面、点面结合，进一步完善有利于服务经济发展的制度环境。

强化检查督导。健全监督检查机制，市服务业领导小组研究制定服务业目标管理考核办法，建立服务业发展考核评价制度，定期进行考核评价。对规划目标完成情况、重大项目建设进度、政策措施落实情况等进行督导检查，确保重点领域发展、重大项目建设和重点工作推动等落到实处。

（二）增强要素保障

落实优惠政策。按照统一部署，落实好营改增、所得税减免以及服务业用电、用水（特行用水除外）、用气（基准价）、用热与工业同价等政策。研发设计、检验检测认证、节能环保等科技型、创新型生产性服务企业，可申请认定为高新技术企业，享受15%的企业所得税优惠政策。规范各项收费，减轻企业负担。进一步探索实施对重大服务业项目和重点企业投资补助、财政贴息、以奖代补等有效措施。

完善财政支持方式。适应服务业加快发展的新形势和新要求，进一步完善政府对服务业发展的支持方式，形成“专项资金+引导资金+购买服务”的财政综合支持体系。研究完善服务业发展专项资金管理办法，优化资金扶持结构，提高资金使用效率，重点支持服务业关键领域、薄弱环节和“新技术、新产业、新业态、新模式”经济加快发展。发挥政府资金引导作用和杠杆效应，探索设立服务业发展引导基金，积极吸引各类社会资金进入服务业领域。深化政府采购制度改革，通过推行特许经营、定向委托、战略合作等方式，引入竞争机制，加大政府购买各类服务的力度。

创新金融支持方式。健全适应服务业发展的金融服务体系，加快开发满足服务业企业需求的产品和服务。拓宽服务业企业发展融资渠道，鼓励通过发行股票、企业债券、项目融资、股权置换以及资产重组等多种方式筹措资金，积极利用知识产权质押、信用保险保单质押、股权质押、商业保理等市场化方式融资。鼓励各类股权投资和创业投资机构面向服务业企业开展业务，引导投融资机构扩大对中小服务业企业的业务规模。

优化土地供应政策。做好服务业发展规划与城市总体规划、土地利用总体规划的衔接，统筹规划现代服务业用地空间。不断优化用地结构，积极开展混合用地试点。遵循“总量锁定、增量递减、存量优化、流量增效、质量提高”的要求，通过城市更新、盘活存量建设用地等方式，支持服务业发展。中心城区外迁或关闭的工业企业退出的土地、旧城区和城中村改造腾出的土地，可优先用于发展服务业；建设用地指标优先保证重大服务业项目建设用地。

（三）加强载体建设

加快聚集区建设。加强规划指导和统筹协调，以产业聚集、企业集中、资源集约为方向，突出规模化、特色化、集约化发展，增强要素吸附能力和产业支撑能力，加快形成各类现代服务业聚集区竞相发展的新格局。

加大招商引资力度。积极承接国际及京津服务业转移，支持各市及各类现代服务业聚集区结合功能定位，引进总部经济、信息服务、商务服务、科技服务、文化创意等服务业重大项目，推动特色化发展。

推进重点项目建设。加强服务业重大项目的谋划和建设，争取每年滚动建设一批、储备一批、谋划一批，保证服务业项目建设可持续，增强持久增长动力。

（四）强化人才支撑

加强人才培训和职业培训。开展服务业人才技能提升计划，加强服务业相关学科专业建设，支持有条件的服务企业与京津冀高等院校、职业学校和科研院所合作建设人才培养和实训基地。支持各类教育培训机构开展服务业技能型人才再培训、再教育。推行“订单式”培养模式，为服务业发展输送更多适用性、高技能人才。

加强人才和创新团队引进。实施高端人才引进计划，完善以知识资本化为核心的激励机制，通过技术入股、管理入股、股票期权激励多种分配方式，吸引集聚服务业领军人才、高端人才和综合性人才，在住房、配偶就业、子女上学等方面提供相应政策支持。重点吸引软件技术、大数据、云计算、供应链管理、金融产品创新等各类现代服务业高素质专业人才和创新团队来秦创业发展。

优化人才发展环境。完善吸引国内外高层次人才和急需紧缺人才的激励机制，对带技术、带成果、带项目在我省实施服务业科技成果转化的国内外高层次领军人才及其创新创业团队，符合条件的优先纳入省、市重点人才工程，给予项目资金支持。制定支持鼓励政策，发挥企业引才引智主体作用。

（五）完善市场环境

放宽市场准入。按照“非禁即入”原则，打破行业垄断，逐步建立服务业领域平等规范、公开透明的市场准入标准，在融资服务、财税政策、土地使用等方面，对各类投资主体同等对待，营造公平竞争环境。分层次、有重点地扩大金融、教育、文化、医疗等领域开放度，积极推进非基本公共服务市场化、产业化，探索建立基本公共服务平台合格供应商制度，鼓励引导各类社会资本进入服务业领域，不断激发服务业发展活力。

推进社会信用体系建设。以诚信自律、守信收益、失信惩戒为导向，以信用数据为基础，强化诚信记录查询和信用服务应用，示范推广全过程信用管理模式。大力宣传弘扬契约精神，对符合产业发展方向、信用良好的服务业企业，优先给予政策优惠、资金扶持和信贷支持，健全完善行政、市场、社会综合性信用奖惩机制，充分发挥信用建设规范市场秩序的作用，构建诚信、透明的市场环境。

强化知识产权保护。引导企业尊重、管理、保护知识产权，加强对企业服务模式和服务内容等创新的保护，促进知识产权创造和运用，进一步保护创新创业积极性。推进知识产权服务体系建设，完善知识产权信息公共服务平台。强化对专利、商标、版权等无形资产的开发和保护，加大知识产权执法力度，建立知识产权侵权查处快速反应机制，完善知识产权行政管理和综合执法机制。

完善质量标准体系。开展重点行业质量监测与测评，探索建立秦皇岛服务质量综合评价体系。以规范服务行为、提高服务质量和提升服务水平为核心，推动旅游、航运、信息、金融、家庭服务、科技服务等重点领域的服务标准制定，形成与国际接轨的服务业标准体系。鼓励新兴服务行业的龙头企业主导或参与国家标准、行业标准和地方标准的制定。支持行业协会等社会组织通过制定实施团体标准加强行业自律、监督和管理。强化服务业质量标准的贯彻实施，探索实施企业服务标准自我声明公开制度，推进服务业标准化示范试点建设，不断提高服务业标准化水平。

加强服务业统计监测。以国民经济行业分类标准为基础，优化完善服务业相关重点领域的统计方法和统计指标体系，进一步健全服务业相关重点领域的行业分类标准，提高统计的全面性、精准性和及时性。建立信息共享机制，完善统计信息发布制度，加强对服务业相关重点领域发展态势的监测、预测和分析。

附件：主要任务、重点工程责任分工表

附件

主要任务、重点工程责任分工表

主要任务、重点工程	责任主体	完成时间
一、打造国际滨海休闲度假之都		
争创国家全域旅游示范区	市旅游委	2018 年

续 表

主要任务、重点工程	责任主体	完成时间
共同建设环首都、环渤海旅游带，打造精品旅游线路	市旅游委	2020 年
建设北戴河生命健康产业创新示范区	市发改委、市卫计委、市民政局、北戴河新区管委、北戴河区政府、昌黎县政府	2018 年
建设发展国际体育运动基地	市体育局	2018 年
建设北戴河新区国际会议中心	北戴河新区管委	2020 年
建设国家级展演和动漫基地	市文广新局	2018 年
实施城市休闲娱乐提升工程	市文广新局、市商务局	2018 年
壮大培训经济	市教育局、市人社局	2020 年
在旅游、文化娱乐、商贸服务等领域培育一批供给侧结构性改革示范企业	市旅游委、市文广新局、市商务局	2020 年
实施“互联网＋”旅游行动	市旅游委、市工信局	2018 年
建设一批文化旅游产业园区、聚集区	市旅游委、市文广新局	2020 年
实施品牌质量提升工程	市旅游委、市文化局、市民政局、市质监局、市食品和市场监督管理局	2020 年
发展绿色旅游	市旅游委	
二、打造东北亚物流枢纽		
推进京秦高速、青龙铁路支线和承秦铁路等项目建设	市交通局、市发改委	2020 年
建设腹地内陆港	河北港口集团	2018 年
深化与天津港、大连港、青岛港合作	河北港口集团	2018 年
加快实施港口转型升级工程	河北港口集团	2020 年
建设综合保税区	市商务局	2020 年
建设秦皇岛能源交易中心和进口水果交易中心	开发区管委、市商务局、市发改委	2020 年
积极引入世界 500 强和国内 100 强物流企业建立区域物流节点和区域总部	市发改委、市商务局	2020 年
培育 A 级以上物流企业 30 个	市发改委	2020 年

续　表

主要任务、重点工程	责任主体	完成时间
建设5个布局合理、业态先进、带动性强的电子商务产业园区，5个具有全省领先水平的大宗商品交易平台，10个县域特色电子商务平台	市商务局、市工信局、市发改委	2020年
在物流领域培育一批供给侧结构性改革示范企业	市发改委、市商务局	2020年
实施“互联网+”物流行动	市发改委、市商务局、市交通局、市邮政局	2020年
建设一批物流园区	市发改委、市商务局	2020年
培育20个绿色物流示范企业	市发改委、市商务局	2020年
实施品牌质量提升工程	市发改委、市商务局、市交通局、市邮政局、市质监局、市食品和市场监督管理局	2020年
三、打造京津冀创新创业服务高地		
建设京津冀服务外包基地	市商务局	2020年
发展信息数据产业	市工信局	2020年
加快信息技术服务与传统产业的融合发展	市工信局	2020年
建设一批众创空间等新型创业孵化载体	市科技局	2020年
加快各类研发机构建设	市科技局	2020年
加强知识产权代理、评估、咨询等服务机构建设	市科技局	2020年
引进全国性和外资金融机构	市金融办	2020年
实施“互联网+”金融行动	市金融办	2020年
建立完善创新创业一条龙、保姆式服务体系	市科技局、市发改委、市工信局	2018年
构建促进工业转型升级的服务业支撑体系	市发改委、市工信局、市科技局	2018年
搭建服务制造融合平台	市工信局	2018年
搭建农业科技服务云平台	市农业局、市科技局	2018年
引进发展服务业总部经济	市发改委	2020年

续 表

主要任务、重点工程	责任主体	完成时间
四、打造民生服务示范区		
完善城乡商贸服务体系	市商务局	2018 年
全面建成以居家为基础、社区为依托、机构为支撑的社会养老服务体系	市民政局	2020 年
建设医养结合示范基地	市卫计委、市民政局	2018 年
完善社区服务网络	市民政局、各区县政府	2020 年
实施“互联网＋”养老服务行动	市民政局、市工信局	2020 年
实施“互联网＋”医疗卫生行动	市卫计委、市工信局	2020 年
五、保障措施		
落实国家营改增、所得税减免政策	市财政局、市国税局、市地税局	2017 年
落实国家和省服务业用电、用水（特行用水除外）、用气（基准价）、用热与工业同价等政策	市物价局、市城管局、市供电公司	2017 年
研发设计、检验检测认证、节能环保等科技型、创新型生产性服务企业，可申请认定为高新技术企业，享受 15% 的企业所得税优惠政策	市财政局、市科技局、市国税局	2017 年
完善财政支持方式，设立服务业发展引导基金	市财政局	2017 年
创新金融支持方式	市金融办	2017 年
优化土地供应政策，中心城区外迁或关闭的工业企业退出的土地、旧城区和城中村改造腾出的土地，优先用于发展服务业；建设用地指标优先保证重大服务业项目建设用地	市国土局	2017 年
开展服务业人才技能提升计划，实施高端人才引进计划，优化人才发展环境	市人社局	2020 年
放宽市场准入，制订服务业行业负面清单	市发改委	2017 年
推进社会信用体系建设	市发改委	2017 年
强化知识产权保护	市文广新局	2017 年
完善质量标准体系	市质监局	2017 年
加强服务业统计监测	市统计局	2017 年

河北省人民政府办公厅关于印发河北省综合交通运输体系发展“十三五”规划的通知

冀政办字〔2017〕69号

各市（含定州、辛集市）人民政府，各县（市、区）人民政府，省政府各部门：

《河北省综合交通运输体系发展“十三五”规划》已经省政府同意，现印发给你们，请结合本地、本部门实际，认真贯彻执行。

附件：河北省综合交通运输体系发展“十三五”规划

河北省人民政府办公厅

2017年6月13日

附件

河北省综合交通运输体系发展“十三五”规划

为加快我省综合交通运输体系建设，增强交通运输的支撑和引领能力，确保我省“十三五”全面建成小康社会，依据《河北省国民经济和社会发展第十三个五年规划纲要》，制定本规划。

一、总体要求

（1）指导思想。认真贯彻党的十八大和十八届二中、三中、四中、五中、六中全会精神及省第九次党代会精神，紧紧围绕京津冀协同发展、“一带一路”建设国家战略的实施和走加快转型、绿色发展、跨越提升的新路，以京津冀空间格局优化调整为基础，以强化四大发展功能为导向，以服务雄安新区建设、北京携手张家口承办冬奥会、扶贫脱贫攻坚为重点，补齐基础设施短板，完善服务功能，提升运营管理效率，增加有效运输供给，加快构建南北贯通、东出西联的综合交通运输格局，为建设经济强省、美丽河北和全面建成小康社会发挥支撑引领作用。

（2）基本原则。对接优先，协同发展。按照京津冀协同发展要求，加强对接，优先加快基础设施互联互通和管理服务协调统一。

适度超前，重点发展。服务重大发展战略，适度超前规划基础设施能力，重点提升集中承载地、冬奥会赛区和贫困地区等交通运输保障能力。

统筹兼顾，科学发展。充分发挥各种交通方式比较优势，加强衔接，提升组合效率，通过优化资源配置促进交通运输全面协调可持续发展。

改革创新，转型发展。创新发展路径，提升质量效益，通过供给侧结构性改革实现交通运输服务向高效率、高质量转变。

（3）发展目标。到2020年，轨道网、公路网、港口群、机场群布局更加完善，实现“市市通高铁、县县通高速、市市有机场、市市通道连港口”，形成中心城市与新城卫星城半小时交通圈，京津冀核心区域1小时交通圈，相邻城市间1.5小时交通圈，基本建成快速便捷、高效安全、大容量、低成本、低碳绿色的现代化综合交通运输体系。

基础设施加密拓展。高速铁路营业里程达2000公里，覆盖所有设区的市；高速公路里程力争达到9000公里，覆盖所有县级节点（30分钟上高速），干线公路“镇镇通”，三级公路“乡乡通”；港口通过能力达到12.5亿吨；运输机场达到8个，通用机场达到30个以上，民航机场覆盖范围进一步拓展；建成35个客、货运枢纽，覆盖设区的市和主要县（市、区）。预计完成投资6000亿元，其中：轨道1600亿元，公路3450亿元，港口400亿元，民航350亿元，枢纽站场200亿元。

运输服务提质升级。实现交通“一卡通”、客运“一票制”、货运“一单制”，京津冀交通运输协调统一。中心城市周边20公里范围内主要乡（镇）实现公交线网全覆盖。每个乡（镇）至少有一个邮政普遍服务网点。

智能技术广泛应用。交通基础设施、运载装备、经营业户和从业人员等基本要素信息全面实现数字化。所有设区的市城市交通“一卡通”与京津实现联网。二级及以上公路客运站联网售票。ETC用户比例、营运车辆北斗卫星导航系统使用率大幅提升。

绿色安全稳步发展。资源利用和节能减排成效显著。完成公路绿美廊道建设任务，设区的市市区新购置公交车辆100%为新能源或清洁能源车辆，新能源公交车比例不低于35%。安全和应急保障充分有力，公路交通应急救援体系基本建立。

专栏1　河北省“十三五”综合交通运输发展主要指标

指标名称		2015年	2020年	增长	类型
基础设施建设指标	铁路营业里程（公里）	7166	8500	20%	预期性
	铁路复线率（%）	74.5	74.6		预期性
	铁路电气化率（%）	82.4	86.3	4.7%	预期性
	高速铁路营业里程（公里）	1020	2000	100%	预期性
	公路网总里程（万公里）	18.5	25	35%	预期性

指标名称		2015 年	2020 年	增长	类型
基础设施建设指标	高速公路里程（公里）	6333	9000	42%	预期性
	高速公路县级节点覆盖率（%）	98	100	2%	约束性
	普通国省干线覆盖率（镇节点）（%）	85	100	20%	预期性
	普通国省干线二级及以上公路比例（%）	87	≥90	>3%	预期性
	沿海港口泊位数（个）	191	262	37%	预期性
	沿海港口深水泊位数（个）	168	239	42%	预期性
	沿海港口通过能力适应度	1.1	>1.0		预期性
	沿海港口集装箱吞吐能力（万TEU/年）	350	580	65%	预期性
	民用运输机场数（个）	5	≥8	≥60%	预期性
	全省机场旅客吞吐能力（万人次/年）	2200	2400	9%	预期性
	通用机场数（个）	5	>30	>5 倍	预期性
	城市轨道交通运营里程（公里）	0	80		预期性
	油气管网里程（公里）	5458	10155	86%	预期性
	综合客运枢纽设区的市覆盖率（%）	9	100	10 倍	约束性
运输服务指标	设区的市市区建成区公交站点500 米覆盖率（%）	95	100	5%	约束性
	设区的市市区建成区公共交通机动化出行分担率（%）（一/二/三类）*	21	≥60/50/40		预期性
	具备条件建制村通客车比例（%）	100	100		约束性
	县城 20 公里范围内主要乡镇公交化运营率（%）	31.5	≥50	≥60%	预期性
	公路中高级客车占营运客车比例（%）	62.9	≥70	≥11%	预期性
	公路营运货车里程利用率（%）	63	≥70	≥10%	预期性
	石家庄正定国际机场航线全国中心城市覆盖率（%）	87	100	15%	预期性

指标名称		2015 年	2020 年	增长	类型
交通信息化指标	设区的市市区京津冀交通一卡通覆盖率（%）	0	100		约束性
	设区的市交通一卡通使用率（一/二/三类）		≥60/50/40		预期性
	实名制电子客票覆盖率（%）	20	≥80	≥3 倍	预期性
	货运电子运单覆盖率（%）	10	≥20	≥100%	预期性
绿色发展指标	清洁能源及新能源公交车占比（%）	55	≥60	≥9%	预期性
	清洁能源及新能源出租车占比（%）	60	≥65	≥8%	预期性
安全应急指标	一般灾害公路抢通平均时间（小时）	≤24	≤12		预期性
* 一类城市：石家庄，二类城市：唐山、保定、邯郸，三类城市：张家口、承德、沧州、邢台、秦皇岛、廊坊、衡水。					

（4）总体布局。以京津冀协同发展交通一体化“四纵四横一环”为基础，加密通道，完善环首都、环省会区域交通网，形成全省“六纵、六横、双圈”网络化综合通道布局。

六纵，即贯通南北的综合通道，自西向东依次为：张家口—太行山沿线西部扶贫通道，承德—北京—石家庄—邢台—邯郸通道，北京—衡水—邢台东部—邯郸东部通道，北京—廊坊—天津—沧州通道，承德（唐山）—天津—石家庄（保定）通道，秦皇岛—唐山—天津—沧州沿海通道。

六横，即通达沿海的综合通道，由北往南依次为：张家口—承德—秦皇岛通道，张家口—北京—唐山—秦皇岛通道，保定—沧州通道，石家庄—衡水—沧州通道，邢汾—邢临通道，邯长—邯济通道。

双圈，即环首都交通圈、环省会通勤圈，以高铁、城际铁路、市郊铁路、城市轨道交通、公路交通为主，形成缓解北京过境交通压力的首都地区环线通道，并实现北京城区与环首都区域、周边设区的市之间 1 小时快速通达；实现石家庄城区与周边城镇、设区的市之间 1 小时快速通达。

二、主要任务

“十三五”时期重点推进十方面任务，构建“两网两群两系统”，提升“服务水平、管理能力”，推进“智能化、绿色化”。

（1）打造高效密集轨道网。建设轨道交通客、货运输网络，打造“轨道上的京津冀”。完善国家高速铁路通道，在“市市通高铁”的基础上，加快省内城际铁路建设，相互连接成网，实现国内快速通达、省内便捷连通，形成覆盖全省、衔接顺畅的快速客运铁路网，为我省与全国其他地区之间、省内城市之间日益密切的人员往来提供便利条件。推进国家干线铁路客货分线和电气化改造，提升货运铁路通行能力，完善港口集疏铁路网络，推进地方资源开发性铁路、支线铁路以及产业集聚区、物流基地配套铁路专用线建设，形成保障有力、集疏便捷的货运铁路网，为产业结构调整和集聚发展提供有力支撑。

专栏2　轨道交通重点任务
客运铁路：建成京沈、石济客运专线和京张、张呼、大张铁路，里程580公里。开工建设廊坊至涿州、固安至雄安新区至保定城际、京九高铁北京至雄安新区段，力争与北京新机场同步建成，里程210公里；开工建设京九高铁雄安新区至商丘段以及北京至雄安新区至石家庄、崇礼、京唐、石衡沧港城际、保忻铁路等，里程1070公里。研究天津至雄安新区至石家庄、聊邯长、保沧、怀涿、津承、津沧、石邢邯、京沪高铁二通道等铁路项目。 货运铁路：建成邢和、蓝丰、唐曹、水曹等铁路，里程410公里，完成曹妃甸港区铁路扩能改造。推进京通、京原铁路电气化改造。研究张保港、承秦、保霸、石家庄铁路枢纽东南环线等铁路项目。

（2）优化便捷通畅公路网。优化公路网结构、完善布局，构建高速公路、国道干线通道发达，高速公路连接线、省道干线支路成网，农村公路末梢广覆盖的便捷通畅的公路网。

完善高速公路网。基本建成国家高速公路网，打通与京津所有“断头路”，开辟西部山区扶贫通道，加密局部通道，扩建国、省高速公路拥堵路段，增强冬奥会赛区、北京新机场临空经济区、沿海地区路网，建成全省高速公路骨架网络。

专栏3　高速公路重点任务
国家高速公路：建成荣乌高速徐水至涞源段、京新高速胶泥湾至冀蒙界段、首都地区环线廊坊北三县段、京秦高速京冀界至诸葛店段及段甲岭至冀津界段、京秦高速津冀界（大安镇）至平安城段、苏张高速等续建项目400公里。新建首都地区环线承德兴隆至廊坊三河段、京秦高速长深高速至秦皇岛段、津石高速，改扩建石黄高速、青兰高速邯郸更乐至冀晋界段等，推进克承高速等前期工作，力争开工建设，里程约600公里。 省级高速公路：建成张石高速蔚县支线、沿海高速曹妃甸支线、石家庄南绕城高速、曲港高速曲阳至肃宁段、迁曹高速京哈高速至沿海高速段等续建项目500公里。新建京安、大广白洋淀支线东延、荣乌改线、延崇、北京新机场北线、太行山、唐山至北戴河机场、京秦高速北戴河新区支线、唐廊、石衡、张尚、围场至御道口高速、邯港高速衡水至黄骅港段、曲港高速大广高速

至沿海高速段、京新京藏高速联络线等，改扩建新元高速郭村至拐角铺段等，加快推进京霸（北京新机场南出口）、任德、赤曹、京沪高速北延等前期工作，力争开工建设，新建里程约 1500 公里。研究衡水至昔阳、清苑至魏县、崇礼至张北高速、康保至张北等项目。

提升国省干线公路网。加大新建和升级改造力度，加快干线公路成网。贯通全部国道干线公路，加快重要省道干线公路建设，实现产业园区、4A 及以上旅游景区、城乡统筹示范区二级及以上公路全覆盖。消除与京津之间全部"断头路""瓶颈路"。加强贫困地区路网建设，提升路网通行水平。推进过境城区国省干线公路绕城改线，顺畅衔接城市干道。推进普通干线公路服务区建设。

专栏 4　国省干线公路重点任务

建成夏垫连接线、京蒋线、松兰公路等对接路线。完善雄安新区周边路网，建设徐新、容固等公路项目。完善北京新机场周边路网，推进 G105、S320 等项目建设。加快疏港公路建设，推进 G337、S330 等项目建设。完善冬奥会赛区路网，建设 S231、S506、崇礼城区至太子城、崇礼城区至万龙、崇礼城区至长城岭等项目。

推进贫困地区公路建设，建设 G104、G112、G233、S244 等项目。加快绕城改线项目建设，推进 G338、G106、S337 等项目建设。规划新改建国省干线公路约 6500 公里。

拓展农村公路网。实施农村公路安全生命防护工程、危桥改造、窄路基路面拓宽改造，推进县乡主干道提级改造、规模自然村通硬化路，提升防灾抗灾能力。加快农村公路延伸联网，构建"网状型"农村公路网，实现安全、畅达、服务水平"三提升"。规划新改建农村公路 6 万千米。

（3）完善现代综合港口群。加快沿海港口向贸易大港转变，打造我国北方东出西联桥头堡和中蒙俄通道出海口。

完善港口功能布局。加快培育以第四代港口为标志的现代化综合大港，秦皇岛港发展成为现代化综合性港口和国际邮轮港，唐山港建设国际综合贸易大港，促进黄骅港向综合大港转变。与天津港共同建设北方国际航运核心区，形成环渤海世界级港口群。

统筹港口基础设施建设。把握煤炭、矿石码头建设节奏，加快集装箱、散杂货、油品等大码头建设，推进"散改集、杂改集"，提升专业化水平。加大航道、防波堤、锚地等公共基础设施建设力度，提升保障能力。完善集疏运体系，大力拓展水水中转业务，加大港区铁路连接线、场站建设力度，打通铁路进港"最后一公里"，提升疏港公路运输能力，做好与港区道路衔接。

专栏5　港口重点任务

码头泊位：秦皇岛港推进西港搬迁改造工程、山海关港区起步及二期工程，谋划国际邮轮港建设；唐山港推进京唐港区集装箱、通用散货等码头建设，推进曹妃甸港区液化、集装箱、件杂、多用途及大炼化原油码头等建设，有序推进丰南港区建设；黄骅港加快原油、矿石、集装箱、液化、滚装、LNG、通用散杂等码头建设。

公共基础设施：秦皇岛港建设20万吨级航道、山海关港区航道；唐山港建设京唐港区25万吨级航道、曹妃甸港区三港池航道改造提升、丰南港区航道、防波堤；黄骅港推进综合港区、散货港区20万吨级航道改造提升。

推进津冀港口协同发展。深化津冀港口合作，推进水域资源和锚地共享。发挥津冀港口合作平台公司作用，实现津冀港口错位发展、优势互补、合作共赢。

（4）建设功能完善机场群。拓展运输与通用相互补充的机场布局，发展公共航空运输与通用航空短途运输相互衔接的航线网络，提升机场保障能力和服务水平，构建功能完善的民航运输体系。

构建民航机场体系布局。抢抓通用航空业快速发展的机遇，推进东部沿海、环京津、西部北部、中南部四个通用机场群建设，拓展网络化通用机场布局，打造通用航空大省。加快新建运输机场建设，加大既有运输机场改扩建力度，提升运输机场覆盖广度和保障能力。新建和改扩建运输机场设置通用航空保障设施，与通用机场顺畅衔接、相互补充，构建以石家庄正定国际机场为核心、覆盖全省的民用机场布局。

专栏6　机场重点任务

运输机场：建成承德机场、邢台军民合用机场；实施石家庄正定国际机场改扩建空管工程、航站楼连廊续建工程，张家口、邯郸机场改扩建，北戴河、唐山机场机坪扩建；研究沧州机场以及石家庄正定国际机场增建货运跑道。

通用机场：改扩建栾城、江城通用机场；新建行唐、赞皇、魏县、涉县、威县、平乡、阜平、张北、怀来、赤城、围场、宽城、青龙、曹妃甸、汉沽、香河、安次、中捷、冀州、辛集、定州等一批通用机场；开展大名、临城、康保、蔚县、尚义、丰宁、滦平、迁安、乐亭、三河、大城、深州等通用机场前期工作；推进山海关、涿州、故城等机场军民融合开展通用航空业务。

提升民航运输服务水平。推进京冀民航分工协作，石家庄正定国际机场承接首都国际机场疏解航线航班，加密国际、国内航线，发展低成本航空和航空货运，打造京津冀重要门户机场、航空快件集散中心，加快培育成为区域航空枢纽。优化各支线机场航线设置，优先加强与石家庄正定国际机场之间、相互之间的联系，完善省内城际航线网络，构建全省以石家庄正定国际机场为核心、干支结合、通达全国及重要国际地区的轮辐式航线网络布局。大力发展通用航空短途运输，与航线航班有效衔接，延伸民航运输服务范围，促进公共运输航空与通用航空两翼齐飞。加强机场资源整合，推进全省运输机场、联系紧密的通用机场管理运营一体化。完善机场集疏运体系，做好机场与高铁、公路、城市干道及轨道交通、客货枢纽的衔接，推进城市候机楼建设，形成顺畅高效的空铁联运、空陆联运服务体系。促进与京津机场协调发展，共同构建世界级航空机场群。

（5）增强城市公共交通系统。提升基础设施保障能力和服务水平，实施公交优先战略，加快城市公共交通发展。

完善城市公共交通基础设施。加快石家庄城市轨道交通建设，实现基本成网运营，推进其他设区的市城市轨道交通规划和建设；石家庄、唐山、保定、邯郸等城市加快发展有轨电车、大容量快速公交（BRT）等；加快北京城市轨道交通向周边延伸；研究利用既有铁路开行城区至郊区的市郊列车，构建大中运量交通方式为骨架的城市公共交通系统。优化城市道路网络结构，加强城市快速路、主干道路建设，优化与次干支路的比例，推广设置潮汐车道，重视地面公交路权优先，加强公交专用道建设，为自行车、步行等非机动化出行提供连续、安全的绿色交通通道。石家庄、唐山市基本建成公交专用道网络。加强公交场站、换乘枢纽、出租汽车综合服务区建设，提高公共交通保障能力。加快交通枢纽配套停车设施建设，为私家车出行换乘公共交通提供便利条件，加快居住区、商业区、学校、医院、旅游景区等出行目的地停车设施建设，减少小汽车停车占道拥堵。

专栏7　城市轨道交通重点任务
建成石家庄地铁1号线一期、二期，3号线一期、二期和2号线一期工程，里程80公里；开工建设北京城市轨道交通平谷线（经三河）。 研究邯郸中心城区—冀南新区、秦皇岛中心城区—北戴河、唐山中心城区—丰润轨道交通线，力争开工建设。研究大兴至固安、亦庄至廊坊、房山至涿州等衔接项目。

大力实施公交优先战略。进一步推动石家庄、保定市创建“公交都市”，加快推广创建经验，推进其他设区的市“公交都市”建设。优化常规公共交通运营网络，提高线网密度、覆盖范围、站点覆盖率，做好与大中运量交通方式站点衔接，提升“最后一站”便利性，增强公共交通出行吸引力；提升服务水平，发展定制公交、夜间班车、社区公交等公交服务新模式，满足差异化服务需求；落实出租汽车行业管理体制改革措施，发展巡游、网络预约多样化出租汽车服务，构建大中运量交通、常规公共交通和出租汽车高效衔接、相互补充的城市公共交通服务系统。研究制定合理的停车供给政策，加大违法停车执法力度，通过出行成本比较降低小汽车出行比例。

（6）拓展油气管网输配系统。增强能源管道运输和储存能力。加快国家主气源管线建设，完善省内集输干线、重要支线及储气调峰设施，构建适应需求、适度超前、多元开放、保障有力、调控灵活、安全稳定的天然气管网输配系统。推进“县县通气”工程和重点城镇、开发区保障用气工程，大幅度提高天然气利用规模。加快输油管线建设。

专栏 8　油气管网输配重点任务
规划建设陕京四线、中俄天然气东线、鄂安沧管线、蒙西煤制气管线、天津 LNG 外输管道等 5 条主气源干线，长度约 2040 公里；规划建设港清三线省际联络线 57 公里；建设京邯复线、邯渤管道、黄骅至武邑管道等省内集输管道，共 14 条、约 2720 公里。 规划建设唐山 LNG 接收站二期 4 个 16 万立方米储罐和配套工程、黄骅港 LNG 接收站一期 3 个 16 万立方米储罐和配套工程。 规划建设华北石化任京航煤管道和中国石油锦州成品油管道。

（7）提升综合交通服务水平。加快客、货交通枢纽建设，提高衔接效率，提升交通运输服务重大发展战略的能力和水平。

优化交通枢纽布局。全面提升石家庄、秦皇岛—唐山全国性综合交通枢纽功能，提升国际服务能力，推进邯郸全国性综合交通枢纽建设，加快完善沧州、承德、张家口、保定、廊坊、衡水、邢台区域性综合交通枢纽。推进不同客运方式便捷衔接，发展立体、同站换乘方式，新建客运枢纽与路网统一规划、同步建设，实现客运“零距离换乘”。依托铁路站场、港口、高速公路出入口、机场等建设具有多式联运功能或高效衔接的货运枢纽（物流园区），发展多式联运和甩挂运输，推进铁路站场、公路站场、港口码头、机场等同步建设邮政、快递功能区，实现货运“无缝隙衔接”。加快“内陆无水港”“公路港”、环京津区域货运枢纽建设。

提高客运服务水平。推进铁路、公路、民航票务结算、行李转运等业务衔接，加快客运售票系统联网，鼓励客运联程第三方服务平台建设，推进不同交通方式出行信息互联互通，及时发布、实时更新、便捷查询，加快客运“一票制”。鼓励发展中高级公路营运客车，加快跨省，特别是环京津地区公路客运班线公交化改造，提升公路客运服务水平。推动城市公共交通线路向周边延伸，带动城乡一体化发展，支持具备条件的县级行政区开展城乡交通一体化推进行动。发展镇村公交，鼓励应用安全、适用、经济车型，推进农村客运班线公交化改造，鼓励发展农村定制班车，推广片区经营模式，提升农村地区客运水平。

专栏 9　交通枢纽重点任务
客运枢纽建设：重点建设公铁衔接的石家庄综合客运站、承德综合客运枢纽、张家口南综合客运枢纽、秦皇岛综合客运枢纽、唐山西综合枢纽站、唐山丰润综合客运枢纽站、保定综合客运枢纽站、廊坊东综合客运枢纽、沧州高铁西站综合客运枢纽、邢台高铁综合客运枢纽、衡水综合客

运枢纽铁北站等综合客运枢纽项目；加快建设石家庄正定国际机场综合交通枢纽，加强机场对外衔接；积极推进张家口下花园汽车客运站等项目建设，提升县级节点的客货运输中转效率，提高县城辐射能力，协调城乡发展。

货运枢纽建设：推进连接海港的曹妃甸物流园区，连接铁路的邢台邢黄铁路物流园区、亿博基业冀中南公铁联运智能港、衡水铁三角综合物流园区等衔接两种以上运输方式的园区建设；推进唐山公路港、高碑店市汇通公路港、邯郸国际陆港物流园区、深国际·石家庄现代综合物流港、沧州传化公路港物流枢纽、衡水内陆港物流园区等建设，延伸港口辐射能力；推进廊坊广宇物流中心、涿州现代物流园区、白沟物流园区、承德双峰寺物流中心等一批位于北京周边的物流园区，有效引导和疏解进出和过境北京的货运交通；建设张家口京张奥运物流园区，服务冬奥会；推进河北瑞川物流园区、秦皇岛八达物联集散地、邢台高新物流园区等，服务区域经济社会发展。

促进交通物流融合发展。鼓励发展甩挂车、厢式货车、集装箱车辆和其他专用车辆，推进多式联运，加快货运“一单制”。重点推进多式联运、企业联盟、网络型、干线运输和城市配送衔接等甩挂运输发展，积极开展城市货物多式联运和公路甩挂运输试点。整合公路货运资源，鼓励企业开发“卡车航班”等运输服务产品。加快建设城市绿色货运配送体系，完善县、乡、村三级物流服务网络，统筹交通、邮政、商务、供销等农村物流资源，推广“多站合一”的物流节点建设，推广农村货运班线、农村客运班车利用货舱承接小件快运等服务模式。强化联网联控，推进危险货物运输有序发展。创新农产品冷链物流技术，加快冷链运输发展。健全跨区域、跨部门联合审批机制，为大件运输、超限运输提供便捷服务。加快完善乡及以下邮政普遍服务网点及终端设施，推进邮政普遍服务城乡均等化。推动快递网络下沉至乡村，乡乡设网点，基本实现村村通快递。邮政、快递企业加快发展农批对接、农超对接、农社对接、直供直销等经营模式，与运输企业合作推进快件“上车、上船、上飞机”。

发挥综合交通支撑服务作用。服务京津冀核心区域发展，建设雄安新区以城市轨道交通为主的城市道路系统，与固安至雄安新区至保定城际、北京至雄安新区至石家庄城际、京九高铁、京安高速公路及周边机场、干线公路网衔接，基本建成集疏高效、服务便捷的新区综合交通系统，北京新机场与“五纵两横”配套集疏运体系同步建成，实现雄安新区、北京新机场、临空经济区、北京城市副中心以及京、津、廊、保之间快速通达，形成京津冀核心区域1小时交通圈和区域内部通勤交通网。完善冰雪产业发展配套交通设施，建成快速客运铁路、机场、高速公路、干线公路、场区连接公路以及交通枢纽等构成的冬奥会赛区综合交通体系。增强对扶贫脱贫攻坚的支撑能力，建设贫困地区高速公路通道1500千米，新改建干线公路1500千米，普通国道二级及以上比例达到80%以上，贯通县域通道1500千米，有条件地区布局建设通用机场。提升对乡村经济发展的服务水平，改善特色小镇、农村旅游景点景区、产业园区、特色农业基地等交通运输条件。完善港口功能，服务临港产业、腹地经济转型升级和临港城市建设，促进港产城协调互动发展。拓展交通运输新业态，大力发展汽车营地、公务和游览飞行、邮轮游艇码头等，引领和培育新的消费热点；以综合交通枢纽开发为载体，引导商贸金融、旅游餐饮等关联产业聚集发展，打造城市综合体和产业综合区；依托运输机场发展航空物流、商务会展、保税加工等临空产业，依托通用机场发展装备制造、飞行培训等通用航空业。

（8）提升安全应急管理能力。加强安全防护和监管，增强自然灾害、突发事件的应对处置能力，加强综合交通管理体系建设，提升管理水平。

加强安全生产与应急管理。加快干线公路网运行监测体系建设。推进公路安全生命防护工程，基本完成乡道及以上行政等级公路安全隐患治理。加强对重点桥隧、港站和重点营运车辆的监测监控。加强民航空管能力建设，推进城市轨道交通运营安全监管平台建设，实施邮政寄递渠道安全监管“绿盾”工程。建立交通运输企业安全生产责任制，落实安全生产法律法规和管理制度，强化安全生产培训教育，加大重大隐患排查整治力度，推进隐患上报、跟踪督办、复查验收工作规范化、标准化，公开、严厉查处安全生产事故。建立政府、企业、社会共同参与、协同配合的应急救援机制以及省、市、县三级应急指挥平台，建立京津冀联动的应急处置体系，完善综合交通运输应急预案和处置机制。

提升交通运输管理水平。推进交通运输管理体系建设，完善管理、技术、保障三个标准化体系。建立区域协调管理机制，推进京津冀交通运输管理信息、政策、执法、标准四统一，实现跨区域治理联防联治，有效破除行政分割和市场壁垒，建立统一开放的运输市场，提高交通一体化管理效率。加强科研创新管理，以交通企业、高等学校、科研院所为主体，重点开展交通运输决策支持、组织管理、基础设施建管养等重点方向的创新研发，开展钢桥技术推广、长大隧道、深水作业等重大科技专项技术攻关，增强科技对交通运输管理的支撑能力。

（9）推进管理服务智能化。推动云计算、大数据、物联网、移动互联网、智能控制等技术与交通运输系统深度融合，使智能化发展贯穿建设、运行、服务、监管等各环节，实施“互联网＋”便捷交通、“互联网＋”高效物流重点示范项目，培育壮大智能交通产业，加快交通运输智能化。

提升管理智能化水平。推进“河北交通云”建设，整合铁路、公路、水路、民航、城市公共交通等交通信息数据，打造跨行业、跨区域的综合交通云数据中心和共享共用平台。推动交通旅游服务等大数据应用示范。开展综合交通枢纽协同运行与服务示范。建立交通运输统计指标体系，完善信息化统计决策支持系统。建立跨区域、跨部门执法监管信息平台、运输市场信用评价系统。

推广智能化服务应用。加快推进涵盖轨道交通、公交车、出租汽车、公共自行车等出行方式的京津冀交通“一卡通”，提升高速公路 ETC 车道比例，加快京津冀货运不停车电子收费系统开发建设，重点推进标准厢式货车、集装箱车辆使用 ETC，着重提升在道路客运车辆、出租汽车等各类营运车辆上的使用率。研究使用汽车电子标识。

加快出行信息服务平台、物流公共信息平台、“公交都市”平台、“智慧港口”建设。鼓励和支持企业开发推广交通信息服务手机 App 产品，实现信息服务“一点通”。鼓励芯片银行卡（金融 IC 卡）、手机移动支付在交通领域扩大应用，拓展交通“一卡通”、ETC 卡生活消费功能，提高交通支付工具的应用便捷性。推动北斗系统在通用航空、飞行运行监视、列车运行控制、车辆监管、船舶监管、海上应急救援、机载车载导航等方面应用。

（10）推进装备运营绿色化。严格限制排放，降低能源消耗，集约利用资源，加强污染治理，发展低碳、循环、绿色化交通运输。

加大节能减排力度。降低能耗和排放，严格实施公路运输车辆准入制度和燃料消耗量限值标准，客车实载率低于70%的公路客运线路不投放新运力，鼓励出租车每年更换高效尾气净化装置，推进铁路电气化改造，推进港口“油改电”节能改造，全面实施机场地面车辆“油改电”，推广温拌沥青等节能技术。推广使用节能环保运输设备，设区的市城区新增公交车全部使用新能源或清洁燃料，提高公共汽车、出租汽车的新能源车辆比重，加快充换电、清洁能源加注网络建设，推进高速公路服务区充电桩、加气站建设。

加强生态保护和污染治理。优化综合交通布局方案，集约利用土地、线位、桥位、岸线、空域等资源，提高资源利用效率。推广使用再生建材、建筑材料循环利用、设备装备翻新，推进资源综合利用。加强生态环境保护，项目布局避让自然环境保护区等生态敏感区域，做好设计、建设、养护、运营全过程的生态工程技术综合应用，重点推进公路“绿美廊道”建设。加强污染排放治理，推广沿海水域船舶排放控制区建设，治理干散货码头粉尘，推进原油、成品油码头油气回收治理，鼓励既有船舶实施污水储存处置设施改造，推动港口、船舶修造厂污染物接收设施建设，推动枢纽站场、高速公路服务区污水治理和循环利用。提高节能监管能力，完善交通运输环境信息平台，建立涵盖高速公路、沿海港口、综合枢纽等环境监测对象的综合交通节能减排监测网络，开展统计分析和评价考核。推进区域联管联控，建立健全京津冀交通运输能耗统计与环境监测，统一机动车注册登记、通行政策，统一机动车排放标准、油品标准及监管，统一老旧车辆提前报废及黄标车限行等政策。

三、保障措施

（1）加强实施组织领导。省发展改革委、省交通运输厅统筹推进规划实施，督导推进重大项目和重点任务，做好规划执行评估，确保规划落到实处；加强与京、津及环渤海省份协作，加快京津冀交通一体化以及跨省交通项目统一规划、同步推进。省有关部门按照职能分工加强沟通配合，完善配套政策和支持措施。市县政府要细化工作任务、明确责任单位，做好项目建设征地拆迁、配套资金筹集、维护社会稳定等工作，加快重点任务项目建设进度。

（2）创新投资融资方式。积极争取中央财政资金支持，优化省级财政资金支出结构，加大对交通转型升级和脱贫攻坚任务的支持力度。加快政府与社会资本合作（PPP）模式在交通运输领域的推广应用，充分利用国家补助资金、省财政资金、土地综合开发政策等，通过经营权转让、委托运营、股权合作、政府购买服务或者其他合资合作方式，做好交通项目建设和运营，提高政府投资效益和运营管理效率。加大金融机构信贷资金支持，扩大直接融资规模，深化与国家开发银行、中国农业发展银行合作，积极争取亚洲基础设施投资银行、丝路基金等平台支持。用好省铁路发展基金，争取中国铁路总公司支持，加快省级铁路建设筹融资平台发展，支持省交通投资企业通过发行债券等方式做大做强。研究通过“债转股”、经营权益转让等降低存量债务、盘活存量资产，探索以入股旅游景区、产业园区、开发区或者与其合作的方式推进专用配套交通基础设施建设，提高交通项目收益。

（3）推进改革落实政策。按照简政放权要求，依法精简项目审批前置条件和中介服务事项，推进支持性文件办理权限与项目审批同步下放，切实简化流程，提高审批效率，做好放管结合，加强事中事后监管。建立事权与支出责任相适应的公路分级管理制度，逐步厘清省、市、县公路管理事权。深化公路养护体制改革，有序推进养护市场化进程，开展高速公路、普通干线公路预防性养护，将农村公路养护资金逐步纳入财政预算。完善收费公路政策，逐步建立高速公路与普通公路统筹发展机制。完善航道、锚地等公共基础设施建养管体制机制。稳妥推进出租车行业改革。研究落实省级土地综合开发、财政资金支持交通项目建设、政府与社会资本合作等配套政策措施，提高项目实施可操作性。落实好耕地补充和省内平衡政策，做好耕地占补平衡工作，优先保障交通发展土地供应。

（4）完善法规统一标准。完善交通运输法律法规，健全依法决策机制，着力提高依法决策能力。推进交通运输综合行政执法改革，推行行政执法公示、执法全过程记录、重大执法决定法制审核制度，加强执法监督，健全执法人员管理制度，完善执法评议考核机制，健全执法人员管理制度。统一标准规范要求，建立公平开放、统一透明的交通运输市场，促进运输资源跨方式、跨区域优化配置。加强信用体系建设，完善信用考核标准，加强信用考核评价监督管理。推进京津冀统一政策和管理标准，提高管理效率，加快交通运输一体化进程。

附件：1. 河北省“十三五”综合交通通道布局示意图（略）

2. 河北省“十三五”轨道交通规划示意图（略）

3. 河北省“十三五”高速公路规划示意图（略）

4. 河北省“十三五”机场、港口规划示意图（略）

秦皇岛市人民政府办公厅关于印发秦皇岛市物流业降本增效专项行动实施细则的通知

各县、区人民政府，开发区、北戴河新区管委，市政府各部门，各有关单位：

《秦皇岛市物流业降本增效专项行动实施细则》已经2017年5月3日市政府第1次常务会议研究通过，现印发你们，请认真贯彻执行。

秦皇岛市人民政府办公厅

2017年5月27日

秦皇岛市物流业降本增效专项行动实施细则

为贯彻落实《国务院办公厅关于转发国家发展改革委物流业降本增效专项行动方案（2016—2018年）的通知》（国办发〔2016〕69号）、《河北省人民政府办公厅关于印发河北省物流业降本增效专项行动方案（2016—2018年）的通知》文件精神，推动我市物流业降本增效，进一步提升物流业发展水平，结合实际，制定本实施细则。

一、总体要求

全面贯彻落实党的十八大和十八届三中、四中、五中、六中全会精神，扎实推进“一带一路”、京津冀协同发展战略，坚持创新、协调、绿色、开放、共享的发展理念，充分发挥秦皇岛在现代综合交通枢纽和网络中的区位优势，坚持港口带动、产业联动、区域互动，深化物流服务创新，畅通重大物流通道，优化物流产业布局，壮大专业化第三方物流企业队伍，以产业联动提升产业集聚区物流服务能力，以公共配送提升城乡居民消费物流服务能力，全面提升物流专业化、社会化和信息化水平，构建便捷高效、布局合理、技术先进的现代物流服务体系。以推动全市物流降本增效为重点，着力解决物流瓶颈制约，优化要素资源配置，落实各项支持政策，力争到2018年，全社会物流总成本与GDP比率较2015年降低1.8个百分点，同行业物流成本及效率达到国内先进水平，快递物流实现国内重点城市间48小时送达。

二、重点任务

（1）促进通关快捷便利。落实信息互换、监管互认、执法互助，积极推广应用河北电子口岸“单一窗口”功能。加强关检协作，完善作业流程，全面落实关检合作“三个一”，即“一次申报、一次查验、一次放行”，提高通关效率。

（2）加大要素保障。支持临港物流园区建立投融资平台，通过银行贷款、发行债券、中外合资等多渠道筹集资金。市、县土地利用总体规划调整与物流园区和项目布局规划衔接。支持物流项目申列省、市重点建设项目计划，优先保障项目建设用地，积极争取国家、省现代物流业发展专项资金支持。

（3）畅通物流通道。推进京秦高速、承秦铁路工程，优化、拓展秦皇岛与京津冀、冀北、蒙东、东北地区的区域物流通道，完善京津冀和环渤海地区陆路交通网络，优化、创新辖区内铁路货场管理体制和模式，提升京津冀与蒙东地区、东北地区互联互通效率，构建面向“三北”地区和远东的出海新通道，融入“一带一路”和区域发展新格局。提升港口功能，拓展港口腹地，加密秦皇岛港集装箱国际远洋航线，加强与环渤海港口对接，推动建设陆海国际联运枢纽，积极融入“21世纪海上丝绸之路”国际物流大通道。争取北戴河航空口岸正式对外开放，培育开通国际国内航线，拓展城市空中大通道。启动实施承秦铁路项目，逐步打通秦皇岛港与二连浩特口岸、珠恩嘎达布其口岸的陆路运输大通道，主动对接冀蒙俄国际货运班列，构建京津冀连通蒙古国和俄罗斯的跨境陆路国际物流大通道，融入丝绸之路经济带，提升环渤海地区与蒙俄的对外合作。

（4）优化物流节点。为落实“一带一路”、京津冀协同发展和环渤海地区合作发展战略，促进物流园区与城市、港口、交通、产业园区和居民消费协调发展，积极承接区域物流功能，服务本地经济和城乡居民，在全市重点规划两个物流园区、三个物流节点、四个物流配送中心共9个市级物流节点，形成层次分明、布局合理、便捷顺畅、节约高效的物流节点网络。实施铁路物流基地工程，加快推进与北京铁路局、沈阳铁路局战略合作，支持路局整合我市铁路货运场站，衔接地方铁路资源，建设铁路物流基地，发展多式联运。

（5）升级物流园区。优化省级、市级物流产业聚集区内部功能布局，完善现代商贸、智能配送、供应链管理等服务功能，促进物流产业聚集区与产业基地、交通枢纽融合联动发展。按照多规合一、一区多园等模式整合临港物流园区，实行“区镇一体、港区一体、以区带镇”的管理体制，赋予省级开发区管理权限。提高土地、资金等要素资源的利用水平，建立重大物流项目落地保障机制。

（6）推进物流业与商贸业互动发展。优化商贸物流行业结构，坚持以新供给培育新需求，加快发展为居民生活服务的冷链、电子商务、快递、城市共同配送等生活物流新业态。促进商贸物流多业联动，加快商贸物流业与工业、农业、文化产业融合发展，引导运输、仓储等传统商贸物流企业向上下游延伸服务，推进商贸物流业与其他产业互动融合。

（7）创新物流平台交易模式。加强秦皇岛市商贸物流公共服务信息平台建设，提升全市物流标准化、信息化、智能化、集约化水平，消除信息壁垒，实现物流资源的跨区域对接。持续推进智慧物流平台工程，积极落实“互联网＋流通”“互联网＋物流”发展，加快建设煤炭、能源、进口农产品交易中心。秦皇岛煤炭市场按照国家级市场标准，整合资源，做大规模，在现货交易的基础上，探索中长期电子交易，引入金融资本服务功能，建设国家煤炭交易中心；加快推进能源交易中心和进口农产品交易中心建设，打造集交易、物流、金融、信息于一体的交易平台。

（8）推进企业发展创新模式。中运物流、冀盛物流、兴龙广缘物流等重点企业要积极落实“互联网＋物流”行动计划，鼓励传统物流企业运用现代物流新理念、方法和技术，完成功能整合和服务延伸，横向纵向延伸物流产业链，创新物流服务模式，加快拓展电子商务、物流信息、物流培训、物流研发、物流金融等新型业态，不断完善物流服务体系，构筑相互协作、共荣共生的物流生态圈，努力实现由低附加值的传统运输、装卸搬运、仓储到高附加值的全流程物流产品和一体化物流服务的转变。

（9）优化物流管理体制机制。成立全市物流业发展领导小组，建立物流业联席会议制度。建立健全全市物流业发展管理体制，完善工作机制、园区管理机制以及秦山地区铁路网改造、全市铁路货场整合和龙家营铁路物流中心协调推进机制等，定期研究、高效解决物流业发展重大问题，加强物流智能化政务管理，推行物流投资负面清单，为物流业发展营造便捷、公平的营商环境。充分发挥市交通与物流协会作用，完善物流统计调查和物流业形势分析预警预测，鼓励和支持开展企业A级评定申报工作，向国家、省积极推介我市有实力的品牌物流企业。

（10）落实人才引进政策。通过编制全市物流产业人才需求目录，围绕我市物流产业发展需要，重点引进产业发展急需的各类高层次物流人才，深化京津冀物流人才对接合作，为物流业发展提供强有力智力支撑。

三、落实政策分工

（1）市发改委：梳理有关物流行业行政许可的设立依据，压减行政许可种类，简化流程，不断改进和提升服务效率和水平。行政许可事项的申请、受理、办结、送达实行“一站式”“零障碍”服务。

（2）市工信局：大力推行“互联网＋公共服务”。实施“中国制造2025”，引导物流业与制造业供应链对接，建立与新型工业化发展相适应的制造业物流服务体系。鼓励装备制造等企业，依托自身技术装备优势，发展专业化物流业务，拓展专业化营销网络。支持先进制造、电子信息、新能源汽车等生产企业，优化供应链业务流程，构建产业链、供应链一体化运作体系。

（3）市食品和市场监督管理局：鼓励具备法定投资资格的自然人和企业法人、社团法人、事业单位法人、民办非企业单位，成为物流企业出资人。继续推进商事制度改革，放宽市场主体准入条件，提供注册登记（设立、变更、迁移、注销）的全程便利化，实行“多证合一”“一照一码”登记制度，进一步放宽物流企业住所（经营场所）登记条件，不断改进和提升服务效率和水平，打造无障碍准入通道。

（4）市交通运输局：优化公路超限运输行政许可办理流程，建立健全货运司机诚信管理制度，简化道路运输许可证、营运证年审手续。规范公路超限治理处罚标准，减少执法中的自由裁量权。落实《道路运输车辆技术管理规定》，取消营运车辆二级维护强制性检测。

（5）市公安局：对采取限行或禁行措施的时间段，制定配送车辆便利通行管理办法及货运出租汽车运营服务规范，科学规划城市配送车辆专用停车位或停车场（规划局、城管局配合）。对生活必需品、药品、鲜活农产品和冷藏保鲜产品配送以及新能源车辆，给予优先通行便利（商务局配合）。

（6）市国税局、市地税局：继续巩固全面推开营改增改革的减税成果，规范交通运输行业成本核算，使其进项税额得到充分抵扣，降低企业税收负担。总部设在秦皇岛、在各地有分支机构进行跨地区经营的物流企业，可按照现行增值税汇总缴纳有关规定申请实行汇总纳税。经认定为高新技术企业的现代物流企业，享受高新技术企业所得税优惠政策。物流企业为开发新产品、新技术、新工艺发生的研发费用，未形成无形资产计入当期损益的，在按照规定据实扣除的基础上，按照研究开发费用的50%加计扣除；形成无形资产的，按照无形资产成本的150%摊销。物流企业在信息化改造中所购置并实际使用符合税法规定的环境保护、节能节水、安全生产等专用设备，该设备投资额的10%可从企业当年应纳税额中抵免；当年不足抵免的，可在以后5个纳税年度结转抵免（财政局、地税局配合）。

（7）市物价局：大型农贸市场的用水价格，执行非居民用水价格。蔬菜冷链物流的冷库用电与工业同价。港口、铁路、航空等企业严格落实明码标价制度，实行进出口环节收费目录清单制，推进收费管理制度化、科学化、透明化。

（8）市国土资源局：落实支持物流业发展的用地政策，积极支持利用工业企业旧厂房、仓库和存量土地资源建设物流设施，涉及原划拨土地使用权转让或租赁的，按规定办理土地有偿使用手续。一次性缴纳土地出让金确有困难的物流企业，在依法约定的前提下，在首期缴纳后，可分期缴纳，鼓励各地国有土地以租赁方式供应物流业用地，允许物流企业通过租赁方式取得国有土地使用权。

（9）市统计局：完善物流统计调查和物流形势分析预警工作。

（10）市商务局：加强秦皇岛市商贸物流公共服务信息平台建设，实现物流资源的跨区域对接。完善城乡配送体系。加快建设城市公用型配送节点和末端配送点，打通物流配送“最先一公里”和“最后一公里”。引导物流企业联合构建城市、农村智能物流配送联盟，支撑配送服务向农村延伸。鼓励利用邮政、供销社等网络网点，开展农村共同配送，打通农资、消费品下乡和农产品进城高效便捷通道。引导邮政、快递处理分拨中心与铁路、公路、航空枢纽同步建设，实施快件“上车上机上铁”“快递下乡”“电子商务与物流快递协同发展”等试点工程。

（11）市交通与物流协会：定期开展物流统计调查和物流业形势分析预警预测。开展企业A级评定申报工作，推介我市有实力的品牌物流企业。

四、保障措施

（1）完善组织领导。成立秦皇岛市物流业发展领导小组，充分发挥物流业相关部门的职能，加强协调配合，健全统筹协调机制，研究解决日常管理中的矛盾、问题及物流业发展的重大问题，形成有效的联络、管理、调处机制。

（2）加强规划引导。城市规划、交通规划、土地利用总体规划和城市道路规划等规划的制定和修编，要充分考虑现代物流业发展的需要，合理规划布局物流园区、物流中心以及相关设施，引导物流企业、重点物流项目进入物流基地、物流中心，重大物流基础设施项目布局必须符合规划要求，实现项目建设经营规模化、集约化和高效化，避免重复建设和资源浪费，支持大型优势物流企业对分散的物流设施资源进行整合。

（3）细化工作方案。各有关部门要根据各自职能，认真履行职责，抓紧明确目标任务和工作分工，细化工作举措，落实工作责任，推动工作落实。

发展改革、交通运输、商务等部门要统筹组织实施工作，加大督导检查力度，及时跟踪调度各项工作任务推进情况。有关责任单位要定期向牵头部门反馈工作进展情况。

重点任务责任分工

序号	重点任务	责任单位
1	促进通关快捷便利	市口岸办
2	加大要素保障	市发改委、市金融办、市规划局
3	畅通物流通道	市发改委
4	优化物流节点	市发改委
5	升级物流园区	海港区政府、市编委
6	推进物流业与商贸业互动发展	市商务局
7	创新物流平台交易模式	市发改委、市工信局
8	推进企业发展创新模式	市发改委
9	优化物流管理体制机制	市商务局、市交通与物流协会
10	落实人才引进政策	市人社局

廊坊市人民政府关于促进快递业发展的实施意见

廊政〔2017〕32号

各县（市、区）人民政府，廊坊开发区管委会，市政府有关部门：

为深入贯彻落实《国务院关于促进快递业发展的若干意见》（国发〔2015〕61号）和《河北省人民政府关于促进快递业发展的实施意见》（冀政发〔2015〕52号）精神，营造有利于我市快递业发展的良好环境，结合我市实际，提出如下实施意见：

一、总体目标

快递业是现代服务业的重要组成部分，是推动流通方式转型、促进消费升级的现代化先导性产业。到2020年，在全市基本建成普惠城乡、技术先进、服务优质、安全高效、绿色节能的快递服务体系，形成覆盖全市、对接京津、辐射全国、联通国际的服务网络。

产业规模进一步扩大。全市本地年快递业务量达到4亿件（不含进入分拨中心进行中转的快件），年业务收入达到500亿元，年上缴税金30亿元以上，吸纳从业人员5万人左右。

企业实力明显增强。快递企业服务能力、科技水平、员工素质明显提高，引进培育5家年业务收入超30亿元、一批年业务收入超10亿元的国内外知名快递企业。

服务水平显著提高。形成多品种、差异化、个性化的快递服务产品体系，省内城市间实现24小时送达，国内重点城市间实现48小时送达，国际快递服务通达范围更广、速度更快，快递服务满意度稳步提高。

网络支撑能力明显提升。结合北京新机场建设和京津冀协同发展，打造快递区域总部基地，基本建成国家一级快递枢纽，明显提升我市在全国快递网络中的地位。快递终端服务网点遍布城乡，实现快递网点乡（镇）覆盖率100%，行政村快递通达率95%以上，形成适应京津冀协同发展需要的快递服务网络布局。

安全保障能力进一步加强。企业安全生产设备配置实现标准化，行业安全监管信息化水平显著提升，收寄验视、实名寄递、过机安检制度全面落实。

二、重点工作

（一）优化产业空间布局，支撑现代商贸物流基地建设

推动快递业在现代商贸物流重要基地建设中率先发展。发挥北京新机场临空经济

区的优势，建设国家一级快递枢纽，吸引华北区域总部入驻，带动品牌企业设立仓储、集散、呼叫、数据和研发中心，形成产业集聚。支持各县（市、区）在省级物流产业聚集区内设立快递园区。在三河市、霸州市、固安县、永清县等发达特色专业市场及电子商务企业集中的区域设立快递园区。鼓励快递企业与电子商务企业合建电子商务快递园区，形成协同发展效应。支持企业主动承接京津地区商贸物流功能和产业转移，对接农产品、小商品、服装、工业品等专业商贸市场和生产基地，完善快递服务配套设施，创新服务模式和产品体系，推动快递行业从劳动密集型加快向技术和劳动密集型相结合的方向转型。（市发展改革委、市邮政管理局、市交通运输局、市商务局，有关县级政府负责）

（二）培育壮大快递企业，提升行业整体实力

鼓励各类社会资本依法进入快递领域，支持国内、国际快递企业总部在我市设立区域总部和分拨中心。引导本地快递企业完善服务网络，加大科技投入，提升服务质量，增强竞争实力，积极做大做强。推动本地企业兼并重组，整合中小企业，优化资源配置，实现强强联合、优势互补，加快形成2～3家在国内具有较强竞争力的骨干快递企业。实施品牌战略，培育、打造有影响力的快递服务品牌，贯彻落实行业安全和服务标准，开展快递业服务标准化试点建设，加强服务质量监测，降低快件延误率、损毁率、丢失率和投诉率，引导快递企业从价格竞争向服务竞争转变。鼓励引导快递企业提高信息化应用水平，不断提高运行效率和服务质量。支持快递企业进行技术革新，完善信息化运营平台，实现实物网与信息网融合。支持骨干企业在我市开展智能终端、自动分拣、冷链快递等技术装备的应用工作。（市邮政管理局、市政府金融办、市工商局、市质监局、市科技局、市工业和信息化局负责）

（三）坚持创新发展，推进“互联网＋”快递

（1）推动产业转型升级。鼓励快递企业充分利用移动互联网、物联网、大数据、云计算等信息技术，采用仓储运输、装卸搬运、分拣包装等自动化设备，对业务受理、仓储配送、客户管理、安全监控、信息跟踪等生产管理环节进行全方位的控制、分析，提升运营管理效率，优化服务网络布局，拓展协同发展空间，推动服务模式变革，加快向综合性快递物流运营商转型。（市工业和信息化局、市科技局、市邮政管理局负责）

（2）促进行业创新发展。引导快递企业与电子商务企业深度合作，提供仓储、分装、分拨、配送、代收货款等一体化服务，促进线上线下互动创新，共同发展体验经济、社区经济、逆向物流等便民利商新业态。引导快递企业进驻工业园区、经济开发区、高新技术产业开发区等制造业集聚区，根据制造企业需求，创新服务产品和配送方式，构建安全高效、技术先进的快递服务体系。鼓励快递企业与制造企业在集成制造、分销配送等服务外包环节建立互利共赢的合作模式。支持快递企业为制造企业订制服务流程，构建专用服务平台，发挥供应链管理优势，积极融入智能制造、个性化

订制等制造业新领域。（市商务局、市邮政管理局、市工业和信息化局负责）

（3）发展快递支撑产业。大力发展包装、位置服务和大数据、云计算等与快递业相关的支撑产业，延伸完善产业链条，加快形成产业融合发展体系。支持大型包装印刷企业开发新型包装印刷原辅材料，促进快递业绿色发展。加强卫星导航技术储备，建立技术创新平台，为快递业提供位置服务，积极推动大数据、云计算产品和解决方案在快递领域的应用，大力发展智能快递。（市工业和信息化局、市发展改革委负责）

（四）完善快递服务网络，提高快递普惠水平

（1）加强城乡配送末端建设。加密快递城市网点，提高标准化水平，支持快递企业与机关、学校、连锁商业机构、便民服务设施、社区服务组织及专业第三方企业开展多种形式的城市投递服务合作。大力发展智能快件箱，支持快递企业和社会资本参与智能快件箱建设。延展农村快递网络，鼓励快递企业依托农家店、农村综合服务中心、村邮站、农产品购销代办站等建立健全农村快递服务末端网络。支持邮政企业利用现有邮政网点资源，与快递企业创新合作模式，提高快递普惠水平。（市邮政管理局、市教育局、市城乡规划局、市房管局、市建设局、市综合执法局负责）

（2）深入推进“快递下乡”工程，助力农村经济发展。支持快递企业加强与农业、供销、商贸企业的合作，打造“工业品下乡”和“农产品进城”双向流通渠道，带动农村消费。鼓励快递企业积极参与涉农电子商务平台建设，构建农产品线上线下互动的服务网络，有效对接农产品市场（基地），拓展农产品、农资、农村消费品的流通加工、仓储配送等功能，服务产地直销、订单生产等农业生产新模式。（市农业局、市商务局、市邮政管理局负责）

（3）大力拓展国际快递市场。支持快递企业积极“走出去”，开拓国际市场，开展跨境网购等寄递业务。鼓励快递企业与国际电子商务企业、国外快递企业联合，建设跨境快递服务网络，延伸服务链条。推动跨境电商快递产业园区建设，拓展综合服务功能，满足国际寄递业务发展需求。（市商务局、廊坊海关、市邮政管理局负责）

（五）促进资源共享，有效衔接综合交通体系

充分利用交通运输资源，实施快递“上车、上机”工程。加强运输政策、布局规划、技术规范、设施建设、业务流程、信息管理等方面的统筹协调，推进快递业与交通运输业融合发展，加强信息互联互通、资源共享，提升行业信息化服务管理水平，实现快递网络在各种运输方式间的无缝衔接、高效转换和快速通达。加强快递企业与铁路、公路、民航等运输企业合作。依托大型运输枢纽加强区域分拣中心和快递物流园区建设，辐射带动电子商务等相关产业集聚。鼓励民航、铁路等部门为快件运输开设绿色通道，提供优先通行便利。推进公路客运班车代运快件试点和快件甩挂运输方式，因地制宜发展快件航空运输。（市交通运输局、市工业和信息化局、市科技局、市发展改革委、廊坊海关、市邮政管理局负责）

（六）强化安全监管，实施寄递渠道“绿盾”工程

全面推进快递企业安全生产标准化建设，落实邮政业安全生产设备配置规范等强制性标准，明确收寄、分拣、运输、投递等环节的安全要求。落实快递企业和寄件人安全责任，完善从业人员安全教育培训制度，筑牢寄递渠道安全基础。强化安全检查措施，严格执行收寄验视制度，加强对进出境快件的检疫监管，从源头防范非法邮寄禁止进境物进入寄递渠道，防止疫病疫情传入传出和物种资源流失。积极利用信息技术提升安全监管能力，完善快递业安全监管信息平台，健全信息采集标准和共享机制，实现快件信息溯源追查，依法严格保护个人信息安全。落实寄递渠道安全管理工作机制，将快递行业安全管理工作纳入社会综合治理体系，加强跨部门协作配合，提升安全监管与应急处置能力。（市综治办、市公安局、市国家安全局、廊坊出入境检验检疫局、市邮政管理局负责）

三、政策措施

（一）推进简政放权，提升管理服务水平

深化快递行业商事制度改革，实行快递企业在同一县级行政审批登记机关管辖范围内“一照多址”模式。精简企业分支机构、末端网点备案手续，推进快递市场投资创业便利化。优化进出境快件及跨境电子商务业务通关手续。充分发挥电子口岸等“一站式”通关平台优势，积极推进跨境电子商务业务开展，便利进出境快件及跨境电子商务企业通关。（市行政审批局、市商务局、廊坊海关、市邮政管理局负责）

（二）完善监管体制，优化快递市场环境

完善行业监管体制，充实监管力量。探索县级行业监管新模式。充分运用现代信息及物联网技术，建立安全信息监管系统，保障寄递渠道安全。强化事中、事后监管，坚持日常检查和专项治理相结合，严格行政执法，完善快递市场主体退出管理机制。建立健全用户申诉与执法联动机制，依法查处违法违规行为，规范市场经营秩序。将快递服务主体纳入行业统计体系和我市国民经济统计体系，建立快递业运行监测分析制度，定期分析快递业发展状况和趋势。建立快递业发展报告发布制度，为有关部门及时、准确、完整地提供经济运行分析决策数据。发挥行业自律和社会监督作用，推进行业诚信体系建设，利用企业信用信息公示系统和行业监管信息系统，建立违法失信主体“黑名单”及失信联合惩戒制度，营造诚实守信的市场环境。（市工商局、市统计局、市邮政管理局、有关县级政府负责）

（三）加强标准建设，突出规划引领

推进我市相关制度和标准修订完善工作，提高快递业法治化、标准化水平。推进各级各部门依法行政，保障各类快递企业依法经营。加强规划引领，编制我市国家一级快递枢纽专项规划，与省规划和全市总体规划做好衔接。市、县两级政府要将发展快递业纳入国民经济和社会发展规划，将城乡快递服务网点、快件处理中心、智能快

件箱等快递基础设施纳入本级城乡规划、土地利用规划和公共服务设施规划。（市邮政管理局、市发展改革委、各县级政府负责）

（四）加大财政金融扶持，保障土地供给

（1）加大财政扶持。将符合条件的快递企业和项目纳入中小企业发展专项资金和就业专项资金支持范围。市、县两级政府要统筹支持服务业发展相关财政资金，加大对快递业发展的支持力度。对符合小微企业条件的快递企业，按照国家和省有关规定减免行政事业性收费并落实有关税收优惠政策。对快递企业投资购置并实际使用《环境保护专用设备企业所得税优惠目录》《节能节水专用设备企业所得税优惠目录》和《安全生产专用设备企业所得税优惠目录》规定的环境保护、节能节水、安全生产等专用设备，按国家政策落实税收抵免政策。快递企业用电、用气、用热价格按照不高于一般工业标准执行。（市财政局、市国税局、市地税局、市交通运输局、市邮政管理局、市发展改革委、市物价局，各县级政府负责）

（2）加强金融支持。引导金融机构增加对骨干快递企业的授信额度，扩大贷款规模，合理确定利率水平，降低企业融资成本。鼓励金融机构创新服务方式，针对快递企业特点设置贷款评估标准，积极开展抵押贷款、融资租赁服务。（市政府金融办、人行廊坊市中心支行、市发展改革委负责）

（3）保障土地供给。市、县两级政府在土地利用总体规划和年度用地计划中统筹安排快递园区、快件集散中心等基础设施用地，使快递业用地布局与土地利用总体规划相衔接，对在我市布局建设的骨干网络快递企业和列为省、市重点建设项目的快递项目用地予以重点保障，优先办理规划和建设用地手续；经依法批准后，对利用闲置划拨土地上的工业和仓储用房兴办快递企业，在一定时间内可继续以划拨方式使用土地，暂不变更土地使用性质。（市国土资源局、市建设局、市城乡规划局、市发展改革委、各县级政府负责）

（五）改进快递车辆管理，优化通行环境

优化快递车辆通行环境。贯彻落实国家关于加强和改进城市配送管理工作的政策措施，按照依法、高效、环保的原则，规范快递车辆管理，逐步统一标志，对快递车辆在市区通行、停靠、作业及事故处理上给予相应的便利，保障快递车辆优先快速通行，杜绝乱收费、乱罚款及附加额外义务。根据国家标准逐步推行快递专用电动三轮车标准化管理，制定快递专用电动三轮车用于城市收投服务的管理办法，保障快递服务便捷顺畅，有效解决“最后一公里”通行难问题。支持快递企业采购新能源汽车作为快递运输车辆，根据国家和省有关规定享受新能源汽车补贴政策。在集中使用新能源汽车的快递企业优先建设新能源车辆充电桩等配套基础设施。（市公安局、市交通运输局、市邮政管理局、市工业和信息化局、市财政局负责）

（六）重视人才引进培养，加强行业队伍建设

引导高等学校加强物流管理、物流工程等专业建设，支持职业院校开设快递相关

专业。探索高等学校、科研机构、行业协会和企业联合培养人才模式，在我市建立快递人才培训基地。支持快递企业与高等学校、科研院所建立实训基地。实施快递人才素质提升工程，将快递从业人员岗前培训、职业技能鉴定工作纳入本地培训补贴范围。对进城务工、失业人员参加快递业务技能培训、享受社会保障等方面按规定给予政策支持。（市人力资源和社会保障局、市邮政管理局负责）

四、组织实施

各地各有关部门要加强组织领导，健全工作机制，强化协调联动，加大支持力度，为全市快递业发展营造良好环境。市邮政业市场发展和维护市场秩序领导小组要切实发挥作用，及时协调解决快递业发展中的重点和难点问题；各成员单位要各负其责，加强协调配合，形成工作合力。各县（市、区）政府要根据本实施意见要求，将快递业列为重点扶持发展行业，抓紧制定符合本地实际的支持措施并认真抓好落实。各有关部门要按照职责分工抓紧制定相关配套措施。市发展改革委、市交通运输局、市邮政管理局会同有关部门负责对本实施意见落实工作的统筹协调、跟踪了解、督促检查。

廊坊市人民政府

2017 年 6 月 29 日

秦皇岛市人民政府关于加快秦皇岛临港物流园区发展的意见

秦政字〔2017〕24号

海港区政府，市政府各相关部门：

为了落实我市“一都三区一枢纽”战略，促进港产城融合，着力将秦皇岛临港物流园区培育成全市经济发展的第三增长极，为打造东北亚物流枢纽提供支撑，制定本意见。

一、理顺管理体制

按照“精简、统一、效能”的原则，实行“区镇一体、港区一体、以区带镇”的管理体制。

管理范围：将秦皇岛临港物流园区和东部循环经济园（东港镇）合并，整合后名称为秦皇岛临港物流园区，面积为原两个园区面积之和，东起海港区与山海关区区界，西至韩石路，南起秦皇岛港，北至京沈高速公路，共19个村，34.38平方公里。

总体定位：环渤海重要的物流枢纽、城市生产生活体系的重要支撑平台、连接华北、东北和内蒙古东部的物流中转分拨基地。

机构设置：将秦皇岛临港产业聚集区管理委员会更名为秦皇岛临港物流园区管理委员会，作为海港区人民政府派出机构。

管委会职责：根据省发改委批复的园区总体规划，编制园区控制性详细规划和区域环评，经批准后组织实施；审批或审核辖区固定资产投资项目，协调、组织建设项目的实施；负责园区基础设施和公用设施的建设和管理；负责园区土地管理，园区纳入国土资源部土地储备名录后，合规开展土地一级市场收储，负责征地拆迁和安置工作；负责园区财政管理，实施财政预算、决算、国有资产管理和财政监督工作；负责园区招商引资、进出口贸易和国内经济技术合作工作；负责园区环境保护和安全生产监督管理工作；负责园区教育、文化、人口和计划生育等社会事务管理工作；负责园区综合执法工作；负责市、区政府交办的其他事项。

二、搭建融资平台

按照“政府主导、市场运作”的原则，组建秦皇岛临港物流园区建设投资有限公司（以下称为建成公司），搭建“管委会+镇政府+公司”的开发建设体制。

资本构成：由秦皇岛市政府、海港区政府共同参股注资，积极吸收河北港口集团等大型物流企业、工程地产企业等有实力的社会资本参与。公司注册资本2亿元（海港区政府出资65%，市政府出资35%）。

公司职能：

（1）投融资职能。作为独立的法人实体和投融资实体，整合园区内的存量资产及资源，以向政策性银行、商业银行贷款的方式筹集资金，专项用于园区发展建设。

（2）国有资产经营管理职能。

（3）园区开发建设职能。在市政府授权下进行土地开发、旧村改造、基础设施建设，按照省政府《关于实行征地区片价的通知》有关要求，落实好征地补偿工作，理顺政府、农民、土地之间的关系。

（4）对外合作职能。对接专业园区运营商，对特定项目、特定开发经营事项以“整体外包”“特许经营”等形式开展对外合作。

运作模式：初期融资以银行贷款为主要来源，以海港区政府财税收入为担保，并纳入财政年度预算予以保障，资金回笼方式以政府购买服务为主，逐步尝试信托融资、发行债券、项目融资以及资产证券化，自主经营、自筹还贷、自负盈亏，形成“融、用、还”一体化的市场主体。

治理结构：按《公司法》要求，由园区管委会按企业用人办法对平台管理，采取公开、公平、公正的程序，面向社会聘用专业化的职业经理人和部分工作人员，提高平台公司的管理水平，采取商业化运作模式，提高运营效率，合理规避平台公司运营的各种风险。

三、完善规划编制

园区管委会按照“多规合一”要求制定产业规划、总体规划、控制性详细规划，组织开展区域环评，经批准后组织实施。

产业规划：重点谋划港口物流与多式联运、大宗商品与商贸物流、电商物流与保税物流、农产品冷链物流与第四方物流等产业支撑项目，科学确定园区功能分区，引导高端物流资源向园区聚集，鼓励各类高层次人才、高校毕业生创新创业。

总体规划：结合城市总体规划修编，制定园区新102国道以北等区域规划调整方案，使园区总体规划与城市总体规划、土地利用规划、园区产业规划和环境保护规划相统一。

控制性详细规划：本着“预留充足产业用地，合理安排商住用地，提升产业承载能力，增强园区造血功能”的原则，科学制定村庄安置方案，确定各类用地布局，编制园区位于城市总体规划范围内部分的控制性详细规划，经市政府审批后，作为园区项目审批的依据。

区域环评：根据我市“十三五”国民经济和社会发展规划、环境保护规划等，完成园区区域环境影响评价编制和审批。

四、加强政策支持

（1）财税政策。市财政每年各安排的园区发展补助资金重点支持临港物流园区发展。积极落实国家关于支持园区发展的相关政策，同时市、区财政通过产业引导资金、融资租赁、PPP等方式吸引社会资本投入，积极筹措资金支持园区发展。园区土地出让金返还政策继续执行。

（2）审批权限。参照市开发区模式，将临港物流园区内各类建设项目的行政审批权限下放到海港区，确保海港区在园区项目建设方面形成一条龙审批、验收和监管，促进项目建设提速发展。

（3）产业政策。各级服务业发展引导和科技创新、高新技术产业等专项资金，重点向园区倾斜。争取国家、省在园区建设方面的专项资金，并在园区设立物流产业发展基金，用于奖励园区内A级以上物流企业、在园区注册结算且年度税收超过100万元的物流或贸易类企业。

（4）用地支持。鼓励创新土地管理体制和土地整理储备模式。积极争取国家、省对园区重大项目用地支持，用地计划由市级予以专项安排。省政府下达全市的年度土地利用计划指标向园区倾斜。园区耕地占补平衡指标由园区管委会向有耕地后备资源的县对接，采取委托造地或购买占补平衡指标方式解决，市国土资源局予以支持。

秦皇岛市人民政府

2017年7月7日

河北省邮政管理局　河北省工业和信息化厅印发《关于推动快递服务制造业发展的三年行动计划》（2017—2019）的通知

冀邮管〔2017〕74号

各市邮政管理局、工业和信息化局（含辛集、定州）：

现将《关于推动快递服务制造业发展的三年行动计划》（2017—2019）印发给你们，请结合工作实际，做好贯彻落实。

河北省邮政管理局
河北省工业和信息化厅
2017年7月13日

关于推动快递服务制造业发展的三年行动计划（2017—2019）

为深入贯彻落实《河北省人民政府关于促进快递业发展的实施意见》（冀政发〔2015〕52号）、《河北省人民政府关于促进制造业与互联网融合发展的实施意见》（冀政发〔2016〕39号）、《国家邮政局、工业和信息化部关于推进快递服务制造业工作的指导意见》（国邮发〔2013〕178号）文件精神，加快推动我省快递服务制造业工作，促进快递业与制造业深度融合发展，制定本行动计划。

一、总体要求

（一）指导思想

深入贯彻“创新、协调、绿色、开放、共享”发展理念，进一步落实“互联网+”行动计划，支持制造业向智能制造、网络化协同制造、个性化定制、服务型制造等新模式转变，鼓励剥离重组电子商务、物流仓储业务，推动企业从制造向“制造+服务”转型。支持快递企业向综合物流运营商转变，优化生产作业流程，完善快递产品体系，深度融入制造业发展。支持制造企业、电子商务企业、物流快递企业在战略投资、品牌培训、产品体验、网上销售、仓储物流等领域开展合作，打造制造、营销、物流等高效协同的生产流通一体化新生态。

（二）基本原则

（1）政府引导，企业主体。坚持企业主体作用，发挥行业协会桥梁纽带作用，强化政府引导，深化政府、企业和行业协会间的协调互动，促进社会分工协作和产业结构优化提升，创造有利于推进快递服务制造业发展的良好环境。

（2）需求导向，专业服务。充分挖掘制造业企业的快递服务需求，努力提升快递服务质量，细化快递产品分类，打造专业化团队，提供高端、专业、定制服务。

（3）科技创新，智能融合。顺应“互联网＋”发展趋势，以科技创新为驱动力，提升信息化、智能化水平，打造“互联网＋快递＋先进制造”新引擎，实现快递业与制造业的转型升级，智能融合。

（4）模式推广，试点先行。加大重点领域扶持力度，推广典型服务模式，开展试点示范工程，发挥重点企业、重点区域的辐射带动作用，以点带面推进快递服务制造业发展。

（三）总体目标

到2019年，快递业与制造业融合进一步深化，快递服务制造业的信息化、规模化和标准化程度进一步提升，服务模式不断拓展，服务门类明显增加，服务质量和效益不断提高，涌现一批快递业与制造业融合示范企业。快递服务制造业项目模式达到8种以上，典型项目总数超过100个，服务制造业的年快递业务量达到5亿件，业务收入达到75亿元，支撑制造业总产值超过700亿元。制造业“大而全”“小而全”的格局逐渐被打破，对快递业的依存程度明显增强，制造业向价值链高端延伸。

二、主要任务及行动内容

（一）以“订单末端”配送模式服务制造业销售环节

“订单末端”配送模式在快递服务制造业项目中的基础作用持续增强。支持快递企业提高产品销售环节的管理服务能力，围绕产品推广与销售，通过专门的团队、单独的方案，为制造企业提供信息对接、物流配送等方面的保障。

（二）以“仓储＋配送＋增值服务”一体化模式服务定制化生产

“仓储＋配送”一体化模式在快递企业拓展供应链服务方面的“试验田”作用日益显现。支持纺织服装、医疗器械、工艺品加工等制造企业顺应个性化、多样化需求趋势，加强产品研发和功能设计，充分依托快递服务，探索提供试穿、退换货、产品功能展示、网络直销等一系列特色服务模式。鼓励快递企业努力提升信息化专业对接能力、专业团队协同能力和专网运营能力，完善仓配一体化服务方案，加强产品和服务的融合度。

（三）以“入场物流”模式服务制造业集群

“入场物流”模式成为先进制造业中“精益生产”的关键组成部分。鼓励快递企业进一步优化区域布局，积极进驻工业园区、经济开发区、高新技术产业园等制造业集聚区。支持快递企业入场融合，借助大数据、云计算信息平台提供物流服务，如物料的搬运与存储、库存控制、车辆调度及物料容器返回供应商等，助推制造企业提高生产效率。

（四）以“区域性供应链”模式服务中小制造企业

“区域性供应链”模式成为快递企业与本地制造企业加强风险共担和利益共享的重要组成部分。鼓励快递企业以中小企业服务需求为导向，支持快递企业在中小制造企业聚集区建设快递服务平台，引导快递企业提升区域性专网服务能力，突出点对点服务优势，叠加诸如 COD 业务在内的增值服务，满足中小企业对于专业性的外包快递物流服务强烈的市场需求。

（五）以“嵌入式电子商务”快递模式服务国际化制造业

“嵌入式电子商务”模式成为快递业服务制造业和快递业服务电子商务有机结合的典型范式。推动快递与制造企业实施国际化同行战略。支持对现有电子商务快递业务进行改造和升级，利用快递企业在信息化方面的优势，重点增强上游企业的黏合度，提高服务增加值。推动提高国际快件通关效率，开发国际航空快递专线，支持制造企业打造区域化和全球化生产链，在更大范围内开展资源配置和价值链整合。

三、保障措施

（一）促进平台共享和标准对接

引导快递企业、制造业企业按照即将发布的《快递服务与制造服务（仓配一体化）信息交换规范》，统一信息交换的内容和格式、通信接口、报文接口及安全控制等内容，推动双方深化合作和协同发展。支持制造业企业与快递企业就网络互连，数据交换，生产和采用标准化的包装、计量、车辆及信息设备等方面进行有效对接与合作，建立高效的合作机制。

（二）优化推进快递服务制造业发展的政策环境

以《河北省人民政府关于加快发展生产性服务业的实施意见》《河北省人民政府关于促进快递业发展的实施意见》《河北省人民政府关于促进制造业与互联网融合发展的实施意见》为有力抓手，深入落实文件有关精神，推进财政、税收、人才等相关政策落实，推进快递服务电子商务和制造业发展。对于制造企业剥离物流资产成立快递企业或与快递企业进行兼并重组，符合相关政策适用条件的，需要依法取得快递业务经营许可或企业名称、企业类型、股权关系、注册资本、经营范围、经营地域和分支机构等原许可事项发生变更的，可加快办理快递业务经营许可证申请或变更手续。

（三）加强快递业基础能力建设

加快快递物流园区建设，支持在交通干线、重要交通节点、制造业集群周边建设快递物流园区，鼓励传统物流园区结合快递、制造企业发展需求改造仓储、分拣、冷链等设施设备，提供具备集中仓储、高效分拣、快速配送、商品展示等功能的仓配一体化服务。优化末端服务网络，引导寄递企业按照《邮政普遍服务》标准、《快递服务》标准、《快递营业场所设计基本要求》《邮政业安全生产设备配置规范》等国家标准和行业标准，推进营业场所标准化、分拨中心规范化、作业流程制度化建设。支持电商、寄递企业结合产业园区布局，规划建设末端服务合作网点。

（四）引导快递企业提升服务制造业意识

引导快递企业认识服务制造业是快递转型升级、提质增效的重要途径，进一步提升为制造业企业提供定制化、差异化快递服务的能力，提升为新兴制造业、个性化服务较高的制造业企业提供快递服务的能力。同时，引导制造业企业理解快递服务制造业是制造业企业降低成本、提高工作效率的有效途径，深化与快递企业的融合发展。

（五）拓展服务领域，打造示范工程

引导快递企业由服务传统制造业向服务航空航天、石油化工、装备制造、电子信息、生物医药、新能源、新材料、国防工业等新兴制造业支柱产业拓展，在团队、技术、设备、管理、服务、信息化等方面达到制造业企业所要求的专业化水平，融入制造业生产环节。深入推进“快递服务制造业示范建设项目”的申报和推选工作，由各市邮政管理部门会同工信部门共同申报，由省邮政管理局会同省工信厅进行评审，入选项目列入《河北省快递服务制造业示范建设项目目录》，除上报国家邮政局名录库外，由省邮政管理局与省工信厅共同进行示范推广，给予支持。

关于实施快递入区下乡出境工程促进快递业与电子商务协同发展的意见

冀邮管〔2017〕75号

各市邮政管理局，商务局（含辛集、定州），各隶属海关、办事处：

为认真贯彻《国务院关于大力发展电子商务加快培育经济新动力的意见》（国发〔2015〕24号）、《河北省人民政府关于推进“互联网+”行动的实施意见》（冀政发〔2015〕51号）、《河北省人民政府关于促进快递业发展的实施意见》（冀政发〔2015〕52号）等文件，落实国家和我省有关决策部署，促进快递业与电子商务协同发展，现结合我省实际，提出以下意见：

一、充分认识促进快递业与电子商务协同发展的重要意义

快递业是现代服务业的重要组成部分，是推动流通方式转型、促进消费升级的现代化先导性产业。电子商务是网络化的新型经济活动，是战略新兴产业与现代流通方式的重要内容。快递业与电子商务是互联网经济的双引擎，是新经济的代表，是“生产性服务业”，既拉动了消费也促进了生产，都是在为实体经济服务。近年来，快递业与电子商务相互依存、互为支撑，业务合作日趋紧密、关联领域不断拓展。促进快递业与电子商务协同发展，是推动流通领域创新，促进线上线下融合发展，让广大消费者消费更加便利的重要途径，也是我省加快生产性服务业发展，促进经济结构调整和产业转型升级，服务大众创业、万众创新的重要举措。

二、指导思想

以党的十八大和十八届三中、四中、五中、六中全会精神及习近平总书记系列重要讲话精神为指导，坚持市场导向，为快递业与电子商务在创新驱动、规模发展、基础设施建设等方面创造协同发展的良好政策环境，着力解决产业融合、信息互联互通、网络协同规划等问题，建立与协同发展需求相适应的管理制度和服务体系。

三、发展目标

进一步拓展完善快递服务网络，优化城乡末端服务网点布局，加强政策创新、制度创新，推动快递、电商企业服务模式创新，培育壮大一批辐射范围广、服务能力强、

社会效益好的快递、电商企业，努力促进我省快递业与电子商务协同发展规划布局科学化、信息平台开放化、车辆通行便捷化、人才培养多样化、产业发展融合化，形成一批运行规范有序、示范作用明显的协同发展项目。

具体目标：2017 年年底前，全省乡镇快递服务网点覆盖率 100%，农村电商实现全覆盖，快递服务电子商务直接收入 100 亿元，支撑电子商务销售额 1000 亿元，网络购物销售额占社会消费品零售总额比例力争达到 13%。到 2020 年，基本形成覆盖全省、普惠城乡、技术先进、服务优质、安全高效、绿色节能的快递电商服务网络体系，实现“乡乡有网点，村村通快递”。

四、主要任务

（一）推进“互联网 +”行动计划

鼓励快递、电商企业通过“互联网 +”拓展协同发展空间，不断创新经营理念和服务模式，共同发展体验经济、社区经济、逆向物流等新业态。引导快递企业与电商企业深化合作，统一数据接口标准，实现系统对接和信息交换，促进快递服务与网购业务融合衔接。支持共同运用物联网、大数据、云计算等信息技术，开发应用软件、手机 App 等网络工具，发展仓储配送、流通加工、个性化定制、代收货款、订单生产等服务，打造信息化智能快递服务网络。加快流通的信息化、标准化、集约化建设，促进线上线下融合发展，降低流通成本。

（二）推进电商快递“入区”工程，解决城市服务“最初一公里”和“最后一公里”问题

加快电商快递物流园区建设，支持在交通便利的地区建设电商快递物流园区，鼓励传统物流园区结合快递、电商企业发展需求改造仓储、分拣、冷链等设施设备，提供具备集中仓储、高效分拣、快速配送、商品展示等功能的仓配一体化服务。加快园区内部资源整合，引进金融、保险等企业入驻园区，提供“一站式”服务，解决快递电商协同发展“最初一公里”的问题。推进电商快递进社区，在城市建设规划中合理安排快递便民服务网点、智能快件箱等基础设施的布局建设，将配套建设快递物流共同配送站、智能快件（包裹）箱等纳入城市社区发展规划。鼓励、引导快递企业、第三方企业在社区自建综合投递网点和布设智能快件箱。鼓励快递企业与物业公司、便利店等社会机构开展合作搭载快递服务，推广网订店取（送）、店内寄件等服务，优化快递末端服务网络，解决快递服务“最后一公里”的问题。

（三）推进电商快递“下乡”工程，解决农产品进城“最初一公里”和工业品下乡“最后一公里”问题

支持快递企业科学布局农村地区、国有农牧场仓储网络，建设农村电商邮寄网。加强农业、商贸、交通运输、供销、邮政等部门的协作配合，建立农村物流服务网络和设施的共享机制，推动多站合一、资源共享。完善农村地区快递服务基础设施，推

广适合农村运输的车辆以及托盘、集装箱、笼车等标准化运载单元和专业化装卸设备，鼓励有条件的快递企业在乡镇等农村地区网点配备 PDA 手持终端，纳入信息化系统统一管理，确保快件跟踪信息完整。鼓励快递企业参与农村电子商务平台建设，探索产地直销、订单生产等营销新模式。

（四）推进电商快递“出境”工程，实施电商快递“上机”，建立快件绿色通道

培育跨境电子商务市场主体，开展大规模、常态化专题培训，引导企业积极体验“互联网 + 进出口”商业模式。加快推进石家庄国际邮件互换局建设，充分发挥石家庄国际快件监管中心平台作用，在保证严密监管的前提下提高快件通关效率。支持邮政和国内外快递、物流企业依托综合保税区和武安保税物流中心设立仓储物流中心和集中监管场所，为跨境电子商务提供物流服务。鼓励有条件的企业依托海外仓在境外建立快递物流分拨中心。发展跨境电子商务物流体系，在已有中日、中韩航空货运专线的基础上，鼓励快递企业开通中欧、中俄航空货运专线。加强绿色通道建设，支持石家庄正定国际机场和相关基地航空公司共同加强国内航空运输环节的“快件绿色通道”建设工作，完善配套的设施设备，优化作业流程，完善管理制度，提高舱位载运率。

（五）促进快递车辆便捷通行

推动各地出台城市快递车辆便捷通行政策，实现快递服务车辆合法规范运行，按照《城市物流配送汽车选型技术要求》《快递专用电动三轮车技术要求》等国家标准，逐步统一城市快递服务车辆标准，喷涂快递专用标识，确定适合中转运输和末端配送的车型，引导快递企业更新使用符合国家标准的新能源车辆，解决“客载货”问题。

（六）加大快递电商人才培养力度

推动政府、企业、院校三方建立合作机制，利用高等院校和职业院校资源，建设集学生实习、就业和创业于一体的快递电商人才培养基地，促进毕业生就业和企业人才招聘。形成政府引导、院校培养、企业接收的人才培养体系，加快行业中、高级人才培养，打造多层次快递电商人才队伍。

五、保障措施

（一）强化工作协商

建立部门间工作协商机制，统筹协调促进快递业与电子商务协同发展工作中的重大事项，及时研究处理突出问题，广泛开展多形式、多渠道、多层次的合作，因地制宜促进快递业与电子商务协同发展。

（二）强化规划引领

贯彻落实《河北省邮政业发展“十三五”规划》《河北省“十三五”电子商务发展规划》《京津冀地区快递服务发展“十三五”规划》，引导快递、电商企业合理布局城乡服务网络，不断拓展协同发展空间。

（三）强化政策扶持

贯彻落实国家、我省促进快递业与电子商务协同发展的有关政策，积极向各地政府及有关部门争取财政资金和建设用地等政策支持。开展快递业与电子商务协同发展示范性工程项目建设，对示范项目在争取省商贸流通发展专项资金和电子商务进农村综合示范资金方面给予优先支持。

（四）强化协会作用

指导快递、电子商务等行业协会发挥作用，加强调查研究，开展合作交流，提供政策建议，做好企业服务。引导企业诚信经营，促进市场秩序规范，维护行业共同利益，形成政府、协会、企业之间的良性互动机制。

（五）强化数据分析

建立快递与电子商务协同发展项目库，充分利用物联网、大数据、云计算等现代技术手段，对电子商务销售渠道产品的流量、流向、门类和消费者的消费习惯、消费水平进行分析，为电子商务企业和快递企业经营决策提供科学参考。

各市邮政管理局、商务主管部门、海关要统一思想认识，加强沟通协调，共同组织实施，根据本意见精神，按照职责分工努力促进快递业与电子商务协同发展取得实际成效。

河北省邮政管理局
河北省商务厅
石家庄海关
民航河北安全监督管理局
2017 年 7 月 18 日

关于印发《关于推进我省快递园区建设工作的指导意见》的通知

冀邮管〔2017〕79号

各市（含定州、辛集市）人民政府，省政府有关部门：

为充分发挥快递园区的产业集聚效应，优化全省快递产业布局，进一步促进我省快递业健康发展，按照国家邮政局和省政府领导指示要求，在充分调查研究、借鉴其他地区经验和征求采纳相关部门意见的基础上，省邮政管理局等五部门制定了《关于推进我省快递园区建设工作的指导意见》，报经省政府审定同意，现予以印发，请抓好贯彻落实。

河北省邮政管理局
河北省发展和改革委员会
河北省国土资源厅
河北省交通运输厅
河北省商务厅
2017年7月25日

关于推进我省快递园区建设工作的指导意见

为贯彻落实《河北省建设全国现代商贸物流重要基地规划（2016—2020年）》和《河北省人民政府关于促进快递业发展的实施意见》要求，发挥快递园区的产业集聚效应，优化全省快递产业布局，进一步促进我省快递业健康发展，特制定本意见。

一、充分认识加强快递园区建设的重要意义

快递园区是按照城市空间合理布局要求，集中规划建设并由统一主体管理，为众多企业提供快递基础设施和公共服务的产业集聚区，是快递业规模化和集约化发展的客观要求和必然产物。快递园区作为重要的快递物流基础设施，具有功能集成、设施共享、用地节约的优势，使得快递园区内的产业协同合作更加高效，空间集中使用衔

接更加便利可控，有利于实现快递资源重组，实现社会资源的优化配置，降低企业运营成本。《京津冀协同发展纲要》将“建设全国现代商贸物流重要基地”作为河北“三区一基地”的定位之首，要求我省主动承接首都商贸物流功能转移，加快构建现代商贸物流产业体系。快递业作为推动流通方式转型、促进消费升级的现代化先导性产业，是构建现代商贸物流产业体系的重要组成部分，建设快递专业类园区，能够发挥产业集聚优势和规模优势，实现快递企业的专业化和互补性，对于提高社会快递物流服务效率、发挥快递业先导性作用，促进我省产业结构调整、转变经济发展方式、提高区域竞争力具有重要意义。

二、总体思路

按照“优化布局、升级增效”的总体思路，以科学规划为基础，以市场需求为导向，以促进快递要素聚集、衔接综合交通体系、提升快递运行效率、集约利用土地资源为目标，以快递基础设施的整合和建设为重点，加强统筹规划和管理，加大建设和扶持力度，优化空间布局，促进我省快递业健康有序发展，为促进全省快递业大发展奠定坚实基础。

三、基本原则

——市场运作、政府监管。充分发挥市场配置资源的决定性作用，坚持投资主体多元化、经营管理企业化、运作方式市场化。积极发挥政府的规划、引导、监管作用，规范快递园区建设管理制度，制定和完善支持快递园区发展的各项政策，推动全省快递园区有序建设、健康发展。

——科学规划、合理布局。充分考虑区位条件、发展基础和环境承载能力，立足经济发展水平和实际需求，依托区位交通优势，符合当地城市总体规划和土地利用总体规划，注重与当地邮政、物流发展等规划相衔接，科学规划、合理布局快递园区。

——完善功能，提升服务。促进快递园区设施建设配套衔接，完善园区的基本服务功能。注重运用现代快递物流和供应链管理理念，创新运营管理机制，吸引上下游企业入驻，拓展快递服务产业链条和增值服务，提升园区的经营和服务水平。

四、发展目标

依托我省物流节点城市，规划建设陆运网络，建立仓配一体功能的分拣运输中心，使全省快递园区规划布局得到优化，快递园区的集约化水平大幅提升，设施能力显著增强，多式联运得到广泛应用，管理水平和运营效率明显提高，资源集聚和辐射带动作用进一步增强，以廊坊、石家庄、保定等全国一、二级快递专业类物流园区布局城市为重点，建成一批运营规范并具有一定经济社会效益的示范园区，基本形成布局合理、规模适度、功能齐全、绿色高效的全省快递园区网络体系，推进京津冀地区快递服务功能集聚发展。2018 年前完成3 ~5 家省级快递园区建设，2020 年前全省地级城市全部建成市级快递园区。

五、基本要求

（1）建设方式多样。按照企业投资自建、进驻交通物流园区、与电子商务企业共建等方式，结合当地实际，按照规模适度、用地节约的原则，制定园区规划、建设标准，合理确定园区规模，促进园区集约发展，吸引企业向园区集聚。

（2）基本功能齐全。快递园区建设应符合集约和节约使用土地的原则，满足快递企业运营和管理的需要，并具备良好的交通条件，毗邻两条及以上高速公路、国道，宜具备多式联运的条件，应倡导绿色邮政理念，符合节能、环保等相关要求。邮政快递园区应按市场经济规律运作，按照政府引导，市场化运作原则成立相应管理机构，应根据工作内容建立相应的管理制度，包括园区运营管理制度、入驻企业管理制度、安全与应急管理制度、统计管理制度、信息管理制度。

（3）配套设施完善。大力吸引和招商制造业仓储、电子商务企业入驻园区，建设消费品、农特产品、小商品集中展示区，为入驻企业提供包括信息发布、在线交易、在线结算、信息平台应用托管等信息服务。

六、重点工作

（1）加强对物流园区发展的规划引导。根据全国《邮政业发展“十三五”规划》《京津冀地区快递服务发展“十三五”规划》《河北省国民经济和社会发展第十三个五年规划纲要》《河北省建设全国现代商贸物流重要基地规划》等多个国家级、区域级和省级规划和全省中长期规划发展的要求，在廊坊建设国家一级快递枢纽，在石家庄、保定建设国家二级快递枢纽，其他地市建设区域快递园区，形成区域快递分拨（分拣）枢纽。各级城市按照城乡发展规划、土地利用总体规划、综合交通体系规划和产业发展规划等，合理确定物流园区具体的规划布局，并作为物流园区规划选址和土地配置的主要依据。

（2）加强快递园区基础设施建设。优化快递园区所在地区控制性详细规划，加强快递园区详细规划编制工作，科学指导园区水、电、路、通信等设施建设，强化与城市道路、交通枢纽的衔接。加强区域内铁、水、公、空等多式联运设施建设，完善快递园区集散运输体系。提高仓储、中转设施建设水平，改造装卸搬运、调度指挥等配套设备。支持甩挂运输方式、集装技术和托盘化单元装载技术。推广使用自动识别、电子数据交换、可视化、智能交通、物联网等先进技术的物流设施和装备。

（3）加强快递园区信息化建设。加强快递园区信息基础设施建设，整合园区信息资源，提升园区信息服务能力。协调建设园区统一网络模式，建立入驻快递园区企业的信息采集、交换和共享机制，促进入驻企业、园区管理和服务机构、相关政府部门之间信息互联互通和有序交换，创新园区管理和服务。

（4）完善快递园区服务功能。在广泛吸纳快递企业入驻园区的基础上，加强吸引生产制造业仓储、地方特色农特产品仓储、电子商务企业、电商配套服务商等入驻园区，有针对性地提升园区服务功能，为入驻企业提供专业化服务。鼓励园区在具备仓储、运输、配送、转运等基本服务以及物业、停车、维修、加油等配套服务的基础上，进一步提供工商、税务、报关、报检等政务服务和供应链设计、电子商务创业咨询、金融、保险、贸易会展、法律等商务服务功能。

（5）完善快递园区经营管理体制。根据各地快递园区发展实际，建立完善以市场化运作为主，政府规划引导、依法监管、协调服务的快递园区开发建设模式和经营管理体制。鼓励社会资本加大对邮政业投入，积极探索邮政业基础设施建设“PPP”模式。鼓励园区选择具有专业经营管理经验的企业参与管理运营。鼓励快递园区与物流园区、产业园区之间加强合作、联动发展。统筹推动快递园区对接“大物流、大交通”体系。

七、保障措施

（1）加强组织协调。各地要深刻认识快递园区建设的重大意义，建立健全快递园区建设的领导和协调机制，明确分工，统筹推进。充分发挥河北省邮政业市场发展和维护市场秩序领导小组平台作用，邮政、发改、国土、交通、商务等部门要加强沟通协调，营造有利于快递园区发展的环境氛围，统筹推进快递园区规划实施工作，加强对快递园区建设发展的指导和管理，推动全省物流园区的规范、有序、健康发展。

（2）加大政策扶持力度。落实用地政策，各市政府对于符合发展规划、土地利用总体规划的快递园区涉及新增建设用地的，合理安排年度用地计划指标，切实保障快递园区合理用地需求。改善融资环境，支持符合条件的国家级和省级示范快递园区通过贷款融资、发债上市等方式筹集建设资金，支持快递园区及入驻企业与金融机构联合打造快递金融服务平台。鼓励快递企业入驻园区，根据快递业特点适当放宽入驻快递企业投资强度要求。优化入驻园区企业许可、变更流程，快递园区可以根据具体条件联合制造业仓储、电子商务企业入驻快递园区共同发展，支持快递企业总部在我省建设和布局区域总部以及分拨（分拣）枢纽。

（3）加快快递人才培养与高端人才引进。注重快递专业人才培养，鼓励高等院校加强物流专业快递方向建设，支持搭建校企合作平台，多渠道培养复合型、实用型快递人才。充分利用我省高等院校和科研机构的人才与科教优势，重点引进和培养快递管理人才、快递技术应用人才。采取有力措施，积极为快递园区引进快递高端人才做好服务。科学开展快递培训，加大对从业人员分层、定向、专业的培训，实现人才质量和数量上的可持续发展。

（4）发挥行业协会的作用。依托省快递协会等组织，充分发挥行业组织的桥梁作用，认真履行行业服务、自律、协调和引导职能，及时向政府有关部门反映快递园区建设发展中存在的问题和企业诉求，积极配合相关部门做好快递园区相关标准制（修）订、总结推广先进经验、引导推动科技创新等相关工作，促进快递园区健康有序发展。

河北省发展和改革委员会等九部门关于全面加强电子商务领域诚信建设的实施意见

冀发改财金〔2017〕1022号

各市（含定州、辛集市）有关部门、雄安新区管委会党政办公室、省直有关部门：

为进一步加强电子商务领域信用体系建设，规范网络交易行为，维护信用秩序，优化营商环境，促进电子商务健康快速发展，根据《关于全面加强电子商务领域诚信建设的指导意见》（发改财金〔2016〕2794号），结合我省实际，提出如下实施意见。

一、总体要求

（1）指导思想。按照党中央、国务院决策部署，大力推动电子商务领域信用记录共建共享，依法促进信用信息公开，建立健全守信联合激励和失信联合惩戒机制，规范完善市场化信用评价体系，构建以信用为核心的市场监管体系，促进“互联网+”和大众创业、万众创新健康发展。

（2）基本原则。坚持政府组织推动，社会积极参与。把充分发挥政府推动、引领作用与注重发挥市场机制作用结合起来，形成共建合力；坚持突出重点，强化机制建设。围绕突出失信问题集中整治，着力加强联合奖惩长效机制建设；坚持落实主体责任，促进规范发展。明确电子商务平台的主体责任，强化对市场主体的信用约束；坚持全流程建设，全方位监管。建立贯穿生产、交易、支付、物流、客服全流程的电子商务信用体系，形成覆盖电子商务所有机构和从业人员的信用监管制度。

二、主要任务

（一）推进电子商务全流程信用建设

（1）落实实名登记和认证制度。探索建立以统一社会信用代码为核心的电商实名认证制度。电子商务平台要验证并记录开设网店的个人身份信息或单位法定代表人、主要负责人信息，并将相关数据定期更新，依法报送相关行业主管部门、监管部门。以食品、药品、医疗器械、农产品、日用消费品等关系人民群众生命财产安全的产品为重点，严格依法办理相关许可手续和工商登记，并将其注册登记备案、身份核验标识、行政许可、行政处罚等信息，通过“信用河北”网站和国家企业信用信息公示系统（河北）等向社会公开。电子商务平台要建立产品许可官方网站信息链接。开展电子商务网站可信认证服务工作，推广应用网站可信标识，为电子商务用户识别假冒、钓鱼网站提供方法。（省公安厅、省商务厅、省工商局、省网信办等省有关部门按职责分工负责，2017年年底）

（2）加强网络支付管理。加强电子商务平台与非银行支付机构的协调配合。充分发挥非银行支付机构在电子商务账款支付中的作用，防范网络欺诈等行为。进一步完善网络支付服务体系，推动网络支付业务规范化、标准化。（人行石家庄中心支行、省商务厅、省公安厅等省有关部门按职责分工负责，持续实施）

（3）建立寄递物流信用体系。建立完善商品寄递过程中的信息实时跟踪机制。加强对寄递物流企业及其从业人员信用记录建设，建立寄递物流企业及其从业人员的信用评价机制。加强寄递物流领域企业信用监管，全面落实寄递物流企业信用分类监管制度，对不同信用等级的物流企业实行差别化待遇。（省邮政管理局、省网信办、省商务厅等省有关部门按职责分工负责，2018年年底）

（4）完善网络交易信用评价体系。建立电子交易双方信用互评、信用积分、交易后评价或追加评价制度，将交易双方评价和服务承诺履约情况记入信用档案，并将评价结果和积分充分公开，防范虚假营销、偷工减料、过度包装、恶意刷单等不良行为。制定引入第三方信用机构开展信用评价的管理办法，建立对电子商务平台、入驻商家和上下游企业的综合信用评价机制，推动电子商务与线下交易评价相结合，大力支持第三方信用服务机构提供信用调查、评估、担保、保险以及商账管理等服务，并在电子商务中推广应用。（省发改委、人行石家庄中心支行、省商务厅、省工商局等省有关部门按职责分工负责，2017年年底）

（5）强化消费者权益保障措施。制订和加强电子商务领域维权制度和消费保护。电子商务平台和有关市场监管部门建立健全消费者投诉举报、缺陷产品召回等制度，加强沟通衔接，及时处理回应消费者反映的问题。（省工商局、省质监局、省商务厅、省网信办等省有关部门按职责分工负责，2017年年底）

（二）加快推动电子商务信用信息共建共享

（1）建立事前信用承诺制度。全面建立市场主体事前信用承诺制度，要求电子商务平台、入驻商家、个人卖家、物流企业等市场主体以规范的格式及时向社会公开信用承诺内容，违法失信经营后将自愿接受约束和惩戒。将信用承诺纳入市场主体信用记录，接受社会监督，作为事中事后监管的参考。（省发改委、人行石家庄中心支行、省商务厅、省工商局等省有关部门按职责分工负责，2017年年底）

（2）建立健全信用信息记录。加强电子商务领域信用记录建设，建立健全电子商务平台以及电子商务提供支撑服务的代运营、物流、咨询、征信等相关机构和从业人员的信用记录，依托省信用信息共享平台实现信用信息互联共享。涉及企业的信用信息，有关政府部门要按照企业信息公示暂行条例规定提供给工商部门，由工商部门通过省法人库共享应用平台统一归集记于企业名下，同时推送至国家企业信用信息公示系统（河北）和“信用河北”网站向社会公示并动态更新。质监部门会同有关部门组织制定电子商务信用标识服务标准。建立完善交易双方信用记录，以实名注册登记信息为基础，及时将严重影响电子商务秩序的不诚信行为信息纳入信用档案，依法报送相关行业主管（监管）部门。（省发改委、人行石家庄中心支行、省商务厅、省工商局、省质监局等省有关部门按职责分工负责，2017 年年底）

（3）推动建立线上线下信用信息共享机制。加快推进本部门信用信息系统建设，提升对监管对象信用信息归集、整理和共享能力，整合本行业的信用信息，实现与省公共信用信息共享交换平台互联互通。引导规范征信机构依法采集、整合电子商务领域交易主体信用信息，将所有信用信息及信用报告嵌入信用管理和公共服务的各领域、各环节，作为必要条件或重要参考依据。推动将申请人良好的信用状况作为各类行政许可的必备条件。（省发改委、人行石家庄中心支行、省网信办、省公安厅、省邮政管理局、省商务厅、省工商局、省质监局、省食药监局等省有关部门按职责分工负责，2020 年年底）

（三）深入落实电子商务全方位信用监管

（1）建立产品信息溯源制度。推行商品条码，围绕食用农产品、食品、药品、农业生产资料、特种设备、危险品、稀土产品等重要产品，推动生产经营企业加快建立来源可查、去向可追、责任可究的产品质量追溯体系，发现问题，可以快速追踪定位，一查到底，引导支持电子商务平台和物流企业建立产品上架、销售、配送、签收、评价、投诉全方位全过程线上留痕监督管理体系。（省商务厅、省网信办、省食药监局、省农业厅、省质监局、省林业厅等省有关部门按职责分工负责，2020 年年底）

（2）加强第三方大数据监测评价。督促电商平台进一步完善对交易主体的大数据信用评价，化解交易双方的“信息不对称”，降低电子商务领域的制度性交易成本。支持和鼓励社会征信机构运用大数据手段，对电商平台、电商经营者、快递物流企业以及相关从业人员进行信用评价，定期对电子商务平台进行信用状况评估，独立、客观地揭示信用风险，监测失信行为信息。鼓励社会信用评价机构制定相关程序规范，加强对商务“12312”、消费者“12315”、文化“12318”、价格“12358”、质量监督“12365”、食品药品“12331”等举报投诉服务平台电子商务失信信息的整合、共享、推送。各部门要按要求及时整理典型案例报送至省信用办。“信用河北”网站和国家企业信用信息公示系统（河北）开通网络失信举报中心，畅通群众举报途径。（省发改委、省商务厅、省工商局、省质监局、省文化厅、省物价局、省食药监局等省有关部门按职责分工负责，持续实施）

（3）完善政府部门协同监管机制。政府部门之间要加强协同配合，特别是商务、工商、质监、网信、公安、交通等部门应加强协作，建立常态化、长效化的多部门联合执法检查工作机制，推进线上监管与线下监管相衔接。实施信用分级分类监管，建立集风险监测、网上抽查、源头追溯、属地查处为一体的电子商务信用监督机制。（省

发改委、省商务厅、省工商局、省网信办、省公安厅、省邮政管理局等省有关部门按职责分工负责，持续实施）

（4）落实电子商务平台主体责任。电子商务平台要建立健全内部信用约束机制，充分运用大数据技术加强在商品质量、知识产权、服务水平等方面的信用管控。建立商家信用风险预警制度，对销售假冒伪劣商品、恶意刷单炒信的严重失信商家和拒不改正、拒不下架等不良行为，电子商务平台应按照有关行业主管（监管）部门要求，及时向社会公示相关信息，发布风险提示。电子商务平台要建立完善举报投诉处理机制，及时受理和掌握疑似违法违规信息并报送相关行业主管（监管）部门，配合有关部门及时查处电子商务领域违法失信行为。（省商务厅、省工商局、省质监局等省有关部门按职责分工负责，持续实施）

（5）提高电子商务平台的信用管理水平。电子商务平台要依法整合线上线下数据资源，汇聚整合市场监管中产生的可公开信用信息，并与自身掌握的信用信息进行关联分析，构建大数据监管模型，及时掌握了解市场主体经营交易信用状况，有效识别和打击失信商家，为诚信商家和客户提供优良的交易环境和平台服务。（省工信厅、省商务厅、省工商局等省有关部门按职责分工负责，持续实施）

（四）广泛开展电子商务信用联合奖惩

（1）加大信用信息公示力度。建立电子商务平台基本信息、信用信息及重大事件信息披露制度。推动电子商务平台在市场主体经营页面显著位置公示其营业执照、身份核验标识、信用等级等信息或包含信息的电子链接标识。引导电子商务平台在网站首页设立“信用河北”网站和国家企业信用信息公示系统（河北）查询窗口，提供市场主体信用信息查询服务。引导电子商务市场主体公示更多生产经营信息，特别是采购、销售、物流等方面的信用信息，完整公示产品信息和服务承诺，建立和规范电子商务。（省发改委、省工商局、省网信办、省商务厅、省工信厅等省有关部门按职责分工负责，2017 年年底）

（2）加大对守信主体的激励力度。建立和规范电子商务领域守信主体“红名单”制度，加大对诚信市场主体的扶持力度，在公共服务、市场交易、社会管理等方面给予一定的优惠便利。鼓励电子商务平台对“红名单”主体在搜索排序、流量分配、营销活动参与机会、信用积分等方面给予倾斜，强化正面激励引导。引导有关金融机构在贷款门槛、额度、利率等方面加大对“红名单”企业支持力度。（省发改委、省商务厅、省工商局等省有关部门按职责分工负责，持续实施）

（3）加大对失信主体的惩戒力度。健全电子商务信用信息管理制度，促进电子商务信用信息与其他领域相关信息交换共享，建立电子商务领域失信主体“黑名单”制度。支持电子商务平台按照有关管理规定，对“黑名单”主体实施限制入驻会员、降低信用等级、屏蔽或关闭店铺、查封电子商务账户、公开曝光等惩戒措施。（省发改委、人行石家庄中心支行、省商务厅、省工商局等省有关部门按职责分工负责，持续

实施）

（4）加强对电子商务领域失信行为的规范整治。严厉打击制假售假、以次充好、服务违约、恐吓威胁，以及通过恶意刷单、恶意评价、空包裹代发邮寄等方式伪造交易记录和物流信息实现增信、降信的违法失信行为。加大对即时通信和社交网络服务的监管，加强对个人社交平台进行交易的行为进行监控和检查，探索查处个人社交平台发生的违法服务交易行为。加大对物流配送环节产生的违法违规行为的查处力度。严厉打击利用电子商务平台或物流体系非法采集和滥用、泄露、倒卖个人信息的行为。在加强电子商务诚信建设的同时，注重对电商经营者商业秘密、消费者个人隐私的保护，注重保护商品交易、网络支付等敏感信息的安全。（省发改委、人行石家庄中心支行、省商务厅等省有关部门按职责分工负责，持续实施）

三、保障措施

（1）加强诚信文化建设。各地各部门要围绕诚信建设，大力宣传社会主义核心价值观，积极开展多种主题的诚信宣传教育活动，加大对电子商务平台守信典型的宣传和对失信典型的曝光力度，引导广大市场主体依法诚信经营，在全社会广泛形成褒扬诚信、惩戒失信的社会环境。

（2）加强法规标准建设。加快推动促进电子商务诚信建设相关法律法规建设。研究制定电子商务领域信用信息采集、共享、发布、安全保护和信用评价等方面相关标准规范。

（3）加强组织领导和工作协调。各地各有关部门要把电子商务领域诚信建设摆在突出位置，切实加强组织领导，抓好任务落实。河北省发展和改革委员会与人行石家庄中心支行会同有关部门负责对实施意见落实工作的统筹协调、跟踪了解、督促检查，确保各项工作平稳有序推进。

河北省发展和改革委员会
中国人民银行石家庄中心支行
河北省互联网信息办公室
河北省公安厅
河北省邮政管理局
河北省商务厅
河北省工商行政管理局
河北省质量技术监督局
河北省食品药品安全监督管理局
2017年8月15日

承德市人民政府办公室印发关于开展“十三五”国家服务业综合改革试点实施方案的通知

承市政办字〔2017〕165号

各县、自治县、市、区人民政府，承德高新区管委会、御道口牧场管理区管委会，市直各部门：

《关于开展“十三五”国家服务业综合改革试点实施方案》已经市政府同意，现印发给你们，请认真抓好贯彻落实。

承德市人民政府办公室

2017年8月28日

关于开展“十三五”国家服务业综合改革试点实施方案

2017年，我市主城区（双桥区、双滦区、承德高新技术产业开发区）被确定为“十三五”国家服务业综合改革试点区域。为抓住机遇，扎实工作，深入推进，圆满完成试点预期目标，制定方案如下：

一、指导思想和工作目标

紧紧抓住京津冀协同发展和国家加快服务业发展的重大机遇，以建设“国际旅游城市”为目标，结合我市规划建设“一带三区”发展战略，进一步深化改革，扩大开放，建立核心竞争力突出、特色优势明显、发展方式先进的现代服务业产业体系，做大做优中心城区，显著增强区域经济发展的辐射带动力，对承德经济社会发展具有重大而深远的意义，是我市服务业综合改革的发展思路、发展方向和着力点。

到2020年，主城区第三产业增加值达到190亿元，年均增长9%以上，占本区域GDP的比重提高到56%以上，从业人员的比重提高到40%以上，占全部税收的比重提高到70%以上。

二、主要任务和责任分工

以“一带三区”发展战略为核心，增强主城区承载带动能力，引领承德转型升级、绿色发展。在中心城区为主的区域重点建设滦河72公里承德发展带，同时建设国际滑雪度假区、皇家康养休闲区、临空经济产业区三大特色功能区，大力发展现代服务业。

（一）滦河城市发展带依托滦河沿线良好的生态环境，构建完善的配套设施，重点打造双滦转型升级、高新南区产城融合、上板城高新技术、下板城信息服务业四大板块。

（1）双滦转型升级板块。充分发挥域内历史文化和自然景观资源优势，着力发展影视演艺、娱乐传媒、文化创意等产业，加快壮大文化产业规模实力。依托现有的产业和交通、枢纽节点，培育发展商贸物流、休闲旅游等绿色、低碳、环保产业。（牵头单位：双滦区人民政府，配合单位：市发改委、市文广新局、市商务局）

重点推进的服务业项目：滨河休闲公园、莲花山文化公园、双滦伊逊山泉饮品有限公司高锶矿泉城、双滦区三杨生态谷、避暑山庄文化产业园区、承德鼎盛文化产业双创平台基地、如意州双创平台基地、承德承钢物流、承德国际商贸物流园区建设等。

（2）高新南区产城融合板块。依托初具规模的南部新城，借助即将建成通车的京沈高铁承德站综合交通枢纽优势，发展科技研发、生命健康、文化创意和高等教育、高端医疗等产业。同时作为与老城区互补、在南部重点发展的一个核心区，进一步完善基础设施功能，强化城市居住和商务功能。（牵头单位：承德高新区管委会，配合单位：市发改委、市卫计委、市教育局）

重点推进的服务业项目：中电承德信息安全产业园、北影影视文化产业创新园、301医院承德专科医院、儿童医院、高铁商圈综合体、天津中德应用技术大学承德分校、软通动力、海王集团旅游康养小镇、崔梨沟滑雪度假区、武烈河—滦河大众冰嬉运动长廊等。

（3）上板城高新技术板块。重点发展大数据及电子信息、节能环保等服务业。引进国内外知名高校、科研院所、顶尖企业的研发机构，聚集创新研发资源，集中布置一批企业孵化器，培育一批科技型企业，打造研发、生产、服务链条完整的城市经济新引擎。（牵头单位：承德高新区管委会，配合单位：市教育局、市科技局、市商务局）

重点推进的服务业项目：河北易骋云大数据产业园、斐讯大数据产业园、中经承元、力海企业港、研祥军融大数据、北方导航科技交通大数据、上海宝腾医疗大数据、中力海二期、中科软件中心、华为大数据、优客创业文化小镇、东营旅游服务配套服务小镇、鸡冠山综合旅游风景区、海王集团医药基地、宜兴环保产业园、冷链物流产业园、华远自动化设备智能化运输装备研发基地等建设项目。

（4）下板城信息服务业板块。作为承德创新研发、高新技术产业的延展区，重点发展大数据、信息存储、服务外包产业。以德鸣大数据产业园为依托，加快建设集数据存储、大数据等产业。建设集数据存储、数据清洗、数据交易、数据应用于一体的“大数据小镇”和服务外包基地。（牵头单位：承德县人民政府，配合单位：市发改委、

市工信局、市科技局）

重点推进的服务业项目：德鸣大数据产业园、华明服务外包产业园、万荣服务外包产业园、国家图书馆战略文献储备库项目、承德县教育园区项目、承德县西区休闲旅游度假区等建设项目。

（二）依托国际滑雪度假区、皇家康养休闲区、临空经济产业区，大力发展养老养生、健康旅游等现代服务业，努力形成互联互动、功能互补的三大特色功能区。

（1）国际滑雪度假区。建设拥有初、中、高级滑雪道的国际滑雪场，配套建设滑雪服务区、特色冰雪活动体验区，打造特色冰雪文化小镇，丰富国际旅游城市冬季旅游项目，建成国际标准、国内一流的国际冰雪休闲度假区。（牵头单位：双滦区人民政府，配合单位：市旅发委、市发改委）

重点推进的服务业项目：冰雪世界、大黑山滑雪场、户外拓展基地、冰嬉文化展览馆、滑雪赛事中心、皇家冰雪美食街、影视基地等建设项目。

（2）皇家康养休闲区。着力发展禅修养生、滨湖度假、温泉疗养、户外运动、商旅会议、休闲娱乐等产业，建设国际高端度假目的地、国家级新兴商旅会议目的地，形成与避暑山庄外八庙功能互补、独具皇家魅力的高端休闲康体养生区。（牵头单位：双桥区人民政府，配合单位：市旅游委、市发改委、市商务局、双峰寺水库管理局）

重点推进的服务业项目：北区高端休闲产业区、企业总部基地、旅游集散中心、热河古城项目、物流项目、国际冰上运动产业基地、特色民俗小镇、国际会展中心、湖滨度假小镇、购物美食休闲街、婚礼小镇等建设项目。

（3）临空经济产业区。以发展航空旅游产业为突破口，着力发展机场配套服务、影视基地、飞行培训、航空制造、现代物流等产业，加快形成临空经济产业区。（牵头单位：承德县人民政府，配合单位：市发改委、市文广新局、市商务局）

重点推进的服务业项目：山地体育公园、休闲度假地产、影视娱乐基地、临空商务中心、空港物流园等建设项目。

三、保障措施

（1）强化规划引导。进一步加强“一带三区”概念性规划对服务业发展的引领作用，建立规划协调机制和实施保障机制。推动城市扩张与服务业融合互动发展，做大做强做优中心城区，促进我市经济社会和城乡一体化协调发展。（牵头单位：市发改委，配合单位：市规划局、市国土资源局）

（2）优化发展环境。在园区建设、企业扶持、产品研发等方面，全面实现生产服务业与制造业待遇并轨。加大政府采购力度，扶持优质服务品牌。进一步完善服务业价格和收费政策，完善峰谷用电管理办法，降低服务企业运营成本。进一步降低市场准入门槛，鼓励充分竞争。实行重大项目代办制，提高项目审批效率。建立政府与企业、社会双向沟通与良性互动的机制。（牵头单位：市发改委，配合单位：市财政局、

市场监督管理局）

（3）加大投入力度。根据试点任务，统筹安排用好市服务业发展引导资金，双桥区、双滦区和承德高新技术开发区也要根据试点任务分工，做好资金配套。进一步发挥服务业引导资金的杠杆作用，广泛吸引民间资本投入服务业，积极引导银行信贷重点投向现代服务业。（牵头单位：市发改委，配合单位：市财政局、双桥区政府、双滦区政府、承德高新区管委会）

（4）深化体制改革。大力扶持由市场自愿形成的民间商会和行业协会，筹划建立服务业发展联盟。推进企业非核心业务分离改革，扩大生产服务业市场需求。完善服务业政策法规体系，建立适应市场经济要求的信用管理制度。（牵头单位：市发改委，配合单位：市民政局、市政府法制办）

（5）保障土地供给。进一步完善供地方式，加强产业规划与土地规划的衔接，保障重点项目用地需求并及时落地，确保产业规划有效实施。在有关开发区内规划专门的物流、商贸等区域。积极支持以存量土地发展服务业。（牵头单位：市国土资源局，配合单位：市发改委、市规划局）

（6）强化人才支撑。对现代服务业人才需求的数量、结构、层次等开展专题研究，引进和培养一批金融、信息、物流、文化创意等领域的高层次现代服务业人才。有计划地在普通高等院校和职业技术学院增设服务业紧缺专业，扩大招生规模。（牵头单位：市人社局，配合单位：市发改委、市教育局、市财政局）

（7）抓好发展载体。持续推进重点服务业城区、重点服务业园区、重点服务业企业、重点服务业项目等载体建设，创建“承德服务”城市品牌。加快实施承德“一带三区”发展战略，拓展服务业发展空间。（牵头单位：市发改委，配合单位：市市场监督管理局、市行政审批局、市商务局）

四、加强组织领导

建立工作推进机制，将服务业综合改革试点纳入全市中心工作，统筹安排，全面推进。成立承德市服务业综合改革试点工作领导小组，全面负责服务业综合改革试点工作。试点工作领导小组要定期召开会议，强化责任，明确分工，加强督促，抓好各项目标任务落实。各区、各部门要密切衔接配合，创造性地开展工作，形成工作合力。加强服务业统计工作，健全服务业统计指标体系，完善服务业监测体系和预警机制。将服务业综合改革试点工作纳入全市服务业考核体系，切实加强对服务业发展指标、主要任务和政策落实情况的检查考核。

附件：1. 承德市主城区开展服务业综合改革试点目标体系和考核分工表

2. 承德市服务业综合改革试点工作领导小组成员名单

附件 1

承德市主城区开展服务业综合改革试点目标体系和考核分工表

类别	指标	单位	2015 年	2016 年	2017 年	2018 年	2019 年	2020 年	年均增速	考核责任单位
总体发展指标	服务业增加值	亿元	124	135	147	160	174	190	9%	市发改委
	服务业增加值占生产总值比重	%	49	50	51	52	53.5	55		市发改委
支柱产业发展指标	社会消费品零售总额	亿元	134	149	164	180	198	218	10%	市商务局
	交通运输仓储邮政业增加值	亿元	8.3	8.4	9	9.8	10.7	12	9%	市交通运输局
	金融业增加值	亿元	36	39	43	46	50	55	9%	市金融办
	文化产业增加值占 GDP 比重	%	5.3	5.5	5.7	5.9	6.1	6.3	4%	市文化广电新闻出版局
	旅游总收入	亿元	142	227	280	340	410	500	22%	市旅游局

续 表

类别	指标		单位	2015 年	2016 年	2017 年	2018 年	2019 年	2020 年	年均增速	考核责任单位
质量效益指标	现代服务业比重		%	63	64.2	65	66	67	68		市发改委
	服务业从业人员比重		%	34.3	35.5	37	38	39	40		市发改委
	服务业税收	总量	亿元	35.7	35.8	37.8	40	42	44	6%	市国税局、地税局
		比重	%	62.9	68.1	69	70	71	71		
	服务业投资	总量	亿元	192.7	212.7	234	257	283	311	10%	市发改委
		比重	%	87.2	86.1	87	87	88	88		

注：主城区包括双桥区、双滦区、承德高新技术开发区。

附件 2

承德市服务业综合改革试点工作领导小组成员名单

组　长：李晋宇　市委常委、市政府常务副市长
副组长：张富民　市政协副主席、市交通运输局局长
　　　　傅海旺　承德高新区党工委书记、管委会主任
　　　　遇建军　市政府副秘书长
　　　　王　毅　市发改委主任
成　员：刘秉奇　市行政审批局局长
　　　　王国维　市教育局局长
　　　　李　威　市科技局局长
　　　　常金超　市民政局局长
　　　　栾志宏　市财政局局长
　　　　房宝占　市人社局局长
　　　　王成军　市旅发委主任
　　　　王鹤松　市国土局局长
　　　　关利军　市住建局局长
　　　　宋清礼　市工信局局长
　　　　高俊虎　市商务局局长
　　　　董　宇　市文广新局局长
　　　　朱守仓　市卫计委主任
　　　　赵锡铎　市国税局局长
　　　　路　坦　市地税局局长
　　　　姜　昆　市市场监督管理局局长
　　　　赵宇峰　市金融办主任
　　　　吴　会　市发改委调研员
　　　　杨玉甫　市双桥区区长
　　　　王贺民　市双滦区区长

领导小组办公室设在市发改委，吴会兼任办公室主任。领导小组成员和办公室主任职务如有变动，由该成员单位接任领导自然替补。

邯郸市人民政府办公厅印发关于全市快递业快速健康发展的推进措施的通知

邯政办字〔2017〕78号

各县（市、区）人民政府，市对口各单位，市政府各部门，冀南新区、邯郸经济技术开发区管委会：

《关于全市快递业快速健康发展的推进措施》已经2017年6月22日市政府第4次常务会议研究通过，现印发给你们，请认真贯彻执行。

邯郸市人民政府办公厅

2017年7月7日

关于全市快递业快速健康发展的推进措施

为推进全市快递业快速健康发展，根据《河北省人民政府关于促进快递业发展的实施意见》（冀政发〔2015〕52号）和《邯郸市人民政府关于促进快递业发展的实施意见》（邯政字〔2016〕68号）精神，制定如下具体推进措施。

一、明确快递业发展目标

依据我市快递业现实基础、发展潜力和邯郸独特的区位优势，具体发展目标是：加快构建“一基地、三中心、多节点”的快递产业发展格局，到2020年，初步形成覆盖全市、对接京津、辐射周边的快递业服务网络；到2025年，把我市打造成为晋冀鲁豫接壤区重要的快递物流枢纽中心。

二、加快快递产业园区建设

按照《邯郸市人民政府关于促进快递业发展的实施意见》（邯政字〔2016〕68号）关于初步构建“一基地、三中心、多节点”的布局要求，在市主城区东、西、南、北区域建设一个综合服务型快递基地和三个市级分拨配送中心，辐射、带动各县（市、区）快递节点，全面提高快递物流服务效率，提供便捷快递配送服务。

（1）“一基地”。即在邯山经济开发区内建设综合服务型快递基地，依托铁路、机场，支撑、辐射市中南部城区及三个市级快递分拨配送中心，重点提供生产、生活用品及散杂货物的中转、仓储、运输、配送、包装、流通加工、信息处理等服务。（责任单位：邯山区政府，市邮政管理局、市商务局等）

（2）“三中心”。即三个市级快递分拨配送中心。

①在邯郸新兴国际商贸物流园区内，依托京港澳高速邯郸南口，建设快递分拨配送中心，支撑、辐射东部区域快递节点。（责任单位：邯山区政府，市邮政管理局）

②在永年工业开发区建设快递分拨配送中心，依托107国道、京港澳高速永年口和青兰高速黄粱梦口，支撑、带动邯邢两地的区域快递节点。（责任单位：永年区政府，市邮政管理局）

③在邯郸经济技术开发区冀中能源国际物流园区内建设快递分拨配送中心，依托京港澳高速邯郸口，拉动、辐射东部区域快递节点。（责任单位：邯郸经济技术开发区管委会，市邮政管理局）

（3）“多节点”。即在市主城区外其他县（市、区）建设“多节点”县级快递电商产业园。各县（市、区）要依托县域特色产品和专业市场，建设特色快递电商产业园，衔接我市快递物流基地、分拨配送中心的快递网点，负责快递加工、配送服务。集聚本区域内快递、电商企业入驻，按照《快递营业场所技术规范》，建设改造1～2个规范化、标准化快递物流节点，实现我市快递网络全覆盖。（责任单位：各县〈市、区〉政府）

三、加快推进“快递入区”建设

各县（市、区）政府和市相关部门要科学规划、合理布局，加快打造“中心—社区—智能信包箱”三级快递驿站网络，满足人民群众用邮需求，实现邮政服务均等化。

（1）建设城区“快递中心驿站”。按照平均日处理20000票以上进港派送邮、快件的区域处理能力，在市主城区内科学规划20个派送服务区域（其中，丛台区设置7个、邯山区设置6个、复兴区设置3个、邯郸经济技术开发区设置4个），每个服务区域内应当设置至少一个“快递中心驿站”作为区域邮、快件的集中处理场所和区域投递配送网络的源头节点。“中心驿站”建设采取主城区先行原则，其他县（市、区）结合本辖区情况，合理推进“中心驿站”建设。“中心驿站”的建设面积应不少于1000平方米。（责任单位：市规划局、市邮政管理局，丛台区、邯山区、复兴区政府，邯郸经济技术开发区管委会）

（2）设置“社区快递驿站”。“社区快递驿站”建设采取“人工+智能信包箱”模式。“智能信包箱”服务能力应当满足“一户一箱”的使用需求，安装格口数原则上不低于小区住宅户数的40%。

对于新建住宅小区，物业服务用房面积在300平方米以上的，以依法配建的物业服务用房面积为基数，在物业项目中心区域或出入口附近，增配10%～15%的面积作为“社区快递驿站”用房；物业服务用房面积不足300平方米的，应另行配建“社区快递驿站”用房，配建面积不小于30平方米，该用房不得买卖、抵押或者改作他用。（责任单位：市规划局、市住房保障房产管理局、市建设局、市邮政管理局）

对于新建的行政机关和事业单位、学校、医院、大型商业、办公、工业等建筑，应结合门卫、收发室、值班室等功能用房，在建筑首层临出入口处合理设置“社区快递驿站”。以上功能用房在30平方米以上的，可兼作“社区快递驿站”；在30平方米以下的，应另行配建“社区快递驿站”，配建面积不小于30平方米。（责任单位：市规划局、市住房保障房产管理局、市建设局、市邮政管理局）

（3）完善老旧小区快递服务功能。对于2000年之前建设的现有老旧小区，结合“老旧小区社区物业服务站”，设立“社区快递驿站”。（责任单位：市住房保障房产管理局、市邮政管理局，丛台区、邯山区、复兴区政府，邯郸经济技术开发区管委会）

对于2000年之后建设的现有社区，各级住房保障房产管理部门要按照因地制宜、便民服务的原则，将快递驿站建设纳入社区改造内容，合理设置“社区快递驿站”。（责任单位：市住房保障房产管理局、市邮政管理局，丛台区、邯山区、复兴区政府，邯郸经济技术开发区管委会）

四、实施“快递下乡”工程

鼓励快递企业在乡镇、行政村建立快递服务营业网点，扩展快递业务服务覆盖范围，利用现有资源，结合美丽乡村建设，推进实施农村电子商务网点建设，积极构建县、乡、村三级服务网络。要积极引导快递企业设立末端服务网点，2017年年底前，达到乡乡有快递网点，全市507个省级美丽乡村重点村要建立健全快递服务站；2020年实现行政村快递综合服务站基本全覆盖。［责任单位：市农办、市邮政管理局，各县（市、区）政府，冀南新区、邯郸经济技术开发区管委会］

五、加大专业招商力度

各级各部门要进一步加大对快递业名牌、大牌企业的招商力度，充分发挥邯郸作为国家级区域流通节点区位优势和快递物流园区平台优势，吸引大型快递企业、名牌快递企业来我市投资建设区域分拨中心、仓储中心、信息中心等；引进国际品牌快递企业（如DHL、UPS）等入驻邯郸。搭建大平台、建设大载体、形成大快递、促进大发展。［责任单位：市发展改革委、市商务局、市邮政管理局、市行政审批局，各县（市、区）政府，冀南新区、邯郸经济技术开发区管委会］

六、健全保障机制

（1）保障快递车辆通行。要适当放宽对快递车辆适用车型的限制。公安交警部门对带有邮政专用标志的车辆和经邮政管理部门认定的快递车辆给予道路通行便利。邮政管理部门要加强对邮政、快递从业人员的安全教育培训，加强对快递行业车辆的规范管理，对用于城市收投邮件、快件的电动三轮车实行“四统一”（统一车型、统一标识、统一外观喷涂、统一编号）管理，在经邮政管理部门和公安交警部门备案后，给予通行保障，解决邮政、快递“最后一公里”难题。各县（市、区）政府要在本辖区内保障邮政、快递运输车辆（含电动三轮车）道路通行便利。［责任单位：市公安交警支队、市邮政管理局，各县（市、区）政府，冀南新区、邯郸经济技术开发区管委会］

（2）设立快递业发展专项基金。为促进我市快递业快速健康发展，根据省政府《关于促进快递业发展的实施意见》（冀政发〔2015〕52号）精神，参照泉州、龙岩等先进地市经验，由市级财政设立快递业发展引导基金，每年安排不低于1000万元的专项资金用于扶持快递业发展。引导基金主要用于出口快件增量、乡镇村网点建设、快递驿站建设和快递企业总部来邯投资及快递企业分拨中心建设等方面的扶持。（责任单位：市财政局、市邮政管理局）

（3）加快培养专业人才。支持快递专业技术人才能力建设。组织快递企业与大专院校和中等职业教育学校深度对接，实现更多层面校企合作，强化快递企业在岗员工培训、定向招生培养，鼓励职业院校积极参与河北省第一批邮政行业人才培养基地的建设工作，为快递行业定向培养技能娴熟的技术人才，为我市快递业快速健康发展提供支撑和保障。（责任单位：市教育局、市人力资源社会保障局、市邮政管理局、市各大中专院校）

（4）加强行业监管能力。充实监管力量，创新监管方式，全面强化邮政业安全监管和应急管理力量，做好全市邮政业安全和应急管理体系的建设、管理与维护，将邮政行业应急预案纳入全市应急体系，确保我市寄递渠道安全，推进“平安邯郸”建设。［责任单位：市邮政管理局，各县（市、区）政府，冀南新区、邯郸经济技术开发区管委会］

七、加强组织领导

市政府成立由市长任组长，常务副市长和分管邮政通信工作的副市长任副组长，市邮政管理局、市发展改革委、市财政局、市人力资源社会保障局、市国家安全局、市教育局、市国土资源局、市建设局、市规划局、市住房保障房产管理局、市城管执法局、市商务局、市工商局、市安全监管局、市交通运输局、市农办、市公安交警支队等相关部门和单位负责同志为成员的邯郸市快递业发展工作领导小组，将快递业发展工作纳入全市国民经济和社会发展规划。各县（市、区）政府要高度重视快递业发展工作，列入当地党委、政府的重要议事日程，成立专门组织领导机构、制定具体的工作方案，明确任务、压实责任，加快推进快递业发展。

要把促进快递业发展工作作为衡量各级领导班子和领导干部工作实绩的重要内容，制定具体的发展目标和任务，纳入年度考核评价指标体系。在日常工作推进中，要强化工作督导，加强工作调度，形成长效机制，实行一月一督导、一季一通报，并将发展情况在全市通报。对按期或提前完成目标任务的予以表扬；对责任不落实、工作不得力、未能按期完成目标任务的，要予以通报批评。

附件：邯郸市快递业发展工作领导小组成员名单

附件

邯郸市快递业发展工作领导小组成员名单

组　长：王立彤　市政府市长
副组长：范国珍　市政府常务副市长
　　　　杜树杰　市政府副市长
成　员：刘弘瑛　市政府秘书长
　　　　魏彦君　市政府常务副秘书长
　　　　丁向平　市政府副秘书长
　　　　房德军　市邮政管理局局长
　　　　赵洪涛　市发展改革委副主任
　　　　宋进民　市财政局局长
　　　　殷立君　市人力资源社会保障局局长
　　　　白常峰　市国家安全局局长
　　　　杨华云　市教育局局长
　　　　刘运岭　市国土资源局局长
　　　　李红光　市建设局局长
　　　　张金江　市规划局局长
　　　　殷长春　市住房保障房产管理局局长
　　　　陈玉建　市城管执法局副局长、市公安局副局长
　　　　王兆社　市商务局局长
　　　　李铁所　市工商局局长
　　　　王保江　市安全监管局局长
　　　　许清良　市交通运输局党组副书记
　　　　冯晓梅　市农办常务副主任
　　　　贾志光　市公安交警支队支队长

领导小组下设办公室，办公室设在市邮政管理局，办公室主任由房德军同志兼任。